Relations internationales
Théories et concepts

Le CEPES

Fondé en 1991, le Centre d'études des politiques étrangères et de sécurité (CEPES) est un groupe de recherche de l'Université du Québec à Montréal et de l'Université Concordia, et fait partie des douze centres d'expertise du Forum sur la sécurité et la défense, du ministère de la Défense nationale du Canada.

Les travaux principaux du Centre touchent l'impact de la fin de la Guerre froide sur les politiques étrangères et de sécurité des puissances majeures, en particulier dans la région transatlantique. Il poursuit aussi trois autres mandats très importants : 1) publier et faire publier sur la politique étrangère et la sécurité ; 2) contribuer à la formation et au financement des études des étudiants de maîtrise et de doctorat ; 3) promouvoir le débat public sur les questions de sécurité et de politique étrangère.

Sous la direction de
Alex Macleod, Evelyne Dufault
F. Guillaume Dufour et David Morin
(avec la collaboration de Yannick Quéau)

Relations internationales
Théories et concepts
Troisième édition, revue et augmentée

CEPES
CENTRE D'ÉTUDES DES POLITIQUES ÉTRANGÈRES ET DE SÉCURITÉ

Athéna éditions remercie le Conseil des Arts du Canada de l'aide accordée à son programme de publication et la Société de développement des entreprises culturelles du Québec (Sodec) pour le soutien accordé à son programme d'édition.

Gouvernement du Québec, « Programme de crédit d'impôt pour l'édition de livres », Gestion Sodec.

Page couverture — Bernard Langlois
Photo de la couverture — Photo Disc

Diffusion au Canada

Prologue
1650, boul. Lionel-Bertrand
Boisbriand (Québec)
J7H 1N7
Tél. : 450 434-0306
prologue@prologue.ca

En France

DNM
Distribution du Nouveau Monde
30, rue Gay Lussac
75005 Paris
Tél. : 01.43.54.49.02
www.librairieduquebec.fr
direction@librairieduquebec.fr

En Suisse
Servidis
Chemin des Chalets
CH - 1279
Chavannes-de-Bogis Suisse
Tél. : +41 (0)22 960 95 25
commande@servidis.ch

C.P. 48883
CSP Outremont
Outremont (Québec)
H2V 4V3

athenaeditions.net

ISBN 978-2-922865-64-9

Dépôt légal – 3e trimestre 2008
Bibliothèque et Archives du Canada
Bibliothèque et Archives nationales du Québec
Imprimé au Canada

INTRODUCTION À LA DEUXIÈME ÉDITION

L'idée de faire publier un dictionnaire des concepts et des théories en *Relations internationales*[1] a pris naissance il y a déjà plus de trois ans, quand deux collègues, Philippe Le Prestre et Dan O'Meara, et moi-même avons constaté dans nos propres cours à l'Université du Québec à Montréal que la littérature en Relations internationales devenait de moins en moins accessible à nos étudiants. Elle est plus difficilement accessible, en premier lieu, parce que l'anglais est devenu sans conteste, comme dans la plupart des sciences, la première langue de travail et de publication en Relations internationales, non seulement dans les pays anglophones, mais aussi dans la plupart des autres pays où cette discipline s'est établie. Cet ouvrage souhaite donc non seulement aider le lecteur à trouver l'équivalent français d'un terme trouvé dans un texte rédigé en anglais, mais aussi contribuer à la rédaction de travaux en français.

Elle n'est pas facile à aborder, ensuite, parce que la nature du débat sur la théorie des Relations internationales s'est diversifiée depuis une vingtaine d'années. Pendant longtemps, la théorie des Relations internationales est restée dans le cadre de l'approche dite réaliste, ou bien pour l'accepter et pour la raffiner, ou bien pour en contester l'ontologie (c'est-à-dire, la façon d'envisager les principaux acteurs internationaux, les rapports entre eux et la nature du système international). Dans les deux cas, avec l'exception des approches d'inspiration marxiste, on utilisait un vocabulaire relativement semblable, qui désignait à peu près la même chose dans tous les débats sur la théorie des Relations internationales. Mais depuis les années 1980, cette dernière a subi deux tournants majeurs qui se confondent souvent, mais qu'il faut distinguer entre eux. D'un côté, on peut parler d'un tournant *sociologique* qui a remis en cause la tendance à présenter les acteurs du système international et leurs rapports comme des données non problématiques. L'État, par exemple, était trop souvent présenté dans la littérature de l'époque comme un acteur unitaire et rationnel, dont l'évolution et la composition socio-économique étaient sans aucune importance pour les besoins de l'analyse des relations internationales. De l'autre côté, la théorie des Relations

1. Pour éviter toute confusion, nous avons réservé le terme *Relations internationales* pour désigner la discipline, et donc pour distinguer celle-ci de la pratique des rapports entre acteurs internationaux, communément connue sous le nom de relations internationales.

internationales est en train de connaître un tournant *épistémologique* qui s'interroge sur l'approche positiviste, calquée en grande partie sur les sciences de la nature, qui avait prédominé jusqu'à récemment la discipline des Relations internationales, et sur laquelle on ne posait pas beaucoup de questions de fond. Devant ce que l'on pourrait appeler une discipline éclatée, il est devenu de plus en plus difficile de naviguer dans un domaine où on ne cesse de faire des emprunts à d'autres champs, notamment à la sociologie et à la philosophie, et surtout à la philosophie des sciences.

Ainsi, plus que jamais, comme dans toutes les sciences sociales, les concepts et les théories en Relations internationales demeurent fortement contestés. S'il est vrai qu'il y a souvent (mais non pas toujours) accord sur le sens assez général que porte un terme, il est rare que tous les spécialistes lui donnent exactement la même définition ou signification. Donc, ce dictionnaire vise, d'une part, à permettre à son utilisateur francophone de lire des textes en Relations internationales rédigés en anglais en se servant de l'index pour trouver l'équivalent en français. Et, d'autre part, il cherche à familiariser le lecteur aux débats permanents sur les concepts et les approches théoriques en Relations internationales.

* * *

Un ouvrage de ce genre est forcément le fruit d'un travail collectif. À l'origine, Philippe Le Prestre, Dan O'Meara et moi avons dressé une liste de quelque deux cent cinquante termes que nous pensions nécessaires de définir pour mieux comprendre les textes de Relations internationales que nous faisions lire dans nos cours. Il s'agissait d'une liste assez hétéroclite, mélangeant faits internationaux et concepts théoriques. Après quelques discussions, nous avons décidé de limiter le nombre et l'étendue des concepts et des idées à définir, en mettant l'accent sur les termes que l'on retrouve dans les textes consacrés à la théorie des Relations internationales et dont la vaste majorité est rédigée exclusivement en anglais. Le dictionnaire devait donc servir à la fois comme guide pour mieux comprendre des notions techniques et comme lexique permettant de lire plus facilement des travaux écrits en anglais. Nous nous sommes finalement mis d'accord sur une centaine de termes que nous considérions particulièrement pertinents, ou bien en raison de leur fréquence dans la littérature, ou bien en raison des controverses entourant leur signification.

Par la suite, nous avons fait appel à une équipe d'étudiants de deuxième et de troisième cycles principalement de l'UQAM et de l'Université York à Toronto pour entreprendre le travail de définition des entrées choisies, et cela pour plusieurs raisons. Premièrement, face à la tâche énorme de recherche nécessaire pour préparer et rédiger ces entrées, il fallait la participation de plusieurs personnes. Deuxièmement, des étudiants ayant déjà étudié la théorie des Relations internationales étaient les personnes les mieux placées pour bien comprendre les problèmes rencontrés par leurs collègues dans la lecture et la compréhension des textes qu'ils ont lus eux-mêmes au cours de leur scolarité.

Enfin, la préparation et la rédaction des définitions des concepts et des théories sont devenues un véritable exercice pédagogique, non seulement parce qu'elles exigent beaucoup de recherche de la part des contributeurs mais aussi, et peut-être surtout, parce qu'elles demandent un sens de la synthèse et des définitions qui sont à la fois brèves et claires.

Chaque contributeur a été invité à proposer une définition pour la ou les entrées qu'il avait choisies, accompagnée d'une courte bibliographie incluant les textes auxquels il s'était référé et quelques suggestions bibliographiques pour en savoir plus. Nous avons par la suite revu toutes les contributions, et avons suggéré des corrections et parfois même des révisions complètes. Cependant, au fur et à mesure que le travail de définition progressait, il était devenu de plus en plus évident que l'idée de faire un dictionnaire contenant des définitions de quelques lignes pour chaque concept n'avait pas de sens, si on voulait donner aussi une idée de la complexité de certains d'entre eux et des débats qu'ils soulevaient. Chaque contribution est attribuée à son auteur (une liste exhaustive des auteurs et de l'institution à laquelle ils sont rattachés apparaît à la fin de l'ouvrage), sauf pour quelques entrées courtes qui ont été rédigées par les trois responsables de ce livre.

Dans cette nouvelle édition *Relations internationales : Théories et concepts*, on trouvera quatre types de modification par rapport à la première. D'abord, sur le plan de la forme, nous avons décidé d'intégrer toutes les définitions dans un seul texte. Deuxièmement, nous avons revu, et même remplacé par de nouvelles définitions, certaines entrées de la première édition. Troisièmement, et c'est sans doute la modification la plus importante, nous avons ajouté une série de nouveaux concepts. Enfin, grâce au travail minutieux d'Anne-Marie D'Aoust, étudiante à la maîtrise en science politique à l'UQAM, la bibliographie a été révisée, et surtout mise à jour.

* * *

Au cours des trois ans de préparation de la première édition du dictionnaire, plusieurs étudiants ont contribué aux définitions que vous trouverez ici. Mais il fallait avant tout de la cohésion et de la continuité dans ce travail d'équipe et qui ne pouvaient être assurées que par l'assiduité d'un coordonnateur, qui faisait le suivi du travail des contributeurs, veillait à ce que tous les termes à définir fussent effectivement couverts. Heureusement qu'Evelyne Dufault, étudiante au doctorat de science politique à l'UQAM, a accepté, avec quelques hésitations tout à fait naturelles, cette tâche difficile. Elle a été rejointe plus tard par Guillaume Dufour, ancien étudiant de maîtrise de l'UQAM et maintenant inscrit au doctorat de science politique à l'Université York. Ensemble, Evelyne et Guillaume ont non seulement déniché des étudiants pour rédiger des entrées assez spécialisées, et ont écrit eux-mêmes un certain nombre des entrées qu'il y avait à faire, mais ils ont aussi maintenu les liens avec la directrice d'Athéna éditions. Ils subissaient ainsi les pressions souvent contradictoires des exigences d'échéance de l'éditeur et celles des professeurs qui souhaitaient qu'ils fassent corriger ou reformuler des textes qui leur semblaient encore incomplets ou susceptibles d'amélioration. Malgré les exigences imposées par la rédaction de leur thèse, ils ont assumé les mêmes responsabilités pour la préparation de la nouvelle version de cet ouvrage.

Si les trois personnes indiquées sur la couverture ont assumé la responsabilité de la direction de ce dictionnaire, il est évident que ce dernier n'aurait jamais vu le jour sans l'aide précieuse d'autres personnes et, en premier lieu, celle de mes collègues et amis, Philippe Le Prestre et Dan O'Meara, du département de science politique de l'Université du Québec à Montréal, et, comme moi, directeurs de recherche au Centre d'études des politiques étrangères et de sécurité (CEPES) de la même institution. Ils ont soutenu ce projet tout au long de sa réalisation, et n'ont jamais refusé de lire, de commenter et de faire des suggestions à propos des entrées qui leur ont été soumises. Ensuite, je voudrais remercier les étudiants qui ont pris le temps de faire des recherches et de rédiger les entrées qui leur ont été assignées. Comme il avait été convenu, le nom des auteurs suit chaque entrée, car je tenais absolument à ce que leur travail soit reconnu. Enfin, sans l'enthousiasme et surtout la pression de notre éditrice Andrée Laprise, lors de la préparation de cette deuxième édition, tout comme au cours de la première, il est certain que cet ouvrage serait encore au stade d'un projet en voie de réalisation.

Alex Macleod,
Montréal, août 2004

INTRODUCTION À LA TROISIÈME ÉDITION

Cela fait déjà quatre ans que le CEPES a publié la deuxième édition de son dictionnaire sur les concepts et les théories en Relations internationales. Il va sans dire que depuis ce temps, la discipline a continué à progresser, et nous avons cru qu'il était temps de faire une véritable mise à jour. Dans cette troisième édition revue et augmentée, nous avons bien sûr retenu la plupart des entrées originelles, mais nous ne nous sommes pas contentés d'ajouter des théories et concepts nouveaux en Relations internationales. Nous avons voulu tenir compte aussi de la place grandissante que le sous-champ des études de sécurité occupe dans la discipline depuis la fin de la Guerre froide.

En effet, la sécurité ne signifie plus aujourd'hui uniquement la sécurité militaire. Elle s'étend à plusieurs domaines, de sorte que nous pouvons parler d'un véritable phénomène d'élargissement et d'approfondissement de la notion même de sécurité. Le lecteur y trouvera donc un grand nombre de nouvelles entrées sur divers aspects de la sécurité, et qui sont traitées selon le modèle de celles de deux éditions antérieures, c'est-à-dire en proposant non seulement les éléments d'une définition, mais également une introduction aux débats et à la littérature entourant la théorie ou le concept en question. Nous présentons aussi une bibliographie où nous avons ajouté toutes les références à la littérature mentionnée dans les nouvelles entrées.

Le travail pour réaliser un tel ouvrage est nécessairement celui d'une équipe de collaborateurs. En premier lieu, nous remercions David Morin, Guillaume Dufour et Yannick Quéau, qui ont participé à la réflexion sur les nouvelles entrées à inclure dans cette troisième édition. Par la suite, ils ont travaillé constamment au cours de l'année 2007-2008 à chercher des auteurs, faire le suivi, relire et corriger les textes proposés et assurer le respect des échéances.

Ensuite, il y a les collègues et les étudiants qui ont accepté de contribuer par des textes, et de trouver un moment, dans un emploi du temps très chargé, de faire la recherche sur les thèmes choisis et de rédiger les nouvelles entrées.

Il faut souligner le fait que tous ces efforts n'auraient jamais débouché sur la publication de ce nouveau dictionnaire sans le travail d'édition, les suggestions judicieuses et surtout les encouragements de nos deux éditeurs, Andrée Laprise et Pierre Lhotelin.

Enfin, je tiens à remercier le Forum sur la sécurité et la défense, du ministère de la Défense nationale du Canada, et dont le financement était absolument essentiel à la réalisation de cet ouvrage.

Alex Macleod,
Montréal, août 2008

MODE D'EMPLOI DE *Relations internationales : théories et concepts*

La troisième édition de *Relations internationales, théories et concepts* contient 172 entrées. Tous les termes sont classés en ordre alphabétique français. On trouvera aussi deux index, en ordre alphabétique (français et anglais), et une liste des termes en anglais, pour que l'on puisse utiliser cet ouvrage comme un véritable dictionnaire anglais-français.

Comme on peut rarement définir un mot ou une phrase dans un dictionnaire de ce genre sans utiliser d'autres termes faisant partie de la discipline, le lecteur trouvera continuellement des renvois en caractères gras dans la plupart des entrées. Toutefois, dans plusieurs cas, nous avons fait des renvois aussi pour des adjectifs provenant des substantifs présentés dans le dictionnaire.

Les références aux ouvrages et aux articles cités dans les entrées suivent le système dit de Harvard, on indique dans le texte de l'entrée le nom de l'auteur et la date de publication du travail cité que l'on retrouvera dans la bibliographie générale. Cette bibliographie contient non seulement les textes cités, mais aussi d'autres références importantes pour mieux connaître les théories et les concepts en Relations internationales.

Enfin, il est également utile de mentionner que les citations que contient cet ouvrage sont en très grande majorité issues de textes en anglais et ont été traduites par les auteurs des entrées.

ACTEUR INTERNATIONAL

International Actor

Les problèmes soulevés par la définition de la structure sociale en rapport à l'activité humaine soulignent une des failles importantes de la littérature dans le domaine de la théorie sociale (Rosenberg, 1993).

De façon générale, un acteur international peut être défini comme un individu, un groupe, une classe, une **institution**, un **État** ou une organisation, dont on peut affirmer qu'il exerce une action intentionnelle au sein du **système international** ou mondial, selon les approches. Pour des raisons analytiques, il est utile de classer les acteurs en fonction de deux catégories générales.

Dans la première catégorie, on retrouve les acteurs en mesure d'exercer une action intentionnelle au sein des paramètres (des contraintes structurelles) du système. Leur action va dans le sens de la reproduction du système ou des structures existantes, sans nécessairement les consolider. Dans la seconde catégorie, on retrouve des acteurs qui sont non seulement dotés d'un comportement intentionnel à l'intérieur du système, mais qui sont également en mesure d'agir sur ses paramètres. Différentes approches — le **réalisme**, l'**institutionnalisme** et le **marxisme** — identifient différents acteurs comme ayant un rôle plus déterminant que d'autres, et leur attribuent différents niveaux d'action intentionnelle. Par définition, une action intentionnelle n'est pas entièrement compulsive et n'est pas entièrement conditionnée par une structure.

L'école réaliste en théorie des **Relations internationales** identifie les États, en particulier les grandes puissances, comme les acteurs les plus importants au sein du système international. Selon l'**ontologie** réaliste, le système international est **anarchique**. Les États y sont motivés d'abord et presque exclusivement par leur intention de maximiser leur **puissance** au sein d'un contexte où l'**équilibre des puissances** joue le rôle de stabilisateur. De façon générale, les réalistes soutiennent que cette puissance peut être classée sur une échelle où elle correspond à leur capacité de faire la **guerre**. Dans cette optique, un État faible, ou caractérisé par des capacités militaires limitées, est considéré comme ayant une capacité d'action restreinte et comme étant un acteur négligeable. Ainsi, les États faibles sont considérés par les réalistes comme des acteurs qui réagissent aux actions des autres États, mais qui ne disposent pas de la puissance nécessaire pour être en mesure de modifier substantiellement le système international. À l'inverse, les États forts, ceux qui possèdent une importante capacité de faire la guerre, peuvent transformer ou préserver le système international de façon à satisfaire leurs propres **intérêts nationaux**.

Ainsi pour les réalistes, les États, en tant qu'acteurs, sont considérés comme des unités cherchant à maximiser leurs gains en fonction d'une rationalité stratégique. En raison de la nature anarchique du système international, ils participent à un jeu à somme nulle. Plusieurs approches en théorie des Relations internationales ont tenté de se démarquer de cette approche qu'elles jugeaient monolithique et ahistorique.

Ainsi, les institutionnalistes ont tendance à s'entendre avec les réalistes pour affirmer que le système international est de nature anarchique. Cependant, ils refusent de considérer ce système comme étant nécessairement caractérisé par un jeu à somme nulle. Non seulement ils ont tendance à mettre l'accent sur les formes de **coopération** entre les États qui peuvent aboutir à des gains pour toutes les parties, mais ils insistent également sur les institutions (**normes**, valeurs et lois) et les **organisations internationales** (ONU, UE, OMC, FMI, etc.) qui facilitent ou complexifient la coopération entre les États. En outre, les institutionnalistes reconnaissent l'importance des acteurs non étatiques nationaux et internationaux, dans la mesure où ces acteurs ont intérêt à transformer les relations entre les États. Ces acteurs, qui font par exemple la promotion de la paix, des droits de l'Homme ou de l'environnement sur la scène nationale et internationale, peuvent, entre autres, prendre la forme d'**organisations non gouvernementales**, d'organisations internationales gouvernementales et de firmes transnationales. On peut donc affirmer des institutionnalistes qu'ils reconnaissent une pluralité d'acteurs et d'intérêts au sein du système international.

Dans les analyses de certains institutionnalistes, ce pluralisme incite parfois à sous-estimer le rôle de la puissance au sein du système international. Parce que les institutionnalistes reconnaissent un ensemble aussi diversifié d'acteurs et d'intérêts, il leur est parfois difficile de présenter une vision globale du système international et de la manière dont les relations de puissance s'y articulent. Cette approche permet par contre de saisir toute la complexité de l'État et d'éviter de le conceptualiser comme un acteur unitaire ou comme une boule de billard. Les institutionnalistes soulignent ainsi que les États ont à choisir entre des intérêts contradictoires qu'ils ne peuvent pas tous satisfaire sous le couvert de la poursuite de l'intérêt national.

De façon générale, les marxistes ont tendance à subordonner leur analyse des Relations internationales au cadre très général de l'**économie politique internationale**. L'analyse marxiste insiste particulièrement sur l'identification des éléments de continuité et de changement au sein du système international. Cette approche cherche à spécifier l'ensemble des interactions sociales et économiques qui structurent les relations entre les acteurs nationaux et internationaux, c'est-à-dire qu'elle vise à intégrer la logique dominante du mode de relations sociales de production (les relations sociales de type capitaliste, par exemple) à l'étude des relations internationales. De plus, les marxistes étudient l'ensemble de ces relations, afin d'établir la spécificité historique de n'importe quel système international ou économie politique globale. En ce sens, ils cherchent à identifier les acteurs qui ont à la fois les ressources et les intérêts pour participer à la structure de l'économie politique internationale et pour éventuellement en reproduire ou en transformer les relations de pouvoir. De façon générale, ce sont les classes sociales que les marxistes dotent de la capacité de structurer et de transformer ces relations.

Dans la variante **néogramscienne** de l'approche marxiste, le processus de formation des classes transnationales a beaucoup plus d'importance que dans le marxisme classique, qui s'intéresse principalement aux structures de classes au niveau intra-étatique. Dans la même veine, les firmes transnationales ainsi que les organisations internationales, qui ont un intérêt pour tout ce qui a trait à la production et au commerce (OMC, G8, UE, FMI, etc.), sont considérées comme des acteurs centraux au sein de l'économie politique internationale. Ici, les acteurs significatifs sont les agents intentionnels qui, à travers leur appartenance à des classes, des firmes, des institutions ou des organisations internationales, étendent et reproduisent un ensemble stable de relations internationales où s'articulent des relations de pouvoir qui ont leurs assises dans les relations sociales de production. La reproduction de ces relations s'effectue essentiellement à travers l'action de ce que les néogramsciens qualifient de puissance **hégémonique** (la Grande-Bretagne et les États-Unis, par exemple) et qui ont la capacité de reproduire et de stabiliser l'ordre mondial dans leur intérêt, que ce soit au moyen de compromis avec des puissances intermédiaires ou par l'emploi direct de moyens de coercition.

Certaines variantes de matérialisme historique reconnaissent non seulement la centralité des acteurs identifiés par les néogramsciens, mais s'intéressent davantage au rôle joué par des acteurs au sein des relations sociales intra-étatiques. Ici, l'accent est mis sur le rôle joué par la classe ouvrière ou la classe capitaliste dans la détermination de la rationalité impliquée par les motivations des acteurs transnationaux et internationaux.

De façon générale, les marxistes ne nient pas l'importance de l'État comme acteur. Mais contrairement aux réalistes, qui voient l'État comme un acteur unitaire dont l'action s'explique principalement par son attrait pour le pouvoir, et contrairement aux institutionnalistes, qui voient l'État comme le réservoir d'une pluralité d'intérêts, ils cherchent à comprendre l'évolution de la forme de l'État comme l'évolution d'une institution spécifique qui n'existe pas comme une entité autonome, mais, au contraire, comme une institution constituée au sein de relations sociales. Autrement dit, pour les approches marxistes de l'économie politique internationale, l'État ne peut pas être compris en dehors des relations sociales nationales ou internationales au sein desquelles il s'insère.

Travis Fast, traduction de Frédérick Guillaume Dufour

AGENCE/STRUCTURE, débat — Agency/Structure Debate

> Les pratiques sociales ne font pas que reproduire les acteurs à travers leur identité mais reproduisent également la structure sociale intersubjective à travers les pratiques sociales (Hopf, 1998 : 178).

Le débat sur l'agence et la structure reprend une vieille question de philosophie et de sociologie qu'ont relancée les **constructivistes**, et en particulier Alexander Wendt (1987). Dans son expression la plus simple, le débat entre agence et structure pose la question de l'autonomie d'action de l'agent, ou de l'**acteur**, par rapport aux structures internationales qui l'entourent. En effet, dans toute théorie des **Relations internationales** apparaît, explicitement ou non, une évaluation de la capacité des principaux agents, par exemple les **États**, à affecter par leurs décisions la forme des **institutions** sociales, ou encore de l'effet conditionnant des structures, en particulier le **système international** (pour les **néoréalistes**) ou le capitalisme (pour les **marxistes**), qui contraindraient les agents à agir d'une certaine manière. Certaines théories, comme le **libéralisme**, mettent l'accent sur l'agent, tentant ainsi d'expliquer la « réalité » en fonction des buts et des intérêts de celui-ci. D'autres approches, comme le néoréalisme, considèrent la structure (l'**anarchie**) comme l'unité première d'analyse expliquant les actions des agents en fonction des contraintes et des occasions que permet la structure.

L'importance que donnent les constructivistes à cette question de l'agence/structure émerge de leur insistance sur l'**ontologie** et sur la nécessité de la rendre explicite. Ainsi les constructivistes ont voulu contester les deux visions traditionnelles des Relations internationales en y apportant trois correctifs : 1) un élargissement du concept même de structure ; 2) en décortiquant les caractéristiques de l'agent ; 3) en introduisant la notion de *co-constitution* entre agents et structures, c'est-à-dire l'idée que l'un n'existe pas sans l'autre et que les deux se conditionnent mutuellement.

Les constructivistes postulent que les structures du système international sont des constructions sociales reflétant les pratiques des agents, et ne se limitent donc pas à la **polarité** ou à la répartition de la **puissance**, par exemple, chez les néoréalistes. Trois éléments clés entrent dans cette conception des structures : 1) les « compréhensions partagées » (ou **intersubjectives**), qui sont basées sur le contexte sociohistorique (les idées, les croyances, les **normes**, les principes et les règles) ; 2) les ressources matérielles dont les significations sont toujours relatives aux autres sujets qui nous entourent ; et 3) les pratiques qui sont le principal médiateur entre l'agent et la structure.

La formation des « compréhensions partagées » serait au cœur du processus de constitution des agents et des relations (conflictuelles ou coopératives) qu'ils entretiennent entre eux. Les ressources matérielles, le deuxième élément, prennent tout leur sens dans la manière dont un agent en fait usage vis-à-vis des autres. Comme le disait Wendt : « un pistolet dans les mains d'un ami n'a pas la même signification qu'un pistolet dans les mains d'un ennemi puisque l'hostilité est une relation sociale et non pas une relation matérielle » (Wendt, 1995 : 50). Ensemble, ces « compréhensions partagées » de ce que signifient ces ressources matérielles (des armes par exemple) s'offrent comme instruments nécessaires à l'action des agents. Enfin, c'est par les pratiques des agents et la compréhension qu'ils ont des événements que la structure trouve son existence. « Les structures sociales ont une dimension discursive inhérente car celles-ci sont inséparables des raisons et des compréhensions que les agents apportent à leurs actions » (Wendt, 1987 : 359).

Toujours selon Wendt, l'agent est lui aussi composé de trois éléments caractéristiques : 1) il est généralement en mesure de fournir des explications relatives au comportement qu'il a adopté dans une circonstance quelconque ; 2) il est souvent en mesure de s'adapter à une situation et de modifier en conséquence son comportement ; et 3) il peut prendre des décisions. Ainsi, il est possible de lier les explications du comportement de l'agent aux connaissances partagées et à la distribution des ressources matérielles de la structure, et l'adaptation du comportement ainsi que les décisions aux pratiques dans la structure.

Une part importante de la représentation que les constructivisites font de la réalité repose donc sur les agents puisque leurs actions fondent en quelque sorte l'environnement social dans lequel ceux-ci se trouvent (Thibault, 1997). Comme l'objectif consiste à éclairer les processus de reproduction et de transformation d'une structure sociale donnée, les pratiques des agents deviennent ainsi primordiales dans l'interprétation des structures. D'une part, ces structures sont elles-mêmes largement dépendantes de la primauté accordée aux diverses pratiques des agents qui s'offrent, pour ainsi dire, comme ultime constituant de la réalité sociale. C'est par le biais de ces pratiques que sont construites institutions et règles. D'autre part, le contexte spatial et temporel dans lequel un agent se trouve influencera la façon dont se manifesteront les diverses significations (aussi bien celles relatives aux objets, matériels comme immatériels, que celles relatives aux autres acteurs), où se formera ou se modifiera l'**identité** de cet agent et, sur la base de cette identité, se définiront ou redéfiniront ses intérêts. Ce n'est qu'alors que l'agent agira, contribuant ainsi à construire un nouveau cycle d'interactions qui modifiera à son tour la structure.

Enfin, selon le concept de co-constitution, emprunté de la théorie de la *structuration* d'Anthony Giddens (1984), il y a constitution mutuelle des comportements des agents entre ces derniers et les structures sociales. Autrement dit, les premiers jouissent d'une certaine autonomie d'action, mais qui est cependant conditionnée – plutôt que véritablement *déterminée* – par les structures du système international. Quant aux structures, elles participent à la constitution des intérêts et de l'identité des agents autant que ces derniers produisent et reproduisent ces structures sociales par leurs actions et pratiques. L'objet d'étude qui devrait être privilégié n'est donc pas tant l'influence de la structure sur l'action des agents ou encore la façon dont une combinaison d'actions individuelles serait à l'origine d'une structure donnée, mais bien plutôt « [...] comment l'action est structurée dans un contexte quotidien et comment les caractéristiques de l'action sont structurées par le seul accomplissement de cette action » (Thompson, 1989 : 56).

Le débat qu'a fait naître Wendt est d'une grande importance, car il soulève une question incontournable : où se situe la limite entre les décisions ou les actions provenant du libre arbitre et celles provenant de la structure ? Il implique également que les développements ultérieurs en théorie des Relations internationales devront prendre en compte les éléments de ce débat.

Éric Jasmin
et Evelyne Dufault

ALLIANCE

« Il est impossible d'étudier les relations internationales sans parler des alliances : les deux se recoupent en tout sauf pour le nom » : ainsi s'ouvre l'ouvrage classique de George Liska (1962 : 3) sur les alliances internationales. De fait, les alliances constituent une donnée centrale pour quiconque s'intéresse à la politique internationale, à tout le moins au sens restreint de *high politics*. Pourtant, loin de faire l'objet de vastes débats interparadigmatiques comme c'est souvent le cas en Relations internationales, le concept d'alliance fait au contraire partie de la chasse gardée des écoles **réaliste** et **néoréaliste**. Les polémiques incessantes autour de la notion se restreignent donc bien souvent, pour le meilleur et pour le pire, à des variations sur un même thème : celui de l'**équilibre des puissances**. Partis des énoncés classiques de Morgenthau et Waltz, les théoriciens des alliances ont par la suite formulé une série d'hypothèses auxiliaires plus ou moins réconciliables les unes avec les autres.

D'après Hans Morgenthau, le père du réalisme moderne, les alliances sont une conséquence nécessaire et inévitable du système international (1985 : 201). Autrement dit, il ne s'agit pas, pour les États, d'échapper aux inéluctables pressions de l'équilibre de la puissance, mais plutôt de s'y soumettre par le biais de politiques d'alliance avisées. En tant qu'acteur rationnel en quête de l'intérêt national (défini en termes de puissance), l'homme d'État s'engage donc dans une alliance dans la mesure où celle-ci lui procure un avantage supérieur aux coûts qu'elle engendre. Par ailleurs, les États tendent à s'allier *contre* les États les plus puissants (*balancing*) afin d'équilibrer le système international (voir aussi Liska, 1962). Par exemple, analysant le système d'alliances du Concert européen à l'issue des guerres napoléoniennes, Kissinger (1973) décrit en détail la joute diplomatique menée par les hommes d'État pour parvenir à restaurer l'équilibre de la puissance en Europe par le biais d'alliances contre-révolutionnaires.

La théorie réaliste des alliances fondée sur l'équilibre de la puissance sera systématisée par Kenneth Waltz (1979) dans son ouvrage classique intitulé *Theory of International Politics*. Concentrant son attention sur la distribution de la puissance matérielle au sein du **système international**, Waltz ajoute cependant que puisque la structure du système est **anarchique**, les **États** se contentent d'assurer leur **sécurité** plutôt que de chercher à maximiser leur puissance. Ne pouvant compter que sur leurs propres moyens, ils favorisent généralement une politique d'alliance fondée sur le balancement plutôt que sur le ralliement (***bandwagoning***), s'alliant ainsi aux États plus faibles – afin de rétablir un équilibre – plutôt qu'aux plus puissants (1979 : 125-127). L'intérêt principal à former des alliances provient donc de la crainte constante des autres États, elle-même générée par la nature anarchique du système international. D'après les néoréalistes, la source des alliances est donc systémique.

Bien que partageant le rationalisme du néoréalisme, la théorie économique des alliances (parfois *public-goods theory*) s'en différencie toutefois à d'autres niveaux. Davantage intéressée au fonctionnement des alliances qu'à leurs origines, cette théorie mise au point par Mancur Olson s'est penchée sur les problèmes soulevés par le « partage du fardeau » (*burden-sharing*), notamment au sein de l'OTAN (Olson et Zeckhauser, 1966). Puisque la défense collective assurée par l'alliance est un bien public (*i.e.* qu'il bénéficie automatiquement à tous les membres, peu importe l'importance de leurs contributions respectives), il existe une tendance voulant que les membres les plus puissants de l'alliance paient un coût disproportionné par rapport à celui assumé par les plus faibles (Brown, Price et Raichur, 1976 ; Oneal 1990 et Legpold, 1998).

Dans un effort semblable de formalisation, Glenn Snyder (1984, 1997) s'est inspiré de la théorie des jeux pour forger le concept de « dilemme de sécurité des alliances » (voir **dilemme de la sécurité**). La phase initiale du dilemme se produit lors de la formation des alliances dans un système multipolaire : suivant la logique du **dilemme du prisonnier**, les États peuvent chercher des alliés ou s'abstenir. Si certains d'entre eux choisissent de s'allier, ils provoquent la crainte des autres États qui s'allieront alors de leur côté, entraînant la création de deux blocs opposés. La seconde phase du dilemme de la sécurité des alliances a lieu au moment où les États alliés doivent décider d'honorer leurs engagements ou non en cas de conflit.

Les risques inhérents à ce jeu sont de deux ordres. D'une part, le piège (*entrapment*) survient lorsqu'un État attache davantage de valeur à la survie de l'alliance qu'aux coûts d'une participation militaire aux côtés de ses alliés, l'entraînant à entrer en conflit avec les ennemis de ses alliés. D'autre part, l'abandon se produit lorsque l'État préfère ne pas s'engager aux côtés de ses alliés parce que la valeur qu'il accorde à la survie de l'alliance est plus faible que celle d'une non-intervention. L'alliance est alors remise en question.

Délaissant le formalisme inspiré de la science économique pour en revenir à une approche plus traditionnelle, Stephen Walt (1987) a écrit le principal ouvrage à s'inscrire dans une logique néoréaliste, tout en proposant de sérieux amendements. Walt formule notamment la définition généralement acceptée du concept d'alliance, qu'il conçoit de manière large comme « une relation formelle ou informelle de coopération en matière de sécurité entre deux États souverains ou plus » (1987 : 1, n. 1). Notons que Walt ne fait pas de différence entre alliance et alignement, contrairement à d'autres auteurs (Liska, 1962 ; Snyder, 1997). En bon néoréaliste, il réfute d'abord les hypothèses voulant que l'idéologie, l'aide internationale et la pénétration politique soient des variables importantes dans la création des alliances. Il introduit ensuite le concept qui le rendra célèbre, soit celui d'« équilibre de la menace » (*balance of threat*). Pour Walt, « bien que la puissance soit une variable dans l'équation, elle n'est pas la seule. Il est plus juste de dire que les États tendent à s'allier avec ou contre la puissance étrangère qui leur pose la plus grande menace » (1987 : 21).

La notion d'équilibre de la menace inclut donc davantage de variables que la seule distribution de la puissance matérielle. Premièrement, la « puissance globale » (*aggregate power*) intègre les capacités militaires et industrielles, mais aussi la population et le niveau de développement technologique. Deuxièmement, la proximité géographique joue également un rôle, puisque la capacité d'un État à projeter sa puissance (et donc à exercer une menace) décline avec la distance. Troisièmement, la nature offensive de la puissance a pour effet d'exacerber le sentiment de menace et, par voie de conséquence, la formation d'alliance (Jervis, 1978 ; Van Evera, 1998). Finalement, l'équilibre de la menace est définie par les intentions plus ou moins agressives des États : les alliances sont donc partiellement le produit des perceptions subjectives que les États ont les uns des autres.

Walt a aussi testé la théorie des alliances à l'épreuve de l'histoire (1988), afin de savoir lequel des deux comportements identifiés par Kenneth Waltz est le plus fréquemment observé en politique internationale : l'**équilibrage** (l'alliance contre la menace principale, qui produit un système international plus stable et défensif) ou le ***bandwagoning*** (l'alignement avec la source de la menace principale, qui entraîne un monde plus instable et offensif). Sans grande surprise, Walt conclut que le premier est beaucoup plus fréquent que le second.

Cette conclusion sera toutefois fortement critiquée par Randall Schweller (1994), qui met de l'avant une troisième forme d'équilibre pour expliquer les alliances : « l'équilibre des intérêts » (*balance of interests*). Contestant la conception restrictive que propose Walt du *bandwagoning* comme simple comportement opposé à celui du *balancing*, Schweller soutient que le ralliement est un comportement tout à fait conforme aux prémisses réalistes, dans la mesure où l'objectif d'une telle alliance est le « gain prédateur » (*predatory gain*) plutôt que la simple sécurité. Autrement dit, plutôt que de chercher à équilibrer la puissance, il arrive que les États « se rallient pour le profit ». L'apport théorique de Schweller concerne surtout la notion d'intérêt, que l'État calcule en soustrayant la valeur qu'il attribue au *statu quo* de celle attribuée à sa révision. Les alliances offensives en découlent directement.

En plus de Walt et Schweller, il est frappant de constater combien nombreux sont les auteurs se réclamant de Waltz à avoir au moins partiellement contredit les enseignements du néoréalisme orthodoxe, sans pour autant rejeter la logique de l'équilibre des puissances. Six exemples méritent tout particulièrement d'être soulignés.

1. Christensen et Snyder (1990) suggèrent qu'en situation de multipolarité, deux « pathologies » des alliances empêchent le bon fonctionnement de l'équilibre de la puissance. D'une part, le comportement de « chain-ganging » est commis par un État tellement dépendant de ses alliés pour sa sécurité qu'il est forcé de participer à des conflits dans lesquels il n'a pourtant aucun intérêt. D'autre part, un État pourrait choisir le « buck-passing » plutôt que l'équilibrage : sa trop grande confiance en ses propres moyens le pousse alors à s'abstenir de toute **intervention** malgré l'émergence d'une menace. Dans les deux cas, l'équilibre de la puissance n'est pas restauré de manière aussi automatique que ne l'aurait cru Waltz.

2. Robert Rothstein (1968) s'est concentré sur les petits États pour soutenir que contrairement aux grandes puissances, objets d'analyse privilégiés des réalistes, les premiers doivent se préoccuper d'autres variables que la puissance lorsque vient le temps de forger des alliances. Notamment, Rothstein met en évidence le danger des alliances asymétriques à l'intérieur desquelles les petites puissances peuvent être à la merci des grandes. La meilleure option consiste donc à rechercher des alliances multilatérales mixtes, composées de plusieurs grandes puissances et d'autres petits États (voir aussi Keohane, 1971 ; Lebow, 1997).

3. Kal Holsti (1982) avance que les menaces externes qui sont à la source des alliances ne sont pas toujours militaires, mais aussi bien souvent de nature culturelle, informationnelle ou économique. Réalignements et alliances constituent donc parfois une forme de « nationalisme », de quête d'autonomie face à des menaces non militaires.

4. Certains auteurs de tendance néoréaliste amendent la logique de l'équilibre de la puissance en soulignant l'importance des « croyances stratégiques » (Jervis et Snyder, 1991) dans la formation des alliances (voir **culture stratégique**). La théorie des dominos, par exemple, a longtemps instillé des craintes irrationnelles de ralliement des grandes puissances (Posen, 1984).

5. Samuel Huntington (1996) est un autre cas d'auteur réaliste qui, sans nier

l'importance de la distribution de la puissance matérielle, a ressenti le besoin de lui ajouter une variable culturelle. Selon le paradigme civilisationnel, les États tendent à s'aligner les uns sur les autres principalement en fonction de critères religieux et culturels.

6. Michael Barnett et Jack Levy (1993) avancent que les États n'entrent pas nécessairement en alliance en vertu de préoccupations sécuritaires externes, mais aussi internes : les « États faibles » (*weak states* ; Buzan, 1991 ; Holsti, 1996) comme l'Égypte, par exemple, établissent des alliances d'abord et avant tout dans le but de consolider leur régime politique intérieur. La structure du système international n'est donc pas toujours la principale variable à la source des alliances, contrairement à la théorie de Waltz.

Ces multiples hypothèses auxiliaires, plus ou moins cohérentes les unes avec les autres et greffées pêle-mêle au noyau dur de la théorie de l'équilibre de la puissance, ont fait dire à certains que le néoréalisme est un programme de recherche dégénérescent au sens de Lakatos (Vasquez, 1997). Le problème ne provient pas seulement de l'accumulation d'anomalies (au sens de Kuhn) que le néoréalisme ne parvient pas à expliquer (Schroeder, 1994), mais aussi du fait que la série d'amendement apportés à la théorie de Waltz ressemble à s'y méprendre à un « ceinture protectrice » (*protective belt*) d'hypothèses *ad hoc* qui empruntent de manière tacite et désordonnée à d'autres perspectives théoriques autrement contradictoires (Legro et Moravcsik, 1999). Conséquemment, la théorie néoréaliste des alliances n'aurait plus d'essence distincte et cohérente.

Doit-on conclure, comme l'ont jadis fait les **behavioralistes**, qu'il ne saurait exister de théorie des alliances au singulier, mais bien *des* théories qui se complètent les unes les autres ? (Holsti, Hopmann et Sullivan, 1973 : 41-43 ; Singer et Small, 1966). Si tel est effectivement le cas, on doit regretter l'isolement théorique dans lequel le concept d'alliance a été maintenu, tandis que foisonnaient plusieurs autres approches fructueuses de la **coopération** internationale en matière de sécurité (Müller, 2002). Des études novatrices comme celles de Kegley et Raymond (1990) et de Reiter (1996), qui s'intéressent aux alliances en y voyant respectivement des « **normes** internationales d'engagement » ou des « leçons apprises de l'histoire », pourraient d'ailleurs ouvrir la voie à une conception moins étroite de ce phénomène central de la politique internationale.

Vincent Pouliot

ANARCHIE

Anarchy

> Malgré les changements qui occurrent constamment dans les relations entre les nations, la structure fondamentale de la politique internationale demeure anarchique (Waltz, 1993 : 59).

En **Relations internationales**, le concept d'anarchie prend un sens particulier, différent du sens commun qu'on lui attribue souvent et qui réfère au chaos, au désordre. Le concept d'anarchie est plutôt utilisé au sens d'absence d'autorité ou de gouvernement. *Anarchie* vient effectivement du grec *anarkhia*, qui signifie absence de chef.

Pour les tenants du courant **réaliste** en Relations internationales, l'anarchie est une caractéristique du **système international** qui est déterminée par les interactions des **États** souverains entre eux. Les États, en cherchant à maximiser leur **puissance** ou leur **sécurité**[1], ainsi qu'en poursuivant leur **intérêt national**, défini comme étant la préservation de l'indépendance et de la **souveraineté** nationales, l'intégrité territoriale, la sécurité militaire et le bien-être économique, sont amenés à adopter un comportement reproduisant l'anarchie du système.

Pour les **néoréalistes** en Relations internationales, l'anarchie est plutôt considérée comme une structure déterminant l'ordre international et les relations entre États. Le système international, différant en ce sens du système national par l'absence d'autorité gouvernementale, implique donc l'établissement d'une distinction entre la conduite et l'analyse de la politique interne et celles de la politique internationale. L'absence d'autorité centrale ne signifie toutefois pas l'absence d'ordre. En effet, les néoréalistes considèrent qu'il existe un certain ordre dans les relations entre États. L'anarchie cohabite ainsi avec certains modèles de comportement, par exemple l'équilibre des puissances, qui assurent un minimum de stabilité.

Pour K. Waltz (1979), le représentant le plus important du courant néoréaliste, l'anarchie est un concept qui permet d'expliquer le comportement des États dans le système international. Pour lui, l'anarchie est une structure pré-existante aux États et se conçoit comme étant l'absence de gouvernement au sens weberien du terme, c'est-à-dire l'absence d'instance ayant le monopole de la violence légitime. L'anarchie implique donc une inévitable compétition entre États souverains égaux entre eux et, par conséquent, le souci de leur survie en tant qu'entité indépendante. L'anarchie est reproduite par les États qui cherchent à se protéger face aux menaces que constituent les autres États, entraînant ainsi la logique du **dilemme de la sécurité**. De l'état anarchique du système international résulte une politique mondiale où

1. Alors que la plupart des auteurs réalistes affirment que les États cherchent la maximisation de leur puissance, Raymond Aron soutient plutôt que ceux-ci recherchent la maximisation de leur sécurité dans le système international, sans toutefois adhérer aux autres postulats du structuro-réalisme de Waltz.

on ne peut compter que sur soi-même[2], et qui repose sur l'usage de la force par les États. Toutefois, notons l'existence d'une certaine contradiction dans la pensée de Waltz, puisqu'il affirme au départ que l'anarchie est, comme pour les réalistes, une caractéristique historique du système international, alors que plus tard, il affirmera que l'anarchie est plutôt un concept abstrait nous permettant de fournir une explication théorique du comportement des États.

Les **institutionnalistes néolibéraux** comme R. Keohane ou K. Oye partagent avec les néoréalistes la vision anarchique du système international. Ceux-ci croient que l'anarchie contraint la volonté qu'ont les États de coopérer entre eux. Mais une relecture du **dilemme du prisonnier**, montrant que le comportement des acteurs se modifie dans le cas de séries répétées de jeux, amène plutôt les institutionnalistes à conclure que les **institutions internationales** peuvent faciliter la **coopération** en réduisant l'incertitude face au comportement des autres acteurs.

Pour les **constructivistes**, toutefois, l'anarchie n'est pas une structure préexistante. Pour eux, l'anarchie est un construit et non pas une structure ou une caractéristique du système international. Ainsi, selon N. Onuf (1989), l'idée d'un système international anarchique tire son origine des écrits des juristes libéraux du XIXe siècle. Dans un article intitulé « Anarchy is What States Make of it », le constructiviste A. Wendt avance que l'anarchie existe dans la mesure où les États croient qu'elle existe. L'anarchie est donc un construit social qui a une influence sur le comportement des États. Pour Wendt et la plupart des constructivistes, l'anarchie n'a pas de pouvoir causal en soi. Tout dépend de l'interprétation qui est donnée de l'anarchie et de la vision qu'ont les États de leurs positions et de leurs intentions mutuelles. Cette interprétation du fonctionnement du système international induit un repli sur soi de la part des États et l'adoption d'une politique de la puissance[3]. Mais cette interprétation n'est pas la seule possible ; l'anarchie n'a donc pas de sens en dehors de celui que les États lui attribuent.

Le concept d'anarchie est un des concepts fondamentaux de la discipline des Relations internationales. Une grande part de l'évolution des courants théoriques s'est articulée autour d'une discussion de ce concept. Plusieurs débats ont eu lieu et se poursuivent toujours concernant le sens, la signification et les conséquences de l'anarchie, si bien que l'on peut suivre, comme l'a fait Schmidt (1998), l'évolution de la discipline à travers eux.

Evelyne Dufault

2. On qualifie en anglais ce système de *self-help system*.

3. L'expression *politique de la puissance* traduit le concept de *power politics*.

ARMES DE DESTRUCTION MASSIVE Weapons of mass destruction

Une arme de destruction massive (ADM) est un objet létal conçu pour tuer une grande quantité de personnes en une seule utilisation. En principe, elle ne discrimine pas entre civils et militaires, car son objectif est de toucher le plus de monde possible. Elle peut reposer sur des composants d'origine chimique, bactériologique, radiologique ou nucléaire. La littérature de science-fiction en a imaginé d'autres de nature sismique, climatique, à faisceau ou à énergie dirigée ou encore à infra et ultrasons, mais il est difficile de déceler ici ce qui relève du fantasme ou d'un éventuel projet de recherche et de développement en gestation.

Les ADM sont donc non sélectives, c'est-à-dire qu'elles visent à détruire un grand nombre de vies ou à occasionner des dégâts matériels importants et durables (Jervis, 1982). L'utilisateur de tels engins doit ainsi s'attendre en retour à une riposte au moins aussi dévastatrice pour peu, évidemment, que la victime soit en mesure de donner suite à l'agression initiale. Il faut toutefois noter que malgré leur important potentiel destructeur, les ADM se sont révélées nettement moins mortelles que les armes conventionnelles au cours du XXe siècle.

L'environnement sécuritaire international a changé avec la fin de la **Guerre froide**. Le monde est en effet passé du premier âge nucléaire à un second âge dans lequel les États-Unis et les autres puissances nucléaires alliées font face aux défis posés par, d'une part, des États « voyous » suspectés de détenir ce type d'armement ou désireux d'en acquérir et, d'autre part, des groupes non étatiques (des terroristes) également soupçonnés de vouloir s'en procurer. (Betts, 1998). Pendant pratiquement toutes les années 1990, ce second âge nucléaire a pourtant continué d'être régulé avec les outils et les habitudes hérités de la Guerre froide. À cette époque, Moscou et Washington ont notamment continué de signer des traités prohibant l'usage d'armes antimissiles (*Anti-Ballistic Missiles* ou ABM), visant à réduire l'arsenal stratégique des deux pays (*Strategic Arms Reduction Treaty* ou START) ou cherchant à limiter à un nombre convenu les ogives opérationnelles (*Strategic Arms Limitation Treaty* ou SALT) l'assise du dialogue entre superpuissances.

La période post-Guerre froide a même semblé caractérisée, pendant un temps, par un certain effacement du rôle et de l'enjeu des ADM dans les ordres du jour des chancelleries occidentales, à l'exception du risque de dissémination des stocks de l'ex-Union soviétique qui a suscité une vive inquiétude dans la communauté internationale. En fait, jusqu'à la dénonciation du traité ABM par l'administration de G. W. Bush et à sa décision d'aller de l'avant avec le déploiement du bouclier antimissile, l'enjeu des ADM donnait l'impression d'avoir été relégué au second plan des stratégies de défense pour faire place à une tentative de régulation des affaires internationales par le biais des armes conventionnelles héritées de près d'un demi-siècle de Guerre froide.

La dénonciation du traité ABM a marqué un tournant majeur dans ce dossier. Washington a semblé tirer à sa manière les leçons des années 1990. Non seulement la fin du conflit Est-Ouest n'a pas marqué la fin de l'ère nucléaire, mais il est apparu aux yeux des stratèges américains que les ADM continuaient d'être attrayantes pour des États aux ambitions régionales déclarées (Iran, Irak, Syrie, Corée du Nord). Face à cette situation, les pays les plus avancés en matière de nucléaire militaire (États-Unis, Russie, Chine, France et Grande-Bretagne) ont réadapté leurs doctrines et leurs équipements de manière à remettre la logique de **dissuasion** au goût du jour.

L'un des grands principes stratégiques du premier âge nucléaire se trouve ainsi réaffirmé : le meilleur moyen de prévenir et de riposter à une attaque par le biais des ADM est encore d'utiliser d'autres ADM. Celles-ci servent donc toujours à dissuader et si nécessaire à punir un adversaire. Elles sont encore un recours en cas de défaillance des autres systèmes de défense ou tout simplement d'incapacité à rivaliser avec l'ennemi par le biais d'armements classiques (Sagan, 1996). En fait, pour nombre d'États, les ADM sont aujourd'hui loin d'être perçues comme une relique de la Guerre froide ; elles représentent un moyen privilégié de rétablir un certain équilibre stratégique avec les États-Unis et leurs alliés dont la supériorité au niveau des armements conventionnels ne saurait être mise en doute (Baylis et O'Neil, 2000).

Il est difficile de savoir si les divers types d'ADM sont équivalents sur un plan stratégique. On sait surtout que leurs effets à court et long termes ne sont pas les mêmes. La réponse d'un gouvernement à la suite d'une attaque impliquant une arme bactériologique sera donc nécessairement différente de celle apportée en cas de frappe atomique. On peut tout de même établir que les armes chimiques et biologiques ont pour elles quelques caractéristiques qui les rendent plus séduisantes pour des acteurs ne disposant pas des moyens des grandes puissances militaires. Elles sont peu coûteuses à développer, efficaces et difficiles à contrer ou à détecter (dans l'hypothèse d'une « bombe sale » cachée dans un conteneur, par exemple). Certains leur confèrent également un impact psychologique plus grand encore que les armes atomiques (Price, 1999). Les ADM chimiques ont également fait la démonstration de leur efficacité en cas d'utilisation sur les troupes armées sur un champ de bataille (Première Guerre mondiale, guerre Iran-Irak).

La prolifération des ADM et les risques qui y sont associés sont une préoccupation constante de la communauté internationale depuis que la première bombe A a été utilisée sur les villes d'Hiroshima et de Nagasaki au Japon. De nombreux traités ont ainsi été adoptés dans ce domaine avec un succès relatif. En ce qui a trait aux armes atomiques, mentionnons le Traité de non-prolifération nucléaire (entré en vigueur le 5 mars 1970) dont le but est de prévenir la prolifération des armes nucléaires et d'encourager la coopération pour un usage civil de cette énergie, ainsi que le Traité d'interdiction complète des essais nucléaires. Pour ce qui est des autres types d'ADM, signalons la Convention sur les armes chimiques adoptée en 1992 après douze années d'âpres négociations et la Convention sur les armes biologiques entrée en vigueur en 1975.

À ces traités qui touchent l'arme en elle-même, il convient d'ajouter ceux qui concernent les vecteurs servant à transporter la bombe ou l'ogive et les équipements devant permettre de la contrer. En effet, les inquiétudes relatives à la prolifération des armes chimiques, nucléaires et bactériologiques se sont accompagnées d'une prise de conscience quant à l'accessibilité accrue à la technologie des missiles. En 1987, le Régime de contrôle de la technologie des missiles (RCTM) a donc vu le jour. Son objectif est de limiter les possibilités pour un pays d'accéder à la technologie des missiles ou de développer de nouveaux vecteurs. Le moyen préconisé réside dans le renforcement des modalités de surveillance des exportations des pays membres du régime sur la base de listes communes. Les dispositifs de défense antimissiles sont une catégorie d'armes bien particulières, car ils concernent autant les armes conventionnelles que les armes de destruction massive en s'efforçant de mettre tout ou une partie d'un territoire hors d'atteinte de missiles qui peuvent être porteurs de bombes sales. D'où le choix ici d'isoler le traité ABM des ADM et des armes conventionnelles.

Ces dernières années, le traité ABM a maintes fois occupé le devant de la scène médiatique, mais malheureusement pour de mauvaises raisons aux yeux des promoteurs du **désarmement**. Signé par les États-Unis et l'Union soviétique le 26 mai 1972 et entré en vigueur en octobre de la même année, le traité ABM empêchait les deux parties d'entreprendre la construction d'un système national de **défense antimissile** balistique stratégique et limitait sévèrement le développement et le déploiement de missiles de défense. Le principe du traité était qu'il fallait progressivement réduire les capacités de défense antimissiles des deux superpuissances de façon à les laisser vulnérables aux attaques nucléaires de représailles et, en même temps, définir la capacité de destruction de chaque partie. Se sachant vulnérable en cas de riposte, personne n'a donc intérêt à déclencher une offensive.

Selon les autorités de Washington, le monde actuel est parcouru de menaces tenant notamment à la prolifération nucléaire et à la technologie des missiles. Parmi les États à risque figureraient l'Iran, la Libye, la Corée du Nord et la Syrie (l'*Axe du mal*). Même si ces États sont incapables d'attaquer directement le territoire américain (ils ne disposent pas de missiles intercontinentaux), ils peuvent toujours menacer les États alliés d'Europe, du Moyen-Orient et d'Asie ou frapper les troupes américaines déployées à travers le monde. Cette lecture de l'environnement international a fini par s'imposer dans les sphères décisionnelles américaines, ce qui a conduit à la dénonciation unilatérale par l'administration de George W. Bush du traité ABM, au grand dam de la Russie et des groupes pacifistes.

La perspective d'une régulation du monde par les seules armes conventionnelles s'est évaporée devant l'entêtement de quelques acteurs à se procurer des ADM (Rhodes, 2000). À ce sentiment d'échec concernant les possibilités des armes classiques s'ajoute un phénomène moins connu mais tout aussi important. Les influx budgétaires du début des années 2000 aux États-Unis ont créé les conditions pour faire avancer les programmes de modernisation des armements de ce type, dont une évolution vers des usages tactiques (les fameux *Bunker Busters*). On semble bel et bien engagé dans la voie de la mise en service d'une nouvelle génération d'armes nucléaires.

Ainsi, loin d'être dépassées et cantonnées au contexte bien particulier de la Guerre froide, les ADM semblent s'inscrire durablement dans le contexte stratégique du XXIe siècle.

Yannick Quéau

BANDWAGONING

Bandwagoning

Dans la vie politique américaine, l'expression « to jump on the bandwagon » signifie la décision d'appuyer un candidat ou un parti qui semble être assuré de gagner une nomination ou une élection. En Relations internationales, cette idée a été adoptée sous le nom de *bandwagoning* et popularisée par Kenneth Waltz (1979 : 126) pour indiquer un comportement où un **État** ou un groupe d'États s'allie avec un État ou un groupe d'États plus puissant pour assurer sa (leur) **sécurité**. Selon Waltz, et les autres **néoréalistes**, il s'agirait d'un comportement tout à fait exceptionnel, les États optant normalement pour une **stratégie** d'**équilibrage**, c'est-à-dire une **alliance** formelle ou informelle avec un autre État ou groupe d'États contre l'État ou les États qui représentent une menace réelle ou potentielle. Cette position est contestée par des auteurs, plus proches du **réalisme classique** ou **néoclassique**, comme Randall Schweller (1994), qui prétendent que la sécurité n'est pas toujours l'objectif principal poursuivi par les États, et que dans certains cas, ces derniers cherchent plutôt un gain ou un bénéfice. Dans une telle situation, le *bandwagoning* serait un comportement préférable à l'équilibrage.

D'après Schweller (1994 : 88), les États satisfaits du *statu quo* auront tendance à pratiquer l'équilibrage, tandis que les États insatisfaits, qui sont plus inspirés par le gain que par la recherche de la sécurité, tendront à pratiquer le *bandwagoning* en s'alliant avec un **État révisionniste** montant, comme dans le cas de l'Italie fasciste qui s'est rangée du côté de l'Allemagne nazie au début de la Deuxième Guerre mondiale, plutôt qu'à des puissances militairement plus faibles et partisanes du *statu quo*, comme la Grande-Bretagne et la France. Mais dans les cas où les États qui pratiquent le *bandwagoning* sont aussi en faveur du *statu quo*, toujours selon Schweller (93), cela peut renforcer la stabilité du système, plutôt que de le troubler. Mais quelle que soit la forme que prendra le *bandwagoning*, il serait toujours motivé par l'appât du gain.

Sweeney et Fritz (2004) arrivent à des conclusions semblables à celles de Schweller et comme lui, ils affirment que les cas de *bandwagoning* sont beaucoup plus fréquents que les néoréalistes veulent le faire croire.

Alex Macleod

BEHAVIORALISME — Behavioralism

Souvent présentée comme le « deuxième grand débat » de la théorie des **Relations internationales**, la querelle entre *behavioralistes* et tenants du **réalisme classique**, qui a surgi au début des années 1960, était beaucoup plus un différend sur des questions de méthodologie qu'une controverse de fond sur l'**épistémologie** ou l'**ontologie**. Les réalistes classiques, ou traditionalistes, gardaient des réserves très sérieuses sur la possibilité de formuler une véritable « science exacte » de l'étude des relations internationales, tandis que les behavioralistes, conformément à la tendance générale des sciences sociales de l'époque, voulaient concentrer la recherche sur les manifestations extérieures de phénomènes clairement observables et soulignaient l'importance d'utiliser des méthodes quantitatives, telles que les corrélations statistiques, la construction de modèles, la simulation, l'analyse du contenu et la **théorie des jeux**. Sur le plan épistémologique, les *behavioralistes* sont résolument plus **positivistes** que les réalistes classiques. Mais ils ne remettent pas en cause l'essentiel de l'ontologie du réalisme classique, en particulier le rôle de l'**État** comme acteur principal du **système international** et la notion d'un système **anarchique,** mais tendent, néanmoins, à restreindre l'ontologie des relations interrnationales à ce qui est physiquement observable, et à ignorer, voire rejeter, des phénomènes invisibles, tels que les structures.

BIENS COLLECTIFS — Collective Goods

Voir **biens publics**.

BIENS PUBLICS — Public Goods

De façon générale, un bien public, ou bien collectif, désigne un bien dont tout le monde peut profiter gratuitement, même s'il n'a contribué financièrement ni à sa création ni à son maintien. Un exemple bien connu d'un bien public serait le trottoir ou l'éclairage des rues, dont l'usage est ouvert à tous ceux qui veulent s'en servir.

En **Relations internationales**, la question de l'existence de biens publics est posée surtout par les partisans du

réalisme et du **néolibéralisme**. Au cœur de leurs interrogations se pose le « problème des biens collectifs », c'est-à-dire le fait que si tous veulent bénéficier d'un bien public collectivement, sur le plan individuel, on ne veut pas nécessairement y contribuer financièrement. Il y a donc toujours danger que certains **États** profitent indûment d'un bien public, qu'ils deviennent ainsi des **passagers clandestins** (*free-riders*) par rapport au bien public en question. Par exemple, les États-Unis accusaient le Japon, surtout au cours des années 1980 et 1990, de profiter de l'ordre commercial libéral, tout en pratiquant envers ses partenaires une politique de protectionnisme, ce qui favorisait à la fois les exportations japonaises et le maintien du marché intérieur japonais, au détriment d'une économie ouverte et efficace comme celle des États-Unis.

L'existence des biens publics nécessiterait donc une certaine mesure de coercition pour assurer une forme d'équité. Les réalistes prétendent que l'offre des biens publics, tels que la **sécurité** ou un système de commerce relativement ouvert, doit dépendre de la volonté d'une **puissance hégémonique** globale ou régionale capable d'assurer le maintien du bien public en question. Les néolibéraux, pour leur part, affirment que la **coopération** entre plusieurs États, surtout à l'intérieur d'**institutions internationales**, ou de **régimes**, peuvent assurer un respect équitable des biens publics sans l'existence d'une puissance hégémonique.

BIPOLARITÉ

Bipolarity

Répartition de la puissance dans le **système international** autour de deux **États** ou centres de **puissance** (pôles). Voir **polarité** et **réalisme**.

BRETTON WOODS, système de

Bretton Woods System

Le lecteur qui se penche pour la première fois sur la littérature concernant le système de Bretton Woods pourra être pardonné s'il croit y trouver le récit du Paradis perdu. Paradis, ce l'aurait été sous la forme des taux de changes stables mais ajustables qui prévalurent des années 1950 jusqu'à 1971. Les plaisirs associés à ce paradis auraient compris la stabilité des prix, le plein-emploi et la capacité d'équilibrer sans effort la balance des paiements. Ce paradis aurait été perdu entre 1971 et 1973, le système de Bretton Woods ayant été détruit par des politiques insouciantes, en particulier celles des États-Unis. Le monde aurait dès lors été jeté dans un purgatoire de taux de change flottants, d'inflation rapide et de sous-emploi. Ainsi va le mythe (Eichengreen, 1997 : 313-314).

Le système de Bretton Woods est issu d'une série d'accords multilatéraux sur les relations économiques internationales qui furent signés à Bretton Woods (États-Unis) en juillet 1944 sous l'égide de l'ONU, alors à l'état embryonnaire. Tablant sur les négociations entreprises deux ans auparavant par les États-Unis et la Grande-Bretagne, 44 États s'entendirent alors sur l'instauration d'un système monétaire international reposant sur la convertibilité des devises et la stabilité des taux de change. On créa également à cette occasion le Fonds monétaire international et la Banque internationale pour la reconstruction et le développement ou Banque mondiale.

De façon plus générale, le système de Bretton Woods est le système monétaire et financier international qui, de son établissement en 1944 à sa désintégration à partir de 1971, institua des formes de régulation économique à l'échelle internationale. En effet, la reconstruction d'un ordre multilatéral libéral après la Seconde Guerre mondiale transposa au niveau international certains principes organisateurs mis en place par les **États** sur le plan interne, notamment la protection de la sphère des échanges des turbulences des marchés financiers. Ce système monétaire et financier institutionnalisa de surcroît la surveillance des politiques économiques et le soutien des pays en déficit dans le cadre du Fonds monétaire international (FMI), de même que l'aide aux pays dévastés par la **guerre** et aux pays dits « en développement » dans le cadre de la Banque mondiale.

L'histoire des circonstances ayant mené à l'adoption des Accords de Bretton Woods, comme celle des négociations elles-mêmes, est connue pour être tortueuse et à saveur très technique (*cf.* Helleiner, 1994 : ch. 2 ; Eichengreen, 1996 : ch. 4 ; Lelart, 2000). Or trop simplifier cette histoire, c'est reproduire *de facto* les mythes qui entourent le système de Bretton Woods. Nous nous pencherons donc plutôt de façon rétrospective sur les débats dans la littérature en **économie politique internationale** entourant l'interprétation du système de Bretton Woods.

C'est seulement vers la fin des années 1970 que s'est développé l'intérêt des chercheurs en économie politique internationale pour l'étude du système monétaire international (Bloch, 1977 ; Cohen, 1977). Après la désintégration du système de Bretton Woods en 1971, sur laquelle nous reviendrons, des turbulences monétaires se firent sentir dans l'économie mondiale (comme la spéculation par des agents privés sur les taux de change des devises nationales). De longues traditions de recherche sur l'impact de telles ondes de choc monétaires et les possibilités de les réguler existaient déjà en économie politique (Polanyi, 1944 ; Strange, 1971 ; Kindleberger, 1973). C'est dans une large mesure sur celles-ci que s'appuyèrent les travaux en économie politique internationale à mesure que ce domaine se consolidait dans les années 1980.

Dans la littérature inspirée du **réalisme**, de nombreux arguments présentent la stabilité et la bonne marche passagères du système de financement international établi à Bretton Woods comme résultante exclusive de l'**hégémonie** des États-Unis dans le contexte spécifique de l'après-guerre (Keohane, 1983 ; Gilpin, 1987 ; Kindleberger, 1973). Selon cette thèse chaudement débattue (Strange, 1987 ; Burnham, 1990 ; Eichengreen, 1990 ; Cerny, 1993 ; Walter, 1993), l'établissement d'un **régime** monétaire et financier multilatéral dans un **système international** caractérisé par l'**anarchie** n'aurait été possible que grâce au leadership assumé par les États-Unis vis-à-vis des autres démocraties libérales. Les États-Unis étaient, après la guerre, la seule économie industrielle majeure qui n'ait pas été lourdement détruite, et disposaient des trois quarts des réserves mondiales en or (ce qui assurait leur capacité d'assurer la convertibilité de leur monnaie en or). C'est cette forte concentration du pouvoir économique au profit des États-Unis qui, en conjonction avec la concentration du pouvoir militaire, expliquerait pourquoi la convertibilité du dollar en or devint le pivot du système de Bretton Woods. La v par rapport au prix de l'or, à un taux fixe, et le rapport des autres devises avec le dollar fut régulé dans un cadre multilatéral. Dans la pratique, le dollar américain devint ainsi la devise internationale par excellence, un actif liquide aussi sûr que l'or et portant intérêt.

Contrairement à ce qu'une interprétation simpliste de l'hégémonie américaine pourrait laisser croire, un nombre surprenant de demandes britanniques (une puissance moins influente) furent intégrées dans les accords de Bretton Woods. Une certaine flexibilité des taux de change et la légitimité du contrôle des changes figurent en tête de celles-ci. Selon les Accords de Bretton Woods, tout changement dans la valeur des devises devait être négocié entre les États par l'entremise d'une **institution** multilatérale : le FMI. L'administration américaine voulait initialement investir le FMI d'un droit de *veto* contre toute décision d'un pays de modifier (d'ordinaire à la baisse) le taux de change de sa devise respective. L'objectif de cette demande était d'assurer un rapport stable entre les valeurs des devises principales, toutes devant être liées à l'or à un prix donné. L'accord final refléta toutefois la demande britannique voulant que le FMI ne puisse s'opposer à la dévaluation d'une devise si cela était nécessaire, afin de corriger un « déséquilibre fondamental » dans le compte courant d'un pays (qui reflète principalement la balance commerciale). En l'absence d'une définition claire de ce que constitue un « déséquilibre fondamental », les pays autres que les États-Unis disposèrent de la marge de manœuvre nécessaire pour dévaluer leur devise. Si ceux-ci hésitèrent d'ordinaire à le faire, c'était autant pour des motifs liés à l'impact intérieur d'une dévaluation que pour des raisons liées à la « structure hégémonique » du système monétaire international (Eichengreen, 1990 : 285 ; Burnham, 1990 : ch. 2).

Il serait donc réducteur de caractériser le système de Bretton Woods simplement comme l'imposition de l'ordre du jour multilatéral des États-Unis. Ruggie souligne le fait qu'une telle analyse négligerait les attentes en termes de réciprocité sur lesquelles reposent les accords multilatéraux (Ruggie,

1992 : 594-595). Selon lui, il faudrait plutôt analyser le système de Bretton Woods comme un régime reposant sur une base normative qui, parce qu'elle était partagée par la communauté internationale, aurait facilité la **coopération** et la réalisation d'objectifs communs. Ruggie lui-même voit dans la période d'après-guerre une réorganisation majeure de l'équilibre entre le politique et l'économique, marquée par l'institutionnalisation d'un régime multilatéral fondé sur le principe d'interventionnisme dans la sphère intérieure (Ruggie, 1982 : 393). Cet **ordre international**, qualifié par Ruggie de « **libéralisme** enchâssé » (*embedded liberalism*), cherchait à réconcilier la libéralisation des marchés avec un rôle actif des États dans leurs économies respectives, plutôt qu'une subordination pure et simple des formes de régulation aux impératifs économiques.

De nombreux chercheurs ne partagent pas les « prémisses volontaristes » (Harmon, 1997 : 1-19) sur lesquelles repose l'analyse du système de Bretton Woods en termes de régime. Ils chercheront à comprendre le système de Bretton Woods non pas comme la translation négociée du pouvoir de la **puissance** hégémonique dans un régime de contrôle financier, mais plutôt comme la résultante d'une conjonction beaucoup plus complexe de facteurs sociaux, économiques et politiques durant une période spécifique (Cerny, 1993 ; Eichengreen, 1997). Par exemple, ceux qui s'inspirent des travaux de Karl Polanyi ont généralement vu dans le « libéralisme enchâssé » d'après-guerre « l'autoprotection de la société » contre le fonctionnement d'un marché autorégulateur qui « menace de détruire la société » (Polanyi, 1944 : 264). Ces mesures d'autoprotection auraient remplacé le marché autorégulateur par le marché régulé et l'État du « laisser-faire » par des formes d'interventionnisme étatique, remettant ainsi en cause la séparation institutionnelle des sphères économique et politique.

Selon cette thèse d'un « encadrement de l'économique par le social et le politique » auquel le système de Bretton Woods aurait contribué, le « libéralisme enchâssé » d'après-guerre aurait mené à une inflexion profonde des rapports de force entre les marchés et les États (Adda, 1996 : 110 ; Cox, 1987 : ch. 7). La restriction des mouvements internationaux de capitaux (en particulier des mouvements spéculatifs à court terme) et une fixation des taux de change (permettant toutefois la flexibilité nécessaire à la correction des déséquilibres fondamentaux) auraient contribué à protéger les économies nationales des pressions émanant des marchés mondiaux (Helleiner, 1994 : 3-6, 25-77). Cette vision renouvelée des **Relations internationales** fondée sur l'idée de « sécurité économique » (Deblock, 1992), de même que les acquis sociaux qui l'auraient accompagnée (notamment, la mise en place de l'État-providence), auraient toutefois été minés au cours des trente dernières années par la montée de l'idéologie néolibérale et par la résurgence des « forces du marché », notamment sous la forme de la fameuse **mondialisation** de la finance. La création de marchés financiers transnationaux, non soumis aux régulations étatiques, aurait en effet contribué à la désintégration du système de Bretton Woods en minant le fonctionnement des contrôles de change et la capacité des États nationaux à réguler leurs devises respectives (Cerny, 1993 ; Adda, 1996 : 110-12 ; Eichengreen, 1996 : 196).

Nombreux sont les théoriciens en économie politique internationale qui croient qu'il ne faut pas voir dans le système de Bretton Woods un cadre institutionnel ayant asservi la finance au pouvoir démocratique des **nations**, et encore moins comme un système ayant ainsi contribué à dissoudre les rapports capitalistes que Polanyi désignait sous l'appellation de « société de marché ». D'une part, comme le souligne Adda (1996 : 104), il faut se défaire d'une vision naïve du système de Bretton Woods qui y verrait la naissance d'instances de régulation mondiale susceptibles « d'arbitrer entre les intérêts divergents des différentes unités composant l'économie monde capitaliste, d'opérer les redistributions exigées tant par l'équité que par le bon fonctionnement de cette économie, de surveiller les activités des firmes et des banques multinationales et de promouvoir des politiques d'intérêt planétaire ».

D'autre part, les formes de régulation monétaire d'après-guerre facilitèrent l'internationalisation de la production et de la finance et, ainsi, l'expansion des rapports de marché capitalistes à l'échelle mondiale. Ces processus d'internationalisation furent lancés dès les années 1950 (Burnham, 1990), ce qui souligne le caractère caricatural des analyses qui contrastent l'« asservissement » de la finance sous le système de Bretton Woods et sa dominance subséquente. En effet, c'est le caractère très limité du contrôle des États sur la finance dans l'après-guerre qui s'exprimait, à partir des années 1960, dans l'essor de la finance internationale privée (Cerny, 1993 ; Helleiner, 1994 ; Webber et Rigby, 1996 : ch. 2). Les « forces du marché » purent miner les mesures de protection adoptées par les États nationaux parce que le système de Bretton Woods ne soumit jamais les marchés au pouvoir des États (et encore moins à « la société »).

Le système de Bretton Woods ne compromit en rien les rapports sociaux capitalistes qui sous-tendent le pouvoir social du marché et de la finance privée (Holloway, 1995 ; Lacher, 1999a). Le régime libéral d'après-guerre contribua plutôt à l'universalisation des impératifs du marché et, progressivement, à une intensification de la compétition sur les marchés internationaux. Alors que le rééquilibrage des rapports de force économiques entre les États-Unis et l'Europe, d'une part, et le Japon, d'autre part, devenait perceptible à travers l'érosion continue du solde des échanges de produits manufacturés des États-Unis (celui-ci devient négatif en 1971), l'essor de la finance internationale privée permettait le déchaînement de la spéculation contre le dollar américain.

Au moment de comprendre les événements qui s'ensuivirent, nombre d'auteurs s'attarderont moins sur une supposée crise d'hégémonie des États-Unis que sur l'approfondissement, vers la fin des années 1960, d'une crise de profitabilité mondiale. C'est en réponse à celle-ci que se seraient développées les stratégies étatiques qui menèrent à la fin de la convertibilité-or du dollar (décidée par l'administration américaine le 15 août 1971), aux dévaluations du dollar qui l'ont suivie (en décembre 1971 et février 1973) et aux conflits politiques internationaux qui marquèrent la reconstruction du système monétaire international (Leyshon et Thrift, 1997 : ch. 2 ; Duménil et Lévy, 1999 ; Gowan, 1999 : ch. 2-3 ; Brenner, 2002 : ch. 1).

Étienne Cantin

CAPACITÉS

Capabilities

Un des concepts clés du **néoréalisme**. Le **système international** est marqué, selon Waltz (1979), par la répartition de la **puissance** qui s'exprime en termes de leurs capacités respectives, c'est-à-dire le nombre d'habitants, l'ampleur du territoire, les ressources naturelles, la force économique, la capacité militaire et les compétences intellectuelles et organisationnelles de la population.

CHOIX RATIONNEL, théorie du

Rational Choice Theory

> On trouve des incarnations de l'analyse rationnelle dans les systèmes d'axiomes formels, dans les analyses économiques, dans les récits historiques des événements politiques, dans les discussions de l'essence des politiques et dans les observations communes (Steinbruner, 1974 : 25).

D'emblée, nous devons préciser que la « théorie du choix rationnel » correspond davantage à une approche méthodologique qu'à une véritable **théorie**. En effet, la « théorie du choix rationnel » apparaît plutôt comme une qualification générique utilisée en **Relations internationales** afin de regrouper un large éventail d'auteurs et d'écoles diverses. Inspirée par le développement des modèles économiques dans les années 1960, notamment grâce à l'École de Chicago, la théorie du choix rationnel en science politique se conçoit habituellement comme une méthode selon laquelle nous expliquons les actions individuelles et collectives des agents comme la poursuite d'objectifs, réalisée sous la contrainte. En termes plus simples, la théorie du choix rationnel suppose que, lorsque vient le temps d'agir sur la scène internationale, les différents **acteurs** internationaux font face à une multitude d'actions possibles et doivent faire un choix. Ainsi, les acteurs évaluent les gains et les coûts associés à chacun des scénarios possibles afin de déterminer l'option maximisant son bien-être. En quelque sorte, le comportement des agents sur la scène internationale est tributaire d'un calcul rationnel soupesant l'ensemble des options possibles.

Manifestement cette définition est fort simpliste et, dans le champ des Relations internationales, il s'avère très difficile de savoir où commence et où s'arrête le **paradigme** du choix rationnel puisque celui-ci apparaît beaucoup plus comme un concept parapluie où plusieurs écoles théoriques puisent leurs principes. Par conséquent, la meilleure façon de concevoir la théorie du choix rationnel est probablement à titre d'agrégat de prémisses auxquelles les auteurs adhèrent en partie ou en totalité. Or, trois postulats sont fondamentaux à la compréhension de la théorie du choix rationnel : l'agent décisionnel est unitaire, l'agent est rationnel en cherchant à atteindre des objectifs identifiables, la décision est contrainte par une multitude de facteurs endogènes et exogènes. À partir de ces trois principes de base nous pouvons, dans une large mesure, dégager l'ensemble des interprétations dans la littérature en Relations internationales.

Le premier principe associé au choix rationnel met en valeur l'idée selon laquelle l'agent décisionnel est une entité unitaire. Dans le domaine des Relations internationales, cette caractérisation est conçue différemment en fonction du point de vue analytique de l'auteur. Effectivement, s'il se place dans une perspective systémique (le « outside-in » de Waltz), alors l'**État** est perçu comme l'agent principal dans les affaires internationales. Dans ce cas précis, les objectifs et les stratégies de l'acteur étatique (dans la mesure où celui-ci met en œuvre des stratégies afin d'atteindre ses buts) apparaissent être rationnels (Morgenthau, 1978). Par contre, si l'auteur met l'accent sur les déterminants internes du comportement international des États (le « inside-out » de Waltz), alors l'agent unitaire est associé au dirigeant ou à l'élite politique responsable de la mise en œuvre de la **politique étrangère**. Le cas échéant, les objectifs de politique étrangère demeurent dépendants des vicissitudes contextuelles de chaque État (donc potentiellement irrationnels), mais le processus décisionnel ayant pour but d'identifier la politique reste rationnel (Bueno de Mesquita et Lalman, 1992).

La deuxième prémisse constitutive du choix rationnel soutient que les agents agissent de façon rationnelle en calculant les coûts et les bénéfices de chaque alternative et en choisissant celle qui maximise leurs intérêts. Naturellement, comme nous l'avons explicité précédemment, cet axiome varie suivant la position analytique de l'auteur. Dans l'optique de l'approche systémique, la notion d'« intérêt » diffère grandement selon les écoles théoriques : le **pouvoir** ou la **sécurité** (Morgenthau, 1978 ; Waltz, 1979 ; Van Evera, 1999), la **coopération** (Keohane, 1984 ; Martin, 1999), les idéaux démocratiques (Maoz, 1997), etc. Néanmoins, quoique diverses, il n'en demeure pas moins que nous pouvons identifier et évaluer de façon objective les options décisionnelles possibles. Dans la perspective de l'analyse des politiques, le concept d'intérêt est, quant à lui, généralement identifié à celui d'utilité. En effet, comme il s'avère très difficile de faire une estimation de la « valeur » des intérêts humains, ceux-ci étant incommensurables, nous avons subsumé toutes les dimensions permettant de mesurer les « intérêts » sous la notion abstraite d'utilité. Ainsi, le paradigme du choix rationnel laisse aux décideurs le soin de déterminer la valeur relative des différentes options possibles ce qui donne lieu à une série de « préférences ».

Le troisième et dernier principe caractéristique du choix rationnel est celui de la contrainte décisionnelle. En effet, il serait utopique de croire que l'agent, qu'il soit une **nation** ou un individu, puisse avoir accès à l'ensemble des alternatives possibles. De fait, un ensemble de contraintes endogènes et exogènes (Putnam, 1988), qu'elles soient technologiques, institutionnelles ou émanant de l'interaction entre les acteurs, servent à limiter les options disponibles (Morrow 2002 ; Snidal, 1996). Sur le plan de l'analyse des politiques, nonobstant l'acceptation des contraintes sus-mentionnées, l'approche du choix rationnel a depuis longtemps renoncé à l'hypothèse de l'agent hyperrationnel en reconnaissant que celui-ci est limité, tant dans sa capacité à obtenir toute l'information nécessaire afin de choisir convenablement, que dans son aptitude à « calculer » tous les coûts et les bénéfices infinis d'un nombre illimité de possibilités. De fait, l'agent doit établir ses préférences dans un certain climat d'incertitude quant à la probabilité d'atteindre ces choix. Cela donne lieu à l'hypothèse de l'utilité espérée où l'agent élabore une « liste » des préférences (appelée fonction d'utilité espérée) et choisit les options les plus « utiles » selon leurs probabilités d'accomplissement.

En définitive, de par sa dévotion aux axiomes de simplification et de généralisation, la théorie du choix rationnel est à la base même de l'analyse des processus décisionnels exprimés à l'aide de modèles formels et de la **théorie des jeux** (Allison et Zelikow, 1999). Quoique faisant constamment l'objet de critiques, tant externes qu'internes, le paradigme du choix rationnel demeure l'une des avenues les plus flexibles et les plus dynamiques en Relations internationales.

Jean-Christophe Boucher

COMMUNAUTÉ DE SÉCURITÉ

Security Community

Le concept de communauté de sécurité est l'une des rares notions, en Relations internationales, à avoir su traverser les décennies sans perdre sa pertinence. Né dans les années 1950, en pleine **Guerre froide**, il a ensuite connu une deuxième vie dans l'après-Guerre froide. De Karl Deutsch *et al.*, en 1957, à Emanuel Adler et Michael Barnett, en 1998, les principaux théoriciens des communautés de sécurité ont en commun leur volonté de mettre en évidence les fondements sociologiques des relations internationales. Aujourd'hui, le programme de recherche sur les communautés de sécurité est l'un des plus importants à s'inscrire sous la bannière **constructiviste**.

En ouverture de leur ouvrage intitulé *Political Community and the North Atlantic Area*, Karl Deutsch et ses collègues (1957 : 3) formulent ainsi la problématique guidant leurs recherches : « Comment peut-on apprendre les uns des autres afin d'éliminer la **guerre** en tant qu'institution sociale ? » D'esprit résolument **pacifiste**, cette étude cherche à comprendre comment différentes communautés politiques sont historiquement parvenues à instaurer en leur sein des « attentes raisonnables de changement pacifique », c'est-à-dire une conviction partagée que la **résolution des conflits** sociaux se fera sans recours à la violence. Pour Deutsch *et al.*, « [u]ne communauté de sécurité, donc, en est une où il existe une véritable assurance que les membres de la communauté ne recourront jamais à la violence physique et résoudront leurs conflits d'une autre manière » (5).

Les auteurs distinguent deux types de communautés de sécurité (6). Le premier est la communauté de sécurité unifiée : des unités politiques autrefois indépendantes se rassemblent au sein d'une communauté unique pacifiée, comme aux États-Unis par exemple. Le second type est la communauté de sécurité pluraliste, au sein de laquelle des États indépendants coexistent pacifiquement. L'Amérique du Nord illustre bien ce type d'évolution historique.

Pour attester de l'existence d'une communauté de sécurité, Deutsch et ses collègues proposent deux « tests » (31-32). Le premier, subjectif, consiste à analyser le discours et les actes des élites politiques. Le second test, objectif celui-là, s'intéresse à la part de ressources allouées par l'État à la **défense**. Tel que forgé en 1957, le concept de communauté de sécurité est étroitement lié à ce que Deutsch *et al.* appellent un sentiment de « we-feeling », c'est-à-dire « un processus dynamique et permanent d'attention mutuelle, de communication, de perception des besoins et de réceptivité dans l'élaboration des décisions » (36). L'importance accordée à une telle variable sociologique contribue à mettre en évidence l'interaction dynamique entre la politique intérieure et la politique internationale.

Sur la base d'études empirico-historiques concernant, entres autres, les États-Unis, les îles Britanniques, l'Empire des Habsbourg et la Scandinavie, les auteurs identifient neuf conditions essentielles à l'existence d'une communauté de sécurité unifiée : 1) une compatibilité de valeurs ; 2) un mode de vie caractéristique ; 3) des attentes de relations économiques bénéfiques ; 4) une augmentation marquée des capacités politiques et administratives de certaines unités participantes ; 5) une croissance économique accélérée pour au moins certaines unités participantes ; 6) un tissu de communication sociale intact, à la fois sur le plan géographique entre les territoires et sur le plan sociologique entre les couches sociales ; 7) une élite politique en expansion ; 8) la mobilité des personnes, au moins de la couche politiquement significative, à l'intérieur de la communauté ; et 9) une grande variété de modes de communication et de transaction (46-65).

En ce qui concerne les communautés pluralistes de sécurité, seulement trois conditions apparaissent essentielles aux yeux des auteurs : 1) une compatibilité de valeurs ; 2) la capacité des unités politiques à répondre rapidement, adéquatement et pacifiquement à leurs besoins mutuels, leurs messages et leurs actions ; 3) la prévisibilité du comportement des partenaires (65-69). Au total, les vastes recherches empiriques menées par Deutsch ont donc permis d'émettre d'intéressantes généralisations sur les conditions d'émergence des communautés de sécurité.

Du fait de la **Guerre froide**, le concept de communauté de sécurité demeura dans un « anonymat théorique relatif » pendant quelques décennies (Barnett et Adler, 1998 : 413). À compter des années 1990, avec la fin de la rivalité Est-Ouest et à la faveur de l'émergence du constructivisme en Relations internationales, Emanuel Adler et Michael Barnett (1996) tentèrent de démontrer à nouveau le potentiel du concept, tout en l'améliorant. Se concentrant sur la seule variante pluraliste des communautés de sécurité, ils sont parvenus à rassembler, dans *Security Communities*, une gamme impressionnante d'études empiriques concernant des régions aussi variées que l'Europe de l'Ouest, le golfe Persique, l'Asie du Sud-Est, l'Amérique du Sud, l'Océanie et l'Amérique du Nord. En introduction, Adler et Barnett ont également construit un cadre théorique original où les intuitions de Deutsch et ses collègues se mêlent aux outils constructivistes contemporains.

Les auteurs définissent une communauté de sécurité comme « une région transnationale composée d'États souverains dont les habitants entretiennent des attentes raisonnables de changement pacifique » (Adler et Barnett, 1998 : 30). Le caractère distinctif d'une communauté de sécurité est donc l'absence d'attentes ou de préparation à la violence organisée comme mode de résolution des conflits (34). Dans une logique similaire, Ole Wæver (1998 : 72) considère que les communautés de sécurité se caractérisent par l'occurrence répétée, en leur sein, de « non-guerres », c'est-à-dire de conflits qui auraient habituellement mené à la guerre mais qui ont plutôt été résolus pacifiquement. Pour les constructivistes, les communautés de sécurité sont socialement construites, ou « imaginées » (Adler, 1997). Wæver note à ce propos que « la communauté fonctionne quand les acteurs choisissent d'agir *comme s'il* existait une communauté » (1998 : 77, italiques dans l'original) En somme, une communauté de sécurité n'existe qu'à travers les structures sociales.

Délaissant les conditions essentielles de Deutsch *et al.*, Adler et Barnett expliquent l'émergence des communautés de sécurité à trois niveaux (1998 : 37-48). Le premier est celui des « conditions précipitantes » : des changements technologiques, une menace extérieure, de nouvelles constructions sociales, des évolutions économiques ou démographiques, par exemple, orientent des États dans une même direction et les incitent à coordonner leurs actions. Puis, au second niveau, la densité croissante d'interactions sociales commence à modifier l'environnement des États impliqués. Des éléments structurels comme la puissance et les connaissances, de même que des processus tels que les transactions, les **institutions internationales** et l'apprentissage social participent à cette évolution. Finalement, le développement de la confiance et de la formation d'une **identité** collective représente le troisième niveau.

Une fois émergée, une communauté de sécurité se développe suivant trois phases : naissance, ascendance et maturité. Adler et Barnett fournissent une série d'indicateurs empiriques permettant d'attester de l'existence d'une communauté de sécurité mature : des mécanismes approfondis de multilatéralisme, des frontières non gardées, une planification militaire révisée, une définition commune des menaces et un discours de communauté. Autrement dit, comme toute construction sociale, les communautés de sécurité engendrent des manifestations concrètes que l'analyste peut étudier.

Selon les directeurs de *Security Communities*, le programme de recherche sur les communautés de sécurité implique un « retournement paradigmatique » pour la théorie des relations internationales, parce qu'il est fondé sur l'hypothèse que « les conflits violents peuvent être atténués, voire éliminés, par le développement d'identités mutuelles entre les peuples plutôt que par les pratiques conventionnelles d'équilibre de la puissance et de sécurité collective » (Adler et Barnett, 1998 : 59). Cet intérêt marqué pour le changement, au cœur de l'approche constructiviste, a suscité des critiques de certains positivistes, qui accusent le programme de recherche de normativisme, voire d'utopisme. Conscients que Deutsch, déjà en 1957, était la cible de reproches similaires, Adler et Barnett ont explicitement admis que leur programme de recherche voulait « penser l'impensable » (1996 : 63).

Une autre critique persistante contre le programme de recherche sur les communautés de sécurité concerne la notion de *core areas* ou centres de gravité. En 1957, Deutsch et ses collègues considéraient que « [l]es unités politiques plus grandes, plus fortes, plus avancées sur les plans politique, administratif, économique et scolaire, semblent constituer des centres de gravité autour desquels se développent les processus d'intégration » (38). Adler et Barnett s'alignent sur cette idée lorsqu'ils avancent que « la puissance joue un rôle majeur dans le développement et le maintien des communautés de sécurité » (1998 : 39). Pour certains **néoréalistes**, cet argument renvoie directement à la **théorie de la stabilité hégémonique** et entre en contradiction avec le concept même de communauté de sécurité.

Si Adler et Barnett ont réussi à corriger certaines obsessions **behavioralistes** de la méthodologie employée par Deutsch (205-207) (par exemple le décompte des flux postaux transatlantiques), ils se sont aussi attiré quelques critiques. Entre autres, leur cadre théorique est souvent taxé d'élitisme. Charles Tilly (1998 : 400) se demande qui, à l'intérieur des **États** formant une communauté de sécurité, doit partager les « attentes raisonnables de changement pacifique » : les simples citoyens, les élites, le gouvernement ? Morten Boas (2000 : 311) pousse la critique plus loin encore en demandant : « Les élites promeuvent la sécurité pour qui ? » D'autres analystes ont dénoncé le statocentrisme d'Adler et Barnett, y voyant la manifestation d'un conservatisme difficilement conciliable avec l'approche constructiviste.

En somme, toutes ces critiques donnent à penser que le concept de communauté de sécurité attire son lot d'attention en études de sécurité et qu'il continuera, dans les années à venir, à faire couler beaucoup d'encre.

Vincent Pouliot

COMPLEXE DE SÉCURITÉ

Security Complex

La notion de complexe de sécurité est née avec la fin de la **Guerre froide** et la résurgence du **régionalisme** en théorie des relations internationales. Dans la seconde édition de son ouvrage (*People, States and Fear)*, Barry Buzan s'intéresse au **niveau d'analyse** régional, qu'il situe entre les niveaux de l'**État** et du **système international**. Il soutient qu'étudier une région signifie qu'« un sous-système distinct et significatif de relations de **sécurité** existe au sein d'un ensemble d'États dont le destin est lié par leur proximité géographique » (1991 : 188). Autrement dit, les relations de sécurité au sein d'une région sont relativement autonomes et jouissent de leurs dynamiques propres, notamment en termes d'amitié et d'inimitié ou de distribution de la puissance. Dans cette optique, un complexe de sécurité se définit comme « un groupe d'États dont les préoccupations premières en matière de sécurité les lient suffisamment pour que la sécurité nationale de l'un ne puisse être considérée de manière réaliste sans se référer à celle des autres. » (190). Les États formant un complexe de sécurité sont donc fortement interdépendants. Au sein du **Tiers Monde**, par exemple, Buzan identifie cinq principaux complexes de sécurité : l'Amérique latine, le Moyen-Orient, l'Afrique australe, l'Asie du Sud et l'Asie du Sud-Est.

Plutôt structuro-réaliste en 1991, Barry Buzan s'est ensuite rapproché de la mouvance **constructiviste** à travers son association à l'**École de Copenhague**. Cette réorientation théorique l'a poussé à revisiter le concept de complexe de sécurité en lui apportant deux principales modifications. Premièrement, l'État en tant qu'acteur principal de la sécurité a perdu sa préséance au profit de référents variés ; et deuxièmement, la dimension rationaliste du concept a cédé le pas à une conception constructiviste centrée sur la notion de sécurisation. L'École de Copenhague a donc redéfini la notion comme « un

Complexe de sécurité

ensemble d'unités dont les principaux processus de **sécurisation** et de **désécurisation** sont si étroitement liés que les problèmes de sécurité de chacun ne peuvent être raisonnablement analysés ou résolus de manière isolée » (Buzan, Waever et de Wilde, 1998 : 201).

Vincent Pouliot

CONCERT

Concert

La notion de concert entre les grandes puissances est née avec le Concert de l'Europe, créé entre les membres de l'**alliance** des quatre pays, qui avaient défait Napoléon, soit la Grande-Bretagne, l'Autriche, la Russie et la Prusse, en vue de faire respecter les décisions du Congrès de Vienne de 1815. La France y a adhéré trois ans plus tard. Le but principal du Concert était de maintenir la paix en Europe, en établissant un **équilibre des puissances** qui assurerait le maintien du *statu quo* territorial et un ordre politique dominé par des régimes conservateurs. Les membres du Concert se réunissaient régulièrement pour régler leurs différends et pour faire face aux menaces posées au Concert dans son ensemble. On peut dire que ce système a bien fonctionné jusqu'au début de la guerre de Crimée opposant la Russie à la France et à la Grande-Bretagne, qui s'est déclarée en 1853, bien que plusieurs historiens prétendent qu'il se serait maintenu jusqu'au début de la Première Guerre mondiale.

À l'époque actuelle, certains voient dans l'idée de concert un moyen de gérer les relations entre grandes puissances et éventuellement un instrument de **gouvernance** globale (Kupchan et Kupchan, 1991), mais on peut se demander si un tel système serait faisable ou souhaitable.

Certes, on peut voir des éléments d'un concert dans le Groupe de contact formé entre les six pays les plus concernés par le maintien de la paix dans les territoires de l'ancienne Yougoslavie, les États-Unis, la Russie, la France, la Grande-Bretagne, l'Allemagne et l'Italie, mais le conflit du Kosovo a démontré les limites de cette formule.

Pour qu'un concert puisse fonctionner, il faudrait d'abord que ses membres soient relativement égaux en termes de **puissance** et ensuite qu'il y ait entre eux une certaine convergence d'**intérêts** à long terme. Mais en supposant que ces conditions soient remplies, un concert signifierait aussi le maintien d'un *statu quo* favorable aux grandes puissances, souvent au détriment des autres, et le recours aux instruments traditionnels de la diplomatie, soit l'**équilibre des puissances** et le respect des **sphères d'influence**.

CONSOLIDATION DE LA PAIX

Peacebuilding

Voir **Opérations de paix.**

CONSTRUCTIVISME

Constructivism

> Les acteurs agissent sur la base des significations que les objets ont pour eux et les significations sont des constructions sociales. En effet, un pistolet dans les mains d'un ami n'a pas la même signification qu'un pistolet dans les mains d'un ennemi puisque l'hostilité est une relation sociale et non pas une relation matérielle (Wendt, 1995 : 50).

C'est avec les écrits de Nicholas Onuf (1989) *World of our Making : Rules and Rule in Social Theory and International Relations* et d'Alexander Wendt (1992a) « Anarchy Is What States Make of It : The Social Construction of Power Politics », que le constructivisme fit réellement son entrée en **Relations internationales**. Il ne s'agit pas d'une théorie comme telle, mais plutôt d'une perspective analytique qui prend plusieurs formes dans cette discipline.

Même si ce n'est que vers le début des années 1990 que le constructivisme est devenu populaire en Relations internationales, cette approche était déjà largement discutée dans les années 1960, notamment en sociologie et en psychologie (Berger et Luckmann, 1986 [1966]). D'ailleurs, le titre de l'important livre de P. Berger et T. Luckmann, *La construction sociale de la réalité*, rend compte du postulat de base qui rassemble les diverses approches constructivistes. Et malgré les différences parfois importantes qui séparent les théoriciens constructivistes, personne n'ignore la notion charnière d'**intersubjectivité** qui renvoie « aux structures de sens que les agents mettent eux-mêmes en place en constituant et en reconstituant le monde social » (Thibault, 1998 : 147). Selon Charles Taylor, « les sens intersubjectifs [donnent aux agents] un langage commun pour parler de la réalité sociale et une compréhension commune de certaines **normes** » (cité par Thibault, 1998 : 145).

À partir de ces quelques dénominateurs communs, il est possible d'avancer que la démarche constructiviste s'intéresse essentiellement aux compréhensions et aux représentations que les agents sociaux se font du monde, des compréhensions et représentations qui sont largement partagées. En effet, les schèmes de cognition qui orientent les pratiques d'un agent ne sont pas que le fruit de sa compréhension particulière et isolée. Ceux-ci sont plutôt les fibres d'un « tissu collectif » beaucoup plus vaste leur donnant forme et corps, c'est-à-dire la culture, le langage et les idées qui sont autant d'éléments intersubjectifs producteurs de normes, de règles et d'**institutions**. Pour les constructivistes, ces normes et règles sont, contrairement à ce que les **institutionnalistes néolibéraux** avancent, des forces constitutives plutôt que simplement régulatrices, c'est-à-dire qu'elles *rendent possibles* des comportements en intervenant dans la constitution des **identités** et des **intérêts** des agents.

Outre cette matrice, il existe plusieurs variantes du constructivisme en Relations internationales qui se distribuent de part et d'autre de l'échelle **positiviste/postpositiviste**. Selon J. G. Ruggie, le « constructivisme moderniste » d'Alexander Wendt, qui prétend créer un pont entre les institutionnalistes et certaines propositions **réflexives**, s'apparente au plus conventionnel « constructivisme néoclassique » de Kratochwill, Onuf, Adler et Katzenstein. Parmi les perspectives relativistes, il regroupe le « constructivisme **poststructuraliste** » d'Ashley, Campbell, Der Derian et Walker qui partagent leur intérêt pour les pratiques discursives avec certaines approches **féministes** (Ruggie 1998). Bien qu'intéressante, l'autorité de cette typologie est toutefois à mettre en perspective puisque plusieurs autres spécialistes en présentent d'autres interprétations. Il est même commun de situer A. Wendt plus près des **réalistes** qu'il ne l'avoue lui-même, du fait notamment de son attachement à l'**État** comme **acteur** principal des Relations internationales et à ces tendances positivistes.

De manière générale, il est possible d'avancer qu'une approche constructiviste se distingue des approches traditionnelles des Relations internationales en tant qu'entreprise « d'historicisation » et de « contextualisation » qui pose la question du *comment* plutôt que celle du *pourquoi*. Au niveau **épistémologique**, il est commun de reconnaître que les perspectives constructivistes empruntent une approche « interprétative » cherchant à comprendre les sens et significations que les agents sociaux confèrent aux phénomènes et à leur environnement puisque ces « compréhensions partagées » seraient à la source de leurs pratiques (Hollis et Smith, 1990 : 1-91). Cependant, la littérature constructiviste en Relations internationales comprend également bon nombre d'articles sur les mérites d'un constructivisme positiviste nettement différent des approches constructivistes inscrites dans le **paradigme** réflexif.

Les travaux d'Onuf, Kubálková et Kowert reposent, de surcroît, sur certaines propositions issues des philosophies du langage : « Le langage est l'outil le plus puissant dont nous disposons pour la construction sociale en tant qu'activité courante et largement non préméditée dans laquelle chacun est inévitablement et perpétuellement engagé » (Kulbálková, Onuf et Kowert, 1998 : 19). Ainsi, l'unité de la science proposée par les positivistes et les empiristes n'est pas scindée, au nom de la spécificité des sciences sociales, mais plutôt renversée par l'entremise d'une **ontologie** proprement sociale englobant les sciences de la nature et les sciences humaines. Mettant en question l'objectivité du sujet connaissant et la neutralité du langage, Onuf insiste donc sur le rôle fondamental des actes de langage (*speech acts*) et des règles dans la structuration des relations sociales et la construction du monde.

Pour lui, la régulation par les règles (*rule of rules*) structure donc les constructions et les pratiques des agents sociaux, les règles étant ainsi l'interface qui lie agents et sociétés ou encore une réponse au problème **agent/structure**.

Pour Alexander Wendt (1987), une « ontologie duale » distingue d'abord les approches constructivistes des **ontologies** individualiste ou matérialiste des rationalistes et des structuralistes. Empruntant cette conception à la théorie de la « structuration » d'Anthony Giddens, il se représente le rapport agent/structure, souvent réduit à la préséance ontologique de l'un sur l'autre, comme un rapport de constitution mutuelle, c'est-à-dire de codétermination de l'agent et de la structure. En bref, selon la théorie de la structuration, les structures sociales, normes et institutions constituent les acteurs avec certains intérêts et identités, tout en donnant un sens aux capacités matérielles tandis que les agents produisent et reproduisent ces structures par l'entremise de leurs pratiques sociales.

Les structures du **système international** réifiées par les rationalistes, c'est-à-dire comprises comme étant naturelles et immuables, sont donc perçues comme des constructions sociales reflétant les pratiques des agents qui agissent sur la base du sens et des significations qu'ils donnent à leur environnement et aux phénomènes. Selon A.Wendt, trois éléments entrent dans cette analyse des structures : les « compréhensions partagées » tributaires de leur contexte sociohistorique, les ressources matérielles dont les significations sont intersubjectives plutôt qu'intrinsèques et, enfin, les pratiques qui sont le médiateur premier entre l'agent et la structure (Wendt, 1995 : 73). Ainsi, l'**anarchie** n'existe pas en soi selon les constructivistes, sa nature est intersubjective et contingente, plutôt que matérielle ou intrinsèque, puisqu'elle est instituée par les pratiques des agents et non par une « logique systémique » déterminante : elle « est ce que les acteurs en font » (Wendt, 1992a : 391).

Une autre contribution charnière des thèses constructivistes est certes l'accent qu'elles ont mis sur l'**identité** en en faisant la source de la formation des intérêts. Pour les constructivistes, les identités, dont sont issus les intérêts, ne doivent pas être comprises comme étant données et préalables aux interactions sociales, mais comme étant la résultante de processus d'interaction sociale par lesquels se disséminent des « compréhensions partagées » que structurent normes, règles et institutions. Il s'agit d'une rupture importante avec les **néoréalistes** et les institutionnalistes néolibéraux pour qui les intérêts des États sont considérés comme étant exogènes aux processus d'interaction sociale, ce qui leur permet d'en déterminer *a priori* la teneur et de les tenir pour invariables. Généralement informés par les **théories du choix rationnel** et adoptant donc une ontologie individualiste, ces derniers restreignent l'effet des structures à des contraintes externes sur les comportements des acteurs, oblitérant ainsi le rôle central de la formation des identités dans la définition des intérêts, des préférences et des interprétations du monde.

Isabelle Masson

CONTRÔLE DES ARMEMENTS

Arms Control

Les termes de contrôle des armements et de **désarmement**, parce que se rapportant tous deux à la prolifération des armes, sont parfois utilisés de manière interchangeable. C'est pourtant une erreur, car si les deux concepts sont intimement liés, ils recouvrent des objectifs sensiblement différents. Bull, Spanier et Nogee font partie de ces auteurs qui ont tenté de préciser la distinction entre les deux notions. Pour Bull (1961), le désarmement se définit comme « la réduction ou l'abolition des armements. Il peut être unilatéral ou multilatéral ; général ou local ; vaste ou partiel ; contrôlé ou incontrôlé. » Quant au contrôle des armements, il représente « les contraintes exercées internationalement sur les politiques liées aux armements, telles que le respect d'un niveau d'armement, leurs caractéristiques, leur déploiement ou leur usage ». Pour Spanier et Nogee (1962) :

> alors que le désarmement désigne l'abolition complète ou la réduction partielle des ressources humaines et matérielles destinées à la guerre, le contrôle des armements renvoie aux restrictions imposées à l'usage des armes nucléaires.

Comme le fait remarquer Baylis (2002 : 195), les définitions proposées du concept de contrôle des armements par ces trois auteurs sont insatisfaisantes. En effet, en limitant leur réflexion aux armes nucléaires, Spanier et Nogee évacuent les armes classiques, les armes de destruction massive non nucléaires et les technologies à double usage ; c'est-à-dire l'immense majorité des armes en circulation sur la planète. La volonté de Bull de ne voir dans le contrôle des armements que les « contraintes exercées internationalement » sur les armes est également problématique. Doit-on comprendre que pour l'auteur le contrôle des armements ne peut se faire qu'entre États ? Cette perspective apparaît inutilement restrictive, car elle ne tient pas compte des législations nationales qui constituent pourtant, dans bien des cas, l'essentiel des dispositifs de surveillance et de vérification des armes. Il convient donc d'opter pour une définition plus large du contrôle des armements et de considérer qu'il qualifie l'ensemble des restrictions exercées localement ou globalement sur les armes, c'est-à-dire sur les politiques et les programmes qui s'y rapportent (acquisition, recherche et développement, par exemple), leurs caractéristiques, leur commerce, leur déploiement et leur utilisation.

Si elles n'échappent pas à la critique, les précisions, apportées par Bull d'un côté et Spanier et Nogee de l'autre, permettent tout de même de distinguer le concept de désarmement de celui de contrôle des armements. Elles permettent d'associer à la notion de désarmement l'objectif de réduction des stocks d'armes sur un territoire donné ou globalement et au contrôle des armements celui de restriction ou de contrainte appliquée à la production, à la circulation et à la mise en service des armes.

Les buts de chacune des deux notions traduisent des conceptions différentes du monde. Les théories du désarmement attribuent généralement aux armes une responsabilité directe dans le déclenchement d'un conflit. Les approches liées au contrôle des armements reposent, pour leur part, sur la prémisse que si les armes peuvent jouer un rôle dans le renforcement des tensions politiques entre les acteurs, elles sont plutôt un symptôme que la source des rivalités. D'une certaine manière, on peut dire que les théories du contrôle des armements sont moins absolutistes que celles se rapportant au désarmement. En effet, alors que ces dernières cherchent à expurger la politique globale des armes et, par là, de la **guerre**, l'approche en termes de contrôle restreint son ambition à la réduction du risque de guerre et à la limitation des conséquences attribuables à un conflit.

Le traité interdisant les mines antipersonnel est un exemple d'accord visant des objectifs de désarmement. Les accords *Strategic Arms Limitation Talks* (SALT) et *Strategic Arms Reduction Treaty* (START), la mise en place du téléphone rouge (*Hot Line Agreement* de 1963) et l'Accord d'Helsinki de 1975 (conférence Est/Ouest qui a instauré l'Organisation de sécurité et de coopération en Europe) entre les deux superpuissances de la Guerre froide sont autant d'exemples d'une mise en application concrète du principe de contrôle des armements. En s'accordant sur un ajustement réciproque et à la réduction de leur armement stratégique, l'Union soviétique et les États-Unis réduisaient les coûts liés au développement, à la production, à l'entretien et aux modalités de déploiement des armes ciblées. Les théoriciens parlent dans les cas de SALT et de START d'un contrôle structurel des armements, c'est-à-dire d'un contrôle visant la stabilité de l'équilibre des armements entre puissances militaires rivales. Il faut distinguer le contrôle structurel du contrôle opérationnel (téléphone rouge, Accord d'Helsinki) qui concerne les dispositions visant à empêcher que certaines actions (blocus de Berlin 1948-1949, crise des missiles de Cuba en 1962, crise des euromissiles, par exemple) ne soient perçues comme une provocation par l'une ou l'autre partie et ne se traduisent par une augmentation des tensions politiques et donc du risque de conflit ouvert. Ces accords envoient le message d'une volonté partagée d'apaisement, ou à tout le moins, de non-aggravation des tensions entre les acteurs.

Un concept ancien...

Le désarmement et le contrôle des armements ne sont pas des notions récentes. Croft (1996) mentionne plusieurs initiatives de ce type au cours des siècles allant de l'Antiquité à la période moderne. Signalons, pour la période antique, le *Fœdus inaequum* ou traité inégal que Rome impose à Carthage à l'issue des guerres puniques. Il prévoit une limitation stricte des moyens militaires de la ville africaine (absence de marine militaire et d'éléphants de guerre) et prohibe tout déploiement des troupes carthaginoises dans les territoires adjacents à ceux de la cité.

Au Moyen Âge, les autorités chrétiennes se font les porte-étendards du contrôle des armements. La Trêve de Dieu introduite lors du concile de Toulouges de 1027 interdit ainsi tout combat le jour du sabbat et expose les contrevenants à l'excommunication. L'Église de Rome tente même de proscrire l'usage de l'arbalète lors du concile du Latran de 1139. Cette arme est alors jugée immorale, car permettant avec peu d'entraînement et d'habileté à presque n'importe qui de tuer à distance un chevalier qui voue sa vie au maniement des armes.

La période entre les traités de Westphalie (1648) et le traité de Versailles (1919) connaît également son lot d'initiatives en matière de contrôle des armements. C'est le cas du traité d'Utrecht du 11 avril 1713, qui met un terme à la guerre de succession au trône d'Espagne. Signé entre la France et le Royaume-Uni, il contient une disposition par laquelle Louis XIV s'engage à défaire les fortifications du port de Dunkerque dans le souci de maintenir l'équilibre stratégique entre Paris et Londres.

... qui trouve son apogée au XXe siècle

Comme nous venons de le voir, l'histoire est parcourue çà et là d'accords et de propositions visant à limiter les armements sur la planète. Le XXe siècle se distingue pourtant des périodes précédentes. Probablement parce qu'il a connu deux guerres mondiales et une guerre froide qui a fait planer sur le monde la menace d'une destruction totale par les armes nucléaires, ce siècle est en effet, plus que les précédents, celui où la question du contrôle des armements s'est imposée.

L'horreur de la Première Guerre mondiale a incité la communauté internationale à faire en sorte qu'une tragédie similaire ne se reproduise plus. Le contrôle des armements se retrouvait donc avec le vent en poupe et a occupé le devant de l'actualité bien au-delà du traité de Versailles qui signalait la fin des hostilités. Par exemple, en 1925, le protocole de Genève prohibait l'utilisation (mais pas la production et le stockage) des armes chimiques. On a même tenté d'interdire la guerre comme moyen de la politique extérieure avec le pacte Briand-Kellog en 1925. Ces dispositions n'ont cependant pas permis d'endiguer les tensions internationales qui ont conduit à la Deuxième Guerre mondiale.

L'après-guerre a vu un engouement similaire pour le contrôle des armements à celui des années 1920. Cependant, l'apparition de l'arme nucléaire a orienté les débats autour de cet enjeu. Après une tentative avortée d'abolition de celles-ci en 1946 (traité Baruch), la rivalité entre l'Union soviétique et les États-Unis sur le plan stratégique a lourdement pesé sur la dynamique de contrôle des armements. La confrontation Est-Ouest n'a toutefois pas empêché certaines réalisations importantes comme le Traité ciel ouvert en 1955 qui autorisait des inspections par voie aérienne du territoire de l'adversaire afin de s'assurer qu'une agression n'était pas en préparation. Comme le font remarquer Schelling et Halperin (1961 : 2), ce traité était pour le moins original, car il reconnaissait l'importance de pouvoir contrôler le déploiement des armements de l'adversaire afin de prévenir le conflit. Il instaurait une sorte de principe de réciprocité et de coopération entre des acteurs s'affichant par ailleurs comme de farouches opposants.

La crise des missiles de Cuba de 1962, relayée presque heure par heure par les médias, a exposé aux yeux du monde l'importance cruciale d'une meilleure communication entre les Deux Grands ainsi que de la mise en place de modalités de contrôle des armements. L'Accord du téléphone rouge de 1963 entre Moscou et Washington inaugurait ainsi une période faste pour le contrôle des armements, caractérisée par la signature de multiples accords dont plusieurs ont survécu à la fin de la Guerre froide (TNP, ABM, Traité sur l'exploration et l'utilisation de l'espace extra-atmosphérique, par exemple). La chute du mur de Berlin n'a pas mis fin à l'engouement pour le contrôle des armements. Au contraire, la fin de la bipolarité a mené à un désarmement conventionnel massif en Europe par le biais du traité CFE. De plus, de nouvelles craintes face à la dissémination des stocks d'armes des ex-pays du pacte de Varsovie (incluant les armes de destruction massive) ont amené la mise en place de mesures de contrôle et de vérification des armements Plusieurs nouveaux accords ont ainsi vu le jour pendant cette décennie, parmi lesquels on retrouve les traités START I et II et le traité d'interdiction des mines antipersonnel.

Depuis, la guerre au **terrorisme** a contribué à freiner un mouvement qui commençait déjà à s'essouffler à la fin des années 1990. Les États-Unis ont en effet dénoncé unilatéralement le traité ABM en 2002, afin de pouvoir mettre en place un bouclier antimissile dont les dimensions spatiales signifient une possible arsenalisation de l'espace, chose pourtant prohibée par le traité de 1967 sur l'exploration et l'utilisation de l'espace extra-atmosphérique. Les annonces du club des premières puissances nucléaires quant à la modernisation de leurs armements nucléaires (France, Russie, Royaume-Uni) font redouter l'apparition d'une nouvelle génération d'armes atomiques plus sophistiquées et plus difficiles à contrôler (programme de miniaturisation des ogives aux États-Unis). En ce qui concerne les armements classiques, la décennie 2000 s'est amorcée par une hausse des dépenses militaires mondiales attribuable en bonne partie à d'importants programmes de modernisation des équipements entrepris par les 25 grands leaders sur le plan de la défense (SIPRI). Face à cette reprise budgétaire et à l'introduction des nouvelles technologies qui accompagnent la nouvelle génération de systèmes et de plate-forme, les outils de contrôle hérités du passé paraissent à bien des égards obsolètes.

Quel impact pour le contrôle des armements ?

Ces dernières observations nous invitent à questionner la portée du contrôle des armements. Partant du constat que ni l'arbalète ni les armes atomiques et encore moins la guerre n'ont été bannies de notre environnement, il serait facile de considérer que les mécanismes de contrôle des armements sont voués à l'échec et qu'ils ne réduisent pas les risques de conflit. Une telle attitude escamote toutefois plusieurs éléments importants. D'abord, même s'il est modeste et parfois limité, le contrôle des armements peut avoir une incidence positive sur la stabilité internationale, car il offre des mécanismes de gestion et de prévention des crises. C'est le cas par exemple du TNP, de l'Accord du téléphone rouge ou encore du Traité ciel ouvert. Ensuite, l'existence de ces ententes, alors même que les parties impliquées se définissaient volontiers comme ennemies, prouve que le contrôle des armements peut s'imposer efficacement dans un environnement marqué par d'importantes tensions politiques.

Les accords de désarmement et de contrôle des armements ne sont donc pas obligatoirement cantonnés dans des périodes post-conflit ou de décroissance des budgets militaires même s'il s'agit de moments où ils apparaissent plus faciles à insérer dans les ordres du jour politiques. Enfin, le contrôle des armements est un dispositif qui, comme le **droit international**, influence les relations entre États et même la vie politique à l'intérieur d'un pays (comme lorsqu'il s'agit de décréter ou de lever des embargos unilatéraux sur des types d'armes ou certaines destinations).

Toutefois, le contrôle des armements n'est qu'un instrument parmi d'autres procédés politiques permettant d'œuvrer à un monde plus pacifique. On ne saurait en aucun cas considérer ce concept comme étant la panacée. Il a montré plus d'une fois des limites dans sa capacité à prévenir ou à résorber des tensions entre des acteurs. La lourdeur des dispositifs juridiques, la difficulté de sanctionner un contrevenant ou encore les retards inévitables des mesures de contrôle sur les développements technologiques militaires figurent également au nombre des éléments qui devraient inciter ses partisans à la modestie.

Yannick Quéau

COOPÉRATION

Cooperation

La notion de coopération appartient avant tout aux approches **libérales** et **néolibérales** en théorie des **Relations internationales**. À la vision **réaliste** d'un monde caractérisé par des relations foncièrement conflictuelles, libéraux et néolibéraux opposent une conception où ces relations peuvent être fondées sur la coopération. Selon Robert Keohane, un des grands partisans de cette vision des relations internationales, la coopération entre gouvernements « a lieu quand les politiques effectivement poursuivies par un gouvernement sont considérées par ses partenaires comme un moyen de faciliter la réalisation de leurs propres objectifs, comme résultat d'un processus de coordination entre politiques [c'est-à-dire la négociation] » (Keohane, 1984 : 51-52). Toujours selon Keohane, cette coopération entre **États** est grandement facilitée par la mise en place de **régimes internationaux**.

CRIMINALITÉ TRANSNATIONALE ORGANISÉE

Transnational Organized Crime

> [L]'enjeu n'est pas de contester l'existence ou de relativiser la gravité des trafics de dimension internationale ; il est de comprendre si les concepts utilisés, au nom desquels les gouvernements dépensent des moyens considérables, sont les mieux adaptés. Certains chercheurs plaident aujourd'hui pour leur rejet […]. La variété des dénominations génériques qu'ils suggèrent d'adopter […] traduit en fait les balbutiements de la connaissance scientifique dans ce domaine et la perplexité des experts face à des pratiques empiriquement méconnues (Favarel-Garrigues, 2002 : 18-19).

Présentée par les gouvernements comme une menace asymétrique émanant de la reconfiguration de l'ordre sécuritaire international dans l'ère post-**Guerre froide**, la criminalité transnationale organisée (CTO) apparaît à l'ordre du jour des principales **institutions gouvernementales internationales** (Nations unies, G7/G8, OCDE, Interpol, Banque mondiale et autres) à la suite de la disparition de la menace soviétique. Cela aboutit à l'élaboration de plusieurs instruments politiques et juridiques de portée internationale, dont la Convention des Nations unies contre la CTO entrée en vigueur en septembre 2003. L'action des gouvernements en la matière est ainsi étroitement encadrée par leurs engagements au sein du **système international**.

D'emblée, il paraît primordial de souligner que les milieux criminels – nationaux et internationaux – se prêtent mal à la recherche universitaire. Le manque de données empiriques fiables et de témoignages vraiment crédibles complique considérablement l'analyse, qui se cantonne trop souvent à un traitement journalistique, pour ne pas dire sensationnaliste. Tant l'opacité qui entoure ces activités criminelles par nature clandestines, que le secret des enquêtes policières présenté comme gage de leur succès expliquent une telle carence. Pour autant, cet état de fait n'empêche pas les médias de masse, les chercheurs du monde universitaire et les experts en sécurité de publier quantité de recherches.

Alors que l'utilisation du terme de CTO se popularise, l'étude du concept est encore compliquée par les imprécisions entourant sa définition. Même la Convention des Nations unies ne définit pas précisément le phénomène auquel elle tente de s'attaquer. Elle précise seulement qu'il faut entendre par groupe criminel organisé un

> groupe structuré de trois personnes ou plus existant depuis un certain temps et agissant de concert dans le but de commettre une ou plusieurs infractions graves ou infractions établies conformément à la présente Convention, pour en tirer, directement ou indirectement, un avantage financier ou un autre avantage matériel (Nations unies, 2000).

Préférant s'attarder sur ses auteurs plutôt que sur l'infraction elle-même, les membres de l'Assemblée générale de l'ONU ne sont donc pas parvenus à adopter une définition précise de la CTO faisant l'unanimité et permettant de limiter les risques d'interprétation abusive liée à la menace. Ainsi, Favarel-Garrigues souligne que « les dangers que l'on associe à la criminalité organisée transnationale en font un ennemi planétaire, insidieux, puissant et capable de déstabiliser les régimes démocratiques » (2002 : 12).

Bien que l'évaluation de la CTO semble faire consensus auprès des responsables politiques, Edwards et Gill (2002) ont montré les raisons pour lesquelles l'utilisation du concept divise les chercheurs. D'un côté, dans la lignée des politiques gouvernementales, la CTO est majoritairement analysée comme un phénomène objectif, prenant la forme d'une menace externe à la société, et justifiant le développement d'outils de maintien de l'ordre spécifiques pour y faire face (Williams et Vlassis, 2001).

De l'autre côté, sans nier l'importance et la gravité du problème posé, quelques chercheurs critiques font ressortir les objectifs politiques sous-jacents à ces représentations parcellaires de la réalité (Beare, 2003 ; Woodiwiss, 2005). La CTO est alors perçue comme le fruit d'un processus discursif, légitimant certaines politiques et dépenses budgétaires au service d'intérêts particuliers contestables. Ainsi, les divergences dans l'appréhension de la CTO rendent nécessaire un retour sur les conditions d'émergence du concept pour tenter d'en cerner les principaux enjeux qui en découlent.

Pour les tenants de la première approche, l'évolution du système international a engendré un changement de nature des activités criminelles, dont l'ampleur et le degré de dangerosité au cours de la décennie 1990 sont présentés comme inégalés. Selon Williams, « l'émergence des organisations criminelles transnationales est en partie le résultat des changements sous-jacents aux politiques et économies mondiales, qui ont été propices au développement de toutes les organisations transnationales » (1994 : 97). Plusieurs facteurs sont avancés pour expliquer un tel bouleversement.

D'une part, la globalisation des échanges économiques et financiers a permis l'explosion du volume du produit criminel. En effet, le développement des communications, des transports et de la circulation des biens, des personnes et des capitaux a créé des conditions favorables à une division internationale de l'activité criminelle (multiplication des diasporas pouvant servir de soutien, émergence de nouveaux produits dans les trafics, phénomène de sous-traitance, etc.). La déréglementation financière, couplée au développement des paradis fiscaux et bancaires, a aussi facilité le « blanchiment » des profits générés par les activités illégales qui sont alors réinjectés dans l'économie légale. En définitive, les mesures libérales adoptées pour favoriser la **mondialisation** constituent un terrain propice à l'essor de la criminalité transnationale avec l'effet pervers que « la mondialisation de l'économie du crime s'accompagne de la criminalisation de l'économie mondialisée » (de Maillard, 2002).

D'autre part, en mettant un terme à la régulation engendrée par la défense des intérêts des deux blocs, la fin de la Guerre froide serait tout autant fertile à une expansion de la criminalité transnationale. Le désengagement relatif des grandes puissances a poussé certains mouvements de **guérillas**, bénéficiant jusqu'alors de leur soutien, à mettre sur pied des activités criminelles pour s'autofinancer. Par ailleurs, cette nouvelle donne a plongé nombre d'États dans une crise d'autorité profonde, qui a fait d'eux des sanctuaires pour des activités illicites. Finalement, la fin de la Guerre froide s'est accompagnée du développement de « zones grises », d'**États déliquescents** où le pouvoir étatique « ne s'exerce plus que nominalement et où l'idée même de frontière se réduit à un marqueur de différentiel des valeurs » (Bertrand, 2001).

L'allégeance théorique de nombre d'auteurs à cette première approche du phénomène les conduit à poser « comme hypothèse de base, l'existence d'un défi réel [...] que les gouvernements se sont montrés trop lents à admettre » (Friman, 2002 : 52). C'est que de ce nouveau contexte international a émergé une « élite du crime » – pour reprendre l'expression du repenti sicilien Antonio Calderone – qui vient concurrencer non seulement les pouvoirs régaliens de l'**État** (en matière de perception des recettes et de monopole de la violence), mais aussi la stabilité économique mondiale (à travers les flux de produits et de capitaux illicites). D'où l'importance de la mise en place d'un régime juridique à l'échelle internationale justifiant le développement de capacités de coercition spécifiques pour rendre ces criminels d'un genre nouveau hors d'état de nuire.

Pour Shelley, il est ainsi clair qu'une organisation criminelle qui se transforme en groupe transnational organisé a réussi à faire fi des initiatives en matière de maintien de l'ordre développées contre elle au niveau local (1995 : 486). À cet égard, Bigo rappelle qu'« il y a toujours des rapports de justification réciproque entre la perception d'une évolution des trafics et la création d'organismes de lutte contre ces trafics » (1995 : 134).

Selon les tenants de la seconde approche, ce discours majoritaire prônant la transformation des groupes criminels organisés ne répond pas seulement au danger posé par la volonté prédatrice des nouvelles mafias en tout genre. D'autres acteurs profitent du crime, sans même parfois s'en apercevoir. Loin de remettre en question les évolutions à l'œuvre au sein du système international au cours des années 1990, certains chercheurs font surtout remarquer que « ce qui est nouveau, c'est la croissance des industries impliquées dans la lutte contre le crime organisé, qui en constitue alors, d'une certaine manière, le fonds de commerce » (Beare, 2003 : xv).

En fait, le concept de CTO émerge dans un environnement international nouvellement dépourvu de l'ennemi soviétique et le développement des activités criminelles internationales permet la reconversion de bon nombre de spécialistes en mal de sujets d'étude. Dans un tel contexte, les difficultés de quantification de l'économie criminelle donnent lieu à toutes sortes de spéculations alors même que « le manque de fiabilité actuel des grands chiffres agrégeant des infractions de nature très diverses montre que la quête du nombre magique est vouée à l'échec » (Cartier-Bresson, 2002 : 35).

La connaissance approximative sur les entités criminelles et les comparaisons douteuses ne concernent pas seulement les chiffres qui leur sont attribués. De tous les mythes entourant la CTO, celui de la « coupole internationale », soit une gouvernance transnationale du crime, demeure encore l'un des plus préjudiciables pour l'analyse. Certes, les différentes organisations criminelles nouent des relations entre elles.

Toutefois, plusieurs études ont démontré que celles-ci sont, au mieux, *ad hoc* et ne constituent certainement pas une *Pax Mafiosa*. Plus encore, les nouvelles occasions ont engendré autant de guerres que d'alliances entre les différents groupes criminels (Bigo, 1999). En définitive, « une large majorité des écrits sur la criminalité organisée partagent le même contenu, composé de chiffres discutables, d'anecdotes maintes fois ressassées fondant des généralisations abusives, d'interprétations personnelles de l'ampleur de la menace, avec des accents plus ou moins prophétiques, moralisateurs et sensationnalistes » (Favarel-Garrigues, 2002 : 15).

C'est précisément ce contenu que des chercheurs tentent de battre en brèche en insistant sur l'importance de certaines influences dans l'élaboration et la diffusion de ces représentations parcellaires du phénomène criminel à l'échelle planétaire. Scherrer (2005) fait alors sortir de l'ombre le rôle majeur – pourtant très largement méconnu jusque-là – du groupe de Lyon du G8 dans l'élaboration et la diffusion des normes contre la CTO.

Si les organisations criminelles sont par nature clandestines, les véritables acteurs en charge de l'évaluation de la menace et des moyens pour la combattre paraissent parfois ne rien avoir à leur envier en la matière tant il est difficile d'identifier le rôle de chacun. D'autant que les experts d'un groupe de travail dans telle enceinte se retrouvent bien souvent au sein d'autres structures intergouvernementales, pour constituer un cercle restreint de personnages clés qui légitiment les discours de chacun et érigent en vérité irréfutable des convictions trop rarement validées.

Finalement, Woodiwiss montre que c'est en fait dans la perception américaine du « crime organisé », telle qu'elle s'est développée aux États-Unis, que s'enracine le concept de CTO (Woodiwiss, 2003). Faisant ressortir la projection au niveau international de la conceptualisation d'un enjeu sécuritaire à l'américaine amorcée à travers la « guerre à la drogue », il dénonce les limites d'une théorie du crime organisé globale et pluraliste centrée autour de groupes précis (souvent ethniques), évacuant les liens originels avec les sphères du pouvoir en place et écartant toute remise en cause profonde de la stratégie employée pour éradiquer la menace.

Pourtant, force est de constater les limites des politiques de prohibition et de répression favorisées par les stratégies développées au cours des dernières années. D'autant que, comme le souligne Sheptycki (2005), les pratiques policières transnationales – à travers le développement de l'*intelligence-led policing* (travail de police basé sur le renseignement) –, ne manqueront pas de multiplier les atteintes aux libertés fondamentales pourtant chèrement acquises, à travers la généralisation croissante du profilage social et, à n'en pas douter, la poursuite du lynchage médiatique contre le « démon populaire » (*folk devil*) au visage de la CTO.

Pour conclure, rappelons les conseils de Cartier-Bresson jusqu'ici bien peu suivis d'effets :

> En l'absence de données fiables, et pour éviter que l'agenda de la moralisation de la vie économique ne se transforme en agenda sécuritaire, il faut que la CTO devienne l'enjeu d'un large débat démocratique (2002 : 36).

Pierre-Louis Malfatto
et David Morin

CRITIQUE, théorie

Critical Theory

> [L]a théorie de la société à laquelle se conforme l'action rationnelle n'est nullement [...] une simple somme d'éléments conceptuels abstraits, mais elle consiste en la tentative de reproduire, avec l'aide de toutes les sciences particulières, une image du processus de vie sociale qui puisse mener à une connaissance plus profonde de l'état critique du monde et des points d'ancrage possibles pour un ordre plus rationnel (Horkheimer, 1978 : 163).

En théorie des **Relations internationales**, le **marxisme** a longtemps été considéré comme la principale approche critique parce qu'il repose sur une critique de l'**économie politique** libérale qui le mène à une théorie de la domination différente de celles du **réalisme** et du **libéralisme**. Au début des années 1980, bien que Marx continuât à inspirer de nouvelles approches critiques, le marxisme en tant que tel commença à voir contester sa position de critique officielle des **théories** traditionnelles. De nouvelles approches ont critiqué des conceptions dominantes : des variantes du **féminisme**, du marxisme, du **poststructuralisme**, de l'école **néogramscienne**, de la théorie de la **dépendance**, de la théorie du **système-monde**, etc. Néanmoins, on distingue habituellement les **théories critiques** en général de la Théorie Critique en particulier, afin de référer à un courant spécifique qui se développa au sein du marxisme occidental, également appelé l'École de Francfort. Plusieurs thèmes développés furent repris par les approches critiques en Relations internationales, mais il apparaît essentiel de différencier les deux courants[1]. On passera ici en revue ses principaux thèmes, avant de présenter quelques positions contemporaines qui s'inspirent de cette école.

Après la Première Guerre mondiale, les marxistes Georg Lukacs et Karl Korsch défièrent le dogmatisme sovié-

1. À titre d'exemple, si certains classent Robert Cox comme auteur faisant partie de la Théorie Critique, on l'associera plus volontiers à l'approche **néogramscienne**.

tique, et jetèrent les fondations intellectuelles d'une théorie critique de la société, qui refusait de suivre la ligne de conduite de la Seconde Internationale. Max Horkheimer, puis Theodor Adorno, Walter Benjamin et Herbert Marcuse s'inscrivirent dans ce sillon qui, au-delà d'une critique de l'économie politique, déboucha sur une critique de la réification (transformation de quelque chose de dynamique en être statique, naturel et immuable) et surtout de l'expansion de la rationalité instrumentale comme principe organisateur des relations entre les humains, le travail, le politique et la nature.

La Théorie Critique rompt avec l'idée de l'autonomie de l'ego que l'on retrouve chez Descartes et dans la théorie traditionnelle. Elle conçoit la pensée, les concepts et les **normes** comme le produit d'un contexte historique, largement déterminé par le mode et les relations de production. Les données de l'expérience, loin d'être neutres, sont doublement prédéterminées. D'abord, elles sont déterminées par le caractère historique de l'objet perçu ; le monde tel qu'il nous est donné est le produit « du travail des hommes ». Puis, elles sont déterminées par le caractère historique de celui qui perçoit (Adorno et Horkheimer, 1974 : 29). La théorie n'est donc pas neutre, mais en partie productrice du monde social, et en mesure de le modifier.

Jürgen Habermas s'impose au sein de ce courant en 1968 et lui fait subir d'importantes transformations. Non seulement il se défait de l'influence de Hegel, mais il accélère la prise de distance de la Théorie Critique avec certains éléments du marxisme. En 1968, il propose un premier programme **épistémologique** où il dénonce alors l'orientation techniciste des sciences sociales et où il défend plutôt que le savoir doit s'inspirer d'un intérêt de connaissance pour l'émancipation fondée sur la mise en évidence des relations de domination et sur les pratiques sociales qui permettent leur reproduction. Habermas formula par la suite une théorie de l'activité communicationnelle, qui vit un premier aboutissement dans sa « Théorie de l'agir communicationnel », et qui devint le point de départ de son renouvellement de la Théorie Critique (Cooke, 1997 ; Dufour, 2001 : chap. 2 ; Habermas, 1987b et c).

Andrew Linklater (1990) est considéré comme un des principaux analystes de la Théorie Critique en Relations internationales. Il s'inspire de thèmes centraux de celle-ci, en outre, lorsqu'il reproche aux marxistes de réduire la question de l'émancipation à celle de la lutte de classes. Comme Habermas, mais aussi comme Gramsci, Linklater attribue une action potentiellement émancipatrice à un ensemble d'entités autres que les classes sociales.

Il attribue essentiellement quatre thèses au vaste courant qu'il qualifie de « Théorie Critique inspirée du marxisme » en Relations internationales et qu'il distingue des théories **postmodernes** (Linklater, 1996 : 279-280) : 1) la thèse épistémologique de Habermas et de Cox (1981a) selon laquelle le savoir reflète des formes d'intérêts présociaux ; 2) une thèse **ontologique** qui se veut une double critique de la réification. D'abord, une critique de la tendance de certaines théories à considérer les structures de domination d'une époque donnée comme transhistoriques, mais aussi une critique des théories qui n'articulent pas le potentiel émancipatoire d'une époque donnée en fonction de la spécificité de ses structures sociales ; 3) la Théorie Critique, contrairement au marxisme, attribue un potentiel émancipatoire à un ensemble de forces sociales réprimées, et cela que leur sort résulte ou non du processus de production ; et finalement 4) la Théorie Critique inspirée de Habermas fait résider le cœur de sa critique non pas dans l'analyse des relations sociales de production, mais dans le degré d'ouverture de l'espace public, et dans la capacité du plus grand nombre non seulement à se faire entendre, mais à influencer le processus de décision politique. Sur le plan international, cela se traduit par une réflexion sur la manière dont devrait être repensée l'identité afin d'établir des communautés postnationales en mesure de prendre en main un projet politique visant la réduction de l'exclusion et des rapports de domination (Booth et Vale, 1997 ; Dufour, 2001 ; Habermas, 1998 ; 2000 ; 2001).

Ken Booth (1991a) s'inspire également de certains thèmes de la Théorie Critique afin de réformer les études traditionnelles de la **sécurité**. Selon lui, ces études doivent renouveler entièrement leur vocabulaire théorique et les objets qu'elles cherchent à « sécuriser ». Dans cet ordre d'idée, l'émancipation des individus, bien plus que la reproduction de l'appareil étatique, devrait être au cœur de ces études. Selon lui, le fait que les citoyens de plusieurs **États** aient plus à craindre de leur propre État que des États voisins rend caduque la limitation de la réflexion sur la sécurité à la « sécurité nationale ». Dans plusieurs États du Cône Sud, c'est précisément la doctrine de la sécurité nationale qui vint justifier une succession de coups d'État militaires. Booth refuse également d'articuler sa conception de la sécurité autour des concepts de « **pouvoir** » et d'« ordre », qui servent trop souvent à « **sécuriser** » certains individus, groupes ou classes, au prix de l'« insécurisation » des autres.

L'École de Francfort a inspiré bien des approches en théorie des Relations internationales, si bien qu'aucune ne peut vraiment affirmer qu'elle en est l'héritière principale. La plus grande difficulté des approches qui ont tenté de s'inspirer explicitement des travaux d'Habermas est probablement de tenir compte de l'ensemble de sa théorie, et non seulement de certains de ses développements. La littérature sur la notion d'espace public, par exemple, fait souvent abstraction de la dynamique de classe, de la théorie de la rationalité et du caractère historiquement spécifique qui caractérisait l'utilisation que faisait Habermas de ce concept (Habermas, 1978). Dans la même veine, on retrouve plusieurs travaux sur l'éthique en Relations internationales qui ne s'intéressent pas aux possibilités matérielles concrètes de la réalisation de tels projets. Pour ces raisons, ces travaux (Held, 1993 ; Rustin, 1999) convergent souvent vers un renouvellement de l'**idéalisme**.

Frédérick Guillaume Dufour

CRITIQUES, théories — Critical Theories

Voir
Constructivisme
Critique (Théorie)
Dépendance (théorie de la)
Féminisme
Marxisme
Néogramscienne (approche)
Postpositivisme
Poststructuralisme/postmodernisme
Réflexivisme
Sociologie historique
Système-monde (théorie du)

CULTURE STRATÉGIQUE — Strategic Culture

Le concept de culture stratégique est une sorte de « transfuge » des **études de sécurité**. En effet, il a été successivement employé par des analystes aux orientations théoriques fort différentes, voire opposées. Dans sa première formulation, au tournant des années 1980, des auteurs réalistes ont proposé la notion de culture stratégique afin d'expliquer les différences entre les politiques de **sécurité nationale** des États.

Dans une seconde conceptualisation, au milieu de la décennie 1980, des théoriciens critiques ont vu dans la culture stratégique un instrument idéologique de domination, employé par les élites étatiques. Finalement, à partir de la seconde moitié des années 1990, la notion fut considérée par des auteurs constructivistes comme un système de significations socialement construites concernant la **sécurité**. Ces trois visions contrastées cohabitent aujourd'hui sous le même terme de culture stratégique.

La première conceptualisation de la culture stratégique a été proposée par Jack Snyder, en 1977. Celui-ci la définit comme :

> la somme totale des idéaux, des réactions émotionnelles conditionnées et des modes habituels de comportement que les membres d'une communauté stratégique nationale ont acquis par instruction ou imitation et qu'ils partagent les uns avec les autres par rapport à la stratégie nucléaire (1977 : 9).

L'idée inspira d'autres auteurs qui essayaient d'expliquer les différences entre les stratégies nucléaires soviétique et américaine, malgré une puissance matérielle similaire. Dans cette première acception rationaliste, la culture stratégique est donc une sorte de biais organisationnel, combinant des aspects historiques, géographiques et politiques, qui est introduit dans les calculs rationnels des élites politiques et militaires. « L'idéologie de l'offensive », partagée par la France et l'Allemagne en 1914 (Snyder, 1984 ; Posen, 1984), de même que la « théorie des dominos », promue par les États-Unis pendant la **Guerre froide**, sont deux exemples de culture stratégique permettant d'expliquer l'irrationalité de certaines politiques de sécurité nationale (Jervis et Snyder, 1991).

De tendance critique, la deuxième conceptualisation de la culture stratégique est probablement née en réaction à la première. Ici, la culture stratégique n'est plus un biais subi par l'élite, mais bien un outil à son service. En 1984, Robin Luckam dénonce l'existence d'une « culture de l'armement » aux États-Unis, fondée sur la « fétichisation » des armes ultramodernes. Fonctionnant comme une idéologie, la culture de l'armement assoit le pouvoir symbolique des élites dirigeantes et produit des représentations collectives conformes à leur programme politique (Luckam, 1984 : 1-5). Pour les théoriciens critiques, la culture stratégique est donc un instrument d'hégémonie.

Bradley Klein approfondira cette intuition en se référant aux écrits néo-marxistes d'Antonio Gramsci. Il soutient que la culture stratégique, une fois médiatisée par les institutions de l'État, est considérée par le public comme *la* réalité des relations internationales, justifiant, du coup, le programme politique des gouvernants. Ainsi se perpétue la domination de la classe dirigeante. Pour lui, « étudier la culture stratégique, c'est étudier l'hégémonie culturelle de la violence d'État » (Klein, 1988 : 136). À ce propos, il est intéressant de noter que les effets politiques et sociaux des « discours de sécurité », mis en lumière par les théoriciens critiques de la culture stratégique, ont inspiré plusieurs des recherches aujourd'hui réunies sous la bannière des **études critiques de sécurité** (Krause et Williams, 1997).

Fondée sur une perspective **constructiviste**, la troisième conceptualisation de la culture stratégique est à situer quelque part entre les deux précédentes. En fait, elle reprend l'idée de logique organisationnelle, mise de l'avant par les analystes rationalistes, et la combine à l'intuition des théoriciens critiques sur la nature socialement construite de la sécurité. Pour les constructivistes, la culture stratégique est le fruit de l'interaction sociale des élites étatiques et a pour principal effet de « rendre réelles » les significations intersubjectives qu'elle contient.

Dans cet ordre d'idées, Alastair Johnston définit la culture stratégique comme un

> système de symboles (structures argumentatives, langage, analogies, métaphores) qui établit des préférences stratégiques de manière pénétrante et durable en formulant des concepts sur le rôle et l'efficacité de la puissance militaire dans les affaires interétatiques, et en habillant ces concepts d'une aura de réalité qui font paraître lesdites préférences stratégiques comme les seules réalistes et efficaces (1995 : 46).

Pour lui, tant la *realpolitik* que l'*idealpolitik* peuvent être considérées comme des types idéaux de culture stratégique puisqu'il s'agit de systèmes de significations socialement construites ayant trait à la sécurité.

L'ouvrage constructiviste le plus connu traitant de la notion de culture stratégique est certainement celui dirigé par Peter Katzenstein, *The Culture of National Security*. Fouillant dans le « cimetière des études sociologiques » pour mieux contester les théories rationalistes, Katzenstein et son équipe cherchent à démontrer que les intérêts, en matière de sécurité, sont ceux d'acteurs constitués, en partie du moins, par cette structure socialement construite qu'est la culture (1996 : 1-2).

Chacune des trois formulations de la culture stratégique possède ses mérites et limites propres (Johnston, 1995). D'ailleurs, le pluralisme théorique qu'incarne la notion de culture stratégique est une caractéristique fondamentale de la discipline des relations internationales. Des efforts, comme ceux de Jeffrey Legro (1996), qui a cherché à intégrer une vision d'ascendance constructiviste de la culture aux schémas de l'École du choix rationnel, donnent à penser que le concept de culture stratégique peut se révéler un point de convergence fécond en études de sécurité.

Vincent Pouliot

DÉFENSE

Defence

> C'est qu'entre un homme armé et un homme désarmé, il n'y a pas du tout de rapport, et il n'est pas logique que qui est armé obéisse volontiers à qui est désarmé, ni qu'un homme désarmé soit en sûreté entre des serviteurs armés (Machiavel).

Dans son sens le plus général, le terme de défense renvoie aux activités de l'**État** visant à protéger le territoire national contre une agression extérieure. Cependant, cette très courte définition ne permet pas de bien saisir la complexité des phénomènes contemporains que recouvre la notion de défense. Le discours usuel révèle déjà une première difficulté puisque les termes de défense et de **sécurité** sont fréquemment utilisés comme des synonymes. Bien qu'interreliées, les deux notions réfèrent pourtant à des dimensions divergentes. La sécurité est en effet un concept plus global qui inclut, notamment, des dimensions en lien avec l'économie, l'environnement voire l'**identité** (Buzan *et al.*, 1998). En fait, la défense n'est qu'un aspect de la sécurité parmi d'autres. Il s'agit toutefois d'un élément central (en attestent les budgets qui y sont consacrés) qui se trouve la plupart du temps au cœur des politiques de **sécurité nationale**.

On a également parfois tendance à limiter le concept de défense aux aspects strictement militaires. Sans qu'il s'agisse véritablement d'une erreur, il faut éviter une restriction hâtive de ce concept qui peut occulter ses importantes ramifications aux plans socio-économiques et politiques (emplois, industries, haute technologie...).

Aspects théoriques de la défense

Le concept de défense est, sur le plan théorique, intimement lié au courant **réaliste** en **Relations internationales**. Il épouse en effet les principales prémisses de cette approche. La défense est tournée vers l'extérieur et prend ses assises sur la distinction réaliste entre les affaires internes de l'État et la politique internationale. Chaque État aura donc sa propre défense. Dans un contexte anarchique caractérisé par l'incertitude et la possibilité constante d'une attaque extérieure, l'État, unité principale si ce n'est unique des relations internationales, doit assurer seul sa survie, la préservation de son intégrité territoriale et de sa **souveraineté**. La raison d'être de la défense est donc d'assurer la sécurité nationale, c'est-à-dire de préserver l'État contre la menace extérieure. Puisqu'elle est directement liée à la survie de l'État dans l'environnement international, les réalistes font de la défense un domaine dit de haute politique (*high politics*) (Dunne et Schmidt, 2001).

Par ailleurs, dans ce cadre théorique, la survie de l'État passe par sa capacité à maintenir une puissance militaire relativement suffisante pour dissuader tout autre acteur de l'agresser. La défense correspond donc essentiellement à l'instrument militaire, qui devient le reflet de la **puissance** de l'État. C'est l'appareil militaire qui permet de dissuader un ennemi potentiel d'attaquer le territoire national et qui le protégera en cas d'agression. La défense devient également un instrument de la puissance de l'État, un autre concept cher aux réalistes.

Comme la sécurité, la défense renvoie à la notion de menace. Toutefois, en raison d'une filiation avec le réalisme encore plus forte pour la défense que pour la sécurité, la menace est inévitablement liée à la triade westphalienne, c'est-à-dire au lien entre État-nation, territoire et souveraineté. En effet, la défense a pour mission de contrer toute menace remettant en question l'intégrité territoriale du pays et limitant l'exercice de ses prérogatives en matière internationale et nationale, ce qui inclut également la protection des institutions étatiques et des acteurs de la **société civile** sur le territoire national comme à l'étranger (ressortissants, entreprises, ambassades, etc.).

Traditionnellement, la défense s'intéresse principalement à des menaces extérieures de nature étatique et militaire, ce qui ne lui interdit pas pour autant de se voir confier le mandat de lutter contre des groupes non étatiques (lutte au terrorisme, par exemple) ou de jouer un rôle dans le maintien de l'ordre à l'interne (mission parfois dévolue à la garde nationale aux États-Unis ou à la gendarmerie en France). Dans ce dernier cas, on parle alors de défense civile ou passive.

Ainsi, le concept de défense apparaît comme étant fortement tributaire de l'environnement extérieur. Toutefois, il convient de préciser que la complexité des phénomènes qui s'y rapportent interdit de concevoir l'État comme un tout homogène, un acteur (une « boîte noire ») dont les comportements sur la scène internationale sont uniquement imputables au caractère anarchique du système. Pour être pleinement comprise, la défense doit être mise en lien à la fois avec le cadre plus large de la **politique étrangère**, à laquelle elle est théoriquement inféodée, et avec le contexte politique intérieur qui lui a permis de prendre forme. Il n'est donc pas surprenant de voir des analystes de la défense recourir à des cadres pluralistes (bureaucratiques, politiques publiques, etc.) relevant plus de la théorie de la politique étrangère ou de la théorie de l'État que de la théorie des Relations internationales (Braillard, 1994). Mentionnons à titre d'exemple la célèbre contribution de Graham Allison, *Essence of Decision, Explaining the Cuban Missiles Crisis* (1971), où l'auteur utilise l'analyse bureaucratique pour expliquer l'action du gouvernement américain en matière de défense et de politique étrangère lors de la crise des missiles de Cuba en 1962.

Le secteur de la défense nationale est également investi de responsabilités variées comme la gestion des forces armées du pays, l'élaboration des politiques de défense, la constitution d'alliances, le maintien des capacités d'autodéfense et d'intervention à l'extérieur du territoire national. On peut même inclure dans les tâches de la défense le maintien d'une supériorité technologique pour vaincre les potentiels ennemis sur le champ de bataille.

Une défense au cas par cas

Les études portant sur la défense au sens strict sont très majoritairement empiriques avec un volet prescriptif important. Il s'agit la plupart du temps d'études de cas nationales qui cherchent à mettre en évidence les orientations préconisées par un État en matière de défense. Le but est de repérer ce qui apparaît être les principales faiblesses des mécanismes de protection du pays et d'être en mesure de proposer des aménagements susceptibles de rectifier la situation (Klepak et Létourneau, 1990 ; Murray et Viotti, 1994).

Les recherches les plus sérieuses se veulent exhaustives et tendent à prendre en considération une foule de facteurs pour comprendre et expliquer la défense d'un État. Mentionnons entre autres la situation géographique, la position relative dans le **système international**, les alliances contractées, les **capacités** (militaires, économiques, technologiques), la doctrine d'emploi des forces, la stratégie nationale de sécurité, les **relations civils-militaires**. La liste est longue et elle est modifiée selon les auteurs ou selon les États étudiés. On peut toutefois généraliser en disant que les chercheurs s'intéressent à tout ce qu'il y a entre « la fin et les moyens », c'est-à-dire qu'ils tentent d'analyser les liens qui existent entre la politique de défense, les décisions mises en œuvre (ampleur et nature des ressources mobilisées, organisation des armées, niveau de préparation, systèmes d'armement commandés, etc.) et le contexte international.

On pourrait croire que c'est uniquement la politique de défense et les lignes directrices qui y sont exposées qui guident le développement et la direction de l'ensemble des dimensions en lien avec la défense nationale. Limiter le champ d'étude aux documents publiés par les instances responsables de la formulation de cette politique serait sans doute une erreur. De très nombreuses recherches (Kapstein, 1992 ; Larson *et al.*, 2001) ont en effet montré que toutes sortes de considérations et d'intérêts disparates interfèrent dans le processus d'élaboration d'une politique de défense qui peut par ailleurs s'avérer difficile à appliquer concrètement dans sa totalité. Il arrive même parfois que la **stratégie** militaire devant logiquement découler de la politique de défense soit déposée avant cette dernière, comme ce fut le cas avec la Revue quadriennale de défense de 2001 du secrétaire à la Défense de George W. Bush, Donald Rumsfeld. Cette revue fut critiquée, car elle avait été rendue publique avant le document qui devait en précéder la formulation.

Le fait que la défense nationale, de la formulation des politiques jusqu'à leur implémentation, ne soit pas issue d'un processus linéaire et ne corresponde pas toujours aux objectifs exprimés initialement rend l'étude de ce domaine plus complexe qu'il ne semble au premier abord. Un niveau de difficulté supplémentaire se trouve dans le fait que les termes associés à cet univers tels que doctrine, stratégie ou politique de défense sont rarement clairement définis par les analystes et les décideurs, et souvent utilisés de manière interchangeable. Les Américains préfèrent en effet parler de « grande stratégie », tandis que les Britanniques optent pour la « defence policy ». Or, ces concepts, qui se chevauchent sous plusieurs aspects, ne recouvrent pas toujours la même réalité pour chaque État étudié. Il convient donc de demeurer prudent lors de la lecture et de l'utilisation de ces notions.

Un concept en mutation

Ces dernières années, les mutations de l'environnement international apparaissent mener à un décloisonnement des activités de défense et de sécurité des États. La disparition de l'Union soviétique a conduit les acteurs politiques et militaires du milieu de la défense à identifier de nouvelles menaces (**terrorisme**, criminalité transfrontalière, immigration) dont l'origine et la nature ne sont plus nécessairement étatiques. Cette évolution tend à remettre en cause plusieurs des postulats sur lesquels repose traditionnellement le concept de défense : le danger ne proviendrait plus nécessairement d'un autre État et ne serait plus uniquement militaire ; l'effritement des frontières sous l'impulsion d'accords commerciaux rendrait de plus en plus difficile la distinction entre l'interne et l'externe ; l'émergence et l'approfondissement de part et d'autre de l'Atlantique d'ententes régionales de sécurité (la PESD et NORAD, par exemple), dont les contenus vont au-delà de la simple défense collective consacrée par l'OTAN ou le pacte de Varsovie limiteraient, ou du moins modifieraient *de facto* l'exercice de la souveraineté en imposant la négociation et le compromis en matière de sécurité, et donc de survie de l'État. Tous ces phénomènes rendent plus difficile la distinction entre ce qui relève de la sécurité intérieure et ce qui interpelle directement la défense et particulièrement l'instrument militaire (Elam, 2001 ; Markusen et Constigan, 1999).

Par ailleurs, plusieurs autres phénomènes font surface et participent à l'évolution du concept. Mentionnons, à titre d'exemple, l'apport croissant de l'entreprise privée dans les conflits (l'action des « corporations militaires privées », nouvelle forme de **mercenariat**, en Irak est un exemple frappant) qui remet en cause le monopole public de la violence légitime (Singer, 2003) ou l'idée de « **guerre préventive** » ou de « guerre contre le terrorisme ».

L'impact de ces phénomènes sur le concept de défense reste à déterminer. On peut toutefois se demander si le concept de défense ne serait pas susceptible de se voir éclipser par un concept de sécurité réformé, mieux adapté à la réalité post-11 septembre 2001.

Aude-Emmanuelle Fleurant
et Yannick Quéau

DÉFENSE ANTIMISSILES

Missile Defense (MD)

La notion de défense antimissiles peut se définir comme un ou des systèmes technologiques militaires ayant pour fonction première de détruire les missiles en vol. Au-delà de cette simple définition se cachent des ramifications et des enjeux.

Historique de la défense antimissiles

La Deuxième Guerre mondiale vit, avec les V2 allemands, l'arrivée des premiers missiles. Aussitôt la guerre terminée, les États-Unis et l'URSS commencèrent à développer des systèmes visant à contrer une attaque nucléaire ennemie. Mais la recherche prit réellement son envol à la fin des années 1950 avec la mise sur pied des premiers missiles capables d'intercepter un missile balistique intercontinental, les Nike Zeus et Nike-X américains et le A-35 soviétique.

En 1967, les autorités américaines choisirent de protéger les villes contre des attaques limitées. On remplaça ainsi le Nike-X par Sentinel, conçu pour défendre les zones urbaines, mais il fallut abandonner ce programme face à la vive opposition de la population qui craignait la proximité d'armes nucléaires. Devenu Safeguard à la fin de 1969, le programme visait à protéger les silos militaires nucléaires contre de possibles attaques soviétiques et chinoises ainsi que des lancements accidentels. Le seul et unique site *Safeguard* devint opérationnel le 1er octobre 1975, mais on le ferma cinq mois plus tard, surtout en raison de son inefficacité et des coûts astronomiques lui étant reliés, mettant ainsi fin à la première ère de recherche et développement des défenses antimissiles, soit la période des intercepteurs nucléaires. Entre-temps, les États-Unis et l'Union soviétique avaient signé, en 1972, le traité ABM (*Anti-Ballistic Missile Treaty*) qui limitait le nombre de sites antimissiles dans les deux pays et qui cherchait à maintenir l'équilibre stratégique par l'exclusion de la menace de missiles défensifs.

Le 23 mars 1983, le président Reagan annonça que les États-Unis devaient passer d'une stratégie de **dissuasion** centrée seulement sur l'offensive (avec l'arme atomique) vers une basée principalement sur la défensive. Son but était simple : rendre l'arme nucléaire obsolète par le développement d'un système défensif. Pour ce faire, Reagan ordonna le lancement d'un programme de recherche et développement à long terme. Le 24 avril 1984, la directive de Reagan devint l'Initiative de défense stratégique (IDS), popularisée sous le nom de « guerre des étoiles ». Les plans initiaux consistaient en la mise en place d'une **défense** basée dans l'espace permettant de contrer une attaque nucléaire massive de la part de l'URSS. Même si aucun système antimissiles ne fut déployé sous la présidence de Reagan, les plans de l'IDS ont redonné un deuxième souffle aux défenses antimissiles et établi les bases de recherches et développements (R&D) encore en cours aujourd'hui. Cela a eu aussi comme effet de lancer un débat sur les dangers de l'arsenalisation de l'espace, débat toujours en cours aujourd'hui.

À la suite de la signature du traité START 1 (*Strategic Arms Reduction Talks* – Pourparlers sur la réduction des armes statégiques) en 1991 et la fin de la **Guerre froide**, les États-Unis repensèrent leur approche à l'égard de la défense antimissiles, craignant plus une attaque limitée ou un lancement accidentel qu'une attaque massive de la part de la Russie. Pour cette raison, George H. Bush annonca qu'il allait réorienter le programme IDS vers une défense contre une attaque plus limitée de provenance multiple, la *Global Protection Against Limited Strike* (GPALS – Protection globale contre des frappes limitées), qui représentait un repositionnement au niveau de la menace que devait contrer le système, mais sans toucher à l'approche technique. Cela permettait de poursuivre le programme de recherche et de développement mis en place à l'époque de Reagan, rendant ainsi possible le déploiement du premier système antimissiles moderne, le *Patriot*, lors de la guerre du Golfe en 1991.

L'accession à la Maison-Blanche de Bill Clinton, en 1993, marqua une période de réduction budgétaire dans ce programme. Avec la fin de la Guerre froide, il devenait très difficile de justifier les investissements massifs que demandait la mise en place d'un système de défense antimissiles à grande échelle. Pour ces raisons, Clinton priorisa, en 1993, les défenses de théâtre, soit une défense des troupes et des populations sur un théâtre de conflit, au détriment de la défense antimissiles du territoire américain. La nécessité du déploiement d'un système de défense antimissiles national (*National Missile Defense* [NMD]) est alors devenue un litige récurant entre les deux grands partis politiques américains. Les républicains réussirent finalement à faire adopter le *National Missile Defense Act*, qui mandatait la mise en place du NMD aussitôt que possible. Citant l'insuffisance des technologies, les soucis que le système provoquait parmi les alliés et l'opposition de la Russie et de la Chine, Clinton décida, le 1er septembre 2000, de ne pas aller de l'avant avec l'installation du NMD, renvoyant ainsi la décision au prochain président.

Dès son arrivée au pouvoir, George W. Bush exprima son intention de développer dans les plus brefs délais un système plus imposant que le NMD (Bush, 2001a). Les événements du 11 septembre 2001 donnèrent le souffle dont avait besoin son gouvernement pour aller de l'avant, en mettant le Congrès dans des dispositions favorables pour le financement d'un système de défense antimissiles, en réduisant les critiques des alliés et en justifiant l'abandon du traité ABM de 1972. Sûr de recevoir les moyens financiers nécessaires, Bush accéléra le développement de plusieurs systèmes. En juin 2002, il déclara que les États-Unis avaient abandonné formellement le traité ABM, et en décembre de la même année, il annonça le déploiement initial du *Ballistic Missile Defense System* (BMDS), qu'il déclara opérationnel en septembre 2004.

Dans leur planification, les autorités américaines œuvrent à instaurer une structure composée de plusieurs systèmes de défense et ayant pour but d'intercepter tous les types de missiles balistiques, à toutes les phases de vols et partout sur le globe. Ainsi, le BMDS est un réseau de systèmes regroupant une multitude de composantes antimissiles et qui repose sur deux dynamiques principales, à savoir que le BMDS est multidimensionnel et global (St-Laurent, 2006). Multidimensionnel en raison du rôle joué par chacun des systèmes d'interception dans une structure intégrée et interopérable, chapeautée par des composantes de détection globaux sous l'égide du United States Strategic Command (USSTRATCOM). En d'autres termes, chacun des systèmes est conçu pour intercepter un type de missile dans une phase de vol spécifique et joue un rôle déterminant dans un « travail d'équipe ». Global, ensuite, dans la mesure où les systèmes d'interception sont, et seront, installés en de multiples points chauds et stratégiques du globe. De l'aveu des instances officielles américaines, ceux-ci seront mis en place partout où il sera jugé nécessaire, afin de protéger les intérêts américains ainsi que ceux de leurs alliés.

Le débat sur les effets de la défense antimissile sur la prolifération des missiles

Au cours de l'histoire, le développement des défenses antimissiles a déclenché de nombreux débats, allant des effets sur la dissuasion et la **course aux armements**, à l'efficacité des systèmes, aux conséquences sur les dispositifs de contrôle et limitation des armements, à l'arsenalisation de l'espace, jusqu'à la nécessité par rapport aux coûts astronomiques de l'entreprise. Aujourd'hui, les défenses antimissiles soulèvent un nouveau débat au sujet de leurs effets sur la prolifération des missiles.

D'un côté, les héritiers de Reagan croient que les défenses antimissiles dissuaderont l'acquisition et l'utilisation des missiles balistiques – qu'ils soient porteurs d'**armes de destruction massive** (ADM) ou non (Rumsfeld, 2001 ; Shanker, 2001). On retrouve parmi ceux-ci les grands ténors du **néoconservatisme** américain. Bush et Donald Rumsfeld ont fait de cette vision la politique officielle du déploiement du BMDS (DoD, 2002). Les stratèges néoconservateurs espèrent que la mise en place du BMDS réduira l'attrait que pourraient exercer le nucléaire et ses vecteurs balistiques pour les pays non nucléaires qui souhaitent s'assurer une force dissuasive et augmenter leur puissance (Rumsfeld, 2001 ; Shanker, 2001). Le BMDS créerait des incertitudes chez les adversaires potentiels. Ceux-ci ne sauraient pas combien de leurs missiles réussiraient à déjouer le système de défense, ce qui les dissuaderait. Ainsi, sachant qu'il serait possible pour les États-Unis et leurs alliés de se défendre contre les missiles, les pays non nucléaires ou sans missiles balistiques, n'ayant pas encore les connaissances techniques nécessaires, réfléchiraient probablement avant d'investir les sommes énormes que demandent la recherche, le développement et l'acquisition de telles armes. De plus, des **États** tentés par l'acquisition de technologies nucléaires ou de capacités balistiques intercontinentales hésiteraient peut-être aussi à continuer les développements coûteux de leurs programmes. Ces pays auraient alors plus avantage à trouver des solutions de rechange moins coûteuses pour assurer leur force dissuasive, leur **sécurité**, leur survie et leur **souveraineté**.

Selon les adeptes de la théorie réaliste, le déploiement du BMDS aurait l'effet inverse, car il constituerait une augmentation de puissance qui ne resterait pas sans réaction de la part d'États rivaux. John J. Mearsheimer (2001), par exemple, explique que dans un grand jeu d'action/réaction, chaque État tente d'accroître sa propre puissance pour assurer sa sécurité. Donc, pendant que les États-Unis optimisent leur puissance pour maximiser leur sécurité, les autres pays en font autant puisque l'augmentation de la puissance américaine diminue leur propre sécurité. L'augmentation de puissance de l'autre État diminuera sensiblement la sécurité des États-Unis et les États impliqués se lanceront alors dans une spirale de militarisation (pouvant mener, à un certain niveau, à une **course aux armements**). Cette position est partagée par Kenneth Waltz et Scott Sagan (2003). À leur avis, le BMDS augmentera la puissance américaine, mais sans se traduire par une augmentation importante de la sécurité, puisque le BMDS provoquera inévitablement une réaction de la part des autres pays de la planète. Ceux-ci augmenteront la quantité et la qualité de leurs vecteurs balistiques pour conserver leurs forces stratégiques de dissuasion. De plus, tous auront l'option de développer d'autres moyens pour livrer leurs ADM.

Mathieu St-Laurent

DÉFENSE DU TERRITOIRE

Homeland Defense

La défense du territoire national est une notion qui désigne tous les moyens (**doctrine stratégique**, capacité militaire, etc.), principalement mais pas uniquement de nature militaire, qui sont nécessaires pour protéger un pays contre une attaque. Traditionnellement, cette attaque venait de l'extérieur du territoire et les moyens pour la contrer étaient pensés puis déployés en fonction du postulat suivant : l'étranger était source de menaces.

Le contexte post-Guerre froide et le climat d'incertitude qui l'a caractérisée en termes d'identification des nouvelles menaces ont conduit les stratèges à faire évoluer le concept de défense du territoire de manière à tenir compte de la possibilité pour un ennemi déterritorialisé, c'est-à-dire qui n'a aucun lien avec l'État où il se cache et où il mène ses actions. On suppose donc que les ennemis de l'État peuvent aussi être localisés sur le territoire national

(Seiple, 2002 : 262). On pense ici bien évidemment aux groupes terroristes, mais également au crime organisé. Le concept s'efforce donc de rendre compte à la fois des menaces internes et externes au pays.

La défense du territoire national fait surtout référence à des dimensions militaires même si elle s'ouvre graduellement à des éléments civils. Aux États-Unis (pays où le concept de défense du territoire est le plus développé), le volet militaire fait intervenir les structures du Northern Command, le bouclier antimissile, la garde-côtière, les bases réparties sur l'ensemble du territoire, bref l'ensemble des ressources militaires dont dispose Washington sur son territoire. Il convient d'y ajouter le North American Aerospace Defence (NORAD), une structure de défense coordonnant les activités des troupes canadiennes et américaines dans la surveillance de l'espace aérien (et même maritime depuis la reconduction de l'accord en 2006) en Amérique du Nord.

En ce qui a trait aux dimensions civiles de la défense du territoire, la *National Strategy for Homeland Security*, parue en juillet 2002 (OHS, 2002), cible six domaines à renforcer en vue de sanctuariser les États-Unis : les frontières et les transports, la préparation aux mesures d'urgence, la protection des infrastructures essentielles et la lutte contre le terrorisme intérieur. En élargissant ainsi le spectre des objets à sécuriser, le concept de défense du territoire a fini par perdre sa spécificité pour recouper la notion de **périmètre de sécurité**. En fait, il apparaît aujourd'hui que la défense du territoire constitue la dimension plus nationale de la mise en place d'un périmètre de sécurité prenant corps dans l'espace nord-américain.

Parce que plus englobant à la fois en termes d'acteurs et de domaines concernés et mieux adapté à une dynamique régionale et à un processus d'intégration canado-américain déjà bien avancé en matière de défense, le concept de périmètre de sécurité tend à supplanter la notion de défense du territoire.

Yannick Quéau

DÉFENSE, industrie de — Defence Industry

Campé à la jonction des dimensions économiques, politiques et technologiques de la **défense** et de la **sécurité** des États, le concept « industrie de défense » est difficile à circonscrire. De plus, les travaux portant sur l'industrie de défense sont, pour la plupart, fondés sur des études empiriques. Les analyses cherchent essentiellement à mettre en évidence la trajectoire historique des firmes qui composent l'industrie de défense, à éclairer le rôle qu'elles jouent sur le plan de l'innovation technologique et à analyser la relation complexe et changeante qu'elles entretiennent avec l'État, tant à titre de fournisseurs de biens stratégiques que d'instrument de sa puissance industrielle. Donc, même s'il reste un outil de travail fréquemment utilisé, très peu d'efforts ont été déployés en vue de baliser clairement le champ couvert par ce concept.

Une difficulté incontournable se pose dès le premier examen sérieux du terme. La notion d'industrie renvoie généralement à l'idée de secteur, par exemple l'industrie du textile ou des pâtes et papiers. Or, la défense n'est pas un secteur ; c'est avant tout un marché incarné par un client unique, gouvernement ou ministères liés à la défense, mais qui est desservi par une myriade d'entreprises appartenant à des secteurs industriels diversifiés, allant de l'aéronautique aux produits chimiques en passant par l'électronique et les transports. Le concept d'industrie de défense implique donc qu'il existe dans cet ensemble disparate un groupe de firmes dont la vocation serait de répondre aux besoins spécifiques de la défense nationale.

On peut identifier, en général, trois critères de sélection des entreprises appartenant à l'industrie de défense, que l'on peut se représenter comme autant de cercles concentriques. Le plus large inclut l'ensemble des firmes produisant des biens et des services destinés à un ministère de la Défense (CSIS, 1989). Cette définition, plutôt formelle, est peu utilisée par les analystes, car elle est difficile à opérationnaliser et elle révèle finalement peu de choses sur le sujet (Dunne, 1995 ; Kapstein, 1992).

Le cercle intermédiaire ne comprend que les firmes réalisant un chiffre d'affaires significatif dans le marché de la défense, éliminant du même coup celles pour qui il s'agit d'une activité occasionnelle ou marginale (Grover, 1999). Ce critère est appliqué de manière courante dans les nombreuses études de cas qui sont l'apanage des travaux portant sur l'industrie de défense. Il restreint considérablement le champ couvert par le concept et permet d'y introduire une certaine cohérence. Par contre, il n'y a pas de consensus parmi les auteurs sur un seuil d'activités reliées au marché militaire. Plusieurs analystes choisissent un revenu minimal pour distinguer les firmes de défense des autres. Certains se limitent aux entreprises qui tirent au moins la moitié de leurs revenus de contrats militaires, alors que d'autres vont inclure dans leur liste des entreprises dont la part d'activités associée à la défense, même si elle demeure importante, peut être de moins de 50 % (Hébert, 2002).

Le cercle le plus petit ajoutera au critère du volume d'affaires des dimensions plus qualitatives de l'activité de l'entreprise comme sa capacité d'innovation ou sa maîtrise des technologies proprement militaires (Chesnais, 1995). La plupart des travaux s'appuyant sur ce type de critères ont tendance à centrer l'analyse sur un groupe beaucoup plus petit de firmes très spécialisées, qui se révèlent généralement être les chefs de file de leurs secteurs industriels sur le plan national.

Le choix de l'un ou l'autre de ces critères aura des conséquences importantes sur le portrait dressé de l'industrie de défense d'un pays. Bernie Grover, qui effectue régulièrement une enquête statistique sérieuse et fouillée sur l'industrie de défense canadienne, choisit quant à lui d'établir un critère de revenu minimum provenant des contrats militaires pour différencier les firmes formant la base industrielle de défense canadienne de l'ensemble des entreprises du pays : de 100 000 $ à 3 millions de dollars pour le cercle intermédiaire et 3 millions de dollars et plus pour le cercle le plus restreint.

En effet, au Canada, les firmes qui vendent leurs produits ou services au ministère de la Défense nationale représentent un ensemble de plus d'une dizaine de milliers d'unités (le cercle le plus large). Si l'on considère les entreprises ayant au moins 100 000 $ de revenus provenant de ventes au ministère de la Défense, on en comptera un peu plus de 1200 (Grover, 1999), et si on limite l'étude aux fabricants recevant une valeur annuelle de contrats militaires de plus de 3 millions de dollars, on arrive à une quarantaine de compagnies (Bélanger, 2002).

Par ailleurs, les multiples études portant sur les appareils industriels de défense des États depuis la Deuxième Guerre mondiale ont surtout cherché à mettre en évidence un certain nombre de caractéristiques qui permettent de mieux identifier leur spécificité par rapport à leurs consœurs civiles. On note d'abord que l'apport constant de subsides publics a favorisé une forme de dépendance des entreprises aux contrats militaires et l'apparition d'un mode de fonctionnement économique distinct de celui des firmes œuvrant principalement dans les marchés commerciaux. Du temps de la Guerre froide, les firmes de défense étaient en effet considérées comme peu compétitives par rapport à leurs équivalents civils, et très spécialisées au sein de secteurs définis en fonction des besoins des armées (aéronautique, spatial, électronique, poudres et explosifs, produits chimiques, munitions, naval, etc.). Les temps de production y étaient longs, certains programmes pouvant s'étaler sur une vingtaine d'années, les quantités fabriquées étaient généralement réduites et les technologies développées et fabriquées à des coûts substantiels étaient susceptibles de devenir rapidement obsolètes (Oden, 1999).

Cette situation était essentiellement attribuable à la manière dont les contrats étaient octroyés par les instances publiques. Celles-ci privilégiaient la plupart du temps l'application de critères liés à la performance technique et à la sophistication des équipements, plutôt qu'un rapport qualité-prix avantageux. La question des coûts devenant secondaire, les entreprises ont axé leur énergie et ressources sur ces exigences parfois très pointues et se sont conséquemment éloignées de la logique marchande de maximisation de l'utilité.

Ensuite, on remarque que sur le plan de la fabrication, l'industrie de défense était et demeure essentiellement occidentale, tout en étant largement dominée par des joueurs américains. Parmi les vingt-cinq premières firmes militaires par le chiffre d'affaires, on dénombre pas moins de quinze entreprises états-uniennes, pour huit européennes de l'Ouest, une japonaise et une israélienne (SIPRI). Cette situation peut être expliquée par le fait que ces États concentrent à eux seuls plus de la moitié des dépenses militaires mondiales, dont approximativement 50 % est consacré à l'achat et à l'entretien des équipements.

De plus, les leaders de l'industrie de la défense se sont vus, à toutes fins utiles, attribuer par les gouvernements la direction du développement technologique dans des domaines stratégiques des économies occidentales (Bélanger *et al.*, 1992). Plusieurs analyses tendent en effet à montrer que les budgets de défense nationaux n'ont pas uniquement servi à doter l'État en matériel nécessaire à la défense de la nation et de ses intérêts. Ils auraient également été utilisés comme levier pour mettre en œuvre ce qui pouvait faire office de politique industrielle. La catégorie des acquisitions plus précisément aurait en fait permis d'intervenir directement dans l'économie pour favoriser le développement de secteurs jugés primordiaux pour l'avenir, comme l'aérospatiale et l'électronique.

La fin de la **Guerre froide** et bien évidemment la disparition de la menace soviétique ont représenté une coupure avec ce mode de fonctionnement. Les réductions substantielles ayant eu lieu dans les budgets de défense entre 1990-2000, particulièrement dans les achats en équipement, ont forcé ces entreprises à s'adapter à cette contraction subite des commandes.

Dans l'ensemble, les grands joueurs de l'industrie ont adopté une réponse en trois temps. Ils ont commencé par procéder à une rationalisation substantielle de leurs activités qui s'est traduite, entre autres, par des fermetures de filiales et d'usines et des mises à pied massives. Ensuite, ils ont amorcé un vaste processus de consolidation. Les leaders se sont recentrés sur leur secteur traditionnel de production, achetant les compétiteurs et vendant les divisions dont les activités étaient davantage orientées vers les marchés commerciaux. En Europe, vers la fin de la décennie 1990, les entreprises des secteurs aérospatial et électronique ont de surcroît cherché à élargir leurs assises en formant des groupes d'envergure continentale. Enfin, les firmes de défense se sont résolument tournées vers les marchés extérieurs pour pallier les pertes engendrées par la diminution de leurs ventes sur le plan intérieur (James, 1998).

La Russie, quant à elle, représente un cas à part. Pendant la Guerre froide, la base industrielle de défense de l'Union soviétique incarnait le cœur de l'activité industrielle du pays (SIPRI). En conséquence, l'appareil de production militaire hérité de l'époque soviétique était gigantesque, entièrement étatique, et n'obéissait pas aux règles propres aux marchés commerciaux, même celles un peu particulières du marché de la défense. Le processus de mutation de l'économie militaire russe a débuté alors que la chute draconienne des budgets remettait en cause la survie même de ces « entreprises ». Un vaste programme de transformation a ainsi été mis en œuvre au début des années 1990. Il impliquait la privatisation des firmes, leur reconversion, c'est-à-dire la réorientation de leurs activités vers des domaines de production civile, leur diversification et leur restructuration. Le bilan de ces changements est mitigé. Plusieurs entreprises ont réussi leur reconversion, mais on constate également de nombreux échecs, alors que certaines firmes ont fait le choix de se recentrer sur leur savoir-faire dans la défense. Ce n'est qu'aujourd'hui que les analystes sont en mesure de nuancer les résultats d'un processus qui n'est pas encore terminé.

Ce processus global d'ajustement a considérablement changé le panorama mondial de l'industrie qui est devenu, pour reprendre une expression couramment utilisée, « plus mince et plus méchante » (*leaner and meaner*). À l'heure actuelle, quelques entreprises géantes dominent le marché de la défense en Occident et se livrent une compétition féroce pour l'obtention des contrats disponibles sur les marchés internationaux (Hébert, 2002).

Les restructurations post-Guerre froide ont donné naissance à une nouvelle génération d'entreprises partiellement libérées des contraintes d'avant-1990. Leurs interactions avec les firmes et les marchés civils sont plus nombreuses que jamais, leurs partenariats se multiplient, la concurrence pour l'obtention des parts de marché devient de plus en plus féroce, bref, elles semblent en voie de se mondialiser. Cette situation soulève une foule de nouveaux enjeux tels que l'avenir des contrôles à l'exportation ou l'impact de cette mondialisation de l'industrie sur les relations entre États producteurs. Ces changements forcent également à une révision de la perception de ce qu'est l'industrie de défense et de son rôle dans les pays occidentaux.

Aude-Emmanuelle Fleurant

DÉPENDANCE, théorie de la

Dependency Theory

> Je crois, avec Paul Baran, que c'est le capitalisme, mondial et national, qui a produit le sous-développement dans le passé et qui continue à générer le sous-développement aujourd'hui (Frank, 1967 : xi).

La théorie de la dépendance fut développée d'abord en Amérique latine pour répondre à des problèmes concrets qu'y rencontrait le **développement** économique depuis la Seconde Guerre mondiale, puis elle fut popularisée en Amérique du Nord par André Gunder Frank. Il est important de rappeler le contexte du développement de cette théorie.

À la suite de la Révolution cubaine (1959), une série d'**interventions** et de coups d'État militaires écartèrent les gouvernements de gauche et de centre-gauche et leurs supporters du pouvoir en Amérique latine (Brésil, 1964 ; République dominicaine, 1965 ; Uruguay, 1972 ; Chili, 1973 ; Argentine,

1966, 1973, 1976). C'est dans ce contexte, à la fin des années 1960, que les intellectuels latino-américains constataient l'échec de la stratégie de substitution des importations développée après 1945. Loin de réduire la dépendance des anciennes colonies envers leur ancienne métropole, ces stratégies en transformaient tout au plus la nature.

Avant les années 1960, la problématique du développement des économies latino-américaines avait principalement attiré l'attention des théoriciens de la modernisation inspirés de Parsons. Jumelée à la théorie économique néoclassique, cette **théorie** prescrivait de développer les « avantages comparatifs » des **États** du « **Tiers Monde** ». Seule la spécialisation dans l'exportation de produits agricoles mènerait l'Amérique latine à se tailler une place dans la division internationale du travail. La Commission économique pour l'Amérique latine de l'ONU (CEPAL) s'opposa à cette stratégie au début des années 1960. Dans son optique, les termes de l'échange étaient non seulement défavorables aux États du Tiers Monde, mais les enfermaient dans une logique qui ralentissait leur industrialisation. Seule une industrialisation appuyée par l'État pouvait mener au développement de ces économies.

Les théoriciens de la *dependencia* — les historiens Sergio Bagu et Caio Prado, les sociologues Florestan Fernandes et Fernando H. Cardoso, et les économistes Armando Cordoba, Antonio Gracia and Alonso Aguilar — approfondirent les critiques de la CEPAL. Parce qu'ils ne croyaient pas qu'une bourgeoisie industrielle nationale put contribuer à un développement économique national bénéfique pour les masses, ils rompirent avec l'idée selon laquelle les masses devaient accepter un compromis avec la bourgeoisie. Inspirés par la Révolution cubaine, ils remirent également en question la téléologie **marxiste** selon laquelle le socialisme devait succéder au mode de production capitaliste, successeur du mode de production féodal. En Amérique latine, la théorie de la dépendance conserva un accent sur l'analyse de classes au niveau national et international. Elle dénonçait la double exploitation des classes dominées en Amérique latine par leur bourgeoisie nationale et par celle des métropoles.

André Gunder Frank popularisa cette théorie en Amérique du Nord et en Europe. Il tenta de mettre en parallèle le développement du capitalisme dans les États industrialisés et le sous-développement dans les États périphériques. Son analyse axée sur la dynamique mercantiliste du commerce international se fit au détriment de l'analyse des dynamiques internes des formations sociales ayant fait l'objet de débats en Amérique latine.

Frank doutait que l'expansion du capitalisme n'entraînât tôt ou tard un développement économique uniforme et global. Selon cette thèse, attribuée au marxisme classique, le développement du capitalisme, d'abord en Europe, s'étendrait au reste du globe à travers différentes phases d'expansion et désarticulerait les structures sociales traditionnelles, en plus de surpasser les modes de production précapitalistes. Toujours selon cette thèse, la convergence vers le mode de production capitaliste entraînerait un nivellement du développement économique à l'échelle du globe. Selon Frank, inspiré par Paul Baran, cette thèse était empiriquement contredite par l'observation de l'écart qui se creusait entre la concentration de la richesse dans les premiers États capitalistes, qualifiés ici de métropoles ou d'États du centre, et le standard du niveau de vie dans la périphérie, ou dans les États satellites.

Frank conserve du marxisme la méthodologie holistique selon laquelle l'analyse du développement de la périphérie doit se faire en relation avec le système capitaliste global. Celui-ci doit également être disséqué aux niveaux global, national et local. Selon Frank, la dynamique structurante de ce système est l'expropriation et le transfert des surplus des États satellites vers la métropole. Cette dynamique structurerait l'expansion du système, le développement de la métropole et le sous-développement de la périphérie, depuis le XVIe siècle. Le « sous-développement » ne serait pas un état naturel, mais le résultat de cette dynamique.

La structure de classe des États périphériques serait déterminée non pas tellement par les dynamiques nationale et locale, mais par la nécessité pour la métropole d'y développer une « Lumpenbourgeoisie », c'est-à-dire une élite politique servant de courroie de transmission dans cette dynamique. Cette classe dirigeante accepte de servir de tête de pont en échange du pouvoir qui lui est garanti par la métropole. Parce qu'elle est la seule à avoir un pouvoir d'achat, il est impossible que se développe dans les États satellites un marché de consommation comparable à celui des métropoles.

Ces dynamiques maintiennent les États satellites dans un état de dépendance. Frank ne nie pas qu'un développement soit possible dans la périphérie ; seulement, il nie que ce développement soit bénéfique à l'ensemble de la formation sociale, et que celui-ci conduise au nivellement du niveau de développement entre le centre et la périphérie.

Parce que Frank définit le capitalisme comme un réseau d'échanges et de transferts inégaux, il qualifie de « capitaliste » l'ensemble des zones insérées et affectées par celui-ci. L'accent est mis ici davantage sur la façon dont les surplus circulent au sein de la sphère des échanges que sur la façon dont ils sont produits. Celso Furtado critiqua certains aspects de cette thèse qui sous-estimait, selon lui, certains facteurs dont l'influence des formes de consommation des classes dirigeantes périphériques qui adoptent un mode de vie calqué sur celui des élites des métropoles.

La conséquence pratique de cette théorie est de rejeter la thèse selon laquelle « les pays sous-développés d'aujourd'hui répéteront les stades de croissance économique à travers lesquels sont passées les sociétés modernes développées, dont le développement capitaliste émergea à partir de sociétés précapitalistes et féodales » (Frank, 1967 : xvi). Selon lui, le développement de la périphérie ne peut passer que par une rupture avec le système capitaliste.

Certains ont critiqué cette thèse. Brewer lui a reproché de généraliser de façon abusive le concept de monopole afin de parler de plusieurs formes de domination correspondant à des réalités empiriques différentes (féodale, coloniale, marchande, capitaliste et industrielle) (Brewer, 1987 : 171). Une autre critique fondamentale de cette école fut celle de Brenner (1977) qui souligna la réduction qu'a tendance à faire autant la théorie de la dépendance que celle du **système-monde** du concept de capitalisme à un système d'échange inégal, où les relations de production ne font plus l'objet d'une analyse détaillée.

Frank fut également critiqué par les théoriciens latino-américains. La plus importante de ces critiques vint de Cardoso (1977) qui l'accusait de rompre avec la principale motivation des théoriciens de la dépendance en Amérique latine : décrire le caractère historiquement spécifique qu'y avaient pris les formations sociales capitalistes. Selon Cardoso, Frank réduit l'analyse historique et dialectique à un ensemble de lois formelles basées sur un principe de dépendance duquel sont déduites des contradictions sociales au moyen d'une argumentation fonctionnaliste.

Frédérick Guillaume Dufour
et Hepzibah Munoz Martinez

DÉSARMEMENT — Disarmament

Désarmement et **contrôle des armements** (ou maîtrise des armements) sont des additions relativement récentes au vocabulaire des **Relations internationales**. Chacune de ces notions a d'ailleurs donné naissance, depuis plus d'un siècle, à un ensemble d'arguments théoriques et de propositions normatives.

Les deux concepts partent d'un postulat identique : l'évolution de la technologie militaire et l'accumulation sans contrôle des arsenaux constituent des facteurs d'incertitude et d'instabilité qui augmentent le risque de guerre entre **États**. Contrairement à l'idée selon laquelle « les guerres prennent naissance dans l'esprit des hommes » (préambule de l'acte constitutif de l'UNESCO), les notions de désarmement et de contrôle des armements suggèrent donc que les armes et ce qu'on appelle communément la course aux armements peuvent causer la **guerre**. Elles impliquent également que les grandes puissances peuvent, en adoptant des mesures coopératives, réduire ce risque et contribuer à un équilibre international plus stable. C'est probablement à partir de là que les deux approches commencent à diverger.

Pour les tenants du désarmement, il n'est pas question de demi-mesures. Désarmer signifie diminuer radicalement les armements et les effectifs militaires des États, de sorte qu'ils ne conservent que des forces de protection minimales. La notion de désarmement s'articule ainsi à celle de **défense** non offensive, d'origine encore plus récente.

L'entreprise du désarmement désigne donc un processus global et diversifié qui doit toucher tous les pays et tous les types d'armements (le désarmement général et complet). Son objectif à long terme est évidemment une communauté internationale démilitarisée, désarmée et pacifiée.

La notion de désarmement, on l'imagine aisément, fait partie des doctrines idéalistes en vogue chez les pacifistes à partir de la fin du XIXe siècle. Un des arguments que l'on trouve associé à la notion de désarmement, dès l'origine, est que les dépenses militaires détournent les États de leurs responsabilités en matière de développement économique. Il est en effet frappant de constater que la première initiative de désarmement de l'ère moderne – soit les deux conférences de La Haye de 1899 et 1907 – a pour origine le souhait du tsar Nicolas II de réduire les dépenses militaires de la Russie à des fins de modernisation économique. À la veille de la Première Guerre mondiale, les grandes puissances vont donc convenir d'interdire l'emploi des projectiles répandant des gaz asphyxiants ou s'épanouissant dans le corps humain (les fameuses balles dum-dum) et, pour une durée limitée, le lancement de projectiles du haut de ballons. S'agissait-il là de véritables mesures de désarmement ou doit-on voir dans ces initiatives une des premières manifestations du droit humanitaire ? Le débat reste ouvert.

L'idée du désarmement avait cependant été lancée et la Grande Guerre allait encore renforcer sa popularité. Les « marchands de canons » n'étaient-ils pas en partie responsable de cette boucherie industrielle ? Woodrow Wilson allait donc insérer le principe du désarmement dans ses célèbres 14 points (point 4). L'article 8 de la Charte de la Société des Nations deviendra aussi le premier texte contemporain qui formalisera l'objectif du désarmement dans un traité. Les membres de la Société reconnaissaient que « le maintien de la paix exige la réduction des armements nationaux au minimum compatible avec la **sécurité nationale** ». Les négociations portant sur la réduction des arsenaux allaient cependant être reportées aux calendes grecques du fait des difficultés de l'après-guerre. Ce n'est qu'en 1932 que la Conférence du désarmement s'ouvre à Genève sous l'égide de la SDN. Dans le contexte des tensions grandissantes en Europe, elle ne débouchera évidemment sur rien de concret, si ce n'est un ensemble de propositions visant au désarmement général des grandes puissances. Seul héritage positif de l'entreprise du désarmement durant l'entre-deux-guerres, le protocole de Genève, du 17 mai 1925, exprime la volonté des membres de la SDN d'interdire définitivement l'emploi des gaz asphyxiants ou toxiques en cas de guerre. Quarante et un pays ont adhéré à ce protocole qui reste en vigueur aujourd'hui.

Compte tenu des résultats décevants, en matière de désarmement, de l'entre-deux-guerres, la Charte des Nations unies n'allait accorder qu'une place limitée au désarmement (articles 11 et 26). L'irruption de l'arme atomique sur la scène internationale, en 1945, allait cependant relancer cette idée. Face à la perspective de l'holocauste nucléaire, le désarmement n'était-il pas un impératif moral et politique de la plus haute importance ? Dès 1946, l'Organisation des Nations unies allait voir se multiplier les initiatives en vue de réduire les arsenaux et même d'abolir l'arme nucléaire. Mentionnons, à ce titre, le fameux plan Baruch (1946) d'inspiration américaine, mais surtout les efforts en vue d'aboutir à un désarmement général et complet à partir de 1954.

Ces efforts auront pour cadre la Commission des cinq puissances où la France, la Grande-Bretagne, le Canada, les États-Unis et l'URSS allaient tenter de mettre au point des plans de désarmement qui engloberaient autant les armements conventionnels que les arsenaux nucléaires. Notons, d'ailleurs, que l'idée du désarmement nucléaire a acquis une très grande popularité autant aux États-Unis qu'en Europe, durant cette période. Guidée par des intellectuels de renom, tels Albert Schweitzer, Bertrand Russell, Albert Einstein, Carl Friedrich Weizsäcker, l'opposition à l'armement nucléaire va devenir un véritable mouvement de masse à la fin des années 1950. Cette popularité se traduit, d'une part, par des manifestations de grande ampleur qui ont lieu régulièrement partout dans le monde à partir des années 1950 et, d'autre part, par l'intérêt que la communauté internationale porte au thème du désarmement durant toute la **Guerre froide**. Notons, à ce sujet, la création de la Conférence du désarmement, à Genève, et les sessions spéciales de l'ONU organisées à partir de 1978 sur ce thème.

Le caractère trop ambitieux des plans négociés à l'ONU dans les années 1950 ainsi que les aléas de la Guerre froide allaient cependant condamner les premiers efforts des grandes puissances en matière de désarmement universel et complet. À partir de 1957, on se résout à négocier des mesures partielles de réduction des armements, comme l'Accord sur la démilitarisation de l'Antarctique (1959), le Traité d'interdiction partielle des essais nucléaires (1963), le Traité sur l'espace extra-atmosphérique (1967) et le Traité de dénucléarisation de l'Amérique latine ou traité de Tlatelolco (1967).

Parallèlement à ce retour au pragmatisme, la théorie du contrôle des armements voit le jour aux États-Unis, plus spécifiquement dans le cadre d'un séminaire organisé à l'Université Harvard à l'été 1960. La théorie de *l'Arms Control* est exposée de façon précise dans le texte classique de Morton Halpern et Thomas Schelling, *Strategy and Arms Control*, qui paraît en 1966. Quatre principes résument assez bien cette approche, qui influencera beaucoup les politiques des administrations Kennedy, Johnson, Nixon et Carter :

> *Principe 1.* **Le système international** est conflictuel par définition. On n'y peut rien. Cependant, entre puissances nucléaires, il faut éviter la guerre à tout prix, car celle-ci présente un risque élevé d'aboutir à un suicide mutuel.
>
> *Principe 2.* Le contrôle des armements doit avoir pour but d'éviter que la logique de la technologie et de la planification militaire s'impose à la diplomatie, comme cela a été le cas lors de la Première Guerre mondiale. L'objectif ultime du contrôle des armements est la stabilité stratégique.

Principe 3. Le contrôle des armements n'est pas le désarmement. Il ne vise pas l'élimination des armements comme un but en soi, mais le renforcement de la dissuasion avec laquelle il va de pair. Il faut démontrer à l'ennemi qu'il ne peut gagner, tout en le rassurant et en le convainquant que l'on ne caresse pas l'idée d'une attaque nucléaire surprise contre lui. C'est là la véritable vocation de l'*Arms Control*.

Principe 4. Finalement, le contrôle des armements est une approche qui se veut apolitique. Elle privilégie le contrôle des armes et des technologies (ce qui est une tâche scientifique), mais se veut isolée des débats de politique intérieure ou extérieure.

Tout en acceptant le principe de la **dissuasion**, l'entreprise du contrôle des armements va tenter de poursuivre deux objectifs majeurs : limiter les risques de guerre nucléaire involontaire et réduire les coûts de la compétition stratégique par un ensemble de mesures unilatérales et bilatérales. L'amélioration de la sécurité entourant les armes nucléaires est un exemple de mesures unilatérales qui seront introduites, dès le début des années 1960, par les États-Unis pour éviter les accidents. La mise en place du fameux « téléphone rouge » entre Washington et Moscou illustre également le type de mesures coopératives que les Deux Grands adopteront afin d'assurer une meilleure communication entre les dirigeants des deux pays en cas de crise. Plusieurs accords bilatéraux seront également signés ultérieurement pour éviter les incidents qui pourraient mener à une confrontation militaire entre les États-Unis et l'URSS. Mentionnons, entre autres, les accords concernant certaines mesures destinées à réduire les risques de guerre nucléaire (1971), les accords destinés à prévenir les incidents en haute mer, (1972), l'accord sur la prévention de la guerre nucléaire (1973) et l'accord concernant la notification des essais de missiles intercontinentaux (1988).

Parallèlement, on doit noter que les initiatives destinées à limiter la prolifération des armes nucléaires s'inscrivent également dans le cadre des politiques visant à réduire le risque de guerre nucléaire. Il tombe sous le sens, en effet, que le danger de guerre augmente avec le nombre de puissances détenant l'arme atomique. À partir de la fin des années 1960, un effort considérable sera consacré par les grandes puissances pour amener les pays non nucléaires à renoncer à l'arme absolue. Le marché passé entre pays nucléarisés et non nucléarisés est le suivant : les seconds renoncent à l'arme nucléaire et les premiers s'engagent, en contrepartie, à les faire profiter des bénéfices scientifiques et techniques de l'énergie nucléaire. C'est sur cette base que sont signés des traités qui, ensemble, forment le régime de non-prolifération. La clé de voûte en est le Traité de non-prolifération (TNP), entré en vigueur en 1970.

Si la réduction des risques de guerre nucléaire involontaire a été acceptée sans grande difficulté par les Deux Grands, l'idée de réduire les coûts de la course aux armements s'est avérée plus difficile à concrétiser. Aucune des deux grandes puissances nucléaires n'était en effet prête à faire les concessions nécessaires pour effectuer des réductions importantes dans ses arsenaux. Tout au plus parvint-on à s'entendre, à la fin des années 1960, sur la nécessité de ne pas se lancer dans une course aux armements défensifs. Cet accord allait donner lieu à la signature, en 1972, du traité ABM qui, pour beaucoup, constituera la plus grande réussite du contrôle des armements stratégiques pendant la Guerre froide. La seconde phase du processus de négociation visant la limitation des armes stratégiques (SALT II) allait en effet s'enliser de 1973 à 1979, prêtant le flanc à la critique autant de la part des avocats que des détracteurs du contrôle des armements.

Paradoxalement, avec l'arrivée de Ronald Reagan à la présidence des États-Unis, l'entreprise de la maîtrise des armements allait entrer dans une phase plus dynamique. L'administration américaine va, en effet, instaurer une politique de défense plus agressive à l'égard de l'URSS. Elle va cependant aussi sortir des chemins battus en proposant à Moscou, non plus une « limitation » des arsenaux, mais des « réductions » radicales, autant en Europe (l'option zéro) que dans le domaine des armes stratégiques (principe des coupures profondes dans le cadre des négociations START). Avec l'arrivée au pouvoir, en URSS, de Michael Gorbatchev (1985), ces propositions trouveront un accueil favorable et, dès 1987, une série d'accords annonçant la fin de la Guerre froide seront signés, notamment le traité de Washington éliminant les missiles nucléaires de tout type en Europe (1987), le traité FCE sur les forces conventionnelles déployées en Europe (1990), le traité START I (1991) et le traité START II (1993).

En une quinzaine d'années, les arsenaux stratégiques russe et américain se verront donc réduits de moitié, passant de 11 000-12 000 armes environ, en 1990, à 5000-6000 têtes déployées, en juillet 2004. Confirmant cette tendance, le traité SOR (*Strategic Offensive Reductions Treaty*), signé par le président George W. Bush en 2002, prévoit de ramener les arsenaux russe et américain à un total de 1700 à 2200 têtes en 2012 (soit une diminution de près de 80 % par rapport aux arsenaux de la Guerre froide). En plus de démanteler les arsenaux, la communauté internationale a également renforcé le régime de non-prolifération en prorogeant le TNP pour une durée indéfinie (1995). Plusieurs États récalcitrants ont également accepté de se joindre à ce régime, notamment le Brésil, l'Argentine, l'Afrique du Sud, la Chine et la France. Au total, 187 pays ont adhéré au traité depuis 1970.

La dernière décennie du XXe siècle a donc été marquée par un nombre important de succès en ce qui a trait au contrôle des armements, en particulier dans le domaine nucléaire. D'une certaine façon, on pourrait même dire que le succès du contrôle des armements a ravivé l'entreprise du désarmement. Signalons, à ce chapitre, la signature de la Convention sur les armes chimiques (1992) qui engage plus de 130 États, dont la Russie et les États-Unis, à détruire la totalité de leurs stocks d'armes chimiques. Dans le domaine des armes conventionnelles, citons également la Convention d'Ottawa sur les mines antipersonnel (1997). Les signataires de cette dernière, au nombre de 70 en 2004, s'engagent à ne pas utiliser ces armes, à détruire leurs stocks et à aider les pays les plus affectés par la présence des mines à neutraliser et à détruire ces dernières. En 1996, certains **acteurs internationaux** ont même relancé le projet d'abolir l'arme nucléaire. Cette idée sera notamment stimulée par l'avis consultatif de la Cour internationale de Justice sur la légalité de la menace ou de l'emploi d'armes nucléaires (1996).

La fin des années 1990 voit cependant se manifester une véritable crise de la maîtrise des armements. Les essais nucléaires indiens et pakistanais, en mai 1998, la découverte des programmes d'enrichissement et de retraitement de l'Irak, de la Corée du Nord, de l'Iran et de la Libye vont ainsi remettre en question, aux yeux de beaucoup d'analystes, la viabilité du régime de non-prolifération. L'administration républicaine, quant à elle, dès son entrée en fonction en 2001, annonce sa volonté de se retirer du traité ABM afin de pouvoir construire sans contrainte un bouclier antimissile. C'est chose faite dès l'année suivante, et l'édifice juridique des deux traités START sera remplacé par une simple promesse bilatérale de réduire les arsenaux stratégiques à 1700-2200 têtes nucléaires. Après tout, pourquoi l'hyperpuissance américaine devrait-elle consacrer tant de temps et d'efforts diplomatiques à conclure des accords qui ne sont souvent pas respectés, alors qu'elle peut, à moindres frais, imposer unilatéralement ses préférences par la diplomatie ou par la force ?

Cette « révolution politique », comme certains l'ont désignée, signale-t-elle la fin de l'*Arms Control* et du désarmement ? Il est sans doute prématuré d'aller aussi loin, dans la mesure où la société internationale du XXIe siècle, comme celle du XXe, sera affectée par les problèmes que posent la diffusion des armements (conventionnels ou non) et l'évolution des technologies militaires. Dans ce contexte, peut-on imaginer que cette société puisse se passer des outils normatifs et institutionnels qui ont permis de faire face à ces problèmes pendant plus de quarante ans ? On peut en douter.

Michel Fortmann

DÉSÉCURISATION

Desecuritization

L'**École de Copenhague** cherche à identifier les processus de **sécurisation**, c'est-à-dire de construction discursive d'une menace conduisant à la dépolitisation du référent qui est sécurisé. Les auteurs qui se réclament de cette école recherchent également des solutions de rechange à ces procédés qu'ils dénoncent. Un pionnier de ce courant, Ole Wæver, propose de dénaturaliser la dichotomie **sécurité/insécurité**. Cette dénaturalisation est le point d'entrée du processus de désécurisation. Cette approche souhaite renoncer à cette dichotomie qui présuppose la présence d'une menace. Elle s'intéresse aux effets politiques de la circonscription d'un enjeu, par exemple l'**identité** collective, à travers des discours et pratiques qui le définissent comme un référent à protéger. Si les discours parviennent à créer une situation d'insécurité, il est également possible d'effectuer le processus inverse. La problématique de la désécurisation découle donc de la question suivante : peut-on discuter d'un objet en d'autres termes que ceux issus du langage de la sécurité ?

La désécurisation exige « moins de sécurité, plus de politique » et peut être atteinte uniquement en adoptant une définition de la sécurité en tant qu'« acte de langage », différente en cela de son appréhension en tant que menace objective (Wæver, 1995 : 56-57). On souhaite ainsi retirer un enjeu hissé par un processus discursif de sécurisation au sein d'une sphère de l'exceptionnalité et le ramener au sein de l'espace public, démocratique, afin que l'enjeu relève de l'« a-sécurité » (Buzan, Wæver et de Wilde, 1998). Le débat concernant la désécurisation recoupe alors la critique de **l'exceptionnalisme**. Chez Wæver, il s'agit d'éviter que les élites étatiques perçoivent et énoncent un enjeu comme menaçant la **souveraineté** de l'État ou de la société.

Wæver propose « d'étudier les mécanismes qui déclenchent le discours sécuritaire en matière d'identité, et [de] produire un outil permettant d'éviter cet enclenchement » (1998 : 119). Il a exploré entre autres le potentiel de désécurisation sur les problématiques de la religion (Laustsen et Wæver, 2000), de l'environnement et des relations transnationales en Europe lors de la période de la Détente (Wæver, 1998). L'analyse, à partir du concept de sécurité sociétale, de la défense de l'identité nationale constitue en outre une problématique chère à Wæver. Elle lui sert à faciliter en contrepartie une élaboration du projet d'intégration européenne sous la forme d'une « constellation identitaire » et d'une citoyenneté/identité européenne politique, plutôt qu'ethnoculturelle. Il s'agit d'édifier un espace où les identités respectives des États pourraient être développées sous un angle différent de celui de la sécurité, puisque la menace qui pèse sur leur survie serait atténuée.

La notion de désécurisation et les enjeux normatifs qu'elle soulève ont mené à de nombreux développements du concept initial de Wæver. Les notions de sécurisation et de sécurité sociétale ont notamment suscité des résistances au sein du **constructivisme** critique. McSweeney (1999) et Huysmans (1995, 1998), en souhaitant se distancer du paradigme **réaliste**, reformulent ces deux concepts en y confrontant la réification de l'identité sociétale. Ils visent ainsi à amenuiser le potentiel de sécurisation de leur propre discours sur des enjeux qu'ils tentent de circonscrire, mais cela sans en faire des menaces sociétales. Wæver (1998 : 119) a pris ses distances face au concept de sécurité sociétale et a proposé des éclaircissements au sein de travaux subséquents sur l'Union européenne.

Se situant résolument parmi ces derniers, Huysmans (1995) s'intéresse aux discours sécuritaires identifiant une menace que l'immigration poserait à l'identité sociétale. Son apport est primordial à l'égard de la reconceptualisation de la désécurisation. Afin de déconstruire ce récit, en l'occurrence la construction discursive d'une situation d'insécurité amenée par les flux migratoires, il évalue trois types de stratégies de désécurisation : objectiviste, constructiviste et déconstructiviste. Huysmans (1995 : 65-66) délégitime la première tactique, objectiviste, qui consiste à révéler le caractère construit et faussé de la menace. Elle reproduirait l'antinomie de l'altérité du processus de sécurisation tout en présupposant une menace objective. On discuterait encore ici du migrant comme entité homogène et différente de soi, même en discréditant l'insécurité qu'il pose à l'identité culturelle de la population de souche. Toujours selon Huysmans (1998 : 66-67), la stratégie constructiviste, que l'on retrouve chez Wæver, se prémunit contre ces deux failles et tente d'identifier le processus de sécurisation pour en endiguer les causes. Cependant, elle y présume une construction certes sociale, mais fixe et intemporelle.

Par conséquent, Huysmans (1998 : 67-69) privilégie l'approche déconstructiviste, où le chercheur se conçoit lui-même comme partie prenante du processus de sécurisation/désécurisation. Il doit soumettre une narration alternative et renverser les termes du débat tout en multipliant les identités et différences de la catégorie « autre », plutôt que de contribuer au savoir sécuritaire en préservant la dynamique inclusion/exclusion. Roe (2004 : 287) souligne qu'Aradau (2003) précise de manière critique cette stratégie en mettant l'accent sur l'impératif d'une renégociation des rapports entre les communautés locales. Cette auteure vise ainsi à inclure en tant qu'« agents de désécurisation » les minorités autrefois marginalisées et ciblées en tant qu'objet à sécuriser.

Puisque la perspective critique se veut plus **réflexive** tout en se méfiant du stato-centrisme, elle interroge aussi le potentiel sécurisant des énoncés de sécurité effectués par les membres de communautés épistémiques. On diversifie ici les types de discours étudiés, en élargissant leur source au-delà de ceux des hommes politiques. Ce souci dérive de son analyse plus approfondie des processus et agents contribuant à la réalisation de l'acte de langage. Ces chercheurs démontrent ainsi que les experts de la sécurité, par exemple, parviennent aussi à modeler l'ordre du jour sécuritaire. En cherchant comment l'effet performatif des discours de sécurité pouvait s'effectuer au-delà de la sphère politique, Bigo (1995) en a étendu l'analyse jusqu'aux agents issus du champ universitaire.

Dans le même ordre d'idées, Huysmans propose de circonscrire le « dilemme normatif » qui affecte un chercheur qui étudie la transformation de l'immigration en enjeu sécuritaire, sans pour autant vouloir contribuer à sa sécurisation. Afin d'éviter de sécuriser l'objet dont la théorisation est souhaitable, il importe d'abord d'analyser le « nexus savoir/pouvoir » au sein duquel il évolue. Il s'agit alors d'évaluer la généalogie de la « formation de sécurité », l'ensemble de **normes** qui gouvernent et dictent les conditions de la légitimité des discours (Huysmans, 1998 : 188). Il devient alors possible d'identifier les discours susceptibles de posséder le potentiel performatif correspondant à ce contexte institutionnel, mais aussi symbolique, particulier, afin de contrer ce régime de vérité sur ce qui relève de la sécurité. Toutefois, Huysmans (1998 : 201) effectue une mise en garde quant à l'inéluctabilité du dilemme normatif : aucun énonciateur ne peut détenir un contrôle absolu sur ce qu'il introduit au sein du champ de la sécurité. Dans son optique, même l'analyse de la localisation des agents en mesure de réaliser discursivement la sécurisation demeure insuffisante afin de cerner les variables de sa réussite (1998 : 195, 198-200). Par conséquent, ceux qui se cantonnent à cette perspective possèdent moins d'outils afin de maîtriser l'effet performatif du savoir sécuritaire qu'ils produisent.

À l'instar de ceux de Huysmans, les travaux de Balzacq et de Ceyhan participent à la reconceptualisation de la sécurité comme processus discursif dans l'esprit de l'**École de Copenhague**, mais d'un point de vue plus sociologique. Ceyhan (1998 : 47-49) rejette la prédilection de Wæver envers une lecture d'Austin inspirée de Derrida, mettant l'accent sur la linguistique de l'énonciation, au détriment de celle qu'en fait Searle. C'est selon elle ce qui le conduit à négliger une analyse du contexte au sein duquel prennent place les procédés d'énonciation et de sécurisation. Il serait pourtant impératif, pour comprendre le sens et la portée qu'acquiert un discours sécuritaire, de prendre en considération l'héritage représentationnel du groupe auquel l'argumentaire s'adresse, ainsi que la conjoncture politique. Reconnaître que certains enjeux ou référents sont potentiellement plus sécurisants que d'autres constitue un premier pas afin de dénouer le tandem sécurité/insécurité. Dans la même veine, Balzacq (2005 : 177) souligne que la définition de la nature autoréférentielle de la sécurité, que Wæver conceptualise simplement en tant qu'acte de langage, demeure limitée face aux fins normatives auxquelles elle peut prétendre, c'est-à-dire agir sur le monde en désécurisant un enjeu. La désécurisation peut plus difficilement prendre place lorsque le processus de sécurisation lui-même et son caractère intersubjectif sont sous-théorisés.

De son côté, Floyd met en doute le concept qu'emprunte Wæver afin de désécuriser un enjeu et de le resituer au sein du débat politique. Toutefois, son approche présuppose une définition de la sécurité plus objective, c'est-à-dire que l'émancipation face aux menaces peut être atteinte. Floyd (2007 : 43-44) suit Buzan (1998) en contestant l'équation centrale de Wæver selon laquelle la désécurisation devrait mener à la politisation. Floyd appelle à une participation normative des chercheurs, puisque ceux-ci sont sujets au dilemme normatif et partie prenante du processus de sécurisation/désécurisation. Elle penche en faveur de la sécurisation de certains enjeux, plus précisément celui de la sécurité humaine, qui ne figure pas autrement à l'ordre du jour des États. Issu du même courant, Grayson (2003) avançait pourtant que c'est l'exceptionnalisme, induit par la discussion en des termes sécuritaires, hors du processus démocratique, qui constituait une menace pour la **sécurité humaine**. En effet, la désécurisation constituerait une meilleure avenue émancipatrice, puisqu'au sein du processus de sécurisation, l'**intérêt national** serait plus souvent privilégié, au détriment de la sécurité de la population.

Le projet normatif de l'École de Copenhague, qui vise à (re)politiser des enjeux qui sont gérés hors de la sphère publique, ne fait donc pas consensus. Pour sa part, Roe a soulevé un débat quant aux possibles limites de la désécurisation, liées cette fois-ci aux objets qu'il est risqué de désécuriser. Selon lui (2004 : 290), l'approche déconstructiviste de Huysmans ne peut être appliquée à l'enjeu du droit des minorités au sein d'un État, puisque la sécurité sociétale, la différence culturelle à protéger, est ce qui leur confère leurs droits. Puisqu'elle est sujette aux périls de la perspective objectiviste, Roe (2004 : 291-292) demeure sceptique face à la stratégie de désécurisation que Kymlicka privilégie face à cette situation : rendre possible l'autonomie politique, voire la sécession, afin de normaliser les rapports de différence. Roe propose donc une « gestion » de la sécurisation des droits des minorités, plutôt que leur désécurisation. À ce sujet, Jutila (2006 : 182) défend plutôt une stratégie reconstructiviste de désécurisation, inspirée de Huysmans. Selon elle, les relations entre groupes ethnoculturels au sein d'une communauté politique peuvent être mises en récit d'une manière qui ne présume pas une logique d'exclusion et l'impératif de la sécurité sociétale.

Tout d'abord mis de l'avant par l'École de Copenhague, le concept de désécurisation a été repris au sein du champ par l'École de Paris (Huysmans, Ceyhan, Balzacq). Pour celle-ci, il importe d'abord de préciser à la fois les relations de pouvoir qui rendent possibles la sécurisation et l'impact de leur propre discours dans ce processus. Les auteurs inspirés de la théorie critique leur ont opposé la notion de sécurité humaine, en mettant au défi ces premières écoles de concilier éthique et émancipation au sein de leur promotion de la désécurisation.

Nancy Turgeon

DÉVELOPPEMENT

Development

> Le « développement » consiste en un ensemble de pratiques parfois contradictoires qui exigent – pour la reproduction de la société – la transformation générale et la destruction de l'environnement naturel et des relations sociales. Son objectif est d'accroître la production de marchandises (biens et services) orientée, par l'intermédiaire de l'échange, à une demande solvable (Rist, 1997 : 13).

L'intérêt pour le développement est assez récent dans la littérature en **Relations internationales**. En reléguant les rapports Nord-Sud au statut de *low politics*, ce champ a dans le passé exclu les questions de développement dans l'ordre mondial de ses priorités. Le « Sud » et le **Tiers Monde** furent alors étudiés, non pas dans leurs propres termes ou pour leur contribution à l'ordre mondial, mais comme facteurs déstabilisants de cet ordre mondial (Krasner, 1985). Le développement fut ainsi traité comme un acquis des pays industriels avancés qui devaient servir de modèle aux pays « sous-développés ».

La définition même du concept de « développement » demeurait cependant sujette à controverses. Dans la littérature spécialisée, on retrouve une définition traditionnelle fondée sur des critères strictement économiques (croissance, produit national brut *per capita*, compétitivité, surplus commercial) sans beaucoup d'égards pour les conditions sociales (distribution de la richesse, taux de mortalité, taux d'alphabétisation, etc.) sur lesquelles l'atteinte de ces agrégats pourrait se fonder. Depuis le début des années 1960, l'Organisation des Nations Unies (ONU) s'est toutefois efforcée d'intégrer dans la définition du développement des facteurs sociaux et politiques tels l'équité sociale et l'amélioration des standards d'existence. Gilbert Rist (1997) souligne cependant que la pratique actuelle du développement a eu des conséquences destructives, tant pour l'environnement que pour les sociétés humaines. Nombreux sont ceux qui pensent qu'en dépit de cinquante ans d'aide internationale au développement, la réalité matérielle de la pauvreté absolue à grande échelle et de la privation souligne l'échec du développement, tel qu'il a été défini jusqu'à maintenant. Ce constat s'est accompagné d'une crise de la **théorie** du développement (Leys, 1996).

L'idée du développement moderne descend de l'idée de progrès qui, elle-même, tire ses racines de deux courants de pensée associés aux Lumières : d'une part, le perfectionnement de l'humanité comme phénomène essentiellement culturel et politique (la progression de la raison et de la liberté) et, d'autre part, la maturation de la « société commerciale », dans le sens matérialiste de stade ultime dans l'évolution des modes de subsistance. Ce sont ces courants qui s'unifièrent dans diverses conceptions du progrès technique (Wood, 2000). À partir de ses racines dans le projet de progrès des Lumières, le concept de développement émergea dans son sens contemporain seulement dans la période suivant la Seconde Guerre mondiale – une période que certains appelleront « l'ère du développement » (Rist, 1997). La Doctrine Truman de 1947 signala au monde que cette ère était lancée, pendant laquelle les **nations** industrialisées offriraient, dans la foulée de la décolonisation, une aide technique et financière aux **États** nouvellement indépendants afin de les assister dans la modernisation de leurs économies et de leurs sociétés. Ce projet politique s'inspirait de la théorie de la modernisation et de la sociologie de Talcott Parsons, qui tiennent pour acquis qu'il n'existe qu'une route pour les sociétés humaines menant des sociétés simples, traditionnelles et surtout agraires (l'état de sous-développement) aux sociétés séculaires, industrialisées et de consommation de masse.

Dans la littérature en science économique, W. W. Rostow (1960) développa l'argument selon lequel les sociétés sous-développées et développées occupent simplement différents stades de croissance sur un parcours *unique* de développement. Il s'appuyait ainsi sur le modèle occidental de la modernisation selon lequel le développement est naturel, inévitable, désirable et, bien entendu, possible. Les colonies du passé devaient s'efforcer de laisser en arrière leur état de sous-développement et de progresser, par voie de croissance économique, vers les statuts de société « en voie de développement » et de société « développée ».

Les théories de la **dépendance** dans un premier temps, puis celle du **système-monde**, furent développées en réaction à la théorie de la modernisation qui était dominante dans les cercles occidentaux. Ces **théories critiques**, issues du **marxisme**, rétorquèrent aux tenants de la théorie de la modernisation que le sous-développement n'est pas une condition primitive de toutes les sociétés humaines, mais plutôt une création historique issue du capitalisme. Pour ces théoriciens, le développement et le sous-développement sont la résultante d'un même processus historique : le développement historique du capitalisme comme ordre mondial, dont le colonialisme et l'**impérialisme** sont des composantes intégrales. Ils soutiennent que les **puissances** manufacturières des pays industrialisés du centre étendirent leurs marchés et leur force politique à travers le monde, redirigeant par là l'évolution des sociétés périphériques. De manière plus précise, les puissances industrielles capitalistes ne se développèrent pas de façon autarcique, mais plutôt grâce aux surplus qu'elles s'approprièrent aux dépens des sociétés qu'elles exploitaient. André Gunder Frank (1978), de l'École de la dépendance, résuma ce processus par la notion de « développement du sous-développement ».

Une approche plus mesurée, élaborée par Enrique Cardoso et Enzo Faletto (1969), se fonda sur la notion de « développement dépendant », que ces auteurs dérivèrent de l'expérience brésilienne, qui démontrait qu'un certain niveau de développement était possible dans les sociétés dites périphériques.

C'est toutefois à travers les travaux de Immanuel Wallerstein (1979) et Samir Amin (1970) que ces idées ont intégré le domaine de l'**économie politique internationale**. La théorie du système-monde de Wallerstein est en fait une synthèse de l'approche **réaliste** des rapports internationaux et des analyses structurelles de la théorie de la dépendance qui retracent l'émergence d'une économie-monde capitaliste au « long du XVIe siècle » (Adda, 1996). Samir Amin explique le développement du système-monde capitaliste sur la base d'une théorie de l'échange inégal. Celle-ci situe le problème du sous-développement au niveau des salaires de misère et du retard des forces productives dans la périphérie (Amin, 1970).

Les théories de la dépendance et du système-monde furent critiquées tant au niveau théorique qu'au niveau empirique. La critique la plus courante attaque le déterminisme de ces théories qui, logiquement, impliquent que le Tiers Monde contemporain devrait être stagnant et immunisé contre tout développement tant qu'il se maintient dans l'économie-monde capitaliste. Cette proposition va à l'encontre de la réalité d'une forte croissance dans certains pays du Tiers Monde dans les années 1960 et 1970, en particulier pour les pays nouvellement industrialisés de l'Asie du Sud-Est.

La critique la plus dévastatrice des théories de la dépendance et du système-monde fut articulée, au niveau théorique, par Robert Brenner (1977). Cet historien marxiste identifia une lacune majeure des travaux de Wallerstein et Frank dans la façon dont ceux-ci, bien que tentant de comprendre les succès économiques des pays du centre (en particulier, le dynamisme des économies anglaise et néerlandaise aux XVIe et XVIIe siècles), ne peuvent en identifier l'origine. Les théoriciens de la dépendance attribuent le développement des pays du centre à l'émergence d'**acteurs** motivés par l'appât du profit et exploitant les pays périphériques pour leur avantage propre. Or, cette poursuite de la maximisation des profits ne prend place que sur la base d'une structure sociale spécifique que les théories de la dépendance, contrairement aux travaux de Karl Marx, n'identifient jamais. Si Wallerstein ne peut comprendre les causes réelles de la croissance économique, c'est parce qu'il néglige l'analyse de la corrélation entre la structure de classe propre au capitalisme et le développement (Brenner, 1977).

D'autres critiques identifièrent dans les approches néomarxistes, comme la théorie de la dépendance et la théorie du système-monde, un biais méthodologique en faveur du fonctionnalisme, dans la mesure où celles-ci tiennent pour acquis que le développement des sociétés périphériques peut être dérivé du mode de production capitaliste et que leur développement n'est qu'un sous-produit des besoins des sociétés capitalistes développées. On critiqua aussi l'attachement méta-théorique de ces théories à un séquençage historique du développement fondé sur une lentille théorique qui ignore l'historicité propre aux sociétés du Tiers Monde et, ainsi, les différences fondamentales qui existent au sein de celles-ci (Bayart, 1989 ; Kiely, 1995). De telles critiques contribuèrent à une crise intellectuelle qualifiée par David Booth (1985) d'« impasse » de la théorie du développement.

Cette impasse théorique coïncida avec une impasse dans la pratique du développement. À la suite de la crise de la dette des années 1980 et de la création de programmes d'ajustement structurel, les problèmes liés à l'accroissement de la pauvreté, du sous-emploi, des populations sans abris et sans terres et des violations des droits humains acquirent des proportions alarmantes. Alors que l'écart entre les niveaux de croissance des pays riches et des pays pauvres s'accroissait considérablement, une différenciation accrue entre les parcours de développement des pays du Tiers Monde invita de nombreux chercheurs à déclarer qu'il devenait impossible de parler du Tiers Monde comme d'une entité homogène (Harris, 1986 ; McMichael, 1996 : ch. 3-4).

Les approches récentes tentant de surmonter l'impasse du développement reposent toutes sur une volonté de remplacer les théories déterministes et fonctionnalistes par des analyses mettant l'accent sur la diversité des expériences de développement (Shuurman, 1993). Les théories **poststructuralistes**, en relativisant les pratiques de conceptualisation du développement, parlent maintenant de « postdéveloppement » (Rahnema et Bawree, 1997).

Les **féministes**, comme Chandra Mohanty, insistent sur le fait qu'il est nécessaire de faire la différence entre les catégories de travailleurs plutôt que de parler du Tiers Monde de façon agrégée. Cela permettrait, d'une part, de présenter les femmes du Tiers Monde comme agents plutôt que comme victimes du développement et, d'autre part, de comprendre comment des formes spécifiques d'oppression (en particulier le racisme et le sexisme) s'inscrivent dans la division internationale du travail (Mohanty, 1997 ; Elson et Pearson, 1981). Certains auteurs marxistes suggèrent pour leur part qu'il est nécessaire de mettre l'accent sur le travail empirique plutôt que sur le développement d'ambitieuses théories universalisant le rapport entre le développement et l'évolution du système-monde (Mouzelis, 1988 ; Sklair, 1988 ; Kiely, 1995).

D'autres auteurs suggèrent que l'analyse du développement devrait être intégrée à celle de la **mondialisation**, sur la base d'une synthèse des divers courants critiques de l'économie politique internationale mettant l'accent sur la constitution historique des structures de pouvoir (Hoogvelt, 1997 ; Hettne et Soderbaum, 1999 ; McMichael, 1996). La montée en force de l'économie politique internationale, et un intérêt croissant pour la question de la mondialisation, promettent donc un intérêt plus soutenu pour l'analyse du développement en Relations internationales. Comme les spécialistes du développement ont *toujours* considéré que le développement dans le Tiers Monde est structurellement et intégralement lié au changement dans les autres sociétés, on verra là l'occasion de corriger la stérilisation passée de l'expérience de 85 % de la population de la planète (Cheru, 1997 : 168).

Susan Spronk
traduction d'Étienne Cantin

DILEMME DE LA SÉCURITÉ

Security Dilemma

> Où qu'une telle société anarchique ait existé — et elle a existé à un certain niveau dans la plupart des périodes historiques connues — ce qu'on peut appeler le « dilemme de sécurité » des hommes, de groupes ou de leurs dirigeants a émergé (Herz 1950 : 157).

La littérature **réaliste** classique en **Relations internationales** considère le « dilemme de la sécurité » comme l'une des principales conséquences de l'**anarchie**. D'un point de vue analytique, ce concept repose sur la transposition de la notion hobbesienne d'état de nature au **système international**, un état de « guerre de tous contre tous » qui contraint les **États** à ne compter que sur eux-mêmes pour assurer leur survie. Le service de leurs intérêts propres est ainsi le principe unique des actions des États qui sont dotés, selon les réalistes et **néoréalistes**, d'une rationalité leur permettant d'établir une bonne adéquation entre la fin recherchée, la survie et les moyens utilisés pour y parvenir comme l'acquisition de capacités militaires, l'**équilibre des puissances** ou la conclusion d'**alliances**. Enraciné dans la philosophie utilitariste de J. Bentham (1748-1832), le postulat à la base de ce concept est donc que chacun poursuit son intérêt personnel.

Selon J. H. Herz, l'un des premiers à introduire ce concept en Relations internationales, le dilemme de la sécurité posé par l'anarchie réside dans le fait que toutes les tentatives d'un État pour accroître sa **sécurité** peuvent être jugées par les autres États comme un accroissement de leur propre insécurité (Herz, 1950 : 157). Le dilemme de la sécurité repose ainsi sur un paradoxe puisqu'en augmentant sa sécurité, un État diminue celle des autres qui s'engageront, en retour, dans une augmentation de leurs **capacités** militaires, ce qui pourrait avoir pour effet de diminuer la sécurité relative de l'État ayant initié cette surenchère sécuritaire.

La notion charnière du dilemme de la sécurité s'inscrit donc dans une compréhension des Relations internationales comme un jeu à somme nulle où les États sont pris dans un cercle vicieux, ce que K. Waltz traduit ainsi :

> Dans un environnement anarchique, la source du confort de l'un est source de craintes pour l'autre. Ainsi, un État qui accumule des instruments de guerre, même pour sa propre défense, est considéré par les autres comme une menace nécessitant une réponse. Cette réponse confirme alors que le premier État avait raison de s'inquiéter (Waltz, 1988 : 619).

Dans une perspective réaliste, il est donc impossible de transcender ce dilemme. En fait, même si aucun État n'a d'intentions agressives, l'insécurité domine. Selon Robert Jervis, même s'il était possible dans certaines circonstances de cerner les intentions d'un autre État, on ne peut être certain que ce dernier ne nourrira pas d'ambitions agressives envers ses voisins et que ses capacités militaires défensives ne seront pas employées à des fins offensives (Jervis, 1976 : 62). Informé par la **théorie des jeux**, Jervis concède tout de même que certains facteurs peuvent accroître l'intérêt qu'ont les États à coopérer, notamment si les coûts et les incertitudes de la **guerre** sont plus élevés que ceux de la **coopération** (1978 : 171).

Depuis les travaux de J. H. Herz et de R. Jervis, plusieurs théoriciens des Relations internationales se sont employés tantôt à redéfinir les termes de ce dilemme de la sécurité, tantôt à en étayer une vive critique. B. Buzan, parle même d'un « power-security dilemma » (1991 : 294). Sans être en rupture avec l'orthodoxie réaliste, ce concept est plus englobant que le concept classique de dilemme de la sécurité et repose sur la distinction entre **puissance** et sécurité.

Pour Ken Booth, avocat d'une perspective critique de la sécurité, le dilemme de la sécurité n'est pas une fatalité systémique imputable à la structure du système international ; il reflète plutôt les pratiques d'agents qui véhiculent cette vision du monde et qui assurent la reproduction de l'insécurité de tous. « Plutôt que de voir le dilemme de la sécurité comme le dilemme par essence, une perspective critique pourrait plutôt le considérer comme un phénomène d'une certaine importance dans les relations entre États, mais qui demeure aussi, à la base, l'épiphénomène d'un raisonnement et de pratiques historiques à caractère fataliste et hégémonique » (1997 : 108). Selon les théoriciens des études critiques de la sécurité, des pratiques sociales différentes reposant sur des compréhensions intersubjectives qui ne correspondent pas au principe du « chacun pour soi » que privilégient les réalistes pourraient ainsi instituer un autre « réel » et favoriser la coopération plutôt que la compétition.

Philip G. Cerny soutient, de son côté, que le processus de **mondialisation** a contribué à l'émergence d'un nouveau dilemme de la sécurité en diminuant la légitimité et l'autorité de l'État en tant que garant de la sécurité des citoyens :

> [...] à mesure que la fiabilité des équilibres des puissances décline et que les alternatives pour une sécurité globale et transnationale s'avèrent inefficaces – c'est-à-dire, à mesure que s'accroît la pénurie de **gouvernance** – l'augmentation de « l'insécurité par le bas » va créer des conditions au sein desquelles des guerres civiles et des conflits transfrontaliers complexes et intraitables vont devenir la norme (Cerny, 1998 : 58).

Selon cet auteur, l'érosion des **capacités** de l'État-nation ou la fragmentation des **identités** ne sont que quelques traits d'un système international néo-médiéval caractérisé par la persistance d'un « désordre durable » que nulle politique d'équilibre des puissances ne pourra atténuer, contrairement aux prescriptions des réalistes et néoréalistes.

Isabelle Masson

DILEMME DU PRISONNIER

Prisoner's Dilemma

> Le dilemme du prisonnier est un puissant exemple d'une situation sociale dans laquelle la somme de deux intérêts individuels s'avère être au désavantage des deux (Rapoport 1974 : 177).

Issu de la **théorie des jeux**, le dilemme du prisonnier est un jeu classique illustrant les jeux à sommes variables. Le jeu du dilemme du prisonnier a été utilisé pour étudier plusieurs types de situations, comme les imperfections du marché, la tragédie des communaux (ou biens en commun), la **stratégie** nucléaire ou encore la course aux armements.

Une anecdote au sujet de deux prisonniers est à l'origine de ce jeu. On raconte l'histoire de deux suspects qui, arrêtés par la police pour un crime qu'ils ont commis ensemble, sont interrogés séparément. On ne détient pas de preuve contre eux à l'exception de leurs propres témoignages. Les policiers proposent donc à chacun des prisonniers de dénoncer son complice en échange de la liberté. Ceux-ci n'ont aucun moyen de communiquer entre eux et doivent prendre une décision sans connaître la stratégie de l'autre. En d'autres termes, cette anecdote met en scène deux acteurs qui ont le choix de **coopérer** entre eux (c'est-à-dire garder le silence) ou de tricher (c'est-à-dire dénoncer son complice) et où la tricherie est récompensée par la façon dont les gains sont répartis entre les joueurs (voir le tableau p. suivante).

Cette anecdote se transpose facilement à plusieurs problèmes de **relations internationales**. Prenons l'exemple de la gestion des stocks de poissons en eaux internationales, un problème qui fait l'objet d'un grand nombre de traités internationaux. Signataires d'un de ces traités, deux **États** doivent chacun déterminer quel comportement ils adopteront vis-à-vis des engagements qu'ils ont pris, soit coopérer (respecter le traité) ou tricher (pêcher au-delà des quantités permises par le traité). Comme le montre le tableau de gains, la solution optimale, du moins à long terme, est que les deux États coopèrent ; ils pourraient ainsi pêcher un plus grand nombre de poissons tout en permettant une regénération de la ressource (illustré dans le tableau par un gain de 3 de toutes parts). Par contre, si l'un des deux États décide de ne pas respecter l'accord, et donc de tricher, celui-ci pêchera plus de poissons mais épuisera la ressource et privera en conséquence l'autre État de pêcher les quantités auxquelles il a droit (4, 1 ou 1, 4). À supposer que les États agissent en fonction d'une rationalité au sens micro-économique du terme, chacun sera tenté de maximiser ses prises et donc de tricher. Pourtant, comme chacun décide de tricher, la ressource s'épuisera plus rapidement que prévu et en bout de ligne, les deux États feront un gain moindre que s'ils avaient décidé de coopérer (2, 2). La somme de ces comportements non coopératifs, ayant pourtant pour objectif de maximiser le gain individuel, entraînera un résultat sous-optimal, c'est-à-dire un total de prises moindre (pour une discussion plus approfondie de cette application aux ressources halieutiques, voir Le Prestre, 1997).

	Coopérer	Tricher
Coopérer[1]	(3,3)	(1,4)
Tricher	(4,1)	(2,2)

Ainsi, alors que les réalistes en Relations internationales retiennent de la logique du dilemme du prisonnier qu'il est préférable d'adopter un comportement compétitif dans un **système international** où la communication est difficile, les **institutionnalistes** comme R. O. Keohane (1984), en utilisant le même modèle, arrivent à la conclusion qu'un comportement coopératif est la meilleure attitude à adopter puisque la réalité du système international s'apparente davantage à des *séries* de jeux du dilemme du prisonnier. Comme les joueurs s'inscrivent dans un processus d'interaction à répétition et à long terme, le comportement le plus rationnel afin de maximiser le gain à long terme serait de favoriser la coopération, et ce, malgré l'absence de communication. Enfin, le dilemme du prisonnier nous apprend que la structure du jeu induit un comportement rationnel qui, en bout de ligne, induit lui-même un résultat sous-optimal pour chacun des joueurs.

Pour d'autres références, voir **Théorie des jeux**.

Evelyne Dufault

1. Ce tableau, qui illustre la structure du jeu du dilemme du prisonnier, peut se lire de deux façons. D'une part, les nombres peuvent désigner le gain obtenu par chacun des joueurs. Par exemple, le chiffre 3 représente un gain supérieur au chiffre 2 (disons 3 tonnes de poisson par rapport à 2 tonnes). D'autre part, et c'est la façon dont R. O. Keohane le présente dans son ouvrage *After Hegemony* (1984), les chiffres du tableau peuvent représenter la *préférence* de chacun des joueurs, ou 4 est le meilleur choix et 1 le dernier choix.

DISSUASION

Deterrence

La dissuasion peut se définir comme une menace de punition ou de représailles inspirant suffisamment de crainte pour qu'un acteur choisisse de ne pas en agresser un autre. Elle échoue lorsque l'agression a lieu malgré le potentiel destructeur de l'acteur attaqué ou celui de ses alliés. Si un **État**, par exemple, estime que les gains espérés à la suite d'une offensive sur un tiers sont trop faibles en comparaison des risques encourus du fait des capacités de représailles de l'adversaire, la dissuasion fonctionne. Celle-ci se fonde donc sur un calcul coûts-bénéfices et fait de la rationalité un principe essentiel.

Pour Kahn (1966 : 126 -162), la dissuasion peut être utilisée de trois manières pour un État : 1) pour éviter une attaque directe sur son territoire ;

2) pour menacer de représailles massives une attaque à l'endroit de pays alliés et 3) pour amener un État à renoncer à une action pouvant passer pour de la provocation par une escalade de moyens menant ultimement à des représailles massives. Ce dernier type de dissuasion, nommé riposte graduée, est sans contredit le plus difficile à assurer. Les États-Unis, malgré leur statut de superpuissance militaire, n'ont pas été en mesure de contraindre la Libye, le Viêt-nam, Cuba ou encore l'Irak à renoncer à s'en prendre à leurs intérêts. De son côté, l'Union soviétique a été incapable d'asseoir son autorité en Afghanistan. En fait, sous certains aspects, on peut dire que la **Guerre froide** a vu des nains défier des géants, ce qui ouvre la voie à une critique de la dissuasion et à la rationalité supposée la soutenir.

La dissuasion demeure tout de même un concept stratégique clé qui permet d'influencer les décisions et les actions des autres acteurs du **système international**. Elle s'est imposée en tête des ordres du jour des gouvernements des grandes puissances pendant la Guerre froide avec la nucléarisation de l'arsenal des États-Unis et de l'Union soviétique et l'accession d'un certain nombre d'acteurs (Grande-Bretagne, France, Chine dans un premier temps, puis Inde, Pakistan) à ce qui reste encore à ce jour considéré comme étant l'arme de destruction la plus puissante de la planète, la bombe atomique. Une littérature abondante s'est ainsi développée autour de cette notion de dissuasion. L'observation est valide tout particulièrement pour les États-Unis qui, de par leur statut de première puissance nucléaire et de première puissance mondiale, ont teinté les débats théoriques et les choix politiques se rapportant à la dissuasion.

L'objet principal de la plupart des analyses était de trouver le moyen d'assurer la dissuasion entre superpuissances, mais aussi entre pays dotés de **capacités** moindres, mais tout de même en position de détruire la planète ou de faire d'importants dommages. Le but était de faire en sorte que l'armement nucléaire ne soit jamais utilisé sur une cible. Pour ce faire, il fallait maintenir l'idée qu'une agression contre n'importe quel pays nucléarisé et allié aurait des conséquences tellement néfastes qu'elle rendait la perspective d'un gain totalement illusoire. Bref, l'arme nucléaire était appelée à jouer un rôle passif.

Après Hiroshima et Nagasaki, les stratèges de Washington se sont evertués à comprendre dans quelle mesure l'apparition de l'arme nucléaire avait changé la nature de la **guerre** et comment la « bombe A » pouvait soutenir les objectifs de **politique étrangère** du pays. Brodie (1946), par exemple, a avancé que les nouveaux engins révolutionnaient le contexte stratégique. Selon lui, le potentiel destructeur de ces armes les rendait inaptes à servir les desseins des gouvernements en matière de politique extérieure. Brodie (69) écrit à ce sujet que « l'objectif principal de notre establishment militaire [américain] a toujours été de gagner les guerres. Il faut désormais s'atteler à l'avertir des risques qu'une telle mission comporte. » À l'image de Brodie, les stratèges américains ont donc analysé les conséquences de l'arme atomique au regard de ses capacités destructrices.

Mais à ces considérations d'ordre moral s'est rapidement ajoutée une autre problématique. Avant même la fin de la Seconde Guerre mondiale, il était devenu clair aux yeux de plusieurs analystes de Washington que Moscou représentait une menace pour les pays d'Europe de l'Ouest et que l'URSS ne tarderait pas à développer son propre arsenal atomique. Les choix faits dans l'immédiat après-guerre par le gouvernement américain pour assurer la protection de ses alliés ouest-européens vont durablement influencer le déroulement de la Guerre froide en plaçant la dissuasion nucléaire au cœur de la relation entre superpuissances. En effet, on en était arrivé à la conclusion que la **défense** de l'Europe occidentale par des moyens classiques coûterait trop cher, compte tenu de la supériorité numérique des troupes du pacte de Varsovie. Le déploiement d'un arsenal nucléaire à l'Ouest du rideau de fer a ainsi été vu comme la solution à ce dilemme. L'idée du « parapluie nucléaire » venait de voir le jour.

La guerre de Corée (1950-1953) a également joué un rôle majeur dans l'évolution du contexte stratégique global. Prenant le contre-pied de la ligne adoptée par Truman (1945-1953), l'administration d'Eisenhower (1953-1961) a en effet laissé entendre, en 1953, qu'elle serait prête à user de l'arme atomique contre les Nord-Coréens et même contre la Chine afin de mettre un terme aux combats. Peu de temps après cette déclaration, les différentes parties au conflit signaient l'armistice sans toutefois qu'il puisse être établi hors de tout doute que la menace de l'usage de l'arme nucléaire y soit pour quelque chose (Payne et Walton, 2002).

Le président Eisenhower a par la suite formalisé sa position quant à l'usage des armes nucléaires à travers la doctrine Dulles (du nom du secrétaire d'État John Foster Dulles) qui prévoyait une riposte totale, massive et sans sanctuaire à une agression contre les États-Unis et leurs alliés. Le document se voulait un message clair que tout acte belliqueux à l'endroit des États-Unis et de leurs alliés serait sévèrement sanctionné. Dans cette optique, les armes atomiques n'étaient plus présentées comme une solution de dernier recours, on laissait entendre qu'elles pourraient être utilisées dès que le gouvernement américain le jugeait utile.

Les choses ont pris une tournure différente avec l'arrivée de John Kennedy à la présidence des États-Unis, la doctrine McNamara (secrétaire à la Défense) dite de la « réponse flexible » supplantant celle jugée excessive de Dulles. La nouvelle orientation laissait plus de marge de manœuvre aux décideurs en privilégiant une nouvelle forme de riposte graduée allant de l'usage des forces conventionnelles à des armes nucléaires tactiques. Le recours à des frappes massives et généralisées était ainsi relégué au statut d'option de dernier recours. La doctrine McNamara constituait en fait la mise en forme des idées de Kahn et de Kissinger qui, dans les années 1950, défendaient l'idée que la dissuasion pouvait être effective sans pour autant que les deux supergrands s'appuient systématiquement sur la possibilité d'une guerre nucléaire totale. Par la suite, d'autres doctrines viendront affiner et apporter quelques variantes à cette notion de réponse flexible, mais le fondement restera sensiblement le même jusqu'à l'arrivée de Ronald Reagan au pouvoir en 1981.

La « réponse flexible » a ouvert la voie aux traités ABM (*Anti-Ballistic Missile*) et SALT I et II (*Strategic Arms Limitation Talks*) signés dans les années 1970. À travers ces accords, Moscou et Washington s'entendaient, d'un côté, pour maintenir un niveau de vulnérabilité face aux attaques adverses en limitant la mise en place de mécanismes de défense contre des frappes nucléaires (traité ABM) et, de l'autre, pour limiter leur arsenal atomique à un nombre plafond d'ogives qui ne remettait pas en cause la fameuse destruction mutuelle assurée (MAD pour *Mutual Assured Destruction*). La dissuasion fonctionnait alors selon le principe suivant : il fallait qu'un acteur en vienne à penser que toute agression ne peut se traduire que par la destruction de tous. Il n'y a donc rien à espérer d'une offensive contre l'adversaire.

La décision de l'administration Reagan de donner suite au projet *Strategic Defense Initiative* (SDI, connu sous le nom de Guerre des étoiles) a marqué un changement dans la manière de concevoir la dissuasion. En effet, la SDI, ayant pour but de mettre le territoire américain à l'abri des attaques par missile intercontinental, allait à l'encontre des fondements de la MAD. Les partisans du projet avançaient que dès que les États-Unis auraient démontré l'efficacité de leur système de défense, leurs adversaires renonceraient à toute agression à leur encontre. Les détracteurs de la Guerre des étoiles, quant à eux, voyaient dans ce programme un facteur de déstabilisation de l'équilibre stratégique, c'est-à-dire un élément de nature à semer le doute dans l'esprit des dirigeants soviétiques quant à leur capacité de dissuader les États-Unis de les attaquer. On arguait également que se sachant à l'abri de représailles, le gouvernement américain pourrait, à l'avenir, être tenté d'utiliser l'arme nucléaire en première frappe. On trouvait déjà dans la polémique autour de l'IDS une grande partie des arguments qui ont nourri le débat autour de la mise en place du bouclier antimissile auquel l'administration de George W. Bush (2000-2008) a donné le feu vert.

Bien que quelque peu mise à mal après l'effondrement de l'Union soviétique en 1991, la notion de dissuasion a continué d'occuper une place importante, quoique moins prééminente, dans les politiques de défense.

Pendant la période post-Guerre froide, on remarque, en effet, que les théories et les politiques gouvernementales ont cherché à réaffirmer la pertinence des principes formulés pendant la Guerre froide, et ce, même en l'absence d'ennemis clairement identifiables hormis les États suspectés de vouloir se doter d'**armes de destruction massive** (ADM) (il s'agit des fameux États Voyous : l'Iran, l'Irak, la Libye, la Syrie et la Corée du Nord. Le Pakistan, Cuba, le Soudan et le Venezuela sont également parfois qualifiés de la sorte par le gouvernement américain).

On peut en effet lire dans un rapport du Defence Science Board du département américain de la Défense (1998) que la dissuasion donnait

> l'assurance qu'aucun adversaire rationnel ne peut croire qu'il ait quelque chose à gagner par l'emploi des armes nucléaires (ou toute autre arme destruction massive) contre les États-Unis ou tout allié placé sous le parapluie nucléaire américain.

Au cours de la décennie post-Guerre froide et post-11 septembre 2001, il est pourtant devenu progressivement apparent que l'arme nucléaire ne suffisait pas à « garantir » la dissuasion. Les dernières années ont en effet vu un nombre grandissant d'acteurs chercher à se munir d'ADM de divers types (nucléaire, chimique et biologique) ainsi que des moyens de les projeter (diffusion de plus en plus importante de la technologie des missiles). Certains groupes terroristes sont aussi soupçonnés de vouloir obtenir ces sortes d'armes. Pour plusieurs, cette prolifération met en doute l'utilité de la rationalité sur laquelle reposait le principe de dissuasion. Il est en effet difficile d'affirmer avec certitude qu'un groupe terroriste, ou qu'un chef d'État à l'idéologie absolutiste, ayant mis la main sur une ADM n'en vienne pas à la conclusion que le gain à retirer d'une utilisation de cette arme ne vaille les risques encourus.

La dissuasion est également un processus psychologique et discursif, non uniquement la conséquence inévitable d'une distribution équilibrée de la puissance (Jervis *et al.*, 1985). Il faut en quelque sorte que les acteurs « s'entendent » pour être dissuadés. Déjà en 1962, Raymond Aron indiquait que l'être humain est tout à fait capable d'en venir « rationnellement » à la conclusion que sa propre destruction est acceptable s'il a la garantie d'emporter avec lui ses ennemis. Cette proposition place les leaders politiques au cœur de la dissuasion. Certains dirigeants pourraient être moins enclins que d'autres à supporter la pression ou plus déterminés à suivre une ligne de conduite jusqu'au-boutiste. La dissuasion repose donc sur le postulat que les gouvernements partagent une conception similaire, voire commune, de ce qui constitue un moyen raisonnable d'atteindre ses objectifs en matière de politique étrangère. Plus que le simple rapport coût/bénéfice, la dissuasion est donc une norme intersubjective (notion chère au **constructivisme**), c'est-à-dire une sorte de code que les acteurs doivent reconnaître comme valide pour que la dissuasion opère efficacement.

N'en déplaise à Mearsheimer (1993 ; 1998 ; 2000), qui se prononçait dans les années 1990 pour une diffusion de l'arme nucléaire à certains États afin d'assurer la stabilité internationale, la perspective de voir un nombre grandissant d'acteurs détenir des ADM accroît la probabilité qu'un leader ne s'inscrive en faux. Le raisonnement circulaire autour duquel a fonctionné la dissuasion pendant la Guerre froide et qui veut que tout chef politique soit rationnellement dissuadé d'agir par crainte de représailles et que seuls des gens rationnels accèdent à la fonction de hauts dirigeants est remis en cause. Cette contestation du *modus operandi* de la dissuasion apparaît de manière plus évidente depuis les années 1990, mais elle avait déjà pris corps bien avant autant chez les théoriciens que chez les décideurs politiques. De récents travaux effectués après l'ouverture des archives de l'Union soviétique ont ainsi permis de constater que le processus décisionnel du pays en matière nucléaire faisait une large place aux facteurs idéologiques au détriment parfois des éléments rationnels et pragmatiques conçus par l'Occident (Odom, 1998 ; Gould-Davis, 1999 ; Wohlforth, 1999 ; Pry 1999).

Les guerres d'Irak et d'Afghanistan de ce début du XXIe siècle et la décision des autorités américaines de déployer leur bouclier antimissile soulèvent de nombreuses questions quant au visage de la dissuasion et quant à la manière de l'assurer. Jusqu'à tout récemment, les stratèges de Washington continuaient de croire que la possession d'ADM allait de pair avec l'acceptation d'une forme de rationalité, de pragmatisme et de prudence grâce auxquels le dialogue était possible et la dissuasion effective. Nous n'en sommes plus là. La dissuasion semble en effet impossible à atteindre à court terme. La suprématie incontestée des États-Unis, tant en ce qui a trait aux armes conventionnelles qu'aux ADM, n'a pas suffi à conduire certains acteurs à renoncer à leurs projets de s'en prendre aux intérêts des Américains et de leurs alliés sur la planète, et ce, jusque sur le sol des États-Unis.

Les Talibans et les dirigeants irakiens ont préféré entrer en guerre contre la première puissance mondiale et ses alliés plutôt que de céder aux pressions. Al-Qaeda a continué de frapper en Europe et en Asie et fait planer une menace constante sur de nombreux pays alors même que la « guerre globale au terrorisme » dure depuis maintenant plus longtemps qu'a duré la Seconde Guerre mondiale. L'incapacité des troupes américaines à sécuriser l'Irak et l'Afghanistan laisse penser que la puissance de feu des États-Unis est aussi phénoménale qu'inadaptée au nouveau contexte stratégique.

Quoiqu'il en soit, on doit retenir que la situation actuelle accentue la nécessité de revoir en profondeur le concept de dissuasion (Krepinevich et Martinage, 2008).

Yannick Quéau

DOCTRINE STRATÉGIQUE — Strategic Doctrine

Si la **stratégie** est l'étude des moyens visant à matérialiser la **sécurité** telle qu'elle est conçue, la doctrine stratégique en est un énoncé prescriptif relatif aux modes d'utilisation de la force militaire. Se référant à une définition restrictive de la sécurité, une doctrine stratégique est une projection de ce que devraient être la nature et la conduite des prochaines opérations militaires. Elle précise également les moyens appropriés et mobilisables pour y parvenir. La doctrine fournit donc aux stratèges militaires une structure détaillée, qui concilie procédures techniques et organisation militaire. Son objectif est de dissuader ou d'enrayer des menaces militaires anticipées.

Les militaires jouent un rôle instrumental dans l'énonciation d'une doctrine stratégique mais deviennent toutefois prépondérants lors de son opérationnalisation. Ainsi, bien que la portée d'une doctrine stratégique se limite principalement à la phase préparatoire de la **guerre**, elle a un impact direct sur l'ensemble des activités que l'on retrouve au sein d'une force militaire. Elle influence la nature de la stratégie adoptée pour une campagne militaire ou au sein des relations stratégiques interétatiques.

La formulation d'une doctrine stratégique est avant tout tributaire du contexte politique interne et interétatique de l'État énonciateur. Ce qui implique que toute doctrine est de nature temporaire et donc appelée à changer selon le cours des événements ou sous l'impulsion de découvertes technologiques.

Philippe Dufort

DOMAINE DE POLITIQUE

Issue Area

James Rosenau a introduit dans les années 1960 le concept fort utile de *issue area* pour désigner les différents domaines de **politique étrangère** (Rosenau, 1966). Le concept de *issue area* permet de concevoir le fait que différents motifs puissent guider les acteurs dans différents secteurs de politique étrangère. Ainsi, le processus de décision serait différent pour chacun des domaines, que ce soit la politique étrangère économique, environnementale, culturelle, de **sécurité**, etc.

DROIT DE LA GUERRE

Laws of War

Le droit de la guerre, c'est-à-dire les règles qui régissent la **guerre** et qui permettent de limiter les abus, comprend quatre notions distinctes : le *droit international humanitaire*, le *droit à la neutralité*, les *crimes de guerre* et les crimes *contre l'humanité*.

Le droit humanitaire

Le droit international humanitaire (DIH) découle de trois types de droit. Le droit de Genève est l'ensemble des règles de droit qui définissent le droit des victimes des conflits armés. La première Convention de Genève, signée en 1864, souhaitait protéger les victimes militaires de la guerre, c'est-à-dire les soldats blessés ou malades et le personnel sanitaire et religieux liés à des armées. La deuxième Convention (1899) avait pour but d'étendre la protection assurée par la Convention I aux membres des forces armées sur mer et aux naufragés. La Convention III (1929) établissait, quant à elle, la protection des prisonniers de guerre. La dernière Convention de Genève, signée en 1949, définissait la protection des civils en territoire ennemi ou occupé. Les Conventions de Genève sont entrées en vigueur en octobre 1950 et ont été ratifiées par 189 États jusqu'à maintenant.

Les deux Protocoles additionnels de 1977 spécifient que les attaques militaires ne doivent pas être dirigées sur des civils ou des biens civils et cherchent à protéger les civils dans les conflits intra-étatiques. Entrés en vigueur en décembre 1978, le Protocole I a été ratifié par 154 États, tandis que le Protocole II l'a été par 147 États. Le Protocole facultatif de 2000 concernant l'implication d'enfants dans les conflits armés (qui se rapporte à la Convention relative aux droits des enfants) fait également partie du droit de Genève. Le Protocole II n'a pas été ratifié par certains pays en raison de sa nature controversée. En effet, ce protocole vise la protection des civils dans le cadre des **guerres civiles**, ce qui permet d'étendre la protection de la Convention de Genève aux membres de mouvements de libération, par exemple, en obligeant les pays signataires à respecter le fait que les civils doivent être distingués des militaires, et ce, même s'ils prennent part à ce type de mouvements armés. Ainsi, la difficulté de définir ce qu'est un soldat a mené les États-Unis, l'Iran, le Maroc et le Pakistan à ne pas ratifier ce protocole.

Le droit de La Haye comprend les règles de droit qui régissent la conduite des hostilités. Les Conventions de La Haye sont issues des Conférences de la paix, tenues dans cette ville en 1899 et en 1907. Le tsar Nicolas II fut l'instigateur de ces conférences, lui qui souhaitait la réduction de l'armement excessif pour assurer une paix durable. La Convention de 1899 contient des règles qui restreignent l'utilisation de certaines armes lors de combats terrestres. La deuxième Convention (1907) interdit également l'emploi de certaines armes, notamment le poison et les armes empoisonnées. Ces Conventions complètent également les Conventions de Genève en interdisant l'attaque contre les civils et en définissant les zones de **sécurité**, neutralisées, démilitarisées et de protection spéciale. Le droit de La Haye comporte aussi d'autres Conventions qui tentent de limiter les effets de la guerre : Convention de 1972 sur les armes biologiques ; Convention de 1980 sur certaines armes classiques ; Convention de 1983 sur les armes chimiques ; et la Convention d'Ottawa de 1997 sur les mines antipersonnel.

Le droit de New York vise à sanctionner les États et les personnes qui transgressent le DIH. Il s'agit en fait des mesures d'application des droits de Genève et de La Haye. Il contient trois procédures de sanctions : des mesures non répressives établies par la Commission d'établissement des faits, mise sur pied en 1991 et chargée d'enquêter sur des infractions graves au DIH en période de conflit armé ; des mesures administratives ou disciplinaires internes prises contre un individu responsable pénalement de transgression au DIH ; des mesures pénales internationales pour punir les crimes de guerre, les crimes de **génocide** et les crimes contre l'humanité. Les tribunaux pénaux internationaux pour l'ex-Yougoslavie et le Rwanda, par exemple, ont découlé du droit de New York.

Ce sont donc ces trois volets juridiques qui constituent le cœur du DIH contemporain, à travers deux objectifs spécifiques : la protection des personnes et la restriction des moyens et des méthodes de guerre. Le droit de la guerre contemporain comporte quatre principes de base : les attaques militaires ne doivent pas viser les civils ; les armes causant des dommages excessifs ou ne permettant pas de faire la distinction entre les combattants et les civils sont interdites ; les civils, les combattants blessés et les prisonniers doivent être protégés, bien traités et soignés ; le personnel et les installations sanitaires, civils ou militaires, doivent être protégés et recevoir l'aide nécessaire à l'exercice de leurs fonctions sur le terrain. Ce sont ces principes fondamentaux qu'on retrouve dans les trois types de droit et donc, du DIH.

Le droit à la neutralité

Il existe également un droit à la neutralité pour les États qui ne souhaitent pas prendre parti lors d'un conflit armé interétatique. Développé au XIXe siècle à la suite de l'attitude des États-Unis lors des guerres de la Révolution et de l'Empire de 1793 à 1815 et des positions neutres permanentes de la Suisse et de la Belgique, le droit de la neutralité a été codifié lors de la Deuxième Conférence de la paix de 1907. Il s'agit essentiellement de la non-participation d'un État à un conflit armé entre d'autres États, qui implique de rester à l'écart du conflit et de demeurer impartial tout au long de la guerre. Les systèmes de **sécurité collective** institués par la Société des Nations et par l'Organisation des Nations unies, de même que la diminution des conflits interétatiques depuis la fin de la Deuxième Guerre mondiale, ont diminué de beaucoup l'importance du droit de la neutralité, bien qu'il demeure inscrit en droit international.

Les crimes de guerre et les crimes contre l'humanité

Les Nations unies définissent les crimes de guerre comme des « atrocités ou délits commis sur des personnes et des biens en violation des lois et usages de la guerre, y compris l'assassinat, les mauvais traitements ou la déportation, pour des travaux forcés ou pour tout autre but, des populations civiles dans les territoires occupés, l'assassinat ou les mauvais traitements des prisonniers de guerre ou des personnes en mer, l'exécution des otages, le pillage des **biens publics** ou privés, la destruction sans motif des villes et des villages ou la dévastation que ne justifie pas la nécessité militaire » (Article 8 du Statut de la Cour pénale internationale). Les crimes de guerre comprennent également la trahison, l'espionnage et le génocide, de même que toute infraction aux Conventions de Genève, aux Conventions de La Haye et aux autres traités internationaux.

Il faut distinguer les crimes de guerre des *crimes contre l'humanité*, que les Nations unies définissent comme des

> atrocités et délits, y compris mais sans être limités à l'assassinat, à l'extermination, à la mise en esclavage, à la déportation, et tout autres actes inhumains commis contre toute population civile avant ou pendant la guerre, ou bien les persécutions pour des motifs politiques, raciaux ou religieux, qu'ils aient constitué ou non une violation du droit interne des pays où ils ont été perpétrés.

Les crimes contre l'humanité comprennent également l'éviction par attaque armée, l'occupation, les actes inhumains découlant de la politique d'apartheid et le génocide (Article 7 du Statut de la Cour pénale internationale).

Les nombreuses conventions signées par la majorité des États n'empêchent pas toujours les violations graves au DIH. Pour juger des crimes de guerre, des crimes contre l'humanité et des crimes de **génocide**, différents mécanismes ont été mis sur pied par la communauté internationale depuis 1945. Les tribunaux de Nuremberg et de Tokyo, à la fin de la Deuxième Guerre mondiale, étaient des instances militaires chargées de juger les ressortissants des puissances vaincues, soupçonnés de crimes de guerre. Des procédures judiciaires *ad hoc* ont été adoptées par le Conseil de sécurité dans les années 1990 pour juger des individus présumés coupables du même type de crimes : le Tribunal pénal international (TPI) pour l'ex-Yougoslavie (créé le 25 mai 1993) a permis, pour la première fois de l'histoire, d'accuser un chef d'État en exercice de crimes contre l'humanité (Slobodan Milosevic), alors que le TPI pour le Rwanda (créé le 8 décembre 1994) a permis l'arrestation et la condamnation d'une trentaine de personnes responsables du génocide rwandais.

Les nombreuses difficultés imputées à ces TPI (pouvoirs limités dans le temps et dans l'espace, collaboration volontaire des États, manque de ressources, etc.) ont mené à l'élaboration de la Cour pénale internationale (CPI), créée par la ratification du Statut de Rome par au moins 60 États le 11 avril 2002 et entré en vigueur le 1er juillet de la même année, et chargée d'enquêter et de juger les personnes accusées de violations graves du DIH et des conventions internationales des droits de l'Homme. La CPI sera permanente et universelle, contrairement aux TPI, et permettra surtout de suppléer aux juridictions nationales qui n'ont pas la capacité ou la volonté de poursuivre leurs ressortissants. Elle sera donc complémentaire aux tribunaux nationaux et sa justice ne sera pas rétroactive. Sept États importants n'ont pas ratifié le Statut de Rome, dont la Chine et les États-Unis, notamment en raison des contraintes imposées à leurs soldats. La création de la CPI, malgré des débuts difficiles, est une marque de la volonté de la communauté internationale de mettre fin à l'impunité des dirigeants politiques coupables de crimes graves et de prévenir des crimes semblables partout dans le monde.

Le droit de la guerre est donc un amalgame complexe de mesures préventives, de mesures prescriptives et de sanctions pour soit éviter la guerre soit, si c'est impossible, en limiter le plus possible les effets néfastes, à la fois pour les êtres humains et pour l'environnement.

Karine Prémont

DROIT INTERNATIONAL

International Law

> La portée limitée du droit international n'est que la contrepartie de la grande liberté d'action dont jouissent les États en vertu de leur souveraineté [...]. Le droit ne jouera jamais un rôle effectif en Relations internationales tant qu'il n'annexera pas certaines des prérogatives qui appartiennent actuellement aux « compétences internes » des États (Brierly, 1963 : 41-42).

Le droit international est fondamentalement une méthode de régulation des **Relations internationales**. Il constitue un corpus de règles, principes, standards et coutumes régissant les activités qui ne sont pas directement assujetties aux systèmes juridiques nationaux. Le droit international se distingue des systèmes juridiques nationaux en ce sens qu'il définit des droits et obligations en l'absence d'une suprastructure judiciaire distincte qui puisse légiférer, administrer et mettre en œuvre ces lois.

La naissance du droit international contemporain est généralement associée aux traités de **Westphalie** de 1648. Voué à l'origine à résoudre les différends concernant les juridictions étatiques, le droit international a traditionnellement servi à renforcer et à codifier la **souveraineté** étatique et à maintenir un ordre mondial, plutôt qu'à sanctionner des préjudices individuels et obtenir réparation. Il n'a donc jamais développé d'instruments juridiques efficaces pour lier les parties à des décisions juridiques et sanctionner les torts commis à l'égard d'**États** ou d'individus. Cependant, la **mondialisation** a accentué les demandes en faveur d'un système juridique plus opérationnel qui soit apte à aborder la question des préjudices au-delà du cadre proprement national (Jessup, 1956 : 15-16). Si les États souverains et les **organisations internationales** demeurent aujourd'hui les principaux sujets du droit international, de nombreux **acteurs** non étatiques réclament le droit d'être considérés au même titre.

Historiquement, deux formes de droit ont été développées pour aborder les problèmes échappant aux compétences juridiques nationales, soit le droit international privé et le droit international public. Le premier régit principalement les différends de nature privée entre individus et qui sont tranchés par des tribunaux internes mais qui comprennent une composante internationale, c'est-à-dire qu'ils impliquent le droit d'un autre pays (Currie, 2001). Ces principes sont couramment reconnus comme les « règles de conflits de lois » et servent à clarifier des ambiguïtés inhérentes à certains problèmes juridiques. Ils ne constituent pas réellement un système juridique en soi. Ainsi, ils déterminent si un tribunal détient la compétence de trancher un litige possédant une composante internationale ou dans quelle mesure il doit considérer les lois d'un autre pays, et spécifient les conditions en fonction desquelles il est possible de rendre exécutoire dans un pays une décision rendue par un tribunal étranger (Williams et de Mestral, 1987 : 2). À titre d'exemple, si un ressortissant canadien, assuré par une compagnie d'assurance canadienne, est impliqué dans un accident sur une autoroute aux États-Unis et cause un préjudice à un conducteur américain, un tribunal appliquera les règles de conflits de lois telles qu'elles sont interprétées au Canada et aux États-Unis pour déterminer le lieu où se déroulera le procès et quel droit s'appliquera au litige avant de déterminer la responsabilité de chacune des parties.

Les débats en Relations internationales portent essentiellement sur la seconde forme de droit international, le droit international « public ». Celui-ci est constitué par un ensemble de traités et de pratiques étatiques généralement acceptées et reconnues par le système des Nations Unies, sans toutefois s'y limiter. On avance parfois que le droit international ne constitue pas réellement un système juridique, car il ne détient pas les trois principales caractéristiques propres aux systèmes juridiques nationaux, soit le pouvoir absolu de légiférer, d'administrer et de mettre en œuvre des lois (Brierly, 1963). Toutefois, cette distinction entre le droit national et international ne doit pas être exagérée puisque ces attributs apparaissent sous diverses formes dans le droit international, même s'ils sont parfois rudimentaires et qu'ils ne sont pas inhérents au système. On retrouve, en effet, une série de règles et **normes** juridiques, ainsi que des mécanismes pour administrer le droit international. Il n'en demeure pas moins que celui-ci est toujours limité par l'absence d'une législature internationale pour adopter des lois et d'un exécutif international pour les mettre en œuvre.

Le droit international émane principalement des États. Tel que le prévoit l'article 38 du *Statut de la Cour Internationale de Justice*[1], les sources du droit international public sont les traités internationaux, les coutumes internationales, les principes généraux de droit reconnus par les **nations**, des sources subsidiaires du droit telles la jurisprudence et les écrits universitaires. Bien qu'ils n'apparaissent pas à l'article 38, on reconnaît aussi comme source du droit les résolutions adoptées par les organisations internationales ainsi que les actes étatiques unilatéraux.

Les traités constituent des accords écrits liant les États qui les ont signés ou ratifiés et sont considérés comme étant la source de droit la plus influente.

1. 26 juin 1945, R.T. Can. 1945 nº 7.

Selon les pays, un traité acquiert force de loi dans un État soit lorsque son exécutif le ratifie directement, lui donnant par le fait même le statut d'une loi nationale, soit lorsque l'organe législatif adopte une loi qui incorpore une partie ou la totalité des termes du traité dans son propre système juridique (Williams et de Mestral, 1987 : 271). Le droit international coutumier, quant à lui, comprend un vaste corpus de règles qui proviennent de pratiques étatiques traditionnelles. Les actes étatiques constitutifs de la pratique doivent non seulement être répétés et généralisés sur une longue période de temps, mais être profondément ancrés dans les habitudes étatiques, à tel point que l'on évoque parfois à leur sujet l'existence de règles de droit non écrites. Un organe législatif de l'Organisation des Nations unies, la Commission du droit international, est d'ailleurs chargé de codifier ces règles coutumières préexistantes dans une forme écrite et précise, ainsi que d'élaborer des conventions ou traités internationaux relatifs à des problèmes qui ne sont pas traités de manière satisfaisante par le droit international coutumier. La troisième source du droit international est constituée par des principes de droit reconnus par des groupes d'États, mais de façon plus restreinte et limitée que le droit coutumier. Enfin, la jurisprudence et certains écrits universitaires ont également une valeur persuasive bien qu'ils ne soient pas contraignants à l'égard des parties.

Cela n'est guère surprenant en raison du caractère politique qui distingue le droit international. Étant donné la primauté accordée à la notion de souveraineté étatique, on a été réticent à accorder une place importante à la jurisprudence dans le façonnement du droit international. Contrairement au droit national, il n'existe aucun principe universellement accepté de la doctrine de *stare decisis* en droit international, soit la pratique voulant qu'un principe de droit énoncé par un tribunal dans un jugement soit applicable à toute autre cause ayant des similitudes avec la première. Les États ont plutôt privilégié les sources de droits, tels les traités et la coutume internationale, dont ils contrôlent l'élaboration.

Dans la discipline des Relations internationales, la question du droit international porte principalement sur le problème de l'émergence et de la mise en œuvre des normes juridiques. L'absence d'un organe judiciaire supranational et la notion de souveraineté étatique ont en effet fortement limité la capacité des tribunaux internationaux d'agir comme arbitre ultime dans les Relations internationales. La Cour Internationale de Justice, organe principal du droit international, ne possède la compétence de trancher un différend que si toutes les parties impliquées acceptent de se soumettre à son jugement. Il dépend donc d'un consensus minimal entre États et ses juges sont toujours élus par l'Assemblée générale des Nations unies et le Conseil de Sécurité.

Traditionnellement, le courant **réaliste** en Relations internationales a attribué le succès du système juridique international précisément au fait qu'il est décentralisé, consensuel et ne limite pas indûment la souveraineté des États (Morgenthau, 1985). Une structure juridique similaire au droit national, qui chercherait à imposer ses décisions aux États, menacerait l'exercice de la souveraineté étatique et provoquerait de fortes réactions chez ces États risquant ainsi de saper les bases même du droit international. Chaque nation est liée par les règles du droit international auxquelles elle a consenti et c'est ce consentement des parties qui distingue la codification du droit international de la législation par voix majoritaire telle qu'elle se pratique au sein des systèmes démocratiques (Morgenthau, 1985 : 279-81). Ce caractère décentralisé du droit international explique pourquoi il se développe principalement sous la forme d'instruments juridiques bilatéraux, régionaux et multilatéraux, et non pas sous celle d'un système coordonné et uniforme.

Cependant, plusieurs approches critiquent aujourd'hui cette situation et réclament un développement plus systématique et cohérent du système juridique international (Slaughter *et al.*, 1998). En l'absence de telles structures, ces revendications ont été principalement menées à l'intérieur des structures existantes du droit international (Donnelly, 1998). On a notamment fait usage de traités étatiques ayant une portée qui transcende les divisions traditionnelles entre le droit national et international. Ainsi la Déclaration universelle des droits de l'Homme et les traités qui lui sont affiliés, soit le Pacte international relatif aux droits civils et politiques et le Pacte international relatif aux droits économiques, sociaux et culturels, la Convention relative aux droits de l'enfant et la Convention contre la torture et autres peines ou traitements cruels, inhumains ou dégradants, ont servi de support juridique pour défendre les droits individuels au-delà des restrictions posées par le principe de souveraineté. Ces traités ont ainsi permis à des parties lésées par un État de revendiquer certains droits autant au niveau national qu'international. Ces instruments ont aussi servi l'avancement de revendications collectives par des groupes persécutés sur la base de traits distinctifs (langue, religion ou héritage culturel). À un autre niveau, la reconnaissance d'un certain relativisme culturel pose un défi grandissant au mode consensuel traditionnel du droit international qui est basé sur le modèle de l'État moderne occidental.

L'un des domaines qui a été particulièrement touché par ces changements est le droit pénal international. Les atrocités commises en ex-Yougoslavie et au Rwanda ont amené les États à repenser les mécanismes de la justice pénale internationale et à poursuivre en justice les auteurs de ces violations. Le pouvoir limité de la Cour internationale de Justice en matière de règlement judiciaire des différends interétatiques et les résultats décevants, à ce jour, des Tribunaux pénaux internationaux pour l'ex-Yougoslavie (1993) et pour le Rwanda (1994) ont ainsi motivé les États, à la suite de la pression exercée par des groupes militants des droits de l'Homme et d'autres organisations non gouvernementales, à créer par traité un tribunal qui soit plus contraignant, efficace, permanent et universellement acceptable : la Cour pénale internationale. La signature et la ratification du traité se font sur une base individuelle depuis 1998. La Cour pénale internationale fut mise sur pied en juillet 2002.

Enfin, le mécanisme juridique de la « compétence universelle », une norme coutumière internationale, a également été incorporé en droit national par bon nombre d'États. Il permet à des individus ou à des groupes d'utiliser un tribunal national d'un État où se trouve un individu accusé d'avoir commis des crimes de guerre et autres violations du droit international humanitaire pour enquêter à son sujet et le poursuivre, et ce, peu importe le pays dans lequel ces crimes furent commis, la nationalité de l'auteur présumé de ces violations ou de celle des victimes. Le mandat d'arrêt émis par un juge espagnol contre le général Augusto Pinochet, qui mena à son procès et à des procédures d'extradition au Royaume-Uni, constitue un bon exemple d'un tel recours.

En somme, si le système juridique international demeure structuré par le concept de souveraineté, la présence et l'influence sans cesse grandissante d'entités non étatiques dans la foulée de la mondialisation contribue à modifier profondément la nature du droit international tout en redéfinissant la fonction et le but poursuivi par ce corpus de règles juridiques.

Matina Karvellas,
traduction de Mark Toufayan

ÉCOLE ANGLAISE

English School

> Les attributs essentiels du système d'États [...] sont premièrement l'existence d'une pluralité d'États souverains ; deuxièmement un degré d'interaction entre eux, au sens où ils forment un système ; et troisièmement un degré d'acceptation des règles et institutions communes, au sens où ils forment une société (Bull, 1995 : 225).

Bien qu'on la reconnaisse souvent comme telle, le statut d'« école » de l'École anglaise est contesté. Cette étiquette fut attribuée par Roy Jones (1981) à un ensemble d'auteurs ayant pour certains participé au British Committee, un groupe de réflexion sur la politique internationale mis sur pied dans les années 1950, ayant gravité autour de la London School of Economics and Political Science, et dont le principal point commun est de s'être penché sur le concept de « **société internationale** ». Sans réfuter l'absence de gouvernement mondial, et donc l'**anarchie** du système international, les auteurs de l'École anglaise[1] postulent une certaine organisation des **relations internationales** autour d'**institutions** ou de **normes**, un peu à l'image des sociétés nationales. Ces auteurs croient en effet que l'environnement international est une « société internationale » composée principalement d'**États** dont les comportements sont encadrés par certaines règles. Partageant un ensemble de principes et de règles de conduite, et reconnaissant qu'il est dans l'intérêt de tous de maintenir l'ordre international, les États accepteraient de contraindre leur comportement et ainsi de faire des compromis quant à leur **souveraineté**. Bien qu'on ne puisse réduire le travail de l'École anglaise uniquement à sa réflexion sur l'émergence des sociétés internationales et leur fonctionnement, le développement de ce concept représente son apport principal à la théorie des Relations internationales.

Wight et Bull, que l'on peut qualifier de noyau dur de l'École anglaise, se réclament de la tradition rationaliste, que l'on peut attribuer à Grotius, et qui défend l'idée que l'état anarchique des relations internationales est modéré par l'existence de codes et de normes qui régissent les interactions entre États (qui

1. De façon générale, on peut inclure au sein de l'École anglaise : Hedley Bull, John Vincent, Martin Wight et Adam Watson. Herbert Butterfield, E. H. Carr, C. A. W. Manning sont parfois également inclus mais leur statut est beaucoup plus problématique que celui des autres auteurs, surtout dans le cas de E. H. Carr qu'on a plus souvent tendance à inclure dans le courant réaliste classique.

sont les unités de base en tant que sujets du **droit international**). En d'autres termes, les comportements des États sont limités dans leur nature conflictuelle par des règles communes et des institutions. Ces relations peuvent donc être autant coopératives que conflictuelles et les **intérêts** ne sont ni complètement divergents ni complètement convergents.

L'idée de l'existence d'une société internationale implique que les États ont formé et forment toujours non seulement un système d'États mais aussi une société, un peu comme les individus forment des sociétés à l'échelle nationale. Cette conception de l'ordre international s'oppose directement à la vision **réaliste** puisqu'elle met l'accent sur la structure normative qui régit les comportements des États dans le **système international**.

Il importe de bien distinguer le concept de *système international* de celui de *société internationale* et de celui de *société mondiale*.

> De manière générale, on peut comprendre ces termes de la façon suivante : le système international est relatif à la politique de puissance entre les États ; la société internationale traite de l'institutionnalisation de l'**identité** partagée entre les États ; et la société mondiale considère les individus, les **organisations non gouvernementales** et finalement la population globale dans son ensemble comme le centre des arrangements et identités de la société globale (Buzan, 1996 : 261).

Pour Bull, nous sommes en présence d'une société d'États (ou société internationale) lorsqu'un groupe d'États, conscients de partager des valeurs et des intérêts, considèrent qu'ils sont liés mutuellement par des règles communes (Bull, 1995 : 13). Ainsi, il peut y avoir un système d'États sans société internationale mais il ne peut y avoir de société internationale sans l'existence préalable d'un système d'États.

La société mondiale (*world society*) désigne quant à elle une société composée d'individus et non d'États, et se rapproche davantage de la conception cosmopolitique de Kant. À ce concept s'allie une dimension normative plus importante qu'aux deux autres, puisqu'on fait référence à un développement possible du système international actuel vers une forme de vie politique internationale favorisant l'émancipation des collectivités et des individus.

Le maintien de l'ordre dans la société internationale dépend de règles qui n'ont pas toujours de statut juridique. Elles peuvent être des lois internationales, des règles morales, des coutumes ou des pratiques établies, des règles opérationnelles ou simplement des « règles du jeu » (Bull, 1995 : 64). Ces règles sont enchâssées dans des institutions auprès desquelles les États sont engagés et où ils coopèrent.

Pour les auteurs de l'École anglaise, les institutions n'impliquent pas nécessairement une organisation ou un cadre administratif, mais plutôt des pratiques orientées vers l'atteinte de buts communs (Bull, 1995 : 71). Les cinq institutions principales de la société internationale selon Bull sont les suivantes : l'**équilibre des puissances** (et le respect de la souveraineté), le droit international (qui rend les comportements prévisibles), la diplomatie (qui permet la communication et l'institutionnalisation des relations interétatiques), la **guerre** (pour s'assurer du respect des règles) et l'existence de grandes puissances (qui ont des droits mais aussi des devoirs).

Ce consensus sur des règles et des institutions peut sembler dépendre d'une certaine culture commune aux États-nations européens mais beaucoup moins aux États non européens. En effet, alors que, dans l'histoire, les sociétés internationales comme le système des cités-États de la Grèce antique ou le système international de la Chine durant la période des États guerriers ont le plus souvent été sous-tendues par une culture commune, l'expansion de la société internationale contemporaine au monde non européen pose la question de la communauté de valeurs et d'intérêts comme préalable à l'existence de cette société.

Pour Bull, une culture commune n'est pas une condition à l'existence de la société internationale. Il croit plutôt qu'« au sein de la société internationale, […] l'ordre est la conséquence d'un sentiment de partager des intérêts concernant les buts élémentaires de la vie sociale… » (Bull, 1995 : 63). Des intérêts communs, ou du moins perçus comme tels, pourraient donc dans une certaine mesure remplacer une culture commune comme ciment des institutions de la société internationale. La seconde **Guerre froide** et le durcissement de l'antagonisme entre les États-Unis et l'URSS a toutefois amené Bull à réviser sa conception plus fonctionnelle (ou contractualiste) de la société internationale pour une conception plus solidariste (Wheeler et Dunne, 1996 : 92), fondée sur la centralité du principe de justice et l'exigence d'une certaine homogénéité de valeurs comme condition à la coexistence fondée sur des règles communes.

Wight, contrairement à Bull, met plutôt l'accent sur les normes et les valeurs qui animent le système et les institutions par lesquelles elles s'expriment (Wight, 1977 : 17). Pour Wight, l'existence d'un système d'États présuppose l'existence d'une culture commune, comme en témoignent les systèmes d'États de la Grèce antique, de l'Occident et de la Chine antique (Wight, 1977 : 33). Pour lui, il n'existe pas de système d'États neutre ou universel ; chaque système a un contexte culturel et historique qui lui est propre.

L'approche de l'École anglaise a été comparée à de nombreux courants théoriques mais on fait plus aisément le lien avec la théorie des **régimes** et avec le **constructivisme**. En effet, l'École anglaise et la théorie de régimes partagent certains postulats sur la nature et le rôle des institutions, qu'ils considèrent toutes deux de façon générale comme des « instruments » mis en place par les États pour faciliter la **coopération** (pour la théorie des régimes) ou pour assurer le maintien de l'**ordre international** (pour l'École anglaise). Toutefois, les régimes ne s'appliquent qu'à des domaines précis de politique, alors que la société internationale, comme le souligne Buzan, constitue davantage la fondation politique qui permet par la suite de prendre en compte les régimes (Buzan, 1993).

Plusieurs lecteurs de l'École anglaise ont tenté plus récemment de lier l'École anglaise et le constructivisme, ce dernier s'inspirant du concept de société internationale pour élaborer une approche basée sur le rôle des structures normatives et institutionnelles dans le système international. Ceux-ci ont entrepris en quelque sorte de faire revivre l'École anglaise et tentent de fonder un programme de recherche reprenant l'approche et la revisitant à la lumière des récents développements de la théorie des Relations internationales (Buzan, 2004). Cette entreprise n'est pas sans risque, puisque malgré l'accent mis par plusieurs auteurs sur le concept de société internationale, l'École anglaise dans son ensemble se veut pluraliste tant sur le plan **ontologique** (car dans les écrits se côtoient à la fois le système international, la société internationale et la société mondiale) que sur le plan méthodologique et normatif (certains aspirant à la création d'une société mondiale cosmopolitique et d'autres non).

Evelyne Dufault

ÉCOLE DE COPENHAGUE

Copenhagen School

> Dans les théories de la sécurisation, la sécurité est traitée non pas comme une condition objective, mais comme le résultat d'un processus social spécifique… (Williams, 2003 : 513)

Par l'École de Copenhague, on réfère au programme de recherche développé par un groupe d'auteurs œuvrant dans un cadre d'études multidisciplinaires sur la **sécurité** et dont les travaux s'articulent autour des thèses de Barry Buzan et Ole Wæver, membres de l'Institut de recherche pour la paix de Copenhague. Bien que ces deux auteurs soient les piliers de cette école, les travaux de Jaap de Wilde, Thomas Diez, Richard Little, Daniel Deudney, Lene Hansen et Jef Huysmans lui ont également été rattachés. C'est à McSweeny (1996) que l'on doit d'avoir désigné l'ensemble de ces travaux par l'expression École de Copenhague.

Le Copenhaguen Peace Research Institute (COPRI) a dirigé des études sur la paix entre 1985 et 2002. Depuis janvier 2003, une partie de ses activités a été reprise par le Danish Institute for International Studies. Dès le départ, le COPRI avait pris une orientation multidisciplinaire qui distingue nettement le cadre de ses recherches de celui des écoles **néoréalistes** et **néolibérales** états-uniennes. En ce sens, l'École de Copenhague s'inspire davantage de l'**École anglaise** que de ces deux approches. Ainsi, parmi les objets principaux au cœur de ses recherches, on remarque l'accent mis sur la résolution de conflits et les effets de la **guerre** sur les populations civiles. Une des contributions fondamentales de cette école aux **théories** de la sécurité est de conserver une perspective sociologique sur différents aspects de la guerre. En raison de cette perspective, la guerre n'est ici jamais considérée comme un phénomène naturel ou transhistorique de la politique globale, mais comme un phénomène sociologique dont on peut isoler les composantes et agir sur celles-ci de façon à élaborer des formes de résolutions pacifiques de conflits.

Au cœur du travail de l'École de Copenhague se trouve la volonté d'enrichir la conception de la sécurité conçue en termes strictement militaires chez les **réalistes** et les néoréalistes. Ainsi, au-delà de la sécurité militaire et de l'intégrité territoriale, l'École de Copenhague s'intéresse aux dimensions politique, sociétale, environnementale, économique de la sécurité. Un ensemble de nouveaux objets apparaît donc sous la loupe des études de la sécurité allant de l'immigration, à la religion, en passant par la démographie, l'environnement et la consommation de drogues.

Le travail de Ole Wæver sur le concept de *sécurité sociétale* prend racine dans le contexte de la **mondialisation** et de l'élargissement de l'Europe. Ces processus exposent la société à des enjeux dont les dimensions dépassent le cadre national privilégié par les conceptions traditionnelles de la sécurité. C'est dans ce cadre que Wæver soutient qu'il est nécessaire de théoriser la sécurité à la lumière des traits culturels, démographiques et identitaires permettant la reproduction de la société. Dans cet ordre d'idées, Wæver définit la sécurité sociétale comme étant : « la capacité d'une société de perdurer dans son caractère essentiel lors de conditions changeantes et face à des menaces possibles ou réelles. Plus spécifiquement, il s'agit de la capacité de formes traditionnelles de langage, de culture, d'associations, de coutumes et d'identités religieuses et nationales de durer à l'intérieur de conditions acceptables leur permettant d'évoluer » (Wæver *et al.*, 1993 : 23). En incluant la culture et l'**identité** dans les études de la sécurité, l'entreprise de Wæver se démarque des prémisses du néoréalisme.

Dans la perspective proposée par Buzan, de Wilde et Wæver, ce n'est pas seulement la conception traditionnelle de la sécurité qu'il faut remettre en question, mais les pratiques sociales et institutionnelles de la **sécurisation**. Alors que Morgenthau, un réaliste classique, conçoit essentiellement la sécurité nationale, « comme celle de l'intégrité du territoire national et de ses institutions » (Morgenthau, 1962 : 562), les théoriciens de l'École de Copenhague s'intéressent à la sécurité davantage comme une pratique discursive performative. La sécurité n'a donc rien de naturel ici ; elle s'inscrit dans un ensemble de discours et de pratiques institutionnelles qu'il faut mettre à jour pour comprendre comment certains enjeux deviennent prioritaires dans l'ordre du jour sécuritaire, alors que d'autres pas.

Ce programme de recherche s'inspire des développements de la théorie du langage ordinaire de John Austin et de John Searle qui s'intéressent non pas seulement à la fonction sémantique et dénotative du langage, mais également à sa dimension performative. Alors que la première fonction vise à représenter des objets du monde, la seconde agit sur celui-ci. Elle a des effets sur le monde social parce qu'elle s'inscrit dans des jeux de langage institués dans des cadres institutionnels. Cette analyse des pratiques discursives permettant à des experts d'intervenir dans un champ du savoir rappelle les études de Michel Foucault et de Pierre Bourdieu. Ce changement de registre est fondamental. Alors que les approches traditionnelles de la sécurité cherchent à définir la sécurité en soi, comme un objet, les théoriciens **constructivistes** de l'École de Copenhague ouvrent un domaine de recherche sur la façon dont des experts, agissant au sein d'un contexte institutionnel déterminé, en viennent à définir la sécurité et ainsi à agir sur le monde.

Dans cet ordre d'idées, l'étude des dynamiques de ce que Wæver désigne par les concepts de **sécurisation** et de **désécurisation** devient une composante centrale des travaux qui s'inspirent de cette école. Par la sécurisation, il faut entendre l'ensemble des pratiques discursives dont l'énonciation sécurise un enjeu ou un objet de la politique intérieure (l'immigration) ou extérieure des **États** (le **terrorisme**). En devenant « sécurisé », cet enjeu apparaît du domaine des gestionnaires de la sécurité et non plus de l'exercice démocratique légalement institué. À l'inverse, la désécurisation participe à une prise de conscience éthique et réflexive des risques que font peser les processus discursifs de sécurisation sur l'exercice démocratique. Parce qu'elle met l'accent sur ce caractère socialement construit de la sécurité et de la menace, l'École de Copenhague s'inscrit au sein de la nébuleuse d'approches caractérisées de constructivistes. Les chercheurs œuvrant au sein des *Critical Security Studies* (Keith Krause) et du groupe *Cultures et Conflits* (Didier Bigo) exploreront davantage le volet critique de ces théories en mettant à jour les pratiques discursives du monde des gestionnaires de la sécurité permettant de sécuriser des enjeux politiques, et cela souvent en s'appuyant sur des préjugés et des intérêts inavouables au sein de l'espace public.

L'École de Copenhague a contribué à élever le niveau de **réflexivité** des approches traditionnelles de la sécurité. Si la prise en compte de la sécurité sociétale a l'intérêt d'ouvrir la boîte noire, laissée pour compte par les néoréalistes, il n'est pas certain que sa façon d'appréhender la sécurité sociétale diffère tellement du néoréalisme. La conception anthropomorphique de la société comme un tout doté d'intentions et de caractéristiques essentielles est problématique. Cette conception s'expose au risque de reproduire la conception moniste de l'État de la théorie néoréaliste en l'appliquant à la société. Cette théorie risque de consolider les identités **hégémoniques**, au détriment des identités marginales (McSweeny, 1996 ; 1999). Des critiques de ce concept soutiennent qu'il ne rend pas compte des dynamiques de formation identitaire, mais qu'il les réifie parce qu'il n'y a aucun critère objectif qui puisse expliquer ce que sont les conditions acceptables pour l'évolution de la culture, des coutumes et des identités religieuses et nationales.

La recherche entamée par l'École de Copenhague aboutit donc sur deux voies qui apparaissent autant porteuses que contradictoires. D'une part, elle ouvre la porte sur une conception réflexive de la sécurité qui conçoit celle-ci comme une pratique sociale construite de façon **intersubjective** et dont les principales stratégies discursives doivent êtres révélées par l'analyse. Cette voie a été résolument empruntée par des auteurs **poststructuralistes**, ou œuvrant autour de *Cultures et Conflits*. D'autre part, elle propose un élargissement des conceptions de la sécurité à des domaines traditionnellement passés sous silence par les théories des **Relations internationales**. Cependant, en cherchant à sécuriser ces nouveaux objets, l'École de Copenhague ne s'expose-t-elle pas au risque de sécuriser davantage qu'elle ne « désécurise » ? Le fossé qui sépare ces deux avenues peut être mesuré par le fait que les travaux de Didier Bigo, critiquant la sécurisation de l'immigration comme une menace à la société, s'inscrivent bien dans la première voie, alors que ceux de Samuel Huntington (2004), identifiant l'immigration hispanique comme une menace pesant sur la société états-unienne, s'inscrivent dans la seconde voie.

Frédérick Guillaume Dufour
et Mélanie Roy

ÉCONOMIE POLITIQUE INTERNATIONALE International Political Economy

> Seule une approche intégrée peut expliquer de façon adéquate les fondements d'arrangements économiques internationaux et fournir ainsi des propositions politiques solides. [...] Une telle approche intégrée ne peut être effectuée que par des individus qui peuvent manier systématiquement des questions économiques et politiques à la fois, ou par des équipes qui combinent des experts de chaque discipline (Bergsten, 1975 : v).

L'économie politique internationale (ÉPI) est une discipline dont l'objet est « l'étude de l'interaction réciproque et dynamique dans les relations internationales entre la poursuite de la richesse et la recherche de la **puissance** » (Gilpin, 1975 : 43). Ce champ de réflexion mettant en relation l'**État** et le marché est très ancien et correspond à des analyses d'économie politique qui sont à l'origine de la pensée économique contemporaine. Toutefois, ce n'est qu'à partir des années 1970 que cette discipline s'est institutionnalisée, sur la base de travaux de politologues et de spécialistes des **Relations internationales**, plus particulièrement aux États-Unis et au Royaume-Uni[1]. Cela demeure encore largement déterminant pour la discipline aujourd'hui, dans la mesure où les problématiques font une place prépondérante au monde anglo-saxon, notam-

1. On considère dans le milieu universitaire que le texte à l'origine du renouvellement de la discipline dans les années 1970 est celui de Susan Strange (1970).

ment à la place et au rôle des États-Unis dans le **système international**, mais aussi où les grands auteurs en ÉPI sont soit d'origine anglo-saxonne, soit enseignent dans des universités nord-américaines ou britanniques.

L'ÉPI insiste tout particulièrement sur deux relations centrales au sein du système capitaliste contemporain. D'une part, elle met en exergue la relation entre la sphère économique et la sphère politique. Cette dimension de l'ÉPI insiste sur la complémentarité entre richesse et puissance. En effet, selon cette discipline, la richesse d'un État, considéré comme l'**acteur** central (mais pas unique et à divers degrés) des relations économiques internationales, est à la fois l'élément essentiel de sa puissance à long terme mais aussi celui de la richesse de la **nation** qu'il structure et organise. L'acteur étatique est ainsi introduit au cœur de l'analyse des phénomènes transnationaux, de même que la possibilité d'inégalité et de hiérarchie entre ces différents acteurs. De plus, la puissance est vue comme un moyen d'acquérir de la richesse. Enfin, l'objectif de toute politique nationale est, d'une manière générale, de poursuivre conjointement la recherche de richesse et celle de puissance.

D'autre part, l'ÉPI insiste sur la relation réciproque entre l'échelon national et l'échelon international de l'activité économique et des modes de régulation les concernant. Cette dimension de l'analyse permet de prendre en compte le caractère central du niveau national dans les relations internationales, mais aussi de comprendre comment des autorités politiques plus ou moins autonomes et hiérarchisées agissent dans un univers économique transnational par nature. Cette articulation national/international permet aussi de mieux comprendre l'émergence et le rôle des **institutions internationales** au sein du système international.

Les analyses en termes d'ÉPI se sont développées à partir des années 1970 pour trois raisons principalement. Premièrement, au niveau théorique, l'ÉPI s'est progressivement imposée comme discipline académique à part entière en raison de l'échec ou de l'impasse des grandes théories de nature économique ou politique dans la compréhension des phénomènes transnationaux. Ensuite, au niveau **ontologique**, l'ÉPI s'est développée au moment de la résurgence de deux grands courants de pensée dans les années 1970, le **marxisme** et surtout le **libéralisme**. Enfin, au niveau empirique, l'ÉPI s'est développée au moment où la montée des interdépendances, plus tard appelée **mondialisation** du fait de son ampleur et de ses conséquences, s'est manifestée en profondeur dans les systèmes économiques et sociaux.

Telle qu'elle est décrite plus haut, l'ÉPI semble donc très proche des thèses **mercantilistes** des XVIIe et XVIIIe siècles, comme le souligne très justement Keohane (1984 : 22). Toutefois, l'ÉPI ne peut se réduire à une rénovation-réactualisation des thèses mercantilistes. D'abord, l'utilisation d'outils analytiques contemporains s'est généralisée en ÉPI, notamment celle de la **théorie des jeux**. Surtout, on voit plutôt trois modèles se faire concurrence. En premier lieu, l'ÉPI est historiquement issue de la pensée **réaliste**, puis **néo-réaliste**. Dans l'univers réaliste, les États-nations, dans un système international **anarchique**, c'est-à-dire en l'absence d'autorité supranationale, recherchent la puissance (définie en termes de ressources) et demeurent les acteurs principaux, sinon uniques, des relations économiques internationales. Les recherches en ÉPI consistent donc à trouver comment les États utilisent l'économie pour atteindre leur but de puissance, le plus souvent en termes relatifs.

En second lieu, l'ÉPI fait une large place à la pensée libérale. Le libéralisme, dans sa dimension normative, véhicule l'idée selon laquelle l'allocation marchande et libre des ressources est bénéfique non seulement à chaque individu, mais aussi à la société dans son ensemble. Selon cette doctrine, les individus, bien plus que les États, à travers une rationalité qui cherche la maximisation de leur bien-être (calculé en termes de coût/avantage), demeurent les véritables acteurs des relations économiques internationales. L'État n'est donc perçu que comme une agrégation de l'ensemble des individus composant la nation.

D'un point de vue **épistémologique**, le politique, dans la pensée libérale, est vu en des termes plutôt économiques. Cette tendance à l'économisme favorise une représentation particulière du politique, dans la mesure où celui-ci n'est autre que tout ce qui doit être résolu dans une société sans l'aide du marché. Ainsi, contrairement à la doctrine réaliste, les États, en tant que représentants des individus qui composent la société, ne recherchent que des **gains absolus** dans leurs relations avec d'autres États. La théorie des **régimes** internationaux est directement issue de cette vision du monde, dans la mesure où la **coopération** entre les États est bénéfique à tous les États qui y participent. De même, la théorie de la **stabilité hégémonique** est issue de ce courant, dans la mesure où l'existence d'une **hégémonie** est la condition *sine qua non* de l'existence d'un ordre économique international libéral.

Enfin, en troisième lieu, le courant marxiste n'en reste pas moins très pertinent dans l'analyse en termes d'ÉPI, et il demeure de moins en moins en retrait dans la structuration des grands débats qui la traversent, même s'il regroupe des travaux moins homogènes que les deux courants de pensée précédents. Contrairement à ces derniers, l'hypothèse centrale ici est que les classes sociales sont l'unité analytique de base autour de laquelle s'articulent le système international et l'action des États qui le composent. Celles-ci, guidées par leur intérêt de classe, de nature principalement économique, sont en conflit dans la répartition des richesses. Ici l'économisme est tel que bien souvent le politique est déterminé par l'économique.

Deux grands thèmes sont privilégiés par le courant marxiste en ÉPI, à savoir celui de l'impact et du rôle des firmes transnationales (le capital transnational) dans le fonctionnement et les dysfonctionnements actuels du capitalisme, et celui de la hiérarchie et de la structuration des États dans le système économique international. Concernant ce dernier thème, trois grands corpus théoriques ont été élaborés, à savoir celui de l'**impérialisme** (Lénine, Rosa Luxembourg), celui en termes de centre/périphérie et de « **système-monde** » (Wallerstein), et enfin le plus fécond actuellement, le courant **néogramscien** reprenant les thèses de Gramsci sur l'hégémonie (Cox, Gill).

L'ÉPI, dans le vaste champ des Relations internationales, est une discipline largement marquée par le **positivisme**, même si la tendance actuelle semble s'en éloigner un peu, et a développé une série de concepts et d'idéaux-types permettant de comprendre principalement l'émergence d'un ordre économique international stable alors que les États ont plutôt tendance à privilégier leurs intérêts propres. Ces concepts et idéaux-types sont l'objet de vives controverses entre les différents courants de pensée. Parmi ceux-ci, nous pouvons en dégager trois : l'hégémonie, le régime international et la **gouvernance**.

Nous pouvons définir de manière brut l'hégémonie comme étant la position dominante d'un État au sein du système international. Comme le considère Kebabdjian (1999 : 174), « un État est hégémonique quand non seulement il est plus puissant que les autres mais aussi quand sa puissance relative surpasse toutes les autres ». Plus concrètement, on peut dire que l'hégémonie est un système de relation de pouvoir qu'exerce un hégémon et qui lui permet, non pas de fixer dans le détail les règles et principes internationaux, mais de structurer le champ d'action possible des autres acteurs. Dans un système hégémonique, l'hégémon ne fixe pas de manière unilatérale les règles et les mécanismes institutionnels internationaux, mais il est en mesure de fixer les modalités de création, de préservation et de sanction de celles-ci. Surtout, l'hégémon doit non seulement être capable de jouer ce rôle, mais encore faut-il qu'il le veuille bien. C'est d'ailleurs sur cette dernière caractéristique qu'insiste Kindleberger dans son analyse de la crise des années 1930 (Kindleberger, 1973). Un État dominant en termes de puissance ne peut donc être considéré comme un hégémon que s'il prend conscience de sa situation et la transforme en une forte volonté politique de production d'ordre international. Trois types de critères sont traditionnellement évoqués lorsqu'on parle d'hégémonie concernant un État. Le premier est d'ordre quantitatif et a trait aux **capacités** matérielles brutes (*capabilities*) de l'hégémon. Le deuxième est d'ordre psychologique, et a trait à la capacité de ralliement de l'hégémon. Le troisième enfin, que l'on a tendance à souvent négliger, est lié à la nature organisationnelle de l'hégémon et a trait à sa capacité de transfert entre le premier et le deuxième type de critère.

Cependant, l'hégémonie n'est pas la domination pure et simple du plus fort sur le plus faible. Bien au contraire, l'hégémon doit être capable de faire consensus sur les actions qu'il entreprend, mais il doit aussi être capable de justifier son existence. Cette légitimation de la place et du rôle de l'hégémon n'est possible que si ce dernier est en mesure de produire et de maintenir l'ordre international. Dans la tradition économique, on assimile cet ordre à la production d'un **bien public** international. Le moyen par lequel ce bien public international est produit peut être un régime international, avec à sa tête une **institution internationale**, mais cela n'est pas forcément obligatoire en théorie.

On définit traditionnellement un régime international comme un « ensemble explicite ou implicite de principes, de **normes**, de règles et de procédures de prise de décision autour desquelles les anticipations des acteurs convergent dans un domaine donné des relations internationales » (Krasner, 1983 : 2). Deux éléments ressortent de cette définition, d'une part qu'un régime international est constitué par un ensemble de valeurs partagées par les États y participant (principes et normes) et, d'autre part, qu'il est constitué d'instruments (règles et procédures de décision). C'est donc à la fois par la forme et par le mécanisme de coopération internationale que se définit un régime.

La théorie des régimes a eu d'emblée pour objet de comprendre la naissance des institutions internationales, mais aussi de comprendre comment et pourquoi des États coopèrent dans certains domaines des relations internationales en l'absence d'hégémonie. Pour Keohane (1984), la coopération entre États naît de leur rationalité et des externalités liées à l'augmentation des interdépendances entre les nations. On distingue traditionnellement l'offre de régime, liée à la structure du système international, et la demande de régime, liée à l'existence et à la profondeur du problème d'action collective à résoudre (d'où l'utilisation de la théorie des jeux pour y répondre).

Plusieurs séries de critiques ont été faites concernant la notion de régime international. Susan Strange (1982) a été la plus critique concernant cette notion. D'une part, cette théorie repose sur un questionnement américano-centré, en ce sens que le principal sujet fut celui de savoir si les États-Unis étaient en déclin à la fin des années 1980. D'autre part, les concepts utilisés ne sont pas assez explicites pour permettre une bonne lecture des problèmes. Ensuite, les concepts sont biaisés en faveur de l'**ordre international** et de sa permanence, cela au détriment de la dynamique du système, de son efficacité et de sa légitimité.

Par ailleurs, la vision de la théorie des régimes est trop statique, alors que du point de vue de Strange, la règle serait plutôt celle d'une rénovation constante des règles, donc des régimes. Enfin, l'approche est trop **stato-centrée** alors que dans le même temps, on analyse l'État de manière économique, voire instrumentale.

On pourrait aussi critiquer la théorie des régimes en refusant la séparation trop nette qu'elle effectue entre le national et l'international, à l'instar de Ruggie (1993b). En effet, ce dernier pense que l'élaboration et le fonctionnement des régimes dépend de l'articulation entre les dimensions internes et internationales, notamment concernant les principes et les normes au sein du régime. Les régimes internationaux naissent de contraintes internalisées par les États, notamment de compromis nationaux, et agissent à la fois en interne et en externe. Ces critiques sont au fondement de l'élaboration d'un autre concept utile dans les approches en termes d'ÉPI, celui de gouvernance.

Il existe de nombreuses définitions de la gouvernance. Rosenau (1995) considère que la gouvernance est l'ensemble des mécanismes de régulation dans une sphère d'activité fonctionnant même en l'absence d'une autorité officielle. Au niveau international, il définit la gouvernance mondiale comme l'ensemble des systèmes de règle, de contrôle et de gestion ayant des répercussions internationales à un moment donné. Cette définition a été fortement critiquée, car elle est trop vague pour être différenciée soit avec le concept de régime, soit avec celui de multilatéralisme.

Pour Smouts (1998), la gouvernance est un système de mise en relation des gouvernements, des ONG, des firmes transnationales, du marché mondial et enfin des citoyens. Ce n'est pas un système de règles ou une activité, mais un processus fondé sur l'accommodement et non sur la domination qui met en interrelation continue des acteurs privés et publics dans le but de réaliser un objectif collectif. La gouvernance constituerait donc une alternative à l'hégémon dans un contexte d'interdépendance et de nécessité de gestion des externalités. On est donc à l'opposé de toute conception réaliste du monde puisque cela permet d'analyser les phénomènes en sortant de l'hypothèse de l'anarchie. La gouvernance serait ainsi le fait de penser la gestion des affaires internationales comme un processus de négociations/interaction entre des intervenants hétérogènes.

Cette définition a quelques propriétés intéressantes du point de vue analytique. Elle est en effet beaucoup plus procédurale que celle des régimes et permet de questionner les mécanismes de formation des consensus internationaux. Ensuite, elle permet de comprendre le monde en termes de réseaux, c'est-à-dire de sous-systèmes fragmentés qu'elle vise à intégrer en vue d'une action collective d'intérêt public. Par ailleurs, elle est plus flexible qu'une approche en termes de régime en remettant au-devant de la scène l'incertitude du résultat. Enfin, elle permet de comprendre le monde d'aujourd'hui et les interdépendances croissantes entre les acteurs économiques.

Quoi qu'il en soit, l'apparition de cette conception procédurale de la gestion de l'économie mondiale permet la prise en compte des acteurs privés dans la réalisation d'objectifs publics. Cela est important dans la mesure où la barrière entre le national et l'international tend à s'abaisser fortement dans ce contexte d'augmentation des interdépendances économiques. On peut donc dire que la gouvernance est un concept de l'ÉPI qui permet la prise en compte des acteurs privés et publics dans la réalisation d'objectifs collectifs.

Enfin, cette définition ne saurait être complète sans la mention des quelques grands débats au sein de l'ÉPI. Nous pouvons en donner deux qui structurent les recherches, même si ces débats n'ont rien d'exhaustif.

Premièrement, le premier débat qui traverse l'ÉPI depuis ses débuts concerne le déclin supposé des États-Unis au sein du système international. La thèse du déclin hégémonique des États-Unis a été très présente durant les années 1980, et celle de son renouvellement dans les années 1990. Le second débat structurant l'ÉPI concerne le rôle et le pouvoir de l'État dans la mondialisation. Paradoxalement, alors que l'ÉPI a tenté de remettre à sa place le rôle de l'État dans les relations économiques internationales, on assiste à un fort débat concernant son pouvoir et l'émergence de nouvelles formes d'autorité.

Ces deux débats ont le mérite de mettre en avant deux réalités qu'il faut toujours avoir à l'esprit lorsqu'on étudie les affaires internationales : le monde est fait d'acteurs inégaux et hiérarchisés, et le pouvoir de ces acteurs évolue constamment.

Grégory Vanel

ENDIGUEMENT — Containment

L'endiguement (*containment*) est le nom que l'on donna à la **stratégie** adoptée par les États-Unis pour contrer, et donc contenir, ce qu'ils percevaient comme les tendances expansionnistes de l'Union soviétique au cours de la **Guerre froide**. Associée surtout au diplomate George Kennan, ambassadeur des États-Unis à Moscou au lendemain de la Deuxième Guerre mondiale, puis haut fonctionnaire au département d'État sous la présidence Truman, cette politique se formula en deux grandes étapes.

Dans un premier temps, elle prit surtout la forme d'une lutte politique, que Kennan élabora dans trois documents considérés comme les textes fondateurs de cette première version de l'endiguement. Dans le premier de ceux-ci, *The Long Telegram*, rédigé en 1946, Kennan analysa la perception du monde extérieur des leaders soviétiques et ses conséquences pour leur politique extérieure. Tout en reconnaissant que dans « la vision obsessive du Kremlin des affaires du monde on trouve le sentiment d'**insécurité** traditionnel et instinctif des Russes », Kennan (1946) affirme que là où ils le jugeront « opportun et prometteur », les leaders du Kremlin feront des efforts « pour faire avancer les limites officielles de la puissance soviétique ».

Dans un article publié en 1947, sous le pseudonyme de « X », Kennan approfondit son analyse des fondements de la **politique étrangère** soviétique et déclare que « l'élément principal de toute politique à l'égard de l'Union soviétique doit être celle d'un endiguement patient, mais ferme et vigilant, des tendances expansionnistes russes, et de longue durée » (1947 : 571), mais dans son esprit il s'agit avant tout d'une lutte de nature idéologique, politique et économique, et non de nature militaire.

Kennan reprit l'essentiel de son argumentation dans un document officiel publié au nom du Conseil de sécurité nationale (voir **sécurité nationale**) en 1948, connu sous le nom de NSC 20/4. Cette conception de l'endiguement trouva largement son expression sur le plan de l'action concrète dans la célèbre Doctrine Truman, et dans le plan Marshall. Énoncée en février 1947, la Doctrine Truman déclarait que les États-Unis devaient « soutenir les peuples libres qui sont en train de résister à une tentative de subjugation par des minorités ou par des pressions externes » (McCauley, 2003 : 137). Quatre mois plus tard, le secrétaire d'État George Marshall lança l'idée d'un plan d'aide financière qui permettrait aux États européens de se reconstruire à la suite des dégâts de la guerre de 1939-1945. Rejeté par l'Union soviétique et par les pays de sa sphère d'influence, le plan Marshall devint rapidement un des instruments principaux de la politique américaine d'endiguement en Europe occidentale.

En 1950, l'endiguement connut un tournant très important avec la rédaction d'un rapport du Conseil de sécurité nationale, sous le titre de *United States Objectives and Programs for National Security*, ou plus simplement *NSC 68*, et qui resta secret jusqu'en 1975. Ce document, considéré comme un des textes clés de la politique de sécurité nationale, fut rédigé par un comité dirigé par Paul Nitze, un proche de Kennan au secrétariat d'État. Toutefois, les auteurs de *NSC 68* prirent des positions rejetées totalement par ce dernier. D'abord, ce document proposa une analyse très alarmiste des visées de la politique soviétique :

> La théorie et la pratique soviétiques nous indiquent très clairement que le Kremlin cherche à soumettre le monde libre à sa domination en se servant des méthodes de la Guerre froide. La technique préférée est la subversion par le noyautage et l'intimidation (NSC 68, 1950 : 52).

Et pour appuyer cette politique, qui ne visait rien de moins que la domination du monde, « l'Union soviétique est en train de créer une force militaire écrasante » (53). Dans de telles circonstances, la politique d'endiguement devait mettre l'accent sur la supériorité militaire, sinon elle « n'est rien qu'une politique de bluff » (41). Et ce nouveau programme ne réussira que si tout le monde reconnaissait que « la guerre froide est en fait une vraie guerre où la survie du monde libre est en jeu » (81).

Cette version plus robuste, voire plus agressive, de l'endiguement sera adoptée par Truman et ses successeurs et restera la politique officielle des États-Unis jusqu'à la fin de la Guerre froide.

Alex Macleod

ÉPISTÉMOLOGIE

Epistemology

Je maintiens que l'épistémologie est importante parce qu'elle détermine de quoi l'on peut avoir une connaissance ; de plus, ce n'est pas possible de l'évacuer, ou de réduire son importance, en soutenant, comme il est à la mode chez certains philosophes postmodernes et réalistes, que l'ontologie a priorité sur l'épistémologie (Smith *et al.*, 1996 : 18).

L'épistémologie est un domaine de la philosophie dont il devient de plus en plus ardu de délimiter les contours. L'épistémologie s'intéresse à la façon dont on acquiert des connaissances et dont on tente de tracer la ligne de démarcation entre la connaissance valide et invalide. Plusieurs s'entendent *grosso modo* pour affirmer qu'elle constitue la branche de la philosophie qui s'intéresse à la connaissance en tant que tel, soit à la réflexion sur ce que signifie connaître, savoir et croire en la vérité, la validité ou la justesse d'une proposition, d'une croyance, d'un fait ou d'une théorie. Traditionnellement, l'épistémologie se distingue de la méthodologie, de l'**ontologie** et de l'éthique, le domaine de la philosophie qui s'interroge sur les préceptes, maximes ou procédures qui devraient orienter nos actions ou jugements, afin que l'on puisse affirmer de ceux-ci qu'ils sont justes, moraux ou en conformité avec une certaine conception du bien. Depuis l'entrée en « crise » de la réflexion épistémologique (Nadeau, 1994), ces frontières tendent à devenir de plus en plus floues, quand elles ne sont pas ouvertement remises en question.

Un des débats fondamentaux en théorie des **Relations internationales** oppose ceux qui cherchent à *expliquer* les Relations internationales à ceux qui cherchent à les *comprendre*. Ce qui est en jeu dans ce débat, c'est souvent la spécificité du type de connaissances que doit fournir la recherche en Relations internationales. Ceux qui cherchent à *expliquer* les Relations internationales soutiennent que la production de connaissances doit mettre en évidence des *relations causales* entre des variables. Selon cette perspective **positiviste**, l'étude de ces relations causales devrait être orientée au moyen de modèles théoriques en mesure de prédire des événements. Ceux qui cherchent à *comprendre* les Relations internationales s'intéressent plutôt au sens qu'ont ces relations pour différents agents qui sont engagés dans celles-ci. Pour eux, ce n'est pas tellement la prédiction d'événements futurs qui est importante, mais plutôt la compréhension du sens que des agents attribuent à leurs actions et à celles des autres agents.

Bien qu'aucune classification ne soit satisfaisante pour rendre compte de la complexité des débats en épistémologie, on dégagera trois points de vue sur la connaissance qui orientèrent les débats (pour un tableau plus complet voir également **positivisme**, **postpositivisme**, **paradigme**, **réflexivisme**, **Théorie Critique** et **féminisme**).

L'empirisme est une position épistémologique selon laquelle l'ensemble de nos connaissances valides est dérivé de l'expérience sensible à travers l'observation et l'expérimentation. On fait habituellement remonter cette tradition aux théories de la connaissance britanniques, principalement à John Locke et à David Hume. Plusieurs variantes de l'empirisme ont traversé le XXe siècle. Il connut un développement important avec l'empirisme logique. L'empirisme s'oppose principalement au rationalisme et à l'apriorisme. Nadeau souligne que pour les empiristes « tous les concepts, de même que l'ensemble des relations logiques qui les unissent, seraient issus de l'expérience sensible : il n'y aurait pas d'idées innées » (Nadeau, 1999 : 182). Dans les années fortes de l'empirisme logique, Carnap (1959) en formula la principale ambition comme étant le dépassement de la métaphysique.

L'idéalisme, comme théorie de la connaissance, doit être distingué de l'**idéalisme** en tant que **théorie** des Relations internationales, et du fait qu'un **acteur** ait des idéaux. En théorie de la connaissance, on qualifie d'idéaliste :

> [t]oute doctrine selon laquelle l'existence du sujet est une condition nécessaire de l'existence des objets ; ou encore, en d'autres termes, toute doctrine soutenant que la réalité est fondamentalement de nature mentale. La forme contemporaine la plus répandue de l'idéalisme porte sur le lien entre langage et réalité (Nadeau, 1999 : 305).

Kant, pour qui l'ensemble de nos connaissances, y compris éthiques et esthétiques, sont filtrées par des catégories *a priori* de notre entendement est un des représentants les plus importants de cette position.

Finalement, on qualifie de *rationalisme*, « [t]oute philosophie qui met en évidence le rôle de la seule raison dans l'acquisition et la justification du savoir » (Nadeau, 1999 : 585). Alors que Descartes et Chomsky ont beaucoup mis l'accent sur la rationalité en tant que propriété du sujet connaissant, Popper, mais surtout Apel et Habermas, qualifient de « rationnelles » certaines procédures **intersubjectives** qui permettent d'établir des ententes sur ce qui existe dans le monde et d'établir des projets d'actions afin d'y intervenir.

Prépositivisme, positivisme, postpositivisme et l'étude des Relations internationales

Dans un ouvrage important sur l'épistémologie de l'étude des Relations internationales, Steve Smith (1996) présenta les problèmes épistémologiques de ce champ en fonction de l'opposition entre les théories positivistes et postpositivistes. Bien qu'elle soit un peu dépassée, cette ligne de démarcation demeure importante parce que c'est en fonction d'elle que s'articulèrent les débats des années 1990. On dressera ici quelques parallèles entre l'histoire de la théorie des Relations internationales et celle de la philosophie des sciences au XXe siècle.

À la suite de la Première Guerre mondiale, lorsque le champ de l'étude des Relations internationales commença à devenir autonome de ceux de l'histoire militaire, du **droit international** et de la science politique, il fut très peu influencé par la tradition positiviste en philosophie des sciences. Alors que la réflexion sur les théories de la connaissance en sociologie voyait ses paramètres commencer à se définir avec Comte, Durkheim et Weber, le champ d'étude des Relations internationales émergeait du traumatisme qu'avait été la guerre 1914-1918 et cherchait, d'une part, à prévenir un autre conflit de la même envergure, et, d'autre part, à justifier ou à comprendre l'**impérialisme** des grandes puissances européennes. La théorie des Relations internationales était presque explicitement soumise à une vision politique du monde, orientée vers ce que ses promoteurs considéraient comme l'idéal d'une civilisation.

Durant l'entre-deux-guerres, autant les variantes de l'idéalisme que du **réalisme classique** résistèrent à l'adoption des modèles et des standards de scientificité promus par les philosophes des sciences du *Cercle de Vienne*. Il n'était pas rare de voir des analyses empreintes tant de références religieuses (Niebuhr), que d'une conception de l'état de nature invoquée pour défendre tour à tour les positions idéalistes et réalistes. Si l'on désigne par positivisme une tradition qui poursuit l'objectif d'accumuler un savoir sur les « régularités » du monde social à travers l'application de modèles en vigueur en sciences de la nature, le début de l'étude des Relations internationales était « prépositiviste ». Seuls les travaux de certains, dont Morgenthau, avaient des ambitions orientées dans ce sens.

À la suite de la Deuxième Guerre mondiale, on assista à la propagation d'une orientation épistémologique qui commença à émerger dès la crise économique de 1929. Il était temps de purger l'étude des Relations internationales de son utopisme et de commencer à travailler sur la « véritable nature » des Relations internationales, c'est-à-dire sur l'étude de relations structurées par le **pouvoir**. C'était le début de l'émergence du réalisme classique comme théorie des Relations internationales. Celui-ci, bien qu'il identifiât des principes et des lois structurant les Relations internationales, demeurait beaucoup plus proche de l'étude historique, que les approches positivistes qui commencèrent à le concurrencer (la **théorie des jeux** et le **behavioralisme**), et que son successeur le **néoréalisme**. La convergence déterminante entre le courant réaliste et le positivisme fut effectuée par Kenneth Waltz. Dans son optique, autant les adversaires traditionnels du réalisme que la tradition du réalisme classique souffraient d'un déficit méthodologique parce que leur conception du rôle des théories scientifiques était désuète. Waltz fonda le néoréalisme sur une épistémologie inspirée du falsificationnisme de Popper (voir positivisme). La conception que Waltz se faisait du rôle et du statut de la théorie des Relations internationales n'était malheureusement pas exempte d'ambiguïtés. D'une part, Waltz fit de nombreuses références à l'épistémologie néopositiviste et, d'autre part, quand vint le temps de présenter son modèle théorique, il le présenta comme un modèle non empirique. À la manière des modèles instrumentalistes en sciences économiques, dans *Theory of International Politics* (1979), Waltz affirme de son modèle non empirique qu'il devra d'être testé en fonction de son utilité. C'est l'utilité d'une théorie qui en fait, selon son raisonnement, une bonne théorie. Waltz passa par la suite à un test empirique de son modèle, ce qui n'est pas sans contredire les présupposés de sa position épistémologique.

L'impact de Waltz sur la théorie des Relations internationales a été fondamental. Encore aujourd'hui, il demeure l'emblème à la fois de la critique du réalisme classique, de la fondation du néoréalisme et un intervenant incontournable des débats sur la méthodologie en Relations internationales. La structure **bipolaire** de la **Guerre froide** se prêtait particulièrement bien à l'approche méthodologique qu'il proposait. Cependant, aucune des analyses inspirées par Waltz, dont un des mérites se veut la capacité de prédiction du modèle, ne parvint à prédire l'effondrement de l'Union soviétique. Leur ontologie **stato-centrée** les plaça également dans l'embarras le moment venu d'expliquer les événements du 11 septembre 2001.

Steve Smith situe les années fortes de l'épistémologie empiriste en théorie des Relations internationales entre 1955 et 1995. Selon lui, « l'importance du positivisme n'a pas tellement été qu'il a produit une théorie des Relations internationales, mais plutôt le fait que son épistémologie empiriste a déterminé [pendant cette période] le type d'objet qui existe en Relations internationales » (Smith *et al.*, 1996 : 11). Ce qu'il qualifie d'« épistémologie empiriste » demeura très influent jusqu'en 1995, mais on commença à voir apparaître, dès le début des années 1980, des courants influencés par l'émergence des **théories critiques** en sciences sociales. On assista en outre à l'émergence d'une réflexion sur la connaissance menée par des théories critiques, néomarxistes, féministes, **poststructuralistes** et réflexivistes qui avaient pour rare point commun de s'opposer à la façon dont des restrictions épistémologiques, définies principalement par les néoréalistes, avaient circonscrit le champ d'étude des Relations internationales. La grande majorité de ces théories s'entendent généralement pour soutenir que l'épistémologie permet de décréter des objets d'étude légitimes et non légitimes, et par extension le sens commun. Ce n'est donc pas un hasard si le *Troisième Débat* en théorie des Relations internationales a eu la métathéorie et l'épistémologie comme champ de bataille.

Avec le développement des approches postpositivistes, certains conçoivent aujourd'hui l'épistémologie comme un récit narratif qu'il ne convient plus de situer au-dessus des autres récits narratifs, mais bien au même niveau que ceux-ci. Selon ces approches, il est fondamental de montrer de quelle manière l'épistémologie elle-même est investie de relations de pouvoir qui ont contribué à la mise en récit d'un discours sur la pensée scientifique et celle qui ne l'est pas. Ces approches tentent de « déconstruire » la mise en récit de la science. Jim George (1994) se livra à cet exercice en tentant de dresser une généalogie du champ de la théorie des Relations internationales (voir poststructuralisme).

Vingt ans après que Robert W. Cox eut lancé le mouvement **néogramscien** en affirmant que « [t]oute théorie sert toujours à quelqu'un et à quelque chose », plusieurs théories critiques en Relations internationales endosseraient probablement l'expression « toute épistémologie sert toujours à quelqu'un et à quelque chose ».

Frédérick Guillaume Dufour

ÉQUILIBRAGE — Balancing

Selon les auteurs **néoréalistes**, tels que Kenneth Waltz (1979), Stephen Walt (1987) ou Christopher Layne (1993), l'équilibrage est le comportement naturel des **États** face à un État ou à une coalition d'États plus puissants et qui constituent ainsi une menace potentielle à leur **sécurité**. Il y aurait dans le **système international**, toujours selon les néoréalistes, une tendance naturelle des États à établir un **équilibre des puissances** global ou régional.

Un équilibrage peut prendre ou bien une forme externe, qui implique la recherche d'alliances formelles ou informelles avec d'autres États, ou bien une forme interne, où un État renforce et augmente ses capacités militaires face à un autre État ou coalition d'États. C'est une vision du fonctionnement du **système international** contestée par plusieurs **réalistes classiques** et **néoclassiques**, qui prétendent que les États auront plutôt recours à une **stratégie** de ***bandwagoning***, et préféreront s'allier avec un États ou une coalition d'État puissants quand leur objectif est avant tout la recherche d'un gain plus que celle de la sécurité (Schweller, 1994).

Alex Macleod

ÉQUILIBRAGE INDIRECT — Soft balancing

La notion d'« équilibrage indirect » est une idée mise de l'avant par plusieurs **réalistes** et **néoréalistes**, notamment T. V. Paul (2004, 2005), Robert Pape (2005) et Stephen Walt (2005) pour répondre à ceux qui prétendent que, contrairement à ce que prédit le néoréalisme, on ne perçoit aucune tendance vers l'**équilibrage** contre la domination du **système international** par les États-Unis. Les partisans de l'équilibrage indirect ont été surtout inspirés par leur perception des conséquences négatives de la **politique étrangère** de l'administration de George W. Bush et font une mise en garde contre les dangers de l'unilatéralisme américain. Ils constatent, avec Pape (2005 : 9), que la **stratégie** de Bush est « en train de changer la réputation d'intentions bienveillantes dont jouissent les États-Unis depuis si longtemps et a donné à d'autres puissances majeures des raisons de craindre leur puissance ».

Selon Paul (2004 : 14), l'équilibrage indirect « comprend la construction de coalitions non offensives tacites afin de neutraliser une puissance montante ou potentiellement menaçante ». À la différence de l'équilibrage direct (*hard balancing*), qui suppose des démarches telles que la formation d'alliances militaires (équilibrage externe) ou le renforcement des **capacités** militaires (équilibrage interne), l'équilibrage indirect cherche avant tout à mettre des limites sur l'exercice de la puissance de la part de l'**État** ou de la coalition d'États visés, en se servant de moyens non militaires. Ceux-ci comprennent notamment le refus de laisser utiliser son territoire pour faire avancer des opérations militaires, le recours à des **institutions internationales** pour retarder ou entraver des actions militaires et le renforcement de sa puissance économique face à la puissance unipolaire, par exemple, à travers la création ou l'extension de blocs commerciaux (Pape, 2005 : 36-37).

Le but de l'équilibrage indirect n'est donc pas de mettre en place un **équilibre des puissances** classique, mais plutôt celui d'envoyer un message à la puissance dominante voulant que l'exercice de l'**hégémonie** a ses limites. Si on refuse de tenir compte de ce message, toujours selon les partisans de la thèse de l'équilibrage indirect, les conséquences peuvent être assez graves, allant jusqu'à la transformation possible de l'équilibrage indirect en équilibrage direct, processus qui commencerait probablement, d'après Pape (2005 : 41-42), par le transfert de technologies vers des adversaires reconnus des États-Unis.

Sans surprise, ceux qui prévoient la durabilité de l'**unipolarité** contestent cette thèse. Pour Lieber et Alexander (2005 : 109), il s'agit de « beaucoup de bruit pour rien ». L'équilibrage indirect constitue, selon ces derniers, un concept difficile à définir et à opérationnaliser, et décrit un comportement identique à la « friction diplomatique normale ». Ils affirment même (133) que les autres puissances majeures ne sont pas en train de « s'équilibrer » contre la **puissance** des États-Unis dans le monde de l'après-11 septembre « parce qu'elles veulent que les États-Unis réussissent à vaincre ces menaces partagées [la prolifération nucléaire et le terrorisme global] ou sont ambivalentes, mais comprennent qu'elles ne sont pas visées ».

Sans aller jusqu'à affirmer l'existence d'un accord profond avec les autres grands États sur les orientations de la politique étrangère américaine, Brooks et Wohlforth (2005) expriment un scepticisme semblable à l'égard de l'idée de l'existence d'un équilibrage indirect. Ils reconnaissent volontiers (75) que certains États prennent parfois des mesures qui finissent par contrer les ambitions des États-Unis, mais n'ont rien trouvé qui permettrait de croire que les « actions coordonnées des autres puissances majeures obligeront les États-Unis à se restreindre ». Selon eux, chaque exemple d'équilibrage indirect cité par ses partisans peut être expliqué autrement, par l'action diplomatique et politique normale, et ils concluent (105) qu'une des raisons principales pour lesquelles des États peuvent chercher des capacités plus importantes n'est pas de contrer la puissance américaine, « mais plutôt pour être dans une meilleure position pour négocier des réponses appropriées aux défis à la sécurité provenant d'autres États et acteurs ».

Alex Macleod

ÉQUILIBRE DES PUISSANCES — Balance of Power

> L'équilibre des puissances [...] est quelque chose qui ressemble au temps : tout le monde en parle, mais peu de gens font quoi que ce soit pour y rémédier. Il est probable que l'on n'a jamais usé et abusé d'aucune autre expression associée à l'art de gouverner, sauf peut-être celle de « diviser pour mieux régner », sur une échelle aussi vaste dans le monde occidental (Gulick, 1955 : v).

L'équilibre des puissances est un des plus anciens concepts des **Relations internationales**. Déjà Thucydide, au cinquième siècle avant Jésus-Christ, semble y faire référence lorsqu'il discute de l'équilibre qui était en place entre les grandes cités grecques de l'Antiquité. L'équilibre des puissances fait généralement référence à la répartition des **capacités** entre deux ou plusieurs **États** ou groupes d'États. Traditionnellement, cette notion se référait à l'idée d'un équilibre au niveau régional, mais à la suite de la Deuxième Guerre mondiale et à l'avènement de la **Guerre froide** par la suite, on parle aussi de l'importance d'un équilibre des puissances sur le plan global.

On associe ce concept surtout avec l'approche **réaliste** en Relations internationales. Il faut toutefois souligner la différence fondamentale entre la vision des réalistes classiques et des **néoréalistes** sur le sujet. Si les premiers perçoivent l'équilibre des puissances comme étant un objectif de **politique étrangère**, les néoréalistes, notamment Kenneth Waltz (1979), soutiennent plutôt que la structure du **système international** tend elle-même vers un équilibre naturel et stable, surtout dans une situation de **bipolarité**.

Toutefois, définir exactement ce qu'est l'équilibre des puissances n'est pas chose facile et même ses partisans les plus ardents reconnaissent volontiers qu'il se prête à plusieurs interprétations. Ainsi, le père du réalisme américain, Hans J. Morgenthau (1962), propose quatre façons différentes de concevoir l'équilibre des puissances : comme une politique visant à répartir la **puissance** de manière plus ou moins égale ; comme une description d'un certain état de fait en relations internationales ; comme une description d'une politique visant à établir un certain état de fait en relations internationales ; comme toute répartition de la puissance dans les relations internationales.

Cette pluralité d'interprétations de l'équilibre des puissances a pour conséquence de le transformer en un concept passe-partout pouvant être employé dans de nombreuses circonstances. C'est d'ailleurs une des critiques principales apportée au concept ; son ambiguïté a pour effet que les auteurs qui s'en servent tendent à le faire concorder avec leur propre vision des relations internationales.

Ernst B. Haas (1953) abonde en ce sens et décrit huit interprétations possibles de ce que peut signifier le terme *équilibre* :

1. « Répartition de la puissance » : la puissance étant distribuée à travers les différents **acteurs** du système international d'une façon plus ou moins égale ;

2. « équilibre » : l'équilibre parfait entre deux ou plusieurs puissances sur le plan des capacités ;
3. « **hégémonie** » : tous les acteurs présents dans la balance sont à la recherche de puissance et font constamment déplacer la balance d'un côté ou de l'autre. Advenant le cas où l'équilibre serait atteint, il serait immédiatement détruit par un acteur capable d'acquérir plus de puissance ;
4. « stabilité » et « paix » : ce qui correspond à un monde idyllique où la répartition de la puissance serait tellement parfaite au sein du système international que le jeu d'alliance et de réciprocité entre les États créerait un état de stabilité suffisant pour maintenir une paix relative ;
5. « instabilité » et « guerre » : dans la mesure où l'équilibre parfait entre les puissances serait en fait le prélude quasi automatique à une guerre ;
6. « politique de puissance (*power politics*) » : conception de l'équilibre des puissances qui correspond à une vision où *realpolitik* et équilibre des puissances sont fusionnés et où la survie de l'État justifie l'utilisation de tous les moyens qui sont à sa disposition, et ce, sans restriction morale, pour faire pencher la balance de son côté ;
7. « loi universelle de l'histoire » : tout le long de l'histoire des relations internationales, les États auraient toujours cherché à contrer les menaces provenant des autres États en développant leur propre puissance ;
8. « système » ou « guide » pour les décideurs : l'équilibre des puissances serait en fait un modèle qui rend plus efficace la conceptualisation des jeux de puissance dans les relations internationales et permettrait aux décideurs de mieux prendre leurs décisions au sujet de l'utilisation de la puissance de leur État.

Trop souvent, le concept d'équilibre des puissances tend aussi à confondre le normatif et le descriptif. On voit ici une des lignes de partage entre réalistes et néoréalistes, d'un côté, et **libéraux** et **néolibéraux**, de l'autre. Pour les premiers, qu'il s'agisse d'un objectif à poursuivre ou d'un état de fait, l'équilibre des puissances est perçu comme une véritable institution, qui assure la paix et l'ordre régional ou global, et est donc valorisé implicitement pour cette raison. Les seconds voient dans la poursuite de l'équilibre des puissances ou les tentatives de le maintenir une source fondamentale d'instabilité dans les relations internationales et ultimement de guerre, ce qui doit inciter à la recherche de **stratégies** de rechange, telles que la **sécurité collective** ou la **coopération** à travers les **institutions internationales**.

À la confusion qui entoure le sens du terme d'équilibre s'ajoute le fait qu'il existe également beaucoup de débats autour de la définition de la notion même de puissance, sans parler des difficultés qui surviennent inévitablement lorsqu'on tente de l'évaluer de façon convaincante. Doit-on tenir compte de la seule puissance militaire ? Quelle est la relation entre puissance militaire et puissance économique ? Quelle est l'importance réelle du **soft power** dans l'évaluation de la puissance d'un État ? Très conscient de ces problèmes, Raymond Aron propose tout simplement de remplacer le concept de l'équilibre des puissances par celui de l'*équilibre des forces*, parce que, à son avis, « les forces sont plus mesurables que la puissance ». Il ajoute que « si les forces sont équilibrées, les puissances le sont aussi approximativement » (Aron, 1984 : 133).

Malgré toutes ces polémiques concernant l'utilité ou la valeur intrinsèque d'un concept aussi discuté que discutable, l'équilibre des puissances continue à se maintenir au cœur des débats sur la théorie des Relations internationales.

Benoît Gagnon

ÉQUILIBRE ENTRE L'OFFENSIVE ET LA DÉFENSE

Offense-Defense Balance

L'idée de l'équilibre entre l'offensive et la défense fut lancée par deux auteurs **réalistes**, George Quester (1977) et Robert Jervis (1978), au cours de la Guerre froide. Selon Jervis (187), l'auteur le plus cité dans ce contexte :

> quand les armes défensives diffèrent des armes offensives, un État peut avoir plus de sécurité sans que les autres se sentent moins en sécurité. Et quand la défense a l'avantage sur l'offensive, une grande augmentation de la sécurité d'un État ne diminue que légèrement celle des autres, et les puissances favorables au *statu quo* peuvent toutes jouir d'un haut niveau de sécurité et s'échapper dans une grande mesure de l'état de nature.

D'après Sean Lynn-Jones (2004 : xii), les différentes théories qui s'inspirent de cette thèse, connue aussi sous le nom de la théorie de l'offensive et de la défense, offrent une contribution important au **néoréalisme**. Elles lui permettraient d'expliquer beaucoup plus le comportement des États que les changements dans la répartition des capacités. Stephen Van Evera (1998) abonde dans le même sens – confirmant ainsi l'intégration de la perception dans la théorie néoréaliste – et prétend que les

> changements dans l'équilibre entre l'offensive et la défense – vrais ou perçus – ont un grand effet sur le risque de guerre. L'équilibre réel entre l'offensive et la défense a des effets marqués ; les effets *perçus* de l'équilibre entre l'offensive et la défense sont encore plus grands (6. Nos italiques).

Glaser et Kaufmann (1998) prétendent même qu'il est possible de le mesurer et de proposer des moyens pour le faire.

La thèse de l'équilibre entre l'offensive et la défense constitue le pilier du **réalisme défensif**. Il n'est donc pas étonnant qu'elle soit totalement rejetée par les **réalistes offensifs**. Pour le néoréaliste John Mearsheimer (2001 : 417, n. 28), l'équilibre entre l'offensive et la défense est un « concept amorphe que les chercheurs et les décideurs trouvent particulièrement difficile à mesurer et à définir » et qu'il existe « peu de preuves que la défense a toujours un avantage écrasant par rapport à l'offensive ». De son côté, le **réaliste néoclassique** Randall Schweller (2003 : 345) traite l'équilibre entre l'offensive et la défense de « concept théorique discutable au sujet duquel il n'y a aucun consensus à propos de sa définition, de sa conceptualisation, de son opérationnalisation ou de la façon de le mesurer et qui a échoué la plupart des épreuves empiriques ».

Alex Macleod

ÉTAT

State

> La mondialisation dépossède pour une bonne part l'État de son pouvoir d'objectivation de la réalité sociale mondiale. Il n'est plus ce réducteur d'incertitudes qu'il était autrefois (Laïdi, 1994 : 23).

Selon la définition classique de Max Weber, l'État est une institution détenant le monopole légitime de l'usage de la force. On désigne ainsi généralement l'État comme étant une structure institutionnelle assurant la perpétuation d'un ensemble social et qui possède pour ce faire des moyens exceptionnels, notamment en ce qui concerne l'usage de la force. Pendant longtemps, on a considéré l'État comme l'**acteur** principal en **Relations internationales**, étant donné sa capacité de recourir à la force pour imposer en dernière instance sa volonté. Étant à la base des rapports internationaux, les caractéristiques de l'État sont souvent perçues comme la clé d'une compréhension des Relations internationales. Dans une certaine mesure, les grands débats dans la discipline gravitent donc autour du problème du rôle de l'État, de la rationalité qui l'anime et des **intérêts** qu'il poursuit.

La tradition **réaliste** perçoit l'objectif principal de l'État comme étant la survie de la collectivité qu'il représente. La menace d'une invasion ou de l'usage de la force par un autre État contraint tout État à privilégier la question de la **puissance** et de la **sécurité**. La quête de sécurité subordonne ainsi toutes considérations sociales à son impératif. Elle implique, selon les réalistes, que l'État suive une rationalité purement instrumentale afin d'assurer sa défense : étant donné les risques pour sa survie, il doit prendre des décisions sur un mode froidement calculateur libre de toute considération sociale. Seule la maximisation de la puissance constitue un objectif viable.

La réflexion sur l'État, à l'intérieur du réalisme (avec le passage du réalisme classique au **néoréalisme**), a progressivement vidé l'État de toutes caractéristiques substantives dans son effort de rendre son objet d'étude « scientifique ». En effet, le glissement vers la rationalité instrumentale permet de désocialiser l'État et d'affirmer que son comportement dans l'arène internationale n'est aucunement lié à la façon dont l'État est construit socialement, c'est-à-dire par des rapports sociaux et des formes institutionnelles ou culturelles. Ce qui se passe à l'intérieur de l'État n'est donc plus une composante essentielle de l'analyse des relations interétatiques. Dans une approche systémique des Relations internationales, il devient alors possible de dégager une définition des déterminants de la politique internationale qui soit universelle (Waltz, 1979).

De façon générale, les nombreuses critiques adressées au réalisme peuvent être interprétées comme visant à resocialiser l'État. La première vague de critiques conteste principalement la notion de rationalité instrumentale. Dans les années 1960, plusieurs modèles sont ainsi proposés pour repenser les modes décisionnels de l'État et montrer comment la rationalité de l'État est formée par ses structures bureaucratiques et organisationnelles. Graham Allison, notamment, insiste sur les effets de distorsion que produisent, d'une part, la compétition entre différents organismes dans l'État avec leur mode de fonctionnement propre, et, d'autre part, les rivalités entre bureaucrates animés par des intérêts personnels et des visions divergentes (Allison, 1971 ; Halperin 1974).

Dans un registre différent, l'approche **constructiviste** en Relations internationales, qui émerge à la fin des années 1980, examine l'importance des rapports **intersubjectifs** dans la constitution des dynamiques étatiques. Contre l'idée d'une rationalité désincarnée, elle problématise le sens que les États attribuent aux comportements d'autres acteurs. Ainsi l'accent est mis sur la construction de structures intersubjectives à partir desquelles sont interprétées les actions d'autres États. Ces structures forment des anticipations concernant le comportement de chaque État en fonction desquelles leurs actions prennent un sens pour les autres. Les constructivistes rejettent donc l'idée que les décisions étatiques sont fondées sur de purs rapports de force. Les moyens mis à la disposition d'un État ne signifient rien pour d'autres États en dehors des attentes de ces derniers quant à l'usage qu'il sera fait de cette force (Wendt, 1992a).

Plusieurs mouvements critiques, apparaissant aussi dans les années 1980, effectuent une remise en cause plus fondamentale de la conception réaliste de l'État. Déjà, on avait cherché à relativiser la place de l'État en Relations internationales en soulignant l'importance d'acteurs non étatiques. Mais la critique se radicalise alors que de nombreuses approches contestent de façon plus insistante la prémisse réaliste selon laquelle l'État agit au nom de la collectivité dont il est issu. À un premier niveau, on souligne que l'État représente en fait des intérêts qui sont spécifiques plutôt que communs à l'ensemble d'une collectivité. Les approches **néogramsciennes** soulignent le caractère de classe qui sous-tend les politiques de l'État (Cox, 1987) et s'intéressent au rôle de l'**hégémonie** qui permet justement de travestir des intérêts particuliers sous la forme d'intérêts communs. Pour les gramsciens, l'État ne peut pas être étudié en faisant abstraction de la complexité de sa **société civile** et des diverses institutions qui le constituent. Les approches **féministes** dénoncent la conception du monde, qualifiée de masculine, qui se profile derrière sa *raison d'État*. On considère que celle-ci privilégie le détachement et le caractère instrumental et glorifie les rapports de force et la domination (Peterson, 1992).

Les approches **postmodernes** poussent la critique dans une autre direction en posant l'État comme un construit discursif qui vise à renforcer des structures de pouvoir existantes. L'État apparaît ici comme une entité discursive qui sert à mobiliser les gens au nom d'idéaux qui les aliènent. Selon les postmodernes, l'État dépend d'un discours propre à donner une cohérence à son action, c'est-à-dire à le constituer en tant que sujet (Campbell, 1992). Ainsi, les gens sont mobilisés et inscrits dans une logique abstraite et désincarnée qui laisse peu de place à leur individualité et les soumet aux impératifs de ce nouveau sujet, l'État, dont ils deviennent les agents. Comme chez les constructivistes, le sens qui est attribué au contexte dans lequel s'inscrit l'État contribue à structurer la rationalité étatique. Mais si les constructivistes s'intéressent au rapport intersubjectif et à la « construction » du rapport à l'autre (le rapport interétatique), les postmodernes perçoivent cette rationalité comme une forme de discipline qui agit *à l'intérieur* de l'État. La raison d'État vise donc à renforcer les bases d'un contrôle qu'exercent les institutions de l'État sur une population, contrôle qui a pour but de nier une diversité qui dérange. Le discours, portant sur les ennemis à l'extérieur qui menacent la **nation**, devient un instrument justifiant des politiques de répression à l'intérieur contre les individus qui ne se conforment pas à des comportements jugés acceptables. Ceux-ci peuvent alors être accusés de collaborer avec ces États « menaçants » et être sanctionnés au nom de la sécurité nationale. Ainsi, selon les postmodernes, la force du discours qui fonde l'État vient de sa capacité à dramatiser l'altérité, soit ce qui apparaît comme différent de la normalité instituée par le discours même de la sécurité.

Enfin plusieurs approches historiques, notamment en **sociologie historique** et comparative, ont inversé le lien généralement établi entre État et sécurité. Selon elles, la **guerre** fut au cœur du processus de construction de l'État moderne. Ainsi Charles Tilly soutient que la guerre fut exploitée par les officiels de l'État comme un moyen de coercition et de cooptation d'autorités politiques rivales (les communes, les seigneurs, etc.). La mobilisation militaire permettait, en effet, d'exiger des concessions, des paiements et de justifier des sanctions contre ces pouvoirs rivaux au profit de l'État (Tilly, 1985). Michael Mann, de même, affirme que la compétition politique, telle qu'elle se forme vers la fin de la Renaissance, pose des impératifs en termes militaires et financiers qui vont renforcer de fortes tendances vers la convergence institutionnelle sous la forme de l'État moderne (Mann, 1986). Ainsi, selon les tenants de cette école, l'homogénéité des structures étatiques que les réalistes observent n'est qu'un produit historique et ne peut être généralisée sous la forme d'un modèle ahistorique des Relations internationales.

Ces différentes approches critiques ont posé les bases d'une réflexion qui aborde les préférences et la rationalité des États comme évoluant dans le temps. Mais cette proposition théorique a été reçue froidement par les courants plus traditionnels, chez Waltz et Mearsheimer notamment, qui ne voient pas en quoi ces approches contribuent au développement d'un programme de recherche scientifique en **théorie** des Relations internationales. Le grand problème auquel est confrontée la discipline des Relations internationales, à la suite de ces critiques, est de maintenir la cohérence de son objet d'étude. En effet, comment parler des Relations internationales, si l'État, qui fut autrefois le support théorique de la discipline permettant de se concentrer sur les rapports *entre* États, devient lui-même un objet d'étude ?

Samuel Knafo

ÉTAT D'EXCEPTION

State of exception

> La tradition des opprimées nous enseigne que l'« État d'exception » dans lequel nous vivons est la règle. Nous devons parvenir à une conception de l'histoire qui rende compte de cette situation. [...] S'effarer que les événements que nous vivons soient « encore » possibles au XXe siècle, c'est marquer un événement qui n'a rien de philosophique. Un tel étonnement ne mène à aucune connaissance, si ce n'est que la conception de l'histoire d'où il découle n'est pas tenable (Walter Benjamin, 2000).

La notion d'État d'exception est indissociable de l'ensemble des thèses sur l'**exceptionnalisme** identifiée traditionnellement à la critique de la démocratie parlementaire libérale par le constitutionnaliste nazi Carl Schmitt, de la récupération de ses thèses par la droite allemande depuis les années 1970 ; par les **néoconservateurs** (Leo Strauss) ; puis, par une nouvelle gauche parfois associée à la mouvance postmarxiste (Chantal Mouffe et Giorgio Agamben).

Le travail sur la théorie de l'État d'exception traverse l'œuvre de Carl Schmitt des années 1920 jusqu'à la publication de *Nomos de la terre* (1950), en passant par sa justification de la nuit des longs couteaux en Allemagne nazie et par son appui à la guerre menée par les troupes de Franco contre l'ennemi communiste intérieur. À part le *Nomos de la terre*, *La théorie de la constitution* (1928) et l'ouvrage *Théologie politique* (1922) constituent d'autres moments clés du développement de la théorie de l'État d'exception chez Schmitt.

Carl Schmitt présente une critique incisive des fondements conceptuels et légaux de la démocratie parlementaire libérale. Contre Hans Kelsen et la tradition néo-kantienne du positivisme juridique, l'œuvre de Schmitt consistera à remettre en question le fait que la loi constitutionnelle fondamentale de l'État de droit puisse être réduite à la personnalisation de la souveraineté dans le système de la démocratie parlementaire. Pour Schmitt, la tradition légale du positivisme juridique procède à une abstraction problématique lorsqu'elle oppose autant sur le plan conceptuel qu'empirique les concepts d'identité et de représentation.

Schmitt oppose à une telle rupture opaque entre ces deux pôles, l'identification d'un long continuum de cas concrets. Sur ce dernier, il n'y a pas de moments où la démocratie parlementaire serait en rupture avec le moment politique par excellence où le pouvoir exécutif déclare souverainement de ce qui a « force de loi » et de ce qui tombe dans le domaine de l'exception. Le pouvoir exécutif demeure donc essentiellement le pouvoir constituant la **souveraineté** dans les démocraties libérales.

Par conséquent, l'État d'exception chez Schmitt n'est pas conçu comme un cas opposé à la logique même de l'ordre légal institué au sein des démocraties parlementaires. Il ne doit pas être pensé comme un cas d'« anarchie », où tout ordre serait suspendu, mais bien comme un cas limite de la démocratie libérale. Un cas où le pouvoir souverain s'exerce crûment à travers la branche exécutive du pouvoir et où un ordonnancement de l'ordre social s'effectue en l'absence de l'ordre légal normal. D'où la thèse classique de Schmitt selon laquelle : « Est souverain celui qui décide de la situation exceptionnelle. Cette définition peut satisfaire la notion de souveraineté en tant que notion limite » (1988).

La réflexion de Schmitt donna rapidement lieu à un ensemble de réactions, notamment de Walter Benjamin, dont les textes *Critique de la violence* et surtout *Thèses sur le concept d'histoire* sont interprétés, à raison, comme des moments importants d'un dialogue avec Schmitt. Toutefois, la deuxième grande figure importante et plus contemporaine dans les travaux sur l'État d'exception est le philosophe Giorgio Agamben.

Agamben se propose de fournir une théorie de l'État d'exception qui, pour réussir là où les autres ont échoué, aurait le mandat de se situer au carrefour du droit, de la politique et de la philosophie (2003 : 9-10). Il tente de saisir la portée heuristique moderne du concept d'État d'exception dans son articulation dialectique entre droit public et fait politique et entre ordre juridique et vie (10). Pour ce faire, il propose une interprétation de l'histoire du droit, du droit romain jusqu'à l'édification du droit dans un État moderne libéral, pour exposer la spécificité de l'État moderne occidental après la Première Guerre mondiale. Bien qu'il trace une continuité de l'invocation de l'état de siège ou d'un état de nécessité intérieure depuis l'Empire romain et la France révolutionnaire, celle-ci ne s'est transformée en ce qu'il qualifie de « paradigme » ou « technique de gouvernement » en soi, que depuis les deux guerres mondiales. Cet impératif de **sécurité nationale** rend caduque la procédure régulière de l'ordre constitutionnel et induit une offensive envers les libertés individuelles. Cet « état d'exception permanent » s'est consolidé alors que s'est systématisé le recours aux décrets gouvernementaux par les États européens lors de la guerre de 1914-1918. Le résultat consiste en « une généralisation sans précédent du paradigme de sécurité comme technique normale de gouvernement » (29).

Selon cet auteur, l'État d'exception est plus qu'une simple mesure prise en situation d'urgence, dont le caractère exceptionnel par rapport aux cadres légaux dériverait de la nature tout aussi exceptionnelle de la menace, comme le conçoivent les théories de la nécessité (21-23, 43-53). Il consiste certes à édifier et à appliquer des normes hors du processus du droit. Toutefois, au sein de la société moderne, l'État d'exception permanent est indissociable de tensions qui lui sont constitutives.

Le concept d'anomie, au cœur de l'État d'exception, illustre la distanciation de cette notion par rapport à un simple accaparement par le pouvoir exécutif de ses homologues législatif et judiciaire. L'anomie concerne des zones de suspension d'un statut juridique par le souverain et s'étend aux individus qu'elle affecte. Toutefois, cette interruption du cours « légal » du droit constitue une action juridique en soi, en ce sens qu'elle a force de loi (sans en être en elle-même), puisque énoncée par celui qui dispose de ce pouvoir. De l'autre côté, la loi en elle-même perd cet attribut.

Toutefois, la structure de l'organisation politique de l'État d'exception n'est « ni à l'intérieur ni à l'extérieur » du droit (Agamben, 2003 : 43). En fait, la mise en suspens du droit n'est pas la suppression de l'ordre juridique ; cet ajournement se veut et se présente comme étroitement lié à cet ordre, tout en permettant le maintien de cette organisation. Il est à noter que Agamben différencie l'État d'exception de la dictature, puisqu'il n'a pas pour objectif de créer un nouvel ordre juridique. Selon cette interprétation, Hitler aurait ainsi instauré une « **guerre civile** légale », lui permettant de passer outre les libertés individuelles par le biais de la suspension des articles constitutionnels traitant de celles-ci, mais non leur substitution (11). Il s'agit précisément de l'aménagement d'une zone vide de droit.

En fait, Agamben se base sur la théorisation de Benjamin, selon laquelle il est devenu impossible de distinguer, au sein de la souveraineté moderne, violence et État d'exception du cours régulier du droit, celui-ci constituant une chimère (2003 : 99-101). Cette dimension du concept prend son sens face à l'importance qu'il accorde à l'*auctoritas* (autorité) par rapport à la *potentas* (pouvoir de droit) jusqu'au sein des sociétés modernes. L'*auctoritas* se réfère à celui qui autorise, entérine et légitime ce qui émane du pouvoir législatif ou judiciaire ; c'est à travers ce processus, ou son envers, l'exception, que la nature du souverain peut s'affirmer (144). La dimension biopolitique au sein de son analyse se révèle lorsqu'il soutient que le souverain étend alors son emprise sur la vie même de ses sujets. Par conséquent, c'est précisément ce pouvoir du souverain de suspendre le droit qui fonde l'État d'exception. Plus encore, cette essence duale des structures modernes du pouvoir implique l'État d'exception comme paradigme de **gou-**

vernance, puisque lui seul parvient à réconcilier cette double structure (101-102, 144-145).

La souveraineté est donc ce qui unit et révèle le lien « indécidable » entre violence et droit (1995 : 124-125). La rupture induite par l'État d'exception érigé en tant que règle, et son danger, sa transformation en « machine de mort », réside en ce que *auctoritas* et *potentas* sont fusionnés, alors que la fiction de leur dissociation doit perdurer (2003 : 145-146). En fait, l'État d'exception permanent survient lorsqu'on ne peut distinguer l'application de la loi de son envers (1997). C'est en ce sens qu'Agamben soutient que l'État de droit est un concept que l'on doit écarter, les notions d'État et de droit étant remises en cause (2003 : 146), alors que la démocratie et l'absolutisme sont en perpétuelle tension sous l'État d'exception, s'incarnant en son paroxysme sous le totalitarisme (11-12).

Plus récemment, les travaux de Schmitt et Agamben ont connu un certain regain d'intérêt, alors que plusieurs auteurs au sein du champ des relations internationales ont cherché à rendre compte d'un ensemble de phénomènes associés au mouvement néoconservateur et à la politique américaine depuis le 11 septembre 2001 (Agamben, 2003).

Les critiques de la politique de l'État d'exception américain recensent ainsi un ensemble de symptômes d'un déplacement de la balance des pouvoirs en faveur d'un pouvoir exceptionnel de l'exécutif depuis le 11 septembre 2001. Le *Patrioct Act* promulgué le 26 octobre 2001, avec ses clauses permettant notamment la détention illimitée de prisonniers, est évidemment perçu comme un symptôme de ce glissement rapide de la démocratie parlementaire à des zones où les libertés civiles sont suspendues pour y instaurer un autre ordre en continuité avec « l'ordre global libéral » (Butha, 2003).

Le concept de « guerre civile mondiale », héritage schmittien, constitue aussi un legs propre à stimuler la théorisation de l'État d'exception au sein de la discipline. Cependant, au sein du champ, l'analyse de l'opérationnalisation située de l'État d'exception, par opposition à la théorisation qu'offre Agamben de la dialectique moderne entre la normativité du droit et la violence gouvernementale en tant que moteur de l'État d'exception permanent (Agamben, 2003 : 144-146), a connu plus de succès.

De telles analyses s'intéressent également aux stratégies à travers lesquelles le pouvoir souverain constitue les amis et les ennemis de l'État. Cette analyse porte évidemment sur la guerre au **terrorisme**, mais elle est parfois également étendue à l'étude de la criminalisation des mouvements sociaux contestataires (Masse et Bayon, 2004) ou de l'immigration en Europe (Noll, 2003), et des « transferts spéciaux » (*extraordinary rendition*) (Brossat, 2008). Dans la mesure où les analyses de l'État d'exception sont greffées à la tradition foucauldienne, elles cherchent à situer l'origine de la pratique de l'État d'exception au sein d'une propension des techniques et dispositifs du pouvoir proprement moderne (Bigo, 2008 ; Agamben 1997).

Didier Bigo (2004), Michael Dillon (2002) et Elspeth Guild (2003) font une utilisation critique plus systématique du concept d'État d'exception développé par Agamben. Bigo retrace l'émergence d'un phénomène s'y apparentant en la réponse des autorités britanniques à la « menace » nord-irlandaise. Il identifie ce type de réaction comme une des premières à faire appel à des mesures dérogatoires à un référent constitutionnel tel l'*habeas corpus* et à l'État de droit, mobilisées à travers une « économie de la suspicion ». La logique policière s'y substitue à celle de la guerre en son sens clausewitzien. Cette surenchère sécuritaire sur le plan imaginaire conduit à évacuer les pratiques « légales » face à une menace insaisissable, puisque discursivement construite comme telle.

En se basant sur Agamben (1997), Dillon (2002) argue de manière similaire que l'ennemi est désormais indéfinissable, et réduit à la vie nue, à travers une confusion entre la politique et la guerre ainsi que la prédominance d'une dynamique de surveillance. L'édification de la société et de la logique militaire sous forme de réseaux, où l'information occupe une place cruciale, stimulerait la constitution permanente de l'État d'exception en facilitant les distinctions ami/ennemi et interne/externe.

Bigo et Dillon parviennent ainsi à promouvoir la lecture de la politique américaine post-Guerre froide, radicalisée lors de l'après-11 septembre, respectivement en tant que partie prenante de la « nord-irlandisation du monde » et de la convergence du pouvoir souverain et du biopouvoir à travers de nouvelles **stratégies** sécuritaires. Cependant, Bigo demeure optimiste, en contraste avec la conclusion d'Agamben quant à l'existence d'un « état d'exception permanent globalisé ». En effet, Bigo (2004 : 180) perçoit plutôt ce phénomène en tant que « processus diffracté de pratiques bureaucratiques routinisées et justifiées *a posteriori* en termes de nécessité de déroger, [...] dans un monde non impérial où l'unilatéralisme engendre les résistances ».

Tout en mettant aussi l'accent sur la contestation de cet État d'exception, Guild analyse de son côté les impacts sur la politique britannique de l'effervescence sécuritaire américaine dans la foulée des attentats du World Trade Center. Le gouvernement de Blair a en effet suspendu certains articles de la Convention européenne des Droits de l'Homme et de la Convention internationale sur les droits civils et politiques, qui proscrivaient la détention à durée indéterminée des étrangers. Guild contribue au remaniement du concept d'État d'exception, tel que mis de l'avant par Agamben, en y soulignant son silence jusqu'ici sur deux plans cruciaux pour cette étude de cas.

D'abord, l'auteur met en doute le « monolithisme de l'État » tel que le présuppose l'analyse d'Agamben. Il stipule que sa théorisation se heurte à une dynamique conflictuelle entre diverses institutions, plus précisément celle du pouvoir judiciaire, quant à la lecture de la latitude et des paramètres du pouvoir d'exception. Cette réhabilitation de l'acteur judiciaire conduit ensuite Guild à incorporer le facteur transnational, qui consolide son indépendance, à la théorie de l'État d'exception. Jusqu'ici, le pouvoir judiciaire supranational ne s'est opposé au souverain que par son immixtion dans l'« évaluation de la validité de l'exception », de sa rationalité face aux objectifs stipulés. Des normes supra-étatiques, intégrées au droit national mais sur lesquelles l'État par essence n'a pas de contrôle, peuvent néanmoins venir conforter l'autonomie du contrôle judiciaire et confronter, ou à tout le moins révéler et interroger, l'exception décrétée par le souverain ou même approuvée par ses juges. L'auteur soutient ainsi que la plus grande incursion juridique supranationale à son encontre s'est produite en défaveur des décrets britanniques en ce qui a trait aux droits du non-citoyen et à l'inégalité de traitements face à la détention. Agamben soulignait pourtant que cette dimension constituait le lieu de l'incarnation la plus pure du pouvoir souverain. Face à l'imbroglio judiciaire qui s'ensuivit en Grande-Bretagne, Guild illustre en outre que l'autorité et la légitimité du souverain sont mises en jeu par son abrogation de la loi.

L'import de la notion d'État d'exception au sein du champ des Relations internationales a donc surtout été effectué afin de critiquer un état de fait. Bien que très peu des auteurs de la discipline se réfèrent à Benjamin, il est important de remarquer que celui-ci s'opposait déjà à Schmitt au sujet de la définition de l'État d'exception. Par conséquent, le rapatriement de ce concept par la gauche, initialement développé par un intellectuel ouvertement de droite, n'est peut-être pas si inusité qu'il ne le paraît à prime abord.

L'emploi de la notion d'État d'exception a le mérite de s'intéresser aux liens constitutifs entre politique et droit, problématique que le champ des Relations internationales ne peut éluder. Par ailleurs, le concept possède une signifiance particulière pour la discipline, puisqu'il souligne que les pratiques gouvernementales ne peuvent être comprises hors de la dimension internationale.

F. G. Dufour et Nancy Turgeon

ÉTAT DÉLIQUESCENT

Failed State

Depuis la fin de la **Guerre froide**, tant les universitaires que les praticiens se sont intéressés au phénomène de l'affaiblissement ou de la déliquescence de l'**État**. En tant que phénomène qui soulève des questions liées à la sécurité de l'État et mais aussi de nouvelles questions de **sécurité humaine** ou de l'individu, les États déliquescents s'imposent comme sujet d'étude. La médiatisation de cas comme l'ex-Yougoslavie, la Somalie, le Mozambique et le Liberia n'a pas manqué d'aider à populariser ce sujet.

À la base, le concept de déliquescence de l'État fait avant tout référence aux caractéristiques internes d'une entité étatique. Se retrouvant principalement dans les régions en développement, l'État déliquescent se définit généralement comme n'ayant plus la capacité ou la volonté de remplir ses fonctions et d'assurer le contrôle de son territoire. Dans la loi, il peut donc se définir comme un État qui, bien que maintenant ses droits et prérogatives légaux, n'a plus la capacité fonctionnelle ou dont le gouvernement n'a plus la volonté de les exercer.

Les raisons menant à cette faiblesse sont multiples, et bien qu'aucune trajectoire particulière n'y mène, plusieurs facteurs tels un manque de légitimité, une personnalisation du pouvoir, un fossé entre la **société civile** et l'appareil étatique, un manque de ressources, une mauvaise gestion institutionnelle ainsi qu'une déstabilisation militaire ou autres provenant de l'intérieur ou de l'extérieur, peuvent être responsables de l'affaiblissement d'un État.

L'État déliquescent est aux prises avec une crise au niveau des capacités et fonctions traditionnellement associées au modèle étatique développé en Occident et ne peut donc voir à son développement, à ses fonctions institutionnelles, dont celle de représenter sa population, et ne peut gérer les conflits et pourvoir à la sécurité de ses citoyens (Cliffe et Luckham, 1999 : 35). La déliquescence s'accompagne alors, dans bien des cas, d'une remise en question de l'appareil étatique et même de révolte d'une part de sa population. Ce ressentiment se veut une réaction à la difficulté de l'État de répondre aux besoins de ses citoyens ou encore à une situation extrême de faiblesse menant à la marginalisation de certaines populations.

Au fil des ans, plusieurs qualificatifs ont été employés pour décrire l'État déliquescent, mais aucune typologie ne fait encore l'unanimité. La déliquescence est alors souvent décrite comme un processus allant de l'affaiblissement des institutions et de la capacité de maintenir la loi et l'ordre à l'interne à l'incapacité totale d'un État. Lorsque le processus de déliquescence est poussé à l'extrême, l'État implose et cesse à toutes fins utiles d'exister (*collapsed state* ou État effondré), situation que Zartman (1995 : 1) décrit comme celle où « la structure, l'autorité (ou pouvoir légitime), la loi et l'ordre politique se sont désagrégés ». Mais tout État déliquescent n'est pas pour autant un État effondré. Une crise au niveau des institutions ainsi qu'au niveau des capacités n'est pas en soi synonyme d'effondrement total.

Malgré les différentes formes que peut prendre l'État déliquescent, il n'en demeure pas moins que sa définition et son analyse sont souvent le fruit d'une comparaison avec un idéal-type de l'État occidental moderne. Communément, on réfère à la conception de Max Weber : soit une entité territoriale se composant de bureaucraties rationnelles et modernes et qui possède le monopole de la violence légitime, ou de l'emploi de la force, pour maintenir l'ordre. Cet État wébérien s'est développé lentement en Europe, particulièrement en raison des besoins nés des **guerres** incessantes que se livraient les souverains européens. Les coûts engendrés par ces guerres firent naître le besoin de créer des systèmes de taxation et des bureaucraties. Les États s'érigèrent alors comme seules entités capables de développer un appareil coercitif de taille et les systèmes pour l'entretenir (Browning, 1992 ; Tilly, 1992).

L'État est aussi source d'un contrat social avec sa population. Capable de faire régner l'ordre par l'entremise de son monopole de la force, il se fait protecteur des individus, de la propriété privée et des marchés et reçoit pour ses services le droit légitime de représenter ses citoyens. En retour, ces derniers lui offrent leur loyauté. Par la suite se développera un contrat plus marqué entre l'État occidental et ses citoyens, l'État-providence se verra octroyer des fonctions de développement et se fera pourvoyeur de services tels l'éducation et la santé. En plus d'être une entité administrative rationnelle et légale, l'État moderne se voit donc attribuer les fonctions d'ordre, de **sécurité**, de gestion institutionnelle et de développement. Selon certains analystes, un État ne répondant pas à ces critères est donc jugé incomplet, voire déliquescent.

Les cas d'États déliquescents sont devenus un phénomène récurrent sur la scène internationale depuis quelques décennies. Certaines raisons historiques se cachent derrière cette vague de déliquescence. La course à la colonisation des empires européens et le processus de décolonisation qui en découla ont eu un impact majeur : celui de propager le modèle d'organisation étatique occidental. Toutefois, malgré les assises institutionnelles qu'elle leur légua, la colonisation joua contre les États qui allaient en émerger. De prime abord, lorsque les projets de colonisation furent développés, bien peu comprenaient l'idée de création d'États modernes. Plusieurs pays colonisateurs cherchaient principalement à exploiter les ressources des zones colonisées, et le développement institutionnel dans ces zones était pensé en fonction de cette exploitation. Il s'agissait avant tout de faire régner l'ordre dans les colonies, et d'y créer les infrastructures facilitant l'exploitation des ressources naturelles.

Un deuxième legs important est d'avoir arbitrairement découpé ces entités territoriales. À l'exception de certaines îles, le découpage du territoire a été opéré par des cartographes européens rarement préoccupés de faire correspondre territoires et nations ou groupes ethno-linguistiques. Au moment de la décolonisation, la majorité des États colonisés décidèrent néanmoins de conserver ces frontières artificielles.

Un défi de taille attendait toutefois les dirigeants de ces nouveaux pays : ils furent confrontés à des États jamais franchement développés pour une gouvernance démocratique et surtout à des États aux prises avec des problèmes liés à leur multiethnisme. Il fallait asseoir son pouvoir, malgré un manque de légitimité. Plusieurs répondirent à ces problèmes de façon autoritaire. Holsti (1996) qualifie cette situation de dilemme de la force étatique (*state strength dilemma*) : incapable de représenter sa population et donc manquant de légitimité, l'État compense par la force. Cette situation ne fait généralement qu'aggraver la crise de légitimité et exacerbe les tensions au sein de l'État. S'ajoutant à ces problèmes internes, bon nombre d'anciennes colonies vécurent une grave crise économique durant les années 1970, au moment de l'effondrement des prix des matières premières. Puisqu'elles avaient axé leur économie sur l'exportation de leurs ressources naturelles, elles durent alors s'endetter. Cette crise et l'endettement qui en découla continuent encore d'affecter l'économie de bien des pays.

Le legs de la colonisation et les problèmes des dernières décennies n'ont pas favorisé les nouveaux États. Un développement institutionnel incomplet, des sociétés divisées par le multiethnisme ainsi que la dépendance de leur économie face aux marchés internationaux, ont mené non pas à une consolidation de l'État mais bien souvent à sa déliquescence.

Plusieurs de ces États faibles n'ont pas la capacité de se maintenir, mais continuent néanmoins d'exister malgré l'instabilité qu'ils engendrent pour les régions avoisinantes. Bien que ces États constituent un problème pour la sécurité de la communauté internationale, celle-ci est toutefois en partie responsable du fait qu'ils perdurent. En effet, les normes de la société internationale ont été conçues pour voir à la protection et au maintien de l'État. Les bases normatives de la société internationale ont donné naissance à un nouveau régime de souveraineté au sein duquel un État déliquescent peut échapper à toute forme de compétition internationale, c'est ce que Jackson (1990) appelle la « **souveraineté** négative ». Les États faibles, lorsqu'ils sont reconnus par la société internationale, sont traités en égaux dans les forums internationaux malgré leur faiblesse interne manifeste. Juridiquement, ce sont des États souverains, sans que cela se traduise par une souveraineté empirique. Jackson qualifie ces États de « quasi-États », des États reconnus comme souverains par la société internationale, mais à qui il manque certains attributs pour jouir d'une souveraineté réelle.

L'existence de ces États est liée à un changement normatif au sein de la communauté internationale et particulièrement de l'application du principe d'autodétermination à l'ensemble des colonies ayant demandé l'indépendance. La communauté internationale, sans se préoccuper de leur viabilité, leur a octroyé le droit de se représenter ainsi que les droits de non-ingérence et d'indépendance. De fait, les critères pour reconnaître un État juridiquement sont souvent l'existence d'une population permanente, d'un territoire défini et la capacité d'entretenir des relations avec l'étranger ; la capacité effective de contrôler et d'administrer le territoire n'en fait toutefois pas partie (Herbst, 1996 : 122).

Ces États s'avèrent donc égaux au sens du droit international et possèdent le droit d'exister, tout en restant, dans les faits, incapables de fonctionner adéquatement. Cette situation a mené dans les dernières décennies à des cas plutôt paradoxaux d'États effondrés, comme celui de la Somalie, ayant à toutes fins utiles cessé d'exister, mais qui continuaient de jouir d'une représentation sur la scène internationale et même de siéger au sein d'**organisations internationales**.

Ce régime de souveraineté négative est la source de biens des problèmes, particulièrement lorsqu'il s'agit de s'attaquer aux crises découlant de la déliquescence d'un État. Bien que beaucoup d'États déliquescents soient aux prises avec des crises humanitaires complexes, le régime juridique international limite les possibilités d'**intervention** puisqu'il est conçu pour veiller à la souveraineté d'un État et à son maintien. De la reconnaissance juridique internationale d'un État découle le droit de non-ingérence. Or comment réconcilier le droit de non-ingérence avec les crises humanitaires et les abus des droits de la personne au sein d'un État déliquescent ? Comment répondre aux crises humanitaires, alors que la **société internationale** soutient le principe qu'un État est seul habilité à se charger de la gestion au niveau interne ?

Un principe a été établi afin de contourner ce dilemme. Une intervention internationale au sein d'un État peut être opérée si son gouvernement y consent. Ce principe peut-il toutefois être appliqué à un État déliquescent, alors que le gouvernement ne contrôle plus formellement l'ensemble de l'État ? Comment obtenir un consentement dans le cas de régimes autoritaires ne souhaitant pas remplir leurs fonctions auprès de leur population ? Ou, à l'extrême, comment obtenir l'assentiment d'un gouvernement dans une situation ou l'État s'est effondré et que le gouvernement a cessé d'exister ?

Même lorsque la communauté internationale intervient lors de crises humanitaires dans ces États, son approche envers les efforts de reconstruction post-conflit favorise généralement la reconstruction de l'État sur les mêmes bases territoriales. Le maintien de l'État en fonction de son territoire *ante bellum* est même souvent jugé essentiel (Ottaway, 2002 : 1001). La communauté internationale espère ramener l'ordre en rétablissant l'État effondré, tel qu'il est reconnu sur la scène internationale, et en y implantant des institutions démocratiques. Le but premier de ces efforts est donc le maintien de l'entité étatique telle qu'elle est reconnue sur la scène internationale. Dans les faits, cela met-il réellement fin aux problèmes de cet État et de sa population ?

Quoique la communauté internationale cherche la stabilisation et la consolidation de l'État lors de crises découlant de l'affaiblissement étatique, la multiplication de ces crises a ouvert la porte à une réévaluation des moyens pour les résoudre. Plusieurs prônent une approche plus dynamique devant servir à reconstruire l'État plus qu'à le stabiliser. Une telle approche implique donc un investissement non pas ponctuel, mais à long terme au sein d'un État déliquescent afin d'assurer la (re)mise en place d'assises étatiques et démocratiques. Il s'agit donc d'un investissement très lourd en termes de temps et de ressources investies de la part de la communauté internationale. Cette approche a d'ailleurs ramené à l'ordre du jour de l'Organisation des Nations unies la question de *trusteeship* des États affaiblis, ou mise en tutelle : un processus datant de l'ère de la décolonisation et devant permettre à un État de bien s'établir avant de pouvoir faire ses preuves sans aide de la communauté internationale.

Marie-Eve Desrosiers

ÉTAT RÉVISIONNISTE — Revisionist State

Concept qui désigne un État qui n'est pas satisfait de l'**ordre international** existant et qui cherche à le transformer en sa faveur. Connu aussi sous le nom d'État révolutionnaire (*Revolutionary State*), il s'agit d'une notion très importante dans le **réalisme classique**, en particulier chez Henry Kissinger (1957), où on met l'accent sur la nécessité d'établir un **équilibre des puissances** pour maintenir la paix et la **sécurité** internationales.

ÉTAT RÉVOLUTIONNAIRE — Revolutionary State

Voir **État révisionniste.**

ÉTUDES STRATÉGIQUES — Strategic Studies

Définie par Barry Buzan comme « ce champ d'étude qui se concentre sur l'utilisation, ou la menace de l'utilisation, de la violence ou des instruments de violence, par des unités politiques dans la poursuite de la défense de leurs intérêts contre d'autres unités politiques » (1981 : 155), les études stratégiques telles que nous les connaissons aujourd'hui sont nées à la suite de la Deuxième Guerre mondiale. En fait, la réflexion contemporaine sur la **stratégie** commence bien avant, avec les écrits sur la **guerre** terrestre du général allemand Carl von Clausewitz (1780-1831), connu surtout pour sa célèbre définition de la guerre comme la « simple « réalisation des rapports politiques par d'autres moyens » ([1832] 2006 : 57). À celui-ci, il faudrait ajouter le nom de l'amiral américain Alfred Thayer Mahan (1840-1914), référence incontournable pour la stratégie maritime. Entre les deux guerres, plusieurs autres auteurs, notamment les Britanniques, le capitaine Basil Liddell-Hart (1895-1970) et le général J. F. C. Fuller (1878-1966), le général italien, Giulio Drouhet (1869-1930) et le général français, Charles de Gaulle (1890-1970), ont marqué la **pensée stratégique**. Comme ces noms l'indiquent, l'étude et l'enseignement de la stratégie étaient avant tout une affaire de militaires, tandis que la nouvelle discipline d'études stratégiques de l'après-guerre sera confiée avant tout à des civils.

Même si les questions de stratégie et de guerre ont commencé à faire l'objet de réflexion de la part d'auteurs civils au début des années 1940 aux États-Unis, en particulier avec la publication, en 1942, de l'ouvrage de Quincy Wright, *A Study of War* et, en 1943, de l'ouvrage collectif dirigé par Edward Mead Earle, *Makers of Modern Strategy : Military Thought from Machiavelli to Hitler*, on ne peut parler de l'existence d'une véritable discipline d'études stratégiques, avant la fin des années 1940. Celles-ci passeront par quatre phases distinctes, et qui reflètent leur grande sensibilité à l'évolution de la conjoncture internationale.

La première, qui s'étend des années 1940 jusqu'au milieu des années 1950, est celle où la **sécurité nationale** devient la conception principale de la **sécurité** aux États-Unis. La deuxième, de 1955 à 1965, a été consacrée avant tout à la stratégie nucléaire. La troisième, qui ne prendra fin que vers la fin des années 1970, constitue une période de déclin, pour ne pas dire de discrédit, des études stratégiques. Au cours de la quatrième, celle que Stephen Walt (1991) appelle la « renaissance des **études de sécurité** », la notion d'études de sécurité (internationale) commencera à remplacer celle d'études stratégiques.

Au cours de la première phase, on développe une conception particulière de la **sécurité**, celle de la sécurité nationale, qui se concentre exclusivement sur la défense de l'État, de ses institutions, de son territoire et de sa population contre toute menace provenant de l'extérieur. Il s'agit d'une période où le nucléaire n'est pas encore la préoccupation principale, pour ne pas dire l'obsession, de toute réflexion sur la sécurité.

Avec l'intensification de la Guerre froide et la fin du monopole américain dans le domaine des armes nucléaires, les études stratégiques entrent dans une seconde phase qui se tourne vers la réflexion sur la guerre nucléaire et s'éloigne de la conception plus « sécuritaire » de leurs fondateurs, pour se concentrer presque exclusivement sur des sujets touchant la guerre nucléaire, soit la **dissuasion**, le **contrôle des armements**, la course aux armements, les **alliances**, la technologie militaire et la politique de sécurité nationale dans son sens le plus étroit. C'est la période que certains spécialistes ont appelée l'« âge d'or » des études stratégiques (Gray, 1977 : 37 ; Walt, 1991 : 213-216 ; Baldwin, 1995 : 123 ; Freedman, 1998 : 49-51). Même si un grand nombre de chercheurs dans ce domaine étaient des universitaires, leurs recherches prenaient de plus en plus la forme de contrats de recherche gouvernementaux, ou celle de la réflexion sur des questions de politique publique, et se pratiquait non seulement dans les universités, mais aussi, et surtout, dans des *think tanks* (centres de réflexion), dont le plus célèbre était sans doute la RAND Corporation.

Tous les observateurs ont constaté un essoufflement des études stratégiques au milieu des années 1960. On cite trois raisons principales pour ce déclin. La première souligne leur nature très abstraite et théorique, et en particulier la prépondérance des analyses fondées sur la théorie des jeux. On accordait une attention énorme au « type de guerre le moins probable et une considération tardive au plus probable » (Betts, 1997 : 41) et négligeait une « large gamme de problèmes stratégiques touchant la façon dont les sphères politique et militaires interagissaient l'une avec l'autre, non uniquement en temps de guerre ou de crise, mais en temps plus normaux aussi » (Trachtenberg, 1989 : 333).

Cela voulait donc dire, en deuxième lieu, que les études stratégiques ne pouvaient rien apporter dans le cas de la guerre dans laquelle les États-Unis étaient en train de s'enliser, celle du Viêt-nam, où ils ont tout simplement réussi à « faire la mauvaise guerre de la mauvaise façon » (Gray, 1977 : 37). Par ailleurs, cette guerre a beaucoup discrédité les études stratégiques comme champ de recherche ou comme discipline dans les universités, profondément divisées sur le bien-fondé de cette politique. Enfin, c'était le début d'une période de détente dans la **Guerre froide**, qui rendait encore moins pertinente toute réflexion sur la question de la guerre nucléaire entre les deux superpuissances. Autrement dit, les études stratégiques étaient, pour une première fois, si on considère leur incapacité à prédire la fin de la Guerre froide, dépassées par les événements.

À partir des années 1970, les études stratégiques cèdent de plus en plus de terrain aux études de sécurité, qui, elles, deviennent un véritable sous-champ de recherche des **Relations internationales**. Cette évolution fut favorisée par trois développements parallèles mais distincts. Premièrement, deux événements conjoncturels ont ravivé l'intérêt pour les questions touchant la sécurité et la stratégie : la fin de la guerre au Viêt-nam en 1975, et le début de la « nouvelle Guerre froide » déclenchée par l'invasion soviétique de l'Afghanistan en 1979, et marquée par la victoire électorale de Margaret Thatcher au Royaume-Uni en 1979 et celle de Ronald Reagan aux États-Unis en 1980.

Deuxièmement, il y a eu une série d'événements dans le monde universitaire, notamment la transformation des études stratégiques en études de sécurité internationale, la fondation de centres d'études de sécurité dans les universités et la création de publications universitaires consacrées uniquement à cette discipline, et en particulier la revue *International Security*, qui ont toutes contribué à cette « renaissance » des études de sécurité aux États-Unis célébrée par Stephen Walt (1991).

Troisièmement, avec la publication de *Theory of International Politics* de Kenneth Waltz en 1979, on assistait à un renouveau de la théorie **réaliste** sous la forme du **néoréalisme**, et qui soulignait le fait que la sécurité constituait l'intérêt principal des États. En particulier, le néoréalisme a reformulé le concept fondamental du réalisme classique, celui d'**équilibre des puissances** comme condition nécessaire du maintien de la sécurité internationale, conçue essentiellement comme l'absence de guerre entre les grandes puissances.

Au cours des premières années de l'après-Guerre froide, la montée des études de sécurité, et en particulier la tendance vers l'élargissement et l'approfondissement du concept de sécurité, semblaient rendre les études de stratégie caduques. Cette position a été fortement contestée par les partisans des études de stratégie, qui prétendent, à l'instar de Betts (1997 : 8), que celles-ci sont nécessaires, parce qu'elles mettent l'accent sur « le problème clausewitzien : comment faire de la force un instrument rationnel au service d'une politique plutôt que de massacrer sans aucun sens – comment intégrer la politique et la guerre ? » Autrement dit, au moment où les études de sécurité s'élargissent et deviennent moins ciblées, les études stratégiques demeurent beaucoup plus concentrées sur un nombre d'objets assez circonscrits.

La guerre au **terrorisme** international, devenue l'objectif premier de la politique de sécurité américaine depuis le 11 septembre 2001, ne remettrait pas en cause cette sous-discipline **stato-centrée**. Ainsi, selon Freedman (2007 : 368), les situations extrêmes nées de ces attentats fourniront un ordre du jour où les spécialistes de la sécurité auront un rôle à jouer, dans la mesure où ces derniers tiendront compte des quatre points suivants : 1) ils ne resteront pertinents que s'ils se sont tenus au courant de la gamme des situations possibles qui pourraient tendre vers des extrêmes ; 2) au fur et à mesure que l'ordre du jour politique deviendra plus diffus, les études stratégiques pourraient devenir moins cohérentes ; 3) le besoin de prudence et d'humilité demeurera ; 4) il ne faut jamais oublier que la stratégie est un art et non pas une science.

Alex Macleod

EXCEPTIONNALISME — Exceptionalism

> [O]n n'enlèvera pas ce qui fait la grandeur du politique : la possibilité permanente de situations exceptionnelles où il faut décider, et la discrimination de l'ami et de l'ennemi, « distinction spécifique du politique » (Schlegel, 1988 : XIII).

Pour le théoricien politique allemand Carl Schmitt, le fondement du politique réside dans « la distinction de l'ami et de l'ennemi » et le politique trouve sa signification dans la décision personnelle du souverain. Identifié comme un conservateur radical de la République de Weimar (1921-1933), Schmitt s'est montré un féroce critique de la démocratie libérale (Muller, 1994 : 131-132 ; Herf, 1994 ; McCormick, 1997). Par ses ouvrages sur *La dictature* (1921), sur la *Théologie politique* (1922) et le *Concept du politique* (1927), Carl Schmitt s'est sans conteste affirmé comme le théoricien de la notion de « situation exceptionnelle »

(*Ausnahmezustand*), telle qu'elle s'inscrit dans un cadre politique (les termes « état d'exception » et « état de siège » sont également utilisés dans la littérature sur l'exceptionnalisme). Bien qu'il soit un défenseur de la légitimité démocratique, Schmitt a vertement critiqué le normativisme juridique du **libéralisme** démocratique en soutenant que l'**État** libéral se trouvait pris au dépourvu face à l'idée d'une possible « situation exceptionnelle », qui nécessite une décision politique obligatoirement subjective et polémique (Freund, 2004 : 446). Partisan de ce que l'on appelle le décisionnisme (Schwab, 1970 : 14), la prise de décision a pour Schmitt force de valeur (Herf, 1994 : 178-179), ce qui implique qu'« [e]st souverain celui qui décide de la situation exceptionnelle » (Schmitt, 1988 : 15). Il n'y a pas de consensus sur les intentions de Schmitt dans l'écriture de ses œuvres, à savoir s'il se livrait à une critique du libéralisme démocratique pour en souligner les faiblesses et les limites du temps de la République allemande de Weimar, ou s'il voulait contribuer à sa déchéance. L'exceptionnalisme est donc l'arme qu'il brandit pour s'en prendre au libéralisme politique et juridique. Il soutient que l'existence de situations exceptionnelles réfute la supposition libérale que des **normes** générales préétablies puissent guider la décision dans toutes les situations possibles (Gross, 2000 : 1826-1827).

Schmitt s'intéresse au problème théologico-politique associé à la légitimité politique. Ce faisant, il cherche à formuler une théorie de la **souveraineté** fondée sur le concept de « situation exceptionnelle » et à intégrer la violence exceptionnelle qui l'accompagne dans un ordre normatif. Plutôt que d'assurer l'existence d'une violence pure et anomique, c'est-à-dire une violence existant en dehors du droit comme le soutient Walter Benjamin, les travaux de Schmitt sur l'exceptionnalisme et la souveraineté réinscrivent la violence dans un pouvoir souverain qui suspend le droit. Si la décision se révèle comme étant le lien entre la souveraineté et la situation exceptionnelle et que la souveraineté constitue le lieu de la décision suprême, la situation exceptionnelle est alors, selon Schmitt, l'expression la plus pure du politique. Et c'est en temps de **guerre**, où la distinction entre ami et ennemi est essentielle, que la situation exceptionnelle est manifeste (Gross, 2000 : 1831). En parlant d'une forme de gouvernement inscrite dans un contexte qui frôle la dictature, la théorie de l'exceptionnalisme de Schmitt évoque un ordre politique légitime qui s'applique en dehors d'un cadre juridique, dans les confins d'un ordre normatif existant. En ce sens, c'est un lieu où le droit est suspendu mais qui « est toujours quelque chose de différent de l'**anarchie** et du chaos, et, au sens juridique, [où] il existe encore en lui un ordre, même si ce n'est pas un ordre juridique » (Schmitt cité dans Agamben, 2003 : 58).

L'état d'exception et d'urgence devient ainsi le contexte de la décision et du pouvoir souverain. Pour Schmitt, le souverain peut décider de l'exceptionnalité de la situation, ce qui garantit son ancrage dans l'ordre juridique, même si la décision du souverain signifie l'annulation de la norme. Le souverain est alors en dehors de l'ordre juridique normalement constitué tout en continuant de lui appartenir (parce que c'est en lui que réside le pouvoir de décider si la constitution est suspendue dans sa totalité) (Agamben, 2003 : 57-61). La situation exceptionnelle apparaît ainsi comme une zone d'anomie dans le corpus du droit, comme le lieu où une norme est rendue possible par la suspension de son application (par une exception) ; ultimement, c'est l'espace où la norme et sa réalisation sont le plus en opposition. C'est pourquoi la doctrine schmittienne de l'exceptionnalisme renvoie à une série de césures et d'oppositions dont les termes sont irréductibles et permettent, par leur articulation, à l'ordre normatif politique et juridique de fonctionner (Agamben, 2000 : 63-67). Le danger de l'exceptionnalisme est que l'état de guerre ne devienne permanent et que la situation exceptionnelle constitue la nouvelle normalité. Si l'exception devient la règle, la machine politique et juridique ne peut plus fonctionner et l'exceptionnalisme se doit d'être critiqué (Walter Benjamin dans Agamben, 2003 : 18).

La notion schmittienne d'exceptionnalisme a connu un regain de popularité depuis les attentats du 11 septembre 2001 survenus en sol américain. Plusieurs des travaux récents qui critiquent l'exceptionnalisme comme doctrine sont inscrits dans une logique **poststructuraliste**. Celle-ci questionne les bases philosophiques et le langage du **réalisme** politique dont sont imprégnés les dirigeants étatiques (et ceux qui les encouragent) dans leurs réponses pour contrer le **terrorisme** au détriment des libertés civiles (Der Derian, 2001 ; Norris, 2004). Bien qu'acceptée en principe par Schmitt, toute discussion sur les conditions sociostructurelles et les processus sociaux qui produisent la légitimité politique de l'État-nation est évacuée de ses travaux sur l'exceptionnalisme. Les concepts liés à l'État-nation et à la souveraineté ont été sécularisés dans la pensée schmittienne et transférés de la théologie à la théorie moderne de l'État : là où Dieu était le tout-puissant, le législateur omnipotent de l'État-nation l'a remplacé (Krulic, 1993). La souveraineté est ainsi vue par Schmitt comme une notion limite (1988 : 15). Le pouvoir souverain est considéré comme préexistant et c'est en lui que réside le pouvoir de déclarer la guerre et d'exprimer l'inimitié envers une autre collectivité. Le souverain possède seul la décision d'établir qui est un ami de la communauté politique et qui lui est ennemi (à l'intérieur comme à l'extérieur), ce qui justifie pour Schmitt que le pouvoir du souverain soit illimité.

Cette conception du politique tend à réduire le politique à l'état de guerre, définis tous deux par une situation exceptionnelle. Le pouvoir souverain nomme l'ennemi et identifie la menace ; il déclare par conséquent l'état d'urgence et l'exceptionnalité de la situation politique (Norris, 2004 : 262). Il faudrait toutefois que l'exceptionnalisme soit justement une « exception » et que des situations « normales » soient possibles (où les membres de la société n'ont pas à se rallier au pouvoir souverain), ce que la théorie de la souveraineté et de l'exceptionnalisme de Schmitt permettent difficilement (O'Sullivan, 1997 : 753). En effet, le pouvoir souverain de Schmitt tend à s'apparenter à un pouvoir dictatorial. Comme cela a été soulevé à plusieurs reprises dans des critiques, il y a là un glissement dans la pensée de Schmitt, qui avait bien pris la peine, dans *La dictature* (1921), de différencier la dictature de commissaire épousant un modèle romain (qui suspend une constitution existante pour la défendre) de la dictature souveraine (qui suspend une constitution et cherche à créer des conditions pour en imposer une nouvelle) (McCormick, 1997 : 121-156).

La doctrine de l'exceptionnalisme pose donc la question des mesures légitimes qui peuvent être prises pour assurer le pouvoir souverain dans un contexte exceptionnel. Il s'agit de discuter des mesures devant préserver ou restaurer un ordre normatif et politique qui est temporairement suspendu. Les craintes, justifiées, de l'exceptionnalisme schmittien concernent l'établissement d'une situation d'autorité souveraine exceptionnelle sans norme et sans exception (*a normless and exceptionless exception*) (Gross, 2000). Le « dictateur souverain » de Schmitt se voit alors conféré des pouvoirs d'urgence illimités, des pouvoirs qui contrôlent et deviennent la norme (Gross, 2000 : 1846). Ces appréhensions ont été récurrentes depuis la Deuxième Guerre mondiale, notamment avec l'apparition du concept de **sécurité nationale** et la crainte de voir l'érection d'un État-garnison aux États-Unis (Lasswell, 1941).

Actuellement, on parle de situation exceptionnelle, d'exceptionnalité et d'exceptionnalisme dans les **Relations internationales** en mettant en relief l'exceptionnalité de la violence des attentats du 11 septembre 2001 qui justifierait un schème de pensée et l'application de mesures tout autant exceptionnels. Cela en appelle directement à l'unilatéralisme, à la doctrine militaire de préemption et à la rhétorique ami-ennemi de l'administration américaine de George W. Bush (Specter, 2004 : 2). Ainsi que le souligne Jef Huysmans, l'exceptionnalité ne découle non pas du contexte exceptionnel des événements du 11 septembre mais bien de la politisation de ces événements comme étant une « condition exceptionnelle justifiant des politiques exceptionnelles » (Huysmans, 2004 : 2). Par conséquent, c'est la politisation de l'insécurité et non la **mondialisation** de la violence informelle et des réseaux terroristes qui restitue l'exceptionnalisme comme doctrine légitime de la souveraineté.

Dans le contexte de l'après-11 septembre 2001, il y a un réel danger que l'exceptionnalisme permette à une forme de gouvernement d'urgence de s'établir comme la norme. La doctrine militaire de la préemption pourrait devenir la norme internationale plutôt que l'exception pour répondre à des impératifs de sécurité nationale. Comme le souligne Rob Walker, il faut être en mesure de penser la souveraineté et la sécurité en des paramètres autres que nationaux et pouvoir discuter ce qui doit être la norme et l'exception (Walker, 2004 : 10). Certains semblent toutefois sceptiques : « Après que le procureur des Nazis, Carl Schmitt, ait exposé l'exceptionnalisme

« illibéral » de la violence au cœur de la souveraineté, dans laquelle chaque amitié est dépendante d'un ennemi commun, je pense que c'est une erreur de faire semblant qu'il soit possible de faire disparaître le pouvoir violent, bien que fantôme, de la souveraineté d'un coup de la baguette magique wébérienne, ou le guérir avec un coup de bistouri déconstructionniste » (Der Derian, 2001 : 39).

David Grondin

FÉMINISME

Feminism

> Le rapport hiérarchique présent dans la chambre à coucher n'est pas détaché des rapports hiérarchiques présents dans les transactions ayant cours sur le marché du café ou dans les affaires étrangères. Les questions à poser sont donc : où et comment ces hiérarchies sont-elle reliées entre elles ? Avec quelles conséquences pour les vies vécues dans les chambres à coucher, sur les planchers des marchés boursiers et dans les cercles diplomatiques ? (Enloe, 1996 : 193)

Malgré qu'il puise à une riche tradition littéraire, scientifique et philosophique, le féminisme n'a fait son entrée en **Relations internationales** que vers la fin des années 1980, sous l'impulsion des travaux de Cynthia Enloe (1989) et Jean Bethke Elshtain (1987). Depuis lors, les analyses féministes se sont développées à partir de présupposés **épistémologiques** et **ontologiques** variés, qui correspondent à autant de tentatives visant à illustrer et transformer les biais de genre dans les analyses, les façons d'accéder à la connaissance, ainsi que dans les pratiques usuelles qui ont cours en politique globale et qui s'effectuent au détriment des femmes. La pluralité des analyses justifie ainsi que l'on ne parle pas d'*une* théorie féministe des Relations internationales, mais bien d'*approches* féministes des Relations internationales, qui sont partie intégrante de l'ensemble plus vaste des **théories critiques** des Relations internationales.

Au-delà de leur variété, les approches féministes se rejoignent dans leur confrontation et leur remise en question des diverses structures dominantes de pouvoir qui organisent, délimitent et disciplinent des sphères d'activités basées sur le genre et reposant sur des prémisses **fondationnalistes** (George, 1994 : 25). En refusant des politiques d'inégalités et d'exclusion basées sur des rapports dichotomiques et hiérarchiques entre masculin et féminin, public et privé, actif et passif, rationnel et émotif, les analyses féministes établissent que le personnel est également politique et que les épistémologies traditionnelles, intentionnellement ou non, excluent les femmes comme agents du savoir (Harding, 1987 : 3). Ainsi, plusieurs concepts traditionnels du champ des Relations internationales, comme l'**État** (Peterson, 1992) et la **sécurité nationale** (Young, 2003) se trouvent remis en question afin de relever les biais de genre ou les relations de pouvoir qu'ils traduisent et qui, souvent, passent inaperçus.

Le genre correspond habituellement à l'élément ontologique privilégié par les féministes. Le genre n'est pas une donnée ontologique incontestable, mais plutôt un ensemble de caractéristiques construites socialement et culturellement qui font en sorte que certains éléments ou attributs seront associés à un idéal de masculinité ou de féminité (Tickner, 2001 : 15). Selon Sandra Harding, le genre peut revêtir un aspect symbolique, individuel et structurel (1986). Néanmoins, selon l'approche choisie, d'autres éléments ontologiques seront considérés, comme le capitalisme et le patriarcat. Tout comme le genre, le patriarcat ne correspond pas à une structure incontestable. Il consiste plutôt en une construction sociale résultant d'une série de pratiques historiographiques, philosophiques et culturelles qui assurent une domination des hommes sur les femmes (George, 1994 : 25). Cette domination sur les femmes se traduit notamment par une appropriation, un contrôle et une régulation de leur travail, de leur corps et de leur savoir (Peterson, 1992 : 59). De profonds désaccords entre les féministes subsistent toutefois par rapport à la nature du patriarcat, à savoir s'il correspond à une structure unique et universelle de domination (Daly, 1978) ou s'il s'agit plutôt d'une structure sociale qui diffère selon le lieu et l'époque où l'on se trouve (Sylvester,1994).

Jacqui True souligne combien l'appellation « féminisme » regroupe des approches aussi variées que contradictoires : on peut ainsi parler de féminisme **libéral**, **postmoderne**, **marxiste**, d'écoféminisme, de féminisme culturel, de féminisme **postpositiviste**, etc. (True, 2001 : 235-236). Ainsi, malgré que Sandra Harding (1986) dénombre trois grandes épistémologies féministes en Relations internationales, soit l'empiricisme, le point de vue féminin (*standpoint*) et le postmodernisme, il est clair que de nombreuses analyses ne s'inscrivent pas parfaitement dans l'un des cadres ou se situent dans un entre-deux. Les féministes empiricistes conçoivent que la science permet de connaître les activités des femmes et de faire valoir leurs contributions à la société (Sylvester, 1994 : 31). La science actuelle serait en fait une mauvaise science, à laquelle il conviendrait d'ajouter les expériences empiriques des femmes pour en arriver à une connaissance plus juste. Les féministes libérales partagent cette idée d'un biais de la science et cherchent à montrer que tous les humains sont égaux. Une amélioration de la condition des femmes passerait par une assurance d'équité en matière de droits et d'opportunités par l'infiltration de diverses sphères de pouvoir, la participation au sein du corps scientifique et militaire et par un ajustement des lois et diverses régulations en cours (Eisenstein, 1979).

Les épistémologies reposant sur un point de vue féminin sont pour leur part beaucoup plus variées et complexes (Harding, 2004). Certaines féministes défendent ainsi un essentialisme féminin qui reposerait notamment sur la fonction reproductrice du corps de la femme (West, 1988). En revanche, d'autres argumentent en faveur d'un savoir proprement féminin, qui serait différent mais pas nécessairement supérieur à un savoir masculin, nécessaire pour relire et rendre compte de diverses pratiques et interprétations prises comme objectives (Tickner, 1988). La pluralité et la diversité des savoirs féminins selon la race, la culture ou encore la classe sont ainsi évoquées (Narayan, 2004), notamment par les féministes tiers-mondistes et **postcoloniales**.

Enfin, le féminisme postmoderne, qui correspond à la variante la plus récente du féminisme, met l'accent sur la construction sociale et discursive du rapport à l'altérité et cherche à en analyser les effets de vérité tout en tentant de décentrer les postures masculines de domination (Bigo, 2002 : 3). L'épistémologie féministe postmoderne refusera l'idée d'un savoir objectif et avancera plutôt qu'il existe plusieurs points de vue desquels on peut questionner des stratégies qui cherchent à discipliner la vie des femmes tant sur le plan matériel que physique et intellectuel (Sylvester, 1994 : 13). Le féminisme postmoderne renferme toutefois une contradiction en soi, puisqu'il doit à la fois mettre « la femme » au centre de l'analyse tout en cherchant à déconstruire les concepts réifiés et pris comme préexistants, y compris le concept de « femme ». Certaines féministes (Brown, 1991 ; Benhabib, 1995) craignent donc qu'un féminisme postmoderne ne mène au relativisme et n'en vienne à annihiler le projet féministe en lui niant son projet identitaire particulier.

En somme, les analyses féministes des Relations internationales contribuent à mettre en évidence combien la conduite de la politique globale sur la scène internationale est étroitement liée au contrôle des hommes sur les femmes et aux fonctions sociales qu'on attribue à celles-ci (Enloe, 2000). En déconstruisant les réalités dites « naturelles » de la discipline, ces approches ont soulevé des questionnements quant aux enjeux sécurisés et aux groupes identitaires brimés et marginalisés par les discours sécuritaires. Les approches féministes ont ainsi établi un lien étroit entre politique, sécurité, genre et **identité**, et ont permis d'avancer que la sécurité n'est pas simplement associée à la protection de l'État : elle est partie intégrante d'un état d'être.

Anne-Marie D'Aoust

FONCTIONNALISME — Functionalism

La forme suit la fonction (Mitrany, 1943 : 236).

Le fonctionnalisme est né d'une réflexion menée en grande partie par David Mitrany sur le rôle du **nationalisme** dans la poursuite des **guerres** et vise à trouver une solution au problème de la guerre en accordant un rôle primordial aux **institutions**. Les fonctionnalistes jugent l'**État**-nation inadéquat pour faire face à l'**interdépendance** accrue du monde moderne, car il s'avère de plus en plus inefficace dans la prise en charge des questions économiques et sociales. Selon Mitrany, la guerre résulterait de l'inefficacité des institutions nationales qui sont incapables de promouvoir le développement économique et social.

Le fonctionnalisme propose, dans un premier temps, de séparer les problèmes politiques et économiques, d'instaurer une **coopération** internationale dans les domaines techniques (transport, agriculture, santé, science, etc.) et de transférer les habitudes de coopération de ces domaines au domaine politique. Selon Mitrany (1975), la coopération internationale dans des domaines techniques est préférable à une gestion nationale des problèmes, car la prise de décision revient dans ce cas à des technocrates qui prendront des décisions dans l'intérêt commun et non pas dans l'intérêt particulier d'un État.

En réunissant des gens qui ont des activités spécialisées dans la résolution de problèmes concrets (livraison du courrier, santé, etc.) dans des institutions techniques internationales, on établit une coopération entre États qui pourra être élargie à des domaines plus politiques. La paix résulterait non pas de la satisfaction des besoins eux-mêmes, mais du processus utilisé pour faire face à ces problèmes. À terme, il en résulterait des changements d'attitudes ; les citoyens reconnaîtront la dépendance mutuelle des sociétés, transféreront leur loyauté et développeront un sentiment d'obligation politique envers les institutions supranationales qui satisferont mieux leurs besoins. De plus, les élites bureaucratiques seraient amenées à reconnaître leur interdépendance. C'est en grande partie ce raisonnement qui est à l'origine de la création de la Communauté européenne du charbon et de l'acier (CECA) créée en 1950, qui devint, au fur et à mesure de son élargissement, l'Union européenne (UE).

Le fonctionnalisme propose donc de réduire le **pouvoir** des États et de promouvoir la paix en éliminant les conditions objectives qui, croit-on, conduisent à la guerre et en invitant ainsi les États à travailler ensemble et donc à développer de façon graduelle un sens de la communauté.

Inis Claude (1984) a formulé certaines critiques au fonctionnalisme. Il a notamment remis en question le postulat de Mitrany à l'effet qu'il existe une corrélation entre le niveau de développement économique et celui de l'agressivité des **nations**. Deuxièmement, Claude dit observer non pas la séparabilité des problèmes économiques et politiques, mais au contraire la politisation des problèmes économiques et sociaux. Ainsi, on constate que les **organisations internationales** à vocation technique sont souvent très politisées, comme le prouvent plusieurs agences de l'ONU telles que l'UNESCO, l'OMS ou l'OIT ou encore certaines organisations à vocation scientifique tel que le Groupe d'experts intergouvernemental sur l'évolution du climat (GIEC). Claude n'en reste pas là et critique plusieurs autres aspects de la théorie fonctionnaliste, comme la rationalité de la loyauté humaine qui est postulée et qui ne tient pas compte du caractère émotionnel de l'**identité** nationale.

Enfin, les **behavioralistes** ont soulevé le problème de falsification posé par les hypothèses fonctionnalistes concernant le changement d'attitudes des citoyens et des élites bureaucratiques.

Repris par des auteurs comme Ernst Haas (1958, 1964), Philip Schmitter (1969) et Leon Lindberg (1963), le fonctionnalisme a conduit à l'élaboration du néo-fonctionnalisme, dont l'émergence correspond avec la formation de la Communauté économique européenne (CEE). Les aspects qui distinguent ce courant de son prédécesseur concernent surtout le rôle des élites et des groupes d'intérêt (qui est davantage pris en compte dans le processus d'intégration) et l'établissement d'institutions politiques supranationales aux premières étapes du processus. Un des apports les plus significatifs est en outre le concept de débordement (ou *spill over*), amené par E. Haas, qui désigne le processus par lequel la coopération dans un domaine, si elle est réussie, s'élargit à d'autres domaines, approfondissant ainsi l'intégration.

Tout comme le fonctionnalisme, le néofonctionnalisme n'a su prédire l'évolution de l'intégration européenne, ses périodes de ralentissement et de stagnation, l'attachement des citoyens à l'État-nation, ou encore le rôle des facteurs externes tels que la structure du **système international** ou les pressions économiques externes. Ces critiques ont amené E. Haas à revoir son travail dans les années 1980 et à souligner les faiblesses de son approche élaborée une trentaine d'années plus tôt.

Evelyne Dufault

FONDATIONNALISME/ ANTIFONDATIONNALISME

Foundationalism/ Anti-Foundationalism

Trop longtemps, en raison de l'ombrage du **positivisme**, les **relations internationales** ont été dominées par une théorie explicative qui reposait sur une vision révolue et fondamentalement contestée sur le contenu de la théorie internationale et la nature de l'investigation en sciences sociales. Mettre l'accent sur le fondationnalisme/antifondationnalisme ramène la théorie internationale à une place plus humble, mais plus centrale, au sein des sciences humaines. [...] Il est vital que les théoriciens de l'international remettent en question le postulat stipulant que les théories internationales sont un champ de recherche distinct. Cela devrait être vu plutôt comme une seule arène où se ferait à la fois le choc entre les théories explicatives et constitutives et entre le fondationnalisme et l'antifondationnalisme (Smith, 1995 : 30-31).

Dans son classique *The Structure of Scientific Revolutions*, l'historien des sciences Thomas Kuhn (1962) soutient que la science progresse d'un changement de **paradigme** à l'autre de manière draconienne. Ces changements paradigmatiques – ces révolutions scientifiques

– ne sont pas décidés de façon arbitraire ou prédéterminée ; ils surviennent normalement dans des circonstances exceptionnelles et résultent d'une construction sociale, qui rend alors compte d'un certain consensus au sein de la communauté scientifique. Cela signifie que ce qui est considéré « scientifique » dans un contexte temporel, social, culturel ou géographique peut ne pas l'être dans un autre. Par conséquent, cela implique que le savoir scientifique a une base non objective. Questionner la nature de la connaissance, de la connaissance scientifique par surcroît, impose alors de s'intéresser à ses fondements, donc au fondationnalisme et à l'antifondationnalisme.

Le fondationnalisme veut que toute philosophie, donc toute connaissance, soit élaborée en reposant sur des fondations sûres. Une croyance fondationnaliste est ainsi autojustificative ; elle se suffit à elle-même et ne nécessite aucune autre croyance pour établir sa justification. Dans la philosophie moderne, on soulignera ainsi le rationalisme cartésien (le *cogito*) ou l'expérimentalisme poppérien comme fondations possibles à la connaissance (Finlayson, 2003 : 630). En contrepartie, une position antifondationnaliste considérera inutile et même dangereux que la théorie cherche un point d'origine à partir duquel procéder. Cette position affirme donc qu'il ne peut y avoir de propositions vraies par essence (ce qui vaut souvent aux **épistémologies** antifondationnalistes d'être critiquées comme étant relativistes).

Bien avant les philosophes **postpositivistes**, Hegel a défendu une conception antifondationnaliste de la connaissance. Prétextant que toute connaissance passe par le filtre d'un médium et ne puisse faire l'objet d'une observation directe ou intuitive – la connaissance ne pouvait être immédiate –, Hegel a voulu échapper à l'intuitionnisme des philosophes grecs et au fondationnalisme de Descartes (Rockmore, 1992 : 108-110). Son approche de la connaissance s'est voulue antifondationnaliste en ce qu'elle ne dépend pas d'une vérité connue. Aussi étrange cela puisse-t-il paraître, l'argumentation de Hegel consiste en une tentative d'acquisition de connaissance qui procède sans point de départ et sans lieu privilégié pour commencer le travail de recherche et de réflexion. En d'autres termes, Hegel approche la connaissance dans une logique circulaire en croyant que le meilleur moyen de commencer la réflexion est *justement* de la commencer (Rockmore, 1992 : 111).

Aujourd'hui, longtemps après Hegel, l'antifondationnalisme continue d'interpeller, mais il demeure que la majorité des auteurs ont du mal à y souscrire pleinement. En philosophie des sciences, les penseurs qui se sont questionnés sur le travail scientifique et la connaissance scientifique se sont inscrits dans une mouvance dite postpositiviste. Bien qu'elle se rapproche de l'école de pensée qu'on retrouve sous cette même appellation en Relations internationales, elle lui est antérieure. La tradition postpositiviste insiste sur la construction sociale de la réalité et critique les **positivistes** pour leur position non **réflexive** stipulant que les résultats des travaux scientifiques décrivent la réalité matérielle de façon objective. En effet, dans cette ligne de pensée, il est devenu vain de chercher à faire correspondre un appareil conceptuel à un élément non linguistique de la réalité qui existerait avant la création des concepts : il faut reconnaître que le monde n'existe pas indépendamment de la perception humaine et qu'aucun concept du langage ne peut être « comparé » à la « réalité » (Kratochwil, 2000 : 63-64). En outre, la connaissance est toujours filtrée par le médium du langage ; les référents modernistes de la « réalité », de la « vérité » et de la « raison » sont donc des construits sociolinguistiques qui agissent comme mécanismes de contrôle individuel et social.

Toute discussion sur l'antifondationnalisme et le fondationnalisme ne peut aujourd'hui faire abstraction des travaux de philosophie pragmatique de Richard Rorty. Sa position radicale l'a poussé à soutenir qu'on pouvait défendre les **institutions** sociales et politiques du **libéralisme** tout en rejetant les bases épistémologiques sur lesquelles ces institutions reposent. Cela exige de rejeter la notion voulant que la philosophie soit intéressée à développer une forme de connaissance qui soit un miroir exact de la nature (Rorty, 1979). Il soutient en revanche que la philosophie doit être vue comme une activité pragmatique dans laquelle les concepts sont jugés non pas quant à leur véracité mais quant à leur utilité dans la réflexion (Finlayson, 2003 : 619). Dans cette optique pragmatique, la vérité apparaît ainsi relative à un contexte d'interprétation sans lequel elle perd toute signification : « La vérité pragmatique est ainsi construite et trouvée. On crée les cadres interprétatifs – au sein du sens commun, de la science ou de la philosophie – dans lesquels les croyances peuvent émerger et être trouvées vraies ou fausses » (Rosenthal, 1992 : 181). On en vient alors à remettre en question l'universalité de la rationalité et de la raison, à nuancer certains acquis de la pensée moderne. Commune à la littérature antifondationnaliste est l'idée de voir la rationalité comme étant liée à un contexte de signification : elle est ainsi comprise comme opérant dans des « paradigmes kuhniens », des « grilles foucaultdiennes » ou des « horizons gadamériens » (Brown, 1994 : 1658).

Dans les théories des Relations internationales, il faut distinguer les positivistes des postpositivistes pour aborder la question du fondationnalisme. Croyant à la méthode scientifique et à l'atteinte de la vérité par la seule méthode scientifique, les écoles théoriques positivistes (principalement le **néoréalisme**, le **réalisme** néoclassique, l'**institutionnalisme néolibéral** et le **constructiviste** conventionnel) adhèrent à une épistémologie fondationnaliste. Contrairement à ce qu'on pourrait croire, les théories postpositivistes ne sont pas majoritairement antifondationnalistes. Cependant, étant réflexives, elles sont moins fondationnalistes que les théories positivistes. Dans les **théories critiques** des Relations internationales, deux types de théories se distinguent concernant l'enjeu des fondements de la connaissance : la théorie critique interprétative (qui correspond généralement aux **néogramsciens**, aux post-**marxistes**, aux néomarxistes et aux Critiques de l'École de Francfort) et l'interprétativisme radical (qui regroupe *grosso modo* les courants **postmodernistes**, **poststructuralistes**, **féministes** radicaux et pragmatiques) (Smith, 1995). Si les deux variantes (théorie critique interprétative/interprétativisme radical) rejettent le positivisme et les théories de résolution de problèmes (*problem-solving theories*) qui prennent le monde tel qu'il est sans chercher à vouloir le changer, elles ne s'entendent pas sur ce qui doit guider les **théories**.

Pour les tenants de la théorie critique interprétative, on peut départager des propositions de vérité concurrentes quant à leur potentiel émancipatoire. Inspirés des travaux du philosophe de l'École de Francfort Jürgen Habermas, ils croient en un fondationnalisme minimal, dont les bases dérivent de la compétence communicationnelle (par la pratique du langage) et de la situation idéale de parole (Smith, 1995 : 29). Pour Habermas, aborder la question de la vérité amène à imposer une situation idéale de parole, qui seule peut permettre une intercompréhension universelle sans contrainte et imposer à l'argumentation de prétendre à l'anticipation formelle d'une vie juste (Habermas, 1987a : 270). Pour que cette argumentation puisse se faire, Friedrich Kratochwil soutient que les individus et les sociétés doivent se fonder sur les quelques modèles historiques communs de signification qu'ils partagent. Bien que ces modèles et ces métaphores soient moins les fondements cartésiens inébranlables tant espérés que des artefacts culturels et historiques de l'expérience moderne, de l'Occident notamment, ils fournissent néanmoins une base commune qui sert de référence intersubjective pour les communautés politiques du monde (Kratochwil, 2000b : 64).

Dans l'optique postmoderniste, il n'y a pas plus de sujets permanents et rationnels que de fondations permanentes à la connaissance. Les interprétativistes radicaux revendiquent ainsi une position antifondationnaliste authentique. Cette position est décriée par ses pourfendeurs comme étant déstabilisante et est interprétée comme étant un rejet et une négation du projet philosophique moderniste et fondationnaliste des Lumières (P. Rosenau, 1992 : 9). En effet, les interprétativistes radicaux procèdent à une remise en question de plusieurs fondations modernistes de la connaissance, comme le sujet connaissant, souverain et rationnel des Lumières, la **souveraineté** nationale et la raison universelle (Ashley, 1989 ; Ashley et Walker, 1990). Selon les tenants de l'interprétativisme radical, en raison de la subjectivité individuelle de la théorisation, aucune fondation ne peut ce faisant servir d'arbitre neutre entre différentes propositions de vérité :

> [l]a voix de la raison n'est, ainsi, jamais innocente. [...] Privilégier théoriquement un côté de la rationalité moderne, dans cette situation, c'est s'engager dans une pratique d'exclusion (et parfois de terreur) qui est l'expérience de l'autre côté – qui n'a pas de voix (rationnelle) (George, 1994 : 160-161).

Par conséquent, ils jugent illusoire le fondationnalisme minimal revendiqué par les théoriciens critiques interprétatifs (George et Campbell, 1990 : 281). Étant donné la logique savoir/pouvoir inhérente à tout discours et leur méfiance vis-à-vis des méta-récits, le fondationnalisme minimal des théoriciens critiques interprétatifs ne représente qu'une tentative de construire un méta-récit basé sur une émancipation exclusive et incomplète (Smith, 1995 : 29).

Les critiques des positions antifondationnalistes les dépeignent souvent comme étant des relativistes à l'extrême, dangereux pour les sciences sociales (Jarvis, 2000). Il est vrai qu'en discutant du fondationnalisme et de l'antifondationnalisme, on peut difficilement éviter de parler de relativisme. Cette résistance à une certaine fondation de la connaissance ne signifie pas pour autant que tout soit valable. S'il n'y a pas une position épistémologique qui unit les interprétativistes radicaux, mis à part leur rejet de l'épistémologie moderniste et positiviste, on peut néanmoins qualifier leur position épistémologique comme étant perspectiviste, contextualiste ou interprétative (Brown, 1994 : 1670). Dans leur esprit,

> [l]a vérité est vue [...] comme quelque chose qui est conditionné par la perspective, où la perspective est décrite en termes de relations de pouvoir, de désir, de force, etc. En ce sens, la vérité n'est pas rejetée, mais elle est démystifiée, interrogée et ramenée dans la sphère politique (MacKenzie, 2003 : 447).

Dans cette optique, l'épistémologie devient non pas le centre du questionnement philosophique, mais bien un exercice politique, où ce que nous savons et comment nous le savons dépend des structures de pouvoir sous-jacentes d'un discours, d'où la pertinence d'un perspectivisme épistémologique et d'une position antifondationnaliste (Maiguashca, 2000 : 127).

En outre, la critique associant *obligatoirement* relativisme à antifondationnalisme se révèle « sans fondement », les deux concepts pouvant parfois coïncider mais ne devant surtout pas être confondus (Knowles, 2003 : 67 et 163n3). En ce sens, aussi perturbatrice et radicale puisse-t-elle être, une position antifondationnaliste n'est pas pour autant un obstacle à l'action politique. Au contraire,

> [...] face à de sinistres avertissements concernant le chaos et le désordre et les implications liées au fait de briser l'ordre naturel des choses, les femmes (et les hommes) ont montré que, même sans fondations (illusoires), la vie continue, les « relativistes » prennent continuellement des décisions concernant leur monde, les « nihilistes » s'engagent dans des activités productives et positives, et un espace politique/conceptuel s'ouvre là où auparavant cela paraissait impossible (George, 1994 : 25).

David Grondin et Anne-Marie D'Aoust

FORDISME/POSTFORDISME

Fordism/postfordism

Les concepts de fordisme et de postfordisme sont au cœur des débats théoriques concernant la nature et les transformations des économies capitalistes avancées du XXe siècle. Bien qu'ils renvoient d'abord à des modèles d'organisation de la production et du procès de travail, ces concepts sont utilisés pour périodiser et opposer des régimes d'accumulation, des configurations institutionnelles, des formes de socialisation et des structures historiques.

Un système de production et d'organisation du travail

Le terme « fordisme » émerge en Europe dans les années 1920 pour désigner le système de production de masse américain notamment mis en place à la Ford Motor Company. Ce système de production développe les principes tayloristes de divisions technique et sociale du travail. Dans ce cadre, des managers opèrent, puis encadrent une destruction des métiers et une reconstruction du procès de travail par le biais d'études visant à limiter les coûts et le temps de production par la maximisation de l'efficacité des mouvements. Les tâches à effectuer sont réduites à des actions uniques, simples, répétitives et pouvant être attribuées à une main-d'œuvre peu ou non qualifiée.

Le fordisme dépasse le taylorisme sur deux points. La rationalisation du travail est d'abord couplée à une production de masse de biens de consommation durables et standardisés qui est facilitée par la mécanisation et la perfection de la chaîne de montage mobile. La hausse du nombre d'unités produites réduisant les coûts de production, des économies d'échelle sont obtenues. Il permet aussi des économies d'agglomération en concentrant les étapes de la production dans un complexe industriel et en situant celui-ci près de ses ressources et de ses marchés, ce qui réduit les coûts de production et de distribution (Rodrigue, 2000). La seconde innovation fordiste consiste en la hausse des salaires versés aux ouvriers. Indexés aux gains de productivité, les salaires viennent compenser leur soumission à la décomposition et à la gestion scientifique et hiérarchique de leurs activités. La hausse du pouvoir d'achat de la classe ouvrière assure simultanément un débouché de la production de masse en favorisant le développement de la consommation de masse. Allant de pair avec l'émergence d'une société de masse salariée, le fordisme marque l'intégration des ouvriers dans l'économie capitaliste à titre de consommateurs et non plus seulement comme producteurs.

Une forme de socialisation

En dehors d'un usage strictement économique, le concept de fordisme est utilisé pour désigner la bureaucratisation, la marchandisation, l'homogénéisation sociale et l'individualisation accompagnant la croissance d'après-guerre dans les économies capitalistes avancées (Jessop et Sum, 2006 : 65).

Ces tendances se manifestent dans le développement des zones industrielles métropolitaines, des banlieues, de la classe moyenne et de la normalisation de la consommation des ménages par le biais de la publicité. David Harvey utilise ainsi le concept de fordisme pour désigner un *total way of life* (Harvey, 1990). Ces acceptations du concept correspondent d'abord à des pratiques de Ford qui forme un département de sociologie encadrant la moralité de ses employés à l'usine comme dans leur vie privée, ce qui fait dire au révérend Samuel S. Marquis, dirigeant ce département dès 1915 : « L'entreprise de M. Ford est le façonnage des hommes, et il manufacture accessoirement des automobiles pour défrayer les coûts de son activité principale » (Lewchuk, 1993).

L'apport de Gramsci

Fasciné par ce type d'efforts déployés pour façonner la moralité de la classe ouvrière dans les premières décennies du XXe siècle, Antonio Gramsci est à l'origine de la diffusion du concept de fordisme. Dans la section « Américanisme et fordisme » de ses *Cahiers de Prisons*, il constate que la réglementation toujours plus rigide de l'espèce humaine, un processus qui accompagne la mise en place des nouvelles méthodes de production, ne peut se comprendre comme le résultat d'une évolution interne au développement de la technique. La rationalisation de la production et du travail qui rend possible « les formes toujours plus complexes de la vie collective » associées à l'industrialisation s'explique plutôt par la dépendance historique du mode de production capitaliste à l'amélioration constante des forces productives (Gramsci, 1978). Dans la pensée de Gramsci, rappelle Robert Cox, le fordisme n'a donc pas redéfini la nature des relations sociales capitalistes. Il en a permis l'extension dans des sphères de la vie relevant encore d'un mode d'organisation précapitaliste. Le fordisme se serait d'abord développé en Amérique du fait que les forces sociales capitalistes n'eurent pas à s'y accommoder d'un grand nombre de forces improductives. En Europe toutefois, les forces régressives étaient suffisamment puissantes pour que les nouvelles méthodes de travail percent avec peine (1987 : 309-310).

Un régime d'accumulation et un mode de régulation

Au milieu des années 1970, la théorie de la régulation emprunte le concept gramscien de fordisme et lui donne une consistance institutionnaliste. Émergeant autour des travaux d'Aglietta, de Boyer et de Lipietz, cette approche économique hétérodoxe se consacre à l'étude des crises et de la stabilité de la reproduction du capital. Elle recourt au concept de fordisme pour désigner et systématiser – d'abord aux États-Unis et en France, puis dans d'autres contextes nationaux – la période de croissance suivant la Deuxième Guerre mondiale. Le fordisme renvoie ici à une configuration spécifique des deux concepts : un régime d'accumulation et un mode de régulation.

Le régime fordiste se caractérise par une accumulation intensive – fondée sur la plus-value relative trouvant sa source dans l'organisation du travail – et une consommation de masse. La formalisation de ce régime donne à voir une croissance endogène continue : la modernisation des processus productifs mène à des forts gains de productivité ; si elle est acceptée par les travailleurs, cette modernisation contribue avec ces gains à concentrer les luttes syndicales sur le pouvoir d'achat ; les hausses de salaire en découlant produisent un débouché pour la production de masse dans la consommation de masse ; s'ensuit une hausse des profits et de l'investissement dans l'équipement et les techniques de productions de masse qui bouclent le régime en menant à de nouveaux gains de productivité. Boyer précise que la stabilité de ce « cercle vertueux de croissance » repose notamment sur trois conditions : le potentiel d'augmentation de la productivité, la stabilité du compromis travail/capital et une faible ouverture internationale (2004 : 62).

Ces conditions font partie du mode de régulation fordiste qui consiste en un ensemble de formes institutionnelles, de réseaux et de **normes** assurant la comptabilité des comportements des agents économiques (collectifs et individuels) dans le cadre d'un régime d'accumulation (Lipietz, 1988 : 24). Les régulationnistes dénombrent cinq formes institutionnelles régulant l'économie : le régime monétaire, la forme de la concurrence, le rapport salarial, la nature de l'**État** et l'insertion dans le régime international (Boyer, 2004 : 102). Un mode de régulation viable assure leur reproduction et surpasse temporairement les contradictions structurelles et le caractère conflictuel de l'accumulation. C'est le cas du mode de régulation fordiste présenté comme un ensemble de compromis entre le travail, le capital et l'État.

Résultant entre autres de la lutte politique, ce compromis isole le cercle de croissance vertueux des chocs exogènes et résorbe temporairement ses crises endogènes. Il consiste d'une part en une redéfinition du rapport salarial autour de l'indexation sur la productivité et de la reconnaissance du pouvoir de négociation collective des syndicats en échange de leur acceptation et de leur pleine participation à la réorganisation du travail fordiste. Il implique, d'autre part, que les grandes entreprises stabilisent l'investissement pour augmenter de manière constante la productivité et les salaires. Cet investissement est consacré aux changements technologiques et à l'expertise managériale dans la production et le marketing. La compétition intercapitaliste est aussi amoindrie au profit des pratiques oligopolistiques de planification et de fixation des prix (Harvey, 1990 : 134).

Finalement, les mesures adoptées par l'État-providence et keynésien assurent la stabilité et la viabilité de l'accumulation fordiste. La taxation progressive, la redistribution, la législation sur le salaire minimum, l'investissement public et le contrôle d'une monnaie fiduciaire nationale par la banque centrale favorisent le plein-emploi, maintiennent la demande effective, généralisent la norme de consommation et chapeautent le crédit à la consommation et à l'investissement. L'État prend ainsi part au compromis fordiste en sécurisant l'investissement et la croissance stable des entreprises, tout en socialisant partiellement l'accumulation. Ce mode de régulation est qualifié de monopolistique par contraste avec la régulation concurrentielle du capitalisme du XIXe siècle.

Les néogramsciens

L'application du concept de fordisme dans des cadres strictement nationaux constitue une de ses limites dans l'étude des Relations internationales. L'approche **néogramscienne** comble cette lacune en problématisant la dimension internationale. Non seulement les néogramsciens insistent sur les conséquences du fordisme pour la régulation des transactions économiques internationales, mais ils s'attardent à ses conséquences pour la **sécurité** des États. Cox (1996), notamment, se refuse à traiter la production et la sécurité comme des variables indépendantes. Selon lui, le fordisme participa à la consolidation de la base territoriale du pouvoir étatique et fut un élément structurant de la parcellisation de l'ordre mondial de la fin du XIXe et du début du XXe siècles. Mark Rupert (1995) va plus loin en faisant du fordisme le fondement de son explication de l'**hégémonie** américaine dans l'après-guerre.

Selon Rupert, l'État souverain ne peut être adéquatement conceptualisé à la manière du **néoréalisme** comme une donnée empirique, pas plus qu'il ne peut être compris comme le produit des nécessités fonctionnelles de l'économie-monde comme le soutient la **théorie du système-monde** (1995 : 39). Les luttes historiques menées par les forces sociales constituent le point de départ de son analyse des Relations internationales. L'hégémonie américaine ne peut dès lors s'expliquer sans référence aux nouveaux pouvoirs sociaux mis en place par le fordisme dans les usines américaines à la suite de la subordination des travailleurs industriels aux nouveaux pouvoirs « privés » (Rupert, 1995 : 104). C'est le consensus qui a résulté de ces luttes qui fit du gouvernement des États-Unis, des capitalistes corporatistes américains et du mouvement ouvrier américain le bloc historique capable de façonner les relations sociales globales à l'image des politiques néolibérales de productivité (82-83).

Les néogramsciens considèrent que le passage de la manufacture à la production de masse dans les dernières décennies du XIXe siècle, loin d'avoir été inévitable, résulte de la restructuration de l'économie, du pouvoir étatique et du modèle d'organisation militaire d'alors. Au même moment où s'ouvraient les marchés civils, le besoin d'armements et de munitions standardisés mène à l'internationalisation du fordisme (Cox, 1996 : 280). Au lendemain de la Deuxième Guerre mondiale, la reconstruction de l'Europe capitaliste sous la gouverne américaine accéléra grandement la diffusion d'un marché pour le plein développement d'une industrie de production de masse. De même en fût-il du Japon, reconstruit de manière à en faire un point d'ancrage du capitalisme en Asie (Rupert, 1995 : 82). Les économies d'échelle rendues possibles par le fordisme ayant donné un avantage comparatif aux États qui l'adoptèrent les premiers, la compétition entre États capitalistes influença même l'adoption de méthodes assimilables au fordisme par la Russie bolchevique (Cox, 1996 : 280).

Le postfordisme

Dans les années 1970, le fordisme connaît une crise généralisée : stagflation, chute de la rentabilité du capital, ralentissement des gains de productivité du travail et saturation des marchés de biens durables. Cette crise relève notamment de l'épuisement des possibilités techniques de rationalisation du travail, de la contestation de la discipline fordiste au sein des entreprises (Aglietta, 1997) et des coûts croissants de l'automatisation de la production qui ne sont plus couverts par leurs gains de productivité (Lipietz, 2001). L'ouverture internationale de cette période instaure une compétition sans harmonisation des salaires qui défavorise les centres de production fordistes. S'y ajoutent la déstabilisation du système monétaire international, et les nouveaux instruments financiers échappant à l'emprise des banques centrales qui entravent la régulation fiscale et monétaire au cœur du compromis fordiste.

C'est dans ce contexte que le concept de postfordisme émerge et tente de théoriser le nouveau modèle qui se met en place et qui est caractérisé par l'impératif de flexibilisation. Relevant le plus souvent de l'anticipation et de stratégies plutôt que de structures réelles, ce concept a une moins grande portée analytique que celui de fordisme. Il est utilisé pour désigner une organisation de la production présentée comme une flexibilisation du système fordiste. Ce dernier est jugé obsolète par Piore et Sable (1984) qui proposent les concepts de postfordisme et de spécialisation flexible pour préconiser une adaptabilité accrue des techniques de production et une plus grande autonomie des travailleurs visant à répondre – avec une mise en marché segmentée – à la diversification des styles de consommation. Empiriquement toutefois, cette autonomie n'est pas généralisée. À la concentration fordiste des travailleurs de toutes origines en une masse commune, succède plutôt un petit noyau de travailleurs spécialisés dont la sécurité d'emploi et certains privilèges demeurent garantis là où la majorité des travailleurs tombent dans des conditions de travail précaires, appelés ou non à travailler selon les besoins changeants du système de production en mutation (Cox, 1996 : 285).

Ce retour de la polarisation du travail entre un noyau central qualifié et une périphérie peu ou pas qualifiée prend place dans une production dispersée internationalement, mais fortement intégrée par le biais des nouvelles technologies de communications. Ces dernières permettent aussi d'orchestrer une production de petits lots en flux tendu synchronisés avec la demande. Cette fragmentation du travail et de la production s'accompagne d'une fragmentation des **identités** de groupes où les styles de vie différenciés remplacent l'appartenance de classe par le biais d'une marchandisation accrue de la vie sociale (Harvey, 1990). Le postfordisme désigne aussi le mode de régulation et le régime d'accumulation recherchés par les régulationnistes pour succéder au fordisme.

Si les impératifs de stabilité et de vertu de ces concepts sont dotés d'une grande portée explicative pour la période allant de l'après-guerre à la crise des années 1970, leur transposition en principe méthodologique guidant la recherche et l'identification du postfordisme n'a pas fourni les résultats escomptés. La nature du compromis fordiste apparaît à cet égard comme une exception empirique. Toutefois, plusieurs modèles ont été proposés par les régulationnistes pour qualifier des régimes d'accumulation succédant au fordisme. C'est le cas de l'accumulation intensive sans consommation de masse expliquant la crise asiatique de 1997 et du régime d'accumulation tiré par la finance marquant l'économie américaine depuis les années 1980. Dans ce dernier, l'investissement intègre la norme de rentabilité fixée par les marchés boursiers en plus de la variation de la demande.

Pour ce qui est du mode de régulation, la crise du fordisme donne lieu à un repositionnement du compromis entre le capital, l'État et le travail où ce dernier est généralement perdant, tandis que le deuxième tend à se retirer. À défaut d'identifier le mode de régulation postfordiste pérenne, les régulationnistes présentent différents modes émergeant dans des contextes nationaux qui diffèrent grandement depuis les années 1990. Ils comprennent pour la plupart le retour de facteurs concurrentiels. Lipietz oppose deux de ces compromis de sortie de crise du fordisme. La flexibilisation, adoptée par les pays anglo-saxons, consiste en un néotaylorisme coupé des avantages salariaux du fordisme. Elle permet un retour du profit et une hausse de la production en bloquant les hausses de salaire et les réductions d'heures travaillées. La mobilisation des ressources humaines, adoptée par la Scandinavie, le Japon et l'Allemagne, maintient la rigidité des avantages sociaux fordistes en échange d'une plus grande participation des travailleurs dans la réorganisation compétitive visant à hausser la productivité et la qualité. Ce modèle arrive à augmenter la production sans recourir à des investissements technologiques coûteux (Lipietz, 2001, 23-24).

Les théories du postfordisme divergent lorsque vient le moment d'en situer l'émergence par rapport au fordisme. Ce nouveau modèle est alors présenté comme issu de tentatives internes pour résorber la crise ou comme un ensemble de stratégies externes visant à rompre avec le fordisme (Jessop et Sum, 2006). Le second point de vue se rapproche de celui des néogramsciens en quête d'un terme pour désigner la nature du mode de production prédominant dans les suites de la crise de l'ordre mondial (Cox, 1996). Ce débat, qui s'inscrit dans celui plus général de la périodisation du capitalisme avancé, est cristallisé dans le sens à accorder au préfixe post et complexifié par l'emploi du néofordisme et de l'après-fordisme.

Le concept de postfordisme tend à être délaissé pour faire place à une série de concepts moins généraux désignant chacun une de ses dimensions spécifiques. C'est par exemple le cas du toyotisme (Dohse, 1985), de l'accumulation flexible (Harvey, 1990) et de l'accumulation réflexive (Lash et Urry, 1987).

Maxime Lefrançois et Frantz Gheller

FRONTIÈRE

Border

La notion de frontière est une des plus anciennes des **Relations internationales** et est surtout associée avec la démarcation géographique et politique entre **États**. Elle constitue donc un des éléments de base du **système de Westphalie**. Dans son sens traditionnel, la frontière est en train d'être remise en cause par le phénomène de la **mondialisation**, qui rend les frontières entre États moins étanches, par la plus grande mobilité des populations et l'augmentation des migrations, surtout des régions moins développées économiquement vers les régions plus développées, par celui de l'intégration régionale, notamment en Europe occidentale et en Amérique du Nord, et, enfin, par la désintégration de certains États, tels que l'Union soviétique et la Yougoslavie, depuis la fin de la **Guerre froide**. Par ailleurs, la fragilité des frontières dans plusieurs régions d'Afrique indique les limites de l'universalité du modèle westphalien.

Dans la littérature plus récente en théorie des Relations internationales, surtout chez les **théories critiques**, la notion traditionnelle de frontière a été remise en cause, en particulier l'idée d'une frontière entre le **système international** et la politique interne (Walker, 1993) et celle d'une distinction entre **sécurité** internationale et sécurité intérieure (Bigo, 1998). Ce questionnement du concept de frontière mène à une deuxième série d'interrogations et qui touche le lien entre frontière et **identité** nationale. Ici, on souligne le fait que l'identité nationale soit normalement définie par des frontières, entre États, entre sociétés, voire entre cultures et entre civilisations. Dans un tel contexte, identité et frontière deviennent synonymes d'inclusion et d'exclusion, préoccupations que l'on retrouve en particulier dans la **Théorie Critique** et dans le **postmodernisme**.

GAINS RELATIFS VERSUS GAINS ABSOLUS

Relative versus Absolute Gains

Un débat qui concerne surtout le **néoréalisme** et le **néolibéralisme**. Selon les néoréalistes, les États tendent à se préoccuper des « gains relatifs » qu'ils font ou ne font pas par rapport à d'autres **États**. Donc, les relations internationales seraient dominées par l'esprit de concurrence, ce qui rend la **coopération** difficile ou aléatoire. De leur côté, les néolibéraux font remarquer que les États se satisfont souvent des « gains absolus » qu'ils font dans leurs relations avec les autres États et concluent donc que la coopération n'est nullement aussi difficile que les néoréalistes le prétendent. (Voir **Institutionalisme néolibéral**.)

GÉNOCIDE

Genocide

C'est au juriste Raphael Lemkin que l'on doit la première utilisation du terme génocide en 1944. Bien que Lemkin ait cherché à bannir les crimes de « barbarie et contre la civilisation » commis à l'endroit des Arméniens par le régime Jeune turque, c'est dans son ouvrage *Axis Rule in Occupied Europe* (1944) qu'il utilisa pour la première fois le terme « génocide ». Issu du grec *genos* (race) et du latin *cædere* (tuer), un génocide désignait alors la destruction d'une **nation** ou d'un groupe ethnique. À la suite des procès de Nuremberg, le terme fut repris par les Nations unies :

> Le génocide est un refus du droit à l'existence de groupes humains entiers, de même que l'homicide est le refus du droit à l'existence à un individu. Un tel refus bouleverse la conscience humaine, inflige de grandes pertes à l'humanité, qui se trouve ainsi privée des apports culturels ou autres de ces groupes, et est contraire à la loi morale, ainsi qu'à l'esprit et aux fins des Nations unies. La répression de crime de génocide est une affaire d'intérêt international (Nations unies, 1948).

Cette position des Nations unies au sujet du génocide a mené à la ratification, en 1948, de la Convention pour la prévention et la répression du crime de génocide, entrée en vigueur en 1951 et révisée en 1985. La convention illustrait la volonté de la communauté internationale de prévenir et de punir le génocide, qu'il soit commis en temps de paix ou en temps de guerre. Depuis la fin de la Guerre froide, l'étape la plus importante dans la formation d'une architecture juridique en mesure de contrer le crime de génocide a été la mise sur pied de la Cour criminelle internationale avec la ratification du Statut de Rome de 1998. Un des grands mérites du Statut de Rome est de définir clairement ce qui distingue sur le plan légal le crime de génocide, d'autres crimes connexes. Ainsi, son article 5 précise que la Cour est compétente à l'égard des crimes de génocide, des crimes contre l'humanité, des crimes de guerre et des crimes d'agression. Les articles 6 à 8 passent ces crimes en revue. L'article 6 définit le Crime de génocide comme :

> l'un des actes ci-après commis dans l'intention de détruire, en tout ou en partie, un groupe national, ethnique, racial ou religieux, comme tel : a) Meurtre de membres de groupe ; b) Atteinte grave à l'intégrité physique ou mentale de membres du groupe ; c) Mesures visant à entraver les naissances au sein du groupe ; d) Transfert forcé d'enfants du groupe à un autre groupe.

D'importantes luttes politiques ont mené à l'élaboration de cette définition qui n'a cessé d'engendrer des débats terminologiques depuis un demi-siècle autant au sein de la jurisprudence (Robertson, 2003 ; Shabas, 2000), qu'au sein des chercheurs en sciences sociales (Chalk et Jonassohn, 1990 ; Fein, 1993 ; Kuper, 1981). Plusieurs problèmes d'interprétation et de sémantique découlent de la définition juridique du génocide. Par exemple, il n'est pas toujours évident de reconstruire avec exactitude quelle était la finalité poursuivie par les dirigeants qui se rendent coupables de ces crimes ainsi que la présence ou non d'une intention génocidaire à l'origine de ceux-ci. Par exemple, certains feront valoir qu'il est difficile de déterminer avec certitude que les 50 000 Kurdes irakiens (estimation minimale) massacrés par Saddam Hussein en 1988 l'ont été en raison de leur appartenance à ce groupe ethnique plutôt qu'en raison de la menace politique qu'ils représentaient (dans ce dernier cas, on ne pourrait parler de génocide, puisque les groupes politiques ne sont pas protégés par la Convention). Pour cette raison, plusieurs organisations internationales non gouvernementales ont exercé des pressions pour que ces groupes soient inclus dans la Convention. Le Statut de Rome, par exemple, régla partiellement ce problème en intégrant plusieurs autres groupes que ceux reconnus dans la définition de Crime de génocide, en les protégeant contre les Crimes de guerre et les Crimes contre l'humanité (voir **Droit de la guerre**).

Selon l'interprétation juridique du Crime de génocide, trois caractéristiques sont nécessaires pour qu'un massacre soit reconnu comme un génocide : les victimes doivent faire partie d'un groupe national, ethnique, racial ou religieux ; les membres de ce groupe doivent avoir été tués ou persécutés en raison de leur appartenance à ce groupe ; le crime doit avoir été opéré de façon collective et planifiée et commis par les détenteurs du pouvoir de l'**État**, en leur nom ou avec leur consentement explicite ou tacite. Les moyens utilisés pour commettre un génocide sont nombreux : meurtre, atteinte grave à l'intégrité physique ou mentale, soumission intentionnelle dans des conditions d'existence entraînant la destruction physique totale ou partielle, entrave des naissances et transfert forcé d'enfants à un autre groupe (*Convention pour la prévention et la répression du crime de génocide*, 1948, article 2). Lors de la révision de la Convention, en 1985, la définition du crime de génocide est comprise comme : un acte criminel prémédité, systématique et organisé, ayant pour objectif l'extermination physique de communautés civiles sur la base de critères liés à la nationalité, à la race ou à la religion. La Convention reconnaît à la fois la responsabilité criminelle individuelle et la responsabilité criminelle de l'État où se déroule le génocide ou qui le commet lui-même.

Du côté des sciences sociales, plusieurs raisons mènent les chercheurs à bouder la définition de génocide de l'ONU. Une génération de chercheurs a cherché à effectuer des taxonomies des différentes formes de génocides ou de meurtres de masse. Ces taxonomies étaient censées permettent d'entreprendre des études quantitatives d'un nombre important de cas de meurtres de masses en dépassant souvent largement le cadre des génocides officiellement reconnus par l'ONU. Parmi les taxonomies les plus classiques au sein de cette littérature, on peut mentionner celles de Helen Fein et de Frank Chalk et Kurt Jonassohn : Fein (1993) distingue les génocides survenus avant l'État-nation (contre les autres tribus ou religions) de ceux commis depuis l'État-nation (la défense d'un groupe dominant ; l'extermination des populations autochtones ou la répression d'une rébellion) ; Chalk et Jonassohn (1990) distinguent les génocides survenus à la suite : 1) des tentatives de prévenir une menace future, 2) des processus de construction impériale, 3) des tentatives d'acquérir de la richesse économique, et 4) des tentatives d'implémenter une idéologie ou une croyance (voir aussi Smith, 1998).

D'autres travaux à saveur **sociohistorique** cherchèrent à analyser les dynamiques génocidaires en les mettant en relation avec des transformations sociales sur la longue durée. On pense par exemple à l'analyse comparative de Robert Melson (1992) qui met en relation les contextes post-révolutionnaires, la **guerre** et les génocides ; à ceux de Rudolf Rummel (1992) qui chercha à lier les meurtres d'État à des politiques spécifiquement antilibérales ; alors que les travaux de Michael Mann (2005) cherchèrent eux, au contraire, à montrer comment les politiques génocidaires constituaient une part obscure du processus de modernisation. Plus récemment, le sociologue Charles Tilly (2003) tenta d'isoler les formes de violence génocidaire au sein d'un éventail de violences politiques.

Les Nations unies reconnaissent six génocides depuis le début du XXe siècle. Le génocide arménien (janvier 1915-juillet 1916) a été perpétré par la

Turquie, alors dirigée par le parti radical Union et Progrès. Le programme de suppression des Arméniens de Turquie a été érigé à la fin de 1914 parce que le gouvernement soupçonnait ces derniers d'être une cinquième colonne à la solde des Russes. Les deux tiers de la population arménienne, soit environ 1 500 000 de personnes, ont été tuées. Si la Turquie reconnaît aujourd'hui la déportation, elle nie toujours qu'il y ait eu génocide.

Le plus grand génocide du XXe siècle est évidemment celui des Juifs entre 1941 et 1945. Environ six millions de Juifs européens (sur une population totale de neuf millions) ont été exterminés par les dirigeants de l'Allemagne nazie dans un but de purification raciale. Après la fin de la Deuxième Guerre mondiale, les procès de Nuremberg ont permis la condamnation de plusieurs des auteurs du génocide, de même que de certains des concepteurs de la Solution finale.

Le génocide qui s'est déroulé au Cambodge entre avril 1975 et janvier 1979 a fait 1,7 million de morts, ce qui représentait 20 % de la population du pays (Kiernan, 2003). Les Khmers rouges souhaitaient uniformiser la société khmère et donc, ont planifié le massacre des groupes politiques, ethniques et religieux indésirables. Parce que les élites urbaines et les intellectuels étaient les principales cibles des Khmers rouges, la communauté internationale a longtemps hésité avant d'apposer le mot « génocide » aux massacres perpétrés au Cambodge. À la suite de nombreuses études, au raffinement de la définition de génocide dans la Convention de 1985 et à la pression internationale, les Nations unies ont finalement conclu qu'il y avait eu génocide au Cambodge, puisque les personnes visées étaient principalement identifiées à des communautés ethniques ou religieuses particulières. En 2000, un tribunal conjoint Cambodge/Nations unies a été mis sur pied pour juger les dirigeants khmers qui ont participé au génocide.

Entre 1975 et 1999, l'Indonésie a éliminé 25 % de la population du Timor oriental (ce qui représente environ 200 000 personnes). Ce génocide visait aussi une uniformisation de la société et comprenait également des techniques d'assimilation draconiennes, allant de l'interdiction d'utiliser des langues non officielles à la stérilisation des Timorais.

Les différents massacres conduits sur le territoire de l'ex-Yougoslavie, entre 1991 et 1996, ont été commis contre les populations musulmanes par les dirigeants de la Serbie. Le projet de reconstruire la Grande Serbie a fait plus de 250 000 morts. En mai 1993, le Tribunal pénal international pour l'ex-Yougoslavie (TPIY) a été créé pour juger des crimes reliés à cette période : pour la première fois de l'histoire, un chef d'État en exercice, Slobodan Milosevic, était accusé de crimes de guerre, de crimes contre l'humanité et de génocide. Le TPIY juge également des Croates et des Bosniaques pour le même type de crimes.

Le dernier génocide reconnu par les Nations unies est celui survenu au Rwanda en 1994. Perpétré par les Hutus, le génocide a fait environ 800 000 morts parmi la minorité Tutsi, en plus des nombreuses victimes dans la population Hutu (Mamdani, 2001). En décembre 1994, le Tribunal pénal international pour le Rwanda (TPIR) a été mis sur pied par le Conseil de sécurité pour juger les responsables du génocide.

Bien que certains documents emploient indifféremment les expressions « génocide » et « nettoyage ethnique », il faut noter que ce dernier diffère du premier en ce qu'il ne vise pas spécifiquement la destruction physique d'un groupe national, ethnique, racial ou religieux. Le nettoyage ethnique concerne plutôt l'utilisation de la force ou de l'intimidation pour obliger un groupe à quitter un certain territoire, au profit d'un autre groupe. Différents moyens peuvent être utilisés à cette fin : meurtre, torture, arrestations arbitraires, détentions illégales, exécutions sommaires, viols systématiques, attaques militaires, utilisation de boucliers humains, etc. Le nettoyage ethnique est souvent la première étape menant au génocide, bien qu'ils puissent être menés l'un sans l'autre.

Frédérick Guillaume Dufour et Karine Prémont

GÉOGRAPHIE POLITIQUE

Political Geography

> Même lorsque les perspectives diffèrent et que les auteurs utilisent différents termes pour identifier ce qu'ils font, un champ cohérent de géographie politique peut être défini. De plus, les étiquettes disciplinaires sont souvent vues comme problématiques. En effet, vous pourriez utiliser ce livre [*Making Political Geography*] dans un cours qui porterait un titre aussi différent que « Lieu et Politique » ou « Géopolitique ». Cela dit, si l'intersection de la géographie et du politique vous intéresse, vous faites de la géographie politique ou quelques-uns de ses aspects (Agnew, 2002 : 13).

En **Relations internationales**, on remarque l'absence d'une théorisation de l'espace. Pour les politologues, la localisation spatiale a traditionnellement désigné une localisation géo-historique ou temporelle, puisque le passage du temps affecte la relation du politique à l'espace où il est en cause (Elazar, 1999 : 880). Dans un contexte favorisant l'hybridation (*hybridization*) plutôt que l'interdisciplinarité du savoir, un dialogue entre la géographie politique et les Relations internationales se révèle non seulement bienvenu mais également très profitable. La géographie politique est une discipline s'intéressant avant tout aux dimensions politiques du territoire et de la territorialité ainsi qu'aux processus d'établissement de frontières et de barrières dans des espaces historiques, géographiques et culturels. « Tous les êtres humains sont situés dans un espace particulier, dans une époque particulière et dans une culture particulière » (Elazar, 1999 : 876). Par conséquent, on fait de la géographie politique lorsqu'on veut penser la relation politique entre une structure temporelle, spatiale et culturelle donnée et un humain ou tout autre **acteur** (comme l'**État**, une ville, un groupe national).

Néanmoins, les questions abondent : Qu'est-ce donc que la géographie politique ? De la politique géographique, de la géographie appliquée aux choses politiques ou de la politique interprétée géographiquement ? Est-il question d'intégrer le savoir géographique à l'édifice de la science politique ou le savoir politique à la géographie ? Enfin, parle-t-on d'une science spatio-politique ou d'une science politique de l'espace ? Selon qu'on a été formé dans l'une ou l'autre des disciplines, on privilégiera une option plutôt qu'une autre.

Pour le géographe politique Peter Taylor, la géographie politique est une perspective pertinente seulement si elle produit une connaissance qui n'est pas déjà produite par d'autres perspectives (Taylor cité dans Lustick, 1999 : 903). Cherchant à savoir comment la géographie politique peut être une contribution significative pour les Relations internationales, le politologue Ian Lustick soutient que

> [...] les géographes peuvent utiliser leurs connaissances et leurs pratiques spécialisées pour étudier l'histoire, la fonction et l'impact des frontières et de la territorialité, afin d'engager les politologues et d'autres chercheurs dans l'étude de ces problématiques universitaires et pratiques qui nécessitent le plus grand intérêt (Lustick, 1999 : 904).

Si cette réponse n'échappe pas au dilemme disciplinaire que nous venons d'évoquer, elle a le mérite de chercher à combler un réel vide dans les écrits théoriques des Relations internationales dans l'après-guerre et d'inviter au dialogue (Albert, 1999 : 54). À ce manque, il faut toutefois mentionner l'exception que sont les deux excellents textes de John Herz sur l'État territorial : « Rise and Demise of the Territorial State » (1957) et « The Territorial State Revisited » (1968).

Aujourd'hui, les termes « géopolitique » et « géographie politique » sont utilisés de façon connexe, bien qu'ils ne renvoient pas à une même idée. Ils ont hérité d'un passé lourd, résultat de leur association avec le nazisme et le **nationalisme** allemand qui les ont isolés pendant plusieurs décennies. Ainsi, les fondateurs de la **géopolitique**, Rudolf Kjellen et Friedrich Ratzel, étaient des géographes. Du tournant du XXe siècle à la fin de la Deuxième Guerre mondiale, la géopolitique a été liée à une politique de domination territoriale et d'expansion, surtout sous le régime nazi. Elle se voulait une approche scientifique de la pensée de l'action reposant sur un déterminisme géopolitique/géographique. Après 1945, elle est restée taboue jusqu'au milieu des années 1970 en France et dans les milieux anglo-saxons.

En France, c'est sous l'impulsion du géographe Yves Lacoste que la géographie politique et la géopolitique ont refait surface comme champ d'analyse des relations internationales avec la fondation, en 1976, de la revue *Hérodote*. La même année, Lacoste écrivit *La géographie ça sert d'abord à faire la guerre*. Dans l'esprit des promoteurs de cette « nouvelle géopolitique », la géographie devait se réapproprier le politique. Elle est ainsi devenue une interprétation géographique le plus souvent associée à une analyse prétendant à la globalité et à une analyse multiscalaire (à plusieurs échelles) des conflits territoriaux. En effet, la géopolitique s'intéresse à l'étude de la confrontation des différentes représentations d'un territoire qu'ont des acteurs politiques (Lorot et Thual, 1997 : 44-45). Le conflit territorial devient l'unité d'analyse de la géopolitique. Cette interprétation de la géopolitique vaut toutefois uniquement pour la littérature française.

Dans la littérature anglo-saxonne, la géographie politique a très tôt constitué une aire de recherche intéressée par l'étude des interactions mutuelles entre la géographie et le politique et a voulu établir un pont avec les Relations internationales. Elle a donc, dès le départ, cherché à neutraliser l'utilisation du terme géopolitique et pris un virage la rapprochant de l'**économie politique**. À l'instar de Lacoste, ces auteurs voulaient que les abus de la connaissance géographique cessent et ont plaidé pour une science géographique des relations internationales. Peter Taylor, le géographe britannique de l'analyse du **système-monde** d'Immanuel Wallerstein (Taylor et Flint, 2000), et l'Américain John O'Loughlin ont été les figures de proue de la géographie politique vers la fin des années 1970 et au début des années 1980. Ils ont notamment fondé la revue *Political Geography Quarterly*, laquelle est ensuite devenue la revue *Political Geography*. Dans la poursuite de cette initiative de recherche est même née une seconde revue, *Geopolitics and International Boundaries*, aujourd'hui nommée *Geopolitics*. Elle s'intéresse notamment à la répartition spatiale de la **puissance** entre les États, aux conflits frontaliers régionaux, aux propriétés territoriales des États et à la constitution du système interétatique.

Si le concept de « géopolitique » évoque aujourd'hui une pluralité d'enjeux qui concerne l'étude et l'analyse théorique des Relations internationales et de la géographie politique (Ó Tuathail, 2003), il n'en a pas toujours été ainsi. Avec la fin de la **Guerre froide** et la remise en question du discours **réaliste** en Relations internationales, la coexistence de concepts géographiques et politiques s'est posée comme problème : il fallait ultimement que soit abordée la question de l'éducation géographique des politologues et de l'éducation politique des géographes. L'occasion était offerte pour que soit entrepris un dialogue entre les Relations internationales et la géographie politique. Cette ouverture au dialogue a notamment été le résultat de travaux critiques ou dissidents dans ces deux champs du savoir (Ashley, 1990 et George et Campbell, 1990 en Relations internationales et Harvey, 1989 et Agnew et Ó Tuathail, 1992 en géographie politique) (Lapid, 1999 : 898). Dans la lignée des John Agnew et John O'Loughlin, de jeunes chercheurs en géographie politique, Gearóid Ó Tuathail et Simon Dalby notamment, ont critiqué la **politique étrangère** des États-Unis en adoptant un point de vue **poststructuraliste**. Cette nouvelle branche de la géographie politique, nommée « **géopolitique critique** », a ce faisant permis d'établir des liens avec les Relations internationales et est parvenue à intégrer les corpus des cours théoriques des Relations internationales (Ó Tuathail et Dalby, 1998 : 2). En somme, cette nouvelle approche a permis de penser autrement la géographie politique et la géopolitique.

Déjà durant les années 1960, Ladis Kristof espérait la mise en place d'une sorte de dialogue où pourraient se rencontrer et interférer la géographie politique et les Relations internationales (Kristof, 1960). Il a toutefois fallu attendre que les politologues soient intéressés par l'analyse spatiale du politique pour qu'on puisse envisager ce dialogue. À défaut de pouvoir maîtriser le contenu de deux champs disciplinaires, des emprunts réciproques limités peuvent être considérés (Lapid, 1999). En sachant que le monopole du savoir est impossible et en considérant le programme de recherche de la géopolitique critique, l'approche de géographie politique reste de loin la plus en vue en Relations internationales. Force est de constater qu'il devient difficile de différencier les travaux qui en émanent d'avec les travaux produits par les auteurs poststructuralistes des Relations internationales, tellement les échanges sont rendus importants. Cet état de fait s'avère de bon augure pour faire avancer les Relations internationales, qui peuvent désormais compter sur des productions théoriques et empiriques comprenant une solide base géographique. Les pratiques de recherche et les visages des deux disciplines s'en trouvent par conséquent modifiés, tout en demeurant des disciplines distinctes qui s'intéressent respectivement à des objets/sujets plus spécifiques (Lapid, 1999 : 899).

David Grondin

GÉOPOLITIQUE

Geopolitics

> La politique des États, disait Napoléon, est dans leur géographie (Lacoste, 1995 : 11).

Pour certains, la géopolitique est une technique de diplomatie ; pour d'autres, elle constitue une méthode d'analyse. Dans cette seconde perspective, la géopolitique propose des rapports de causalité ou d'interdépendance entre facteurs géographiques, d'une part, et les intérêts et le comportement politiques, d'autre part.

Historique du terme

La recherche d'une relation entre géographie et politique est ancienne, puisque l'historien arabe Ibn Khaldoun (1332-1406) avait déjà étudié les rapports entre la géographie et la genèse des civilisations. La notion de « géopolitique » a cependant, en Occident, une histoire, où se mêlent jours de gloire et périodes de disgrâce. Son histoire peut être sommairement divisée en quatre périodes : 1870-1920, 1920-1945, 1945-1989 et 1989 à nos jours.

La première période, qui va de la guerre franco-prussienne de 1870 aux traités de Versailles en 1919-1920, est celle des pères fondateurs et de l'apparition des différentes formes de ce que l'on appelle aujourd'hui la « géopolitique classique ». C'est l'époque du darwinisme social, de la paix armée et du colonialisme européen, qui se reflète dans certaines notions géopolitiques primaires. Comme le soulignent plusieurs spécialistes (O'Loughlin, 1994 : ix ; Chaliand et Blin, 1998 : 258-263), certaines modèles s'imposent, notamment la théorie organique de l'État de l'Allemand Friedrich Ratzel et du Suédois Rudolph Kjellen ; l'analyse de l'histoire des États en termes de géostratégie maritime et terrestre de l'Américain Alfred T. Mahan ; la notion d'espace vital (*lebensraum*) et d'hégémonie mondiale (par le contrôle de *heartland* eurasiatique) du Britannique Halford J. Mckinder. Produits d'une époque marquée par des théories et philosophies aux prétentions universelles, ces historiens, géographes et stratèges ont tenté de découvrir, dans les données géopolitiques, « l'explication positiviste voire déterministe » des phénomènes politiques.

La deuxième phase correspond essentiellement à la période de l'entre-deux-guerres. L'école géopolitique allemande, avec Karl Haushofer en tête, rivalise avec les écoles franco-britannique et, plus tard, américaine. Le plus important point à retenir de cette période est la complicité présumée entre les géopoliticiens allemands et le Troisième Reich dans la formulation de la notion d'« espace vital ». Basée sur une philosophie essentialiste, la théorie organique de l'État justifie l'expansion territoriale allemande comme étape nécessaire à son évolution naturelle. Cet expansionnisme va au-delà de l'espace germanique pour englober l'espace eurasiatique. En revanche, l'école française, représentée par des géographes de grande réputation comme Paul Vidal de la Blache, était plus attachée à la géographie qu'à la politique. Cela est vrai dans la mesure où les Français étudiaient la politique à l'intérieur de la géographie en général ou de la géographie humaine en particulier (Heske, 1994 : 88). La géopolitique allemande et la géographie politique française se distinguent sur d'autres points. La première est déterministe et au service des politiques expansionnistes, alors que la deuxième est moins ambitieuse et maintient une distance par rapport aux objectifs étatiques.

La troisième phase va de 1945 à la fin de la **Guerre froide** et se définit par trois éléments. Le premier est d'ordre éthique, car le cauchemar hitlérien a imposé au terme géopolitique un tabou. Dans les mondes universitaire et journalistique, l'usage de la géopolitique était désormais « politiquement incorrect », puisque le mot évoquait pour beaucoup une « pseudo-science et même une démarche intellectuelle criminelle » (Lacoste 1995 : 7). Aujourd'hui, ce jugement persiste, surtout chez ceux qui s'inspirent des théories critiques postmodernes et marxistes pour remettre en question les politiques impérialistes et capitalistes des grandes puissances. Le deuxième est d'ordre technologique. La mise au point des missiles balistiques a réduit l'importance de la géographie dans la stratégie militaire (Moreau-Defarges, 2002 : 1). Le troisième élément est d'ordre politique. La période 1945-1989 est dominée par la vision américaine de la géopolitique, qui s'inspire des doctrines d'endiguement de l'Union soviétique et du danger de « l'effet domino » dans les maillons faibles du réseau d'alliance pro-occidental.

La dernière période commence avec la fin de la Guerre froide en 1989. La chute du Mur de Berlin marque la renaissance des débats géopolitiques dans les milieux journalistique, universitaire et politique. L'apparition de nouveaux États et de nouvelles revendications territoriales en Asie centrale, dans le Caucase et dans les Balkans a renouvelé l'intérêt pour la géopolitique. Les articles et les reportages de presse, les recherches et les études universitaires, les enquêtes et les rapports gouvernementaux se sont multipliés. Cette nouvelle vague a donné naissance à de nouveaux axes de recherche.

Les spécialistes restent divisés sur le caractère scientifique de la géopolitique. Pour un premier groupe, elle n'a rien de scientifique ; elle ne serait qu'un art, une technique au service des politiciens et des diplomates (Chaliand et Blin, 1998 : 258). Par contre, d'autres affirment que la géopolitique a une valeur heuristique et constitue un sous-domaine d'une discipline bien établie (géographie ou science politique). C'est souvent le cas dans le monde anglo-saxon, où la géopolitique a encore mauvaise réputation. Pour un troisième groupe, il s'agit d'un champ d'étude autonome possédant des traits et des axes de recherche qui lui sont propres. Cette dernière conception épistémologique est généralement attachée à l'école française, appelée aussi « nouvelle géopolitique » (Chauprade et Thual, 1998 ; Lacoste, 1995).

Dans toutes ses incarnations (géographie politique, géographie humaine, **relations internationales**), la géopolitique classique avait comme objet de réflexion et d'intérêt les relations interétatiques. L'**État** était roi. Les frontières entre les nations et les effets de la distribution géographique des données matérielles sur la politique étrangère constituaient les principaux thèmes de recherche. On retrouvait cette vision stato-centrée et positiviste, typique de la géopolitique classique, dans des textes de référence. Le *Robert* (1965) et le *Grand Larousse universel* (1962) définissaient respectivement la géopolitique comme « l'étude des rapports entre les données naturelles de la géographie et la politique des États » et « l'étude des rapports qui unissent les États, leurs politiques et les lois de la nature, ces dernières déterminent les autres » (Lacoste, 1995 : 9).

Sans être identiques, les écoles classiques allemande, anglo-saxonne et française partageaient le même préjugé stato-centrée et internationaliste. Chez Haushofer, la géopolitique était la dépositaire de la conscience géographique de l'État ; son objet d'étude était les connexions vitales entre l'être humain et son espace ; sa fonction était d'être au service de l'État pour que ce dernier atteigne ses frontières naturelles (Lacoste, 1995 : 10 ; Evans et Newnham, 1990 : 136). Chez les Anglo-Saxons et les Français, les définitions ne sont pas si déterministes. Toutefois, les domaines de recherche de la géopolitique restent toujours la politique de **puissance** des États et les enjeux internationaux (Lacoste, 1995 : 10). Les thèmes centraux de la géographie de puissance de l'école américaine contemporaine continuent de s'imposer : la division des espaces maritimes et terrestres, la démographie, la distribution des ressources naturelles, les zones tampons, les lieux stratégiques (Evans et Newnham, 1990 : 137).

L'école française de géopolitique de l'après-Guerre froide s'écarte de la vision internationaliste, s'intéresse à la dimension sociologique des relations internationales et présente une définition plus large de la discipline. Lacoste, Raffestin, Chaliand et Rageau en sont les maîtres à penser. Ceux-ci insistent sur l'importance de la géopolitique des enjeux internes et nationaux (Parker, 1994 : 97).

Cette nouvelle géopolitique a une portée globale. Dans *Fronts et frontières* (1988), Michel Foucher fait de la géopolitique une méthode d'analyse qui dépasse les relations interétatiques pour englober toute situation sociopolitique concrètement ancrée dans les représentations territorialisées (Lacoste, 1995 : 10-11). Pour Lacoste (1995), la géopolitique est un champ de recherche en évolution et son objet d'étude porte sur les représentations et les idées contradictoires et conflictuelles qui émergent des revendications territoriales régionales, nationales ou internationales. Les acteurs dans les conflits géopolitiques peuvent être étatiques ou subétatiques ; les enjeux, internationaux ou nationaux.

Pour les critiques de la démarche géopolitique lacostienne, la discipline a une portée encore plus globale. Un exemple extrême est celui de Philippe Moreau-Defarges, pour qui la géopolitique s'intéresse à l'interaction entre la géographie (humaine et matérielle) et la politique (dans tous les sens du mot régimes, doctrines, choix, etc.) :

> [c]ette nouvelle géopolitique aux frontières plus floues, aux méthodes plus multiples, part d'une évidence : quels que soient les bouleversements du monde – de l'avènement du nucléaire à la mondialisation, contraction massive de l'espace et du temps –, la géographie existe toujours. Tout problème humain et toute question politique se situe dans l'espace et le temps. Toute analyse sociale, politique doit intégrer ces deux dimensions (2002 : 1).

Pour les géopoliticiens, les conflits identitaires, les tendances régionalistes, bref tout rapport géocentrique revêt une importance heuristique et explicative. En ce sens, la **mondialisation** – thème très à la mode dans les sciences sociales – peut avoir un caractère éminemment géopolitique, puisqu'elle opposerait les métropoles capitalistes et les États du Nord aux entités locales périphériques. L'islamisme, par exemple, relèverait lui aussi du champ d'analyse de la géopolitique, car beaucoup de mouvements islamistes remettent en question le concept de l'État-nation et font la promotion du panislamisme (Lacoste, 1995 : 18).

Ces nouvelles approches donnent à la géopolitique un caractère multidisciplinaire, dans la mesure où elle insiste sur l'importance qu'accordent les groupes en conflit au lien entre le temps et l'espace. Par sa médiatisation, l'association pouvoir-territoire devient l'affaire de tous. Il suffit de penser aux débats sur les droits dits ancestraux ou historiques dans certains pays. Des questions territoriales deviennent des conflits culturels, linguistiques, ethniques et religieux.

Ali Dizboni

GÉOPOLITIQUE CRITIQUE — Critical Geopolitics

Les géographes politiques ont bien fait ressortir que les espaces n'ont pas de référents politiques fixes et que la géographie est une pratique et une forme de connaissance qui produit l'espace, l'écrit, le décrit, l'inventorie, le sépare, le partage et le structure pour la conquête. C'est donc dire que la géographie est narrée et racontée par les peuples et les institutions qui se font la lutte pour s'approprier des territoires et des espaces pour pouvoir y inscrire leurs référents moraux, discursifs et politiques.

> Vue à partir de la frontière coloniale, la géographie n'est pas seulement une lutte entre des technologies cartographiques et des régimes de vérité ; elle est aussi un concours entre différentes façons d'envisager le monde (Ó Tuathail, 1996 : 15).

La **géopolitique** renvoie donc directement à l'interaction entre l'espace et le politique, notamment à l'articulation du **pouvoir** et aux relations qui s'y tissent.

Comme l'explique le géographe Edward Soja, tout projet politique ou tout pan de la vie sociale est spatialisé. Le défi de toute analyse qui se réclame d'une géographie humaine critique est de rendre consciente cette spatialisation :

> Nous devons être conscients, à tout moment, de la façon dont l'espace peut être employé pour nous cacher des choses, de la façon dont les relations de pouvoir et la discipline sont inscrites dans la spatialité aux apparences innocentes de la vie sociale, de la façon dont les géographies humaines sont investies par la politique et l'idéologie (1989 : 6).

Lorsqu'on ne peut discerner les traits d'une idéologie dans un espace, qu'on ne sent pas sa présence ou une quelconque politisation, c'est à ce moment qu'intervient la géopolitique critique.

Cette pensée géopolitique est dite critique, car elle émane d'une curiosité intellectuelle, d'une volonté critique et d'un doute méthodique envers les discours officiels et établis comme « naturels ». D'affirmer Gearoid Ó Tuathail,

> [o]n peut commencer à penser la géopolitique de façon critique en se deman-

> dant pourquoi cette dernière est un discours attrayant pour les journalistes, les politiciens et les penseurs stratégiques (2006a : 1).

La géopolitique se veut ainsi une forme gouvernementalisée de la connaissance géographique qui a voulu ordonner, organiser et discipliner l'espace global vu pour une première fois comme un « espace fermé » au tournant du XXe siècle, au plus fort de la rivalité entre les puissances impériales et coloniales européennes (1996 : 15).

Les origines de la géopolitique critique comme pratique de savoir/pouvoir

Institutionnellement située aux confluents des **Relations internationales** et de la **géographie politique** mais surtout établie dans la discipline géographique, la géopolitique critique est un courant de pensée de la fin de la **Guerre froide** qui a connu un essor incroyable depuis la publication de l'ouvrage *Critical Geopolitics* de Gearóid Ó Tuathail en 1996, un ouvrage résultant de sa thèse dirigée par John Agnew et qui faisait suite à l'article qu'ils avaient rédigé ensemble en 1992 « Geopolitics and Discourse : Practical Geopolitical Reasoning in American Foreign Policy ». Une approche géopolitique critique remet donc en question la géopolitique traditionnelle en disant que

> la géopolitique appartient à la même espèce que le **réalisme** politique, et se distingue par sa tendance à voir la « géographie » comme un élément particulièrement important de la conceptualisation et de la pratique en politique étrangère (Ó Tuathail, 1999 : 107).

Confrontant ouvertement et directement le réalisme politique, cette nouvelle vision critique de la géopolitique croit que le langage de la politique ne reflète pas simplement les problèmes et enjeux « réels » : il les constitue. En ce sens, la géopolitique critique dira que la géopolitique n'est pas qu'intéressée par la politique de la **puissance** mais bien qu'« elle est la politique de la puissance » (Ó Tuathail, 1999 : 108).

Comme grille analytique offrant elle-même des récits géopolitiques concurrents, la géopolitique critique distingue entre différents niveaux de discours géopolitiques : 1) la géopolitique formelle, laquelle comprend la production des *think tanks* (cercles de réflexion) et les analyses universitaires ; 2) la géopolitique pratique, qui renvoie aux discours présidentiels et aux discours politiques officiels ainsi qu'aux publications gouvernementales ou émanant d'organisations gouvernementales qui forment la production stratégique des États et des institutions politiques formelles ; et 3) la géopolitique populaire, qui comprend les artefacts culturels – comme les magazines, les romans, les journaux, les médias, les films, la radio, bref, tout ce qui touche la culture populaire (Sharp, 2000 ; Debrix, 2007).

Dans ce contexte, la géopolitique devient une pratique discursive, où les experts participent à une logique de production de savoir/pouvoir, où le géo-pouvoir est le pouvoir d'imposer un ordre et un sens à l'espace (Ó Tuathail, 1996 : 249-256). Les experts de la géopolitique luttent alors pour l'acquisition de savoirs et de ressources qui leur confèrent une autorité et une légitimité et participent à la construction et l'élaboration de nouvelles cartes géopolitiques pour les décideurs :

> [...] la géopolitique critique n'offre pas la perspective de l'analyste stratégique des « experts » de la politique étrangère, caractérisée par sa réduction du temps à l'espace et par son survol détaché et qui fait autorité d'un espace qu'elle rend global, visible et objectifiable. Son mode d'opération en est plutôt celui d'une guérilla mobile qui se sert de ce qu'elle a sous la main pour promouvoir des positions critiques dans une guerre de position permanente, à l'intérieur d'un terrain gouverné par des interprétations politiques hégémoniques (Ó Tuathail, 1996 : 69).

En ce sens, pour la géopolitique critique, l'étude ethnographique des pratiques de **gouvernance** étatique et de **sécurité**, bien qu'onéreuse et incomplète, s'avère une tâche incontournable et indispensable, surtout si on veut comprendre la nouvelle géopolitique de la violence étatique et la transformation de la **guerre** dans l'espace global de la guerre contre la terreur. Ó Tuathail reconnaît effectivement que :

> L'étude du raisonnement géopolitique pratique de l'histoire passée et presque immédiate est un défi considérable, car cela exige une immersion presque totale dans le monde quotidien du discours et de la pratique de la politique étrangère. Les chercheurs doivent devenir des ethnographes du comportement en politique étrangère, sans jamais avoir un accès direct au micro-monde de leurs sujets. La reconstruction empirique détaillée de l'expérience historique des processus de formulation des politiques et du processus décisionnel, sans connaître les rencontres privées cruciales, les mémos clés et d'autre matériel d'archives privées, est aussi un défi (2002 : 603).

La production en recherche de la géopolitique critique

Si le regard premier de la géopolitique critique porte sur l'actualité contemporaine de la politique mondiale, afin de discerner les relations de pouvoir et les rivalités politiques et de puissance qui se dessinent, elle prête une attention toute particulière aux discours géopolitiques du passé, qui ont souvent guidé les actions des décideurs et des puissants de ce monde au cours du XXe siècle. C'est pourquoi l'un des axes de recherche principaux de la géopolitique critique est l'étude des traditions géopolitiques vues comme des discours de la puissance, où elle passera en revue l'étude des écoles géopolitiques impérialistes : l'École allemande, en étayant les travaux des Friedrich Ratzel, Karl Haushofer et la pensée idéologique nazie d'Adolf Hitler ; l'École française, avec les Jacques Ancel et Paul Vidal de la Blache ; l'École britannique, bâtie autour de Halford Mackinder ; ainsi que l'École américaine, évoluant autour de la pensée et des actions de Theodore Roosevelt, de Isaiah Bowman et de Nicholas Spykman (Ó Tuathail, 2006 : 17-32). La géopolitique critique montre ainsi que les discours géopolitiques sont des récits de la condition géopolitique contemporaine qui cherchent à influencer la/le politique.

Dès ses premiers balbutiements dans le contexte global bipolaire de la **Guerre froide**, la géopolitique critique s'est également spécifiquement intéressée à trois aspects de la production de l'espace et des territoires : la production et la signification des frontières (Albert, 1999), la production d'Autres menaçants (Ó Tuathail et Dalby, 1998) ainsi que la (re)production de l'**identité** (Albert, Jacobson et Lapid, 2001). Au milieu des années 1990, son programme de recherche portait sur des sujets qui étaient peu étudiés par les auteurs plus conventionnels des Relations internationales, mais qui coïncidaient avec de nombreux travaux **réflexifs** des Relations internationales (Ashley et Walker, 1990 ; George et Campbell, 1990). C'est ainsi qu'ils étudieront, entre autres, les changements globaux environnementaux et l'élargissement de la **sécurité nationale** en raison des « nouvelles menaces » que représentaient la **criminalité organisée transnationale**, le sida, le **terrorisme** catastrophique, le narcotrafic et la cyberguerre (Ó Tuathail, Dalby et Routledge, 1998).

Les événements du 11 septembre 2001 vont cependant porter aux nues le champ de la géopolitique critique, en raison notamment de leur étude des **frontières**, de leur compréhension de la territorialité et des processus de construction des menaces. Dans cette optique réitérant l'importance de lire et d'étudier la production géopolitique pratique et formelle, les chercheurs qui œuvrent à l'intérieur du champ de la géopolitique critique s'intéresseront à la production stratégique américaine liée à la sécurité nationale pour comprendre comment la pratique identitaire centrale du National Security State américain de la Guerre froide de construction d'un ennemi a repris du service (Ó Tuathail, Dalby et Routledge, 2006).

Les plus récents travaux de géopolitique critique montrent d'ailleurs comment la géopolitique devient une pratique politique, sociale et culturelle étudiée par ses représentations et pratiques qui produisent des espaces de la politique globale, plutôt qu'une réalité neutre, objective et manifeste de cette dernière. Ces travaux abordent, entre autres, l'analyse de la transformation de l'État-nation dans le contexte de la **mondialisation** en s'intéressant aux luttes symboliques et géographiques qui ont marqué l'histoire du trait d'union entre l'**État** et la **nation** (Sparke, 2005) ; l'histoire croisée des colonialismes que la guerre contre le terrorisme met en scène dans divers contextes géographiques (Gregory, 2004) ; la localisation géographique souvent masquée de la politique de la peur, de la terreur et de violence de la guerre contre la terreur (Gregory et Pred, 2007) ; les nouvelles frontières entre le militaire et le civil qui modifient la relation entre le territoire, la citoyenneté et la guerre (Cowen et Gilbert, 2007) ; les élites qui sont chargées de penser la **stratégie** américaine dans le contexte de la guerre contre la terreur (Debrix, 2007) ; ainsi que l'urbanisation de la **guerre** moderne afin de pouvoir définir une nouvelle géopolitique urbaine permettant d'appréhender l'interpénétration de la géopolitique globale avec les réalités locales que le terrorisme global génère (Graham, 2004).

La géopolitique critique, une approche qui a (fait) sa place en Relations internationales

Au demeurant, la géopolitique critique doit sa popularité à l'activisme en recherche de Gearóid Ó Tuathail et de Simon Dalby, qui ont publié notamment une anthologie et un ouvrage collectif présentant ce que cela suppose de repenser la géopolitique et la façon de l'étudier (Ó Tuathail et Dalby, 1998). En plus de s'intéresser aux « autres » discours géopolitiques (comme celui produit par les membres de *think tanks*, par les praticiens politiques ainsi que par les sites de la culture populaire), ce sont eux qui ont, dès le départ, frayé dans les cercles universitaires des Relations internationales – donc de la science politique anglo-américaine.

Ancrée dans une analyse **poststructuraliste** des Relations internationales et consistant en des travaux de géographie politique critiquant la politique étrangère américaine (Ó Tuathail et Agnew, 1992), la géopolitique critique a procédé à une critique des catégories géopolitiques élémentaires qui servent aux théories des Relations internationales – par exemple, les État-nations vus comme des entités fixes – et a porté plus loin les interrogations sur les présupposés historiques et territoriaux qui alimentent nos catégories conceptuelles (Agnew, 1994).

À ce sujet, il faut souligner que plusieurs chercheurs réputés en Relations internationales pour leurs inclinations poststructuralistes – comme David Campbell (1998), James Der Derian (1998), Michael Shapiro (1997) et François Debrix (2007) – sont autant considérés et lus comme des chercheurs faisant de la géopolitique critique. Cela a même pris un sens encore plus manifeste en 2005 lorsque David Campbell a joint le département de géographie de l'Université de Durham à titre de professeur de géographie politique et culturelle – y retrouvant d'autres collègues politologues comme Louise Amoore et Stuart Elden.

Cette percée de la géopolitique critique en Relations internationales illustre à quel point les frontières disciplinaires sont aujourd'hui poreuses, ce qui enrichit d'autant les Relations internationales comme champ d'études.

David Grondin

GOUVERNANCE

Governance

> [L]e lien logique entre les modèles de gouvernance aux niveaux national et global repose sur la résolution du problème de l'action collective en vue de fournir des biens publics (Weiss, 2000 : 807).

La gouvernance peut se définir comme l'ensemble des mécanismes de gestion d'un système social (national ou international) en vue d'assurer des objectifs communs (**sécurité**, prospérité, cohérence, ordre et continuité du système). Le concept de gouvernance possède deux acceptions courantes : la première fait référence à la gouvernance globale et la seconde à la gouvernance à l'intérieur des **États**. Dans un premier temps, la gouvernance serait un mode de résolution des problèmes d'action collective se définissant comme étant « la capacité de coordonner des activités interdépendantes et/ou de réaliser le changement sans l'autorité légale de l'ordonner » (Le Prestre et Revéret, 2000 : 103). Dans un second temps, la notion de gouvernance réfère à « bonne gouvernance[1] » qui, selon la Banque mondiale et les différentes agences d'aide au **développement** qui en font la promotion, signifie essentiellement la saine gestion des affaires publiques.

En premier lieu, probablement en raison des deux sens qu'on lui attribue, le concept de *gouvernance* tend souvent à être assimilé à celui de *gouvernement*. Même lorsqu'on se réfère au concept de gouvernance au sens de la gouvernance globale, on le rattache ainsi maladroitement à l'exercice du pouvoir par l'État. Or, la gouvernance, bien qu'elle recoupe l'activité des États, s'étend de façon beaucoup plus vaste à toute forme d'action collective visant l'atteinte de buts précis (prospérité, sécurité, pérennité du système, etc.) et nécessitant l'édiction de règles ainsi que la poursuite de politiques particulières. Comme le résume Oran Young (1997 : 28), « [g]énéralement, la gouvernance peut se comprendre comme étant l'établissement et l'opérationnalisation d'un ensemble de règles de conduite qui définissent les pratiques, assignent des rôles et guident les interactions afin de traiter les problèmes collectifs ». La gouvernance internationale ne se limite donc pas aux actions des États, mais comprend également la participation des **organisations internationales** et de la **société civile** transnationale dans la résolution des problèmes collectifs.

Selon Pierre de Senarclens (1998 : 199), bien que la gouvernance n'ait pas fait l'objet d'une définition consensuelle, « [e]lle véhicule l'idée que les gouvernements n'ont pas le monopole de la **puissance** légitime et qu'il existe d'autres instances contribuant au maintien de l'ordre et qui participent à la régulation économique et sociale ». La réalisation de buts collectifs ne passerait donc pas forcément par une structure d'autorité hierarchique soutenue par la coercition. Ainsi, la gouvernance est une sorte *d'ingénierie sociale* qui se distingue de l'**anarchie** par la reconnaissance par les **acteurs internationaux** de l'existence d'obligations qu'ils se sentent tenus d'honorer dans leurs comportements (Mayer *et al.* 1993 : 392-393). Ce concept s'oppose donc à certaines thèses **réalistes** inspirées de Hobbes qui présupposent la nécessité d'un Leviathan détenant le monopole de la violence physique pour rendre possible et, s'il y a lieu, forcer la **coopération** et la coordination entre les acteurs sociaux. Au contraire, le concept de gouvernance suggère qu'une multitude d'institutions, gouvernementales ou non, participent à la formation et au maintien de l'**ordre international**.

En théorie des **Relations internationales**, les études sur la gouvernance s'inscrivent dans le prolongement des études sur les **régimes** internationaux. Les tenants de la théorie des régimes

1. L'expression « bonne gouvernance » est proposée comme traduction des concepts *sound governance* ou *good governance*.

étudient les processus par lesquels une coordination des actions visant un but précis et résultant d'une auto-organisation volontaire de la part des États (donc sans autorité centrale) est possible (Mayer *et al.*, 1993). Toutefois, il existe une différence notable entre les concepts de *régime* et de *gouvernance globale*. En effet, chaque régime porte sur un seul domaine de politique, alors que la « gouvernance globale » peut faire référence à l'arrangement plus général entre les régimes notamment par la hiérarchisation des régimes en termes de priorités.

Certains auteurs demeurent sceptiques face à ce concept. Selon Pierre de Senarclens, son émergence dans la littérature reflète une conception utilitaire, pragmatique et technocratique des relations sociales. La notion de gouvernance ne se borne pour lui qu'à promouvoir une simple « gestion » des interdépendances économiques sans prendre en compte les conflits politiques qui caractérisent les Relations internationales. De plus,

> [l]es partisans de cette approche prescriptive ont tendance à mêler dans un grand ensemble flou tous les acteurs de la scène internationale, sans hiérarchiser leur rôle et leur influence politique sur les systèmes de régulation. [...] Cette perspective procède par ailleurs d'une valorisation naïve des acteurs non étatiques, en particulier du rôle des entreprises transnationales, des ONG, des organisations internationales (De Senarclens, 1998 : 201).

Deuxièmement, la notion de *gouvernance* ou de *bonne gouvernance* fait référence à un ensemble de règles et de principes qui définissent les caractéristiques et critères de comportement auxquels un gouvernement doit se conformer afin d'être en mesure de répondre aux aspirations des citoyens. Employée souvent dans le contexte de l'obtention d'une aide financière auprès d'une organisation internationale ou d'un autre gouvernement, le concept de gouvernance, dans cette acception, se rapproche de la notion de conditionnalité politique ou économique. D'ailleurs, « [h]istoriquement, la notion de bonne gouvernance est un élargissement et un approfondissement de la conditionnalité économique des institutions de Bretton Woods telle qu'utilisée dans les années 1980... » (Uvin et Biagiotti, 1996 : 388-389).

Cette notion de *bonne gouvernance*, initialement introduite par la Commission Trilatérale dès mai 1975, a été élaborée en grande partie au sein de la Banque mondiale (Campbell *et al.*, 2000 : 2). Pour cette dernière, « la *gouvernance* se définit comme la manière dont le pouvoir est exercé dans la gestion des ressources économiques et sociales d'un pays. La *bonne gouvernance*, pour la Banque mondiale, est synonyme d'une gestion saine du développement » (Banque mondiale, 1992 : 1). La Banque mondiale, surtout préoccupée par les réformes institutionnelles de l'État, identifie quatre critères de *bonne gouvernance* : la gestion du secteur public, le cadre juridique (État de droit), l'information et la transparence, et enfin la responsabilité[2] (Campbell *et al.*, 2000 : 5).

2. Le PNUD, quant à lui, définit ses critères comme étant une gestion participative, transparente, efficace, équitable et fondée sur la loi.

L'application du concept de *bonne gouvernance* est loin de faire l'unanimité et plusieurs critiques ont été formulées à son égard. On lui reproche notamment « [...] son biais culturel et idéologique, la non-prise en compte de la diversité des expériences historiques et enfin, la centralité du paradigme libéral-pluraliste [...] » (Campbell *et al.*, 2000 : 5). De plus, selon Saldomando (Campbell *et al.*, 2000 : 44-65), des éléments beaucoup plus politiques et sociaux sont venus se greffer à la notion de gouvernance depuis la publication de *Governance and Development* par la Banque mondiale, débordant ainsi des simples critères administratifs. Ces éléments politiques et sociaux concernent des attentes par rapport au respect des droits humains, au développement durable ou encore à la participation de la société civile[3].

Bien qu'elle soit en vogue, la notion de gouvernance demeure difficile à cerner. La confusion liée aux multiples définitions qui lui sont données est d'ailleurs accentuée par l'utilisation du concept de gouvernance dans d'autres champs de la science politique que les Relations internationales, notamment en administration publique. La gouvernance est donc un concept porteur de plusieurs sens en constante évolution et son utilisation nécessite une grande précaution.

Evelyne Dufault

3. C'est surtout le cas des institutions faisant partie de la famille des Nations unies. Voir notamment (PNUD, 1997).

GUÉRILLA — Guerilla warfare

Le concept de guérilla désigne généralement tout type de mouvement d'insurrection armée qui se mobilise contre le pouvoir officiel en place. Les stratégies de la guérilla s'appuient sur la surprise, la mobilité, le harcèlement, l'intimidation et le **terrorisme**. Il existe actuellement plus de 400 « groupes armés non étatiques » actifs, répartis dans près de 90 pays (Conesa, 2003). On constate une baisse du nombre et des actions violentes des guérilla à travers le monde (Blaevoet, 2004).

Le terme guérilla signifie « petite guerre » et est apparu lors de la guerre d'Espagne (1808-1813), lorsque des mouvements civils et l'armée irrégulière espagnole luttaient contre les troupes de Napoléon. La guérilla peut être désignée sous d'autres termes, tels que « résistance », « rébellion », « révolution » ou « opposition », mais on établit généralement une distinction entre guérillas « traditionnelle », « révolutionnaire » et « moderne ». La première fait référence aux premières guérillas patriotiques, menées par une force militaire limitée dans le but de restaurer une situation ou un ordre passé. La seconde sert un objectif stratégique à long terme celui de s'emparer du pouvoir. Enfin, la troisième se réfère aux guérillas nées depuis 1945, dans un contexte de fin du colonialisme et de montée du nationalisme au Tiers Monde, et qui sont souvent influencées par l'idéologie marxiste. La récente croisade des États-Unis contre l'« axe du Mal » a transformé plusieurs guérillas politiques actives en organisations criminelles maintenant identifiées comme « terroristes ».

Les mouvements de guérilla partagent plusieurs caractéristiques : 1) confrontées aux forces armées régulières du gouvernement en place, elles sont au cœur d'une « relation du faible au fort » ; 2) elles requièrent l'appui populaire pour survivre et croître ; 3) elles utilisent des **stratégies** militaires irrégulières basées sur la mobilité et la surprise ; 4) enfin, elles se déroulent généralement en territoire ennemi, parfois à partir de sanctuaires étrangers. On peut ajouter que ces organisations ont généralement une hiérarchie semblable à celle des armées traditionnelles et elles sont souvent fondées par un individu charismatique ou un noyau de militants résolus mobilisant les troupes (Osanka, 1962 ; Gann, 1975 ; Chaliand, 1984).

Sans en porter le titre, les premières guérillas datent d'environ 5600 ans, alors que l'empereur chinois Huang de la dynastie Han utilisa la guérilla comme tactique pour repousser l'armée de Tsi Yao de la dynastie Miao. La guérilla fut par la suite utilisée régulièrement dans les différents conflits du sud-est asiatique (Gann, 1975).

Parmi les guérillas modernes les plus notoires figure celle de T. E. Lawrence (dit Lawrence d'Arabie), qui dirigea un mouvement de combattants irréguliers pour lutter contre l'occupation de la Turquie lors de la Première Guerre mondiale. Plus tard, la guérilla révolutionnaire communiste en Chine (1927-1949), conduite par Mao Tse Tung, influença plusieurs autres mouvements, tels celui de Ho Chi Minh au Viêt-nam et le mouvement révolutionnaire cubain de Fidel Castro et de Che Guevara. Ce dernier fut lui-même une source d'inspiration pour plusieurs mouvements de guérillas latino-américains.

La subversion, première phase d'un mouvement de guérilla, est marquée par une mobilisation populaire à l'encontre des politiques en place. Il s'agit généralement d'une phase non violente, où le mouvement tente d'obtenir le soutien de la population. La phase suivante, l'insurrection, se caractérise par des actes de violence civile et une organisation militaire mieux structurée pour contrer le pouvoir. L'option militaire visant une manœuvre anti-insurrectionnelle en est un effet direct et vise à combattre la « guérilla par la guérilla » (Trinquier dans Chaliand, 1997). C'est ainsi que plusieurs gouvernements aux prises avec des mouvements insurrectionnels ont créé leur propre « guérilla », que l'on qualifie souvent de « mouvements paramilitaires » ou d'« escadrons de la mort ». Les mouvements anti-insurrectionnels se distinguent des unités militaires régulières par leurs propres organisations hiérarchiques et se mobilisent sur des convictions idéologiques spécifiques. Néanmoins, plusieurs auteurs (Thompson dans Chaliand, 1979 et Singh, Baljit and Mei Ko-Wang, 1971) expliquent l'échec de la plupart des mouvements anti-insurrectionnels par la faiblesse de l'appui populaire et par le caractère anarchique du recrutement, au sens où les adhérents n'ont pas toujours les qualifications ni les motivations idéologiques nécessaires.

Les guérillas ne visent pas nécessairement la prise du pouvoir, mais une guerre révolutionnaire peut émerger. Les mouvements de guérilla, qui constituent « l'arme des faibles », sont clandestins et coûteux. Le financement des activités militaires devient rapidement une priorité pour le groupe, reléguant au second plan l'euphorie dogmatique des hauts dirigeants.

Les guérillas d'origine politique sont les plus fréquentes : leur objectif déclaré reste la prise du pouvoir. Néanmoins, privées des ressources financières des superpuissances depuis la fin de la **Guerre froide**, elles ont aujourd'hui trouvé d'autres sources. Par exemple et dans le contexte très particulier de la Colombie, les Forces armées révolutionnaires de Colombie (FARC) ont recours aux enlèvements et à un impôt sur la production illicite de la cocaïne pour financer leurs activités.

Dans le cas algérien, l'Armée islamique du salut (AIS), bras armé du Front islamique du Salut (FIS) qui affichait des objectifs politiques, a disparu pour laisser la place aux Groupes islamistes armés (GIA), dont les activités criminelles sont devenues essentielles à leurs activités politiques, à leur survie et même à leur identité.

D'autres n'ont pour ambition que de protéger l'espace traditionnel de leurs clans ou de leurs ethnies, sans objectif national affirmé, comme les « technicals somaliens » ou les factions tchadiennes (Chaliand, 1984).

Certains groupes armés non étatiques sont d'essence exclusivement criminelle, même s'ils disposent d'une base sociale, comme la Shan United Army du Myanmar, ou plus récemment certaines confréries de pirates en mer de Chine du Sud, ou encore des mafias ethniques de Russie qui n'ont pour objet que la pérennité de leurs activités délictueuses.

Toutefois, malgré les activités criminelles de ces groupes, le recrutement et la mobilisation des membres restent presque toujours basés sur les fondements d'insurrection sociale contre le pouvoir en place, ce qui permet de leur attribuer l'étiquette de « guérilla ».

François Audet

GUERRE

War

Le concept de guerre présente un paradoxe pour les chercheurs en **relations internationales** (RI). Concept central de la théorie des RI, il joue un rôle structurant au sein de ce champ d'étude. Cependant, il ne fait l'objet d'aucune définition consensuelle. Au contraire, ses définitions varient autant que les pratiques que le concept cherche à désigner. Nous survolerons ici trois dimensions de cette notion. La définition classique du concept de « guerre » formulée par Carl von Clausewitz ; l'évolution sociohistorique de la guerre comme pratique sociale ; et le traitement de la guerre par les traditions **réalistes** et **libérales** de l'étude des RI.

La définition classique de la guerre

Bien que le discours sur l'art de la guerre ait existé à travers plusieurs genres littéraires depuis l'Antiquité, peu de définitions de la guerre ont fait autant école que celle de Clausewitz. Dans son ouvrage fondateur, *De la guerre*, ce général prussien définissait la « guerre », comme « un acte de violence (*Gewalt*) destiné à contraindre l'adversaire à exécuter notre volonté » (1955 : 53). Une définition qu'il complétait par la maxime selon laquelle la guerre doit être considérée comme « la continuation des relations politiques, par l'appoint d'autres moyens » (1955 : 703).

Cette définition a été interprétée de plusieurs façons. Certains critiques soulignent, sans doute un peu rapidement afin de le discréditer, son appartenance à l'esprit rationaliste des Lumières (Keegan, 1994). S'il ne fait aucun doute que Clausewitz était un homme de son temps, il serait toutefois problématique de réduire sa conception à une lecture purement rationaliste de la politique de puissance de la lutte entre des États. Certes, chez lui, la guerre est une pratique rationnelle et les **doctrines stratégiques** qui la mettent en œuvre poursuivent des objectifs politiques. Toutefois, c'est le politique chez Clausewitz qui est une notion plus complexe et dont les frontières ne sont pas nécessairement limitées à l'ère des Lumières. Clausewitz était un théoricien de la période de la consolidation de l'Europe absolutiste et de la diplomatie interdynastique. Toutefois, rien ne laisse croire qu'il ait limité sa conception du politique à ce contexte bien spécifique. La définition clausewitzienne de la guerre comporte une dimension objective, une dimension qui résiste aux modes et au passage du temps et dont l'essence se résume à l'utilisation de la violence organisée dans un dessein politique. La guerre « pour la guerre » ou la guerre sans finalité politique serait donc une absurdité à ses yeux.

Clausewitz compare la guerre à un duel dans le cadre duquel une violence organisée est utilisée pour déterminer le vainqueur et où des combattants ont en commun le fait d'être en danger de mort. Les belligérants participant à un tel duel ne sont pas toujours des **États**. Comme le souligne un défenseur contemporain de Clausewitz, Colin Gray (2005 : 168), par le passé, les guerres ne se sont jamais limitées au cadre conventionnel du conflit interétatique et rien ne laisse présager qu'elles se limiteront à ce cadre dans l'avenir. Les protagonistes de la guerre peuvent donc être des États, comme n'importe quelle autre entité belligérante allant des **guérillas**, aux **mercenaires**, en passant par les populations civiles et les organisations **terroristes**.

La conception de Clausewitz indiquait clairement l'idée d'une hiérarchie partant de la politique, comme lieu de l'organisation des finalités de l'action, à la guerre, comme un des moyens de poursuivre ces finalités. De la politique à la guerre, il envisage plutôt un long continuum, qu'un fossé ou une rupture. Le pont entre les deux étant la grande stratégie, la **stratégie** et la tactique. Il y a une dimension sociologique importante à cette conception. Elle nous invite à souligner que la guerre n'est pas seulement la poursuite de la politique comprise comme une finalité instrumentale, comme le résultat des intrigues de palais et encore comme un jeu parlementaire. Elle s'inscrit également dans un contexte politique, culturel et social qui influence la mise en œuvre des pratiques, de la stratégie, de la tactique et de la culture stratégique. Ce contexte participe à la transformation de la dimension subjective de la guerre dont les paramètres sont influencés par le contexte politique, social, culturel et technologique. Gray (2005) réhabilite Clausewitz en raison de sa capacité de mieux intégrer cette dimension subjective, sociale et culturelle de la guerre, tout en résistant aux diagnostics selon lesquels on assisterait à des mutations radicales de sa nature. Les défenseurs de Clausewitz sont particulièrement sceptiques face aux scénarios selon lesquels des **révolutions dans les affaires militaires**, notamment sur le plan technologique, révolutionneraient sans cesse la nature de la guerre.

La définition clausewitzienne de la guerre, parce qu'elle traduit généralement le terme de *Gewalt* par celui de violence, réduit souvent la guerre à une activité spécifiquement militaire. Certains ont fait valoir que l'acte de contraindre un adversaire à accepter notre volonté pouvait également se faire sur un terrain plus spécifiquement politique et idéologique et qu'il serait réducteur d'avoir une lecture strictement militariste de Clausewitz. Paul A. Smith (1990), par exemple, propose une reformulation du paradigme clausewitzien en développant le concept de guerre politique, afin de référer au contexte plus large des conflits où des États utilisent un ensemble de moyens coercitifs, mais non militaire, afin de contraindre leurs adversaires à se plier à leur volonté. Depuis la guerre du Viêtnam, les opérations psychologiques (PSYOP), par exemple, ont été de plus en plus intégrées au registre tactique des opérations militaires (Kodosky, 2007).

Chez les théoriciens **marxistes**, comme Lénine et Mao, l'interprétation de Clausewitz est évidemment appliquée au contexte de la lutte des classes. Ici, la guerre est vue comme la poursuite et l'exercice ultime, non pas de l'intérêt général dans le cadre de l'État absolutiste éclairé, mais de la guerre des classes. Au sein du marxisme classique, la guerre a souvent été expliquée soit comme l'*ultima ratio* des rivalités interimpérialistes, soit comme une façon d'exporter les conflits de classes ou de maintenir le système capitaliste mondial. Mao théorisera la **guerre révolutionnaire** comme un équilibre stratégique entre la guerre de manœuvre et la guerre de **guérilla** dirigées à l'encontre de la classe dominante.

Les théoriciens marxistes depuis Gramsci ont théorisé la distinction entre la guerre de manœuvre et la guerre de position afin de proposer une nuance importante. S'opposant aux conceptions déterministes et économistes de la lutte des classes, Gramsci affirmait que la lutte anticapitaliste devait passer par une guerre de position, c'est-à-dire une guerre dont l'enjeu serait le contrôle des principales institutions à travers lesquelles s'établissait l'hégémonie de la classe dominante. Il analysait en outre la défaite des communistes italiens comme résultant de l'**hégémonie** culturelle des fascistes sur les institutions traditionnelles de la **société civile** italienne. Dans le même ordre d'idées, l'analyse **néogramscienne** des RI a repris le terme de guerre de position, afin de désigner la nature des luttes contre-hégémoniques au sein de l'ordre global actuel. En cherchant à mettre en relation les pratiques prédatrices des unités politiques avec l'organisation sociale et historique des relations sociales de propriété, les travaux récents du **marxisme politique** se sont également inscrits à certains égards dans l'esprit de Clausewitz.

Certains théoriciens d'allégeance **postmoderne** ou **poststructuraliste** ont également joué un rôle dans le travail de réappropriation des travaux de Clausewitz. Michel Foucault, par exemple, a cherché à montrer que l'articulation de la guerre, du pouvoir et de la politique devaient être repensée en vue de rendre compte de l'organisation du pouvoir dans les sociétés libérales. Inversant la maxime de Clausewitz, Foucault (2001 : 171-173) soutient que le pouvoir est l'exercice d'un rapport de force à travers lequel le politique vient poursuivre la guerre par d'autres moyens. Dans le même ordre d'idées, Julian Reid défend l'idée que les sociétés libérales, en appréhendant ce qui leur est étranger sous la forme d'une menace stratégique constamment renouvelée, ne peuvent les appréhender que comme une altérité à neutraliser et à défaire (2003). Par contre, un courant d'analyse a également développé le concept de violence structurale pour analyser les contextes où l'absence de conflits n'est pas synonyme de paix sociale, mais plutôt la traduction d'un contexte où une violence sociale est reproduite à travers l'usage de la terreur (Galtung, 1975). L'ensemble des **théories critiques** de la sécurité cherche à appréhender ces concepts qui échappent souvent à des analyses de conceptions trop étroites de la guerre.

De la faide à la guerre totale

L'historien Charles Townshend (2005 : i) fait remonter la guerre moderne à « un changement historique dans la structure des États européens qui a pris place entre le XVIe et le XVIIIe siècles, et qui a transformé leur puissance militaire ». C'est généralement à cette époque que la **sociologie historique** diagnostique une profonde révolution militaire en Europe (Dufour et Lapointe, 2007 : 316-318). Le contexte du développement de l'État fiscal, de la professionnalisation des armées, des révolutions anglaise et française, du développement de la puissance de feu, a contribué à transformer la conduite de la guerre.

Au niveau social et politique, la modernisation de la guerre a nécessité, entre autres, un long processus de démilitarisation de la noblesse, la concentration du droit de déclarer la guerre (*jus ad bellum*) entre les mains des suzerains et la limitation, l'encadrement, puis l'abolition des guerres privées. Il a fallu attendre le XIXe siècle pour que ces processus soient presque complétés. Bien après la signature des traités de Westphalie (1648), la **souveraineté** en Europe demeurait parcellisée, c'est-à-dire que bien que les vassaux aient été soumis par le serment du ban à fidélité à l'endroit du souverain, le chef de guerre, dans les faits, le contexte social les poussait à entreprendre des guerres privées en vue d'accumuler du territoire. En certains lieux, comme en Angleterre, les souverains parvinrent plus rapidement à imposer le monopole de la violence légale. En d'autres, comme dans les cités-États italiennes, dans le Saint-Empire romain germanique et dans les régions qui constitueraient la France, ce processus fut beaucoup plus laborieux. Bien qu'en théorie les souverains aient cherché à s'approprier l'exclusivité du droit de faire la guerre, ils partageaient les valeurs constitutives de la faide, soit un ensemble de coutumes et de traditions constitutives de l'organisation du clan et où la vengeance liée à l'honneur était une pratique légitime pour régler les conflits familiaux. Cette forme de guerre privée structura les relations au sein des classes dominantes bien après le XIIIe siècle, période où elles ont atteint leur apogée (Contamine, 2000). Encore aujourd'hui, l'organisation clanesque sous forme du *Qawm*, qui régit la conduite de la guerre chez les Pashtounes et d'autres clans afghans, est très analogue à la faide et à la vendetta (Roy, 1990).

C'est dans l'Europe absolutiste qu'émergèrent les conceptions de la territorialité associées généralement à la modernité des relations internationales, des frontières plus nettement définies sur lesquelles les gestionnaires de la *polis* étendaient leur contrôle fiscal. À plusieurs égards cependant, l'Europe absolutiste demeurait prémoderne (Lacher, 2007). La lente consolidation des armées de conscrits et des pratiques diplomatiques ne mit pas fin aux mariages dynastiques, aux offices de taxation (privées) et à la militarisation des monopoles commerciaux (Fortmann et Gongora, 2000 ; Parker, 1996 ; Teschke, 2003). Dans ce contexte, les guerres de succession et les aventures nuptiales de la noblesse métamorphosaient régulièrement la carte de l'Europe. La lutte pour la suprématie entre les puissances européennes forgea la politique diplomatique de l'Europe absolutiste (Triple Alliance 1717 ; guerre des Sept Ans [1756-1763]). Dans la foulée de la Révolution française, l'**impérialisme** napoléonien, qui conquérait pour mieux « libérer » les peuples serait un important vecteur d'une résistance culturelle basée sur le principe des nationalités et éventuellement du nationalisme et du romantisme. Le début des armées de conscrits, la lente extension du suffrage et la conscription furent des processus liés étroitement aux transformations de l'organisation sociale de la violence au XIXe siècle (Mosse, 1999 ; Tilly, 1992).

Avec la guerre de Sécession américaine et surtout la Première Guerre mondiale, il apparut clairement que la guerre serait désormais relayée par l'industrie et les rouages d'un État bureaucratique de plus en plus développé. Elle mobilisera désormais la société dans son ensemble. On parle d'une période de militarisation des sociétés nationales-impériales européennes afin de décrire les transformations sociales liées à la révolution industrielle qui rendrait possible la *guerre totale* au XXe siècle (Gillis, 1989). Dans le cadre de la guerre totale entre les empires nationaux-étatiques européens (Shaw, 2003), l'organisation logistique et le développement technologique devinrent des rouages indispensables de l'effort de guerre. La guerre totale implique notamment le développement d'un front intérieur (*home front*) qui transforma lui aussi les sociétés où il se constituait.

On qualifie de guerre régulière ou de guerre conventionnelle le type de guerre se conformant aux cas des deux guerres mondiales où s'affrontent au moins deux États par des moyens militaires conventionnels (guerre des Six Jours [1967] guerre Iran-Irak [1980-1988] ; guerre des Malouines [1982]). Ce type de guerre, correspondant à l'idéal-type **westphalien**, n'empêcha cependant pas une centaine d'opérations clandestines menées par des tiers partis dans la politique nationale d'un autre pays durant la première moitié du XXe siècle et elles ne diminuèrent pas dans la seconde moitié du siècle. Car si les États occidentaux jouirent d'une certaine stabilité durant le **Guerre froide**, l'ensemble du **Tiers Monde** fut un vaste théâtre opérationnel pour le déploiement de guerres interposées entre l'Est et l'Ouest (Holsti, 1974 : 272 ; Tilly, 1992 ; Kolko, 1994).

La succession de différents ordres globaux fut ponctuée par la transformation des finalités politiques de la guerre. Ainsi, le court XXe siècle fut ponctué notamment par l'importance des **guerres révolutionnaires** où l'ennemi à abattre était non seulement une classe sociale dirigeante, mais un régime de propriété – coloniale ou capitaliste – qui devait être remplacé par l'abolition des classes sociales et la transformation de l'organisation sociale de la propriété. Après la Seconde Guerre mondiale, alors qu'il était évident que l'**hégémonie** des puissances impériales européennes était déclassée par les États-Unis, ce type de guerre fut souvent amalgamé à différentes variantes de guerres de libération nationale. En se revendiquant du principe du droit des peuples à disposer d'eux-mêmes, celles-ci visaient la destruction des administrations impériales mises en place par les métropoles coloniales.

Ces guerres prirent généralement des formes non conventionnelles : l'insurrection, la guérilla, le terrorisme et la guerre civile. Dans le cadre de ce type de guerre, la capacité des belligérants d'étendre leur domination sur la population civile par la terreur ou la séduction devient une dimension clé du conflit. Le recours à ce type de guerre permet aux groupes assujettis à une force armée de compenser le rapport de force asymétrique en se dissimulant dans la population et en gagnant son appui. Au lieu d'affronter l'armée directement au cours de combats sur un théâtre opérationnel, la guerre d'usure insurrectionnelle et les guerres clandestines visent à démoraliser et à infliger des pertes en effectifs militaires, économiques et politiques à l'adversaire (Smith, 2007 : 264 ; Holsti, 1974 : 271-273). On pense par exemple à la transformation de la stratégie de l'Armée républicaine irlandaise (IRA), qui passa dans la clandestinité lorsqu'elle comprit qu'elle ne pourrait pas gagner une guerre conventionnelle contre les forces britanniques. L'État s'est rapidement adapté à ces stratégies en cherchant à neutraliser les organisations contre-hégémoniques avec les moyens de la guerre contre-insurrectionnelle (Galula, 2006).

Depuis la Seconde Guerre mondiale, la multiplication des missiles balistiques à longue portée et les armes thermonucléaires de dizaines de milliers de mégatonnes ont considérablement modifié l'exercice de la guerre. La fusion de l'industrialisation, de la science et de la guerre modernes a créé un système de défense qui met en péril l'existence même de vie la humaine. La Guerre froide a laissé place à l'**hégémonie** américaine, qui recentre les évolutions technologiques militaires vers les États-Unis, ce qui confère à la superpuissance une influence politique considérable lui permettant de dominer et de dissuader les concurrents internationaux.

Depuis le 11 septembre 2001, une littérature abondante a été produite sur le thème des « nouvelles guerres » (Kaldor, 1997 ; Shaw, 2003, 2005 ; Wood, 2003). Cette littérature souligne le développement de pratiques inquiétantes allant de l'utilisation fréquente du « nettoyage ethnique » et du **génocide** comme stratégies politiques, à la multiplication des armées de mercenaires privés agissant en fonction de leurs propres règles, en passant par le recours systématique à la guerre pour discipliner les opposants des États-Unis. Une littérature abondante sur la **Révolution dans les affaires militaires** a également cherché à démontrer l'impact des nouvelles technologies sur la conduite de la guerre (Sloan, 2003 ; Hundley, 1999 ; Der Derian, 2001).

Guerre et paix dans la théorie des RI

Toute réflexion sur la guerre suppose une réflexion sur la paix, qu'elle soit implicite ou explicite. La tradition **réaliste** est la plus encline à problématiser la guerre comme un phénomène essentiellement transhistorique et dont les causes auraient somme toute peu changé depuis la Grèce antique (Gilpin, 1981). La théorie **néoréaliste** proposée par Kenneth Waltz (1979) contribua beaucoup à cette orientation. Pour cette même tradition, il serait vain de vouloir mettre fin à la guerre une fois pour toutes. Les conditions menant à l'établissement d'une paix durable résideraient plutôt, soit dans la capacité de deux belligérants de se neutraliser réciproquement par une force de frappe dissuasive, soit dans la capacité d'une puissance hégémonique de rassembler des effectifs militaires en mesure de surpasser une **alliance** de l'ensemble de ses rivaux les plus sérieux.

Cependant, les auteurs de la tradition réaliste ne s'entendent pas sur la question des causes de la guerre. L'explication de ces causes varie en fonction de différentes approches du problème du **niveau d'analyse**. Certaines d'entre elles situent l'origine de la guerre au niveau de la « nature humaine », que ce soit en raison de la nature immorale de l'homme dans le récit chrétien de la chute (Niebhur, 1932), en raison du postulat d'un instinct belliqueux (Morgenthau, 1985), ou en raison de la force psychique des pulsions de mort (Freud, 1998 ; 1983). D'autres approches situent les causes de la guerre au niveau de la structure du **système international** (Waltz, 1979).

De façon générale, les néoréalistes s'intéressent aux effets que produisent différentes configurations structurelles des systèmes internationaux sur les États. Les concepts clés ici sont ceux d'équilibre de la puissance et d'**anarchie**. Selon cette tradition, il est vain de vouloir enrayer la guerre. Au mieux, un équilibre entre les principales puissances du système international permet selon cette tradition de neutraliser les tendances belliqueuses des États. À l'ère nucléaire, plusieurs ont vu dans la certitude d'une autodestruction mutuelle, dans le cas de conflit nucléaire entre les deux superpuissances, l'assurance de la stabilité du système international. Cette doctrine, qualifiée de *MAD* ou de *Mutual Assured Destruction*, reposait sur la prémisse voulant qu'aucun État guidé par une politique de puissance rationnelle ne s'exposerait aux risques d'une riposte nucléaire aux proportions apocalyptiques.

Contrairement au réalisme, la tradition libérale défend l'idée que la guerre pourrait éventuellement être limitée, ou enrayée. Ainsi les partisans du libéralisme économique ont souvent évoqué le rôle pacificateur du commerce. Selon ces derniers, le commerce créerait de tels liens d'interdépendance, voire de fraternité, que cela inhiberait la volonté des États de faire la guerre. La tradition cosmopolite, qui se réclame souvent de Kant, présente, elle, une version légèrement différente de cette thèse. S'inspirant du projet de paix perpétuel de Kant, elle soutient qu'une paix internationale pourrait émerger par l'intermédiaire d'une confédération d'États qui accepterait de concéder une part de leur souveraineté afin de participer à des mécanismes institutionnels visant à résoudre les conflits (Kant, 1988). Plus récemment, des théoriciens associés à la **théorie critique** tels que Held (1995), Linklater (1998) et Habermas (2006) se ralliaient à cette thèse en relançant le projet d'une confédération d'États inspirée du modèle de la confédération américaine.

Aujourd'hui, le courant associé à la **théorie de la paix démocratique**, celui du **libéralisme républicain**, est sans doute une des approches libérales les plus influentes au sein du champ de la théorie des relations internationales. Selon cette approche, les États démocratiques ne se font pas la guerre. Partant de cette observation, les variantes de cette théorie cherchent à identifier ce qui empêche des États démocratiques d'entrer en guerre. Selon certains, cette pacification résulterait de facteurs essentiellement politiques, pour d'autres de facteurs économiques. Des critiques de la tradition libérale ont souligné qu'elle proposait un portrait trop optimiste de sa propre histoire qui passe rapidement sur le caractère plus ambivalent du libéralisme (Shaw, 2003 ; Mann, 1987, 2005).

F. Guillaume Dufour
et Diego A. Aguilard-Beauregard

GUERRE CIVILE

Civil war

Pendant la **Guerre froide**, l'ordre du jour international était monopolisé par la confrontation Est-Ouest. La fin de ce conflit devait marquer, selon plusieurs, l'entrée dans une nouvelle ère pacifique, un nouvel ordre mondial de **coopération** internationale et de **résolution de conflits**, sous l'égide de l'Organisation des Nations unies enfin libérée du veto des superpuissances au sein du Conseil de sécurité. Toutefois l'optimisme du début des années 1990 a vite fait place au désenchantement, la communauté internationale devant faire face à un monde de l'après-Guerre froide ressemblant beaucoup plus à un « désordre mondial » : un monde aux prises avec des guerres civiles qui, malgré les efforts de l'ONU, continuent d'affaiblir les États de la périphérie.

Les guerres civiles sont un phénomène qui ne semble pas près de disparaître. Les chiffres parlent d'eux-mêmes. Depuis 1945, près de 70 % des conflits dans le monde ont été de nature interne (Sens et Stoett, 2002 : 170). Les guerres civiles sont à l'heure actuelle la forme la plus courante de violence organisée à travers le monde. On estime que les guerres civiles, principalement au sein des pays en développement, affectent plus du quart des États dans le monde[1].

Comme beaucoup de définitions en sciences sociales, celles proposées pour le concept de « guerre civile » sont souvent contestées. À la base toutefois, la guerre civile se définit comme un conflit armé opposant différents groupes ou factions au sein d'un même État. Bon nombre d'efforts de définition du concept de guerre civile s'inscrivent dans une tradition juridique, vieille de plusieurs siècles[2], tentant de codifier et de légiférer sur la **guerre**. En **relations internationales**, les définitions adoptées ont toutefois tendance à être plus libres que celles employées par les approches juridi-

1. Selon une estimation du groupe Ethnicity, Insurgency and Civil Wars dirigé par les professeurs J. D. Fearon et D. D. Laitin de l'Université Stanford en Californie.

2. Cette tradition juridique, dont sont représentatifs les travaux de Hugo Grotius, remonte en particulier au XVIIe siècle.

ques. Tout en s'appuyant souvent sur le principe qu'une guerre pour être considérée comme un cas de violence organisée doit faire un minimum de mille victimes par année de combat, une guerre civile est donc une guerre menée entre « différentes régions géographiques, différentes factions politiques, différents groupes idéologiques ou encore différents groupes ethniques ou religieux au sein d'un même pays » (Ziring, Plano et Olton, 1995 : 212).

Certaines caractéristiques principales définissent les guerres civiles. Tout d'abord, celles-ci se développent au sein des frontières d'un même État. Elles sont donc souvent le fruit de facteurs internes. De plus, comme leur nom l'indique, les civils y jouent un rôle important, puisque dans ce type de guerre, ils ne sont pas tenus à l'écart des combats. Les guerres civiles s'avèrent d'ailleurs très meurtrières au sein de la population. Par exemple, durant les années 1970, on estime que 90 % des victimes de ces guerres étaient des civils (Holsti, 1996 : 37). Le principe de neutralité n'existe plus, alors que les factions divisent les populations jusque dans les foyers. L'identité même d'un individu en fait le membre d'un camp ou d'un autre. Les populations civiles deviennent alors les moteurs de la guerre : elles sont source de soutien, de ressources et de logistique en plus d'en fournir les combattants.

Les guerres civiles ont par ailleurs des buts caractéristiques. Ce type de conflit armé a souvent pour origine une volonté de remettre en cause l'ordre établi et bien souvent d'imposer un nouvel ordre. Un groupe ou une population s'en prend aux agents d'un ordre défendant des intérêts qu'il juge à l'antipode des siens. Le plus souvent, ces conflits sont donc une remise en cause d'un gouvernement discriminatoire ou qui représente des intérêts particuliers ne répondant pas aux attentes de certains groupes ou de l'ensemble de la population.

Enfin, les guerres civiles se caractérisent par leur durée. Puisqu'elles consistent en une division profonde de la société d'un État, elles défont la fibre même de cette société. La résolution de ce type de conflit s'avère donc particulièrement problématique puisqu'elle nécessite la normalisation de relations et la cohabitation pacifique entre groupes autrefois rivaux. Vivre de manière pacifique aux côtés de partisans d'un groupe ayant commis des crimes au sein d'autres communautés n'est certes pas chose facile. Ces conflits ont donc tendance à perdurer.

Puisque plusieurs types d'opposition armée au sein d'un même État peuvent exister, plusieurs ont essayé de développer une classification des guerres civiles. Richard Falk (1971) classe les guerres civiles selon cinq catégories : les guerres civiles standard, les guerres civiles visant à établir l'hégémonie d'un groupe, les guerres civiles d'autonomie, les guerres civiles de sécession et, enfin, les guerres civiles de réunification. Ces catégories recoupent les raisons derrière une remise en cause de l'ordre établi ou une forme de discrimination au sein de l'État. Victor-Yves Ghebali souligne toutefois l'existence d'un type de conflit civil axé sur l'exploitation de ressources économiques, des guerres civiles qui, selon lui, sont « motivées par la recherche du profit économique à partir de la prédation systématique du patrimoine national d'un État » (2001 : 42-43). La guerre civile au Sierra Leone en est un exemple récent, alors que la compétition pour l'exploitation des mines de diamants était au cœur du conflit.

La nature changeante de ce type de conflit rend les efforts pour comprendre les acteurs et les buts de ces conflits particulièrement difficiles. Les guerres civiles ne suivent pas le modèle de l'affrontement bipolaire interne du prototype de guerre civile établi par certaines définitions. Des facteurs tels que des conditions historiques, des changements sociaux, l'action de leaders, l'affaiblissement de l'État, des disputes pour l'exploitation des ressources naturelles, la remise en cause de l'économie mondiale, la dégradation environnementale, la pauvreté, des différences ethniques, culturelles et religieuses ainsi que des différences politiques ou idéologiques peuvent s'entremêler, pour donner un cocktail explosif. Ghebali parle alors de guerres civiles déstructurées (2001 : 38).

De nombreux acteurs au sein de la communauté internationale, dont certains diplomates et leaders politiques, continuent néanmoins de fonctionner avec une vision plus traditionnelle de la guerre s'inspirant des guerres interétatiques européennes et même de la Guerre froide. Ces conceptions de ce qu'est la guerre, grandement tributaires de la pensée de Carl von Clausewitz, sont difficilement réconciliables avec la réalité des guerres civiles. Clausewitz percevait la guerre comme un duel à grande échelle. Cette conception représente bien les guerres européennes du XVIIIe siècle. Ces guerres, que Kalevi Holsti qualifie de guerres institutionnalisées (1996 : 28-32), étaient hautement régulées, poursuivies en fonction des saisons, suivant même une certaine étiquette ; les uniformes étaient flamboyants, et les officiers formaient une classe privilégiée. Napoléon changea la nature de la guerre et ouvrit l'ère de la guerre totale par le développement de nouvelles techniques et tactiques militaires mais particulièrement par l'avènement de grandes armées et de grandes campagnes. Malgré tout, la guerre demeura généralement un phénomène hautement régulé, avec des tactiques standardisées, des uniformes et le respect de la différenciation entre combattants et civils. La guerre continuait d'avoir un développement prévisible, débutant par une crise diplomatique suivie d'une déclaration de guerre, de défaites et victoires jusqu'à la signature d'un armistice.

Les guerres civiles, toutefois, débutent rarement par une déclaration de guerre et finissent aussi rarement par un traité de paix (Holsti, 1996 : 20). Par ailleurs, la distinction entre combattants et civils, si elle existe, est difficile à faire en l'absence d'uniformes et souvent d'une professionnalisation des combattants. Les guerres civiles se démarquent donc souvent par l'absence de règles. Le même problème se pose pour la vision clausewitzienne de la guerre comme la continuation de la politique par d'autres moyens. La guerre traditionnelle est le fruit d'une crise au niveau des relations diplomatiques entre deux ou plusieurs États ; que ce soit pour des raisons de diplomatie, de **politique étrangère**, de **sécu-**

rité ou de statut, elle met généralement en cause l'**intérêt national**. Les guerres civiles sont, quant à elles, bien souvent le résultat de l'absence de politique ou de dialogue entre les factions d'un même État. La vision clausewitzienne peut difficilement convenir à un type de conflit dont les causes et sources sont si peu claires et si variées.

Étant donné la nature des guerres civiles, il est nécessaire de revoir les principes sous-tendant les activités internationales de prévention, de gestion et de **résolution des conflits** pour s'assurer qu'ils soient au diapason de la réalité. Toutefois, la communauté internationale ne développe que lentement une bonne compréhension du phénomène des guerres civiles et surtout la volonté d'intervenir dans ce genre de conflit (Gurr et Harff, 2003 : 3). Il en découle que la mise au point des principes et moyens nécessaires pour des **interventions** efficaces s'avère particulièrement lente.

Il est toutefois dans l'intérêt de la communauté internationale de se pencher sur ce type de conflit. Bien qu'appelés intra-étatiques, ces conflits ont bien souvent des répercussions sur les États voisins. Les guerres civiles sont foncièrement source d'instabilité régionale et donc d'intérêt pour les organisations de sécurité régionales et internationales. Dans une très grande proportion, les guerres civiles connaissent un effet de débordement (*spill over*), de l'instabilité politique, des tensions et même des hostilités chez les voisins. De plus, les réfugiés se comptent par milliers sinon par millions et deviennent un lourd tribut pour les États voisins. À terme, ces flots de réfugiés peuvent avoir un lourd impact sur une région en raison des changements démographiques qu'ils engendrent. Par ailleurs, les guerres civiles contribuent à une prolifération des armes et même des camps d'entraînement au niveau régional. En soi, ce phénomène peut devenir la source de nouveaux conflits ou catalyser les tensions larvées au sein d'États voisins. Enfin, les hostilités au sein d'un pays peuvent créer des problèmes économiques pour l'ensemble de la région en dérangeant les réseaux économiques et d'exploitation de ressources passant par la zone de conflit. Comme les crises économiques mènent aussi parfois à la guerre civile, ce genre d'impact peut aussi en soi, à terme, devenir une source d'insécurité régionale.

Il ne faudrait toutefois pas en conclure que les pays avoisinants sont simplement victimes des conséquences des guerres civiles. Ce type de conflit s'internationalise aussi souvent en raison des intérêts des voisins. Qu'un État s'implique dans une guerre civile au sein d'un autre pays n'est pas nouveau ; la Guerre froide en témoigne : les superpuissances ayant fait des guerres par interposition (*proxy wars*) en régions éloignées un mode par excellence de la conduite de leurs relations. Aujourd'hui encore, les États continuent de s'impliquer dans des guerres civiles au sein de leur région pour de multiples raisons, dont sans doute les occasions politiques et économiques offertes par ces conflits.

Marie-Eve Desrosiers

GUERRE FROIDE

Cold War

C'est le journaliste américain William Lippmann (1947) qui donna, le premier, le nom de « Guerre froide » à cette période de concurrence profonde et soutenue qui opposa deux superpuissances, les États-Unis et l'Union soviétique, et leurs alliés, et qui allait s'étendre de 1946 à 1991 et que le sociologue français Raymond Aron (1948) définit comme une situation de « paix impossible, guerre improbable ». Il s'agit donc d'une situation où les deux superpuissances, conscientes des conséquences d'une guerre entre elles, surtout une fois qu'elles possédaient toutes les deux l'arme nucléaire, se trouvaient obligées de poursuivre leur rivalité de façon indirecte.

Cela dit, même si les deux pays évitèrent de s'affronter directement sur le plan militaire pendant toute cette période, la Guerre froide assuma la forme d'un conflit continu, ponctué par des moments de détente parfois assez longs, où ils parurent à certains moments au bord d'une **guerre** – par exemple lors de la crise des missiles de Cuba en 1962 – mais en réussissant toujours à s'arrêter juste à temps. Dans d'autres cas, on peut dire que la guerre se passa entre des États se trouvant à la périphérie de leurs zones d'influence, mais avec l'appui direct ou indirect des deux supergrands. Et l'un ou l'autre de ces deux États pouvait se trouver lui-même en guerre, contre un adversaire appuyé ouvertement ou clandestinement par l'autre, comme dans le cas du Viêt-nam et de l'Afghanistan.

Enfin, la Guerre froide commença par un affrontement qui se limitait à ses débuts à l'Europe, et plus particulièrement à l'intérieur du territoire de l'Allemagne, partagée entre les deux camps, pour ensuite se transformer en conflit global avec, d'une part, la montée de la Chine communiste et, d'autre part, l'émergence du **Tiers Monde** sur la scène internationale, surtout à la suite du processus de décolonisation.

La Guerre froide demeure un phénomène complexe et multidimensionnel qui opposa non seulement ces deux États sur les plans militaire, politique et économique, mais qui les interpella aussi en tant que représentants de deux idéologies antagonistes, le capitalisme et le socialisme, ayant toutes les deux des aspirations globalisantes. En outre, elle eut des répercussions profondes sur la vie politique et culturelle interne des deux superpuissances et de leurs alliés les plus proches. Elle fut donc une expérience totalisante où toute la **politique étrangère** et une partie très importante de la politique intérieure des deux protagonistes étaient évaluées à l'aune de leur contribution positive ou négative à la lutte contre l'Autre. Cependant, l'intensité et la nature de cette guerre évoluèrent au cours des années, de sorte que l'on peut la diviser en cinq périodes distinctes.

1. Émergence et consolidation, 1946-1953, marquée par la déclaration Truman ; le lancement du plan Marshall ; la création du Kominform (organisation réunissant des partis communistes des pays de l'Est et les partis communistes français et italien)

en 1947 ; la division permanente entre l'Europe de l'Est communiste et l'Europe occidentale capitaliste, confirmée par le coup de Prague de février 1948 ; le premier essai nucléaire soviétique et la déclaration de la République populaire de Chine en 1949, et la guerre de Corée de 1950-1953.

2. Dégel et politique des crises, 1953-1962, marquée par la mort de Staline ; les dénonciations des crimes de Staline par Khrouchtchev au XXe Congrès du Parti communiste de l'URSS et l'écrasement de la révolte hongroise par les troupes soviétiques en 1956 ; la crise de Berlin de 1958 ; la révolution cubaine en 1959 ; les débuts du schisme sino-soviétique ; l'échec des négociations Est-Ouest au sommet de Paris et l'incident du U-2 en 1960 ; la construction du mur de Berlin et l'invasion de la Baie des Cochons (Cuba) en 1961 ; et surtout la crise des missiles de Cuba d'octobre 1962.
3. Détente, 1962-1975, marquée par le premier essai nucléaire chinois en 1964 ; la guerre du Viêt-nam entre 1965 et 1975 ; la rencontre entre le président Lyndon Johnson et le premier ministre soviétique, Alexei Kossyguine, aux États-Unis en 1967 ; le printemps de Prague et son écrasement en 1968 ; les débuts de l'*Ostpolitik* (politique de rapprochement entre les deux Allemagne) du chancelier ouest-allemand, Willy Brandt, en 1970 ; la reconnaissance de la Chine par l'administration Nixon en 1971 ; la signature entre l'URSS et les États-Unis de deux traités limitant le nombre d'armes nucléaires (SALT I et ABM) en 1972 ; l'entrée des deux Allemagne à l'ONU en 1973 ; la signature des accords d'Helsinki, confirmant la légalité des frontières européennes nées de la Deuxième Guerre mondiale, et portant une promesse de la part des pays communistes européens de respecter les droits de l'Homme.
4. Nouvelle (ou deuxième) Guerre froide, 1976-1984, marquée par la déclaration du président américain Jimmy Carter voulant que le respect des droits de l'Homme constituerait dorénavant une priorité de la politique étrangère américaine en 1977 ; la révolution iranienne et l'invasion soviétique de l'Afghanistan en 1979 ; l'élection de Ronald Reagan à la présidence des États-Unis en 1980 ; la mise en place d'un régime militaire en Pologne en 1981 ; la crise des Euromissiles de 1979-1983 ; l'annonce de l'Initiative de défense stratégique (« la guerre des étoiles ») par l'administration Reagan en 1983 ; et l'appui de l'administration des rebelles, les *contras*, contre le régime sandiniste au Nicaragua.
5. Fin de la Guerre froide, 1985-1991, marquée par l'élection de Mikhaïl Gorbatchev au poste de secrétaire général du Parti communiste soviétique en 1985 ; les rencontres entre Gorbatchev et Reagan en 1985, 1986 et 1987 ; la signature du traité INF (*Intermediate-range Nuclear Forces*) interdisant tous les missiles nucléaires de moyenne portée en Europe en 1987 ; le retrait des dernières troupes soviétiques de l'Afghanistan et la chute du mur de Berlin en 1989 ; l'appui soviétique à la guerre du Golfe en 1991 ; et la fin officielle de l'Union soviétique en décembre de la même année.

Depuis les années 1940, les historiens américains n'ont cessé de débattre au sujet des origines, et donc des responsabilités, de la Guerre froide. On y trouve essentiellement trois grandes écoles. Les premiers, les traditionalistes, ou orthodoxes, notamment George Kennan (1947), William McNeill (1953) et Arthur Schlesinger (1967), mettent tout le fardeau de l'instigation de la Guerre froide sur l'Union soviétique, sur la nature expansionniste de son idéologie marxiste-léniniste et sur la sous-estimation de ces tendances par les leaders américains de l'époque. En adoptant des politiques hostiles à l'expansion de la présence et de l'influence de l'Union soviétique dans le monde, telles que la doctrine Truman, les États-Unis auraient simplement riposté aux gestes faits par cette dernière. Les États-Unis cherchaient avant tout à défendre leur **sécurité** et celle de leurs alliés, surtout en Europe.

Cette interprétation des événements est fortement contestée par les révisionnistes, entre autres William Appleman Williams (1962), Walter LaFeber et Gabriel Kolko, qui blâment plutôt les États-Unis, et plus spécifiquement les exigences du capitalisme américain. Pour satisfaire leur besoin d'un plus grand accès aux marchés et pour augmenter leurs investissements, les capitalistes américains auraient demandé l'adoption d'une politique dite de la « porte ouverte », c'est-à-dire une politique qui insistait pour que les États-Unis eussent le même accès que tous les autres États à tous les marchés. Ce faisant, les États-Unis seraient devenus inévitablement une puissance expansionniste, tendance qui aurait menacé les intérêts de sécurité de l'Union soviétique en Europe de l'Est et du Sud-Est et qui aurait amené cette dernière à protéger ses intérêts en prenant des mesures telles que la mise en place de régimes communistes et la signature de traités bilatéraux. Les tentatives américaines de riposter contre ces mesures auraient provoqué à leur tour d'autres réactions défensives des Soviétiques, de sorte que l'on se serait trouvé inévitablement dans une situation de guerre froide.

Enfin, l'analyse des révisionnistes est réfutée par les postrévisionnistes, dont le plus connu est John Lewis Gaddis (1972, 1998, 2005). En partant d'une position qui se voudrait plus neutre, les postrévisionnistes attaquent surtout les révisionnistes et leurs tentatives de mettre tout le blâme de l'origine de la Guerre froide sur les États-Unis, tout en critiquant les traditionalistes pour leur tendance à mettre en cause uniquement l'Union soviétique, et à accorder trop d'importance à la dimension idéologique de son comportement. Les postrévisionnistes épousent donc une position qui privilégie des facteurs géopolitiques, et donc la recherche de la sécurité de la part des deux superpuissances, mais concluent que les traditionalistes ont toutefois raison d'accuser les Soviétiques d'avoir commencé la Guerre froide.

Après avoir eu accès aux documents soviétiques dans l'après-Guerre froide, et notamment les travaux des historiens russes, comme Dimitri Volkogonov (1991) et Vladislav Zubok et Constantine Pleshakov (1994), Gaddis (1997, 2005) est encore plus convaincu que les postrévisionnistes ont raison.

Alex Macleod

GUERRE JUSTE, théorie de la — Just War Theory

De tout temps, les raisons invoquées pour faire la **guerre** ont été assorties à une cause juste visant à légitimer l'emploi de la violence. Des penseurs issus de différentes civilisations se sont donc évertués à définir les critères et les circonstances d'une guerre juste, seul type de guerre moralement acceptable. La question de la légitimité de la guerre défensive n'étant pas mise en doute, il s'agit donc de déterminer à quel moment et pour quelles raisons la guerre offensive est juste.

La théorie de la guerre juste a été développée au sein de nombreux courants religieux et philosophiques, notamment le christianisme et le libéralisme. C'est Thomas d'Aquin qui a édifié les sept critères de la guerre juste, encore valides de nos jours. De ces critères, cinq sont liés au *jus ad bellum* (**droit de la guerre**) : 1) la guerre doit être déclenchée par une autorité légitime ; 2) la cause de la guerre doit être juste (les causes justes sont les suivantes : la **défense** face à une menace grave et imminente, la reprise de ce qui nous a été enlevé et la punition de comportements inacceptables) ; 3) la guerre est menée avec des intentions pacifiques (obtenir la paix ou minimiser la force d'un ennemi) ; 4) la guerre est le dernier recours ; 5) à l'issue de la guerre, il existe des chances raisonnables d'établir une paix durable et d'assurer la réconciliation des parties.

Deux autres critères relèvent du *jus in bello* (droit dans la guerre) : 1) le critère de proportionnalité (les bénéfices doivent être plus importants que les conséquences néfastes) ; 2) le critère de discrimination, qui stipule que les moyens employés pour faire la guerre doivent permettre de distinguer les soldats des non-combattants.

Ainsi, une guerre offensive qui remplit ces sept critères est juste, légitime et moralement acceptable, quoi que certains de ces critères soient de nature subjective (par exemple, comment définir la gravité ou l'imminence d'une menace ?).

Des penseurs contemporains tels que Stanley Hoffmann (1996), John Rawls (1999) et Michael Walzer (2000) ont adapté la théorie de la guerre juste aux interventions dans les conflits intra-étatiques (voir **Intervention**) : si les trois auteurs s'entendent pour affirmer que la défense des droits humains et l'aide à un peuple désirant obtenir son indépendance constituent des causes justes, Walzer croit par ailleurs qu'une intervention doit être prohibée lorsqu'elle vise à mettre fin à une guerre civile dont l'enjeu est le contrôle du gouvernement.

Karine Prémont

GUERRE PRÉEMPTIVE/ GUERRE PRÉVENTIVE

Preemptive War/Preventive War

De toutes les idées évoquées par l'administration de George W. Bush depuis le 11 septembre 2001, celle qui a le plus retenu l'attention des analystes et des critiques de la politique américaine et généré un débat féroce, national autant qu'international, est celle de la doctrine militaire de guerre préemptive. La doctrine de préemption est effectivement centrale à ce qui sera appelé la doctrine Bush – à savoir une promotion de l'unilatéralisme, une revendication de rester la puissance militaire tous azimuts et sans compétiteur stratégique pour longtemps et l'objectif de déposer des régimes politiques pour mettre en place un **ordre international** pacifique et amical aux valeurs libérales (américaines). Or, il importe de souligner que la préemption, bien que profondément ancrée dans la **pensée stratégique** américaine depuis les tout débuts de la **Guerre froide**, n'a été que très rarement une politique à laquelle on a eu recours dans la pratique.

Pour comprendre la doctrine de préemption de l'administration Bush

Pour la récupération du concept de préemption par l'administration Bush, il faut y voir, d'une part, l'occasion créée par les événements du 11 septembre 2001 et, d'autre part, la présence influente de penseurs idéologues **néoconservateurs** au sein ou autour de l'Administration, notamment du vice-président Dick Cheney, de son chef du personnel, I. Lewis Libby et de l'adjoint au secrétaire à la Défense en 2001, Paul Wolfowitz. Il nous faut d'ailleurs retourner au discours de Bush prononcé à West Point, le 1er juin 2002, devant les finissants de l'Académie militaire de l'US Army, pour voir le concept de préemption être défendu haut et fort sur la place publique par le président, avant d'être par la suite entériné comme doctrine centrale d'une nouvelle **stratégie** de **sécurité nationale** (*The National Security Strategy* – NSS) rendue publique en septembre 2002.

Dans son discours de West Point, qu'on a depuis appelé le « discours sur la préemption », Bush affirme sans détour que

> [s]i nous attendons que les menaces se matérialisent complètement, nous aurons attendu trop longtemps. [...] Pourtant, la guerre contre la terreur ne sera pas gagnée par la défensive. Nous devons transporter le champ de bataille chez l'ennemi, déranger ses plans et confronter les pires menaces avant qu'elles émergent. Dans le monde dans lequel nous entrons, la seule voie vers la sécurité est celle de l'action. Et cette nation agira (The White House, 2002).

En soulignant que le 11 septembre 2001 offrait la possibilité d'abandonner la **doctrine stratégique** de **dissuasion** en faveur d'une stratégie de préemption, l'administration Bush a pu faire ainsi fi des années Clinton et reprendre dans son intégralité les points centraux du *Defense Planning Guidance* de 1992 corédigé par Paul Wolfowitz et I. Lewis Libby, alors qu'ils servaient l'administration de Bush père. La fuite de ce rapport dans la presse avait forcé sa révision par Dick Cheney, alors secrétaire à la Défense. Ce document affirmait que les États-Unis devaient demeurer la seule superpuissance mondiale et préconisait le développement d'une politique de **défense** qui ferait la promotion des valeurs et des intérêts américains dans le monde en forgeant le système international plutôt qu'en y réagissant, quitte à y intervenir unilatéralement. Fait crucial à noter, le *Defense Planning Guidance* avançait déjà l'idée d'une doctrine militaire de préemption pour contrer les États soupçonnés de développer des **armes de destruction massive**. C'est ce qui sera repris par les faucons néoconservateurs de l'administration Bush pour mener la lutte globale contre le **terrorisme** (Grondin, 2005).

La révolution sécuritaire avec la doctrine de la préemption

La *NSS* de 2002 constitue le tournant majeur qui prend en compte l'évolution sécuritaire de l'après-11 septembre et définit la logique de la guerre contre la terreur : elle annonce la fin de l'ère de la dissuasion. Dans une approche stratégique qui repose maintenant sur les capacités de destruction et de nuisance des ennemis plutôt que sur les seules menaces (*capabilities-based vs. threat-based strategic doctrine*), la refonte de la doctrine stratégique américaine signifie qu'il n'est plus possible d'attendre que la menace se concrétise sur le territoire national (Bédar, 2001 : 23). Le président Bush écrit ainsi dans la *NSS que :*

> Étant donné les buts des États voyous et des terroristes, les États-Unis ne peuvent plus s'en remettre uniquement à une position réactive comme nous l'avons fait dans le passé. L'incapacité de dissuader un agresseur potentiel, l'imminence des menaces d'aujourd'hui et l'ampleur des dommages potentiels qui pourraient être causés par le choix des armes de nos adversaires ne nous offrent pas cette option. Nous ne pouvons laisser nos ennemis frapper les premiers (The White House, 2002 : 15).

La doctrine de la prévention rend ainsi caduque la logique de l'**endiguement** (*containment*), qui avait été le ciment stratégique de la Guerre froide dans un contexte de confrontation nucléaire imaginée qui reposait sur la doctrine de la dissuasion nucléaire. Si la stratégie de la dissuasion nucléaire avait permis cette défense active pour les États-Unis, les élites de sécurité nationale ont jugé que le contexte de l'après-11 septembre ne permettrait plus d'avoir une stratégie n'assurant pas une « protection réelle » (Oakes, 1994 : 167). À cet égard, il s'avère beaucoup plus juste de voir l'unilatéralisme de l'administration Bush comme étant un moyen de défendre la suprématie militaire américaine (Hozic, 2006 : 61).

Le concept de la préemption en Relations internationales

Si on peut dire que la conception d'une action stratégique prise par anticipation dans le but de surprendre un adversaire existe dans le contexte de la guerre depuis des lustres, l'emploi de façon usuelle du terme de préemption est plutôt récent dans l'histoire mondiale. En Relations internationales, on utilise généralement le droit de préemption et l'attaque ou l'action préemptives comme étant la traduction des termes anglais *preemption* et *pre-*

emptive, tels qu'ils sont utilisés dans la littérature anglo-américaine en **études de sécurité**. Bien que ces concepts paraissent novateurs pour plusieurs observateurs, la « préemption » et la « prévention » renvoient directement à la stratégie nucléaire et au contexte politico-militaire de la Guerre froide.

La prévention consistait à stopper la croissance de la puissance militaire soviétique par des mesures audacieuses et calculées qui exploitaient l'avantage comparatif nucléaire américain avant qu'une parité nucléaire ne survienne. La guerre préventive était ainsi basée sur une préoccupation à propos d'une modification de l'**équilibre des puissances** militaires. À l'inverse, la préemption met en relief l'idée de menace imminente. La guerre préemptive était donc liée à une modification spécifique et contingente : il devait y avoir des bases solides pour croire qu'une attaque nucléaire soviétique était imminente (Freedman, 1983 : 125-127).

Dans la stratégie de sécurité nationale, prévention et préemption sont ainsi isolées du contexte de la Guerre froide et sont réutilisées dans un nouvel environnement politico-militaire. En s'arrêtant de plus près au discours de l'administration Bush, on semble même en être venu à croire que les deux expressions rendaient compte d'une même logique, puisque toutes deux mettent en relief une préparation à lancer en premier une attaque, nucléaire à l'origine :

1. L'Administration Bush parle, dans son document de stratégie de sécurité nationale de 2002, d'attaque préemptive. La logique qui sous-tend l'idée de préemption telle qu'elle est exprimée dans la stratégie de sécurité nationale est la suivante : « les États-Unis ont longtemps maintenu l'option d'actions préemptives pour contrer une menace suffisante à [leur] sécurité nationale » (The White House, 2002 : 15). Pour invoquer le droit à la préemption, elle soutient que la menace terroriste est aujourd'hui plus grande et que l'inaction ne peut être une option valable : « Depuis des siècles, le droit international reconnaît que les nations n'ont pas besoin de subir une attaque avant de pouvoir légalement entreprendre une action pour se défendre contre des forces qui présentent un danger imminent d'attaque » (15).
2. Elle utilise également le terme de prévention, comme si l'on pouvait l'interchanger sans problème avec le terme préemption. L'administration Bush estime que les États-Unis doivent, lorsque cela est nécessaire, prendre des actions anticipées pour se défendre même s'il demeure une incertitude quant au lieu et au moment de l'attaque ennemie : « Les États-Unis devraient, si nécessaire, agir de façon préemptive pour devancer ou prévenir [les] actes hostiles de leurs adversaires » (The White House, 2002 : 15).

Ce qui est vu ici par l'administration Bush comme étant la préemption consiste plutôt en la prévention. La différence entre les deux termes (lire stratégies) résiderait, selon Robert Jervis (2002 : 42), dans la durée. La préemption vise une attaque contre un adversaire qui s'apprête à frapper alors que la prévention est une action menée pour empêcher qu'une menace se concrétise : « Agir avant qu'une menace se soit matérialisée est rationnel seulement si le gouvernement est certain que ne rien faire conduira à une attaque dévastatrice de l'adversaire. » En fait, toute l'importance de bien distinguer la préemption de la prévention réside dans l'interprétation de l'imminence de la menace – une menace qui ne pourra jamais s'avérer comme preuve justificatrice s'il y a **intervention**. La préemption serait en outre utilisée dans un but d'autodéfense. Dans le cas de l'Irak de Saddam Hussein, pour qui la stratégie de sécurité nationale fut rédigée, il est manifeste qu'il n'est nullement question de guerre préemptive mais bien de guerre préventive, les États-Unis agissant alors comme la puissance hégémonique défendant ses intérêts plutôt qu'en légitime défense contre un ennemi s'apprêtant à attaquer.

Alan Dershowitz fait fort bien de souligner qu'une politique déclarée de préemption et qu'une mesure *ad hoc* préemptive n'ont pas la même portée et, surtout, les mêmes conséquences. Il rappelle à cet effet qu'un rapport de 1997 de la Kennedy School de l'Université Harvard concluait :

> La préemption peut avoir une valeur dissuasive significative, notamment contre un État voyou ou un terroriste contre lequel on a déjà agi de façon préemptive. Toutefois, cela pourrait aussi conduire un adversaire décidé à prendre des mesures de riposte et de représailles extrêmes. Ces conséquences pourraient être pires que la menace originale qu'on cherchait à contrer par préemption.
>
> Paradoxalement, bien que l'action préemptive puisse éliminer des menaces immédiates, elle peut aussi faire en sorte que l'adversaire cherchera à masquer [...] ses activités pour ne pas être détecté et pour rendre les futurs efforts d'interdiction encore plus difficiles. L'impact de ce « paradoxe de la préemption » est que les décideurs doivent avoir une compréhension claire de leurs objectifs et de ce qui constitue le succès : dans certains cas, la préemption servira seulement de délai ou prolongera la crise afin de « gagner du temps » pour chercher d'autres solutions (cité dans Dershowitz, 2006 : 168).

En avalisant ainsi une politique de préemption militaire avec son invasion de l'Irak en 2003, l'administration Bush semble croire qu'elle peut justifier une stratégie de préemption militaire au nom d'un impératif de prévention – alors que ce serait vraiment de la prévention vendue comme de la préemption militaire.

Effectivement, le problème conceptuel de la doctrine militaire de préemption consiste en ce que la préemption contre une menace dite imminente, mais que nulle autre puissance ne considère imminente, laisse beaucoup trop de latitude à l'administration Bush pour agir comme bon lui semble. Qui plus est, elle lui confère une amplitude très élastique quant à la nature des menaces qu'elle doit contrer et des « dangers » qu'elle voit à l'horizon. En ce sens, la possibilité croissante de subir des « menaces » terroristes fait en sorte qu'il est impossible de pouvoir conclure qu'une menace ne se produira pas ou qu'une attaque préemptive aura réussi, car on ne pourra jamais conclure qu'aucune autre action ne se produirait en riposte à l'action.

C'est pourquoi Marieke de Goede (2007 : 1) affirme que le concept de préemption, en tant que mesure sécuritaire, ne peut fonctionner qu'en étant mis en présence d'un scénario noir ou catastrophe – d'un futur possible – advenant qu'aucune mesure ne soit adoptée, un scénario qui nécessite alors une image médiatique, une représentation du désastre potentiel justifiant alors le recours à une mesure anticipant les dégâts potentiels. C'est pourquoi avec la préemption, il y a toujours lieu d'évoquer le débat politique sur la préemption (*the politics of preemption*), lequel met en scène la scénarisation et le calcul des risques potentiels.

Les périls de la préemption

La plus grande crainte provoquée par la promulgation de la doctrine militaire de la préemption que les États-Unis ont adoptée sous l'administration Bush, pour lutter contre le terrorisme global et contrer le problème de la prolifération des armes de destruction massive, est qu'elle s'érige en nouvelle **norme** internationale – au lieu d'être une exception de dernier recours, comme dans le cas d'une attaque nucléaire imminente. Par conséquent, cela pourrait motiver d'autres grandes puissances à agir comme les États-Unis, c'est-à-dire de façon unilatérale pour régler leurs propres problèmes de sécurité, enchâssant ainsi un principe dans la conduite internationale des États.

Rien ne pourrait, par exemple, empêcher l'Inde de s'attaquer au Pakistan sous le couvert d'actions préemptives (Hirsh, 2002 : 28). Michael O'Hanlon, Susan Rice et James Steinberg abondent dans le même sens :

> [...] les pays qui sont déjà au bord de la guerre, et très favorables à la guerre, pourraient utiliser la doctrine pour justifier une action qu'ils envisagent déjà, et l'effet de précédent de la prise de position américaine pourrait rendre plus difficile pour la communauté internationale, et pour les États-Unis en particulier, de préconiser l'attente et la diplomatie (2002 : 9).

Pour en rajouter, Litwak (2002-2003 : 61-66) critique la préemption en l'inscrivant dans un contexte plus large, celui de la politique de non-prolifération des armements de destruction massive. Selon lui, l'expérience historique

> révèle que la force est loin d'être l'instrument définitif de la politique de non-prolifération que certains allèguent ou souhaitent qu'elle soit. En fait, elle pose autant de problèmes que les options non militaires et n'est pas plus certaine de produire les résultats escomptés (54).

En plus de critiquer le précédent international que créerait la préemption, Litwak s'en prend notamment au fait de lier la menace du terrorisme à celle de la prolifération. Dans l'optique d'une intervention militaire en Irak, il croit plutôt que cette doctrine vient servir ce cas spécifique plutôt que d'instituer une politique générale (59-60) et se demande dans quelles circonstances un président américain pourrait effectivement recourir à une doctrine de préemption, surtout lorsque la préemption est vraiment pensée et défendue comme une prévention.

David Grondin

GUERRE RÉVOLUTIONNAIRE

Revolutionary Warfare

Le terme « guerre révolutionnaire » désigne les luttes armées entreprises par un groupe contre-hégémonique contrôlant progressivement la population et fournissant à celle-ci des motifs d'agir contre le pouvoir établi ou contre une autorité qu'elle rejette (Chaliand, 1984 ; 1988). Les guerres révolutionnaires se distinguent des autres formes de luttes armées par les techniques de revendication menant aux conflits, par l'utilisation de mouvements organisés et militarisés, par le refus du combat frontal décisif et par l'emploi de tactiques non conventionnelles comprenant le harcèlement et la surprise. Chaliand distingue la guerre révolutionnaire de la **guérilla** traditionnelle comme étant une technique militaire complète pour s'emparer du pouvoir, alors que la guérilla fait plutôt référence à des mouvements en faveur de changements politiques (1984 ; 1988).

Les guerres révolutionnaires ont lieu sur deux fronts : le premier consiste à attaquer militairement le gouvernement en place par l'intimidation, le sabotage ou le **terrorisme**, alors que le second consiste à mobiliser la population afin qu'elle appuie la démarche des rebelles. Entraînée par les activistes et endoctrinée dans une conviction idéologique, la population s'engage peu à peu dans la lutte. Initialement, la minorité révolutionnaire est l'image même de la faiblesse en face d'un appareil gouvernemental qui apparaît, par comparaison, beaucoup plus puissant.

Les premières guerres révolutionnaires mentionnées dans la littérature datent de l'Égypte et de la Chine anciennes. Ces premières « petites guerres » sont attestées dans la Bible et décrites par de nombreux historiens de l'Antiquité tels que Polybe et Hérodote (Torres, 1971). Le Mière de Corvey présenta le premier, en 1823, un ouvrage d'ensemble sur la question. C'est cependant avec les concepts stratégiques développés par Mao Tse Tung, que l'on retrouve le véritable sens de la guerre révolutionnaire, soit l'utilisation de la mobilisation populaire pour soutenir un mouvement révolutionnaire armé (1968).

L'objectif ultime des guerres révolutionnaires est l'**État** et ses partis politiques traditionnels. Ainsi les militants de la guérilla qui s'engagent dans une guerre révolutionnaire ne considèrent que l'option de la victoire (définitive) ou la défaite (momentanée), et écartent systématiquement le compromis politique (Martic, 1975 ; Clutterbuck, 1990). Néanmoins, il existe peu d'exemples où l'effritement des doctrines de la révolution n'a pas fait son œuvre. En d'autres termes, l'idéologie de la majorité des guerres révolutionnaires qui persiste encore aujourd'hui a bifurqué des fondements idéologiques à la criminalisation systémique et au narcotrafic (Nicolas, 1989). La nécessité de financer les activités militaires, ainsi que l'appât du gain et du pouvoir contribuant à la corruption des idéaux de la révolution.

Francois Audet

HÉGÉMONIE

Hegemony

> Un État dominant exerce une fonction hégémonique s'il conduit le système d'États dans la direction qu'il choisit et si, ce faisant, il est perçu comme étant le défenseur de l'intérêt universel (Arrighi, 1993 : 150).

Bien que le concept d'hégémonie ait beaucoup évolué depuis son utilisation par les révolutionnaires que furent Lénine et Trotsky, l'idée centrale qu'il représente demeure la même, soit l'existence au sein du **système international** de diverses formes de pouvoir et d'influence exercées par des groupes sociaux dominants sur d'autres groupes subordonnés. En **Relations internationales**, on parle d'hégémonie mondiale, soit de la capacité que possède un **État** d'exercer des fonctions gouvernementales sur un système politique mondial composé d'États souverains (Arrighi, 1993 : 148).

Les théories gramsciennes ou néo-**marxistes** démontrent que l'hégémonie fait référence à une forme de **puissance** qui ne relève pas que de dominance pure et simple ; elle signifie également l'exercice d'un leadership intellectuel et moral (Gramsci, 1971 : 57) qui prétend représenter l'intérêt universel et qui s'étend au système interétatique. La priorité accordée aux fondements idéologiques et culturels explique le *comment* du consentement et de la participation des groupes subordonnés à des classes dominantes prétendant les représenter. En effet, les structures de l'hégémonie, parce qu'elles légitimisent les politiques et l'ordre nationaux, créent des **normes** universelles et mettent en place des mécanismes et des **institutions** servant à établir des règles de droit et de comportement pour les États et les **acteurs** transnationaux, et facilitent l'enracinement des bases sociales et matérielles nécessaires à l'exercice du pouvoir par l'hégémon (Cox, 1987 : 172). Pour Cox, l'hégémonie dépasse donc le système d'États. Il faut la comprendre en tenant compte du fait que les idées et les conditions matérielles d'existence sont toujours en relation les unes avec les autres (ce qu'il nomme le matérialisme historique). En ce sens, l'ordre hégémonique découle de la propagation d'une culture commune par des classes sociales dominantes (Cox, 1983 : 56) et se maintient grâce aux moyens de production et aux relations complexes qui se nouent entre les classes sociales des différents pays (Cox, 1983 : 62).

Dans les années 1970, le concept d'hégémonie a été central dans le développement des **théories** des Relations internationales, et principalement en

économie politique internationale. L'école de l'économie-monde pousse ainsi plus loin la dimension économique de l'hégémonie :

> l'hégémonie est une situation dans laquelle les biens d'un État du centre sont produits tellement efficacement qu'ils sont largement plus compétitifs que les biens d'autres États du centre, ce qui permet à cet État d'être le principal bénéficiaire de la maximisation du libre-marché mondial (Wallerstein, 1980 : 38).

De plus, la théorie de la **stabilité hégémonique** se retrouva au centre des analyses que développèrent les théories **réalistes** et qui s'opposèrent aux théories **institutionnalistes**. Les théoriciens de l'interdépendance font d'ailleurs la différence entre hégémonie et **impérialisme** : « contrairement à une puissance impérialiste, un hégémon ne peut créer et imposer des règles sans un certain degré de consentement de la part des autres États souverains » (Keohane, 1984 : 46). Aussi, la théorie des **régimes** affirme que l'hégémonie ne se définit pas seulement par les capacités matérielles et les ressources d'un territoire mais aussi par les valeurs et les formes de relations et de pouvoir déjà intégrées dans les structures du système international. Par exemple, pour John Ruggie, l'hégémonie américaine est passée au système interétatique en enracinant le principe de **souveraineté** des **nations** : « le système de loi moderne consiste en l'institutionnalisation de l'autorité publique à l'intérieur de domaines de juridiction mutuellement exclusifs » (Ruggie, 1983 : 275). Aussi, dira Ruggie, que l'institutionnalisation de l'hégémonie américaine est possible, non pas parce que les structures du système le requièrent mais parce que le sens de l'exceptionalisme fondamental à l'identité des Américains a pu appuyer l'action des États-Unis au niveau mondial (Ruggie, 1998a : 14).

De leur côté, les théories réalistes, pour lesquelles un État hégémonique évoluant dans un système **anarchique** exerce son influence et impose sa force principalement par ses capacités matérielles et par sa prépondérance en termes de ressources militaires et économiques (Keohane, 1984 : 32), reconnaissent également que les aspects idéologiques et normatifs des formes de pouvoir permettent aux États dominants de rendre leur autorité moralement acceptable, donc plus facile à exercer (Morgenthau, 1967 : 87-88). Gilpin (1981 : 30) ajoutera que « les États les plus faibles d'un système international suivront le leadership des États les plus puissants, en partie parce qu'ils acceptent la légitimité et l'utilité de l'ordre existant ».

Bien qu'il existe des variantes de l'hégémonie en nombre suffisant pour satisfaire à peu près toutes les tendances (Strange, 1987 : 557), le concept d'hégémonie possède une valeur explicative importante puisqu'il permet d'illustrer les liens entre économie et politique et de réduire les écarts entre les politiques internes et les politiques internationales. La diffusion de normes et de valeurs associées au départ à certains groupes sociaux d'une nation particulière à des structures internes d'autres nations ou à des structures supranationales est en effet le moment clé de l'évolution et de la distribution de la puissance au niveau global.

Chantal Robichaud

IDÉALISME

Idealism

> [O]n peut envisager l'histoire de l'espèce humaine en gros comme la réalisation d'un plan caché de la nature pour produire une constitution politique parfaite sur le plan intérieur et, en fonction de ce but à atteindre, également parfaite sur le plan extérieur ; c'est le seul état de choses dans lequel la nature peut développer complètement toutes les dispositions qu'elle a mises dans l'humanité (Kant, 1947 : 40).

Dans le portrait que le champ de la théorie des **Relations internationales** a traditionnellement dressé de son histoire, le terme « idéalisme » désigne le courant théorique qui domina la naissance du champ, à la suite de la Première Guerre mondiale, et au moment de la création de la première chaire d'études en politique internationale à l'University College d'Aberystwyth au Pays de Galles. On date habituellement à cette époque le moment où la théorie des Relations internationales commence à devenir autonome face aux champs de la théorie politique, de l'histoire militaire et du droit international. Dans la littérature sur la **théorie** des Relations internationales, les termes « idéalisme » et « internationalisme **libéral** » sont parfois utilisés de façon interchangeable (Rich, 2002). Les expressions sont interchangeables dans la mesure où la seconde expression fait référence à la doctrine politique universaliste et cosmopolitique de la tradition libérale, davantage qu'à un libéralisme économique synonyme de *laisser-faire*. Le terme « utopisme » est également utilisé de façon péjorative par certains critiques de cette doctrine (Carr, 1946).

Selon une explication courante, l'« idéalisme » est la version théorique de l'enthousiasme suscité par la fondation de la Société des Nations, ainsi que par la nouvelle ère d'**interdépendance** à la suite du Premier Conflit mondial. Comme analyse théorique des Relations internationales, l'idéalisme trouve son inspiration dans les textes d'Immanuel Kant sur l'avènement d'une Confédération d'**États** sur la scène internationale, et dans le parti pris de ce philosophe allemand en faveur des valeurs cosmopolitiques et du rationalisme des Lumières. Ses promoteurs croient en la possibilité, et en la nécessité, d'un recours à la raison pour régler les conflits qui surviennent dans le cours de l'histoire humaine. Selon les conjectures de Kant, la raison, conçue comme la principale faculté distinguant l'humain de l'animal, ainsi que la possibilité des êtres humains d'apprendre de leurs erreurs mèneront les États à se réunir en une confédération au sein de laquelle les conflits seront résolus par des voies pacifiques. L'idéalisme se distingue donc du libéralisme économique, dans la mesure où il ne croit pas que la seule expansion des marchés, des échanges et du commerce suffira à engendrer une paix durable entre les États. Il cherche à multiplier les niveaux d'organisations politiques à des niveaux supérieurs à celui de l'État-nation. Cette ère d'« optimisme » théorique et la domination de la pensée idéaliste a été caractéristique de l'entre-deux-guerres, avant de se faire surclasser par le courant **réaliste** à la suite du Second Conflit mondial (Guzzini, 1998 ; Knutsen, 1997 ; Vasquez, 1998).

L'historiographie contemporaine sur la naissance du champ de la théorie des Relations internationales nuance un peu le portrait qui a longtemps été dressé de l'« unanimisme idéaliste » de l'entre-deux-guerres. Il ne fait aucun doute que, durant cette période, de nombreux théoriciens partageaient un ensemble de thèses que l'on associe aujourd'hui à cette approche. Cependant, ce que l'on désigne aujourd'hui par « idéalisme » fait référence à ce qui était à l'époque un ensemble d'approches plus diffuses. On différenciera trois tendances qui, bien qu'elles convergent vers des conclusions similaires, doivent être distinguées. Il y a d'abord le *libéralisme politique* qui s'intéressait aux moyens d'établir des **institutions** politiques, policières et juridiques internationales. Norman Angell, David Davis, Leonard Woolf et Alfred Zimmern constituent certains de ses représentants les plus influents. Puis, une branche du *libéralisme économique* qui croyait davantage aux vertus réconciliatrices du commerce et de l'interdépendance économique, sans pour autant remettre en question la nécessité d'encadrer l'économique au sein d'institutions politiques internationales (Keynes et Hobson). Enfin, les avocats d'une *conception pluraliste* de l'État s'opposaient aux conceptions juridiques dominantes.

Au-delà de ces colorations spécifiques, les auteurs regroupés sous la bannière idéaliste partageaient habituellement certaines thèses et positions. Parmi celles-ci on retrouve d'abord une conception téléologique de l'histoire. Comme chez Kant, on croit que l'humain apprend de ses erreurs et que la raison sera éventuellement susceptible de mettre au pas les instincts de sa nature profonde. Chez Zimmern, cette thèse avait également une dimension civilisatrice. Elle venait justifier l'**impérialisme** britannique, non pas en raison de la loi du plus fort, mais en raison de la « contribution » que celui-ci apportait à l'établissement d'une civilisation commune et basée sur « la paix ». Cette conception philosophique de l'histoire était renforcée par la conviction de plusieurs observateurs de la scène internationale selon laquelle les relations entre États tendaient de plus en plus vers l'interdépendance et que, dans ce contexte, la réalisation du plein potentiel de chaque État dépendait de l'implantation d'institutions politiques internationales en mesure de régulariser ces relations (Garner, 1925).

L'analyse méticuleuse que Schmidt (2002) fait des positions théoriques de l'entre-deux-guerres les remet dans leur contexte pour en saisir le sens et la diversité. Selon lui, ce qui est souvent décrit comme une position « idéaliste » désincarnée et motivée par un pur idéal philosophique s'appuyait souvent sur une conception pluraliste de l'État, dont les origines théoriques ne seraient pas si « utopistes » qu'on l'entend parfois. Il soutient que plusieurs de ces théoriciens étaient préoccupés d'abord par un constat empirique. Ils considéraient que la conception juridique de l'État comme entité autonome et souveraine sur la scène internationale était inadéquate pour décrire l'ère qui succédait aux révolutions industrielles et caractérisée par une interdépendance accrue. À la suite du Premier Conflit mondial, les promoteurs d'une conception *pluraliste* de l'État s'opposaient d'abord à une conception *juridique* ou *moniste* de celuici, selon laquelle il était une entité **souveraine**, représentant les intérêts et la volonté de l'ensemble de ses citoyens et libre d'agir selon sa volonté sur la scène internationale. Dans cet ordre d'idées, Harold Laski (1927) soutenait que l'État ne pouvait réconcilier les volontés et les intérêts contradictoires exprimés par les différents groupes en son sein. Chez les théoriciens socialistes, bien avant les **poststructuralistes**, cette critique s'accompagnait de la promotion de formes d'expressions identitaires et de la revendication d'intérêts collectifs souvent en contradiction avec ceux promus par l'État.

Une autre thèse importante associée à l'idéalisme de l'entre-deux-guerres était que les États avaient un intérêt commun à s'engager dans une politique internationale de **sécurité collective**. Pour David Davies, cette sécurité collective ne devait pas se limiter au domaine militaire, mais s'étendre également au domaine policier. Sur ce plan, l'idéalisme soutenait qu'il serait éventuellement possible d'articuler une société internationale au sein de laquelle les conflits pourraient être résolus par des voies moins destructrices. Cette position reposait sur une conception de l'être humain comme animal rationnel qui serait mené par ses facultés cognitives et morales à mettre sur pied des **organisations internationales** en mesure d'éviter les désastres occasionnés par la **guerre**. Elle reposait, également, sur un constat beaucoup plus pragmatique : la conviction que pas plus l'**équilibre des puissances** que le *laisser-faire* économique n'avait pu prévenir la Première Guerre mondiale. Au contraire, le jeu d'**alliances**, la course aux armements et une diplomatie opaque avaient précipité les nations européennes dans l'abîme. Il était donc nécessaire de développer de nouveaux outils de prévention des conflits.

1919-1939 : le débat entre idéalisme et réalisme

Bien qu'on remette parfois en question l'existence d'un premier grand débat entre réalisme et idéalisme au sein du champ de la théorie des Relations internationales (voir le débat entre paradigmes), pour ceux qui reconnaissent qu'il a bien eu lieu, ce premier débat portait sur une question traditionnelle de la philosophie politique. Le débat opposant, d'une part, Carr et Morgenthau pour le camp réaliste, à Angell, Woolf et Zimmern, d'autre part, pour le camp idéaliste, portait en effet sur la relation entre la raison et le **pouvoir**. Il s'articulait autour de deux questions fondamentales. La première, dont les enjeux furent exposés clairement par Morgenthau, demandait lequel du *pouvoir* ou de la *raison* serait en mesure de domestiquer l'autre en dernière instance. La seconde question, encore plus contemporaine à la lumière des débats actuels en philosophie politique, posait le problème de la relation entre la raison et le pouvoir sous l'angle de leur interdépendance. Dans quelle mesure la raison est-elle une condition d'existence de pouvoir, ou dans quelle mesure le pouvoir est-il une condition d'existence de la raison ? Il découlait de la réponse à ces deux questions des conceptions opposées des Relations internationales.

Des réalistes, comme Niebuhr et Morgenthau, opposaient aux idéalistes une conception pessimiste de la nature humaine gouvernée par son avidité pour le pouvoir. Ils doutaient que la raison soit suffisante pour surmonter les vices auxquels est enclin l'humain et pour résorber les conflits entre États. Les idéalistes, pour leur part, ne niaient pas l'importance du penchant des hommes pour le pouvoir. Certains endossaient même une conception plutôt pessimiste de la nature humaine. Leur ambition principale n'était pas de surmonter ces pulsions destructrices, mais de les « diriger vers des formes moins destructives de conflits » (Ashworth, 2002 : 39). Les États, selon les idéalistes, avaient un intérêt commun à s'engager dans une démarche visant à développer une politique de sécurité collective. Or face à cet argument, les réalistes reconduisaient souvent sur le plan international le même raisonnement que les théories pluralistes de l'État avaient dirigé sur le plan national contre les théories juridiques. Carr soutenait qu'il était erroné de partir de la prémisse selon laquelle les États avaient tous le même intérêt à s'engager dans une telle démarche. Celle-ci n'allait pas dissiper les relations de **puissance** sur l'échiquier international, mais aurait plutôt tendance à renforcer le *statu quo* en les figeant.

Bien qu'il soit difficile de trouver une histoire de la théorie des Relations internationales qui fasse abstraction du « débat fondateur » entre réalistes et idéalistes, il reste que l'ampleur, les paramètres et le détail de ce débat font l'objet de controverses ; il est donc prudent d'y faire référence avec circonspection. On a déjà souligné que l'expression « idéalisme » sert à désigner aujourd'hui ce qui était à l'époque un bassin de positions convergentes. Poussant l'analyse plus loin, Ashworth soutient que pas plus l'enjeu des débats de l'entre-deux-guerres que la nature de ceux qui s'y opposaient ne peuvent être réduits à l'opposition entre idéalistes et réalistes. Il rappelle, par exemple, que les débats sur la relation entre le capitalisme et la guerre, les enjeux ayant trait à la politique de sécurité collective des Britanniques ou entre isolationnistes et interventionnistes américains ne peuvent être appréhendés simplement comme des débats opposant idéalistes et réalistes. Il soutient également que durant une grande partie de cette période, l'internationalisme libéral était menacé davantage par des théoriciens socialistes et par les isolationnistes américains que par les réalistes (Ashworth, 2002 : 34). Une analyse récente de la pensée de Carr soutient que même cet auteur, longtemps tenu pour réaliste, semble avoir conçu la relation entre réalisme et idéalisme comme beaucoup plus dialectique qu'inconciliable (Kubálková, 1998 : 32). Ces analyses invitent donc à la prudence autant lorsqu'on aborde l'idéalisme que le premier grand débat du champ de la théorie des Relations internationales.

Aujourd'hui, plusieurs approches se réclament de la tradition idéaliste inspirée par Kant. La théorie de la **gouvernance** globale reprend des arguments qui font écho à ceux du début des années 1920 lorsqu'elle affirme que la **mondialisation** rend caduc le concept de souveraineté tel qu'on l'a connu. Alexander Wendt (1999) reprend également à son compte certains arguments de cette tradition lorsqu'il soutient que la société internationale tend à évoluer d'un degré intermédiaire de **coopération** inspiré de Locke, vers un degré supérieur de coopération inspiré de Kant. Enfin, les travaux peut-être les plus critiques offerts aujourd'hui par la tradition idéaliste proviennent probablement de la mouvance évoluant autour de David Held et James Bohmann, qui cherchent à marier le néokantisme à la **Théorie Critique**.

Frédérick Guillaume Dufour

IDENTITÉ

Identity

> L'identité d'État, qui dépend de contextes historiques spécifiques, peut être comprise comme résultant de pratiques d'exclusion à travers lesquelles des éléments de résistance à une identité figée de « l'intérieur » sont mis en lien par un discours du « danger » avec des menaces identifiées et localisées à « l'extérieur » (Campbell, 1992 : 75).

La notion d'identité est très difficile à définir de façon exhaustive. Elle recoupe de trop nombreuses problématiques pour que l'on puisse espérer en donner un portrait complet. Concernant d'abord l'étude du comportement individuel, la question de l'identité a été surtout théorisée en psychologie avant d'occuper de plus en plus de terrain du côté des sciences sociales (en sociologie et en anthropologie en tout premier lieu). Il s'agit aussi d'une question fondamentale en philosophie puisqu'elle touche au fondement même du regard que l'homme pose sur son existence. En général, la problématique de l'identité s'articule autour de la question « qui sommes-nous ? » et trouve sa réponse à la fois dans un sentiment de ressemblance avec les autres membres du groupe et d'une certaine permanence dans le temps.

Dans le cas plus spécifique de la discipline des **Relations Internatio-**

nales, l'intérêt est relativement récent. Ce concept préoccupera la discipline surtout à partir du début des années 1990 et l'intérêt portera plus spécifiquement sur l'identité nationale (même si certains auteurs élargiront la problématique vers d'autres types d'identité). Le mouvement simultané qui s'opère alors (intérêt pour de nouvelles problématiques telles les conflits ethniques ou les effets de la **mondialisation** et émergence de nouvelles théories) explique en grande partie l'importance croissante de cette problématique dans la littérature. L'identité en Relations Internationales soulève plusieurs problèmes auxquels se frottent de nombreux auteurs depuis quinze ans : l'identité nationale et son rapport à la différence, les liens entre identité et **intérêts nationaux**, l'identité et la **sécurité**, etc.

C'est essentiellement avec l'émergence du **constructivisme** dans la discipline que l'identité sera mise à l'ordre du jour. Dès le début des années 1990, les constructivistes, Alexander Wendt en tête, ont insisté sur l'importance de ce facteur dans l'analyse des Relations Internationales. Entre autres, l'article « Anarchy Is What State's Make Of It : The Social Construction of Power Politics » d'Alexander Wendt aura un grand impact sur le développement de cette problématique. S'opère alors une rupture importante avec les théories plus traditionnelles. Les constructivistes affirment que les intérêts découlent des identités (et non pas d'un processus de choix rationnels) et affirment que ces identités ne sont pas des variables endogènes (données). En affirmant que « les identités sont, en soi, relationnelles » (1992a : 397) Wendt ouvre la boîte noire de l'**État** et entraîne un questionnement des processus endogènes (qui émergent des interactions sociales) qui permettent la mise en place de cette identité.

Une autre contribution non négligeable quant à cette problématique est celle de l'**École de Copenhague**. L'École de Copenhague regroupe plusieurs auteurs qui tentent, chacun à leur manière, d'établir des ponts entre les problématiques plus traditionnelles de la discipline et de nouvelles perspectives (intérêt pour de nouveaux types de menaces qui proviennent de l'intérieur ou de l'extérieur de l'État). Dans l'ouvrage *Identity, Migration And The New Security Agenda In Europe*, l'École de Copenhague met de l'avant les concepts d'identité et de sécurité sociétale.

> Si la sécurité sociétale concerne la survivance, dans des conditions acceptables pour l'évolution, des modèles traditionnels de la langue, la culture, l'association, les coutumes religieuses et l'identité ethnique, alors les menaces à ces valeurs proviennent bien plus souvent de l'appareil gouvernemental interne à l'État que de gouvernements extérieurs (Wæver, 1993 : 49).

Malgré les critiques **épistémologiques** qui reprochent à l'École de Copenhague de ne pas prendre en compte l'identité dans toute son amplitude et de ne la considérer que comme une variable stable, leurs écrits auront un impact important pour la prise en compte de nouvelles problématiques par les théories plus traditionnelles.

Finalement, plusieurs auteurs **postmodernes** tel David Campbell radicalisent cette problématique. Comme pour les constructivistes, les postmodernes considèrent que l'identité n'est pas donnée d'avance et qu'il faut interroger sa mise en place. Mais ils vont plus loin. David Campbell ne considère pas l'identité comme étant une variable socialement construite parmi d'autres, mais plutôt comme étant au cœur des relations internationales. Pour qu'il y ait une **politique étrangère**, il faut d'abord déterminer ce qui est étranger et, en ce sens, l'identité est constitutive des relations internationales. Les auteurs postmodernes insistent aussi sur le rôle du discours. Pour eux, l'identité n'est donc pas définie par des facteurs objectifs mais plutôt par un discours qui fixe la frontière en définissant l'étranger. Les Relations internationales, en tant que discipline, sont perçues comme un discours d'autorité savante qui contribue à reproduire l'identité par la peur de l'étranger.

Même s'il est difficile de parler d'une théorie **féministe** unifiée, soulignons que plusieurs féministes s'intéressent à la notion d'identité ; non seulement à l'identité de genre (qui par définition intéresse toutes les féministes) mais aussi, selon leurs courants plus spécifiques, à l'identité entendue dans un sens plus large. En effet, les féministes postmodernes s'attardent à souligner les limites de la pensée binaire qui visent à constamment opposer deux termes dans une logique manichéenne (bien/mal, vrai/faux, rationnel/irrationnel, homme/femme, etc.). Or, la dichotomie que sous-entendent toutes les autres est la dichotomie identitaire par excellente nous/les autres.

Ce survol rapide démontre qu'il est impossible d'aborder l'identité dans la discipline d'un seul angle. Le spectre est si large que de l'identité nationale qui intéressait les théories plus conventionnelles en tant que variable indépendante, différents chercheurs s'intéressent maintenant à des identités postnationales (ethniques, de genre, transnationales, etc.) et surtout aux processus de construction identitaire. Si tous s'entendent donc pour admettre que la problématique de l'identité concerne directement le rapport aux autres, à l'étranger, certains l'aborderont comme une variable parmi d'autres et d'autres iront jusqu'à considérer ce rapport comme constitutif des relations internationales et donc au cœur de la discipline.

Catherine Voyer-Léger

IMPÉRIALISME

Imperialism

> Plus le capitalisme est développé, plus le manque de matières premières se fait sentir, plus la concurrence et la recherche des sources de matières premières dans le monde entier est acharnée et plus brutale la lutte pour la possession des colonies (Lénine, 1979).

Le terme impérialisme vient du latin *imperium* qui signifie autorité suprême.

Il ne devient toutefois d'usage courant qu'au début du XIXe siècle lorsque l'opinion publique et les monarques européens utilisent le terme pour caractériser la politique expansionniste de Napoléon Bonaparte. C'est à la fin du siècle, dans le contexte de l'avancée du capitalisme industriel anglais et ses impacts sur le reste du monde, qu'apparaissent les premiers travaux sur l'impérialisme. Les débats portent alors sur les tendances d'accumulation capitaliste de l'époque, le caractère inégal du développement capitaliste, la hiérarchie entre **États**, le militarisme et la rivalité entre pays capitalistes. Les rapports de classes à l'intérieur d'une formation sociale donnée, tout particulièrement autour des relations entre les classes dirigeantes et le pouvoir d'État, sont également au cœur de ce débat. C'est à travers le concept d'impérialisme que les **marxistes** ont conceptualisé les transformations du système capitaliste en tant que système mondial.

Le pamphlet de Lénine est probablement la référence la plus connue sur l'impérialisme. S'inspirant des travaux de Hobson, Hilferding et Boukharine, il souligna que la tendance à la consolidation monopoliste avait pour effet de stimuler la fusion du capital industriel et du capital banquier tout en intensifiant une nouvelle division territoriale du marché international entre États capitalistes. Selon lui, cette croissante concentration du capital et les limites des marchés nationaux dans les pays capitalistes contribuaient à rendre l'exportation de capital plus attrayante pour les oligarchies financières et pouvaient mener à des **guerres** interimpérialistes. Les critiques de Lénine lui ont reproché de ne pas avoir clairement exposé le rôle de l'État dans l'économie mondiale ni les liens entre les monopoles, l'exportation de capitaux et la division du monde. Lénine n'a pas plus analysé l'impact de l'impérialisme sur les pays périphériques non capitalistes.

Rosa Luxembourg fut la première à poser la question de l'impact de l'impérialisme sur les formations sociales non capitalistes. Elle concevait l'impérialisme comme étant une stratégie visant à résoudre le problème de la réalisation de la valeur, c'est-à-dire de la consommation des marchandises. Cherchant à expliquer l'accumulation continuelle de capital par sa pénétration dans les formations sociales non capitalistes, elle voyait dans les politiques impérialistes d'exportation de capitaux et de marchandises une solution au problème de la sous-consommation dans les économies des pays capitalistes par la création de marchés à l'étranger. Elle fut critiquée pour avoir mal posé la question de la sous-consommation et d'avoir sous-estimé l'importance des relations de production. Elle a tout de même le mérite d'avoir souligné le caractère expansif et mondial du capitalisme.

À l'époque, le débat n'est pas entre Lénine et Luxembourg mais plutôt entre Lénine et Karl Kautsky et porte sur les stratégies à adopter face aux impérialismes des bourgeoisies nationales dans le contexte de la Première Guerre mondiale. Pour Kautsky la guerre générait la possibilité d'une alliance tactique entre la classe ouvrière et la bourgeoisie, qui mènerait en Europe à des réformes sociales graduelles qui permettraient d'éviter une rupture violente avec la démocratie **libérale**. Pour sa part, Lénine proposait de combattre l'impérialisme et son chauvinisme puisqu'en permettant des niveaux d'exploitation plus élevés dans les pays périphériques, il donnait la possibilité à la bourgeoisie d'utiliser ses sur-profits pour coopter certains secteurs de la classe ouvrière (aristocratie ouvrière) européenne. Pour lui, s'aligner aux côtés de l'impérialisme des pays occidentaux retarderait donc l'internationalisation de la révolution. Dès lors, le débat autour des options «réformistes ou révolutionnaires» se posera dans les discussions ultérieures quant à la stratégie que doivent adopter les mouvements ouvriers face aux bourgeoisies nationales et à l'impérialisme.

Avec la victoire de divers mouvements de libération nationale dans le **Tiers Monde** et la radicalisation des forces populaires en Amérique latine et en Asie, les années 1950, 1960 et 1970 ont vu la prolifération de travaux inspirés de la notion d'impérialisme. Les études sur l'échange inégal et la division internationale du travail, le débat latino-américain sur la **dépendance** et les différents travaux produits par les tenants de l'approche du **système-monde** en sont quelques exemples.

Les théoriciens latino-américains ont joué un rôle central lors de cette nouvelle phase de réflexions sur l'impérialisme. Ici les débats ont porté sur les particularités du développement capitaliste en Amérique latine, l'intégration de celle-ci au marché mondial et les stratégies que devaient adopter les forces populaires face aux bourgeoisies nationales, rappelant le débat Lénine/Kautsky. Ici, la contribution de Ruy Mauro Marini et Theotonio Dos Santos est digne de mention. Ces auteurs argumentaient que, dû au caractère incomplet du développement capitaliste en Amérique latine, certains États dépendants intermédiaires (Argentine, Brésil, Mexique) exerçaient une domination sous-impérialiste — parce qu'elle n'affectait pas les intérêts impérialistes états-uniens — envers les marchés des pays voisins de moindre importance.

André Gunder Frank (1972) se démarqua également avec sa thèse — à la fois provocante et simpliste — à l'effet que la structure impérialiste du système capitaliste engendrait et nécessitait le développement du « sous-développement ». À l'époque, pour plusieurs auteurs, la seule alternative de développement pour les pays périphériques était la rupture avec le centre et le capitalisme. Warren, en réponse à Gunder Frank, envisageait au contraire la possibilité d'un développement réel du Tiers Monde. Soulignant la croissance accélérée des nouveaux pays industrialisés en Asie, Warren était d'avis que les politiques impérialistes favoriseraient l'industrialisation, que la dépendance finirait par se desserrer et que la distribution inégale du pouvoir finirait par s'estomper.

Les années 1980 ont vu la parution d'une multitude de travaux critiques portant sur les programmes d'ajustement structurel imposé par le FMI et la Banque mondiale en des termes fortement inspirés des débats antérieurs sur l'impérialisme et le sous-développement. Cependant, les écrits sur l'impérialisme proprement dit sont peu nombreux, puisqu'un consensus tacite quant à la perte d'**hégémonie** des États-Unis semblait s'être installé. Ce n'est qu'avec la chute du bloc soviétique et les nouvelles campagnes militaires des États-Unis, au Panama en 1989 et au Koweït en 1990-1991, que la question de l'impérialisme refait surface, cette fois enrichie des contributions sur le rôle des institutions financières internationales.

Aujourd'hui, dans ce que l'on peut considérer comme le retour du débat sur l'impérialisme, quatre auteurs (Robert Biel, Leo Panitch, Michael Hardt et Antonio Negri) se démarquent des travaux antérieurs par le fait qu'ils ne conçoivent plus l'impérialisme comme un phénomène touchant surtout aux relations centre/périphérie, mais plutôt comme un phénomène qui affecte tout autant les pays capitalistes avancés.

Robert Biel (2000) utilise le concept de *nouvel impérialisme* pour référer à la consécration de l'hégémonie états-unienne qui se concrétise à travers la poursuite d'un projet « mondialisant » à promouvoir à la grandeur de la planète et à défendre militairement. Il s'agit ici pour les États-Unis d'imposer à l'ensemble de la communauté internationale l'idée de l'existence d'un ennemi commun et de disposer de la conjoncture internationale pour s'immiscer dans la **souveraineté** d'États alliés. Si les États-Unis ont réussi, avec la guerre du Golfe du début des années 1990, à imposer l'idée d'un ennemi commun, leur manipulation des événements du 11 septembre 2001 ne vient que confirmer, une fois de plus, la thèse de Biel.

Leo Panitch (2000) argumente aussi en faveur d'une réinterprétation du concept d'impérialisme. Il interprète les constantes interventions du ministère du Trésor des États-Unis dans les institutions économiques étatiques asiatiques et même européennes comme des confirmations des thèses de Nicos Poulantzas (1968) sur l'internationalisation de l'État. Panitch avance ainsi que l'impérialisme états-unien devrait maintenant être conceptualisé sous la forme d'un impérialisme non territorial implanté et maintenu à travers la présence structurelle du pouvoir impérial dominant à l'intérieur même des autres États capitalistes avancés.

Enfin, Michael Hardt et Antonio Negri (2000) brisent avec la longue tradition du débat marxiste sur l'impérialisme de deux façons. D'une part, en déplaçant le débat de l'**économie politique** vers la théorie politique et en adoptant une conception **poststructuraliste** du pouvoir inspiré du concept de micro-pouvoir de Foucault ; d'autre part, en avançant la thèse de la fin de l'impérialisme et de sa substitution par l'Empire. Celui-ci ne serait plus l'extension de la souveraineté d'un État au-delà de ses frontières liée à la domination des puissances capitalistes sur la périphérie. L'Empire serait plutôt la manifestation d'une souveraineté globale qui ne reconnaît aucune limite territoriale et qui exerce son pouvoir à travers une multitude d'instances et d'institutions (sans centre spécifique) mais unifiées par une même logique : celle du pouvoir homogénéisant du marché mondial. Même les États-Unis, bien que reconnus par les auteurs comme une puissance particulièrement impériale et ayant la constitution politique la plus appropriée pour l'Empire, ne sont pas en mesure de le contrôler. L'Empire est donc postcolonial et post-impérialiste. Par le fait même, ces auteurs rejettent donc les divisions centre/périphérie, puisque dans la présente phase postmoderne de développement capitaliste il n'y aurait plus de différences substantielles entre les pays anciennement classifiés sous ces catégories.

Deux constantes sont identifiables dans les travaux récents sur l'impérialisme. D'une part, ils soulignent l'importance de phénomènes qui avaient tendance à être négligés par le passé, tel que l'hégémonie et la multitude d'instances de pouvoir participant à la domination impérialiste. D'autre part, ils se fondent sur une conception plus complexe de l'État que par le passé. Il n'est pas certain toutefois qu'ils évitent la tendance à surestimer le pouvoir de l'impérialisme par rapport aux forces de résistance nationales et mondiales, car il est difficile de déceler à l'intérieur de leurs analyses les espaces et les pratiques réels de résistance.

Leandro Vergara-Camus

IMPOSITION DE LA PAIX — Peacemaking

Voir **Opérations de paix.**

INSÉCURITÉ — Insecurity

Le concept d'insécurité a longtemps fait l'objet d'une sous-théorisation dans le champ d'étude des **Relations internationales**. Toutefois, des développements théoriques récents ont attiré l'attention sur le caractère malléable de cette notion en mettant en relief les procédés contribuant à sa construction intersubjective et à sa perception subjective. Pour les théories traditionnelles, la **sécurité** relève d'une définition des relations ami/ennemi afin d'identifier et de contrer ce qui menace l'existence de l'**État** et de l'**intérêt national**. Cependant, l'appréhension de la menace comme une perception subjective correspondant à une réalité objective, potentiellement identifiable, ou alors en tant que construction discursive, signale une discontinuité importante par rapport à cette vision initiale. Des reformulations du concept de sécurité ont mené en outre à une réflexion conceptuelle sur le thème de l'insécurité. Ainsi, si la fin de la **bipolarité** et de la **Guerre froide** constitue pour certains l'occasion de mettre à l'ordre du jour politique d'autres sources d'insécurité qui avaient été mises de côté, pour d'autres elle n'indique qu'un renouvellement des discours sécuritaires, ce qui consacre le caractère insoluble du couple sécurité/insécurité.

Si Buzan (1991), qui a ainsi posé la pierre d'assise de l'**École de Copenhague**, théorise l'élargissement du concept de sécurité, il répertorie également une diversité des formes d'insécurité qui vont au-delà de la dimension militaire. De plus, les théoriciens de cette école soulignent qu'il n'est pas rare que l'État lui-même soit à l'origine de l'insécurité de sa population ou du moins de certains groupes au sein de sa population. Sur le registre plus commun de la **sécurité nationale**, Buzan discute des « menaces » (militaires, écologiques, politiques, sociétales ou économiques) et des « vulnérabilités » (liées au degré de **puissance** et de cohésion sociopolitique) en tant que sources distinctes d'insécurité pour l'État. On peut ainsi statuer que les États faibles sont vulnérables aux menaces d'ordre politique, alors que l'insécurité d'origine militaire guette les petites puissances.

Buzan appelle donc à une extension des dimensions de la sécurité, mais d'autres approches soulignent qu'il ne suffit pas d'élargir la problématique de la sécurité et de l'insécurité : il faut également remettre en question le statut « naturel » de ce duo. En effet, selon Bigo (1998) et Huysmans (2006), il importe plutôt de comprendre comment sont construites et institutionnalisées ces insécurités en les insérant au sein des relations de pouvoir qui parviennent à les définir. Par ailleurs, les théoriciens **postmodernes** et **féministes** ont aussi inscrit à leur programme de recherche la problématique de l'insécurité, articulée sous des angles inédits.

Le second fondateur de cette approche, Wæver (1995), avait déjà souligné qu'il est vain de discuter des concepts de sécurité et d'insécurité en tant qu'entités dichotomiques, puisque ces deux termes renvoient à une situation où la survie d'un référent, par exemple l'**identité**, est en péril. Pour les auteurs poursuivant l'œuvre de l'École de Copenhague, toutefois associés à sa tangente plus critique, les multiples reconfigurations de l'insécurité, ou des processus d'« insécurisation » constituent ce qui est à expliquer, en les ancrant au sein de régimes de vérité et de luttes entre professionnels de la sécurité. Pour eux, la **sécurisation** est étroitement liée à son envers, l'insécurisation, puisqu'en traitant d'un enjeu en des termes sécuritaires et à travers des mesures exceptionnelles et souvent coercitives, elle provoque un sentiment d'insécurité, dont le caractère délibéré est à discuter (CASE collective, 2006 : 460-461). Ces travaux se méfient alors de l'identification de menaces ou d'insécurités « objectives », plus particulièrement dans leur articulation avec des phénomènes jugés inédits, par exemple le **terrorisme** ou la perméabilité des **frontières**, puisque « [l]es récits sur le "radicalement nouveau" peuvent trop facilement se transformer en récits sur le "radicalement dangereux" » (Bigo et Walker, 2006).

Ce qui précède conduit le théoricien Didier Bigo à s'intéresser à l'économie de l'insécurité sur deux plans : d'une part en théorisant l'insécurité en tant que mode de gestion politique, d'un point de vue foucaldien et s'inspirant de l'œuvre de Delumeau (1986), et d'autre part en analysant les impacts d'une insécurité mobilisée sous l'angle de sa globalité, à travers une perspective inspirée de Bourdieu. La « gouvernementalité par l'inquiétude » (Bigo, 1998) consiste en une façon de gouverner qui vise à « troubler et inquiéter la population pour mieux sécuriser » et qui est orchestrée par ceux qui sont autorisés à décider de ce qui est du domaine de l'insécurité, en opposition à la gestion plus libérale et parlementaire du politique. Afin de valoriser le capital de savoir qui leur assure une position d'énonciateur privilégié et légitime au sein de leur champ, les professionnels de la sécurité sont amenés à brandir des épouvantails sécuritaires et à définir de plus en plus d'enjeux en ces termes.

Bigo aborde les nouveaux discours de l'après-Guerre froide et ceux relatifs au terrorisme sous leur aspect conflictuel toujours à partir des luttes pour le capital symbolique entre les professionnels de la « gestion des inquiétudes », c'est-à-dire ceux qui sont aptes à spécifier et hiérarchiser ce qui relève de l'insécurité. Il existerait donc bien un « champ » de l'insécurité, de plus en plus occupé par des spécialistes issus du milieu privé, et qui s'autonomise du champ du pouvoir et des hommes politiques. Ainsi, pour Bigo (2005), « l'enjeu du champ des professionnels de l'(in)sécurisation est la définition de l'adversaire, des savoirs sur ce dernier et des modes de gestion de la vie qui en dépendent ». Ce champ de l'insécurité serait actuellement discursivement défini à travers une « **mondialisation** de l'insécurité » par les nouveaux experts du terrorisme, qui souhaitent concurrencer le régime de vérité sur la sécurité monopolisé par l'État. Selon ces agents, l'insécurité proviendrait de l'effritement des frontières entre crime et **guerre** ainsi qu'entre sécurité intérieure et **ordre international**.

Cette nouvelle édification discursive de l'insécurité succède à l'effervescence des énoncés sur l'insécurité induite par le déclin de l'ordre bipolaire. Bigo (1995) a retracé ces discours sur un nouvel ennemi stipulant que l'instabilité et le désordre en émergeraient, dans une période qui appelle à la « reconversion des savoirs ». Il souhaite ainsi démontrer que la circonscription par le champ universitaire des sources d'insécurité est motivée par une lutte entre agents sur les moyens de la gestion de la menace qui vise à légitimer leur position de « conseiller du Prince ».

Partageant la position plus critique de Bigo, Huysmans (2006 : 9) pousse plus loin son analyse foucaldienne en démontrant les limites à la fois de la perspective **stato-centrée** et des analyses axées principalement sur la linguistique. Celles-ci ne porteraient pas suffisamment attention aux luttes pour la définition du sens de la sécurité et de l'insécurité ainsi qu'à la localisation des agents qui leur confèrent ce pouvoir. Huysmans argue de l'impératif d'une « interprétation technocratique des politiques d'insécurité », à l'image de la société moderne et de l'importance qu'y acquièrent les professionnels et experts de la sécurité. Il souligne que la contestation des techniques d'insécurité doit être appréhendée à l'aune des différentes conceptions du politique qui y sont mobilisées. La définition de l'insécurité induirait une mise en question de la légitimité des contours de l'organisation politique.

Dans la perspective d'un constructivisme critique, Weldes, Laffey *et al.* (1999) conceptualisent la « production culturelle des insécurités » en s'attardant à lier leur caractère socialement construit aux rapports d'altérité et de pouvoir. Énoncer l'insécurité est ici un acte performatif, certes permis par une localisation au sein de relations de domination, mais qui vise aussi à reproduire une identité. Ils s'inspirent entre autres de la méthode **poststructuraliste** de David Campbell, qui s'intéresse aux modes de représentation de l'insécurité et à sa configuration au sein de la politique extérieure des États. Celui-ci va même jusqu'à affirmer que « [l]a constante articulation du danger à travers la **politique étrangère** n'est pas une menace à l'identité de l'État ou à son existence ; elle constitue sa condition de possibilité » (1998 : 13).

Pour leur part, les féministes ont fait bifurquer l'appréhension de l'insécurité en démontrant l'importance d'y inclure ce qui relève de la sphère privée ainsi qu'en interrogeant sa dimension genrée. Cette approche est alors apte à rendre visibles de multiples formes d'insécurité structurelle, et plus particulièrement celle que revêt pour les femmes l'ordre international lui-même. Ce dernier est édifié et reproduit par des relations de pouvoir qui induisent une plus grande vulnérabilité, pourtant rendue invisible du fait de sa localisation au sein de la sphère privée, tout en imposant aux femmes une identité et des fonctions particulières au sein de cet ordre. Les féministes étudient par exemple l'insécurité économique produite par un ordre global néolibéral, d'autant plus ressentie par les femmes qu'elles s'occupent traditionnellement de la reproduction sociale. Cette approche s'intéresse en outre aux sources d'insécurité de ce qui est trop souvent perçu comme des dommages collatéraux des **interventions** militaires ou du masculinisme, par exemple les réseaux de prostitution utilisés par les soldats ou les viols systématiquement commis en temps de guerre. Ce type d'insécurité est passé sous silence par les théories dominantes, pour lesquelles la légitimité d'une problématique est conférée par sa référence à l'acteur traditionnel, l'État, alors que le politique se limiterait au domaine public.

Hansen (2000) a directement interpellé l'École de Copenhague en reprochant à son concept de sécurité l'exclusion *de facto* de ces problématiques féministes, principalement sur deux plans. D'abord, la conceptualisation de la sécurité en tant qu'acte de langage prévient l'incorporation des insécurités qui ne peuvent être énoncées sans accroître la menace qui pèse initialement sur ces individus : son émancipation ne peut donc être atteinte à travers les stratégies de sécurisation ou de **désécurisation**. De plus, Hansen souligne que l'insécurité sous sa perspective genrée ne peut être conceptualisée au sein des termes de l'École de Copenhague, qui cherche à identifier l'enjeu sociétal à (dé)sécuriser en tant qu'identité collective qui se suffit à elle-même. La variable du genre y est marginalisée puisque les insécurités sont croisées avec d'autres menaces, par exemple d'ordre national ou religieux. Hansen appelle par conséquent à théoriser la dynamique d'individualisation, et dès lors de privatisation, des insécurités sous leur dimension genrée à partir de la structure sociale.

La sécurité est de moins en moins perçue comme un objet unidimensionnel ; la problématique de l'insécurité s'est popularisée au sein de cette remise en question. Wæver (1998 : 91) a institué un élément fondamental pour le développement de l'analyse de l'insécurité : « toute politique sécuritaire ayant pour objet l'identité tend à augmenter le sentiment d'insécurité et perpétue par là même la démarche sécuritaire ». La plupart des travaux sur l'insécurité des auteurs qui se revendiquent de l'École de Copenhague ont ainsi touché aux questions de l'identité, de l'identification des rapports ami/ennemi et de leur articulation au sein de différents champs et relations de pouvoir. Toutefois, de nouvelles pistes de recherche sont ouvertes sur une interprétation de l'insécurité à travers la perspective d'une société du risque (Beck, 2001 ; CASE collective, 2006 : 467-469), alors que la relation entre insécurité et identité est aussi analysée sous ses angles racialisés et genrés (Agathangelou et Ling, 2004).

Nancy Turgeon

INSTITUTIONNALISME NÉOLIBÉRAL — Neoliberal Institutionalism

> Selon les circonstances et en présence d'intérêts complémentaires, la coopération est possible et les institutions sont susceptibles d'influencer ces modèles comportementaux (Keohane, 1984 : 9).

Appartenant au courant théorique néolibéral qui s'est développé au cours des années 1970 et 1980 en **Relations internationales**, l'institutionnalisme est une approche théorique axée sur le rôle et l'influence des **institutions** au sein du **système international**. Elle est composée de deux grands courants : le courant **positiviste** à l'origine des premières études sur le phénomène d'institutionnalisation en Relations internationales (Hasenclever *et al.*, 1997 : 28) et dont Robert Keohane est l'un des principaux auteurs, ainsi que le courant sociologique développé entre autres par Oran Young (1994). Le courant positiviste, également appelé institutionnalisme néolibéral ou même parfois **néolibéralisme**, propose un programme de recherche rationaliste qui tente de démontrer que les institutions peuvent faciliter la **coopération** internationale « en changeant les motivations des

États, soit en modifiant leurs calculs des profits escomptés » (Hasenclever *et al.*, 1997 : 32). Considérant que les intérêts d'un État ne sont ni prédéterminés ni immuables, le courant sociologique étudie l'influence exercée par les institutions dans la conception de l'identité et dans la définition des intérêts d'un État (voir aussi **constructivisme**). Ce courant s'intéresse tout particulièrement aux processus de négociation et à la teneur des ententes internationales. Compte tenu de l'importance du courant positiviste au sein de l'approche, nous nous concentrerons plutôt sur cette forme d'institutionnalisme.

Endossant les conceptions **réalistes** classiques selon lesquelles le système international est **anarchique** et l'État un **acteur** rationnel et égoïste, les tenants du courant positiviste considèrent cependant que l'**intérêt national** ne se limite pas à la **puissance** et que, contrairement à ce que prétendent certains **néoréalistes**, la motivation première d'un État est la maximisation de ses propres **gains** (*gains absolus*) sans égard aux gains réalisés par les autres États (*gains relatifs*). Ainsi, le climat d'incertitude qui prévaut dans le système international serait lié à la possibilité de désertion toujours présente, situation illustrée par le modèle du « **dilemme du prisonnier** » (voir aussi **théorie des jeux**), et constituerait le principal obstacle à la coopération. Or, selon les institutionnalistes, les institutions « sont une solution au problème de la désertion[1] » (Le Prestre, 1997 : 303), car elles permettraient de réconcilier l'intérêt national et l'intérêt commun des États, facilitant ainsi la coopération. Définies comme « un ensemble stable et cohérent de règles formelles et informelles régissant les comportements, déterminant les activités et modelant les attentes des États » (Haas *et al.*, 1993 : 4-5), les institutions sont en mesure « d'amener un État à faire les sacrifices nécessaires à court terme pour résoudre le dilemme du prisonnier et ainsi, lui permettre de réaliser des gains à long terme » comme l'explique Mearsheimer dans un article critiquant la position institutionnaliste (Mearsheimer, 1994-1995 : 18). Bref, en modifiant les calculs et les **stratégies** d'un État quant à la façon d'acquérir les gains visés, les institutions orientent le comportement des États vers la coopération.

Notons toutefois que selon Keohane (Keohane et Martin, 1995 : 39), cette **théorie** est valable uniquement si les États ont des intérêts qui ne sont pas fondamentalement opposés et qu'ils voient les avantages de la coopération. Contrairement au réalisme et au néoréalisme, l'institutionnalisme insiste sur l'harmonisation possible et réaliste des intérêts nationaux, sans pour autant chercher « à modifier les **normes** des comportements internationaux ou à créer un gouvernement mondial » (Le Prestre, 1997 : 303).

Présentes sous forme de **régimes**, d'**organisations** ou de pratiques informelles, les institutions agiraient à quatre niveaux (Haas *et al.*, 1993 : 11). Premièrement, l'augmentation du nombre de transactions entre États rend la

1. La littérature institutionnaliste utilise également le terme défection pour désigner un comportement étatique non coopératif.

désertion moins attrayante en éliminant toutes possibilités de gains futurs pour l'État tricheur, en l'exposant à d'éventuelles représailles et en salissant sa réputation internationale. Deuxièmement, les institutions contribuent au développement et à la diversification des relations interétatiques. Or, l'interdépendance accrue des États encourage la coopération. Troisièmement, en augmentant la quantité d'information disponible sur les États, les institutions internationales facilitent la surveillance du comportement des États participants, une situation qui réduit les risques liés à la désertion et qui permet aux États d'anticiper et de se protéger contre de possibles infractions. Enfin, les institutions réduisent les coûts liés à la conclusion d'ententes bilatérales et multilatérales en sécurisant les États participants et en leur permettant de se concentrer sur des éléments autres que le respect des obligations contractuelles.

Positiviste et empirique, ce courant aborde les Relations internationales d'un point de vue systémique, soit à partir des institutions, où tant les États que les **organisations non gouvernementales**, les organisations internationales, les entreprises privées et la **société civile** sont des acteurs importants. L'institutionnalisme se concentre sur le rôle et l'influence des institutions au niveau de l'initiation (négociation et formation) et du maintien (efficacité et évolution) de la coopération. Selon cette approche, les institutions sont à la fois des variables dépendantes (le produit de **politiques étrangères** rationnelles) et des variables indépendantes (elles affectent les formes de coopération entre acteurs internationaux) (Keohane et Martin, 1995 : 46).

Plusieurs critiques ont été formulées à l'endroit de l'institutionnalisme. D'abord, on lui reproche de postuler l'existence d'un intérêt commun à tous les États, d'une définition commune du problème et de préférences identiques quant aux solutions à mettre en œuvre dans le cadre des ententes de coopération. De plus, alors qu'il est traditionnellement associé à l'**économie politique** et à l'environnement, ses auteurs doivent encore aujourd'hui défendre l'applicabilité de cette approche aux questions de **sécurité** et de **défense** nationale (Keohane et Martin, 1995 : 43). Enfin, bien que l'institutionnalisme ne considère pas les gains relatifs comme un obstacle majeur à la coopération, cet élément peut s'avérer déterminant dans certaines circonstances et les auteurs de cette théorie entendent déterminer avec plus de précision le rôle joué par les institutions dans ces conditions (Keohane et Martin, 1995 : 46).

Julie Crowley

INSTITUTIONS INTERNATIONALES

International Institutions

> [...] les institutions ne font pas que contraindre l'agence humaine ; elles sont d'abord et avant tout des produits des actions humaines (Powell et DiMaggio, 1991: 28).

Renvoyant généralement à un ensemble de règles comportementales, les institutions internationales sont des **acteurs** du **système international** au statut hautement controversé. Alors que les **réalistes** attribuent aux institutions un rôle négligeable, tout particulièrement en matière de **sécurité** et de paix mondiale (Mearsheimer, 1994-1995 : 7), les tenants de l'approche **institutionnaliste néolibérale** défendent d'une seule voix l'importance de l'influence exercée par les institutions sur le comportement des **États**. De leur côté, les **constructivistes** soutiennent que les institutions participent à la constitution **intersubjective** des **identités** et des **intérêts**. Précisons que le concept d'institutions internationales réfère ici à un système de **gouvernance** plutôt qu'à la seule structure formelle que forment les **organisations internationales** (Haas *et al.*, 1993: 5).

Définissant les institutions internationales comme « un ensemble de règles qui stipulent de quelles façons les États doivent coopérer et se faire concurrence » (North et Thomas, cités dans Mearsheimer, 1994-1995 : 8), les réalistes n'y voient qu'un reflet de la distribution mondiale de la **puissance**. Selon eux, les institutions sont modelées en fonction de l'**intérêt national** des grandes puissances. Elles apparaissent alors comme une forme de « **coopération** décentralisée sans mécanisme de contrôle efficace, à laquelle des États **souverains** ont volontairement adhéré » (Lipson, cité dans Mearsheimer, 1994-1995 : 9). Ainsi, pour les réalistes, les institutions n'ont qu'une faible influence sur les comportements des États et, incidemment, sur la stabilité du système international.

Pour les institutionnalistes néolibéraux, les institutions jouent un rôle déterminant au sein du système international en facilitant la coopération entre les États. Présentes sous forme d'organisations bureaucratiques, de **régimes** ou de pratiques informelles appelées conventions (Haas *et al.*, 1993 : 5), les institutions sont définies comme « un ensemble stable et cohérent de règles formelles et informelles régissant les comportements, déterminant les activités et modelant les attentes des États » (Haas *et al.*, 1993 : 4-5).

Pour Robert Keohane (1989a : 162-163), un des principaux auteurs de l'approche institutionnaliste, il est préférable de se consacrer à l'étude d'ensembles précis, formels ou informels, tels que l'OTAN et l'OMC, plutôt qu'à celle des institutions constituées par de grands groupes ou catégories d'activités comme la religion et le **droit international**. Il s'intéresse ainsi aux institutions qui forment un ensemble interrelié de *règles* et de **normes** identifiables dans le temps et l'espace (Keohane, 1989a : 163), et qui génère des *pratiques* cohérentes, prévisibles et durables (Keohane, 1989a : 166). Pour cet auteur, le concept d'institution permet non seulement de décrire le processus de coopération mais également de l'expliquer. Qualifiant ce processus d'interactif, les institutionnalistes néolibéraux considèrent que l'influence des institutions varie en fonction de la nature de la puissance et des intérêts impliqués (Keohane et Martin, 1995 : 42). En effet, les institutions sont perçues à la fois comme variables dépendantes (le produit de **politiques étrangères** rationnelles) et comme variables indépendantes (elles affectent les formes de coopération entre acteurs internationaux). Keohane souligne également l'importance d'une analyse contextuelle de la coopération où les actions, les attentes et les croyances des acteurs doivent être prises en considération.

Or, cette perspective axée sur le processus de formation des identités et des intérêts se rapproche du constructivisme qui étudie les relations entre « la production et la reproduction des *pratiques* sociales avec leur caractère *situé* dans des contextes particuliers : historique, politique, économique, géographique » (Klotz et Lynch, 1999 : 53). Pour les constructivistes, le concept d'institution réfère généralement à un ensemble de pratiques sociales. Nicolas Onuf parle « d'un modèle stable mais flexible de règles et de pratiques représentant les intentions des agents » (Onuf, 1998 : 61), les règles étant définies comme des standards comportementaux et les pratiques étant formées par l'ensemble des réactions à l'égard de ces règles. Selon Onuf, la coconstitution des agents et des institutions produit une organisation sociale qui peut elle-même être institutionnalisée.

De son côté, le constructiviste Alexander Wendt définit les institutions comme « un ensemble ou une "structure" relativement stable d'identités et d'intérêts habituellement codifiés sous forme de règles et de normes formelles » (Wendt, 1992a : 399). Se référant à la constitution intersubjective des identités et des intérêts, il attribue la force coercitive des institutions à la seule socialisation des acteurs, à leur participation à l'élaboration du savoir collectif (Wendt, 1992a : 399). Selon lui, les institutions sont des entités fondamentalement cognitives nées d'un processus d'appropriation de nouvelles identités et de nouveaux intérêts. Les institutions englobent donc les structures qui fonctionnent de manière coopérative, de même que celles qui sont habitées par le conflit. Wendt conclut que l'**anarchie** du système international est une construction de ses acteurs les plus importants, les États.

Oscillant entre le **libéralisme** et le cognitivisme, le courant sociologique institutionnaliste, développé principalement par Oran Young, rejette la prémisse rationaliste d'un État à l'identité et aux intérêts donnés (Hasenclever *et al.*, 1997 : 27). Ce courant entend revoir le processus de définition et de formation des caractères nationaux à la lumière des forces sociales, des pratiques culturelles, des normes et des valeurs autres que celles issues d'une évaluation de ses intérêts (Keohane, 1989 : 160), et ce, pour démontrer l'importance de l'influence exercée par les institutions sur l'État.

Critique des théories rationalistes réaliste et néolibérale, le cognitivisme attribue aux idées et aux croyances, à la

« distribution de la connaissance », un rôle déterminant dans la constitution de l'intérêt national (Hasenclever *et al.*, 1997 : 136). Les tenants du courant cognitiviste dit « fort » considèrent les institutions internationales comme des entités cognitives desquelles naissent une conception des comportements acceptables, certaines attentes, ainsi que des pratiques destinées à assurer leur continuité (Hasenclever *et al.*, 1997 : 138). Les institutions ne sont pas le résultat d'un **choix rationnel** ni de simples instruments de régulation, mais bien des éléments façonnant les relations politiques internationales.

Julie Crowley

INTERDÉPENDANCE COMPLEXE

Complex Interdependence

Concept proposé par Robert Keohane et Joseph Nye (1977) dans la foulée du débat sur les limites du **réalisme** dans les années 1970, et qui rejette l'idée que les relations entre **acteurs internationaux** doivent forcément être conflictuelles.

En premier lieu, ces auteurs contestaient la notion que les **États** constituaient les seuls acteurs effectifs du **système international**. Ils ont attiré l'attention sur l'émergence de forces transnationales, dont les entreprises multinationales, et sur leur importance grandissante dans le système. Il faudrait désormais tenir compte des divers canaux de communication liant les différents acteurs entre eux et qui créeraient des rapports d'interdépendance.

Deuxièmement, ils rejetaient la distinction fondamentale chez les réalistes entre les affaires relevant de la *high politics*, c'est-à-dire la diplomatie, la sécurité et la défense, et celles qui ne concernaient que la *low politics*, soit tous les autres domaines. Enfin, ils affirmaient que, à l'époque de l'« interdépendance complexe », la force militaire était de moins en moins un instrument acceptable de diplomatie.

INTÉRÊT NATIONAL

National Interest

> Le langage propre à la décision politique est le langage de l'intérêt national (Hollis et Smith, 1990 : 166).

L'intérêt national est un concept faisant partie intégrante des discours politiques concernant l'**État** et il est souvent confondu avec le but à atteindre en **politique étrangère**. C'est parce que l'objectif défini par les décideurs *est* l'intérêt national qu'il leur est possible d'obtenir l'appui nécessaire à la réalisation de cet objectif (Weldes, 1999 : 4), ce qui fera dire à Henry Kissinger : « Lorsque vous demandez aux Américains de mourir, il faut que vous puissiez l'expliquer dans les termes de l'intérêt national » (Weldes, 1999 : 1).

Parce qu'il identifie les objectifs qui définissent la politique étrangère et parce que c'est un outil qui génère la légitimité, l'intérêt national paraît être un concept fondamental lorsque vient le moment d'*expliquer* l'action des États et donc, des politiques internationales.

Associé à l'école **réaliste**, l'intérêt national implique avant tout une analyse rationnelle des moyens de la **puissance**, qu'ils soient économiques, technologiques, politiques ou militaires. La quête de ces moyens est réalisée dans le but d'assurer le maintien de la **nation** et la **souveraineté** de celle-ci. Hans Morgenthau est connu pour avoir proposé un guide de la politique étrangère qui se résume en ces deux mots : « intérêt national », qu'il définit comme étant « [...] un art qui consiste à rassembler les différents éléments de la puissance nationale dans le but d'en tirer le maximum » (Morgenthau, 1962 : 139). Selon lui (1962 : 146), l'intérêt national, « conçu comme une puissance parmi d'autres puissances », ne peut être assuré qu'en prenant en considération le caractère national, en maintenant le moral national et en tenant compte des buts et des moyens de l'État. Ces interprétations, qui renvoient à l'hypothèse voulant que l'ensemble des individus d'un territoire partagent une ou plusieurs caractéristiques ethniques (plus particulièrement le lien émotif aux territoire et récits nationaux), nous permettent de comprendre la vision naturaliste de la nation sous-tendue par le réalisme classique et de mettre en évidence l'**épistémologie** rationaliste sur laquelle le concept d'intérêt national se fonde. Raymond Aron (1984 : 586) a souligné l'aspect idéologique inhérent au concept cher à Morgenthau : « Invoquer l'intérêt national, c'est une manière de définir non une politique mais une attitude, de polémiquer contre les idéologues de la paix éternelle, du **droit international**, de la morale chrétienne ou kantienne. »

Kenneth Waltz modifie l'interprétation classique du concept en disant que l'intérêt national se définit avant tout par le fait que l'État veille à assurer sa survie et non pas à augmenter sa puissance (Waltz, 1959 : 38). C'est la distribution inégale des **capacités** dans le **système international** et l'expérience de la compétition qui en découle qui déterminent les objectifs des États : leurs comportements ne peuvent donc être expliqués en référence aux intentions et aux motivations de leurs dirigeants. De même, pour les **institutionnalistes néolibéraux**, les États agissent nécessairement dans leur intérêt. Cet intérêt national varie donc d'un État à l'autre et cela entraîne des excès et des luttes dans les relations, ce qui explique que des structures internationales de contrôle doivent être mises sur pied, garantissant, par des mécanismes d'influence, la **coopération**, la réciprocité et le partage des bénéfices entre les membres. En ce sens, les **institutions** fournissent aux États des moyens d'action nécessaires à l'atteinte de leurs buts.

Pour Joseph Frankel (1970), l'intérêt national est formulé à partir du choix des objectifs définis comme étant les aspirations de la nation. Ces objectifs sont déterminés par les décideurs qui sont les seuls à pouvoir réfléchir à l'opérationalisation de l'intérêt national et à posséder l'autorité nécessaire à son expression, mais également par l'opinion publique, qui définit les limites dans lesquelles ces décisions peuvent être prises. En réduisant les enjeux à leur plus petit commun dénominateur, les voix de l'opinion publique arrivent à un consensus, lequel aura tendance à être respecté malgré les changements de leaders et malgré les lignes de parti :

> La continuité dans l'interprétation des intérêts nationaux les plus importants procure, bien sûr, l'avantage de montrer l'unité nationale et d'assurer que le changement du parti au pouvoir — à la suite d'élections, n'entraînera pas de changements fondamentaux en politique étrangère (Frankel, 1970 : 103).

En ce sens, même si l'intérêt national est un mythe, c'est un mythe nécessaire puisqu'il donne un sens à la nation.

Pour les partisans du **modèle bureaucratique** en politique étrangère, l'intérêt national est perçu comme la résultante d'un processus politique et non pas comme une décision unique découlant de calculs rationnels. Selon cette vision, les agences bureaucratiques et les coalitions démocratiques qui participent au processus de prise de décision sont à la base de la formulation de l'intérêt national et donc des décisions prises dans le domaine de la politique étrangère. Chaque individu du groupe est un joueur dans un jeu de négociations, ce qui fait que la définition de l'intérêt national n'est pas le fait d'un **acteur** unitaire ou une idée cohérente, mais plutôt la résultante de négociations entre plusieurs acteurs qui agissent en fonction d'intérêts et de routines organisationnelles (Allison, 1971).

Pour leur part, les analyses **constructivistes** cherchent à pousser plus loin les aspects contextuels et contingents du concept d'intérêt national et à soulever l'importance de sa dimension identitaire : « [...] la recherche constructiviste propose une explication de l'origine des intérêts et des conditions dans lesquelles ces derniers se transforment » (Klotz et Lynch, 1999 : 58). Par rapport aux approches réaliste, **néoréaliste** et institutionnaliste néolibérale, qui s'accordent toutes pour dire que les **identités** et les intérêts sont des phénomènes donnés, les constructivistes cherchent à savoir comment les intérêts nationaux sont formés et reformés dans un processus d'interaction continu entre les agents et les structures du système (Wendt, 1992) (voir **agent/structure, débat**) et selon un ensemble de significations propre à l'existence de l'État-nation. Pour eux, les identités sont à la base des intérêts. L'intérêt national est donc socialement constitué ; c'est l'ensemble des objectifs historiquement contingents et spécifiques que les décideurs d'un État prétendent poursuivre.

De leur côté, les **théories critiques** ne cherchent pas à définir le concept, elles questionnent plutôt les conditions d'émergence du discours portant sur l'intérêt national et cherchent à mettre en évidence les intérêts défendus par ceux qui le formulent (voir nation). En ce sens, l'utilisation du concept d'intérêt national dans les discours sert à entretenir des sentiments **nationalistes** et ne peut que perpétuer l'existence de relations internationales inégales, au sein desquelles se perpétue la domination de certaines collectivités (ou de certains individus) sur d'autres.

Bien qu'il s'agisse avant tout d'un concept représentant une somme de calculs rationnels (individuels ou collectifs selon les **théories**) au sein d'un État donné, l'intérêt national est utilisé et présenté par les décideurs de manière moralement acceptable pour la communauté internationale. La capacité des États à le formuler de manière autonome est de plus en plus restreinte par les institutions internationales et par le transnationalisme ; l'intérêt qui peut paraître vital pour un État en un temps donné est susceptible d'être critiqué et modifié par les **alliances**, les **organisations** multilatérales, voire l'opinion publique internationale, et la capacité des acteurs d'expliquer rationnellement leurs décisions et de se référer à l'intérêt de la nation est d'autant réduite qu'en Relations internationales, les territoires nationaux et le concept d'État-nation sont remis en question.

Chantal Robichaud

INTERSECTIONALITÉ

Intersectionality

Le genre, la race et la classe sont souvent compris comme des catégories identitaires indépendantes devant faire l'objet d'analyses distinctes. Ainsi, bien que plusieurs travaux de science politique et au sein du champ des **Relations internationales** soulèvent la nécessité analytique de tenir compte de la triptyque « genre-race-classe », l'analyse finale relègue la plupart du temps deux des trois éléments à une note de bas de page pour s'attarder plus spécifiquement à l'une de ces trois composantes. Cette réalité n'est pas fortuite. En effet, si la notion d'**identité** est aujourd'hui fort prisée et mise de l'avant dans divers travaux au sein des Relations internationales, elle est habituellement comprise comme étant unitaire et homogène, et tend à ignorer d'autres identités vécues par les acteurs qu'elle représente tout en subsumant les différences et clivages réels existant à l'intérieur même des groupes qu'elle vise (Crenshaw, 1989, 1991.

Le concept d'intersectionalité se veut donc d'abord et avant tout une alternative aux politiques identitaires, dont le rapport identitaire est singulier et non pluriel. L'intersectionalité permet de comprendre à la fois les différences entre les groupes et à l'intérieur de ceux-ci (Jordan-Zachery, 2007 : 256). Ce dernier apport est majeur, parce que ces différences sont souvent minimisées ou ignorées au nom d'autres luttes identitaires qui nécessitent une certaine solidarité.

Dès 1984, la féministe bell hooks dénonçait le **féminisme** pour son aveuglement face aux questions raciales et soutenait que la question générale de l'égalité soulevée par les féministes américaines devait être problématisée. De qui les féministes veulent-elles être les égales ? demande hooks. Les femmes noires veulent-elles être égales aux hommes noirs, par exemple, ou souhaitent-elles être égales aux femmes blanches ? L'absence de telles questions empêche les féministes d'aborder de front les multiples oppressions qui supportent et maintiennent le patriarcat (hooks, 2000). Ce défi lancé aux féministes aura été porteur.

On attribue habituellement la naissance du concept analytique d'intersectionalité à Kimberlé Crenshaw (Hancock, 2007a : 249) et sa popularisation aux travaux de la sociologue et féministe activiste noire Patricia Hill Collins (1991). Crenshaw utilise le concept pour la première fois en 1989 pour analyser la discrimination dont sont victimes les femmes noires américaines sur le marché du travail. Son objectif premier est alors d'identifier un outil conceptuel qui lui permettrait d'éviter les limites et problèmes engendrés par l'utilisation d'un langage lié aux politiques identitaires. L'intersectionalité, comme elle le souligne, « illustre les multiples façons dont la race et le genre interagissent » pour former les nombreuses dimensions des expériences d'employabilité des femmes noires (1989 : 139). Dans son utilisation originale, le terme d'intersectionalité cherche à capturer la façon dont la race, le genre et la classe convergent en autant de systèmes d'oppression qui doivent être simultanément pris en compte lors de l'analyse.

Crenshaw identifie deux types d'intersectionalité, l'une qu'elle qualifie de « structurelle », et l'autre, de « politique ». L'intersectionalité structurelle met l'accent sur la façon dont diverses inégalités structurelles se croisent et sont directement vécues par l'individu au sein de la société, tandis que l'intersectionalité politique insiste sur l'importance de ces inégalités et de la façon dont elles s'entrecroisent lorsque vient le temps d'élaborer des stratégies d'ordre politique pour répondre aux inégalités structurelles (Jordan-Zachery, 2007 : 256 et Crenshaw 1991 : 1245-1258). On comprend ici qu'en inventant le terme d'intersectionalité, l'objectif initial de Crenshaw était double. D'une part, il s'agissait de trouver un outil conceptuel qui permette de mieux comprendre et de situer les expériences des femmes de couleur. D'autre part, au-delà de cet objectif empirique, il importait d'en faire un outil pratique politique visant à promouvoir la libération des femmes noires : « Essentiellement, l'intersectionalité articule une politique de survie pour les femmes noires » (Jordan-Zachery, 2007 : 256).

Si le terme avait à l'origine une définition et un objectif politique très précis (sans compter un objet d'étude clairement défini, soit les femmes noires américaines), au fil du temps, divers usages ont rendu sa définition plus élastique et assoupli son utilisation. Comme le souligne Evelyn Simien (2007 : 255), « les chercheurs utilisent le concept d'une multitude de façons et souvent de manière inconstante et ambiguë ». De manière générale, on peut définir l'intersectionalité comme un outil analytique permettant d'étudier, de comprendre et de répondre adéquatement à la façon dont diverses identités s'entrecroisent (habituellement le genre, la race et la classe) et comment l'intersection de ces diverses identités résulte en des expériences uniques d'oppression ou de privilège. La nature intégrée et mutuellement constitutive de diverses identités est la prémisse centrale du concept d'intersectionalité. Il est donc **épistémologiquement** ancré dans l'expérience vécue des individus étudiés (Simien, 2007 : 265).

Ange-Marie Hancock (2007a : 251) identifie six postulats communs aux recherches intersectionelles : 1) plusieurs catégories de différenciation identitaire doivent être considérées lorsqu'on évalue des problèmes politiques ; 2) malgré le fait que diverses catégories soient prises en compte dans la recherche, les relations qui unissent celles-ci doivent faire l'objet d'une étude empirique ouverte. En d'autres termes, selon les situations analysées, même si l'on tient compte de la race et du genre, il ne faut pas présumer que l'un et l'autre vont immanquablement jouer un rôle d'égale importance ou que les deux catégories sont de simples variables indépendantes pouvant s'additionner ; 3) les diverses catégories de différenciation identitaire ne sont pas statiques, mais bien le résultat d'interactions dynamiques au niveau individuel et institutionnel ; 4) chaque catégorie de différenciation identitaire n'est pas unitaire. Autrement dit, il existe une diversité à l'intérieur de la catégorie de « femme » ou de « classe » dont il faut tenir compte ; 5) plusieurs **niveaux d'analyse** doivent être considérés dans la recherche. Il s'agit ici d'examiner les interactions entre les niveaux individuel et institutionnel d'analyse, au lieu de simplement les comparer ou les additionner ; enfin, 6) les aspects théoriques et empiriques doivent être considérés dans la recherche.

Cependant, prévient Nira Yuval-Davis (2006 : 205), il ne faudrait pas commettre l'erreur de voir l'intersectionalité comme une simple addition de plusieurs identités convergeant en une seule personne. Cela reviendrait simplement à essentialiser certaines identités sociales, ce que les analyses intersectionelles cherchent à éviter. Pour Crenshaw comme pour Jordan-Zachery, le fait d'être à la fois femme et noire ne peut être compartimenté en deux identités distinctes. « Quand vous me regardez, que voyez-vous : une femme qui est noire ou une femme noire ? » demande Jordan-Zachery

(2007 : 261), pour qui le fait d'être noire est intrinsèquement lié à sa condition de femme.

Cette prémisse qu'il faille considérer plusieurs identités simultanément peut sembler une évidence, mais elle ne l'est pas au sein de la discipline en général. Si l'on considère, par exemple, que la majorité des études électorales tentent d'analyser et de prédire les comportements des électeurs selon des catégories identitaires fixes et souvent unitaires, comment peuvent-elles rendre compte d'identités multiples ? Une femme noire américaine votera-t-elle pour le candidat noir qui soutient les droits des Noirs ou pour la femme blanche qui appuie les droits des femmes ? Ce simple exemple démontre la complexité d'associer certains comportements politiques à des catégories identitaires non seulement fixes, mais également singulières.

Qui plus est, l'intersectionalité se veut une alternative à ce qu'Élizabeth Martinez (1993) qualifie « d'Olympiques de l'oppression », c'est-à-dire une compétition entre divers groupes opprimés pour des occasions et des ressources sous prétexte que l'un est plus victime d'oppression que l'autre, sabotant du même coup des possibilités de coopération. Comment comparer, par exemple, les expériences d'une femme blanche issue de la classe moyenne avec les expériences d'un homme noir évoluant au sein de l'élite politique ? Alors qu'il est évident que chacun d'entre eux bénéficie d'une position privilégiée dans une certaine catégorie d'analyse, tous deux sont également marginalisés si l'on tient compte de catégories identitaires différentes. L'analyse intersectionelle insiste sur le fait qu'il ne faut pas additionner ces identités (par exemple, homme + Noir + bourgeois) et arriver à un « résultat » concret reflétant une position distincte dans une « échelle d'oppression », mais bien comprendre comment ces identités s'entremêlent (un homme Noir bourgeois) et comment, de ce croisement, dérivent des expériences substantiellement distinctes (AWID, 2004 : 2).

Si les diverses définitions de l'intersectionalité visent d'une façon ou d'une autre à démontrer la convergence de divers systèmes d'oppression, il n'en reste pas moins qu'il n'existe pas de consensus méthodologique concernant la meilleure façon d'illustrer ou de prouver celle-ci. Certains auteurs privilégient des méthodes quantitatives et des analyses longitudinales (Ramirez *et al.*, 2006), alors que d'autres favorisent des méthodes qualitatives reposant sur les analyses de discours, les récits autobiographiques et les entrevues. Une tension existe toutefois entre une compréhension de l'intersectionalité en tant que concept reflétant la réalité de certains groupes précis (les femmes de couleur) ou comme paradigme de recherche empirique et **normatif** sans contenu spécifique (Hancock, 2007 : 249).

Leslie McCall, par exemple, insiste sur le fait que l'intersectionalité englobe « la relation entre les diverses dimensions et modalités propres aux relations sociales et à la création du sujet » (2005 : 1771). De son côté, Hancock (2004 ; 2007) ajoute que même si les femmes de couleur ne font pas l'objet d'une étude intersectionelle, le concept peut néanmoins s'avérer pertinent pour mieux comprendre certaines relations causales, notamment en matière de politique publique. Pour Brooke Ackerly et Jacqui True (2008 : 156), l'intersectionalité peut être utilisée pour analyser tout contexte où plusieurs systèmes d'oppression se croisent. De là, elles examinent comment genre, nation et discipline jouent un rôle central dans la marginalisation des femmes et des approches non **positivistes** et **postpositivistes** au sein du champ des Relations internationales.

Enfin, Lisa García Bedolla (2007 : 237) précise que l'intersectionalité permet non seulement d'illustrer comment diverses expériences de marginalisation et de privilèges peuvent être vécues au sein de la société américaine, mais peut également donner lieu à de meilleurs travaux empiriques reflétant de manière plus précise les expériences vécues par divers groupes. De là peuvent ainsi découler de meilleures recommandations politiques pour améliorer le sort des victimes de discrimination et d'oppression.

Les critiques sont de divers ordres. McCall (2005), par exemple, relève que, malgré qu'il vise à montrer la façon dont le genre, la race et la classe s'entremêlent, en les considérant comme trois systèmes différents, le concept en vient à les réifier en tant que catégories distinctes. Puisque ces catégories sont artificielles, leur intersection devient en soi également artificielle. Cette compréhension est généralement rejetée par les théoriciens critiques de la race (*critical race theorists*), qui insistent sur le fait que malgré le caractère artificiel de certaines catégories et symboles, ceux-ci n'en ont pas moins un impact réel sur la vie des individus. De plus, bien qu'elles prétendent chercher à éviter la simple superposition d'identités, il n'est pas évident que la plupart des analyses intersectionelles échappent à ce piège et certaines méthodologies plus quantitatives favorisent indirectement cet effet « additif ».

Les auteurs penchant plus vers les méthodes quantitatives soulignent également les difficultés de mesurer avec exactitude l'influence relative de chaque catégorie identitaire sur les autres. Cela est d'autant plus difficile si l'intersectionalité exige de ne pas analyser les catégories identitaires comme autant de systèmes distincts. Enfin, certains déplorent le fait que des auteurs limitent leur utilisation du concept à de strictes fins empiriques descriptives, une fonction qu'il n'avait pas à l'origine.

Somme toute, peu importe l'usage analytique que l'on fait du concept d'intersectionalité, il importe de ne pas ignorer ses origines profondément politiques et de s'interroger sur les objectifs que nous souhaitons atteindre en l'utilisant.

Anne-Marie D'Aoust

INTERSUBJECTIVITÉ — Intersubjectivity

Un des concepts clés du **constructivisme**. La notion d'intersubjectivité signifie le fait que des idées, des valeurs ou des **normes** soient largement partagées par les membres d'un groupe, d'une société ou même d'un État. Selon les constructivistes, dans le domaine des **relations internationales**, ces idées, valeurs et normes ne comptent que dans la mesure où elles sont effectivement intersubjectives.

INTERVENTION — Intervention

Depuis la signature des traités de **Westphalie** en 1648, le concept de **souveraineté** est au cœur des **relations internationales**, puisqu'il en détermine les limites. Le principe de non-intervention découle directement du concept de souveraineté : les paragraphes 4 et 7 de l'article 2 de la Charte des Nations unies décrivent respectivement la prohibition du recours à la force et la non-intervention dans les affaires internes des États. Ainsi, l'**État** souverain est habilité en droit international à exercer une compétence exclusive et totale à l'intérieur de ses frontières. Les autres États ont l'obligation correspondante de ne pas intervenir dans les affaires intérieures d'un État souverain.

Le principe de non-intervention est une règle internationale visant à favoriser le règlement des conflits internes par les États eux-mêmes. Ainsi, les interventions doivent être des exceptions opérées dans des cas extrêmes, c'est-à-dire lorsque les problèmes internes d'un État menacent la paix et la sécurité internationales. Même dans ce cas, seules les interventions militaires menées de manière collective, sous le contrôle du Conseil de sécurité et selon les termes du Chapitre VII de la Charte, sont autorisées. En pratique, on a pu constater que le principe de non-intervention n'a jamais été aussi immuable que le laisse croire le **droit international**. Par exemple, les nombreuses interventions à caractère humanitaire ont été justifiées par le Conseil de sécurité ou conduites unilatéralement par des États ou des organisations régionales.

Bien que les spécialistes s'entendent généralement pour définir le concept d'intervention comme étant l'ensemble des méthodes et des outils – militaires et non militaires – utilisés par des tierces parties pour résoudre un conflit interne, les motifs d'intervention font l'objet de vives discussions depuis la réflexion d'Immanuel Kant. En effet, celui-ci affirmait que l'intervention devait être une mesure exceptionnelle qui avait lieu lorsqu'un conflit interne menaçait de faire éclater un État (Hoffmann, 2001 : 274). Pour John Stuart Mill, deux situations justifiaient une intervention : 1) lorsque le développement social est inégal pour différents groupes de la société et 2) lorsqu'un peuple est sous l'emprise d'un autre État ou qu'il lutte contre un tyran soutenu par une force étrangère (Hoffmann, 2001 : 274).

Les penseurs contemporains ont établi de nouveaux critères d'intervention, en accord avec la réalité du **système international** depuis la fin de la Deuxième Guerre mondiale. Michael Walzer (2001), théoricien de la **guerre juste**, affirme que l'intervention est nécessaire pour aider une **nation** à obtenir son indépendance, alors qu'on doit s'abstenir d'intervenir lorsque l'enjeu d'une **guerre civile** est le contrôle du gouvernement. John Rawls (1999), pour sa part, justifie les interventions au nom du respect des droits de la personne. Quant à Stanley Hoffmann (1996), il croit qu'une intervention est justifiée lorsqu'un État désintéressé souhaite réduire ou mettre fin à la souffrance humaine, pour défendre les droits de la personne lorsque des violations massives et flagrantes apparaissent et pour aider un peuple à obtenir son indépendance.

Bien que l'intervention soit une **norme** exceptionnelle en relations internationales, nombreux sont ceux qui affirment qu'elle ne doit pas être conduite pour des raisons purement morales. En effet, les réalistes croient que les interventions ne peuvent être menées que pour des raisons sécuritaires (Kennan, 1985). Pour certains libéraux, ce sont plutôt la sélection des lieux d'intervention et celle des droits méritant d'être défendus qui posent problème, de même que la difficulté de faire la différence, dans certains cas, entre les agresseurs et les victimes (Hoffmann, 2001 : 278). Les critères de la guerre juste, tels qu'ils sont appliqués par Walzer et Hoffmann, ne sont pas toujours adéquats : comment, en effet, décider de l'autorité la plus légitime pour mener l'intervention ? Comment mesurer les chances de succès ? Comment s'assurer que les moyens utilisés ne vont pas à l'encontre du droit international ? De plus, les effets pervers liés aux interventions font dire à plusieurs spécialistes qu'elles sont plus dangereuses que bénéfiques : les interventions peuvent nourrir les conflits en devenant des enjeux négociables ; elles développent une dépendance qui permet aux dirigeants de négliger leur population ; elles empêchent un engagement durable à reconstruire et à éliminer politiquement les causes du conflit (Luttwak, 1999 : 26-44 ; Lischer, 2003 : 79-109).

D'autres auteurs sont plus optimistes face aux interventions, qu'ils croient inévitables dans un contexte d'interdépendance et de pénétrabilité des États. Puisque la **mondialisation** renforce les liens de toutes sortes entre les États, chaque conflit – interétatique ou intraétatique – a des répercussions importantes sur les États voisins, voire dans tout le système international. Les interventions doivent donc être envisagées dans certaines circonstances. Il faut cependant que celles-ci soient mieux définies, non seulement pour parvenir à un consensus lorsqu'un cas se présente, mais également pour améliorer les chances de succès de l'intervention.

Pour Chester A. Crocker (1996 : 190), l'efficacité d'une intervention dépend de trois facteurs : la capacité des acteurs qui dirigent l'intervention et leurs liens avec le conflit ; le statut, la forme et l'intensité du conflit ; le caractère et l'accessibilité des parties belligérantes, de même que leur système de prise de décision. Le type d'intervention approprié dépendra aussi de ces critères (voir **Opérations de paix**).

Depuis quelques années, on assiste surtout à des interventions à caractère humanitaire – plutôt que politique – qui sont issues « du gouffre entre la détresse perçue dans le monde réel et les modalités codifiées pour la gestion de l'ordre mondial (CIISE, 2000) », bien qu'il soit très difficile de séparer les motifs humanitaires des motifs politiques ou économiques (voir **Intervention humanitaire**).

L'intervention, qu'elle soit à caractère humanitaire ou non, soulève de nombreux doutes quant à son efficacité et aux motifs qui la gouvernent. Cependant, bien que le bilan des interventions menées par les Nations unies depuis 1990 soit plutôt négatif, il demeure qu'elles ont permis des avancées importantes au niveau du droit international et de la promotion des droits de la personne, notamment par la ratification de traités visant à protéger les enfants et à éliminer les mines antipersonnel.

Karine Prémont

INTERVENTION HUMANITAIRE

Humanitarian Intervention

L'intervention humanitaire se met en place quand un gouvernement ne peut ou ne veut pas protéger sa population. Elle peut prendre deux formes : une assistance humanitaire consensuelle (aide aux infrastructures civiles en collaboration avec l'État concerné) ou une intervention militaire (le consentement de l'État concerné n'est pas nécessaire). Le concept d'intervention humanitaire a évolué avec la pratique. Aujourd'hui, les interventions humanitaires peuvent être déployées pour prévenir ou faire cesser des violations massives des droits humains, lors de catastrophes naturelles majeures, quand des gouvernements faibles font face à une forte opposition interne, pour rapatrier des réfugiés et des personnes déplacées et pour distribuer de l'aide humanitaire.

Ce type d'intervention, souvent appelée ingérence humanitaire (terme défini par Mario Bettati, professeur à l'Université Paris II, et par Bernard Kouchner, fondateur de Médecins sans frontières), se pose en opposition au concept de **souveraineté** des États, qui empêcherait la communauté internationale de protéger une population des dangers – naturels ou politiques – qui la menacent. Ce qui a surtout changé depuis la fin de la **Guerre froide**, c'est la conduite de l'intervention : elle peut être menée non seulement par un seul État mais aussi – et surtout – par la concertation de plusieurs États, par une organisation régionale ou par une **organisation internationale** (généralement les Nations unies).

Les exactions commises à l'endroit des Kurdes par Saddam Hussein en 1991, à la suite de l'intervention militaire en Irak, ont obligé la communauté internationale à se doter d'outils juridiques et politiques pour venir en aide aux populations menacées par leur gouvernement. Plusieurs résolutions du Conseil de sécurité ont donc démontré la volonté de certains États membres des Nations unies de faire usage de la force pour des raisons humanitaires, notamment en Irak, en Somalie, au Rwanda, en Haïti, en ex-Yougoslavie et au Timor oriental.

Selon Jean Daudelin et Lee Seymour (2002), il existe trois écoles de pensée en ce qui concerne l'intervention humanitaire. L'école attentiste, selon laquelle la **guerre** a la vertu de résoudre les conflits politiques (Luttwak, 1999), alors que l'intervention humanitaire n'a pas les moyens de ses ambitions (Krauthammer, 1999). Noam Chomsky (1999) se réclame aussi de cette école, lorsqu'il affirme que ne rien faire est mieux que d'agir si l'on n'est pas certain de ne pas faire de mal (idée du *Do no Harm*).

L'école activiste, au contraire, soutient qu'il faut agir en tout temps, peu importe l'insuffisance ou les limites des moyens mis à notre disposition et malgré le biais inévitable de la sélection des lieux d'intervention (position du Canada sous Lloyd Axworthy, ministre des Affaires étrangères de 1996 à 2000).

Finalement, l'école néo-idéaliste souhaite la protection de la gouvernance globale plutôt que celle des **intérêts nationaux**, ce qui signifie qu'il faut mettre en place un régime d'ingérence codifié (position des Nations unies depuis le Rapport Brahimi ; Knight, 1998).

Karine Prémont

JEUX, théorie des

Game Theory

> Curieusement, tandis que l'idée de départ de la théorie des jeux réside dans l'exigence d'une représentation plus fine et élaborée de ce que peut être un comportement rationnel, on constate que l'application « poussée à la limite » de cette idée peut néanmoins conduire à des situations absurdes (Parel, 1995).

La théorie des jeux est un modèle mathématique inventé par John von Neumann au milieu du XXe siècle permettant d'étudier le processus de décision en situation de conflit. Cette théorie peut être considérée comme étant l'approfondissement du problème de la **stratégie**. En principe, la théorie des jeux donne un moyen de déterminer une stratégie prudente à adopter dans une situation de conflit. Cette stratégie permettrait à l'**acteur** en question d'atteindre une situation de *maximin*, c'est-à-dire la maximisation de son utilité.

Ce modèle suppose ainsi que les acteurs impliqués dans le conflit prendront une décision de façon rationnelle au sens micro-économique du terme. On sous-entend par rationalité la recherche de la maximisation des **gains** et de la minimisation des pertes. Comme tout modèle, celui de la théorie des jeux propose une simplification de la réalité sous la forme d'une situation conflictuelle entre deux acteurs, et où ceux-ci ont à choisir entre deux options de comportement à adopter, et ce, sans possibilité de savoir quel sera le choix de l'autre.

De façon formelle, cette situation est représentée par une matrice illustrant les deux possibilités qui s'offrent à chacun des deux acteurs en cas de conflit (coopérer ou ne pas coopérer), et les quatre résultats possibles en termes de gains. Dans le cas de conflit *pur*, ou jeu à somme nulle, le gain d'un acteur est égal aux pertes de l'autre acteur. La **coopération** entre les acteurs n'est donc pas une stratégie envisageable. Toutefois, dans le cas de jeux à sommes variables, la distribution des gains n'est pas à somme nulle et certaines combinaisons permettent donc aux deux acteurs de faire des gains simultanés (voir **dilemme du prisonnier**). La coordination et la coopération constituent donc des alternatives à la compétition. Selon les jeux et les enjeux auxquels ceux-ci sont appliqués, la distribution des gains et des pertes peut varier.

Selon A. Rapoport, « [la théorie des jeux] est, de façon déterminée, normative, aussi bien par son esprit que par sa méthode. Son but est de prescrire à un joueur rationnel ce qu'il doit faire dans une situation de jeu définie, lorsqu'on a fixé ses préférences et celles des autres joueurs en unités d'utilité » (1967 : 165). On critique toutefois souvent l'utilisation de la théorie des jeux comme outil de prescription des comportements, puisque celle-ci se fonde sur une vision plutôt simplificatrice de la rationalité.

De plus, les **institutionnalistes** ont montré que dans le cas de jeux répétés (ou en séries) entre les mêmes acteurs, une stratégie de gain à long terme engageant la coopération s'avère être davantage rationnelle (au sens micro-économique) que la stratégie de compétition privilégiée par les **réalistes** (Keohane, 1984). Outre les critiques que lui ont adressées les institutionnalistes, la théorie des jeux possède certaines lacunes évidentes, par exemple le fait qu'elle exclut la notion de confiance en l'autre, ou encore qu'elle démontre clairement que la somme de deux intérêts individuels se fait au désavantage des deux (contrairement à ce que prédit la théorie économique). En somme, la théorie des jeux doit plutôt servir à examiner la logique de la décision stratégique davantage que de viser à prescrire la pratique.

Evelyne Dufault

LIBÉRALISME

Liberalism

> Les libéraux [...], par leur foi en la raison humaine et en la capacité des êtres humains à réaliser leur potentiel individuel inhérent, ont confiance en l'idée que la honte de la guerre peut disparaître de l'expérience humaine (Burchill, 2001 : 33).

Fondées sur la raison et approfondies pendant le siècle des Lumières entre autres par Immanuel Kant, les théories libérales sont avant tout individualistes. Elles proposent de faire appel à la conscience de l'individu et de l'émanciper des formes d'autorité « en supposant que les individus et les groupes agissent rationnellement dans la poursuite du bien-être matériel et idéal » (Kant, 1991 : 44). C'est donc selon les besoins de la société et des moyens disponibles que le libéralisme se construira, d'une part, grâce au droit institutionnalisé et, d'autre part, par la volonté d'émancipation de l'individu liée à une plus grande liberté de commerce. Le libéralisme correspondrait ainsi, pour certains, à un *système* d'idéaux, de méthodes et de politiques qui ont pour objectif commun de procurer une plus grande liberté à l'individu (Sills, 1968 : 276), alors que pour d'autres, il est plutôt un mouvement historique d'idée, une *pratique* politique et sociale (Arblaster, 1984 : 91).

Plus explicitement, par la revendication du « moins d'**État** » et du « plus de liberté » que suppose l'émancipation de l'individu, les relations entre États et sociétés, et les préférences et intérêts qui découlent de ces relations, sont plus significatives que les **capacités** et la **puissance** des entités politiques que sont les États. Se détachant des visions holistes inscrites dans le contrat social de Rousseau, les idées libérales de Tocqueville et de Constant prônent une intervention minimale de l'État et un maximum d'indépendance pour la sphère privée. Si, en **Relations internationales**, les **théories** libérales se sont confrontées aux théories **réalistes** sur la question du rôle de l'État, il n'en demeure pas moins que, comme elles font de lui un **acteur** rationnel du **système international**, les deux écoles ont été amenées, par le troisième débat (voir **Relations internationales**), à converger et à admettre le partage d'une même **épistémologie** rationaliste.

Les prémisses sur lesquelles se fonde le libéralisme permettent d'identifier trois principales variantes, soit le libéralisme républicain, lequel fait le lien entre la paix et la démocratie, le libéralisme commercial, qui lie la paix et le commerce, et le libéralisme sociologique, qui fait référence aux théories de l'intégration et au transnationalisme.

L'idéal libéral de la **paix démocratique** (Russett, 1993 ; Owen, 1994), qui soutient que les démocraties ne se font pas la **guerre**, a ses racines dans le *Projet de paix perpétuelle* de Kant et fut largement prôné par les principes wilsoniens. Ces derniers dénoncent les **alliances** militaires, mettent en doute l'idée que l'**équilibre des puissances** puisse assurer la stabilité et proposent une forme de monde unifié et pacifié par des **institutions** universelles et par le libre-échange. Ce libéralisme américain datant du début du xxe siècle soutient également que l'État, par ses pratiques démocratiques, est censé amener la paix au niveau international, alors que les États non démocratiques provoquent l'instabilité. « Parce que les gouvernements non libéraux sont en état d'agression envers leurs propres populations, leurs **politiques étrangères** deviennent suspectes aux yeux des gouvernements libéraux » (Doyle, 1986 : 1161).

Pour certains auteurs, la reconnaissance des principes de base, que sont les droits individuels, la règle de droit, l'égalité devant la loi et le gouvernement représentatif sanctionné par le consentement populaire, implique que l'intérêt pour le conflit est nécessairement éliminé puisque la contestation de la légitimité de l'autre perd tout fondement (Burchill, 2001 : 34). Cependant, parce que les conflits ne sont pas tous interétatiques ou dus à une contestation de la légitimité des États, l'idéal de la paix démocratique est vivement critiqué et demeure une hypothèse difficilement vérifiable.

Le libéralisme économique, quant à lui, cherche avant tout à privilégier la liberté de marché et à faire de l'État un simple complément à cet objectif. Pour l'un des premiers tenants de ce courant de pensée, Adam Smith, l'État coercitif et l'état de nature de Hobbes sont effectivement transcendés lorsque les citoyens se comportent en individus interdépendants, et ce, principalement grâce à la pratique du libre-échange au niveau international. Pour ces libéraux, la paix internationale est possible, entre autres parce que les coûts de la guerre découragent les États à provoquer ou à participer à un conflit armé. Aussi, un consensus qui a pour objet la poursuite du gain et l'accroissement des richesses se traduit en une plus grande propension à **coopérer** avec les autres États et en un refus des conquêtes de territoires et l'entretien de la compétition économique, lesquelles ne peuvent que mener à la guerre et donc à la mise en péril de la prospérité (Angell, 1910). Quant à la poursuite de la paix dans les sociétés, elle est possible grâce au marché, qui tient lieu de mécanisme de mise en commun des intérêts individuels et qui conduit à un résultat profitable à tous sans que les acteurs aient à se préoccuper de l'intérêt général. Par lui, « chacun va au bien commun, croyant aller à ses intérêts particuliers » (Montesquieu, 1964 : 538). Il est également un instrument permettant la diffusion de l'information et du savoir nécessaires aux individus dans la poursuite de leurs aspirations individuelles.

Les variantes du libéralisme ne sont pas mutuellement exclusives et peuvent même se compléter. C'est dans cette optique que la troisième variante, soit le libéralisme sociologique pose l'institutionnalisation de la démocratie et du libre-échange comme moyens d'assurer le développement de l'individu, la tolérance culturelle, la paix sociale et la prospérité. C'est en empruntant ces concepts au libéralisme que les théories de l'**interdépendance** (Keohane et Nye, 1977 ; Rosecrance, 1986) se démarqueront en proposant de gérer l'**anarchie** du système international sur la base d'une confiance mutuelle entre les États et d'institutions qui facilitent la coopération. L'**institutionnalisme néolibéral** développa d'ailleurs ces arguments qui ont largement influencé les Relations internationales. Parce que les États s'émancipent de plus en plus des territoires en ouvrant leurs frontières grâce à l'intégration régionale mais aussi par la multiplication des relations transnationales, parce qu'ils sont touchés par des **normes** et conventions internationales largement tributaires du libre-échange et de l'ouverture économique, la poursuite de leurs objectifs nationaux (de **sécurité** et de stabilité tout particulièrement) requiert d'entretenir cette coopération et de mettre sur pied des institutions internationales qui la facilitent (Rosecrance, 1996 : 56 ; Keohane, 1984).

En cherchant à se distinguer de ces dernières théories relevant du courant plus spécifique qu'est l'institutionnalisme, certains libéraux précisent que ce sont les configurations des **intérêts** et des préférences des États dans leurs relations avec les sociétés, et non les institutions internationales, qui ont le plus d'impact sur le système politique international. En situation de conflit, les États chercheront à résoudre les problèmes sociaux sur les plans national et transnational avant de se préoccuper des incertitudes liées à la coopération (Moravcsik, 1997 : 521). Par la priorité qu'ils donnent à l'État démocratique et à la quête d'égalité et de justice sociale, le libéralisme républicain et le libéralisme sociologique en viennent tous les deux à expliquer que les relations transnationales sont souhaitables et qu'elles conduisent à la stabilité des sociétés. Les autres systèmes politiques encouragent rarement l'ouverture et les liens transnationaux, qu'ils soient privés ou publics (Russett, 1993 : 26).

Le libéralisme est souvent perçu comme l'idéologie dominante qui aurait mené à une « fin de l'histoire » et comme faisant l'objet d'un consensus social. Toutefois, il est nécessaire de garder à l'esprit qu'il ne peut se traduire que de manière complexe, par des interprétations variant selon les époques et les contextes, mais aussi selon les divergences existant entre les courants théoriques et les disciplines, dépendamment de la lecture qu'ils font de la nature de l'État, du marché et de l'individu.

Chantal Robichaud

MAINTIEN DE LA PAIX — Peacekeeping

Voir **Opérations de paix.**

MARXISME — Marxism

> Ce qui ressort clairement de la pensée marxienne [...] c'est que l'instance économique, de façon générale mais tout particulièrement à l'ère du capitalisme, conditionne (sans la déterminer) l'évolution des rapports sociopolitiques (Hentsch, Holly et Soucy, 1983 : 21).

Le marxisme, de façon générale, vise à comprendre l'histoire sur la base des rapports entre classes sociales. Il se démarque des autres approches en articulant la problématique internationale au contexte spécifique du capitalisme. Ainsi le politique n'est pas traité comme une sphère autonome, mais perçu comme étant façonné par les relations sociales capitalistes. En théorie des **relations internationales**, le concept clé de cette analyse est la notion d'**impérialisme** qui vise précisément à penser le rôle de la **politique étrangère** en l'inscrivant dans le processus de l'accumulation du capital.

À l'origine, il fut difficile pour le marxisme de se positionner face aux Relations internationales. En effet, l'accent qu'il place sur les rapports d'exploitation entre classes dominantes et dominées se prêtait mal à la réalité internationale **anarchique**, puisque les visées expansionnistes du capitalisme semblaient annoncer le déclin du cadre national et des conflits interétatiques.

Marx et Engels, par exemple, défendent l'idée que le capitalisme a une portée universelle qui, non seulement mène à une convergence des différentes sociétés sous l'effet de l'expansion du champ de l'accumulation du capital (Marx et Engels, 1966), mais universalise aussi les intérêts de classes sociales similaires appartenant à des pays différents. Ainsi la tension entre le cadre national politique et la portée universalisante du capitalisme sera au cœur de l'évolution du traitement marxiste des Relations internationales au cours du XXe siècle et peut s'interpréter comme le fruit d'une ambivalence face à la réalité de l'**État**-nation. S'il s'agit de le reconnaître comme phénomène à part entière, on refuse d'en faire un **acteur** indépendant de son contexte capitaliste.

Ce sont les penseurs de la Seconde Internationale (Luxembourg, Hilferding, Boukharine, Kautsky et Lénine) qui devaient poser les bases d'une lecture marxiste des Relations internationales. Leur réflexion s'articule autour du concept d'**impérialisme** qui permet de saisir l'internationalisation du capital tout en l'inscrivant dans un contexte de rapports interétatiques conflictuels. Pour ces théoriciens, l'impérialisme marque un stade de développement du capitalisme caractérisé par la fusion entre différents types de capitaux (productif et banquier). Il est le résultat d'un effort de consolidation du capital sur le plan interne afin de faire face à la compétition accrue et prend la forme de cartels et de monopoles d'envergure nationale. Cette fusion pose les bases d'une convergence plus large entre capitalistes, maintenant unifiés sur une base nationale, et l'État. L'État, durant la période classique du capitalisme (XIXe siècle), était garant de la reproduction capitaliste en général et transcendait donc les intérêts de capitalistes individuels. Mais au stade de l'impérialisme, l'État devient un acteur beaucoup plus actif dans la compétition entre capitalistes, puisque les intérêts des nouvelles coalitions nationales sont devenus inséparables de la santé économique de leurs pays respectifs.

Selon ces premiers théoriciens de l'impérialisme, cette consolidation nationale se double d'un processus d'internationalisation du capital. L'impérialisme ne préside pas cependant à l'homogénéisation du monde, mais prend forme comme un processus de réarticulation de la division du travail sur une base internationale. Boukharine, en particulier, y voit un processus de spécialisation qui ne fait que renforcer les différences nationales dans le cadre d'un développement inégal (Boukharine, 1967). L'internationalisation du capital va donc de pair avec une différenciation économique croissante entre États-nations.

Si l'on avait déjà reconnu l'importance des rivalités nationales, c'est véritablement l'expérience de la Première Guerre mondiale qui pose le fait politique international, tel que structuré par l'État-nation, comme un défi incontournable à la pensée marxiste. Il s'agissait à l'époque d'expliquer pourquoi l'État, traditionnellement perçu comme le garant de la reproduction du rapport de classe entre capitaliste et prolétaire, avait pu s'investir dans une **guerre** aux proportions démesurées qui menaçaient les bases mêmes des sociétés capitalistes. Il restait donc à identifier les raisons pour lesquelles la compétition entre factions nationales pouvait dégénérer en guerre fratricide. C'est Lénine qui devait offrir la formulation la plus forte de l'impérialisme et de ses tendances conflictuelles et, pour cette raison, demeure à ce jour la figure emblématique du marxisme en Relations internationales. Traitant directement du problème de la guerre, Lénine propose une synthèse des travaux sur l'impérialisme dans *L'impérialisme, stade suprême du capitalisme* (Lénine, 1979). Selon lui la guerre vient du fait que les coalitions nationales du capital, ayant déjà conquis l'ensemble du monde, n'ont plus de nouveaux débouchés à s'approprier et se trouvent donc condamnées à lutter entre elles pour acquérir d'autres marchés. Ainsi la guerre, dans le capitalisme, apparaît à ses yeux comme le symptôme d'une compétition accrue entre capitalistes d'un stade de développement avancé (le stade « suprême ») qui annonce la fin du capitalisme.

Si les conceptions marxistes de la Seconde Internationale ont su intégrer la problématique interétatique dans leur cadre d'analyse, elles le firent au prix d'un fonctionnalisme qui réduisait l'État à un simple instrument dans l'expansion du capital. Aussi, à partir des années 1970, on observe un virage important dans la réflexion marxiste qui cherche à se dégager de ce déterminisme économique. Cette réaction s'effectue dans deux directions opposées, mais toutes deux soucieuses d'affirmer la spécificité du fait politique international.

Le premier courant, issu du structuralisme français et des travaux d'Althusser, se cristallise autour des travaux de Poulantzas (Poulantzas, 1973). Celui-ci cherche à historiciser l'impérialisme en fonction de l'évolution de la division internationale du travail. Compte tenu de la longévité et du dynamisme insoupçonné du capitalisme, il était devenu nécessaire d'enrichir la notion d'impérialisme en la conceptualisant, non pas simplement comme un stade historique, mais comme un processus sujet à prendre différentes formes. En traçant les formes différentes de cette division internationale du travail à travers l'histoire, cette approche proposait d'analyser l'évolution de l'infrastructure économique. En particulier, l'émergence des firmes multinationales est perçue comme un changement radical qui remet en question la structure nationale de l'économie (Michalet, 1976).

Ce contexte économique transnational, n'étant plus symétrique au cadre politique national, permet sur le plan théorique d'accorder plus facilement une autonomie à l'État puisque ses intérêts ne correspondent plus directement à ceux des firmes multinationales. Mais comment articuler alors l'État au contexte capitaliste ? Poulantzas surmonte cet obstacle en faisant de l'État un lieu de lutte de classe. Ainsi la politique étrangère de l'État ne reflète pas simplement les intérêts capitalistes, mais les intérêts des factions sociales qui arrivent à le dominer. Cette ouverture permet d'historiciser l'impérialisme en posant que les intérêts étatiques évoluent selon ceux des classes sociales qui l'ont investi. En d'autres termes, ce n'est plus simplement le contexte de l'internationalisation du capitalisme qui, en soit, l'amène à agir de façon impérialiste, mais le fait que les groupes qui le dominent tendent dans cette direction. Il n'est jamais clair, cependant, en quoi cette conception volontariste du politique s'accorde avec une conception essentiellement déterministe de l'économique où les besoins fonctionnels du capital sont sensés être la variable la plus déterminante. Si les capitalistes dominent l'État et si leurs intérêts sont définis par les impératifs de la division internationale du travail, le politique n'est-il pas encore réduit à un rôle fonctionnel ?

C'est précisément cette tension qui sert de point de départ à un second courant, inspiré de l'école historique du marxisme britannique, qui s'intéresse plus particulièrement à la forme spécifique du Politique dans le capitalisme. Selon Robert Brenner (1977), les approches qui partent de la division internationale du travail pour penser le rôle de l'État, telles celles de Boukharine ou Poulantzas, en viennent nécessairement à expliquer les rapports internationaux à partir des besoins fonctionnels de cette division. Pour échapper à ce problème, l'accent est mis sur les impératifs particuliers qu'imposent les relations sociales à l'État en ce qui a trait à son financement, sa légitimité, etc. Ainsi la reconnaissance de l'autonomie du politique n'est pas une prémisse théorique comme chez Poulantzas, mais un fait historique propre au capitalisme qu'il s'agit d'expliquer. Selon Justin Rosenberg, qui reprend sur ce point une thèse de Ellen M. Wood (1995), l'autonomie apparente du politique provient de la nature de l'exploitation dans le capitalisme qui ne requiert plus de mécanisme de coercition direct, comme durant le féodalisme (Rosenberg, 1994b). Le politique devient alors apte à se spécialiser dans des tâches qui ne sont plus directement liées à l'économique, et apparaît ainsi comme un agent qui surplombe la société civile et qui agit en arbitre ultime. Selon Rosenberg, les traits que l'on attribue aux Relations internationales (soit l'anarchie, la nature essentiellement conflictuelle des relations entre États, la **souveraineté** interne de l'État, etc.) ne sont pas le produit d'un état de nature, mais du contexte capitaliste qui donne lieu à une dynamique de **sécurité** particulière à l'ère moderne.

La contribution des marxistes aux Relations internationales touche principalement la réflexion sur l'**économie politique internationale** (voir aussi théorie de la **dépendance** et **système-monde**). La subordination de la question de l'État à celle de l'accumulation de capital a longtemps contribué à isoler le marxisme dans cette discipline. Il n'en demeure pas moins que les travaux récents, issus de l'approche historique, ouvrent de nouvelles possibilités à cet égard pouvant éventuellement permettre d'adresser plus directement les problématiques propres aux Relations internationales.

Samuel Knafo

MARXISME POLITIQUE

Political Marxism

Le marxisme politique s'est développé au sein de la discipline des **Relations internationales** (RI) durant les années 1990. Cette théorie des RI fait le pont entre une analyse des dynamiques intra-étatiques et géopolitiques. L'approche s'est d'abord opposée aux thèses du **système-monde** (Brenner, 1977). Depuis, elle s'est définie à l'encontre du **néoréalisme** (Rosenberg, 1994 ; Teschke, 2003), des théories de la globalisation (Rosenberg, 2002, 2005 ; Lacher, 2006), des thèses **poststructuralistes** (Wood, 1990, 1997 ; Dufour et Martineau, 2007), du **marxisme** orthodoxe (Brenner dans Aston et Philpin, 1988 ; Brenner dans Bhaduri et Skarstein, 1997 ; Lacher, 2006) et en contrepartie pour une interprétation non téléologique et non déterministe de Marx. Toujours dans l'univers anglo-américain, la théorie des relations sociales de propriété (trsp) est en dialogue avec la **sociologie historique** néo-wébérienne, avec laquelle elle partage un souci de réintégrer l'histoire au sein de l'analyse. De nombreux terrains de dispute les divisent toutefois, qui sont notamment liés à la conception que les néowébériens ont de la transition du féodalisme au capitalisme et à leur parti pris méthodologique pour l'analyse multicausale (Brenner dans Hall et Schroeder, 2006 ; Wood, 1995 ; Teschke et Heine dans Rupert et Hazel, 2002 ; Teschke, 2003).

Cette approche adopte une méthodologie inspirée de l'histoire comparative. La trsp emprunte une approche qualitative, où l'attention est accordée aux relations sociales, et mise sur une méthodologie historique et empirique visant à dénaturaliser les processus sociaux. Les spécificités théoriques du marxisme politique s'incarnent principalement au sein de sa définition du capitalisme. Son unicité réside en ce que l'**État** s'autonomise des rapports d'appropriation, consacrant la dissociation des sphères de l'économie et du politique, auparavant fusionnées. Les relations sociales de propriété capitalistes se distinguent lorsque le marché ne consiste plus uniquement en une occasion mais plutôt en un impératif, « le principal déterminant et régulateur de la reproduction sociale » (Wood, 2002 : 31). À cette fin, l'expropriation des producteurs face à leurs moyens de subsistance constitue un processus incontournable. L'échange, et le processus d'exploitation, peuvent alors y devenir une relation contractuelle. L'extraction du surplus social se déroule par des moyens économiques, par le biais de la détention des moyens de production, plutôt que par celui de l'investissement dans la coercition.

L'État, sous le régime capitaliste, acquiert une forme abstraite et universelle, son pouvoir d'appropriation antérieur ayant été privatisé. Il assure la sécurisation de l'accumulation purement économique, dans la sphère privée de la production, contre la constitution politique de la propriété.

Le débat sur la transition, sur l'origine agraire du capitalisme britannique et sur les trajectoires différenciées de la France et de l'Allemagne (Brenner,

1976 ; Comninel, 2000 ; Mooers, 1991 ; Wood, 1991), a contribué à établir ce qui deviendra le concept clé de cette approche, celui de relations sociales de propriété. Celles-ci sont définies initialement par Brenner en tant que :

> [...] relations entre producteurs directeurs et classes exploiteuses (s'il en existe) et entre exploiteurs et producteurs, lesquelles spécifient et déterminent l'accès régulier et systématique des acteurs économiques individuels (ou des familles) aux moyens de production et aux produits. [Elles] permettent aux producteurs directs et aux exploiteurs (quand il y en a) de continuer à se maintenir dans la position qu'ils occupent [et] vont déterminer le genre d'activité économique rationnelle pour les producteurs et les exploiteurs (Brenner, 1990 : 68-69).

L'ensemble de ces prémisses est mobilisé au sein du marxisme politique en RI. Toutefois, Teschke argue que l'étude comparée et le marxisme classique échouent à rendre compte de l'international comme dimension constitutive des relations sociales (Teschke, 2006 ; Rosenberg, 1996, 2006). La réponse de ceux-ci à cet écueil sera celle de la théorie du développement inégal et combiné. Pour comprendre cette thèse, il importe d'abord d'illustrer en quoi Teschke, Lacher et Rosenberg s'opposent au « mythe de **Westphalie** ». Cette relecture de la périodisation dominante de l'histoire en RI offre des pistes pour appréhender la question contemporaine du capitalisme global et de l'impact de la « persistance de la territorialité » sur les dynamiques économiques et géopolitiques. Nous couvrirons en dernier lieu un débat récurrent au sein du marxisme, celui de l'**impérialisme**.

Sous l'initiative initiale de Rosenberg (1994), le marxisme politique s'oppose à une définition de la modernité du système international à partir des traités de Westphalie. Il historicise plutôt les différentes incarnations des dynamiques géopolitiques selon les structures sociales internes des États, qu'on ne peut éluder comme le font certains néoréalistes. Le marxisme politique interpelle de ce fait la prétention du **réalisme** à des stratégies étatiques universelles découlant d'un phénomène transhistorique. On ne pourrait généraliser dans l'espace et le temps ou transformer en catégories d'analyse des processus ou formes d'organisations sociales, tels l'**équilibre des puissances** dérivé de l'**anarchie** du système international (Rosenberg, 1994 ; Teschke, 2002) ou une forme étatique, voire nationale, particulière (Wood, 1991 ; Dufour, 2007). Ceux-ci sont plutôt contingents à des relations sociales spécifiques et à différents parcours institutionnels.

Teschke soutient plus précisément que les États européens signataires de ces traités ne possédaient alors qu'une des deux caractéristiques fondamentales de l'État moderne, soit la différenciation interne/externe. Il démontre empiriquement que le second processus qui consacre la modernité de l'État, la dissociation entre le politique et l'économie, survient beaucoup plus tard sur le continent, alors que le capitalisme s'implante au sein de ce système interétatique puisque l'État absolutiste était la seule organisation politique disponible pour assurer sa reproduction. Il s'agit de deux processus de la modernité du système interétatique qui ne sont pourtant pas coconstitutifs.

L'édification des États lors de la période féodale s'est réalisée par l'accumulation politique, car la reproduction sociale des élites dépendait d'une consolidation des moyens de la contrainte (Brenner, 2006). Teschke met en exergue la logique géopolitique de prédation, de conquête territoriale ou de mariages interdynastiques constituant, en 1648, la dynamique dominante de la reproduction sociale de l'élite sur le continent. L'absolutisme induit une innovation certaine par rapport à l'« anarchie personnalisée » du féodalisme : la domestication des lords survient alors que ceux-ci sont démilitarisés et incorporés au sein de l'État à travers la vente d'offices (Teschke, 2003). Pourtant, aucun critère habituel de la modernité de l'État, tels que la rationalité et l'efficience de sa bureaucratisation, n'est présent au sein de la forme dynastique précapitaliste.

En dépit de son monopole de la violence, l'État européen, à l'époque des traités de Westphalie, demeure personnalisé et privatisé. Pour Teschke, la formation initiale de la **souveraineté** moderne peut être située au moment de la révolution britannique en 1688, plutôt qu'en 1648 sur le continent. Toutefois, cela ne consacre pas encore la prédominance de **stratégies** d'équilibre des puissances (Rosenberg, 1994), ni la modernité du système interétatique (Teschke, 2003). Celui-ci est toujours gouverné en Europe continentale par des dynamiques géopolitiques particulièrement violentes puisqu'elles médiatisent directement le processus d'appropriation des classes dominantes des États absolutistes.

À l'instar de Teschke, Lacher se distingue de l'approche plus structuraliste du marxisme des premiers travaux de Rosenberg (1994) sur la question de l'origine de la souveraineté moderne. Tous trois théorisent l'État absolutiste en tant que propriété constituée politiquement, consacrant la prédominance d'une logique d'accumulation (géo)politique. Cependant, pour Rosenberg (1994), la souveraineté étatique ne peut être atteinte que conjointement à l'avènement de l'« empire de la société civile », la différenciation de la sphère publique fixée sur le plan géopolitique et de la sphère privée déterritorialisée des échanges. Teschke et Lacher ne jugent pas impératif que la territorialisation et le capitalisme soient liés ; ce serait une faillite quant au devoir d'historicisation de la souveraineté. De plus, le caractère « multiétatique » du système international n'y trouve aucune explication satisfaisante (Teschke, 2002 ; Lacher, 2005, 2006).

Or, selon Teschke, il ne devient possible de parler d'un « processus de modernisation » du système de souverainetés multiples qu'à partir du XIXe siècle, au cours duquel le capitalisme conforte son emprise sur le continent européen, par le biais de multiples crises sociales et « révolutions par le haut ». Les avantages de la Grande-Bretagne sur les plans militaire, administratif et financier, découlant du dynamisme de l'économie capitaliste quant à la rationalisation de l'État, induisent des pressions géopolitiques forçant l'adaptation des États dynastiques. Teschke se distingue ici des approches internalistes en analysant systématiquement les retombées des nouvelles relations sociales de propriété sur le système international. La thèse d'un développement socialement inégal, ici entre la Grande-Bretagne capitaliste et le continent absolutiste, en l'occurrence par l'intermédiaire des pressions géopolitiques médiatisées par le régime de propriété britannique, est en cela cruciale à son analyse.

Par ailleurs, la dissociation entre les sphères de l'économie et du politique conjuguée à une incorporation de la territorialité exogène au capitalisme induit des stratégies de spatialisation particulières, qu'il importe de distinguer des dynamiques d'accumulation précapitalistes. Lacher (2006) fournit une réponse au débat entre étatisme et globalisme : la forme globale constitue une tendance inhérente au capitalisme, mais peut toutefois laisser intactes les **frontières** étatiques, alors que la reproduction sur le plan politique de ces relations sociales de propriété doit transiter territorialement. Cela interpelle en outre l'ontologie **stato-centrée** qui présupposerait que l'État, même à l'ère « westphalienne », aurait pu contenir sur son territoire les relations sociales (Lacher, 2003). En fait, la territorialité capitaliste se distingue précisément de sa forme absolutiste précédente par la déterritorialisation de l'extraction des surplus, se déroulant au sein de la sphère privée. La sphère politique en est dissociée, qui demeure liée à un espace géographique.

Toutefois, si des éléments exogènes au capitalisme, soit un système proprement interétatique, ont été assimilés par celui-ci, il s'agit en contrepartie d'étudier comment ces exogénités l'ont modelé en retour. Le processus de totalisation des formes sociales par le capitalisme est défini en tant que « processus structuré *et* non déterminé » (Lacher, 2006 : 108). En effet, le système de souveraineté multiple, legs absolutiste internalisé, introduit une dynamique proprement géopolitique à l'échange transnational : « l'ancrage territorial de la forme politique du capitalisme fournit les ressources pour une médiation géopolitique des crises et contradictions du capitalisme » (2005 : 43). Ainsi l'État joue un rôle prépondérant au niveau des relations interétatiques, différent en cela de son mandat sur le plan interne de sécurisation du caractère économique de l'accumulation. Les dynamiques des classes sociales et du marché s'en trouvent médiatisées, notamment en ce qui a trait à l'orientation de la **politique étrangère** et à la division internationale du travail.

Teschke et Lacher, suivis par Brenner (2006), empruntent une méthodologie particulière afin de saisir les diverses manières dont les États parviennent à assurer la reproduction de l'accumulation économique d'un capitalisme global, et le succès de leur propre capital national, au sein d'un système où la coordination de leurs stratégies n'est pas assumée par une instance supra-étatique. À partir d'une approche centrée sur l'**agence**, il s'agit de distinguer historiquement les luttes effectuées par les forces sociales, et les intérêts qui les motivent, concernant la direction de la politique étrangère des États, les « stratégies d'accumulation et de territorialisation » (Teschke et Lacher, 2007). Celles-ci sont issues d'un processus conflictuel et visent à résoudre les difficultés rencontrées dans un système anarchique où le développement social parmi les **nations** n'est pas uniforme (Dufour, 2007). Ce n'est qu'à travers une telle analyse historique, mettant l'accent à la fois sur le caractère nécessairement interconnecté des trajectoires nationales et sur leurs divergences en raison de la particularité de leurs relations sociales domestiques, qu'il devient possible de retracer une logique des dynamiques géopolitiques. On peut donc distinguer différents phénomènes, tels l'intégration régionale, l'**hégémonie** ou l'impérialisme britannique puis américain, en tant que « stratégies capitalistes de spatialisation variables » (Teschke, 2006 ; Lacher, 2006).

L'impact de la territorialité sur le développement du capitalisme est crucial ici et doit être retracé historiquement afin de saisir le moment présent ; on ne peut dériver conceptuellement ces stratégies d'une logique immanente, fonctionnaliste ou téléologique, au capital. Plus généralement, Rosenberg (2006) développe la thèse d'un développement (diachronique) inégal (synchronique) et combiné (dynamique), qu'il emprunte à Trotsky, en tant que règle universelle du développement et des relations des sociétés. Pour lui, l'analyse de ces dernières doit être à la fois sociologique et internationale.

La manière dont le marxisme politique peut parvenir à conceptualiser l'impérialisme doit s'éloigner des thèses plus classiques inspirées de Marx ou de Lénine (Lacher, 2006 ; Teschke et Lacher, 2007 ; Brenner, 2006). Dans *Empire of capital* (2003), Wood distingue et compare les diverses formes d'empires selon leurs relations sociales de propriété particulières. La spécificité de l'impérialisme capitaliste, d'abord britannique sous une forme inachevée puis américain, réside en ce qu'en vertu de la dissociation de l'économie et du politique, la domination politique ou militaire n'en est plus le vecteur. Puisque le marché est désormais l'instrument coercitif ainsi que le lieu de l'exploitation, l'imposition et la manipulation de ses règles et le transfert des surplus peuvent en principe s'effectuer sans mobilisation de la force et surtout sans annexion territoriale. Si les actions du FMI peuvent s'inscrire dans cette première dynamique, l'invasion américaine de l'Irak, ayant entre autres l'objectif de rendre plus aisée l'intégration de ce pays à l'économie capitaliste tout en s'y assurant une position privilégiée (Lapointe et Masson, 2004), illustre un second point mis de l'avant par Wood : la puissance impériale ne renonce pas à l'utilisation de la force pour exporter l'impératif du marché.

Le marxisme politique participe au tournant historique de la discipline des RI. Il contribue à dénaturaliser plusieurs phénomènes ou catégories d'analyse trop souvent tenu pour acquis au sein du champ en tentant d'en retracer l'origine sociale, « à travers une lecture à la fois résolument relationnelle, comparative, historique et internationale du monde social » (Dufour et Rioux, 2007). Le marxisme politique soumet en outre un nouveau programme de recherche, notamment quant à ses problématiques liées à la souveraineté, à la territorialité, au capitalisme global et à l'impérialisme.

Nancy Turgeon

MERCANTILISME

Mercantilism

> Pour que la mondialisation réussisse, l'Amérique ne doit pas craindre d'assumer son rôle de toute-puissante superpuissance […]. La main invisible du marché ne pourra jamais fonctionner sans le recours d'un poing invisible – McDonald's ne peut se développer sans McDonnell Douglas, concepteur des F-15. Et le poing invisible qui maintient un monde sécuritaire pour les technologies de la Silicon Valley s'appelle United States Army, US Air Force, US Navy et US Marine Corps (Thomas Friedman, *The New York Times*, 1999).

Le terme mercantilisme a toujours eu une connotation péjorative. Il sert à la fois à désigner le moyen âge de la pensée économique (période préclassique avant Adam Smith) ainsi que le **nationalisme** économique contemporain derrière les attitudes protectionnistes et les politiques commerciales stratégiques, parfois belliqueuses, qui empêcheraient les **nations** de profiter ensemble des bienfaits du libre-échange. Dans un sens large, le mercantilisme décrit à la fois l'utilisation de moyens économiques pour augmenter la **puissance** politique nationale, de même que l'utilisation de la puissance politique pour augmenter les richesses économiques de la nation au détriment des autres.

Sur le plan de la pensée économique, on considère normalement le mercantilisme comme une doctrine économique qui se serait étendue du XVIe au XVIIIe siècles et dont les principaux représentants seraient entre autres Thomas Mun et William Petty. Néanmoins, si les auteurs dits mercantilistes ont débattu des meilleurs moyens pour assurer la richesse et la puissance de l'**État**, aucun d'entre eux ne s'est prétendu mercantiliste et la diversité des points de vue ne permet pas de penser qu'on trouve parmi eux une cohérence doctrinaire. Plutôt que de doctrine, il faut donc parler de corpus mercantiliste.

Le mercantilisme est d'abord un repoussoir, une création de philosophes et économistes **libéraux** qui cherchaient à dénoncer la collusion entre les marchands et l'État dans le système de privilèges et de monopoles de l'Ancien Régime. Le mercantilisme était aussi critiqué pour confondre monnaie et richesse en considérant le stock d'or au sein des frontières nationales comme la véritable richesse du pays. L'or étant un stock limité, l'accumulation de richesses par une nation ne pouvait plus se faire qu'au détriment des autres. L'économie devient donc un jeu à somme nulle où ce que l'un gagne, l'autre le perd (les économistes libéraux, dont Adam Smith, considèrent plutôt qu'avec la liberté des échanges l'économie devient un jeu à somme positive, bénéfique pour tous).

On ne peut comprendre la pensée mercantiliste sans comprendre la logique de puissance qui se trouve derrière. Ce n'est qu'à la lumière des rivalités de puissance de l'époque que l'on peut comprendre l'assertion de l'homme d'État Colbert, secrétaire d'État de Louis XIV : « les compagnies de commerce sont les armées du roi et les manufactures de France sont des réserves ». Les découvertes de nouveaux mondes forcent l'accélération des activités économiques et les États nationaux centralisés émergents, anxieux de consolider leur puissance, vont être amenés à entretenir la croissance économique, à augmenter les recettes fiscales et à améliorer les structures administratives du pays. Comme l'explique l'économiste suédois Hecksher dans son grand ouvrage *Mercantilisme*, la protection de l'industrie nationale, les prohibitions, les monopoles, les réglementations monétaires sont les moyens d'une politique d'unification et de puissance. En plus d'unifier le royaume, le commerce permet d'obtenir l'argent nécessaire à la **guerre**, comme le défendra Thomas Mun :

> Le commerce extérieur est la richesse du souverain ; l'honneur du royaume, la noble vocation des marchands, notre subsistance et l'emploi de nos pauvres, l'amélioration de nos terres, l'école de nos marins, le nerf de notre guerre, la terreur de nos ennemis.

L'État met donc toute sa puissance pour soutenir le commerce afin d'augmenter davantage sa richesse. En fait, comme l'explique l'historien Fourquet, richesse et puissance vont de pair. Par exemple, le capital n'est pas entendu en termes de moyens de production où le revenu du capital est le pendant d'une contribution productive au bien-être de la société. C'est ici uniquement un outil de puissance, un moyen de capter des revenus, quitte à ce que ce soit au détriment des autres. Pour reprendre la définition du grand historien du capitalisme Fernand Braudel, le capitalisme est alors « accumulation de puissance (qui fonde l'échange sur un rapport de forces autant et plus que sur la réciprocité des besoins), un parasitisme social » (Fourquet, 2002).

Décrié comme absurde et inefficace par les libéraux, c'est seulement à partir de la fin du XIXe siècle que l'on verra quelques rares tentatives pour réhabiliter le mercantilisme. William Cunningham, historien anglais, montrera que les politiques mercantilistes furent efficaces si on considère que leur finalité était la croissance de la puissance nationale. Gustav Schmoller, chef de file de l'école historique allemande et concepteur du terme « mercantilisme », insista sur sa finalité d'unification nationale dans le contexte de l'histoire allemande. La seule véritable tentative de réhabilitation des mercantilistes au sein de la théorie économique fut faite par l'économiste John Maynard Keynes qui chercha à montrer que l'accroissement des stocks d'or servait de moyen pour réduire le taux d'intérêt afin d'accroître l'incitation à investir et augmenter le niveau de l'emploi dans le cadre d'économies où susbsistaient en permanence une main-d'œuvre et des ressources inemployées.

Aujourd'hui, le mercantilisme (ou néomercantilisme) continue à désigner les interventions de l'État sur les marchés mondiaux pour favoriser l'économie nationale au détriment d'autrui. Mais le mercantilisme reste utilisé comme repoussoir afin de montrer les bienfaits potentiels du libre-échange et les interventions de l'État sur les marchés restent appréhendées dans l'antinomie libéralisme versus keynésianisme ou socialisme.

Les marchés ne sont pas des réalités abstraites, ils s'inscrivent dans des pratiques sociales déterminées par des règles et des cadres juridiques. Comme le suggère le politologue Levi-Faur

(1998), puisque l'État-providence fait maintenant place à un État compétitif qui cherche à favoriser ses firmes nationales sur les marchés mondiaux, les pratiques mercantilistes contemporaines, au-delà du nationalisme économique traditionnel, se manifestent d'abord dans les conflits quant à la construction des cadres juridiques et des règles sociales qui sous-tendront les « libres » marchés mondiaux. Mercantilisme et libéralisme ne sont alors plus opposés mais bien complémentaires. Mais le mercantilisme, selon Adam Smith, représentait aussi et surtout la collusion marchands/État que le libéralisme économique devait démanteler.

Plus de deux siècles plus tard, le libéralisme économique reste toutefois incapable de se débarrasser de ce « capitalisme de connivence » (selon la formule du Nobel Stiglitz) qui caractérise les économies actuelles. Plutôt que d'en faire un simple repoussoir, peut-être est-il temps de faire du mercantilisme une véritable théorie ?

Marc-André Gagnon

MERCENARIAT

Voir **Privatisation de la sécurité.**

MIGRATION INTERNATIONALE

International Migration

> Dans un monde divisé en États souverains, contenant des communautés qui s'imaginent comme étant issues d'ancêtres communs et partageant une destinée commune, les migrations internationales constituent un phénomène insolite, échappant à l'ordre des choses (Zolberg, 1994 : 41).

Il est question de migration internationale – ou plus communément d'**immigration** – lorsqu'un individu traverse une **frontière** internationalement reconnue, ce qui implique un changement de juridiction d'un **État** à un autre. Il existe plusieurs types de migrations internationales. Certaines personnes migrent dans le but de s'installer définitivement dans le pays d'accueil (immigration à proprement parler), d'autres migrent temporairement pour travailler, étudier, accompagner un membre de leur famille ou même pour faire du tourisme, d'autres revendiquent le statut de réfugié sur les bases qu'elles ont été persécutées dans leur pays d'origine, d'autres encore traversent des frontières clandestinement ou résident dans le pays d'accueil sans avoir obtenu les documents requis par le gouvernement de ce pays (sans-papiers ou illégaux).

Traditionnellement, l'étude des migrations internationales s'appuie sur des approches individualistes et principalement sur des **théories** qui privilégient **ontologiquement** l'individu en tant qu'**acteur** rationnel. Les chercheurs s'intéressent principalement à des questions de l'ordre de qui émigre ? Pourquoi et comment ? Ils s'intéressent également aux questions d'intégration, car on présupposait souvent que les migrations internationales étaient permanentes. On se concentre donc principalement sur les pays d'immigration dits « traditionnels » – c'est-à-dire les États-Unis, le Canada, l'Australie et la Nouvelle-Zélande. L'intérêt pour d'autres types de migrations internationales est demeuré longtemps marginal (Castles et Miller, 1998 : 19-29).

Ce n'est que vers la fin des années 1980 qu'une approche potentiellement plus féconde commence à être mise de l'avant, soit la théorie des systèmes de migrations internationales (*International Migration Systems*). Il s'agit d'une approche qui peut permettre de comprendre les dynamiques derrière les flux migratoires. Cette approche holiste propose donc d'étudier les flux migratoires dans leur évolution sur la longue durée tout en tenant compte des phénomènes de migrations circulaires, des transferts financiers aux pays d'origine, des réseaux informels entourant les migrants ainsi que des politiques et des conditions structurelles dans les pays d'origine et de destination qui ont un impact sur la façon dont se constituent ces flux (Kritz *et al.*, 1992 : 1-16). Le phénomène des migrations internationales est, dans cette perspective, plus complexe et la dimension « internationale » centrale.

Les questions de migrations internationales n'ont pas toujours été considérées comme importantes dans la discipline des **Relations internationales**. Les approches **réalistes** et **néoréalistes** traditionnelles nous diraient que la **souveraineté** fait que chaque État est en mesure de contrôler qui peut entrer ou non sur son territoire et, donc, que les questions de migration sont des questions d'ordre strictement interne. Qu'on l'interprète comme une menace potentielle ou comme un phénomène économiquement nécessaire, voire même bénéfique, la capacité de l'État à gérer les flux migratoires à travers ses frontières demeure incontestée.

L'intérêt pour les phénomènes migratoires dans la discipline des Relations internationales est donc relativement récent et tend à s'articuler autour des questions et des débats contemporains. Une de ces questions a trait au rôle de l'État dans le contexte d'un **système international** de plus en plus interdépendant. Les migrations internationales posent-elles un défi à la souveraineté de l'État ? Si oui, à quel niveau ? Y a-t-il « contournement » de l'État ou non ? L'État est-il l'acteur principal en Relations internationales ? Qui sont les acteurs ? Les migrants et les réseaux qui les entourent sont-ils des acteurs autonomes sur la scène internationale ?

Pour Bertrand Badie (1994), le caractère individuel des migrations est ce qui rend ces dernières « corrosives » et

« déstabilisantes » pour les États et le système international en remettant en question la souveraineté et la capacité des États. Selon Badie, la logique d'État reposerait sur la territorialisation. Par conséquent, n'importe quel type de mouvement de population devient un « défi dirigé contre l'État ». L'individu et les réseaux qui l'entourent sont des acteurs indépendants sur la scène internationale et, donc, ont la capacité de « contourner » l'État et d'agir de manière autonome à l'externe.

Aristide R. Zolberg (1992, 1994), pour sa part, prend une approche plus historique. Le phénomène de migration en tant que tel n'a évidemment rien de nouveau. Ce qui change, c'est le contexte politique, économique, démographique, culturel et social dans lequel s'inscrit ce phénomène à travers l'histoire. L'organisation du système international sur le principe de la souveraineté des États est un contexte particulier et très récent dans l'histoire de l'humanité qui donne aux migrations contemporaines leur aspect « insolite » qui échappe à « l'ordre des choses ».

De plus, contrairement à Badie, Zolberg met davantage l'accent sur les structures et surtout sur la façon dont les politiques étatiques ont joué – et continuent de jouer – un rôle déterminant dans la formation des flux migratoires et de l'ampleur qu'ils ont prise à différentes époques. Pour Zolberg, en somme, l'État demeure toujours un acteur central et incontournable dans toute étude des phénomènes de migrations internationales.

Dans une perspective d'**économie politique internationale**, James F. Hollifield (1992) se demande pourquoi les démocraties libérales occidentales n'arrivent pas à contrôler leur immigration. Pour Hollifield, la logique étatique indique que pour préserver la souveraineté de l'État, des politiques d'immigration restrictives sont nécessaires. Toutefois, cette logique se heurte au **libéralisme** qui sous-tend les démocraties en Europe et en Amérique du Nord. Hollifield montre de façon convaincante comment l'accroissement des échanges commerciaux entre pays augmente également la nécessité d'une main-d'œuvre de plus en plus mobile. De plus, le libéralisme politique met l'accent sur les droits des individus. Ces deux facteurs contribuent à l'affaiblissement de la capacité des États à contrôler leur immigration. C'est ce que Hollifield appelle le « paradoxe du libéralisme ». Comme Badie, Hollifield conclut en un certain retrait de l'État en matière de migrations internationales.

Mais malgré leurs différentes interprétations du rôle de l'État dans les migrations internationales et sur la place de cet acteur en relations internationales, ces auteurs s'accorderaient tous pour dire que dans un monde où l'interdépendance des économies et des sociétés est sans cesse grandissante, le contrôle ou la gestion efficace des migrations ne sera possible que si les États **coopèrent** et abandonnent un peu de leur souveraineté à des **régimes internationaux**.

Joëlle Bolduc

MONDIALISATION

Globalization

> La « mondialisation » – et, en particulier, le retrait de l'État de ses fonctions régulatrices et d'assistance publique au nom de la mobilité du capital et de la « compétitivité » dans le marché mondial — est le produit de choix politiques, et non pas la résultante de lois naturelles ou la destination inévitable du cours de l'histoire — cela peu importe la façon dont ces choix politiques se sont généralisés à tout le spectre politique à partir de leurs origines néolibérales (Wood, 1997 : 558).

Le concept de « mondialisation » est d'ordinaire utilisé pour désigner une variété de processus de transformation dans l'économie mondiale et, plus largement, dans les sociétés contemporaines. Ces transformations sont le plus souvent perçues comme participant de la transition de sociétés nationales à une société mondiale et d'une économie internationale à une économie réellement globale (Radice, 1999). Les diverses variantes de la thèse de la mondialisation convergent sur le fait que cette transformation de l'espace social a de lourdes implications pour le rôle et les fonctions des **États**. De ce point de vue, l'érosion de la **frontière** entre les sphères interne et internationale, de même que l'intégration de ces deux sphères sur un plan global, devraient être prises en compte par les théories des **Relations internationales**. Ce constat, et les débats qui l'entourent, sont d'ordinaire fondés sur la prémisse selon laquelle les modèles théoriques centrés sur l'État, bien qu'ayant été adéquats jusqu'à la dissolution du **système de Bretton Woods**, furent rendus obsolètes par les transformations contemporaines de l'économie mondiale.

Il importe de distinguer les variantes principales de la thèse de la mondialisation qui sont présentées dans la littérature. La première, qui est de loin la plus répandue, et qui demeure dominante en **économie politique internationale**, est fondée sur la notion que les processus économiques et sociaux à l'échelle du globe ont miné la capacité des États nationaux de gouverner ou même de réguler « leurs » sociétés et « leurs » économies respectives. Les flux privés de biens, de services, d'idées et de communications entre États seraient devenus beaucoup trop importants pour être contenus et régulés par les instances publiques nationales, notamment grâce au développement de technologies qui compressent l'espace-temps (Ohmae, 1990). L'autorité effective s'échapperait alors des instances étatiques et serait absorbée par des organisations différentes, notamment par les **organisations internationales** et transnationales ou par des organisations privées de la **société civile** comme les entreprises transnationales. Un transfert de pouvoir s'effectuerait en fait de l'État vers le marché et des dimensions de la vie sociale auparavant régulées par les autorités publiques se retrouveraient gouvernées par le marché. De surcroît, la démarcation entre le public et le privé et entre le politique et l'économique serait devenue de plus en plus poreuse à mesure que des agents privés se seraient approprié un nombre croissant de fonctions ayant traditionnellement appartenu au domaine public. À cause de cette diffusion du pouvoir dans l'économie mondiale, l'État se trouverait de moins en moins en mesure de remplir ses fonctions passées (Strange, 1996 ; Crouch et Streeck, 1997).

La seconde variante majeure de la thèse de la mondialisation surenchérit par rapport à la première puisqu'elle ne voit pas seulement l'impuissance de l'État comme une conséquence du pouvoir croissant des marchés, mais met aussi l'accent sur l'émergence, à l'ère de la mondialisation, de formes transnationales d'autorité publique. Les tenants de cette conception croient que la mondialisation des rapports économiques a non seulement miné le pouvoir de l'État, mais qu'elle a aussi mené à l'émergence de nouveaux cadres de régulation et de **gouvernance** dans le « nouvel ordre mondial ». Cette question a soulevé de houleux débats dans la discipline des Relations internationales, au cours desquels trois positions se sont démarquées.

Les auteurs **néoréalistes** nient qu'un processus ressemblant à la formation d'un État global, qui seul pourrait modifier la logique **anarchique** des rapports interétatiques, est en cours. Puisqu'ils n'identifient aucun cadre de gouvernance globale capable de remplir les besoins des États en termes de sécurité, la souveraineté demeure pour eux le principe organisateur des rapports internationaux. En remettant ainsi en cause l'essentiel de la thèse de la mondialisation, les néoréalistes se font les défenseurs de la validité d'une approche **statocentrique** traditionnelle pour l'étude des Relations internationales (Thompson et Krasner, 1989 ; Krasner, 1995 ; Strange, 1996).

Ils s'opposent ainsi aux auteurs **institutionnalistes néolibéraux** et autres **libéraux** internationalistes qui cherchent pour leur part à démontrer qu'un accroissement des formes de **coopération** peut relativiser les conséquences de l'anarchie dans le **système international** (Baldwin, 1993). Pour ceux-ci, la création d'**institutions** de gouvernance globale permet aux États de dépasser la logique à somme nulle de l'anarchie. Puisque la politique internationale se transforme en politique globale, le problème fondamental concerne la formation d'un projet politique transnational capable de stabiliser le système mondial à travers la gestion des formes d'interdépendance créées par les transactions sociales et économiques. La plupart s'entendent pour dire que les capacités régulatrices des organisations de la gouvernance globale sont dépassées par l'échelle inouïe et la fluidité des interactions transnationales, si bien qu'on assiste à un « déficit de gouvernance » (Held, 1995 ; Keohane et Nye, 2001 ; Rosenau et Czempiel, 1992 ; Weiss et Gordenker, 1996). Par exemple, certains voient dans la persistance de l'instabilité financière globale une justification pour l'établissement d'une taxe sur les transactions de change internationales (la taxe Tobin) soumettant les marchés financiers à un contrôle politique transnational (Haq *et al.*, 1996).

Enfin, une troisième série d'auteurs suggère que la mondialisation se caractérise non pas par l'érosion pure et simple du pouvoir effectif des États, mais plutôt par leur « internationalisation ». L'internationalisation de la production et la formation d'une société civile globale mènent non pas à un système de gouvernance globale remplaçant l'État, mais plutôt à la réorganisation des dimensions internes et externes du complexe État/société civile au fur et à mesure que l'État devient une « courroie de transmission » ajustant l'économie interne en fonction des exigences d'une économie mondialisée. Ces exigences sont perçues et définies par une classe transnationale de cadres organisée à travers certains réseaux multilatéraux comprenant des organisations telles que le G8, le Fonds monétaire international, la Banque mondiale ou l'Organisation pour la coopération et le développement économique (Cox, 1987 : 253-265 ; Cox, 1992).

Il ne manque pas de critiques de ces variations de la thèse de la mondialisation. Par exemple, l'idée de la transformation contemporaine d'une économie internationale à une économie globale a beaucoup été critiquée (Hirst et Thompson, 1996), comme l'ont été la notion d'une « nouvelle économie » en état d'apesanteur et l'idée d'une finance « globale » sans précédent historique. Certains chercheurs ont aussi noté que les tendances vers l'homogénéisation culturelle sont fortement contrées par des processus de particularisation identitaire comme les tendances à la renationalisation (Bayart, 1996 ; Castells, 1997 ; Cerny, 1996 ; Melucci, 1995). Bien que ces objections soient d'une grande importance et demandent une attention soutenue, il faut noter qu'elles ne remettent pas nécessairement en question les prémisses de base de la thèse de la mondialisation, à savoir que les tendances sociales, politiques et économiques de la mondialisation doivent nécessairement miner la souveraineté étatique. Il semble donc que la seule alternative réelle à la thèse de la mondialisation et à la vision néoréaliste du système international contemporain soit offerte par les analyses examinant de façon critique les dichotomies entre la souveraineté « nationale » et les dimensions « globales » de la vie sociale et entre l'État et le marché sur laquelle les débats sur la mondialisation reposent.

Cette façon de poser le problème de la mondialisation tend à mener à la conclusion que la mondialisation n'implique en rien une phase terminale de la souveraineté, mais plutôt une renégociation de celle-ci. Ainsi, d'une part, de nombreux auteurs inspirés de l'institutionnalisme insistent sur le fait que les États sont aussi puissants qu'auparavant, mais qu'ils doivent réformer leurs pratiques pour maintenir leur capacité d'influencer le développement socio-économique au niveau national (Evans, 1997 ; Weiss, 1998 ; Panitch, 1996 ; Radice, 2000). D'autre part, de nombreuses analyses inspirées du **marxisme** ou de la **sociologie historique** plaident pour une analyse historique de l'évolution des États et des marchés. Les auteurs marxistes, en particulier, ne postuleront pas une opposition entre les États-nations et les marchés, mais verront ces formes institutionnelles comme l'expression politique et économique des rapports sociaux capitalistes sujettes aux mêmes courants antagoniques et aux mêmes tendances à la crise. Sol Picciotto, par exemple, insiste sur le fait que l'analyse devrait se concentrer sur l'évolution parallèle, sur le plan historique, de l'internationalisation du capital et du renforcement de la souveraineté à travers le développement des formes juridictionnelles internationales (Picciotto, 1991).

De ce point de vue, l'idée selon laquelle la mondialisation serait un processus à travers lequel les capitaux limiteraient ou dépasseraient l'État apparaît fallacieuse puisqu'elle repose sur une surestimation de la capacité passée des États à « contrôler » le capital. Or, les analyses inspirées des travaux de Karl Polanyi débattent de l'idée que les économies nationales furent soumises, pendant la période d'après-guerre, à un projet de « sécurité économique » répondant à la volonté démocratique des communautés nationales (Deblock, 1992 ; Adda, 1996 ; Lacher, 1999a). Elles insisteront souvent sur le fait que la « société de marché » capitaliste, qu'elle soit développée à l'échelle strictement nationale ou à l'échelle globale, impliquera toujours une large mesure d'insécurité socio-économique et d'inégalités sociales que l'État ne peut pas éradiquer, du moins tant et aussi longtemps que l'existence d'un « marché autorégulateur » rend les populations dépendantes du marché pour avoir accès aux moyens de subsistance (Polanyi, [1944] 1983 : 102-112 ; Altvater et Mahnkopf, 1997 ; Lacher, 1999b). Nombre d'analyses marxistes soulignent de surcroît que c'est la croissance économique soutenue durant le boom d'après-guerre – une croissance *déjà* sous-tendue par l'internationalisation rapide du capital et la libéralisation des mouvements internationaux de marchandises, de crédit et d'investissement – qui rendit possible les politiques nationales d'intervention keynésienne et de planification, dont le succès temporaire permit aux politiciens de déclarer qu'ils avaient apprivoisé le capitalisme.

Aussi faut-il encore démontrer ce que la plupart des contributions aux débats sur la mondialisation qui parlent d'un déclin de l'État tiennent pour acquis, c'est-à-dire l'expansion extensive et intensive sans précédent, après la Seconde Guerre mondiale, de l'emprise des impératifs de marché capitalistes. Cette « universalisation » du capitalisme à l'échelle globale n'implique pas tant un impératif technologique ou la simple « libération » des marchés de contraintes politiques, qu'un processus violent de profonde transformation sociale soumettant de façon croissante les populations du monde, leurs relations sociales et leurs pratiques aux impératifs de l'accumulation du capital. Les phénomènes rassemblés sous la notion de mondialisation peuvent ainsi être compris comme résultantes de stratégies spécifiques adoptées par les acteurs économiques, politiques et sociaux dans le contexte de l'universalisation du capitalisme. Les processus de mondialisation seraient notamment la résultante de choix politiques rencontrant les besoins du capital dans un système où tous les agents économiques principaux opèrent selon des logiques capitalistes (Gowan, 1999 ; Hardt et Negri 2000 : 221-259 ; Panitch, 2000 ; Wood, 2002).

Ces considérations sur la genèse de la mondialisation capitaliste ne devraient jamais être perdues de vue par les recherches évaluant les impacts politiques et socio-économiques de la mondialisation et les débats sur la possibilité de l'avènement d'une « mondialisation à visage humain ». D'une part, la mondialisation ne peut être réduite à la création d'un monde plus unifié et homogène puisque qu'à maints égards, les politiques en faisant la promotion ont maintenu ou renforcé les inégalités socio-économiques, les hiérarchies, les privilèges et les divisions sociales (Bidet et Texier, 1994 ; Adda, 1996 : tome II, ch. 3). D'autre part, le système fragmenté de gouverne globale participe, comme l'expérience d'intégration européenne le démontre, d'une dépolitisation de la formation des politiques économiques qui soustrait celles-ci au contrôle parlementaire (Burnham, 1999 ; Bonefeld, 2001). Il y a enfin un consensus croissant sur le fait que la compétition économique à l'échelle mondiale et la mobilité des capitaux imposent d'importantes contraintes sur les politiques nationales, et cela peu importe le modèle de croissance adopté par les États (Palan et Abbott, 1996 ; Coates, 2000).

L'évaluation des impacts politiques et socio-économiques de la mondialisation est d'autant plus chaudement débattue qu'elle donne lieu à des programmes politiques divergents. Pour les partisans de la mondialisation, les problèmes qui y sont associés ne sont pas inhérents aux rapports capitalistes eux-mêmes, mais peuvent être résolus par le renforcement des dynamiques de mondialisation envers et contre tous — l'orientation néolibérale de Sachs — ou par le développement d'un contrat social global harmonisant la mondialisation aux besoins des populations tels qu'exprimés démocratiquement — l'orientation social-démocrate du Groupe de Lisbonne. Pour les intellectuels inspirés par les travaux de Karl Polanyi ou Karl Marx, ces deux positions sont peu ingénieuses, car au moment d'expliquer l'hégémonie de l'approche néolibérale de la mondialisation et les contraintes confrontées par les réformistes sociaux-démocrates, les impératifs et rapports de pouvoir spécifiques au capitalisme sont déterminants et doivent faire l'objet d'une contestation politique (Duménil et Lévy, 1999 ; Radice, 2000 ; Coates, 2000 ; Rosenberg, 2000).

Étienne Cantin et Susan Spronk

NATION

> Le problème avec ce traitement substantialiste du concept de nation en tant qu'entité réelle c'est qu'il adopte une catégorie pratique comme une catégorie d'analyse (Brubaker, 1996).

La nation est une catégorie pratique qui désigne la représentation qu'un ensemble d'individus se fait de ce qui les unit sous la forme d'une communauté socioculturelle ou politico-juridique en un temps donné. En fonction de contextes sociaux spécifiques, ces représentations engloberont un ou plusieurs des critères suivants : le territoire, la citoyenneté, la langue, la religion, la valorisation de certains traits physiques, la mémoire de certains événements communs ou la mise en commun de certains projets.

Le concept de nation n'a pas été problématisé au sein des théories **réalistes** et **libérales** en **Relations internationales**. Dans ces programmes de recherches, la nation — synonyme d'**État** — est réifiée sous la forme d'une unité politique homogène et transhistorique. Ses actions s'expliquent soit en fonction de l'individualisme méthodologique, l'État compris comme un **acteur** rationnel qui cherche à maximiser les gains qui assurent la défense de son **intérêt national** ; soit en fonction de l'analyse des structures du **système international** (réalisme structurel) ou de l'état de nature (réalisme classique). L'incapacité empirique de ces programmes de recherche à rendre compte de processus sociaux spécifiques impliquant des mouvements nationalistes explique que les débats sur le concept de nation aient eu lieu dans d'autres programmes de recherches. C'est dans le cadre de la sociologie du **nationalisme** (John Gellner ; Anthony Smith), de la **sociologie historique** (Charles Tilly), chez des **marxistes** (Benedict Anderson, Eric Hobsbawm, Tom Nairn) et dans les sociologies critiques de l'identité que le concept de nation a été débattu.

Bien que les pères de la réflexion philosophique sur le concept de nation (Ernest Renan et Gottlieb Fichte) n'auraient pas laissé leur pensée se résumer par cette simple dichotomie, on peut affirmer que la tradition philosophique oppose *grosso modo* deux concepts de nation : la nation civique et la nation ethnique. Selon sa représentation *civique*, elle fait référence aux habitants du territoire d'un État ou à la citoyenneté. Selon sa représentation *ethnique*, elle renvoie à un ensemble d'individus partageant un ou plusieurs des traits suivants : la langue, la religion, un trait physique distinct, ou l'association émotive à un territoire ou à un récit national. L'historicisation de ces représentations, effectuée par des approches weberiennes et marxistes, a montré que l'émergence d'une variante de ces représentations s'explique souvent par la configuration des rapports de classes d'une société donnée et du caractère spécifique des élites contribuant à la formation de l'imaginaire national (Hobsbawm, Greenfeld, Nairn). L'universalisme civique des nations britannique, française et américaine ne serait pas indépendant de la composition essentiellement bourgeoise de leurs élites, alors que la composition plus aristocratique et littéraire des nations allemandes et italiennes auraient mené ces dernières à développer un imaginaire national plus particulariste et axé sur la culture.

Un deuxième débat oppose les conceptions *a priori* de la nation aux conceptions *volontaristes*. Les défenseurs de la nation comme catégorie *a priori* ou innée affirment que l'inclusion d'un individu au sein d'une nation est une question de fait ou de définition. L'adéquation des traits spécifiques d'un individu avec un ensemble de traits donnés — que ce soit civiques ou ethniques — est l'aspect déterminant. Les défenseurs de la seconde position affirment que nul ne peut être inclus dans une nation contre son gré, et qu'il revient aux individus de choisir à quelle nation ils appartiennent. À nouveau, les termes de cette opposition consolident des pratiques sociales différentes. La première conception est habituellement défendue par les classes bénéficiant d'un ordre social donné, alors que les défenseurs d'une conception volontariste de la nation font habituellement partie des membres d'un ordre social dont les aspirations sont lésées par la formation sociale au sein de laquelle ils évoluent. Contre celle-ci, ils cherchent à faire valoir un imaginaire national alternatif, susceptible de renverser des inégalités économiques souvent renforcées par des catégories ethniques.

Deux autres débats portant sur la nation sont étroitement liés ; bien qu'ils renvoient à des questions différentes, on les abordera dans la même foulée. Le premier, **ontologique**, oppose ceux qui conçoivent la nation comme une catégorie réelle ou naturelle à ceux qui la conçoivent comme une entité construite. Le second, *chronologique*, oppose ceux qui conçoivent la nation comme une catégorie dont le référent empirique est transhistorique à ceux qui en situent les conditions d'émergence à l'ère moderne. Les termes du premier débat sont limpides. Selon les réalistes ou essentialistes, la nation est une entité réelle, c'est une unité politique homogène dont le comportement sera habituellement expliqué soit en fonction de l'impératif hobbesien de la survie, soit selon l'impératif lockien de l'intérêt national.

Les **constructivistes** affirment quant à eux que la nation doit être comprise comme une entité imaginée (Anderson, 1996). S'il est sensé affirmer qu'elle existe, ce n'est qu'en tant qu'entité du monde social ou en tant qu'unité du discours politique. La position réaliste ne passe pas le test de l'examen historique, ce qui a pour effet de déplacer l'attention vers un autre débat, chronologique celui-là. Les termes de ce débat — essentiellement au sein de l'approche constructiviste — sont les suivants : à partir de quand les conditions matérielles nécessaires et suffisantes à l'apparition du concept de nation comme entité imaginée sont-elles réunies ? Ici les *traditionalistes* affirmeront que ces conditions sont antérieures à la modernité, alors que les *modernistes* affirment qu'elles ne se trouvent réunies qu'à l'époque moderne. Étymologiquement, il est possible de faire remonter le concept de *natio* à l'Antiquité latine. Cependant, la réception du sens de ce concept a subi de nombreuses transformations au sein de la chrétienté occidentale durant le Bas et le Haut Moyen Âge, de sorte qu'il est indispensable de procéder à une évaluation spécifique à chaque État, afin de voir quand le sens du terme y prend une forme contemporaine (Greenfeld, 1992).

Rogers Brubaker (1996) a poussé ces débats plus loin. S'inspirant des travaux de Pierre Bourdieu sur l'**identité**, il appréhende le concept de nation non pas comme une *catégorie analytique*, mais comme une *catégorie pratique*. Selon lui, ce qui doit faire l'objet d'un travail scientifique ce n'est pas la définition du concept de nation, car cette question tient pour acquis que ce terme a un équivalent empirique, ce qui est une prémisse du discours nationaliste. Ce qui doit faire l'objet de recherches, ce sont les intérêts qui sont promus par ceux qui utilisent le concept de nation au sein de pratiques sociales spécifiques. Il ne nie évidemment pas l'existence des mouvements nationalistes, mais affirme qu'en réifiant le concept de nation brandi par des entrepreneurs politiques, des **institutions** ou des mouvements politiques, on tient un discours idéologique et non un discours réflexif ou scientifique. Doivent donc faire l'objet de recherches, d'une part, les conditions de possibilité de l'émergence de discours nationalistes et, d'autre part, les intérêts qui sont défendus par leurs promoteurs.

Les conséquences de ce changement de registre sur l'étude des Relations internationales sont immenses en cela que rien n'empêche l'extension des conclusions de Brubaker aux concepts d'État et surtout à celui d' intérêt national. Sans une appréhension critique du concept d'intérêt « national », il semble que l'étude des Relations internationales soit condamnée à perpétuer une défense implicite des intérêts particuliers de ceux qui brandissent cette expression de façon non problématique.

Frédérick Guillaume Dufour

NATIONALISME

Nationalism

> Le nationalisme n'est pas l'éveil des nations à la conscience de soi : il invente les nations là où elles n'existent pas – mais il nécessite des marques préexistantes sur la base desquelles travailler, même si celles-ci sont purement négatives (Gellner, 1965 : 168).

Concept étroitement lié à celui de **nation** et d'**identité** nationale, le nationalisme s'est imposé graduellement comme un des éléments les plus importants dans les relations internationales. Le nationalisme moderne, né au XIXe siècle en Europe, affirme que le sentiment national est l'élément principal de cohésion sociale d'un groupe de personnes partageant un certain nombre de caractéristiques « nationales » qui le distinguent des autres groupes. Tout le problème réside dans la définition de ces traits. Au cours du XIXe et du XXe siècle, la langue, la culture, la religion, la race et une histoire commune ont toutes été citées comme autant de facteurs centraux qui définiraient un groupe par rapport à un autre et qui lui donneraient son unité. Certes, tous ces facteurs ont été utilisés à un moment donné pour mobiliser un groupe partageant une ou des caractéristiques dites nationales, souvent en vue de proclamer le droit à l'autodétermination et à la formation d'un **État**, d'où le terme plutôt vague d'État-nation que l'on entend souvent pour qualifier l'**acteur** principal des relations internationales. Quelle que soit la réalité « objective » de ces traits, il faut reconnaître que le nationalisme est devenu une force incontournable dans le monde actuel et un élément présent dans plusieurs conflits entre États, et à l'intérieur des États.

Jusqu'à récemment, les sciences sociales, et en particulier l'étude des **Relations internationales**, ont rarement abordé le nationalisme ou l'ont fait sans le problématiser de façon systématique. Cette situation commença à changer tranquillement dans la deuxième partie des années 1970. L'intérêt pour l'étude du nationalisme émerge alors de partout, et ne sera que renforcé avec la plus grande visibilité des conflits ethniques après 1989. Avec, d'une part, la remise en question du **libéralisme**, issue des contradictions grandissantes entre l'expansion du capitalisme et l'expansion plus timide des idéaux du libéralisme politique, et, d'autre part, le désenchantement suscité par le socialisme soviétique, le nationalisme s'impose comme une idéologie politique fondamentale, bien que méconnue, de l'ère moderne.

Avec la vague d'études du début des années 1980, la position **ontologique** qui présentait la nation comme une entité réelle, unitaire et homogène fut rejetée comme un mythe de l'histoire romantique. Dès lors, les questions autour desquelles s'articulent la majorité des ouvrages pivots de ce champ en émergence sont sensiblement les suivantes : *quand* et *où* voit-on apparaître le nationalisme comme forme de phénomène social ? Celui-ci est-il un phénomène spécifiquement lié à l'expansion du monde moderne, ou au capitalisme et à l'industrialisation ? Si la nation est une construction sociale, qu'implique exactement le fait d'affirmer qu'elle est une construction et quelles sont les conditions nécessaires et suffisantes à l'essor d'une telle construction ? Ces travaux s'intéressaient plus au nationalisme en tant que phénomène, processus ou événement social, qu'à la « nation » en tant qu'agent des processus sociohistoriques.

Parmi les figures utilisées pour désigner la nation, l'expression *communauté imaginée* de Benedict Anderson (1996) fut probablement l'une de celles qui fut le plus systématiquement reprise. Anderson définit une nation comme une communauté imaginée à la fois comme limitée et **souveraine**. Elle est « imaginée », selon Anderson, parce que même si ses membres ne vont jamais connaître ni rencontrer la majorité des autres membres, dans l'esprit de chacun vit l'image de leur communion. Elle est « imaginée » comme limitée parce qu'elles ont toutes des frontières finies. Elle est imaginée comme souveraine parce que le concept est né à l'époque où les Lumières et la Révolution détruisaient la légitimité de l'ordre divin et des royaumes dynastiques. Enfin, elle est « imaginée » comme une communauté, parce que la nation est toujours conçue comme une camaraderie profonde au-delà des classes sociales.

Anderson parvint à imposer une expression qui devint centrale dans le champ de l'étude du nationalisme, mais si quelqu'un parvint à imposer une théorie du nationalisme difficile à ignorer, c'est Ernest Gellner. Dans son ouvrage le plus célèbre sur la question, *Nations et nationalisme*, Gellner analysa la relation entre les modes de production et l'adoption de certaines formes d'identité collective. Le nationalisme s'explique ici comme la forme d'identité collective intrinsèquement liée à la transition d'un mode de production axé sur l'agriculture à un mode de production plus spécifique à l'émergence du capitalisme industriel. Certains auteurs marxistes, tels que Hobsbawm (1992) et Nairn (1997), reprochèrent à Gellner de ne pas expliquer suffisamment en quoi le nationalisme résultait d'une interaction entre des processus d'extraction et d'humiliation au cœur desquels étaient en jeu des intérêts matériels concrets. On critiqua également un modèle d'explication du nationalisme qui expose sa diffusion chez les élites lettrées, mais qui reste muet sur la façon dont il était vécu par les classes moyennes et les paysans.

Dans une des contributions importantes à l'étude du nationalisme, Rogers Brubaker (1998) prétend qu'il existe cinq formes de nationalismes : le nationalisme à la recherche d'un État (*state seeking nationalism*), le nationalisme nationalisant (*nationalizing nationalism*), le nationalisme patriotique (*homeland nationalism*), le nationalisme des minorités nationales et le nationalisme national-populiste. Dans son optique, la recherche sur le nationalisme doit se demander de quelle façon et dans quels contextes des promoteurs d'une certaine conception de la nation utilisent et définissent celle-ci au sein de luttes politiques afin d'imposer une conception hégémonique de l'identité collective.

Les **féministes** ont également souligné plusieurs aspects du nationalisme comme phénomène social. On peut regrouper les analyses qu'elles proposent en deux groupes. Le premier étudie la façon dont les idéologies nationalistes ont été utilisées afin d'imposer certains stéréotypes physiques ou comportementaux et certaines tâches et obligations dévolues aux femmes (Enloe, 1993). Ces recherches ont montré comment les femmes se voient attribuer le rôle de reproduire la nation, et de veiller à tout ce qui a trait à l'éducation des enfants en bas âge. Les recherches féministes ont également porté sur la sous-rémunération du temps et de la force de travail des femmes, sous prétexte qu'elles sont du domaine privé et assurent la reproduction du ménage, unité de base de la nation.

L'étude du nationalisme continue à inspirer des programmes de recherche en histoire comparative (Bouchard, 2000) et en sociologie historique (Greenfeld, 1992) qui précisent les façons par lesquelles celui-ci émerge, se transforme et se diffuse. Si, comme le soutenait Hobsbawm, le nationalisme sera amené à disparaître dans un avenir plus ou moins long, il demeure un obstacle de taille à la construction de blocs régionaux et à une plus grande **coopération** des États en matière de relations internationales.

Frédérick Guillaume Dufour

NÉOCONSERVATISME

Neoconservatism

« Néocons », voilà un mot qui fait partie du discours politique commun depuis les événements du 11 septembre 2001. Renvoyant à « néoconservateurs », il fait tantôt référence à un courant de pensée qui n'en est pas *tout à fait* un, tantôt à des idéologues qui agissent à titre de conseillers en **politique étrangère** américaine ou de chercheurs dans des *think tanks* de Washington, ou soit encore à certains individus clés de l'administration de George W. Bush qui vont s'illustrer dans la foulée des attaques **terroristes** du 11 septembre 2001.

Dans l'ordre global de l'après-11 septembre, le néoconservatisme renvoie surtout à une volonté **impériale** américaine qui s'est révélée – et discréditée – avec le renversement du régime politique en Irak et l'échec de l'invasion militaire par les États-Unis en 2003. Si plusieurs sont d'avis que le néoconservatisme était le fait d'une minorité et que son influence sur la politique internationale des États-Unis a été conjoncturelle, il demeure que l'étude de ce courant tend à révéler qu'il aura laissé une empreinte significative. De la **Guerre froide** à la Guerre contre la terreur, le néoconservatisme a bel et bien été un courant d'idées rassemblant plusieurs individus, sans représenter un courant de politique étrangère ou une vision unique, encore moins une **théorie** des relations internationales.

Contrairement à une croyance selon laquelle les néoconservateurs seraient une création de l'après-11 septembre, la filière néoconservatrice nous ramène au **libéralisme** de la Guerre froide. Il nous faut à cet effet retourner au débat sur la politique étrangère au sein de l'État américain, marqué par la lutte anticommuniste (donc, par la présence structurelle d'un ennemi à combattre), qui est au centre des préoccupations des néoconservateurs de la Guerre froide. Si, lors de ses années de formation et de consolidation, le mouvement néoconservateur intervenait principalement sur des questions de politique intérieure, voire de politique culturelle en donnant lieu aux célèbres « guerres culturelles » (*cultural wars*), ce n'est que plus tard, après la Guerre froide, que l'on commencera à associer le néoconservatisme à une posture intellectuelle liée essentiellement à une conception de la politique étrangère américaine et qu'il ira croissant au fur et à mesure que les années 1990 passeront (Beeson, 2004 : 10-19).

Une théorie des relations internationales ?

Quiconque souhaite comprendre la politique étrangère américaine depuis que George W. Bush en a pris les rênes doit faire un détour par le néoconservatisme. Loin d'être une approche théorique des relations internationales telle qu'on les conçoit généralement, s'agissant même plutôt d'une idéologie, le néoconservatisme – dont l'influence ira décroissante avec la nouvelle administration que les présidentielles de 2008 éliront, peu importe le parti gagnant – doit ici être appréhendé autant comme une théorie que comme un guide pour l'action politique. En fait, ce discours néoconservateur n'est pas un discours théorique uniforme, encore moins une théorie des relations internationales. C'est, au mieux, une position théorique alliant **réalisme** politique, impérialisme démocratique et **nationalisme** expansionniste américain.

En ce sens, le lien le plus évident entre l'influence des néoconservateurs et les **Relations internationales** est la réponse américaine au 11 septembre 2001. Cela met en cause directement la croisade démocratique américaine promue par les intellectuels néoconservateurs réclamant des changements de régime et vantant les États-Unis comme un empire bienveillant. Derrière ces objectifs de démocratisation du monde et l'usage « bienveillant » de la puissance américaine pour libérer des peuples opprimés, on reconnaît volontiers, quoique posée autrement, la thèse de la **paix démocratique** en Relations internationales.

Un courant idéologique ?

Lorsqu'on parle de l'idéologie néoconservatrice et du discours néoconservateur, il ne faut pas croire qu'il existe une vision, une position néoconservatrice (Gerson, 1996a, 1996b). En effet, puisqu'il n'y a jamais eu une volonté d'avoir une « organisation centrale » qui assumerait la direction d'un « mouvement » néoconservateur, si on comprend par cela un groupe d'individus partageant un objectif commun, il serait plus juste et plus approprié d'évoquer un courant de pensées néo-conservatrices plutôt qu'une pensée néoconservatrice pour qualifier l'ensemble de la pensée néoconservatrice (Stelzer, 2004 : 4). On pourrait ainsi, à l'instar du « parrain » du néoconservatisme, Irving Kristol, employer les termes « persuasion néoconservatrice » ou « sensibilité néoconservatrice » ou encore, pour reprendre l'expression d'une autre tête d'affiche, Norman Podhoretz, celui de « tendance ». En d'autres mots, il s'avère un véritable défi d'obtenir un consensus entre plusieurs individus associés à la « persuasion » néoconservatrice, même sur ce que le néoconservatisme représente.

Cela étant dit, il demeure possible de dresser un portrait général de ce qu'on comprend comme le néoconservatisme américain. Une des plus importantes tentatives de définir cette tendance, celle d'Anne Norton, présente trois axes autour desquels elle s'est articulée : 1) la revendication d'un pouvoir exécutif, d'un gouvernement et d'un leader très fort et dont la force, déployée à travers une politique étrangère impériale, se reflète dans des effectifs militaires, visant à décourager toute coalition d'adversaires ; 2) un populisme rhétorique visant à consolider une stratégie corporatiste reposant, d'une part, sur la défense des petits entrepreneurs et des propriétaires et, d'autre part, sur l'exemption d'impôt pour les grandes corporations et les individus les plus riches ; 3) un conservatisme culturel qui se manifeste par l'appui aux valeurs traditionnelles, à la famille et au patriarcat, ainsi qu'une opposition à l'élite intellectuelle et économique (jugée trop libérale et matérialiste) et aux artistes (jugés trop décadents) (Norton, 2004 : 176-180).

L'origine sociale du néoconservatisme

Dans la présentation de la pensée néo-conservatrice, on procède souvent en termes de générations. Les néoconservateurs des premières heures, dits de la première génération, sont d'anciens membres du parti Social Democrats, USA, frange trotskyste et antistalinien du City College of New York dans les années 1930 (Goldberg, 2000). L'expérience de la Deuxième Guerre mondiale et le contexte de la Guerre froide, caractérisé selon eux par une lutte anticommuniste, allaient cependant leur dicter une position idéologique plus conservatrice face à la gauche prévalant alors dans les milieux universitaires et journalistiques. L'étiquette « néoconservatisme » n'apparaît d'ailleurs qu'en 1976 et est attribuée au leader socialiste Michael Harrington. Elle vise ce groupe restreint de gauchistes convertis en conservateurs, un groupe rassemblant entre autres Irving Kristol et sa femme Gertrude Himmelfarb, Daniel Bell, Nathan Glazer, Daniel Patrick Moynihan et Midge Decter ainsi que quelques autres comparses intellectuels comme James Q. Wilson et Seymour Martin Lipset.

Se joindront à cette première génération, Norman Podhoretz, fondateur de la revue *Commentary*, et plusieurs de ses auteurs, nommément Jeane Kirkpatrick, Samuel Huntington, William Bennett, Ben Wattenberg et Joshua Muravchik. Ils allaient critiquer la « nouvelle gauche » marxiste, progressiste, protestataire et contestataire de la *Beat Generation* et de la contre-culture des années 1960, lui préférant un discours appelant à une plus haute rigueur morale et à un plus grand patriotisme devant l'ennemi idéologique communiste.

Alors que les politiques intérieures de Nixon séduiront une partie de l'*intelligentsia*, ils commenceront à lutter pour l'**hégémonie** au sein du Parti républicain dès les années 1970-1980. Avec la « victoire » sur le communisme orchestrée par l'administration Reagan et son escalade militaire, ces « néoconservateurs » croyaient qu'avec la disparition de ce qui les avait soudés – l'ennemi communiste et une certaine vision morale pour la société américaine – s'achevait par le fait même le néoconservatisme.

Le déploiement institutionnel et la lutte pour l'hégémonie au Parti républicain

Pour diffuser leurs idées, les néoconservateurs investiront les journaux et les magazines et leur influence croissante dans les cercles conservateurs et républicains se fera notamment par l'entremise de revues à saveur éditorialiste et polémiste : *Encounter, Commentary, The National Review, The New Republic, The Weekly Standard.* Ils se spécialiseront dans l'analyse à teneur éditoriale des politiques publiques et de la politique étrangère (*Foreign Affairs, Foreign Policy)* ainsi que dans *The Public Interest* (pour la politique intérieure) et *The National Interest* (pour la politique étrangère américaine), toutes deux fondées par Irving Kristol en 1965 et 1985 respectivement.

Alors qu'au niveau du style, les néoconservateurs s'éloignent du style des « revues spécialisées », au niveau de l'organisation institutionnelle, ils profiteront d'un déplacement des centres de décisions sur les politiques publiques aux États-Unis vers les *think tanks*, comme le American Enterprise Institute, The Heritage Foundation, le Committee on Present Danger et le American Israël Public Affairs Committee (AIPAC) (Williams, 2005 : 307).

La présence de néoconservateurs américains au sein de l'État américain se fera surtout sentir sous la présidence de Ronald Reagan. Un des premiers faits d'arme en fut la nomination de Jeane Kirkpatrick à titre de représentante des États-Unis à l'ONU en 1981. À l'époque, Albert Wohlstetter avait déjà recruté Paul Wolfowitz et Richard Perle à la US Arms Control and Defense Agency, afin qu'ils défendent un réalisme offensif faisant contre-poids aux politiques de détente prônées par Richard Nixon au début des années 1970.

C'est donc en référence à l'héritage reaganien que la deuxième « génération » de néoconservateurs allait voir le jour. Les néoconservateurs de l'après-Guerre froide se réclament de Reagan, auquel ils attribuent le mérite de la victoire sur la « menace » soviétique, notamment en raison d'une hausse des budgets de la défense, d'une clarté morale en politique étrangère et d'un refus de limiter l'exercice de la puissance américaine pour se plier aux contraintes intérieures (Kristol et Kagan, 1996 : 19).

Dans cette nouvelle génération, il y a ceux qui préfèrent participer à la réflexion intellectuelle et faire part de leurs analyses politiques dans les médias et publications diverses comme le faisaient les membres de la première génération et il y a les praticiens disposés à l'action politique, des politiciens idéologues qui adhèrent à plusieurs des idées associées au néoconservatisme ou qui fraient avec les cercles néoconservateurs.

Sous l'impulsion des analystes politiques Robert Kagan et William Kristol qui, dans un article clé publié en 1996 dans *Foreign Affairs*, vont élaborer leur vision néoreaganienne en ce qui a trait au rôle des États-Unis dans l'ordre mondial, le néoconservatisme reprendra du galon. Malgré les percées sous les présidences républicaines de Nixon et de Ford, c'est véritablement sous l'administration de George W. Bush que le néoconservatisme deviendra hégémonique au sein du Parti républicain.

L'influence néoconservatrice sur la politique étrangère de l'administration Bush

Si le néoconservateur Max Boot a raison de souligner que, dans l'échelon supérieur de l'administration Bush, les néoconservateurs brillent par leur absence, il apparaît malgré tout un truisme de dire que les néoconservateurs ont été influents dans la conduite de l'administration Bush après le 11 septembre 2001.

Sans être exhaustive, la liste de néoconservateurs ayant servi durant la première administration de George W. Bush comprend : Paul Wolfowitz (secrétaire adjoint à la Défense), Douglas Feith (sous-secrétaire à la Défense pour les politiques), Lewis Libby (chef du personnel de Dick Cheney et assistant de ce dernier pour les affaires de sécurité nationale), Elliott Abrams (assistant spécial du président et directeur senior sur les affaires du Proche-Orient et d'Afrique du Nord sur le Conseil de la Sécurité nationale), Abram Shulsky (directeur du Bureau des plans spéciaux du Pentagone), John Bolton (sous-secrétaire d'État pour la maîtrise des armements et la sécurité internationale et éventuellement représentant aux Nations unies), David Frum (*speechwriter* de Bush en 2001-2002 ; dont le fameux discours sur l'état de l'Union qui a popularisé l'« Axe du mal »), Richard Perle (président et membre du Comité consultatif de la politique de Défense) (Boot, 2004 : 45).

Présentée comme l'héritière idéologique de Reagan, l'administration Bush suit effectivement de près les recommandations et les lignes directrices des analyses néoreaganiennes de Kristol et Kagan (1996 : 28). C'est à travers leur plume et leur influence que les républicains et les néoconservateurs ont déversé leur fiel contre le multilatéralisme de Clinton durant les années 1990 et qu'ils ont préconisé une politique de changements de régime pour les États menaçant la puissance globale américaine.

Selon eux, « c'est précisément parce que la politique étrangère des États-Unis est anormalement imprégnée d'un haut degré de moralité que les autres nations concluent qu'elles ont moins à craindre de leur puissance autrement énorme » (Kristol et Kagan, 2000 : 22). En promouvant l'imposition de la démocratie par la force et en défendant un renoncement partiel au multilatéralisme en imposant unilatéralement d'agir « pour le bien » de l'ordre mondial, les néoconservateurs revendiquent *de facto* un double standard pour les États-Unis (Kagan, 2004).

Ils croient que la stratégie de **sécurité nationale** de 2002 (*The National Security Strategy* – NSS) a doté les États-Unis d'un droit d'**intervention** militaire globale pour assurer leur sécurité, prétextant que les États-Unis sont qualitativement différents des autres pays et qu'on peut leur faire confiance dans l'utilisation de leur puissance militaire contrairement à d'autres puissances militaires. La NSS exprime à ce titre la quintessence de l'idéologie néoconservatrice (Boot, 2004 : 46), et il n'est pas exagéré de dire « que la NSS est un texte néoconservateur » (O'Loughlin, 2005 : 108).

Si les événements du 11 septembre 2001 n'ont pas causé de changement de mentalité dans la planification stratégique de sécurité nationale, ils ont rapidement été identifiés par les néoconservateurs comme les symptômes d'une politique étrangère américaine inadaptée aux réalités de la puissance de l'après-Guerre froide. C'est donc au travers de Dick Cheney, Donald Rumsfeld et Paul Wolfowitz qu'une bonne partie du programme des néoconservateurs allait être adoptée par l'administration Bush et allait orienter la **guerre** contre le terrorisme qui a suivi les attentats.

Les néoconservateurs ont agi en entrepreneurs politiques habiles et ont pu définir les termes du débat politique, des « termes qui ont emprisonné les États-Unis dans une ligne de conduite impérialiste démocratique » (O'Loughlin, 2005 : 105). Après tout, dans la pensée néoconservatrice, il n'y a pas lieu de s'inquiéter des actions étatiques de l'État américain qui aspire à démocratiser le Moyen-Orient, car « le leadership américain est à la fois bon pour l'Amérique et pour le monde » (c'est là le slogan de la *Project for a New American Century*, une ONG créée en 1997).

C'est aussi l'objectif néoconservateur par excellence qui ne veut pas simplement que l'Amérique soit un modèle pour le monde, mais que le monde soit à l'image de l'Amérique (Ryn, 2003 : 8-9). Les néoconservateurs américains incarnent alors le problème du double discours sur la démocratie, étant parmi les plus grands défenseurs de cette démocratie du Bien contre le Mal.

Le bilan noir du néoconservatisme avec la guerre en Irak et l'appel d'empire américain

Somme toute, si les années 1990 ont semblé marquées par la promotion d'un nouvel ordre mondial reposant sur le libéralisme commercial, force est de constater qu'avec l'élection de George W. Bush, et plus particulièrement après les événements de septembre 2001, on assiste à un changement d'orientation stratégique d'ordre qualitatif, caractérisé par une radicalisation idéologique du leadership américain. On interprète effectivement souvent le néoconservatisme comme une rupture avec la politique étrangère américaine. Selon cette perspective, les États-Unis auraient bifurqué de « leur » mission originelle sous l'égide des néoconservateurs. À cela, ces derniers rétorquent qu'ils sont les porteurs de la vision américaine, mais une vision nationale adaptée au contexte de la puissance globale.

Loin d'être hérétiques par rapport aux traditions établies en politique étrangère, les néoconservateurs d'aujourd'hui – et leurs adversaires, les *liberals* (les progressistes) – s'avèrent plutôt des héritiers des premiers libéraux américains autant que des républicanistes du XVIIIe siècle qui ont formé le projet identitaire libéral américain. Dans cet esprit, ils exprimeraient un courant toujours présent au sein de l'élite américaine où une frange républicaine ne craint pas d'embrasser l'impérialisme comme un projet grandiose et naturel, tout en demeurant libéral. Les néoconservateurs versent donc dans un **idéalisme** qui les amène à voir dans le libéralisme démocratique américain le gage de l'expérience nationale par excellence et la mieux achevée.

Les responsabilités et les volontés de puissance globale des États-Unis nous ramènent au débat politique particulier à l'intérieur de ce que Samuel Huntington appelle le *credo* américain alliant **exceptionnalisme**[1], libéralisme et défense et diffusion de la démocratie (Huntington, 1997 ; Kristol et Kagan, 2004). Le rapport étroit entre libéralisme, démocratie et nationalisme a rendu possible la notion d'américanisme et exprime les fondements de l'**identité** nationale que le discours dominant présente comme étant le devoir de chaque Américain de non seulement accepter mais de défendre avec patriotisme.

C'est dans ce contexte qu'on doit comprendre l'action des néoconservateurs de revendiquer le titre de dépositaires authentiques de l'américanisme. Pour plusieurs analystes néoconservateurs, il y a une réelle lutte entre qui sera apte à défendre le mieux l'Amérique dans la guerre contre la terreur. Le néoconservatisme insiste sur une mission globale des États-Unis et sur l'identité nationale américaine, en indiquant que leurs actions visent à maintenir, voire à réaffirmer, l'ordre social et politique, américain comme global.

Toute discussion du néoconservatisme américain pose ainsi les questions de l'expansionnisme américain, de l'américanisme et de la base idéologique libérale américaine. En réinterprétant le néoconservatisme au sein du contexte plus large du libéralisme américain, on est plus à même de prendre la mesure du discours qui a pris forme autour d'un « nouvel » empire/impérialisme américain sous George W. Bush et de comprendre la résonance actuelle du néoconservatisme dans la société américaine. Il convenait ainsi de revisiter les traditions politiques et **géopolitiques** dans lesquelles il s'ancre pour ensuite y revenir et apprécier son influence politique dans les pôles décisionnels politiques américains.

Les événements du 11 septembre 2001 auront à cet effet donné l'occasion aux néoconservateurs d'énoncer et de mettre en pratique le rôle des États-

1. La notion d'« exceptionnalisme » fait référence à une idée profondément enracinée chez tous les Américains. Elle signifie que, dès leur naissance, les États-Unis furent un pays différent des autres, non seulement sur le plan de ses institutions et de ses valeurs républicaines, fédérales et démocratiques, mais aussi sur celui de son rôle dans le monde comme grande puissance n'ayant aucune ambition coloniale, qui agit toujours comme une force du bien et dont les valeurs et les principes sont d'une portée universelle.

Unis sur la scène politique mondiale selon leurs idéaux guerriers. Les néoconservateurs ont été les plus fervents partisans d'un exercice agressif de la puissance, militaire notamment, dans les endroits jugés stratégiques. Robert Kagan et William Kristol ont même voulu miser sur Theodore Roosevelt, figure emblématique de l'impérialisme progressiste et du pragmatisme américain au tournant du XXe siècle, pour (r)établir une filiation entre le projet d'une république démocratique et l'impérialisme américain :

> Roosevelt implorait les Américains [...] d'épouser une plus grande cause dans le monde en tant que nation. Il aspirait à la grandeur pour l'Amérique et il croyait qu'une nation pouvait seulement être grande si elle acceptait ses responsabilités de faire avancer la civilisation et d'améliorer la condition mondiale. [...] « Une intervention guerrière par les puissances civilisées, a-t-il insisté, contribuerait directement à la paix mondiale » (Kristol et Kagan, 2000 : 22-23).

Quoi qu'en pensent ultimement certains analystes qui cherchent à atténuer l'importance de l'influence néoconservatrice dans la première administration de George W. Bush, les fantasmes d'empire de ses protagonistes n'en ont pas moins été concrétisés (Tertrais, 2004 : 16-17). De dire, d'ailleurs, Irving Kristol, à l'aube de la guerre en Irak :

> À quoi sert d'être la nation la plus puissante et la meilleure du monde et de ne pas tenir un rôle impérial ? C'est inédit dans l'histoire de l'humanité. La plus puissante des nations a toujours exercé un rôle impérial. [...] Je crois qu'il serait naturel pour les États-Unis [...] de jouer un rôle beaucoup plus important dans les affaires mondiales. Ce n'est pas ce que nous faisons maintenant, il faut plutôt commander et donner des ordres sur ce qui doit être fait. Les gens ont besoin de cela. Il y a plusieurs endroits dans le monde – l'Afrique en particulier – où une autorité qui consent à utiliser des troupes peut vraiment faire une bonne différence, une différence saine (cité dans Robin, 2004 : 275).

David Grondin
(avec la collaboration de F. G. Dufour)

NÉOGRAMSCIENNE, approche

Neogramscian Approach

> La théorie, c'est toujours pour quelqu'un ou pour quelque chose (Cox, 1981).

C'est en 1981 que Robert W. Cox donne son coup d'envoi à l'école néogramscienne en publiant « Social Forces, States and World Order ; Beyond International Relations Theory » dans *Millenium*. En 1987, il publie *Production, Power and World Order* qui devint le premier ouvrage de référence de cette approche. En 1990, Stephen Gill s'inscrit fermement dans le sillon de Cox avec la publication de *American Hegemony and the Trilateral Commission*. Il édite, en 1993, *Gramsci, Historical Materialism and International Rela-*

tions où plusieurs auteurs (Giovanni Arrighi, Craig Murphy, David Law, Kees van der Pils) convergent vers ce courant.

Cette **théorie** des **Relations internationales** s'inspire des travaux du théoricien **marxiste** italien Antonio Gramsci. Le principal apport de Gramsci au courant de pensée marxiste est sa thèse selon laquelle le pouvoir de la classe dominante ne repose pas seulement sur la coercition, mais également sur sa capacité à étendre son pouvoir idéologique à travers un ensemble d'institutions de nature conservatrice au sein de la **société civile** (l'Église, le système d'éducation, etc.). La classe dominante acquiert un pouvoir **hégémonique** sur la société civile, lorsque non seulement ces institutions ne contestent pas son pouvoir, mais prennent sa défense, ou du moins la défense de l'« ordre », en cas de contestation populaire. Selon Gramsci, une des raisons de l'échec des marxistes italiens à s'emparer du pouvoir fut leur incapacité à instaurer un bloc contre-hégémonique au sein de la société civile italienne.

Certains auteurs plus près du **réalisme** adoptèrent dans les années 1980 la **théorie de la stabilité hégémonique**. Cependant, diront les gramsciens, cette théorie, ne prenant pas en compte la façon dont les relations de production sont liées à des relations de pouvoir, coupe le concept gramscien de son socle **ontologique** (l'analyse matérialiste des relations de production), et en fait un concept formel appliqué à la théorie des **régimes**. Pour Gramsci, les relations de pouvoir reposant sur un discours hégémonique ne sont pas seulement politiques, à l'origine, elles sont économiques et reposent sur l'exploitation des travailleurs. Cet aspect de la théorie gramscienne est au cœur de l'analyse néogramscienne des Relations internationales.

L'approche néogramscienne critique l'approche **néoréaliste**, mais elle veut également se substituer aux approches marxistes qu'elle qualifie d'orthodoxes. Elle s'inspire autant d'auteurs du marxisme occidental (Gramsci, Thompson, Anderson) que d'approches qui s'intéressent moins à l'analyse de classe (Braudel, Polanyi, Wallerstein). En 1987, Cox se situa au sein de débats marxistes qui opposaient des théoriciens qui mettaient davantage l'accent sur la sphère des échanges (Frank, Wallerstein) à ceux qui mettaient davantage l'accent sur la sphère de la production (Anderson, Brenner). Il prit parti pour les seconds dans ce débat (Cox, 1987 ; 51). Cela n'empêcha pas les néogramsciens d'être influencés par des thèmes des premiers tels que les relations centre-périphérie ou les civilisations.

Cox et Gill revendiquent également une rupture **épistémologique** et non seulement méthodologique avec des approches rivales. Cette revendication apparaît dès 1981. Cox entreprend alors une critique épistémologique, ontologique et normative de la théorie des Relations internationales. Il propose une ligne de démarcation entre la *problem-solving theory* et la **Théorie Critique**. Alors que la première se contenterait, selon Cox, d'isoler et de résoudre un problème dans le monde tel qu'il s'offre au théoricien, la seconde prendrait comme objet d'analyse les conditions d'apparition historiques des relations de pouvoir qui engendrent un problème donné au sein d'un ordre mondial. La **Théorie Critique** est nécessairement holistique, historique et transformatrice selon les néogramsciens.

Sur le plan ontologique, Cox et Gill rejettent l'idée que les concepts de l'étude des Relations internationales puissent avoir une valeur transhistorique. La Théorie Critique cherche à en situer les conditions d'émergence historiques et leurs relations avec la configuration des rapports de force au sein d'un ordre mondial donné. Elle est donc susceptible de se transformer et de se mouler aux transformations de l'ordre mondial au sein duquel elle évolue. Le monde social qu'elle cherche à décrire et à transformer est le produit de l'interaction de forces sociales ; il ne peut être expliqué au moyen de lois de la nature (Murphy et Tooze, 1991 : 19).

Les néogramsciens rejettent le dualisme cartésien entre le sujet connaissant et son objet d'étude (Cox, 1981 ; Murphy et Tooze, 1991 ; Gill, 1993). S'inspirant de Vico, ils refusent de revêtir d'un caractère essentiel des concepts ayant des conditions d'émergence au sein d'un processus d'objectivation conditionné par des rapports de force au sein d'un ordre mondial spécifique (Gill, 1993 ; 49-50). Le processus de production intellectuelle n'est pas une activité neutre, mais le résultat de pratiques sociales qui participent elles-mêmes au renforcement ou à la critique de relations de pouvoir. Il en résulte que l'intellectuel ne peut lui-même s'abstraire de ces relations de pouvoir et qu'il doit choisir, comme chez Gramsci et Sartre, son emplacement au sein d'une *guerre de position*.

La connaissance intelligible du monde social n'est possible, selon Cox (1976 : 181), « que comme une création de l'esprit humain ». Le monde social en tant qu'objet de connaissance doit être appréhendé comme le résultat de pratiques sociales dont le sens est partagé de façon **intersubjective** (Gill, 1993 : 27). La connaissance est toujours filtrée par le sujet connaissant et son objet de connaissance est constamment à redéfinir en fonction des transformations des pratiques sociales.

Parmi les prémisses théoriques des néogramsciens, la principale est « de considérer les relations de pouvoir au sein des sociétés et de la politique globale sous l'angle des relations de pouvoir reliées à la production » (Cox, 1987 : 1). Ce qui sous-tend ce travail est « la prémisse selon laquelle le travail est une activité fondamentale qui affecte un éventail d'autres relations sociales et l'organisation de la société dans son ensemble » (Cox, 1987 : ix). Gill rappelle que « [...] pour Gramsci, c'est l'ensemble des relations sociales configuré par les structures sociales (la situation) qui est l'unité d'analyse de base » (Gill, 1993 : 24). Ainsi, la politique globale forme un tout cohérent dont la dynamique structurante est l'expansion modernisatrice du mode de production capitaliste (Gill, 1993 : 15). L'étude des forces sociales, des structures de production ou de la structure politique des sociétés civiles ne peut donc faire abstraction des relations sociales qui structurent les dynamiques de pouvoir au sein d'un ordre mondial donné (Cox, 1976 ; 1981).

Selon Cox, chaque ordre mondial se caractérise par une structure d'accumulation spécifique. Celle-ci correspond à une certaine organisation et hiérarchisation des modes de relations sociales de production à travers lesquelles des surplus sont transférés de la périphérie vers le centre. Chez Cox cependant, la relation centre-périphérie correspond davantage à une relation économique que géographique. La structure d'accumulation d'un ordre mondial donné conforte la position de pouvoir d'un bloc historique. C'est-à-dire qu'un certain ensemble de forces sociales, de classes, d'**États** et de firmes en bénéficient au détriment d'autres, au sein de l'économie globale. Un bloc historique repose toujours sur un certain équilibre entre le consensus et la coercition. Afin de conserver son pouvoir, la principale **puissance** hégémonique se doit d'assurer sa légitimation auprès de ses alliés.

Une grande partie du travail des néogramsciens est consacrée à l'étude de la formation, de la consolidation, de la transformation et de la succession des blocs historiques. Chaque période hégémonique est étudiée en fonction des forces sociales qu'elle favorise et défavorise. Sur le plan normatif, l'approche néogramscienne se caractérise par sa volonté d'articuler des formes de résistance au sein des sociétés civiles locales, nationales et globales de façon à promouvoir une transformation émancipatrice des relations de pouvoir et de production.

Frédérick Guillaume Dufour

NÉOLIBÉRALISME — Neoliberalism

Voir **Institutionnalisme néolibéral**.

NÉORÉALISME — Neorealism

> Bien que les capacités soient des attributs des unités, la distribution des capacités entre les unités ne l'est pas. La distribution des capacités n'est pas un attribut des unités mais plutôt un concept à l'échelle du système (Waltz, 1979 : 98).

Parfois également appelé « structuro-réalisme », le néoréalisme est une des **théories** des **Relations internationales** qui a eu le plus d'influence dans la discipline depuis les années 1970 et son fondateur, Kenneth Waltz, est l'auteur le plus cité en Relations internationales. Ce courant théorique a émergé dans les années 1970 en partie de la volonté de corriger certaines faiblesses du **réalisme classique** soulevées notamment par la théorie de l'**interdépendance complexe**. L'érosion perçue de la **puissance** américaine, l'importance accrue des liens transnationaux et le rôle grandissant des **organisations internationales** forcèrent en effet les analystes des Relations internationales à remettre en question le cadre trop rigide et daté du réalisme classique. De plus, le déroulement de la **Guerre froide** amena un questionnement sur l'incapacité des approches classiques à expliquer de façon satisfaisante pourquoi les **États** montrent un comportement similaire dans leur **politique étrangère** malgré leurs systèmes politiques différents et leurs idéologies divergentes, des variables privilégiées par les réalistes.

Kenneth W. Waltz proposa en ce sens de reprendre certains concepts de base du réalisme traditionnel tout en se voulant en rupture avec celui-ci. Pour les néoréalistes, comme pour les réalistes, les acteurs principaux dans le **système international** sont les États. Les néoréalistes partagent également avec les réalistes classiques la volonté de séparer le domaine politique des domaines économiques et sociaux. En ce sens, tous deux reconnaissent la division entre les dynamiques internes et externes de l'État, le néoréalisme rendant probablement cette frontière encore plus imperméable. Comme on le verra, les deux écoles partagent également la conviction que la nature du système international est anarchique, bien que l'**anarchie** ait un statut différent pour chacune d'entre elles.

Toutefois, Waltz s'éloigne aussi substantiellement du réalisme classique. Son ouvrage principal, *Theory of International Politics* (1979), insiste sur la nécessité d'expliquer les relations internationales à partir du système global, et non pas à partir de ses unités principales, les États. Ce qui se passe à l'intérieur des États n'aurait donc que peu d'incidence sur le fonctionnement essentiel du système international. Son apport principal est la notion de *structure* qui, pour lui, est la variable indépendante qui explique le fonctionnement du système international et qui détermine le comportement des États. Pour les néoréalistes, le résultat des actions des États dans le système international (la **guerre**, la paix, la stabilité du système international, son instabilité, etc.) est distinct de leurs intentions en tant que telles (décisions de politique étrangère). Waltz croit que la structure du système conditionne à la fois le comportement des acteurs et le processus qui transforme ces actions en résultats. Cette structure est l'anarchie, que les néoréalistes, à la différence des réalistes classiques, ne considèrent pas comme une simple caractéristique du système international.

En tant que structure préexistante aux États, c'est l'anarchie qui est la cause de leur **insécurité**. En effet, ceux-ci n'ayant aucune garantie face aux intentions de leurs voisins, il ne leur reste plus qu'à s'assurer eux-mêmes de leur survie, soit en développant leurs propres capacités de **défense**, soit en se regroupant en **alliances**. Or tant l'accumulation de moyens militaires que les alliances ont tendance à accroître l'insécurité des voisins, d'où le **dilemme de la sécurité**. Ainsi, la motivation principale des États, qui était, pour la plupart des réalistes classiques, la maximisation de leur puissance, est donc pour les néoréalistes la recherche de leur **sécurité**.

Selon Waltz, la structure du système international possède trois composantes essentielles :

1. Le principe d'ordonnancement de ses unités est l'anarchie. Il n'y a pas de hiérarchie formelle entre les unités comme dans un système politique national (où il existe un gouvernement central).
2. Il n'existe pas de différenciation fonctionnelle des unités de base du système. Dans un système politique national, chaque unité possède une fonction spécifique qui lui est attribuée par la constitution et qui détermine le comportement qu'elle doit adopter. Dans le système international, la différenciation fonctionnelle est éliminée par le fait que la structure anarchique « punit » les États qui cherchent à se différencier des autres en menaçant leur survie.
3. La répartition des **capacités** matérielles, éléments fondamentaux de la puissance, est ce qui différencie les unités les unes des autres.

D'un attribut de l'État qu'elle était pour les réalistes, la puissance devient donc plutôt pour les néoréalistes une relation entre les États, un rapport entre plusieurs acteurs. La distribution des capacités définit certaines catégories de puissances (grandes puissances, puissances moyennes et États faibles) ainsi que le nombre de pôles que le système comporte. En raison de leur sensibilité à la variation de leur puissance relativement à celle des autres, les États seraient préoccupés par le maintien de leur position dans le système international :

> Guidés par leur intérêt de survie et d'indépendance, les États sont particulièrement sensibles à toute érosion de leurs capacités relatives. [...] En conséquence, les [néo]réalistes considèrent que l'objectif fondamental des États dans toute relation n'est pas d'obtenir le **gain** individuel le plus élevé possible mais plutôt d'empêcher les autres États d'arriver à augmenter leurs capacités relatives (Grieco, 1990 : 39).

L'**équilibre des puissances** est donc le résultat d'un comportement collectif qui consiste à s'allier contre l'État le plus puissant, afin de diminuer l'écart relatif de puissance qui les sépare. L'équilibre de la puissance est une condition de reproduction de la structure du système international puisque si les États étaient enclins plutôt à s'allier à l'alliance ou à l'État le plus fort, le système tendrait vers l'empire, donc vers la fin de la structure anarchique. De plus, cette sensibilité des États aux gains relatifs des autres rend la **coopération** interétatique impossible, ou du moins improbable, car l'interdépendance rend les États vulnérables et met en péril leur sécurité et leur survie.

Bien que le néoréalisme waltzien soit la forme la plus connue et la plus influente du néoréalisme, celui-ci a également pris d'autres formes. À titre d'exemple, la prise de conscience du rôle joué par l'économie dans les changements systémiques a amené un courant théorique réaliste de l'étude de l'**économie politique internationale** connu aussi sous le nom de théorie de la surexpansion stratégique (Gilpin, 1981 ; Kennedy, 1989). Ce courant, dérivant ses exemples de la remise en question de l'**hégémonie** américaine, soutient que l'histoire est marquée de cycles hégémoniques dont les transitions sont caractérisées par un phénomène de surexpansion. Selon cette hypothèse, on pourrait observer dans l'histoire l'ascension en puissance d'un État grâce à sa supériorité technologique et à son système économique, le maintien de son hégémonie politico-économique pendant un certain temps, puis la remise en question de sa position par un État ayant lui-même su reprendre à son avantage les techniques de la puissance centrale. S'ensuivrait une guerre hégémonique où s'affronteraient les forces du *statu quo* et celles revendiquant une redistribution des ressources de puissance.

Plus récemment, la fin de la Guerre froide et l'émergence des approches critiques en Relations internationales ont forcé une nouvelle redéfinition des approches **positivistes** héritières du réalisme. Le défi lancé par les approches **constructivistes** au néoréalisme a forcé l'intégration par des auteurs comme Barry Buzan (2000) de concepts tels que l'apprentissage ou les acquis culturels et a poussé certains tenants du néoréalisme à étendre les champs d'application du concept de sécurité à des domaines toujours plus divers. Si bien qu'à l'heure actuelle, il est difficile de cerner un corpus théorique néoréaliste unifié et cohérent, de nombreux concepts plus ou moins compatibles avec les préceptes de base de cette école étant venus se greffer à cette approche.

Christian Constantin
et Evelyne Dufault

NIVEAU D'ANALYSE, problème du — Level of Analysis Problem

La question du niveau d'analyse a été soulevée à la fin des années 1950 par Kenneth Waltz, avec la publication de son ouvrage *Man, the State and War : A Theoretical Analysis* et lancée par David Singer dans un article célèbre publié en 1961. En fait, le problème du niveau d'analyse pose deux questions distinctes, mais qui sont souvent confondues. En premier lieu, il s'agit de savoir à quel niveau on veut placer l'analyse des **relations internationales** : à celui du système global, à celui du système politique des **États** qui composent le système ou à celui de l'individu ? Dans ce cas, on privilégie un niveau ou l'autre, mais sans nécessairement lui accorder une capacité particulière d'*expliquer* la nature fondamentale des relations internationales. Ainsi, les auteurs holistes, en particulier les partisans du **marxisme** et de la théorie du **système-monde**, conçoivent le **système international** uniquement à partir du système lui-même, et n'accordent que très peu de place aux unités qui le constituent. Chez les **réalistes classiques** la situation est un peu plus floue. Certains d'entre eux, notamment Aron, mettent l'accent surtout sur l'**anarchie** du système international, mais sans pour autant négliger la nature des États et leur comportement les uns envers les autres ou, plus précisément, leur **politique étrangère**. D'autres, tels que Morgenthau, insistent sur la nature humaine comme une des sources importantes du comportement des États. Dans tous ces exemples, le problème du niveau d'analyse est avant tout une question d'**ontologie** et de nature *descriptive*.

Chez Waltz et les **néoréalistes**, surtout depuis la publication de *Theory of International Politics* en 1979, le problème du niveau d'analyse pose toute la question du meilleur niveau d'*explication* que constitue le système. Selon Waltz, seule une approche qui part des effets de structure sur les unités qui composent le système et qui privilégie donc le fonctionnement du système international par rapport à ses parties constituantes peut fournir les bases d'une véritable **théorie** des Relations internationales. Toutes les autres approches ne peuvent donner que des théories qu'il qualifie de réductionnistes, et doivent donc être rejetées. Malgré les prétentions des néoréalistes, le débat sur le niveau d'analyse n'est nullement résolu, même si le terme lui-même est surtout associé à ces derniers. Ainsi, les **constructivistes** abordent la question d'une façon très différente en proposant le **débat entre agence et structure**, les adhérents au **libéralisme** républicain soulignent l'importance de la démocratie comme facteur décisif pour des relations pacifiques entre États, plaçant implicitement le niveau d'analyse à celui des unités constituantes du système, tandis que les partisans des études critiques de la **sécurité** privilégient une conception des relations internationales fondée sur l'individu comme unité de base.

NORME

Norm

> Les structures de connaissance partagées et les compréhensions intersubjectives peuvent aussi modeler et motiver les acteurs. Les règles socialement construites, les principes, les normes de comportement et les croyances partagées peuvent fournir aux États, aux individus ainsi qu'à d'autres acteurs des compréhensions des moyens efficaces ou légitimes d'obtenir ces biens de valeur (Finnemore, 1996 : 15).

Le concept de norme peut revêtir plusieurs significations selon l'approche théorique utilisée. En effet, une norme peut être soit considérée comme une règle (le respect des termes d'un accord ou d'un processus de négociation), un principe (la **souveraineté**, la non-ingérence), une valeur (la démocratie, le multiculturalisme), ou encore une attente vis-à-vis des comportements (la protection de l'environnement, le respect des droits de l'Homme).

La question des normes et de l'aspect normatif de l'activité politique n'est pas un sujet nouveau en **Relations internationales**. Comme nous le rappellent M. Finnemore et K. Sikkink (1998 : 889), Aristote et Platon avaient saisi, au IVe siècle avant J.-C., l'importance de la « moralité » en politique. Au XXe siècle, l'analyse de E. H. Carr (1946) l'amena à croire que le **réalisme** échoue à expliquer les Relations internationales, car il exclut des données essentielles à l'analyse comme l'attrait émotionnel vis-à-vis d'un objectif politique et les bases du jugement moral. Plus tard, le travail de I. Claude (1966) sur la fonction de légitimation de l'Organisation des Nations Unies s'inscrivit dans ce courant qui prend en compte les facteurs normatifs. Certains auteurs ont reconnu que l'activité de l'ONU impliquait des normes établies ou, comme les théoriciens de l'intégration, pouvait se créer un certain objectif social commun.

La révolution **behavioraliste** en sciences sociales a cependant relégué la question des normes aux oubliettes. Puis, l'attrait des théories économiques a tourné tous les regards vers une définition de l'utilité des **États** en termes uniquement matériels, laissant ainsi de côté les facteurs d'explication idéels ou sociaux.

Les théoriciens réalistes et surtout **néoréalistes** en Relations internationales ont en ce sens toujours rejeté les normes comme facteur pouvant influencer le comportement des acteurs dans le **système international**. Le concept de norme fait toutefois un retour en Relations internationales, et ce, particulièrement depuis le milieu des années 1980 avec l'avènement de l'approche des **régimes internationaux**. Outre l'approche des régimes, il existe également un programme de recherche **constructiviste** sur les normes en Relations internationales qui s'intéresse à leur rôle dans le système international. Il importe donc de différencier la définition que ces deux principaux courants donnent de ce concept. Mais il convient avant tout de souligner que le concept de norme en Relations internationales ne doit pas être assimilé à celui utilisé en sciences juridiques, et qui prend le sens de loi.

Le concept de norme est en premier lieu central à la notion de régime international. La définition la plus largement acceptée des régimes est celle de S. Krasner (1983 : 1), qui définit les régimes comme étant des groupes de principes, normes, règles et procédures de décision, implicites ou explicites, autour desquels les attentes des acteurs convergent dans un secteur donné des Relations internationales. Dans l'optique de l'approche des régimes, le concept de norme signifie un type de comportement uniformisé et prend un sens proche de celui de *règle*. En effet, l'approche des régimes met en général l'accent sur la dimension structurelle des régimes plutôt que sur l'aspect normatif. Elle s'intéresse le plus souvent à la façon dont les régimes sont configurés, négociés, etc. Pour la plupart des auteurs du courant des régimes, les normes sont donc régulatrices ou procédurales, c'est-à-dire qu'elles sont considérées comme des outils de régulation des comportements que les États s'imposent dans le but de réduire l'incertitude inhérente à la **coopération**.

Pour d'autres auteurs, le concept de norme prend plutôt le sens de *valeur* ou encore de *principe*. La définition qu'en donnent les auteurs constructivistes retient l'idée de légitimation par la communauté et donc de partage de normes sociales et communes. Pour Martha Finnemore (1996 : 22), les normes sont des attentes partagées par une communauté d'**acteurs** à propos des comportements acceptables. De façon générale, trois types de processus font l'objet d'une attention particulière : l'émergence des normes, leur transmission ou diffusion dans le système international et leur appropriation ou assimilation par les États.

La typologie la plus courante est la distinction faite entre normes constitutives et régulatrices. Les normes régulatrices sont des normes contraignantes qui visent la régulation des comportements (un peu comme dans l'approche des régimes), alors que les normes constitutives sont plutôt habilitantes pour les acteurs. Les normes constitutives participent à la détermination de l'**identité** et de l'**intérêt national**, qui formeront ensuite la base des comportements des acteurs, lorsque ces derniers se les seront appropriées et qu'elles seront institutionnalisées.

En insistant sur la nature sociale de l'intérêt national, les constructivistes considèrent donc les normes comme étant principalement constitutives, c'est-à-dire qu'elles ne font pas qu'influencer le comportement des acteurs, mais qu'elles participent également à la constitution de leur identité propre.

Il faut en outre mentionner l'existence des théories normatives, dont Mervyn Frost (1986 ; 1996) est le représentant le plus connu. Sa théorie normative *constitutive* cherche à fournir des outils et une méthode nous permettant de répondre à des questions éthiques importantes auxquelles, selon lui, les théories **positivistes** ne peuvent fournir de réponse. Ces questions sont par exemple : quand la **guerre** est-elle justifiée ? Quand une intervention dans les affaires internes d'un autre État est-elle justifiée ? La politique de **dissuasion** nucléaire est-elle défendable d'un point de vue moral ? Il rejette une conception stato-centrée et tente plutôt de bâtir une théorie constitutive de l'individualité qui justifie la hiérarchisation des normes établies en Relations internationales. Frost soutient que les individus se constituent mutuellement en tant qu'êtres moraux à travers un processus de reconnaissance réciproque au sein d'une hiérarchie d'institutions qui inclut la famille, la société civile, l'État et la société des États.

> La tâche de la théorie normative devient donc celle de montrer comment nous, en tant qu'individus, sommes constitués comme tels à travers notre participation à une série particulière d'institutions sociales, économiques et politiques qui, en retour, prennent racine dans notre adhérence à certaines normes (Frost, 1986 : 167).

La théorie normative permet enfin selon Frost de réconcilier les deux pôles antagonistes au sein de l'ensemble des normes établies en Relations internationales, soit la souveraineté étatique et le respect des droits individuels, en montrant que les individus ne possèdent pas de droits avant d'entretenir des relations sociales et politiques.

Soulignons enfin un problème méthodologique lié à la mesure des normes. Les normes sont des phénomènes qui sont difficilement observables empiriquement. Des auteurs vont quelquefois choisir l'analyse de discours pour évaluer la présence de telle ou telle autre norme chez un acteur. Pour vérifier la convergence d'États à des normes internationales, d'autres vont chercher dans les textes de lois ou les énoncés de politique des éléments se référant à une norme particulière. Ces travaux arrivent toutefois mal à cerner la dynamique inhérente aux normes constitutives qui participent à la définition de l'identité et de l'intérêt national. Les travaux réalisés jusqu'à présent s'attardent donc davantage aux normes régulatrices.

Evelyne Dufault

OFFENSIVE-DÉFENSIVE, théorie de l'

Offensive-defensive theory

Voir **Équilibre entre l'offensive et la défense.**

ONTOLOGIE

Ontology

> Il est évident qu'il existe un monde imperceptible. Le problème est à quelle distance se situe-t-il du centre-ville et jusqu'à quelle heure est-il ouvert ? (Woody Allen, *Without Features*).

L'ontologie en tant que *domaine de la connaissance* est la branche de la philosophie qui s'intéresse à l'étude de l'être en tant qu'être, c'est-à-dire à l'étude des entités dont on peut affirmer qu'elles existent et de ce que cela implique d'affirmer qu'elles existent. Concrètement, l'ontologie propose une définition du cadre, du contenu et des éléments qui constituent les **Relations internationales**. Ainsi, lorsqu'on fait référence à l'ontologie d'une **théorie**, ce qui est en jeu, c'est la vision que celle-ci propose de la politique globale.

Toute position théorique, et toute description d'un objet d'analyse, comporte une position ontologique et doit résoudre deux problèmes relatifs à celle-ci. Elle doit émettre une prétention à la validité quant à l'existence de certaines entités et de leurs propriétés, et elle doit préciser le niveau d'existence ontologique des *concepts*, *lois théoriques* et autres *entités théoriques* qu'elle emploie. L'opposition classique à ce niveau est entre le réalisme ontologique qui soutient que ces derniers correspondent à quelque chose de réel, et l'instrumentalisme qui soutient que ceux-ci sont des outils heuristiques dont la principale vertu doit être de mener à des prédictions adéquates.

En théorie des Relations internationales, **néoréalistes** et **institutionnalistes néolibéraux** adoptent habituellement un réalisme ontologique. Cela ne les empêche pas d'avoir un désaccord de fond sur les entités explicatives qu'ils considèrent les plus déterminantes afin d'étudier la politique globale. Alors que les **États**, la **puissance** et l'**anarchie**, sont au cœur de la vision du monde des néoréalistes, les États mais aussi les **institutions internationales**, les **intérêts** et la **coopération** sont au cœur de la vision néolibérale du monde. On dit parfois de ces approches qu'elles ont une conception ontologique qui postule le caractère exogène des entités d'analyse des Relations internationales, c'est-à-dire qu'elles supposent que le monde matériel est complètement en dehors et indépendant de la pensée. Autant la **Théorie Critique** que les **poststructuralistes** ont cherché à questionner ce postulat du néoréalisme et de l'institutionnalisme néolibéral. À l'encontre de ces approches, Alexander Wendt a énoncé clairement une critique s'inspirant du **constructivisme**. La thèse de Wendt qu'il résuma habilement par l'expression « l'anarchie est ce que les États en font » ne s'oppose pas nécessairement à l'idée que le **système international** puisse adopter une forme plus ou moins anarchique. Ce qu'il reproche aux néoréalistes, c'est le statut ontologique qu'ils attribuent au concept d'anarchie. Selon Wendt, l'anarchie de type « hobbesienne » n'est pas une dynamique donnée du système international, mais le résultat d'une construction intersubjective des **acteurs** étatiques qui établissent des **normes** qui deviennent plus ou moins contraignantes. Pour les constructivistes, comme pour d'autres courants qui s'opposent au réalisme ontologique, il convient donc d'analyser d'où proviennent ces normes et s'il ne serait pas possible d'en démocratiser davantage la mise en place ou de les rendre plus compatibles avec une vision du monde qui tend vers la paix.

Les questions ontologiques sont pratiquement indissociables des questions **épistémologiques**. Dans ce qui suit, on se contentera de survoler rapidement différentes positions ontologiques et quelques problèmes qui affectent particulièrement le champ des Relations internationales. La position épistémologique qui domina la première partie du XXe siècle est *l'empirisme logique* du Cercle de Vienne. Ce courant cherchait à concilier l'expérimentation et l'observation, avec la rigueur du raisonnement logique. Ses défenseurs soutiennent qu'il existe un monde réel où se produisent des phénomènes déterminés, mais dont ne font pas partie les entités théoriques non observables (les systèmes, les structures, les relations, etc.). Le type de recherche auquel conduira une telle position est davantage empirique que théorique. En Relations internationales, l'adoption d'une telle position ontologique implique un scepticisme quant à l'existence d'entités comme les systèmes internationaux, le **système-monde**, et de plusieurs entités explicatives des approches structuralistes et holistes. Au contraire, une telle position oriente la recherche sur des données directement observables comme le processus de prise de décision politique tel que celui que Graham Allison a décrit (Allison, 1971).

Popper opposa à cette première position une épistémologie néopositiviste (voir **positivisme**) liée à une position ontologique différente, le *réalisme théorique*. Ce qui démarque cette position de la précédente est qu'ici les entités théoriques sont réhabilitées comme faisant partie d'un monde où elles deviennent réelles à partir du moment où elles sont créées. Le philosophe américain Willard Quine poussa plus loin la critique de l'empirisme en développant sa thèse de la sous-détermination des faits par la théorie. Selon cette thèse, plusieurs théories incompatibles peuvent être logiquement mises en contexte avec une expérience donnée. L'adoption d'une théorie est synonyme selon Quine d'engagement envers une vision du monde. Cette critique de l'empirisme rejoint des critiques adressées au réalisme ontologique par certaines perspectives critiques. Certains, constructivistes, **féministes** et **néogramsciens** par exemple, s'entendent pour soutenir que l'adoption d'une perspective théorique a nécessairement des implications ontologiques. L'adoption d'une théorie plutôt qu'une autre, soutiennent-ils, fait ressortir certains éléments plutôt que d'autres de la politique globale, et le choix des éléments auxquels devraient s'intéresser les chercheurs dans le champ leur paraît être une question politique davantage que théorique.

Le **réalisme scientifique**, développé par le philosophe des sciences Roy Bhaskar, est une position selon laquelle il existe un monde réel indépendant de nous, mais qu'il est inutile de chercher à le réduire à un seul type d'entité. Bashkar conçoit la réalité comme un ensemble complexe d'entités, dont les propriétés sont distinctes les unes des autres, et donc qui ne peuvent pas être réduites à un niveau d'explication « antérieur » ou plus « fondamental ».

On retrouve sous la large bannière constructiviste un éventail de positions ontologiques, allant d'approches pour lesquelles il est crucial que les théories aient des fondements délimités et établis, à d'autres pour lesquelles la recherche de fondements à la théorie n'a plus de raison d'être. Cet ensemble de positions a *grosso modo* en commun de mettre l'accent sur la façon par laquelle des entités de la politique globale émergent et sont construites par des procédures **intersubjectives**. Certaines variantes, comme celle de Wendt, conservent des éléments importants de l'ontologie **réaliste**. Chez celui-ci, l'État demeure aussi réel et moniste (indécomposable) que chez les réalistes ; c'est le type de relations entre ceux-ci qui résulte d'une construction sociale (l'anarchie). Pour les poststructuralistes, non seulement l'anarchie, mais aussi la **souveraineté**, les discours sur la **sécurité** et l'État doivent être analysés comme résultant d'une construction discursive.

Niveaux d'analyse ontologique

En théorie des Relations internationales, on peut distinguer trois positions ontologiques qui constituent les paramètres du débat sur le **niveau d'analyse**. *L'ontologie individualiste* est la plus courante chez les économistes néoclassiques et dans les **théories du choix rationnel**. Selon ses partisans, le point d'ancrage de l'explication réside dans l'individu, l'État chez les néoréalistes, parce que contrairement aux structures, aux processus et aux systèmes sociaux, il est la seule entité dont on puisse dire de façon positive qu'il existe. En Relations internationales, cette position entraîne un problème ontologique particulier, celui du transfert de propriétés habituellement attribuées à un individu, au niveau de l'État (intentionnalité, rationalité, attribution de croyances, etc.). Selon cette position, il faut analyser, expliquer et prédire les comportements de l'État en lui attribuant une rationalité instrumentale.

À l'opposé de cette première position, se trouvent les partisans d'un *holisme ontologique*. Ici, l'État joue un rôle marginal au sein d'une totalité dont la compréhension permet d'expliquer le comportement des composantes, cette totalité est décrite comme le système international chez certains néoréalistes et institutionnalistes, et comme le système-monde par Wallerstein. D'autres ont cherché non pas tellement à réconcilier ces deux positions, mais à poser le problème autrement. C'est ce qu'ont fait les partisans de l'*ontologie relationnelle*. Ceux-ci attribuent une agence réelle à certaines entités (individu, classe, État — voir **agent/structure, débat**), mais ils affirment que celles-ci ne peuvent pas être définies en soi, qu'elles existent en relations avec d'autres, et au sein des dynamiques spécifiques engendrées par les positions au sein de ces relations. La reproduction des relations entre des acteurs en interaction est expliquée ici par le fait que ces acteurs reproduisent des dispositions comportementales favorisant cette reproduction où cherchent à rompre avec sa reproduction.

Ontologie, histoire et politique

Plusieurs questions de fond resteraient à traiter sur l'ontologie des Relations internationales. On se contentera ici de faire rapidement mention de quelques-uns de ces enjeux. Un problème important est le risque de projection dans l'histoire d'entités ou de concepts contemporains. Lorsqu'on utilise des concepts comme ceux d'État, de puissance, d'**équilibre des puissances**, de marché, de capitalisme, etc., il est important de se demander s'il est adéquat d'employer le sens contemporain attribué à ces concepts pour décrire une réalité passée. Pour cette raison, l'histoire demeure un complément important de la recherche en théorie des Relations internationales.

Finalement, il est important de souligner l'apport des **théories critiques**, néogramscienne, féministe et poststructuraliste qui ont, en outre, mis l'accent sur la relation entre la définition du sens commun en théorie des Relations internationales et la politique. Selon Christine Sylvester (1994), la préoccupation principale de plusieurs approches féministes a été de « refuser les formes de connaissance qui privilégient certaines personnes, certaines expériences, et certains textes, tout en en évacuant d'autres de l'histoire des idées et de l'action ». Cette position partagée par plusieurs autres théories critiques montre bien en quoi la ligne de démarcation entre les questions ontologiques et politiques a souvent une dimension politique en théorie des Relations internationales. Chez les féministes, où le débat a été particulièrement tendu entre celles du « premier monde » et du « **Tiers Monde** », cela a débouché sur une problématisation des implications politiques et sociales liées à chaque forme d'engagement ontologique (Harding, 1986 ; Grant, 1993). Ici, un changement de position politique est parfois susceptible d'entraîner un changement de position ontologique, de la même manière qu'un changement de position ontologique est susceptible d'entraîner un changement de position politique.

Frédérick Guillaume Dufour

OPÉRATIONS DE PAIX

Peace Operations

Les opérations de paix mises sur pied par les Nations unies à la fin de la Deuxième Guerre mondiale regroupent quatre types particuliers de missions, qui visent la paix et la sécurité internationales : le **maintien de la paix** (*peacekeeping*), le **rétablissement de la paix** (*peacemaking*), l'**imposition de la paix** (*peace enforcement*) et la **consolidation de la paix** (*peacebuilding*).

Avant d'autoriser le déploiement de Casques bleus, les Nations unies et les autres organisations ou États de la communauté internationale peuvent tenter d'utiliser la diplomatie préventive pour résoudre le conflit. Selon les Nations unies, la diplomatie préventive consiste à éviter l'émergence de différends, à empêcher qu'un différend ne se transforme en conflit et, si le conflit éclate, à veiller à ce qu'il demeure circonscrit.

Les stratégies possibles sont alors nombreuses : déploiement préventif pour signifier aux parties en conflit qu'elles sont surveillées par la communauté internationale, médiation, partage du pouvoir, assistance politique conditionnelle et assistance économique ciblée, procédures de **résolution de conflits**. Le but est de mettre suffisamment de pression sur les parties en conflit pour les forcer à négocier avant qu'éclate une crise armée. Plusieurs acteurs sont habilités à intervenir pour faire de la diplomatie préventive, notamment les gouvernements, les **organisations** multilatérales, les **organisations non gouvernementales**, les individus et les belligérants eux-mêmes.

Malgré les moyens mis en place pour favoriser les procédés diplomatiques dans la résolution d'un conflit armé anticipé, la diplomatie préventive est rarement utilisée puisqu'elle se révèle très risquée aux niveaux politique et militaire. Les différents types d'opérations de paix sont alors utilisés pour démontrer aux parties en conflit que la communauté internationale souhaite un retour à la stabilité, à la paix et à la sécurité internationales.

Les missions de maintien de la paix (*peacekeeping*) relèvent du Chapitre VI de la Charte des Nations unies, qui vise la résolution des conflits par des moyens pacifiques suivant le consentement des parties impliquées. Les Casques bleus servent alors de force d'interposition non armée entre les belligérants à la fin du conflit. En effet, les missions de maintien de la paix excluent l'usage de la force, sauf en cas de légitime défense.

Pour qu'une telle mission soit autorisée, divers critères doivent d'abord être remplis : tout d'abord, il doit exister une réelle menace à la paix et à la sécurité internationales. Ensuite, un accord de cessez-le-feu doit avoir été signé par les parties en conflit. Aussi, un mandat clair doit être établi, en accord avec un but politique tout aussi clair. Finalement, l'ONU doit avoir une assurance raisonnable quant à la sécurité de son personnel et des chances de succès de la mission.

Les tâches des Casques bleus dans une mission de maintien de la paix peuvent se regrouper en quatre catégories : des tâches d'observation (détecter les violations au cessez-le-feu, créer des mécanismes de résolution des conflits, surveiller le respect des accords), des tâches d'interposition (prévenir les actes d'hostilité, servir de barrière psychologique et morale pour empêcher la reprise du conflit), des tâches policières (maintien de la loi et de l'ordre, assistance aux autorités locales et aux policiers civils, patrouilles, formation des policiers civils) ; et des tâches humanitaires (faciliter l'accès aux services, rétablir les services essentiels, protéger l'acheminement de l'aide humanitaire). Les Casques bleus peuvent également, dans le cadre d'une mission de maintien de la paix, encourager les efforts politiques pour une résolution à long terme du conflit, superviser des élections et assurer la démilitarisation de certaines zones.

De nombreuses missions de maintien de la paix, sous la supervision des Nations unies, ont été déployées dans diverses régions du monde, notamment au Congo (1960-1964), à Chypre (depuis 1964), dans la région du Golan (depuis 1974), en Angola (1988), en Somalie (1992-1995), en Bosnie (1992-1995) et au Rwanda (1994). La difficulté de ce type d'opérations de paix réside dans l'inconsistance de la volonté politique, le manque de ressources, le peu de temps alloué pour compléter une mission et l'effritement de la collaboration des pays membres des Nations unies. Ces missions sont coûteuses et incertaines, puisqu'elles reposent sur le consentement des parties et sur leur engagement à trouver des solutions durables.

Des missions de rétablissement de la paix (*peacemaking*) se sont déroulées notamment en Namibie (1989), au Nicaragua (1989), au Cambodge (1992), en Haïti (1994), au Timor oriental (1999) et au Congo (2000). Ce type d'opérations vise le rapprochement des parties en conflit par la diplomatie, la négociation et autres moyens pacifiques, selon les dispositions prévues au Chapitre VI de la Charte des Nations unies. Les opérations militaires effectuées pour atteindre cet objectif comprennent les démonstrations de force, les déploiements préventifs et le maintien de la sécurité. Les missions de rétablissement de la paix interviennent avec le consentement des parties pendant ou après le conflit. Contrairement aux missions de maintien de la paix, il n'est pas nécessaire qu'un accord de cessez-le-feu ait été signé. On emploie quelquefois le terme « aggravated peacekeeping » pour désigner les missions de rétablissement de la paix, puisqu'elles signifient aux parties en conflit que la communauté internationale est prête à utiliser la force, si nécessaire, pour résoudre le conflit, tout en usant de moyens diplomatiques et pacifiques pour atteindre ce but.

Lorsque la diplomatie préventive, le maintien de la paix et le rétablissement de la paix ont échoué, les Nations unies peuvent alors décider d'autoriser une mission d'imposition de la paix (*peace enforcement*). Ce type d'opérations est mené sous le Chapitre VII de la Charte onusienne, selon lequel les Nations unies peuvent tenter de résoudre un conflit par la menace de l'utilisation de la force ou son utilisation effective, et ce, sans le consentement des parties impliquées. C'est donc le Conseil de sécurité qui peut autoriser ce genre de mission coercitive, qui peut toutefois être conduite par une organisation régionale. Les objectifs principaux des missions d'imposition de la paix sont les suivants : restaurer l'ordre et la stabilité, protéger l'acheminement de l'aide humanitaire, renforcer les sanctions imposées, établir et superviser des zones de protection, forcer la séparation des parties en conflit, utiliser la force ou la diplomatie. Des critères doivent être respectés avant de mettre sur pied une mission d'imposition de la paix, qui découlent de la **théorie de la guerre juste**. Différentes missions d'imposition de la paix ont eu lieu depuis la fin de la **Guerre froide**, notamment en Irak (1991), en Somalie et en Bosnie (1992) et au Rwanda (1994).

Le dernier type d'opérations de paix est la consolidation de la paix (*peace-building*). Les dernières missions de ce genre se sont déroulées au Kosovo et au Timor oriental (1999). Les missions de consolidation de la paix relèvent du fameux « Chapitre VI 1/2 » de la Charte des Nations unies. Bien que non écrit, ce chapitre offre une alternative entre les moyens coopératifs du Chapitre VI et les moyens coercitifs du Chapitre VII. Ce chapitre peut être l'objet d'interprétations aussi larges que subjectives. Dès la fin du conflit, le personnel d'une mission de consolidation de la paix aura pour tâches d'aider à la reconstruction des infrastructures civiles et des institutions, à la reconstruction de l'économie, à la restauration de l'autorité civile, au rétablissement du commerce et des systèmes d'éducation et de santé, à la supervision des élections, de la démobilisation et de la démilitarisation. Il s'agit de favoriser la confiance et la collaboration entre les parties auparavant en conflit pour éviter une résurgence des problèmes qui ont mené à l'éclatement de la violence. De ce but découlent trois objectifs majeurs : la transition sécuritaire, la transition démocratique et la transition économique.

Il existe un cinquième type d'opérations, qui vise l'atteinte de la paix et de la stabilité par la prise en charge totale d'un État ou d'un vaste territoire. En effet, à la fin de la Deuxième Guerre mondiale, les pays de l'Axe (Allemagne, Japon, Italie), vaincus par les Alliés, ont été totalement reconstruits puis dirigés temporairement par une puissance étrangère (du moins en ce qui concerne le Japon et l'Allemagne). L'édification de l'État (*state making*) cherche donc à construire un système démocratique inexistant et est menée soit par les Nations unies, soit par une organisation régionale soit par un autre État. Cette édification de l'État a trois caractéristiques principales : l'acteur qui dirige cette opération tente de consolider le territoire et la population sous une autorité unifiée (*war making*) ; le maintien de l'ordre sera assuré sur ce territoire et cette population (*policing*) ; il y aura extraction des ressources pour soutenir la consolidation ou pour construire l'appareil étatique (*taxation*). La réussite dépendra de la capacité de l'acteur qui prend en charge l'opération de concentrer et de monopoliser les moyens de coercition entre ses mains sur ce territoire et sur cette population. Les opérations qui se déroulent présentement en Irak relèvent d'une opération d'édification de l'État.

Chacun de ces quatre types d'opérations de paix est conduit selon des règles d'engagement, c'est-à-dire des lignes directrices face à la conduite du personnel militaire sur le terrain d'une opération de paix. Les aspects politiques, légaux, moraux, culturels et militaires de l'opération sont abordés par ces règles, de façon à ce que le militaire sache comment agir dans une situation donnée. Les règles d'engagement sont toujours reliées aux objectifs spécifiques de la mission en cours et considèrent toutes les phases de la mission. La principale difficulté des règles d'engagement est qu'« elles doivent permettre l'utilisation d'une structure militaire pour atteindre des objectifs politiques ou humanitaires, en insérant des priorités militaires dans un contexte civil » (Ramsbotham et Woodhouse, 1999 : 206). Par contre, les règles d'engagement permettent de fournir un cadre éthique aux militaires en ce qui concerne le volet opérationnel de la mission. Cependant, le cas du Rwanda illustre bien les difficultés liées aux opérations de paix en général et aux règles d'engagement en particulier : sans directives claires concernant la conduite de l'action sur le terrain, les Casques bleus présents au Rwanda n'ont pu qu'être les témoins du génocide, sans possibilité d'intervention qui aurait pu empêcher ou faire cesser les massacres.

Les opérations de paix, qu'elles soient sous l'égide des Nations unies, d'une organisation régionale ou d'un autre État, visent toutes à retrouver un état de paix et de stabilité dans le **système international**. Bien que contestées en raison de leur coût, des dizaines d'années nécessaires à leur bon déroulement et de leurs objectifs politiques et économiques souvent flous et intéressés, les opérations de paix sont parfois la seule façon de mettre fin à un conflit et, ainsi, de protéger des populations menacées soit par des puissances étrangères, soit par leur propre gouvernement.

Karine Prémont

ORDRE INTERNATIONAL

International Order

En **Relations internationales**, un ordre signifie avant tout une entente implicite entre les **acteurs internationaux** autour des règles et des principes régissant leurs relations et des objectifs généraux qu'ils devraient poursuivre.

Depuis le XVIIe siècle, on a assisté à la mise en place d'un ordre international fondé sur la reconnaissance d'un système **anarchique** où prévaut la **souveraineté** des **États**, et régi par un **droit international** souvent difficile à faire respecter, connu sous le nom du **système de Westphalie**.

Un des grands débats en Relations internationales concerne justement la nature de l'ordre international et son avenir. Ainsi, les **réalistes** et les **néoréalistes** parlent volontiers de l'ordre né à Westphalie comme d'un trait permanent du **système international**, qui est donc régi par des pratiques telles que l'**équilibre des puissances**, tandis que les **libéraux**, et surtout les **néolibéraux**, soutiennent que la **coopération** est non seulement souhaitable mais aussi une des caractéristiques de plus en plus évidentes de l'ordre international, qui peut donc évoluer. Chez les partisans des diverses **théories critiques** et marxisantes, l'ordre actuel représente surtout un système injuste qu'il faut réformer ou transformer.

On notera que l'idée d'un nouvel ordre international popularisée par le président George H. Bush, à la suite de la mise en place de la coalition contre l'Irak en 1990, et qui proposait une « nouvelle ère, plus libérée de la menace de la terreur, plus forte dans la poursuite de la justice, et plus sûre dans la recherche de la paix », n'annonçait aucune transformation fondamentale ou durable de l'ordre international, au-delà de la fin de la Guerre froide.

ORGANISATION INTERNATIONALE (OIG) International Organization (IGO)

> [...] les organisations internationales [...] sont des instruments de la diplomatie qui servent à clarifier les enjeux, à faciliter l'échange de connaissances sur ce qui est en jeu, à développer des compréhensions communes et à encourager la bonne entente (Finkelstein, 1988 : 449).

L'organisation internationale gouvernementale (OIG) est d'abord et avant tout un lieu de **coopération** interétatique. Michel Virally (1972 : 26) nous en donne une définition à la fois succincte et complète :

> Une association d'**États**, établie par accord entre ses membres et dotée d'un appareil permanent d'organes assurant leur coopération dans la poursuite des objectifs d'intérêt commun qui les ont déterminés à s'associer.

Les trois points clés de cette définition nous dirigent vers les éléments qui nous permettent d'identifier une organisation internationale et d'établir la distinction d'avec l'**institution internationale**. L'OIG doit d'abord être constituée d'au moins deux États souverains (certains auteurs en exigent trois) ayant souscrit à l'organisation de par leur volonté propre. Elle doit ensuite poursuivre l'avancement des intérêts communs de ses membres. Bien que parfois un membre puisse en tirer davantage de profit, l'objectif déclaré doit bel et bien être dans l'intérêt commun. Enfin, elle doit avoir une structure formelle (personnel, bureaux, budgets, etc.) qui sera durable ; sous la forme, par exemple, de réunions à intervalles réguliers. Cette structure aura été établie par la voie d'un traité ou d'un autre document constitutif. C'est l'existence de cette structure formelle qui distingue le plus clairement l'organisation internationale de l'institution internationale.

Il existe différentes catégories nous permettant de classer les OIG (Smouts, 1987 ; Archer, 1983). Certains privilégient un critère de classement géographique, et distinguent donc les organisations mondiales (comme l'ONU) des organisations régionales (comme l'Organisation des États américains). D'autres préfèrent les différencier par l'ampleur de la coopération, distinguant les organisations globales, dont l'adhésion est ouverte à tous, aux organisations restreintes qui limitent l'accès à un certain nombre de pays (comme l'OCDE ou l'OPEP). On peut ensuite les distinguer selon qu'elles tendent à être de nature générale, encourageant la coopération au sens large, ou encore de nature spécialisée, encourageant la coopération dans un domaine précis de politique (militaire, technique, économique, social, etc.). Finalement, on peut également distinguer les organisations selon leur structure bureaucratique et l'étendue de leurs capacités.

Outre les activités dans différents domaines de politique, on attribue couramment cinq fonctions ou rôles spécifiques aux OIG : 1) les organisations internationales contribuent à la légitimation des comportements par la prise de décision collective (Claude, 1966) ; 2) elles exercent une fonction de contrôle qui peut prendre plusieurs formes, des pressions morales aux sanctions économiques ou militaires ; 3) elle est un lieu d'échange d'information et contribue en ce sens à la définition des problèmes collectifs ; 4) « À la fois lieu d'apprentissage pour les élites et milieu grâce auquel les États peuvent s'insérer dans le **système international**, l'organisation internationale favorise la création de **normes**, de valeurs, de codes dont l'ensemble forme – une culture, politique, économique, propre à l'organisation » (Smouts, 1987 : 164).

L'OIG est donc un milieu de socialisation pour les élites comme pour les États ; enfin, 5) la fonction normative de l'OIG découle de la définition des règles de comportements qui contribuent à l'émergence du **droit international** (Smouts, 1987 : 164-166). L'aspect normatif des organisations internationales tient donc au fait que ces dernières contribuent à la définition et à l'institutionnalisation de normes, de règles et de principes qui vont ensuite servir de guides aux États afin d'ajuster leur **politique étrangère** ou leurs politiques nationales. Cette fonction normative est particulièrement importante et, selon certains, prendrait même souvent le pas sur leurs activités de contrôle ou d'**intervention** (Smouts, 1995 : 16).

Les différents courants théoriques en **Relations internationales** tendent à avoir des visions divergentes sur la nature des organisations internationales. Les auteurs **réalistes** voient dans l'organisation internationale une pure création des États, sujette en tout temps au bon vouloir de ceux-ci. Ils ne la considèrent pas comme un facteur de stabilité internationale puisque selon eux, elle est maintenue par l'**équilibre des puissances**. Les auteurs de l'approche **institutionnaliste** croient quant à eux que les organisations internationales, comme forme spécifique d'institution internationale, peuvent jouer un rôle important dans l'établissement d'une meilleure coopération et d'une plus grande stabilité.

Enfin, d'autres auteurs, pour la plupart **constructivistes**, voient dans l'organisation internationale une entité autonome par rapport aux États qui en sont membres et qui constitue en soi un acteur dans le système international (Finnemore, 1993). Pour ces auteurs, les organisations internationales ont une volonté propre qui est indépendante de la somme des volontés des États membres. L'organisation internationale serait principalement un lieu de socialisation des États, car par la production et l'institutionnalisation de normes, les organisations internationales se trouveraient à modifier ou à influencer dans une certaine mesure le comportement des États, et ce, en légitimant certaines pratiques et en en délégitimant d'autres. Selon Finnemore (1993), les approches traditionnelles ont étudié les relations entre les États (comme variable indépendante) et les organisations internationales (comme variable dépendante), en considérant les préférences des États comme faisant partie de leurs caractéristiques internes propres. Finnemore suggère plutôt l'étude des organisations internationales comme variable indépendante expliquant le comportement des États.

Evelyne Dufault
et Jean-François Lacasse

ORGANISATION NON GOUVERNEMENTALE (ONG)

Non-Governmental Organization (NGO)

> Il conviendrait de repréciser le rôle des ONG : simples sous-traitants ou partenaires ? Acteurs ou instruments ? Force de propositions ou prestataires de services devant répondre uniquement à des appels d'offre ? (Rubio, 2002 : 84)

Cette catégorie d'**acteurs** internationaux se définit de façon négative en ce sens où elle regroupe toutes les organisations à but non lucratif qui ne sont pas des organismes étatiques. Les ONG peuvent êtres différenciées à partir de leur portée géographique (locale, nationale ou internationale), leur domaine d'intervention, leur positionnement politique et leur structure. Fer de lance de la **société civile**, les ONG incluent les organisations religieuses, professionnelles, sportives, syndicales ainsi que les organismes de charité, les partis politiques et les groupes de pression (humanitaires, environnementaux, etc.).

Nous nous attarderons ici sur les ONG internationales, car elles constituent des acteurs de plus en plus importants des relations internationales et leurs actions donnent souvent lieu à la naissance de réseaux transnationaux qui peuvent influencer les relations internationales de plusieurs façons, notamment en tentant d'influencer directement les gouvernements, en assistant aux grandes réunions internationales ou encore en posant des actions médiatiques.

Si le droit d'association moderne apparaît en Angleterre au XVIIIe siècle, le terme d'« organisation non gouvernementale » apparaît formellement en 1945 lors de la signature de la Charte des Nations unies. C'est à partir de 1970 que le nombre d'ONG internationales commence à croître de façon significative pour atteindre 25 000 en 2000 (www.uia.org). Les ONG jouent au sein de l'ONU plusieurs rôles dont le plus important est celui d'organe de consultation pour les politiques et projets. Leur intégration à l'ONU permet d'expliquer en partie pourquoi les organisations de **développement** international se qualifient davantage elles-mêmes d'ONG que plusieurs associations à caractère local (sportives par exemple), même si elles possèdent le même statut juridique. C'est le Conseil économique et social des Nations Unies (ECOSOC) qui gère les relations des ONG auprès des différents organes de l'ONU. Aujourd'hui, plus de 2000 ONG ont un statut consultatif à l'ONU (www.un.org/esa/coordination/ngo/).

Les ONG ne possèdent pas de personnalité juridique internationale et elles ne peuvent donc être membres d'**organisations internationales**. Toutefois, plusieurs ONG sont en relation avec des grandes organisations internationales telles que la Banque mondiale, l'Organisation mondiale du commerce et l'Union européenne. Si le rôle qu'y jouent les ONG est principalement consultatif, elles font aussi office de partenaires pour plusieurs projets. Leur position particulière en tant que représentants de la société civile leur permet de proposer un point de vue alternatif à ces projets.

Les ONG ont acquis une influence de plus en plus grande depuis leur intégration à l'ONU (Clark, 1995). Même que certaines grandes ONG (Oxfam, Amnistie internationale) auraient plus d'influence que bien des **États** faibles dans plusieurs sphères du **système international** (Roberts dans Rubio, 2002). La reconnaissance de l'expertise développée par les ONG dans divers domaines sociaux (développement, environnement, aide humanitaire) est aujourd'hui partagée par la plupart des États.

Face au démantèlement de l'État dans le système **libéral** actuel et la réduction du financement des ONG par l'État, ces dernières sont de plus en plus appelées à coopérer avec des entreprises privées dont les multinationales. Ces partenariats sont encouragés par plusieurs États et grandes organisations internationales dont la Banque mondiale. Les ONG disposeraient d'une expertise dont ne peuvent plus se passer certaines entreprises lors de l'étude de faisabilité de certains projets. En effet, les ONG auraient une connaissance approfondie du milieu social dans lequel sont implantés de nombreux projets et peuvent ainsi conseiller les entreprises sur la dimension sociale de leurs projets afin d'empêcher ces derniers de faillir (Heap, 2000).

Si ces associations se qualifient de non gouvernementales, elles n'échappent pourtant que difficilement au contexte politique de l'État dans lequel leur siège se trouve. Par exemple, la plupart des ONG reçoivent des subventions d'un ou de plusieurs États et cela pose certaines limites à leur action. Il reste que plusieurs d'entre elles sont très critiques de la politique des États, et tout spécialement de leurs politiques de financement actuelles (Rubio, 2002). Toutefois, la plupart des ONG dépendent aussi de multiples sources de financement privées.

C'est d'ailleurs ce volet politique qu'il peut être intéressant d'étudier. Il est essentiel de se questionner sur le rôle des ONG, car celui-ci peut varier d'une organisation à l'autre. En effet, sont-elles des « instruments du projet néo-libéral ou [des] bases solidaires des alternatives populaires » (Centre tricontinental, 1999 : 5) ? D'une part, plusieurs d'entre elles viennent renforcer l'ordre mondial établi en prenant la place de l'État dans certains domaines, en collaborant avec des multinationales et en servant d'organes consultatifs à plusieurs institutions internationales. D'autre part, certaines ONG représentent des alternatives populaires qui se placent en opposition face à l'ordre établi et qui dénoncent l'écart grandissant entre riches et pauvres autant au niveau national qu'international. Ce positionnement des ONG doit être pris en compte en Relations internationales, car c'est lui qui nous indique la ligne directrice qu'elles prennent . Toutefois, comme nous le rappelle Heap, certaines d'entre elles vont compromettre certains de leurs principes politiques afin de se plier au conditionnement du financement.

Si on attribue souvent à des ONG le rôle de porte-parole de la population, en tant qu'organisations de la société civile, leur représentativité peut souvent être mise en doute parce que, entre autres, elles poursuivent parfois des intérêts politiques privés très spécifiques. Certes, plusieurs ONG n'ont pas de visées politiques, dans le domaine de l'aide humanitaire par exemple, mais inévitablement, elles ont une certaine incidence sur l'ordre politique.

Jérôme Leblanc

PACIFISME

Pacifism

Apparue au début du XXe siècle, la notion de pacifisme a toujours été sujette à une double interprétation. En termes de méthode, elle s'apparente à une opposition de principe à toute forme de violence, et s'identifie donc à la non-violence. Comme objectif philosophique et politique, elle désigne la volonté d'instaurer une paix universelle et durable entre les peuples. Les deux facettes du pacifisme vont, la plupart du temps, de pair. Mais elles peuvent aussi parfois se contredire, voire s'opposer, les partisans de la paix n'utilisant pas nécessairement des méthodes non violentes pour arriver à leurs fins.

Peu populaires sous l'Antiquité où la **guerre** était le plus souvent sacralisée, les idées pacifistes sont apparues assez rapidement dans la pensée chrétienne. Saint Augustin affirmait ainsi que la paix devait être la fin de toute société et saint Thomas d'Aquin commença à distinguer les guerres « justes » (celles qui défendent l'État), des autres (les guerres féodales). La motivation principale du pacifisme chrétien repose sur la volonté de ne pas voir les Chrétiens s'entre-tuer, et ne réprouve donc pas les Croisades et autres guerres saintes. Les penseurs de la Réforme condamnèrent également la guerre, mais Luther et Calvin furent moins radicaux en la matière que certaines sectes protestantes tels les Anabaptistes ou les Mennonites.

Avec le développement de la pensée humaniste au XVIe siècle, la dénonciation de la guerre s'accompagne des premières propositions de réglementation des conflits et de définition plus stricte de ce que devrait être une **guerre juste**. Thomas More ([1516] 1989) dénonce la folie guerrière et fixe des règles de la guerre, tandis qu'Érasme ([1525] 1978), précurseur de l'idée d'identité européenne, condamne toute forme de guerre, même les plus « justes ». Les penseurs politiques ne sont pas les seuls à œuvrer à la diffusion du pacifisme à cette époque. Des auteurs tels Rabelais et Montaigne font également passer dans leurs écrits des messages d'opposition aux visées guerrières de leur souverain. Beaucoup plus concrètement, c'est aussi dans ces années que des juristes commencent à élaborer le « droit des gens », qui deviendra le **droit international**, dont l'un des objectifs est le règlement pacifique des conflits. Les traités de Westphalie de 1648 cherchent d'ailleurs explicitement à instaurer « une paix chrétienne, universelle et perpétuelle entre les États » (Defrasne, 1983 : 21).

L'apparition des Quakers au XVIIe siècle, secte protestante non violente, contribue à la diffusion des idées pacifistes en Amérique du Nord. Leur leader, William Penn (fondateur de la Pennsylvanie et de sa capitale, Philadelphie), propose également l'instauration de règles précises d'arbitrage des conflits et d'institutions mondiales.

C'est au XVIIIe siècle qu'on assiste véritablement à la sécularisation du pacifisme. Les philosophes des Lumières opposent à la guerre la raison et l'amour de l'humanité, plutôt qu'une hypothétique solidarité chrétienne. Les articles de *l'Encyclopédie* (Diderot et d'Alembert, 1751-1765) consacrés à la guerre et à la paix sont sans ambiguïté quant à la position pacifiste de leurs auteurs. Immanuel Kant ([1795] 1988) pose les jalons de ce qui deviendra la **théorie de la paix démocratique**, voulant que des républiques ne se font pas la guerre. D'autres étendront ensuite cette idée aux démocraties en général et lieront ainsi la lutte pour la démocratie avec celle pour la paix (Russett, 1993). Les penseurs **libéraux** du XIXe siècle, comme Richard Cobden, convaincus de la contribution du commerce à la paix et à la **coopération** internationale, rejettent quant à eux la guerre, car elle constitue un obstacle au développement harmonieux du marché.

Mais le XIXe siècle voit également s'instaurer une alliance durable : celle du pacifisme et du socialisme. Loin des idéaux chrétiens ou libéraux, les penseurs du socialisme, tant utopique que **marxiste**, considèrent la guerre comme un facteur de division des travailleurs et un outil de leur exploitation par la bourgeoisie. Ils lui opposent l'internationalisme prolétarien (Marx et Engels [1848], 1983), concrétisé par la création de la Ire Internationale par Marx en 1864. Toutefois les mouvements socialistes et communistes ne feront pas toujours preuve de la plus grande cohérence à cet égard. Face au pacifisme « pur » des socialistes utopiques, les marxistes affichent une opposition à la guerre bourgeoise, mais justifient parfois l'utilisation de la violence à des fins révolutionnaires.

Parallèlement à ce mouvement se développent les premières « sociétés de paix », principalement dans les pays de culture protestante (Royaume-Uni et États-Unis en particulier). Rapidement, celles-ci organisent des congrès internationaux pour la paix, dont le plus important se tient à Paris en 1849. Mais leur audience reste relativement limitée.

Les intellectuels de la fin du XIXe siècle sont très influencés par les idées pacifistes soit par proximité avec le mouvement socialiste, comme Émile Zola, soit par inspiration plus chrétienne, comme Léon Tolstoï (1912). L'instauration du prix Nobel de la Paix en 1901 s'inscrit dans cette tendance à l'institutionnalisation du pacifisme.

Mais le déclenchement de la Première Guerre mondiale pousse le mouvement ouvrier, en général, et les organisations socialistes, en particulier, à renoncer progressivement à leurs idéaux de paix et à rejoindre les « unions sacrées » de leurs pays respectifs. Au lendemain de la guerre, les idées pacifistes gagnent à nouveau en popularité et culminent lors de la signature par 44 pays du pacte Briand-

Kellog en 1928, rendant la guerre « illégale ». Motivés par la création de la Société des Nations et la popularité des techniques de résistance pacifiques développées par Gandhi en Inde contre la colonisation britannique (Gandhi, 1973), les pacifistes vivent leur âge d'or et voient de nombreux intellectuels rallier leur cause. Mais en 1938, le pacte de Munich, concédant à Hitler ses conquêtes territoriales sous prétexte de préserver la paix en Europe, sonne le glas des illusions de l'entre-deux-guerres. Les pacifistes sont allés trop loin et en voulant refuser l'affrontement à court terme, ils ont contribué à en déclencher un autre à moyen terme.

Au sortir de la Deuxième Guerre mondiale, le pacifisme est assimilé à la lâcheté ou, pire, à la collaboration avec les puissances de l'Axe (Italie-Allemagne-Japon). Pourtant, il ressurgit rapidement à travers le discours de certains intellectuels relançant un projet « mondialiste » de paix universelle. Il est surtout largement exploité par Moscou qui, à travers les Partis communistes installés dans les pays occidentaux, tente d'orienter le mouvement en sa faveur et ainsi de limiter une course aux armements de laquelle l'URSS n'est pas sûre de sortir vainqueur.

Un mouvement plus indépendant se développe dans les années 1960-1970. Les luttes non violentes du pasteur Martin Luther King Jr (1965), prix Nobel de la Paix en 1964, puis l'écœurement de la jeunesse américaine face à la guerre du Viêt-nam, contribuent à la mobilisation croissante des pacifistes en Amérique du Nord. Quant aux Européens, c'est la crainte de voir leur continent devenir le champ de bataille nucléaire des Deux Grands qui les motive à demander une réduction massive des armements.

À cette époque, le pacifisme rejoint ainsi d'autres luttes. Comme méthode pacifiste, l'objection de conscience, qui consiste à refuser d'accomplir son service militaire par opposition morale à la guerre, permet également à de jeunes Américains et Européens de manifester leur désaccord de fond avec les conflits coloniaux dans lesquels leurs gouvernements sont engagés. De même, la bataille menée par plusieurs groupes pour le **désarmement**, notamment en Allemagne, est fortement imbriquée avec celle des pacifistes.

Après la chute de l'Union soviétique, le pacifisme perd de sa vigueur, n'ayant plus de « risque » à combattre. Mais le chaos international suivant la chute du bloc socialiste ainsi que les velléités de prééminence américaine contribuent à le relancer. Tout en poursuivant leurs efforts pour le désarmement dans le cadre de l'ONU (Johnson, 2000), les pacifistes s'associent de plus en plus au mouvement altermondialiste. Le pacifisme est en effet l'une des valeurs essentielles des opposants à la politique internationale du gouvernement américain, notamment dans ses manifestations militaires. Historiquement habitués à l'internationalisation de leurs actions, les pacifistes ont contribué à la transnationalisation d'autres mouvements sociaux en transmettant leur expertise en la matière. Les campagnes contre les politiques des institutions financières internationales et celles contre les opérations militaires américaines ont été autant d'occasions pour ces différents mouvements de travailler conjointement.

Mouvement essentiellement réactif, le pacifisme a donc accompagné de nombreuses écoles de pensée, de la philosophie chrétienne au socialisme. Fondé essentiellement sur la seule opposition à la guerre et à la violence, il tend de plus en plus à s'associer à d'autres projets plus « positifs » et ayant une portée politique plus englobante. Il reste toutefois l'un des phares de l'histoire des idées et des mouvements progressistes et libéraux. Son adaptation à la vague altermondialiste est la preuve la plus récente de ses capacités de renouvellement.

Thomas Collombat

PAIX DÉMOCRATIQUE, théorie de la — Democratic Peace Theory

La théorie de la paix démocratique (TPD) remonte au philosophe allemand Immanuel Kant (1724-1804), chez qui elle prenait la forme d'un appel à une paix perpétuelle basée sur des principes non pas démocratiques, mais républicains. Dans sa forme contemporaine, la TPD propose que deux États démocratiques ne se font pas la **guerre** entre eux. Un lien causal est donc postulé entre le régime politique d'un État et ses relations avec d'autres États (Roussel et O'Meara, 2007). Le modèle d'**État** démocratique est envisagé selon les standards des États occidentaux contemporains, c'est-à-dire des démocraties libérales ou des monarchies constitutionnelles. La majeure partie de ces théories étant formulées à l'intérieur du champ institutionnel et universitaire américain, les États-Unis forment plus souvent qu'autrement l'idéal-type d'un « État démocratique ».

La TPD tente de donner une formulation théorique au constat empirique et historique selon lequel les cas de guerre entre États démocratiques sont rares voire inexistants. Depuis 1945, cette théorie s'est diffusée dans un contexte marqué par l'absence de guerre entre les puissances démocratiques majeures (Henderson, 2002 : 2). En effet, cette zone de paix que Michael Doyle (1983) qualifie d'union pacifique est en constante expansion, de même que le nombre de démocraties à l'échelle globale.

Dans le contexte post-Guerre froide, cette théorie a influencé la **politique étrangère** américaine, qui appelle à la démocratisation en vue d'un établissement durable de la paix (Henderson, 2002 : 2 ; Barkawi et Laffey, 2001 : 1). Si ces prémisses étaient à l'œuvre dans la conception de George H. Bush (1989-1993) d'un « New World Order », la démocratisation fut l'un des piliers de l'administration Clinton (1993-2001). George W. Bush (2001-2009), quant à lui, réarticula cette notion en la mariant à l'ordre du jour **néoconservateur** de diffusion de la démocratie par tous les moyens nécessaires.

Kant et la paix perpétuelle

Les principales thèses de la TPD sont présentes chez Kant, dans son *Projet de paix perpétuelle*. Quelques nuances doivent toutefois être apportées. Chez Kant, ce n'est pas le caractère démocratique des régimes qui explique leur propension à ne pas se livrer la guerre. C'est plutôt leur républicanisme. La nuance est importante puisque pour lui, « la forme démocratique, au sens propre du mot, est nécessairement despotique » (1947 : 19). Le républicanisme signifie la séparation des pouvoirs exécutifs et législatifs en entités distinctes et équilibrées. Le mode de gouvernement (républicanisme) est plus important que la forme de l'État (démocratie). Toutefois, il est possible de proposer que lorsque Kant assimilait démocratie et despotisme, il avait en tête la démocratie directe, et que la démocratie libérale représentative ne diffère pas de façon marquée de ce que Kant appelle « républicanisme ».

Kant propose six articles préliminaires et trois articles définitifs en vue d'une paix perpétuelle entre les États. Dans ses articles préliminaires, il critique l'accumulation territoriale dynastique (héritage et échange de territoires entre les aristocrates par alliances et mariages), les armées permanentes (bonnes à entretenir ce que l'on appelle aujourd'hui le « **dilemme de sécurité** ») et le système de crédit international qui permet à un État de s'endetter pour combattre. Aussi, Kant argue que les traités de paix doivent être signés de bonne foi (pour éviter les germes de guerres futures), qu'aucun État ne s'immisce de force dans les affaires intérieures d'un autre État et que le **droit de la guerre** doit avoir préséance afin d'assurer la possibilité d'une paix subséquente.

Kant développe les trois piliers de la paix perpétuelle. Premièrement, dans tout État, la constitution civile doit être républicaine. La séparation des pouvoirs législatif et exécutif est capitale, puisqu'un leader politique ne pourra déclarer la guerre sans l'assentiment du législatif, qui lui représente les citoyens. Il est hors de doute « que les citoyens réfléchiront mûrement avant d'entreprendre un jeu aussi pernicieux » (Kant, 1947 : 17), puisque ce sont eux qui assument le coût social désastreux de ces entreprises.

Deuxièmement, le droit des gens doit être fondé sur un fédéralisme d'États libres. Il est important de noter que Kant ne propose pas la formation d'un gouvernement supranational, mais plutôt une alliance pour la paix. Bien que son modèle repose sur une analogie domestique, il ne va pas jusqu'à proposer que les États s'associant sous un droit commun délèguent leur pouvoir souverain à une entité supérieure, comme les individus l'ont fait dans le mythe libéral du contrat social. Il ne s'agit donc pas d'un État civil entre les nations qui succéderait à l'état de nature, mais bien plutôt d'une alliance de principe.

Troisièmement, le droit cosmopolite doit se restreindre aux conditions de l'hospitalité universelle. Kant suggère que les visiteurs comme les hôtes se comportent de façon hospitalière. Il critique ainsi les conquêtes coloniales destructrices, la traite des esclaves et l'ethnocentrisme.

Kant ne nie pas les principes hobbesiens ou machiavéliens qui veulent que les États évoluent dans un état de guerre, c'est-à-dire sous la menace permanente d'hostilité (1947 : 13). L'état de paix qu'il a en tête doit être institué et résulter d'une volonté politique et non pas d'une loi naturelle.

L'idéalisme

L'idéalisme représente un autre moment dans cette théorie. À la suite de la Première Guerre mondiale, la fondation de la Société des Nations reproduisit, en quelque sorte, le fédéralisme d'États libres kantien et sa croyance que la **résolution des conflits** devait être menée selon les principes de la raison, plutôt que ceux de la force. L'idéalisme fut formulé suivant un constat empirico-historique voulant que l'interdépendance entre les États soit de plus en plus importante, rendant caduque la conception d'un système d'États isolés.

Mariant une conception téléologique de l'histoire à l'intérêt des États de fonder un régime de **sécurité collective** (Davies, 1930), l'idéalisme proposait que des institutions politiques internationales puissent servir de lieu de résolution pacifique des conflits (Garner, 1925). E. H. Carr fut l'un des critiques de ce courant, en affirmant notamment que les États n'avaient pas tous intérêt à s'associer à ces institutions et que loin de dissiper les écarts de puissance entre les États, elles ne feraient que les refléter (Carr, 1946).

La théorie de la paix démocratique contemporaine

La TPD, telle qu'elle se développe depuis les années 1970, repose sur un constat empirique fort : l'absence de guerre entre deux démocraties libérales. En effet, pour le politologue Levy, la paix démocratique est « ce qui s'approche le plus d'une loi empirique dans le champ des relations internationales » (1989 : 88). La TPD cherche à expliquer cette « loi empirique » par la structure interne des États démocratiques, en établissant un lien causal entre un régime démocratique et un comportement international plus pacifique (Roussel et O'Meara, 2007 : 101).

La thèse principale est que deux États démocratiques en conflit opteront pour un processus de résolution de différend axé sur la négociation et le compromis plutôt que sur l'intervention militaire ou la menace de celle-ci (Rummel, 1983 ; Doyle, 1986, 1997 ; Maoz et Russet, 1993 ; Russet, 1993 ; Owen, 1994 ; Weart, 1998). La conception de la démocratie à l'œuvre dans ces théories en est une où, le plus souvent, démocratie et **libéralisme** politique sont confondus. La démocratie est vue comme un régime où les leaders politiques sont élus au suffrage et représentent les intérêts des citoyens et citoyennes. De plus, la pluralité politique est institutionnalisée par l'existence de différents partis politiques. C'est pourquoi, dans la littérature, on passe allègrement et souvent sans nuance de l'expression de « paix démocratique » à celle de « paix libérale ».

Cette thèse est ensuite étayée par deux séries d'arguments, qui forment les deux variantes majeures de la théorie. La première postule des causes structurelles/institutionnelles à la paix démocratique, la deuxième des causes culturelles/normatives. Par exemple, un argument structurel/institutionnel avance que les leaders des États démocratiques sont redevables de leurs actions devant l'électorat. Adoptant l'argument kantien que les citoyens, portant le coût social des guerres, seront enclins à désirer des processus de résolution de conflit plus paisibles, les leaders devront composer avec le coût politique de leurs décisions.

Dans la même veine, le pluralisme politique ainsi que la liberté d'expression et d'opposition dans les démocraties réduisent les coûts politiques reliés à la formation d'un mouvement d'opposition à la guerre. Finalement, la transparence des gouvernements démocratiques permet aux autres États démocratiques d'observer les différents leviers qui restreignent les leaders rivaux d'adopter des attitudes guerrières (Bueno de Mesquita et Lalman, 1992 ; Morgan et Schwebach, 1992 ; Schultz, 1999 ; Bueno de Mesquita *et al.*, 1999).

En résumé, les arguments structurels/institutionnels postulent que deux démocraties ne se font pas la guerre en raison des contraintes institutionnelles imposées aux processus de décision politique dans les démocraties, ces contraintes limitant l'usage de la force dans la résolution de conflits internationaux.

La deuxième variante place l'accent sur les facteurs culturels/normatifs (Maoz et Russet, 1993 ; Russet, 1993 ; Weart, 1994 ; 1998 ; Doyle, 1997). Par exemple, un argument de ce type soutient que puisque la résolution de conflit au sein d'une société démocratique procède de façon légale ou par négociation en vue d'un compromis, les États démocratiques, entre eux, auront tendance à reproduire ce type de processus.

Cette thèse est connue sous le nom de théorie « dyadique » de la paix démocratique puisqu'elle implique une dyade (deux États). Toutefois, ses supporters reconnaissent (et souvent déplorent) le caractère belliqueux des démocraties envers les États non démocratiques. En effet, la version monadique de la théorie est plus difficile à soutenir (Roussel, 2007 : 102).

Qu'un État démocratique soit plus pacifique dans ses relations extérieures, peu importe à qui il a affaire, est empiriquement douteux, pensons seulement à l'invasion américaine de l'Irak, ou aux nombreuses conquêtes coloniales par des républiques dites « démocratiques ». Il existe tout de même une littérature importante visant à soutenir la proposition monadique de la TPD (Oneal et Russet, 1997, 1999 ; Oneal et Ray, 1997 ; Russet et Oneal, 2001).

Ainsi, la TPD est aussi, symétriquement, une théorie de la guerre. En effet, l'histoire de la guerre a en quelque sorte une fin envisageable, puisqu'elle serait intimement liée à celle de l'éradication des régimes non démocratiques (Dufour et Martineau, 2007 : 214). Ici repose l'un des problèmes théoriques majeurs de la TPD.

En effet, comment expliquer qu'un État démocratique soit paisible dans ses relations avec d'autres États démocratiques, et belliqueux envers les États non démocratiques ? Cette question nécessite que la théorie se transporte au niveau culturel/normatif plutôt qu'au niveau structurel/institutionnel puisque les contraintes de ce type, présentes dans tous les cas, devraient proscrire l'usage de la violence dans tous les cas ou dans aucun. Si les contraintes institutionnelles objectives rendent l'usage de la force difficile pour une démocratie, ces contraintes devraient agir uniformément, et non pas sélectivement. C'est donc plutôt du côté culturel/normatif que les théoriciens de la paix démocratique ont tenté de trouver une explication (Russet, 1993).

John Owen a depuis tenté une synthèse des deux variantes de la théorie en soulignant leur complémentarité (Owen, 1994). Il a cherché des réponses dans des processus de perceptions et d'intersubjectivité. Selon cette variante, qui est maintenant dominante, tout se joue sur le plan de la perception. Le point décisif repose sur le fait que les leaders démocratiques se perçoivent au sein d'une idéologie commune de compromis et de paix. Lorsqu'un conflit se manifeste entre deux États démocratiques, les leaders peuvent s'attendre à ce que la partie adverse incarne cette idéologie, et utilise des processus de résolution de conflit appropriés. Les leaders des deux États démocratiques, en se percevant mutuellement comme pacifiques, développent une relation de coopération et de compromis qui supplante la relation anarchique prévalant autrement.

D'une part, Kant revient, en ce sens que la paix démocratique n'est pas naturelle, elle est instituée à la suite de changement de perceptions intersubjectives entre les États démocratiques. D'autre part, certaines thèses constructivistes sur la construction de l'ordre international par la perception intersubjective des États entre eux sont mises à contribution de cette théorie libérale. Cette variante qui combine les arguments structurels et normatifs dans une théorie de la « perception » cherchera à expliquer le caractère belliqueux des démocraties envers des États non démocratiques par la perception faussée (l'ethnocentrisme ou l'aveuglement) de certains leaders. Par exemple, Weart explique l'implication américaine dans le coup d'État militaire contre Arbenz au Guatemala en 1952 par la mauvaise perception d'Eisenhower et de son entourage qui, obnubilés par la menace communiste, ont exagéré celle-ci et fomenté une intervention antidémocratique contre un régime élu (1998 : 221-224).

La TPD se distingue d'autres courants libéraux en théories des Relations internationales en ne proposant pas systématiquement la formation d'institutions inter ou supranationales en vue d'éradiquer les conflits. Une grande partie des théoriciens de la TPD en reste à une ontologie statiste. Aussi, l'héritage cosmopolite post-kantien n'y est pas aussi souligné qu'au sein d'autres approches libérales. Dans la TPD, il n'y a pas de projet de constitution mondiale ou de **société civile** globale. L'accent sur la démocratisation à l'intérieur de chaque État y est davantage marqué.

Dans l'ensemble, la théorie de la paix démocratique doit beaucoup à l'économie néoclassique et aux **théories du choix rationnel**. La conception de l'État à l'œuvre dans la théorie de la paix démocratique est basée sur trois piliers : l'individualisme méthodologique, la rationalité instrumentale, les notions de croyance et de préférence (Dufour et Martineau, 2007 : 225). Les États démocratiques, imbibés des croyances et préférences issues de leur culture institutionnelle démocratique, et percevant cette même culture chez leurs rivaux démocratiques, optent pour une résolution de conflit pacifique plutôt que la force. Ce comportement est le fruit d'un calcul rationnel et instrumental, puisque ce comportement est un moyen pour en arriver à une fin : la minimisation des coûts reliés à la résolution de conflit.

Critique néoréaliste

La critique **néoréaliste** de la TPD est venue en premier lieu avec John Mearsheimer (1990). Elle a toutefois été systématisée par Christopher Layne (1994) qui montre la faiblesse des deux variantes de la TPD. Pour invalider les arguments institutionnels, il reprend le point que si les contraintes institutionnelles empêchaient les démocraties d'user de la force, ces contraintes s'appliqueraient dans tous les cas, et non seulement lorsqu'une autre démocratie est la contrepartie du conflit. Contre les arguments culturels, Layne utilise quatre études de cas où il montre qu'en situation de conflit, dans les démocraties comme dans n'importe quel État, les opinions publiques sont souvent pro-guerre, les démocraties se menacent entre elles d'utiliser la force et elles négocient souvent de mauvaise foi.

Pour les néoréalistes, il n'y a rien d'exceptionnel à ce qu'il n'y ait pas de guerre entre les démocraties, les dyades démocratiques représentant ultimement un échantillon très faible des cas historiques. Mais au-delà de la rhétorique qui déclare « qu'il y a autant de chance d'y avoir une guerre entre deux démocraties qu'entre deux pays dont le nom commence par la lettre K » (Owen, 1994 : 88), la TPD et ses critiques néoréalistes achoppent sur un point fondamental. S'ils acceptent tous deux que l'ordre international est tributaire du principe de l'anarchie, pour les uns (néoréalistes), ce principe est éternel et inchangeable, alors que pour les autres (TPD), ce principe peut être supplanté par l'institution d'une paix démocratique.

Au-delà du débat : les études critiques et la théorie de la paix démocratique

L'une des critiques les plus pertinentes de la TPD est venue de Tarak Barkawi et Mark Laffey (1999 ; 2001). Rejetant la problématique de la paix démocratique comme trop étroite, ils ont voulu remettre les catégories dans lesquelles est pensé ce problème en contexte historique et international. Quatre critiques majeures sont mises de l'avant. Premièrement, l'**ontologie** qui sous-tend la TPD ne diffère guère de l'ontologie néoréaliste, en ce sens, ils dénoncent le caractère stato-centré de la théorie, au détriment de l'analyse d'autres acteurs et forces sociales au sein du monde international.

Deuxièmement, les auteurs critiquent la définition de la guerre de la TPD. Selon eux, cette définition est trop étroite (conflit armé entre deux États souverains) et occulte une panoplie de manifestation de violence qui ne correspond pas à cette définition. Troisièmement, Barkawi et Laffey critiquent la définition de la démocratie, et rappellent que la démocratie libérale n'est qu'une forme historique de démocratie parmi tant d'autres, et que la définition du concept méprend le libéralisme et la démocratie.

Finalement, ils critiquent l'occidentalo-centrisme implicite de la TPD, c'est-à-dire que s'il y a une zone de paix libérale (Occident), il y a aussi une zone de guerre non libérale (Sud global) et que le fait que les théoriciens se concentrent uniquement sur les dyades démocratiques occulte toute une partie de la réalité internationale, celle où précisément le libéralisme montre son visage violent à travers l'impérialisme et la bellicosité (2001 : 4).

Le sociologue Michael Mann (1999 ; 2001) a également formulé une critique de la TPD. Pour lui, elle occulte le fait que certaines démocraties soient à la source des ethnocides et **génocides** modernes. Mentionnant, entre autres, le génocide des Amérindiens par les colons américains et la guerre de Bosnie, il remarque que lorsque la démocratie « organique » associe nation et ethnie, cela peut porter au nettoyage ethnique. Et dans le contexte nord-américain, les colons et les Amérindiens étaient tous deux organisés démocratiquement, tout comme les belligérants en Bosnie. Cela n'a pas empêché les massacres. C'est là l'un des « côtés sombres de la démocratie » (1998).

Cette critique a été reprise et radicalisée du côté des **théories poststructuralistes** par Michael Dillon et Julian Reid (2000, 2001 ; Reid, 2004). Selon ces théoriciens, si la paix libérale est à la source des violences connues hors de son sein, c'est parce que les sociétés libérales sont elles-mêmes construites d'après une logique de violence structurelle libérale qui se répercute dans l'ordre international. L'expansion d'une zone de **gouvernance** globale libérale n'est que l'expansion de cette violence structurelle à l'échelle globale.

Du côté de la **sociologie historique**, Dufour et Martineau (2007 : 225-226) ont critiqué les prémisses de la TPD et de sa critique poststructuraliste en montrant que toutes deux partageaient les mêmes présupposés de développement uniforme. En effet, seule une perspective historique permet de problématiser les chaînes causales fortement téléologiques du développement du libéralisme mises de l'avant par la TPD et certaines de ses critiques.

Les États « libéraux » ne sont pas tous issus d'une même séquence développementale homogène, au contraire, leurs développements institutionnels font partie d'un processus de modernisation loin d'être linéaire. Rejoignant la critique de Barkawi et Laffey, ils arguent que l'emploi d'une catégorie fixe d'« État libéral », de « démocratie » ou de « guerre » est problématique.

Ils ajoutent toutefois qu'une analyse de la reproduction du pouvoir social au sein des sociétés civiles des États capitalistes permet de saisir que les acteurs dominants peuvent utiliser leur contrôle sur le marché au sein et à l'extérieur de leur État national, sans pour autant entamer la souveraineté des autres États, ni avoir recours aux moyens guerriers traditionnels.

Frédérick Guillaume Dufour
et Jonathan Martineau

PARADIGME

Paradigm

> Paradigmes : découvertes scientifiques universellement reconnues, qui, pour un temps, fournissent à une communauté de chercheurs des problèmes types et des solutions (Kuhn, 1983 : 11).

C'est à Thomas Kuhn que l'on doit la popularisation du concept de paradigme que la tradition philosophique avait laissé en suspens depuis Platon. Bien que *La structure des révolutions scientifiques* ne soit pas toujours reconnue comme un apport central à la philosophie des sciences, l'ouvrage de Kuhn occupe une place importante en histoire, en plus d'être une source d'inspiration pour les approches rivales au paradigme **épistémologique** cartésien en sociologie des sciences, en sciences sociales et en études littéraires.

Plusieurs sens peuvent être octroyés au concept de paradigme. On se contentera ici de rappeler la clarification que Kuhn apporta à son expression, en distinguant le concept de *paradigme* de celui de *matrice disciplinaire*. Il recommanda de réserver l'usage du terme *matrice disciplinaire*, afin de désigner « l'ensemble des **théories** ou plus généralement des connaissances que partagent un groupe de chercheurs travaillant sur un même sujet à un moment donné », et celui du terme *paradigme*, afin de désigner « non pas ces entités représentatives elles-mêmes mais la manière dont celui *qui* est éduqué dans la discipline apprend à les reconnaître, à les isoler, à les distinguer » (Nouvel, 2000 : 718). On notera ici un rapprochement entre la sociologie de la connaissance de Kuhn et celle de Bourdieu qui utilise le concept de *champ*, là où le premier utilise celui de *matrice disciplinaire* et celui d'*habitus*, là où Kuhn utilise celui de *paradigme*.

Kuhn identifie trois moments clés au sein de la pratique scientifique : la période de *science normale*, l'entrée en *crise d'un paradigme* et la *révolution scientifique*. Durant une période de *science normale*, un premier paradigme s'articule autour d'un certain nombre de lois théoriques, un vocabulaire conceptuel déterminé et un savoir-faire particulier sur la façon dont doit être menée la recherche scientifique au sein d'une communauté de chercheurs. Ce paradigme engendrera certaines problématiques et certaines lois expérimentales, c'est-à-dire un « ordre du jour » des problèmes que doit aborder une communauté de chercheurs, afin de faire progresser la science. Durant la période de *science normale*, les points de repère de la matrice disciplinaire comme les règles du paradigme sont reconnues par la communauté scientifique. Celle-ci s'accorde sur la nature des problèmes dont la résolution est pertinente comme sur celle des questions qui ne le sont pas. Il est important de noter le caractère **intersubjectif** et institutionnel de la pratique scientifique telle que Kuhn la conçoit.

Une crise survient au sein d'un paradigme lorsqu'une communauté de chercheurs ne parvient plus à résoudre les problèmes qu'il engendre ; la matrice disciplinaire semble alors déficiente et le premier réflexe de la communauté de chercheurs sera de lui substituer quelques hypothèses *ad hoc*. Lors d'une crise, soutient Kuhn, tous les points de repère cognitifs d'une communauté scientifique ne seront pas nécessairement suspendus. Les chercheurs viseront à ce que leur théorie demeure précise, exempte de contradictions internes, d'une grande portée, simple et féconde (Kuhn dans Jacob, 1980), mais ils se butent aux limites de la matrice disciplinaire au sein de laquelle ils évoluent. C'est alors que s'amorce une période où de plus en plus de chercheurs effectueront une transition vers un autre paradigme. Kuhn soutient, à l'encontre de Popper, qu'il est impossible d'expliquer cette transition par la seule valse des arguments logiques (Nadeau, 1994 : 20). Un élément de conversion non cognitif (c'est-à-dire social) serait également constitutif de toute transition entre paradigmes.

Lorsque, à la suite d'une situation de crise, un paradigme est substitué à un autre, il « s'opère un changement complet dans la conception de la manière pertinente de poser les problèmes » (Nouvel, 2000 : 718). C'est ce que Kuhn désigne par *Révolution scientifique*. Nadeau souligne qu'« une révolution scientifique n'est véritablement advenue que lorsqu'une communauté organisée de chercheurs a dans son ensemble et pour l'essentiel changé radicalement de point de vue et de façon de faire » (Nadeau, 1994 : 16).

Certains ont remis en question l'approche de Kuhn en général (Nadeau, 1994), d'autres l'ont fait en sciences sociales en particulier (Boudon, 1986), parce qu'à leur avis aucune rupture épistémologique ou différence entre approches rivales ne s'apparente à ce que Kuhn désigne comme un paradigme. Un des éléments problématiques de l'application de son approche à la théorie des **Relations internationales** est la thèse de l'incommensurabilité des paradigmes, notion reprise par les **postmodernes**. Selon une version forte de cette thèse, il n'y a aucun moyen d'évaluer de façon conclusive si un paradigme est supérieur à un autre. De plus, pratiquement aucun concept d'un des paradigmes ne devrait se retrouver dans un autre. Selon cette lecture, il n'y aurait donc rien de comparable entre des paradigmes rivaux. Selon une lecture plus souple de cette thèse, certains concepts peuvent faire partie du vocabulaire conceptuel de paradigmes rivaux. Si l'on accepte cette deuxième lecture, le concept de paradigme se rapproche alors des expressions *approche* ou *mouvance théorique*, et y avoir recours devient alors superflu.

En métathéorie des études internationales, plusieurs chercheurs (Lapid, 1989 ; Neufeld, 1993 ; Wæver, 1997) emploient la terminologie de Kuhn pour ordonner l'évolution de la discipline. Lapid forgea également l'expression *paradigmatisme* pour souligner un aspect particulier du *troisième débat* en Relations internationales ; le fait que celui-ci porte davantage sur des aspects d'ordre métathéorique que les deux premiers grands débats qui structurèrent ce champ (Lapid, 1989) (voir **Paradigmes, débat entre**, et Relations internationales). D'autres (Smith, 1995), sans nier que certaines approches aient été au centre de l'attention en Relations internationales pendant de longues périodes — l'**idéalisme** (1918-1939), le

réalisme (1939-1979), le **behavioralisme** (1955-1975), le **néoréalisme** (1978-1985), l'**institutionnalisme** (1984 à aujourd'hui) — refusent de caractériser ces époques comme des paradigmes, et les transitions entre celles-ci comme des *révolutions scientifiques*. Smith invoque plusieurs arguments pour s'opposer à cet emprunt. Il soutient d'abord que les transitions chronologiques entre ces différentes approches sont très poreuses et que l'ensemble de la communauté de chercheurs en études internationales ne bascula jamais dans son ensemble d'un courant à un autre. Un autre inconvénient de cette approche est qu'à l'intérieur même des communautés de recherche, on ne retrouve pas une homogénéité assez forte pour que l'on puisse affirmer qu'elles constituent véritablement un paradigme ou qu'elles partagent une même matrice disciplinaire. Un dernier inconvénient de cet emprunt est que bien qu'il y ait des transitions entre les courants théoriques et que celles-ci amenèrent effectivement à prendre en compte différents éléments et à regarder le monde différemment, on ne saurait qualifier ces transitions de *révolutions scientifiques* sans banaliser le sens de cette expression. Il serait difficile d'identifier une époque où le vocabulaire d'un cadre théorique serait entièrement étranger à celui d'un cadre rival.

Selon Lapid (1989), en Relations internationales, davantage que dans d'autres champs de la science politique, on a souvent eu affaire à un manque de volonté de la part de chercheurs de s'engager dans un débat avec des approches rivales. Jusqu'au début des années 1990, l'exercice de la critique prisé par Popper a été limité à un carcan étroit, et il a effectivement rarement porté sur des enjeux métathéoriques. Cette tendance mena parfois à des dialogues de sourds (voir le débat sur le **féminisme** ; Keohane, 1989 ; Weber, 1994). L'exercice de la critique est ce qui fait ce qu'un cadre théorique vit davantage d'arguments que de dogmes ; l'avenir des Relations internationales en tant que discipline **réflexive** est donc étroitement lié à ce que cet exercice ne soit pas limité, sous prétexte que les différents cadres théoriques sont des paradigmes perméables et qu'ils ne peuvent donc pas être comparés (Neufeld, 1993).

Frédérick Guillaume Dufour

PASSAGER CLANDESTIN

Free-rider

Voir **Biens publics**.

PENSÉE STRATÉGIQUE

Strategic Thinking

Ce qu'on appelle la *pensée stratégique* trouve sa source chez les penseurs civils et militaires qui, depuis 2000 ans, traitent de la **guerre**, de sa conduite et de ses effets. Il s'agit donc d'un champ très large, qui demeure crucial si l'on veut comprendre la façon dont pensent et agissent ceux qui font la guerre.

Traditionnellement, la réflexion stratégique comporte trois domaines d'étude distincts qui correspondent aux différentes dimensions de l'action militaire : terrestre, navale et aérienne. À ceux-ci, il est coutume d'ajouter, depuis la seconde moitié du XXe siècle, les guerres non conventionnelles qui comprennent, entre autres, la **guérilla**, le **terrorisme** et les conflits de faible intensité, d'une part, et la pensée stratégique suscitée par l'avènement de l'arme nucléaire, d'autre part. Les réflexions portant sur la guerre terrestre sont les plus anciennes. Le Chinois Sun Tsu (env. 500 av. J.-C.), l'Italien Nicolas Machiavel (1469-1527), l'Allemand Carl von Clausewitz (1781-1830), le Suisse Antoine-Henri Jomini (1779-1869) et le Britannique Basil Liddell Hart (1895-1970) figurent tous parmi les penseurs qui se sont illustrés dans ce domaine.

Ce champ de la pensée stratégique se concentre surtout sur l'étude des principes qui permettraient d'assurer la victoire à ceux qui les appliquent. Dans le domaine de la guerre terrestre, on peut distinguer les auteurs qui prônent l'offensive et ceux qui favorisent la **défense**. Parmi les premiers, Napoléon, Clausewitz et les théoriciens de la *Blitzkrieg* sont probablement les plus connus. Ils avancent, en général, que la guerre doit être menée de façon agressive, en recherchant la bataille décisive afin d'abattre l'ennemi d'un coup. Les penseurs de cette école accordent également une grande importance aux aspects matériels des combats et à la logistique, car ces éléments conditionnent fréquemment la victoire (voir **stratégie**).

Ceux qui prônent la défensive mettent, quant à eux, l'accent sur les façons de vaincre au moindre coût. Ce type de stratégie, dont Sun Tzu, le maréchal de Saxe (1696-1750) et Liddell Hart sont les représentants traditionnels, propose de recourir à des stratégies « indirectes » et aux ruses afin de contourner les défenses de l'ennemi et de le frapper là où il est le plus faible. En fait, le but ultime de cette approche, selon Sun Tsu, serait de gagner la guerre sans livrer bataille.

Le second domaine où s'est déployée la pensée stratégique est celui de la mer. L'auteur qui symbolise cette réflexion est l'Américain Alfred Thayer Mahan (1840-1914). L'objet de la stratégie navale a été, et demeure, l'acquisition de la puissance maritime (*sea power*). D'après Mahan, la puissance navale sert non seulement à assurer la sécurité maritime d'un pays, mais aussi à promouvoir ses intérêts politiques et économiques au niveau mondial. Selon les stratèges dans ce domaine, toute grande puissance, qui se respecte, doit détenir des forces navales suffisantes pour défendre les voies de communication maritimes nécessaires à sa prospérité économique et commerciale. La stratégie maritime prône ainsi, depuis des siècles, la mise sur pied de marines conçues pour des affrontements en haute mer (*blue sea navies*). Progressivement, cependant, avec la disparition des grandes flottes militaires depuis quelques décennies, la pensée stratégique contemporaine s'est davantage tournée vers les opérations amphibies et la projection de la force militaire de la mer vers la terre.

La puissance aérienne constitue, évidemment, l'objet le plus récent de la réflexion stratégique. Un des pionniers de ce type de stratégie est l'Italien Giulio Douhet (1869-1930). Il fut le premier à avancer que les armées qui réussiraient à maîtriser l'espace aérien obtiendraient un avantage considérable sur le champ de bataille proprement dit. Selon lui, la puissance aérienne permettrait également de frapper directement une société ennemie, détruisant ses infrastructures économico-militaires et démoralisant sa population. C'est à l'école de la puissance aérienne que l'on doit, entre autres, le concept de bombardement stratégique, technique née durant la Seconde Guerre mondiale, mais qui a pris toute sa signification à l'époque de la **dissuasion** nucléaire. Aujourd'hui, alors que les technologies de l'information prennent de plus en plus de place dans les stratégies contemporaines, la puissance aérienne a gardé son attrait pour les penseurs de la **révolution dans les affaires militaires**. L'aviation promet, en effet, l'obtention d'une victoire rapide grâce à l'usage combiné des armes guidées de précision et des techniques de la guerre électronique.

Le quatrième domaine de la réflexion stratégique est celui qui touche les diverses formes de guerres non conventionnelles. Cette notion est évidemment ancienne, dans la mesure où elle comprend les opérations de guérilla, les raids, les coups de main et les embuscades qui sont le propre de la guerre primitive depuis l'Antiquité. C'est, cependant, avec la **guerre révolutionnaire** que les opérations non conventionnelles vont acquérir leurs lettres de noblesse. Mao Tse Tung, Vo Nguyen Giap, Che Guevara sont probablement parmi les stratèges les plus connus de ce type de guerre. Les tactiques issues de la guerre révolutionnaire inspirent, d'ailleurs, aussi les protagonistes des guerres civiles contemporaines, de l'Afrique à la Russie en passant par l'Amérique latine.

Enfin, au cours de la **Guerre froide**, la pensée stratégique était largement occupée par les réflexions sur la possibilité de l'utilisation des armes nucléaires. Contrairement à ce qui s'est passé dans le cas de ce que l'on pourrait appeler la pensée stratégique « classique », où le débat sur le nucléaire était surtout mené par des militaires actifs ou de la réserve, cette fois-ci la pensée stratégique tendait à être dominée par des penseurs et des théoriciens civils, universitaires ou chercheurs engagés dans des *think tanks*, dont l'exemple le plus célèbre reste sans doute celui de la RAND Corporation. Une grande partie des études sur la stratégie nucléaire mettait avant tout l'accent sur la notion de dissuasion, donc sur la façon d'éviter le recours à cet **armement de destruction massive** par une des cinq puissances nucléaires de l'époque. Néanmoins, certains théoriciens n'hésitaient pas à réféchir aussi sur ce que Herman Kahn appelait l'« impensable » (1962), c'est-à-dire la possibilité d'une guerre nucléaire et la nécessité d'élaborer une véritable stratégie qui permettrait de survivre, sinon de sortir gagnant, si jamais une telle situation devait se présenter. Avec la fin de la Guerre froide, et donc la disparition du risque qu'un conflit nucléaire éclate entre les deux adversaire principaux de cette époque, la pensée stratégique s'est plutôt tournée vers des questions de **désarmement** et de la prévention, ou du moins de la limitation, de la prolifération nucléaire et d'autres armements de destruction massive.

Évidemment, la réflexion stratégique, comme la pratique de la guerre, est en mutation constante. Les cinq catégories mentionnées ici ne sont donc pas les seules que l'on puisse imaginer. Il ne serait, en effet, pas étonnant de voir la dimension spatiale de la stratégie prendre de l'importance dans les prochaines décennies.

Benoît Gagnon

PÉRIMÈTRE DE SÉCURITÉ — Security Perimeter

La vaste entreprise de révision des structures de sécurité du pays qui a suivi les attentats du 11 septembre 2001 a révélé que les préoccupations de Washington en matière de sanctuarisation du territoire national étaient bien antérieures à l'effondrement des tours du World Trade Center. Le *Homeland Defense* (années 1990) avait déjà jeté les bases d'une **défense** de l'Amérique du Nord contre une agression extérieure. La notion a, par la suite, fait place à un concept beaucoup plus englobant, celui de périmètre de sécurité. La paternité du terme semble revenir à Gordon Giffin alors ambassadeur des États-Unis au Canada qui l'utilisa dans l'un de ses discours en octobre 2000. Cependant à cette époque, le concept ne paraissait désigner que la **sécurisation** des frontières en vue de sanctuariser le territoire américain et ne concernait pas à l'ensemble de l'Amérique du Nord.

Toute une littérature tant universitaire que gouvernementale s'est ainsi développée autour de la perméabilité des frontières. Dès 1999, un ensemble de réflexions et de dispositifs concernant le contrôle des frontières et l'échange de renseignements entre les instances fédérales canadiennes et américaines a commencé à prendre forme (harmonisation des procédures et des réglementations, identification et surveillance des matières dangereuses, confiscation des marchandises illicites, lutte contre l'immigration clandestine et criminalité transfrontalière, etc.) (Roussel, 2002). Le 11 septembre 2001 a toutefois considérablement accéléré et élargi le processus qui n'en était alors, comme on s'en rend compte aujourd'hui, qu'à ses balbutiements (Anderson et O'Dowd, 1999).

Du jour au lendemain, par crainte de se voir couper même en partie l'accès au marché américain, Ottawa s'est trouvé contraint de collaborer de manière accélérée avec Washington sur une série d'initiatives visant la mise en place effective d'une «frontière intelligente». Cette notion désigne un ensemble de mécanismes de contrôle devant permettre le renforcement de la sécurité sans entraver, en principe du moins, le commerce ou le déplacement des personnes. Elle a été l'un des tout premiers chevaux de bataille des autorités fédérales américaines dans la foulée des attentats de septembre 2001. Au regard de la portée des processus de sécurisation actuellement à l'œuvre au Canada comme aux États-Unis, l'enjeu de cette frontière intelligente paraît aujourd'hui presque anodin, tant l'arbre cache la forêt. À l'époque, elle a pourtant donné lieu à un vif débat dans le petit monde de la sécurité et dans celui, plus vaste, des relations canado-américaines. Certains, considérant le caractère vital pour l'économie canadienne de l'accès au marché voisin, plaidaient pour une coopération renforcée allant même jusqu'à préconiser une union douanière avec les États-Unis (Mirus, 2001). D'autres arguaient qu'il ne fallait pas s'empresser de céder à ces exigences par crainte de se voir aspirer par la psychose sécuritaire que connaissait alors le pays (Bélanger *et al.*, 2004).

Les attentats du 11 septembre 2001, l'épisode du Syndrome respiratoire aigu sévère (ou SRAS, maladie respiratoire parfois mortelle venue d'Asie qui a infecté plus de 400 Canadiens entre la fin de l'année 2002 et le début l'année 2003) et de l'ouragan Katrina entre autres ont clairement établi que plusieurs menaces à la sécurité nationale ou régionale ne sont pas limitées aux enjeux frontaliers mais qu'elles mobilisent un nombre beaucoup plus importants d'acteurs et de ressources concernant l'ensemble du territoire nord-américain et non seulement son pourtour. On peut regrouper ces éléments sous quatre grandes rubriques: 1) la lutte au **terrorisme** et à la **criminalité transfrontalière**, 2) le commerce transfrontalier, 3) les infrastructures essentielles et 4) les premiers répondants et les collectivités territoriales.

La lutte au terrorisme et à la criminalité transfrontalière

Dans le domaine de la lutte à la criminalité transfrontalière, le gouvernement fédéral américain a adopté plusieurs mesures de nature à inquiéter les défenseurs des droits de la personne. On pense ici, notamment, au *Patriot Act*, qui renforce considérablement les prérogatives de Washington dans la surveillance des personnes (résidants étrangers et nationaux) (Foner, 2001). En vertu de cette loi, les agences de renseignements et d'enquêtes fédérales (Bureau fédéral des investigations, Bureau des douanes, etc.) sont autorisées à enquêter sur une personne ou sur un groupe sans avoir à justifier de la probabilité d'une action criminelle. De plus, toute organisation politique peut faire l'objet d'une surveillance et les résidants non citoyens peuvent être arrêtés, déportés ou se voir refuser l'accès au territoire américain sur des présomptions vagues et des critères nébuleux. Un suspect peut être détenu pendant six mois sans être inculpé et sans pouvoir se prévaloir des droits normalement conférés à tout justiciable par le système judiciaire américain. La lutte au terrorisme et à la criminalité transfrontalière implique donc une surveillance accrue des résidants étrangers et même des citoyens, au nord comme au sud de la frontière canado-américaine.

D'autres mesures plus récentes et plus ciblées inquiètent également les défenseurs des libertés individuelles et collectives. Mentionnons à titre d'exemple que les agents affectés à la surveillance des frontières sont autorisés à déporter hors du pays les intrus avant qu'ils comparaissent devant un juge (Swarn, 2004).

Au Canada, l'appareil de sécurité publique n'est pas rendu aussi loin. Il serait toutefois illusoire de penser que la Confédération canadienne n'a pas été influencée, du moins en partie, par la logique qui prévaut encore aujourd'hui au sud du 49e parallèle (Austin, 2001). La loi antiterroriste adoptée en 2001 balise le cadre d'action jugée raisonnable par le gouvernement canadien, même s'il est question de détention préventive d'une personne pendant 72 heures sans inculpation, d'arrestation sans mandat sur la base de simples soupçons. Le passeport est désormais obligatoire pour se rendre aux États-Unis par voie aérienne et terrestre et le projet d'une carte d'identité canadienne biométrique est encore dans l'air.

Le commerce transfrontalier

Pour les Canadiens, les questions commerciales sont importantes. Chaque jour, des milliers de camions, de trains et d'avions quittent le territoire à destination des États-Unis y transportant une part substantielle de la production des entreprises. Il est facile de comprendre que les entraves au commerce puissent constituer une source d'inquiétudes majeures pour les provinces, mais aussi pour les États fédérés où les produits trouvent leurs débouchés (Cellucci, 2004). Le nouvel ordre du jour sécuritaire a également entraîné une surveillance accrue des conteneurs et des camions qui traversent la frontière. L'entrée en vigueur des documents d'identité sécurisés exigés par les États-Unis freine également le tourisme et les échanges commerciaux (Lenihan, 2006). On comprend alors toute l'importance qu'il y a pour les Américains, comme pour les Canadiens, d'avoir voix au chapitre quand vient le temps de déterminer les normes et les critères à satisfaire en matière de sécurité lors du passage de la frontière (Waller-Meyers, 2003).

Les infrastructures essentielles

Aux États-Unis, après la destruction du World Trade Center et d'une aile du Pentagone à la suite d'actes terroristes, mais aussi d'une bonne partie de la Nouvelle-Orléans par le cyclone Katrina, on peut comprendre que la notion d'infrastructures essentielles soit devenue omniprésente dans les plans de la sécurité civile. L'observation vaut pour le Canada qui a lui aussi connu son lot de désagréments en la matière entre la crise du verglas au Québec (1998), le SRAS qui a paralysé les hôpitaux de Toronto (2003) ou encore le *black-out* du 14 août 2003 où la défaillance d'une centrale américaine avait privé d'électricité 10 millions de Canadiens et plus de 40 millions d'Américains. Selon les termes d'Ottawa (2007), le concept d'*infrastructure essentielle* désigne :

> Les installations, réseaux, moyens et biens physiques et ceux de la technologie de l'information, dont la défaillance ou la destruction entraînerait de graves répercussions sur la santé, la sécurité ou le bien-être économique des Canadiens et des Canadiennes, ou encore sur le bon fonctionnement des gouvernements du pays.

Ou en d'autres termes, toutes les composantes nécessaires au maintien des services d'urgence en cas de crise (fonctionnement des hôpitaux, des corps de police et de secours…) et à la poursuite d'une activité économique quasi normale. Dans ce domaine, la question de l'approvisionnement énergétique, par exemple, apparaît cruciale pour les États de la Nouvelle-Angleterre et les provinces. Dans la mesure où les États du nord-est des États-Unis s'approvisionnent en énergie auprès du Québec et de l'Ontario et que les réseaux de distribution sont parfois interconnectés, il s'agit d'une question transfrontalière importante.

Les premiers répondants

La notion de premiers répondants sert à désigner l'ensemble du personnel public ou privé qui se trouve directement et prioritairement en contact avec une catastrophe ou une quelconque défaillance du système de sécurité publique. Les professionnels ciblés sont donc aussi bien ambulanciers que policiers, pompiers, infirmiers ou techniciens dans un service public stratégique. En général, les personnes concernées relèvent des autorités locales, c'est-à-dire des provinces et des États, bien sûr, mais aussi des municipalités, voire des arrondissements.

Derrière le principe même de premier répondant se trouve le postulat que les autorités les plus au fait des réalités du terrain sont les plus à même de gérer efficacement une situation de crise ou de répartir adéquatement les ressources (acquisition d'équipements, formation du personnel, établissement de plans d'urgence, etc.).

Au départ, la coopération en vue de sanctuariser l'Amérique du Nord touchait essentiellement le Canada et les États-Unis et ne devait concerner que la gestion des frontières. Finalement, le Mexique s'est joint au groupe à travers le Partenariat pour la sécurité et la prospérité, élargissant ainsi le spectre des négociations en amenant de nouveaux sujets à l'ordre du jour (immigration illégale, statut des expatriés mexicains résidant aux États-Unis, etc.).

Près de dix ans après les propos de l'ambassadeur Giffin, on s'aperçoit également qu'une multitude d'éléments répartis sur l'ensemble du territoire formé par les pays membres de l'ALENA sont concernés par la notion de périmètre de sécurité et pas uniquement les frontières. En gardant le débat sur un plan géométrique, on pourrait dire que le périmètre de sécurité prend de plus en plus les apparences d'une aire de sécurité.

Yannick Quéau

PIRATERIE MARITIME

Maritime Piracy

La piraterie est la pratique qui consiste en l'attaque d'un navire dans le but 1) de faire main basse sur sa cargaison ; 2) de voler l'embarcation elle-même et 3) d'enlever ou de rançonner les passagers. Les pirates ne ciblent pas uniquement des bateaux, ils peuvent aussi s'en prendre à des villes côtières de faible dimension.

Selon le **droit international**, si le geste en lui-même importe bien évidemment, il faut encore considérer le statut de la personne qui le commet et ses fins avant de la poursuivre pour piraterie (Global Security, 2008). Un acte de piraterie ne peut en effet être perpétré que par un acteur privé et qu'à des fins privées. L'équipage d'un bâtiment de guerre d'une flotte nationale ne peut donc être poursuivi pour piraterie. Il en va de même de belligérants qui, dans le cadre d'une **guerre civile** par exemple, se serviraient de la piraterie pour atteindre leurs buts politiques. Ces dispositions illustrent bien la difficulté pour les États de mettre un terme à l'une des plus vielles activités criminelles perpétrées en mer.

Loin d'être une relique du passé, la piraterie se porte très bien au XXIe siècle. La faible protection dont disposent les navires modernes combinée au recul des patrouilles militaires en mer depuis la fin de la **Guerre froide** rendent la tâche relativement aisée aux pirates contemporains qui ont troqué les sabres d'abordage et les rapides voiliers pour des mitrailleuses lourdes, des téléphones cellulaires et des bateaux à moteur à grande vitesse. Ils opèrent dans certaines des zones maritimes les plus fréquentées de la planète, mais où la surveillance est faible, c'est-à-dire de part et d'autre du canal de Panama (mer des Caraïbes, par exemple), dans le golfe de Guinée, dans les eaux qui bordent la corne de l'Afrique (le golfe d'Aden et la mer Rouge) et en Asie, dans une région s'étendant de la mer de Chine du Sud au golfe du Bengale (Barrault, 2007).

De plus, les pirates savent déjouer les instruments de détection en transformant de simples barques en embarcations adaptées à leurs besoins, de sorte que les radars ne les détectent pas et ils ne sont en général repérés que trop tard. L'équipage sous-payé et peu nombreux des navires cargos ne représente pas vraiment un obstacle même si, dans la plupart des cas, on remarque que ce sont les effets des personnes à bord bien plus que la cargaison qui est la cible des pirates. Plus rares sont en effet les cas où les pirates s'en prennent au bâtiment et à la cargaison, car une telle entreprise les ralentirait dans leur fuite et augmenterait le risque de se faire prendre.

L'ONU estime qu'entre 1993 et 2003, le nombre d'attaques pirates a plus que triplé. Ce chiffre continue d'augmenter depuis, mais à un rythme moins effréné peut-être en raison de l'intérêt croissant de la communauté internationale pour le phénomène et le renforcement général des mesures de sécurité de la part de plusieurs alliés des États-Unis (Japon, Australie, par exemple). La croissance tout de même remarquable de la piraterie moderne s'explique par une combinaison de facteurs. D'abord la fin de la Guerre froide a signalé une réduction du nombre de patrouilles maritimes militaires en surface et subaquatiques. Ensuite, plusieurs États restent incapables d'assurer la **sécurité** dans leurs eaux territoriales, les bâtiments de guerre ou ceux en lien avec la protection des littoraux étant extrêmement coûteux. Enfin, le fait que les bateaux commerciaux naviguent à vitesse réduite et que leurs équipages sont souvent payés en argent liquide, fait d'eux des cibles de choix (Feron, 2002).

Le détroit de la Malacca et les eaux bordant l'Indonésie sont, pour l'heure, les zones les plus à risques. On y recense près de 40 % des actes de pirateries commis chaque année dans le monde. Les enjeux sont énormes quand on sait que ce seul détroit voit transiter près de 30 % des échanges mondiaux par voie maritime. Pour Domenach (1998, 129),

> le retour de la piraterie montre bien comment progrès et danger s'articulent dans le nouvel espace régional est-asiatique. La croissance économique signifie non seulement une valorisation des échanges, mais aussi [...] des différences économiques qui motivent la prédation.

Ainsi, les défis posés par la piraterie contemporaine sont à la fois commerciaux, stratégiques (**sécurisation** des voies d'approvisionnement de la Chine et du Japon), environnementaux (dans l'hypothèse du détournement d'un navire pétrolier ou transportant des produits chimiques) et tout simplement humains, car l'on constate une augmentation du nombre de morts au cours d'actes de piraterie.

La communauté internationale semble avoir tardé à prendre des mesures pour contrer le phénomène. L'entrée en vigueur, en juillet 2004, de l'*International Ship and Port Facility Security Code*, un code international pour la sûreté des navires et des installations portuaires, apparaît être la seule mesure notable prise au cours des années 2000. Il se borne à définir des niveaux de sûreté et d'alerte et ses dispositions semblent davantage tournées vers la lutte au terrorisme que vers la piraterie.

Yannick Quéau

POLARITÉ

Polarity

Concept emprunté à l'électricité pour désigner le nombre de « pôles » ou de centres de **puissance** dans le **système international**. Il s'agit d'un des éléments les plus importants de la structure du système international selon le **néoréalisme**, surtout chez Waltz (1979). D'après les néoréalistes, une structure bipolaire offre la meilleure garantie de stabilité, puisqu'elle crée un équilibre qui réduit au maximum les incertitudes. La multipolarité serait, par contre, celle qui serait la plus sensible au déséquilibre et donc à l'instabilité et à l'insécurité générale. Enfin, l'**unipolarité** serait aussi assez instable, parce que la puissance dominante ferait l'objet de rivalités constantes, qui mèneraient éventuellement à son remplacement par un ou plusieurs autres centres de puissances.

POLÉMOLOGIE

War studies

L'étude scientifique et empirique de la **guerre** s'est développé au XXe siècle. Dans l'Antiquité et au Moyen Âge, la guerre était généralement l'objet de passion (littérature et mythologie), de descriptions détaillées (histoire des guerres. Voir, par exemple, l'*Histoire de la guerre du Péloponnèse* de Thucydide du Ve siècle av. J.-C. et la *Chronique* de Tabari écrite au IXe siècle), de réflexions philosophiques, juridiques et religieuses (notions de **guerre juste**, guerre sainte). La guerre était donc souvent l'objet de jugement moral qui la glorifiait ou la condamnait. Cependant, quelques historiens tels que Sun Tsu, Thucydide et Ibn Khaldoun qui ont étudié, entre autres, les causes de la guerre ont légué des observations et des prémisses pertinentes aux théoriciens modernes.

Depuis la Renaissance et la publication, en 1521, de *L'Art de la guerre* de Nicolas Machiavel, la conduite de guerre (*i.e.* la stratégie militaire) intéresse sérieusement les penseurs, par exemple les grands traités stratégiques d'auteurs aussi éminents que le Prussien Karl von Clausewitz (1780-1831) et le Français Antoine-Henri Jomini (1779-1869). Pourtant, ces écrits se bornent à conseiller le prince sur les **stratégies**, les tactiques militaires et sur d'autres dimensions opérationnelles de la bataille.

Pour von Clausewitz, la guerre est un instrument de coercition visant à forcer l'adversaire à céder, d'où son fameux aphorisme : « La guerre est la continuation de la politique par d'autres moyens. » Cette obsession fonctionnaliste de la guerre côtoie les visions philosophiques. Ces dernières voient la guerre comme le catalyseur ou le moyen des grandes transitions historiques. Elle s'inscrit donc dans des projets universels. Hier, les **marxistes** considéraient la guerre comme la voie obligatoire pour renverser le système capitaliste ; aujourd'hui au-delà de la communauté musulmane (ummah), les islamistes djihadistes trouvent le salut dans une guerre contre le système « infidèle et laïque ». Il faudra attendre la tragédie des deux Guerres mondiales et le développement des approches **positivistes** et empiriques en sciences sociales et humaines pour que des spécialistes émergent et s'adonnent à l'étude scientifique et systématique des causes du phénomène de la guerre.

Historique de la discipline

C'est en réaction à l'échec du **pacifisme** libéral et des pensées moralistes ou moralisantes niant toute nécessité fonctionnelle à la guerre que l'étude scientifique démarre (Giès, 1984 : 892). Aux États-Unis, Quincy Wright a été le pionnier du champ d'études quantitatives sur la guerre. Dans son livre, *A Study of War* (1942), il attribue la cause de la guerre au disfonctionnement des mécanismes de résolution et de compromis dans une société. Ces mécanismes sont liés à l'interaction entre les acteurs sur quatre niveaux : la technologie militaire, l'organisation sociale, l'état de l'opinion publique sur les valeurs de base et le droit (Deutsch, 1970). En France, Gaston Bouthoul (1945) propose le terme « polémologie », du grec *polemos* (guerre et conflit) et *logos* (étude et connaissance), qui ne doit pas être confondu avec la science de la guerre (stratégie). De nombreux travaux de recherche sont publiés et, à l'initiative de Bouthoul et de son collègue Julien Freund, l'Institut français de la polémologie est fondé en 1945.

En 1965, la revue *Études polémologiques* est fondée et une communauté d'experts scientifiques se forme autour d'elle. Fort du soutien du gouvernement français, l'Institut collabore avec d'autres centres de recherche indépendants comme la Fondation pour les études de défense nationale et le Centre d'études de la politique étrangère. Pendant cette période, l'objectif de l'Institut reste l'observation scientifique des guerres et des conflits, la préparation de chroniques quotidiennes et la publication des synthèses annuelles ou trimestrielles (Carrère, 2000 : 415-416).

L'étude de la guerre dans le monde anglo-saxon a parfois combiné la démarche théorique avec des objectifs pratiques. À l'instar de l'exemple français, des centres de recherche sur la paix (*Peace Research Centre*) sont fondés. Très tôt, ils adoptent des méthodes quantitatives et informatiques d'analyse et se concentrent surtout sur la gestion des situations de conflits (prévention, négociation et **résolution des conflits**). Fidèles à leur tradition utilitaire, les centres anglo-saxons de *Peace Studies* s'intéressent aussi à des projets éducatifs dont l'objectif est d'offrir de la formation touchant aux mesures de prévention de la guerre et de développement d'une culture politique pacifiste (Giès, 1984 : 892). L'approche ne laisse pas les polémologues français indifférents. Plus proches de la realpolitik, les polémologues comme Raymond Aron ne ratent pas d'occasion de souligner leur différence par rapport à ces chercheurs de type *Peace Research*, assimilés plus à un militantisme fondé sur une praxis pacifiste qu'à une démarche proprement scientifique.

Le caractère scientifique

Au cœur de la démarche des polémologues français se situe le besoin d'assurer l'indépendance de la polémologie en tant que champ d'étude. Les propos de Giès (1984 : 892) sont révélateurs à cet égard :

> [...] elle [la polémologie] se différencie donc de la stratégie qui pense l'action collective finalisée en milieu conflictuel, tout autant que de l'histoire militaire, qui rend compte de l'activité belliqueuse des hommes dans le temps, et de l'art militaire qui théorise cette activité.

La polémologie se base donc avant tout sur le postulat suivant : la guerre est un « phénomène ordinaire », quantifiable et observable dont l'étude objective est possible et nécessaire et dont l'occurrence n'est pas erratique et sporadique. Inspiré des méthodes positivistes, les polémologues, ainsi que les *peace researchers*, font la collecte de données (recensement et dénombrement des données), l'analyse informatisée et statistique (périodisation, classification prioritaire, comparaison, inférence, etc.) afin d'atteindre des résultats probabilistes sinon à application générale.

Parmi les modèles d'explication de la guerre, l'approche **réaliste** des relations internationales a été la plus prolifique. Grâce à son modèle trischématique (trois images), le fondateur du réalisme structurel, Kenneth Waltz (1959), est une référence dans le domaine. Afin d'en déterminer la nature, Waltz examine la guerre sous trois niveaux d'analyse – individuel, étatique et international – et en juge la valeur respective – pour conclure à la pertinence supérieure du troisième.

Au premier niveau, la guerre est essentiellement psychologique et porte sur la nature et le comportement de l'humain. Toute explication, qui met l'accent sur les facteurs subjectifs tels que la violence innée, l'agressivité humaine, l'esprit de territorialité, l'ethnocentrisme, l'obéissance naturelle à l'autorité, y appartient. Pour illustrer ce niveau d'analyse, on peut mentionner des auteurs comme Gurr (1970) ou George (1990).

Au deuxième niveau, l'élément psychologique ne disparaît pas nécessairement mais ne suffit guère. Expliquer la guerre signifie attribuer une fonction importante aux institutions et aux forces politiques. Pour les tenants de cette approche, une place importante revient à l'organisation interne des États, considérée comme un facteur clé pour comprendre la politique belliqueuse d'un État. En guise d'exemple, pensons aux marxistes pour qui la guerre vient de la nature même des États, de la nature capitaliste de l'économie et du conflit de classes. Plus récemment, cette approche a trouvé un écho chez les tenants de la thèse de la **paix démocratique** (Doyle, 1983 ; Russett, 1993). Toujours dans le même sens de l'autonomie relative des institutions étatiques, Karl Deutsch (1963) avait développé une approche dite « cybernétique » qui mettait l'accent sur les particularités des appareils nationaux responsables de la politique étrangère.

Au troisième niveau d'analyse, les relations internationales sont conditionnées par des facteurs systémiques. Pionnier, E. H. Carr (1939) est peut-être le premier à avoir analysé la politique internationale en termes systémiques. Pour lui, le nationalisme belliqueux des années 1930 et la Deuxième Guerre mondiale résultent du dysfonctionnement d'un système économique international fondé sur le laissez-faire. Waltz poursuit cette réflexion et élabore sa pensée dans *Theory of International Politics* (1979). Il met l'accent sur l'impact de la structure anarchique des relations interétatiques sur le comportement des États. Ces derniers agissent en termes d'intérêts strictement nationaux et tentent de modifier en leur faveur l'**équilibre des puissances**.

Dans son fameux *The Wages of War, 1816-1965 : A Statistical Handbook* (1972), David Singer pousse l'approche systémique à ses limites. Il y teste des hypothèses qui prétendent expliquer la guerre en termes de facteurs systémiques tels que la distribution de pouvoir, le système d'alliance et la concentration de pouvoir (Ogley, 1995 : 703). Cette vision systémique et structuraliste est adoptée par bon nombre de théoriciens en Relations internationales tels que Karl J. Holsti, Michael Brecher, Morton Kaplan, Paul Kennedy, Kim Nossal (Éthier, 2003).

On peut ajouter un quatrième niveau d'analyse (Ogley, 1995 : 703). Initialement formulée par Anatol Rapoport, cette approche souligne le rôle structurant des interactions entre participants. Ses concepts clés dans le déclenchement des guerres sont *fights* (luttes), *games* (jeux) et *debates* (débats). Dans une situation de lutte, la perception de menace provoque une course aux armements qui résulte en une guerre qui éclate soit pour empêcher l'avantage relatif de l'adversaire, soit pour rentabiliser l'investissement militaire. Dans une situation de jeu, les parties évaluent le rapport coût/bénéfice avant de se lancer en guerre. Finalement, dans une situation de débats, les deux parties adoptent deux visions du monde différentes ou réclament deux droits irréconciliables qui, en l'absence de procédures de résolution de conflits claires et convenues, peuvent mener à la guerre (Olgey 1995, 705).

Les nouvelles menaces à la sécurité, la mondialisation et la multiplication des acteurs transnationaux rendent difficile le choix d'un seul modèle pour expliquer toutes les formes de guerre. Le type d'acteur, d'enjeu et la nature du conflit déterminent le choix d'outils analytiques pertinents.

Ali Dizboni

POLITIQUE BUREAUCRATIQUE, modèle de la

Politics Model Bureaucratic

> Les nations peuvent être réifiées, mais à un coût considérable pour la compréhension. En personnifiant les nations, nous faisons peu de cas des caractéristiques cruciales de leur comportement dont les organisations sont les principales forces motrices (Allison, 1971 : 253).

> *Where You Stand Depends on Where You Sit* (Allison et Zelikow, 1999 : 307).

L'approche bureaucratique de l'analyse de la **politique étrangère**, ou le modèle de la politique bureaucratique, fut popularisée par Graham T. Allison au début des années 1970 (Allison, 1971). Dans l'ouvrage désormais célèbre *Essence of Decision*, Allison évalue la pertinence de trois **paradigmes** afin d'expliquer la crise des missiles de Cuba. Pour Allison, le paradigme dominant à l'époque où il rédige *Essence of Decision*, l'approche de l'**acteur** rationnel (voir **Théorie du choix rationnel**), ne rend pas compte de la réalité. En effet, en considérant la décision de politique étrangère comme étant issue d'un calcul stratégique de la part d'un acteur rationnel, centralisé et unitaire, l'analyste ne peut saisir toute la complexité du processus décisionnel et ses implications pour le résultat final.

Allison présente donc deux modèles alternatifs, en plus de ce modèle dit « classique », soit le modèle des processus organisationnels (modèle II) et le modèle bureaucratique (modèle III). Ce dernier est considéré comme la contribution la plus importante de l'ouvrage d'Allison à la **théorie** de l'analyse de la politique étrangère. Ce modèle d'analyse bureaucratique de la politique étrangère vise tout d'abord à expliquer les décisions de politique étrangère (et non pas les événements). Selon Allison, il est possible d'expliquer ces décisions par le jeu des acteurs impliqués dans le processus de prise de décision. La décision de politique étrangère serait le résultat d'un consensus établi entre les acteurs. Ceux-ci peuvent provenir des différentes sphères de la haute bureaucratie de l'**État**, mais également de l'extérieur de l'appareil étatique. Leurs intérêts, systèmes de croyances et de valeurs, et donc leurs façons de définir le problème et ses solutions, peuvent en ce sens différer considérablement de l'un à l'autre, ce qui entraîne la nécessité d'une négociation pour en arriver à un consensus sur la décision à prendre.

L'approche bureaucratique postule que le poste qu'occupe un acteur détermine sa position face à un enjeu. Ainsi, l'appartenance bureaucratique ou organisationnelle des individus, c'est-à-dire les normes, routines et cultures organisationnelles, est un facteur incontournable de l'analyse puisqu'elle détermine en grande partie l'opinion défendue par les différents acteurs en influençant la façon dont ces derniers définissent le problème et les solutions pertinentes. Toutefois, Allison nuance l'influence des facteurs bureaucratiques en admettant que les positions des acteurs impliqués dans la décision sont également influencées par d'autres facteurs tels que l'intérêt personnel, la politique interne, la personnalité des individus ainsi que l'**intérêt national** défini en termes de **sécurité**.

Bien que l'approche proposée par Allison ait été utilisée, reprise et développée par de nombreux auteurs, certains, dont S. D. Krasner et D. A. Welch, ont formulé des critiques à son endroit. Krasner (1972) soulève en effet que ce modèle néglige beaucoup trop le rôle du Président dans le système politique américain, et ce, non seulement dans le processus de décision mais également dans la structuration de l'environnement gouvernemental. Ainsi, non seulement le Président détient l'autorité de prendre la décision finale, en accord ou non avec le groupe, mais celui-ci détermine également qui fera partie de ce groupe et quelles procédures de décision (*action channels*) seront employées. De plus, Allison contribue à son avis à la déresponsabilisation des dirigeants politiques.

Welch (1992), d'autre part, remet en cause la force de la relation présumée entre la position bureaucratique d'un individu et ses préférences ou intérêts. Il soulève le fait que les autres sources d'intérêt peuvent déterminer davantage les préférences d'un acteur que son appartenance à une organisation bureaucratique. De plus, les indicateurs du pouvoir de chaque acteur sont selon Welch fortement idiosyncratiques et relèvent donc davantage de la personnalité que de la position bureaucratique. Enfin, Welch souligne que les faits entourant la crise des missiles de Cuba ne collent pas tout à fait au paradigme développé par Allison et qu'une situation de crise telle que celle qu'il a choisi d'analyser dans cet ouvrage ne se prête pas bien au modèle proposé.

D'autres critiques de cette approche soulignent qu'elle correspond à un processus politique particulier aux États-Unis, mais ne peut être appliquée telle quelle à d'autres situations, qu'elle ne tient pas suffisamment compte des divergences idéologiques entre les différents participants principaux au processus, et enfin qu'elle est difficile à opérationnaliser, sauf peut-être sur le plan historique, en raison du secret qui entoure normalement les questions de politique étrangère.

Malgré ces critiques, l'influence qu'a eue l'approche proposée par Allison tant sur l'analyse de la politique étrangère que sur la discipline des **Relations internationales** est considérable et a contribué à la critique du **réalisme** et à la remise en question du postulat de la rationalité en politique étrangère, ce qui est encore plus marqué dans la seconde édition de l'ouvrage (Allison et Zelikow, 1999).

Evelyne Dufault

POLITIQUE ÉTRANGÈRE

Foreign Policy

> L'intérêt national doit servir de critère à l'action des hommes d'État qui ne doivent pas se proposer d'autre but que de le servir ou de le défendre (Aron, 1972 : 471).

Selon la définition de Marcel Merle, la politique étrangère est la partie de l'activité étatique qui est tournée vers l'extérieur (Merle, 1984 : 7). La politique étrangère est en effet l'activité par le biais de laquelle les **États** agissent, réagissent et interagissent dans le **système international**. Une action de politique étrangère peut donc être initiée par l'État ou se poser en réaction par rapport à l'initiative d'un autre État, d'une **organisation internationale**, etc. Traditionnellement, on tend à séparer la conduite de la politique étrangère de celle de la politique interne des États sur la base de la différence entre les règles du système politique interne et celles du système politique international, mais on verra que cette distinction tend à s'effacer.

On divise traditionnellement les thèmes de politique étrangère en deux catégories : les thèmes de la *high politics* et ceux de tous les autres domaines de la *low politics*. Les questions de *high politics* comprennent principalement la **sécurité** et la **défense**, éléments considérés comme étant les fondements de l'**intérêt national** des États. Ces sujets de politique étrangère requièrent habituellement une action exceptionnelle de la part de l'État. Au contraire, les sujets de *low politics* font partie de la routine diplomatique et ne touchent aucune des grandes questions traditionnellement considérées comme remettant en cause l'existence même de la **nation**. Cette distinction est cependant de plus en plus critiquée. Cela est dû, en partie, à l'importance grandissante que prend l'économie dans la conduite de la politique étrangère des États, alors que la politique commerciale des États a toujours été considérée comme un thème de *low politics*. La séparation des domaines de politique étrangère en deux catégories selon leur degré d'importance est ainsi beaucoup moins pertinente que par le passé. La politique étrangère tend en ce sens à être appréhendée de façon sectorielle, sans hiérarchisation des enjeux. On traitera plutôt de différents **domaines de politique** étrangère (*issue area*).

La politique étrangère est formulée dans un double contexte : interne et externe. Ainsi, malgré sa spécificité en termes d'enjeux et d'arène, la politique étrangère ne peut être dissociée du champ des politiques publiques d'un État. Selon les approches théoriques, l'analyse de la politique étrangère cherchera à expliquer les actions de l'État, les motivations et objectifs des décisionnaires, le « contenu » de la politique, le processus de prise de décision lié à une action spécifique, ou les résultats de ces actions. Ces approches s'attarderont sur divers types de facteurs, tant externes qu'internes, qui peuvent être la psychologie des décideurs, les luttes bureaucratiques, la culture politique nationale, la nature du système politique national, les **capacités** matérielles d'un État, la définition du rôle national, la structure du système international, la distribution de la **puissance** dans le système, etc.

À titre d'exemple, l'analyse **réaliste** de la politique étrangère repose sur la notion d'intérêt national. En effet, pour les réalistes, les États sont des **acteurs** unitaires et rationnels qui cherchent avant tout la préservation de l'indépendance et de la **souveraineté** nationales, l'intégrité territoriale, la sécurité militaire et le bien-être économique. La formulation de la politique étrangère sera donc un processus par lequel l'intérêt national est défini et traduit en un certain nombre d'objectifs spécifiques, les capacités de l'État sont évaluées, une **stratégie** est élaborée pour atteindre ces objectifs et des actions menées pour soutenir cette stratégie. Un calcul rationnel prenant en compte les buts et les moyens de l'État est en ce sens à la base de la formulation de la politique étrangère. Le processus de décision interne, avec l'accent mis sur le rôle des individus ou des groupes, n'est donc pas du tout pris en compte dans l'analyse réaliste de la politique étrangère.

À l'inverse, le **modèle bureaucratique** de Graham Allison (1971) vise à expliquer les décisions de politique étrangère en mettant l'accent sur le jeu des acteurs bureaucratiques touchés par le processus de décision. La décision de politique étrangère est donc perçue comme étant une sorte de compromis issu d'un jeu de négociation entre plusieurs acteurs. Cette façon de voir la prise de décision postule que l'appartenance bureaucratique ou organisationnelle des individus détermine en partie la position qu'ils adopteront vis-à-vis de l'enjeu qui les préoccupe. En d'autres termes, les **normes**, les intérêts particuliers, les routines organisationnelles, le champ d'opération, la culture, etc. de leur organisation bureaucratique influenceraient leur façon de définir le problème et les solutions qui leur semblent appropriées. Contrairement à l'approche réaliste, la notion d'intérêt national n'est pas le fruit d'un processus de décision rationnel mais plutôt celui de marchandages.

En somme, l'analyse de la politique étrangère tend à se rapprocher de l'analyse des politiques publiques en général, comme l'illustre l'approche des jeux à deux niveaux de Robert D. Putnam (1988). La remise en question croissante de la distinction interne/externe et le rejet de la rationalité de l'État en tant qu'acteur unitaire s'accompagnent d'une plus grande prise en compte des facteurs internes dans l'analyse de la politique étrangère. De plus, l'étude de la politique étrangère tend à élargir son champ d'intérêt afin de se pencher sur d'autres thèmes que les traditionnelles politiques de sécurité. Ainsi, la politique étrangère économique ou environnementale, pour ne nommer que celles-là, sont des champs d'intérêt de plus en plus prisés par les chercheurs en Relations internationales.

Evelyne Dufault

POSITIVISME

Positivism

> La science elle-même peut donc être considérée comme un problème de minimum, qui consiste à exposer les faits aussi parfaitement que possible avec la moindre dépense intellectuelle (Ernst Mach).

On doit renoncer à caractériser le positivisme comme un cadre rigide plutôt que comme un mouvement de pensée ou une attitude vis-à-vis de la connaissance. Ce qui caractérise ce mouvement, c'est sa volonté d'identifier et d'expliquer des régularités transhistoriques ou des lois de la nature à l'aide de lois théoriques et expérimentales. Le XXe siècle a connu des variantes du positivisme en philosophie des sciences comme en théorie des **Relations internationales**. On abordera ici certaines influences de la première sur la dernière.

Auguste Comte (1798-1857) caractérisa son approche de « positiviste » par l'importance qu'elle accordait à l'antériorité de l'élaboration théorique sur l'observation empirique. On retrouvait chez lui, comme plus tard chez Marie Curie, un grand optimisme face au progrès de la science que l'on attribue de façon un peu hâtive aux Modernes en général. Dès l'aube du XXe siècle, cet optimisme liant étroitement progrès scientifique et progrès général des sociétés n'allait plus de soi, même chez les « positivistes ». En 1929, une poignée de scientifiques et de philosophes des sciences publièrent le *Manifeste du Cercle de Vienne*, un tract qui fut déterminant dans l'histoire du courant positiviste. Selon ses signataires, la lutte pour la science à l'encontre de la métaphysique devait être menée sous la même bannière que celle du socialisme. De la publication du *Manifeste* aux années 1960, l'histoire du positivisme est celle de l'émergence et du déclin du positivisme logique. À la rencontre de la tradition empiriste et de la philosophie analytique, le positivisme logique se caractérisait par trois éléments : sa critique de la métaphysique spéculative, sa recherche d'un fondement aux sciences empiriques et son projet d'unification du langage scientifique (Nadeau, 1999 : 494). Il tentait de marier la vérité *a priori* des jugements analytiques à la recherche empirique (Jacob, 1980).

Chacun de ces éléments fut contesté et souvent par ses anciens promoteurs. Hempel renonça explicitement à la tentative d'unir la science en procédant par la réduction de **théories** plus spécifiques au sein de théories plus générales ayant le même vocabulaire analytique (naturalisme **ontologique**). Le néopositivisme (naturalisme méthodologique), dont la figure de proue fut Karl Popper, émergea en réaction au positivisme logique. Popper révolutionna le courant positiviste en substituant le principe de réfutation (ou « falsification ») à celui de vérifiabilité des théories. Une théorie pour être falsifiable doit être potentiellement fausse, c'est-à-dire qu'il faut qu'il y ait des cas empiriques « potentiels » dont l'avènement ou l'occurrence irait à l'encontre des prédictions fournies par le cadre théorique. S'il est impossible d'indiquer un fait dont l'occurrence impliquerait l'invalidité de la théorie, la théorie n'est pas falsifiable, et ne fait pas partie du domaine de la science, défini par le néopositivisme. Suivant ce raisonnement, on ne peut prouver qu'une hypothèse est vraie ; on peut seulement soutenir qu'elle n'a pas encore été réfutée. Par exemple, l'observation d'un cygne blanc ne peut « prouver » l'énoncé : « Tous les cygnes sont blancs ». En revanche, cette proposition serait réfutée par l'occurrence d'un cygne noir. « Tester » cette hypothèse revient donc à chercher un cygne non blanc et non à accumuler les occurrences de cygnes blancs. Kenneth Waltz (1979) était conscient de cette nuance lorsqu'il procéda à sa critique de l'induction en Relations internationales. Sa conception de la relation entre la théorie et l'observation le rapproche davantage de Popper que des positivistes des années 1930.

Le néopositivisme domina la philosophie des sciences dans les années 1960 et marqua la théorie des Relations internationales jusqu'au début des années 1980. Ce modèle **épistémologique** distingue les lois théoriques des lois expérimentales. Les premières ont la forme de lois universelles. Elles sont d'un niveau d'abstraction plus élevé. Les lois expérimentales, elles, indiquent la façon de mener une expérimentation afin de mener à une éventuelle validation ou invalidation des prédictions de la théorie. Une théorie est articulée au moyen d'un ensemble de propositions reliées entre elles, les lois théoriques, par des connecteurs logiques. Les lois théoriques ne peuvent être mises à l'épreuve qu'à travers les lois expérimentales qui en sont dérivées. Au sein de la philosophie néopositiviste, elles sont considérées « vraies » seulement dans la mesure où elles n'ont pas encore été falsifiées par l'expérimentation.

Comme l'avait défendu Waltz dans sa critique de l'induction, une théorie se doit d'être qualitativement et non quantitativement différente des lois expérimentales. Le néopositivisme affirme d'une théorie qu'elle est vraie tant et aussi longtemps qu'elle n'a pas été réfutée par l'expérience. Popper attribue également un caractère en principe transhistorique, universel et **intersubjectif** aux résultats de la recherche, dans la mesure où chaque sujet doit être en mesure de parvenir aux mêmes résultats à travers l'expérimentation. Selon l'épistémologie néopositiviste,

> il est totalement erroné de présupposer que l'objectivité de la science dépend de l'objectivité de l'homme de science. [...] Ce qu'on peut appeler l'objectivité scientifique repose uniquement et exclusivement sur la tradition critique qui, en dépit des résistances, rend souvent possible la critique d'un dogme qui prévaut. [...] Elle dépend donc partiellement d'une série de conditions sociales et politiques qui rendent cette critique possible (Popper, 1982 : 82).

Cette revendication du caractère transhistorique des lois théoriques est sans doute un des éléments qui pose le plus de problèmes pour l'application de cette conception de la science en sciences sociales.

Steve Smith (1996 : 15-18) caractérise le positivisme en Relations internationales par cinq éléments : 1) sa quête d'une unité de la science, 2) sa distinction entre les jugements de faits et les jugements de valeurs, 3) sa tendance à considérer les faits comme indépendants de la théorie, 4) sa croyance en l'existence de régularités à la fois sociales et naturelles et 5) son adhésion à une épistémologie empiriste. Il semble que même Waltz, un phare du « positivisme » en théorie des Relations internationales, ne prétend pas se conformer à l'ensemble de ces critères. Il recherche une unité méthodologique des sciences et croit également qu'il est possible de distinguer les jugements de faits des jugements de valeurs. En revanche, il ne croit pas plus à l'équivalence entre les régularités sociales et les régularités naturelles qu'à l'induction ou à l'indépendance des faits par rapport à la théorie. Toutefois, la volonté de Waltz de se présenter comme un authentique « théoricien », par opposition à nombre de ses prédécesseurs, a mené certains critiques à confondre positivisme et **réalisme** en Relations internationales. Ainsi, lorsque Smith, (1996 : 11) affirme que durant « [...] les quarante dernières années, la discipline des Relations internationales a été dominée par le positivisme », il caractérise assez bien la conception du travail scientifique promue par de nombreux **néoréalistes**. Avant l'intervention de Waltz, de nombreux réalistes tels que Raymond Aron, E. H. Carr et Hans Morgenthau figuraient parmi les penseurs de cette tradition dont le travail s'apparentait parfois davantage à l'herméneutique et à l'historicisme qu'au positivisme.

Cependant, l'empirisme n'est pas plus le bien propre des néoréalistes que des positivistes. Susan Strange (1994), Sandra Whitworth (1994), Immanuel Wallerstein (1974) ou Robert Brenner (1977), représentants d'approches théoriques qui s'écartent à la fois du néoréalisme de Waltz et du néopositivisme, sont des théoriciens dont le travail empirique occupe une grande partie de leurs recherches. Seulement ceux-ci tentent d'expliquer des phénomènes qui les mènent à prendre en compte différents objets d'analyse : l'impact des firmes multinationales, le genre, le **système-monde**, les classes sociales, etc.

L'association de Smith entre positivisme et empirisme demeure importante parce qu'elle soulève la problématique du statut ontologique des entités inobservables (les structures, les relations, les croyances). Selon Smith, l'engouement de certains positivistes pour une épistémologie étroitement empirique les aurait menés à nier la légitimité d'entités théoriques inobservables. Avec l'émergence du **réalisme scientifique** en philosophie des sciences (Bhaskar, 1989) et en théorie des Relations internationales (Wendt, 1999), on tend à défendre l'importance de la valeur explicative de ces entités. Un des arguments de ses avocats contre les méthodologies axées sur l'observation directe est qu'il est de plus en plus de domaines des sciences où notre accès à la connaissance passe par l'observation des effets des entités inobservables sur d'autres entités. Ce débat oppose ceux qui croient que l'ontologie ou l'épistémologie devrait primer sur l'autre.

L'optimisme de Michael Nicholson selon qui « le positivisme assure un critère de démarcation entre ce qui est scientifique et ce qui ne l'est pas » (Smith *et al.*, 1996 : 140) ne fait pas l'unanimité aujourd'hui dans le champ de l'étude des Relations internationales. Autant les approches qui ont tenté de s'en démarquer que celles qui ont cherché à en repérer les critères ne semblent pas être parvenues à clore le débat. Il semble donc que l'on soit contraint de définir le positivisme avec Nicholson d'une façon très générale comme la croyance selon laquelle « il est possible d'avoir des connaissances rationnelles à propos de la vérité des propositions, à propos desquelles il est possible d'avoir un niveau très élevé de reconnaissance intersubjective » (Nicholson dans Smith *et al.*, 1996 : 131).

Notons que l'émergence des **théories critiques** en Relations internationales durant les années 1980 est étroitement liée à la conviction partagée par des chercheurs selon qui le positivisme doit être remis en question au niveau métathéorique par des approches dites **réflexivistes**.

Frédérick Guillaume Dufour

POSTCOLONIALE, théorie

Postcolonial Theory

> Pendant ces 513 années du système-monde européo/euro-américain moderne/colonial capitaliste/patriarcal, nous sommes passés du « christianise-toi ou crève » du XVIe siècle au « civilise-toi ou crève » du XVIIIe et XIXe siècle, au « développe-toi ou crève » du XXe siècle, et plus récemment au « démocratise-toi ou crève » du début du XXIe siècle (Grosfoguel, 2006 : 66-67).

La théorie postcoloniale a des assises récentes au sein de la discipline des Relations internationales (RI), eu égard à ses racines lointaines en littérature et en anthropologie, notamment sous l'appellation *Cultural, Colonial* ou *Subaltern Studies*. Elle s'inspire, tout en s'en distanciant, à la fois du **marxisme**, du **féminisme** et du **postmodernisme** (Ghandi, 1998). Parmi ses précurseurs, Fanon (1952, 1961), Memmi (1973) et Saïd (1980) jouent un rôle central. Pour cette école, la colonialité ne se limite pas aux entreprises de colonisation formelle. Elle se manifeste également dans la persistance de rapports racialisés et coloniaux dans les RI contemporaines (Chowdhry et Nair, 2002 ; Agathangelou et Ling, 2004 ; Hobson, 2007). Ces rapports s'incarnent non seulement au sein des politiques à l'égard du monde extra-occidental, mais également au sein des **nations** occidentales envers les populations non blanches ainsi qu'au sein des communautés épistémiques et des différents imaginaires. Les théoriciens postcoloniaux tentent ainsi de « décoloniser » la discipline des RI et proposent des alternatives aux canons du champ qu'ils considèrent eurocentriques.

L'hégémonie orientaliste du champ

La discipline s'est édifiée au début du XXe siècle, au sein d'une ère où les empires se déployaient et où le racisme était omniprésent. Selon Jones (2006), en éludant son origine, le champ des RI mystifie et perpétue cet horizon, qui se transpose dans son architecture conceptuelle, dans son **ontologie** et dans ses questions de recherche. Jones propose plutôt de contextualiser la production du savoir au sein des relations de pouvoir. Pour les postcolonialistes, la prédominance du **réalisme**, et de la **synthèse néo-néo**, mobilise une lorgnette eurocentrique et **stato-centrée**. Cela camouflerait également la constitution sociale et culturelle des relations de pouvoir et la primauté au sein de la politique globale des relations hiérarchiques plutôt qu'**anarchiques** (Chowdhry et Nair, 2002).

Aux fondements paradigmatiques de l'ordre international, ceux de l'État-nation et de la démocratie libérale, les postcoloniaux opposent ce qu'a connu et vit toujours la majorité occultée par l'historiographie dominante, l'**impérialisme** (Jones, 2006). Khrisna (dans Jones, 2006) argue d'une « amnésie délibérée » des rapports racialisés qui occulte le champ des revers de l'histoire occidentale. Selon cette auteure, seule une « fétichisation de l'abstraction » permet d'emprunter des concepts tels que la **souveraineté**, en dépit de leur inadéquation historique et en omettant les relations de violence qu'ils sous-tendent. Dénaturaliser une telle catégorie d'analyse permet de révéler les pratiques discursives, au sein du champ des RI mais aussi dans l'univers politique, qui rendent possible et perpétuent l'asymétrie Nord-Sud (Doty, 1996). Cette approche foucaldienne du nexus savoir/pouvoir conteste de telles pratiques représentationnelles qui attribuent l'échec de l'**État déliquescent** à une certaine essence du « Tiers Monde ». Cela oblitérerait alors le rôle de l'ordre international lui-même et le cumul des « structures d'exclusion ».

La révision de l'historiographie eurocentriste

Cette approche s'oppose au projet moderniste et plus particulièrement aux thèses du développement et de la modernisation, qui sous-tendent l'unicité des trajectoires, calquées sur l'Occident, la démocratie libérale et son industrialisation. Il importe, soutient Halperin, d'analyser l'origine occidentale de la modernité pour ce qu'elle est, un mythe hégémonique (Halperin dans Jones, 2006). Blaut (1993), pour sa part, s'oppose au « diffusionnisme eurocentriste », l'idée prédominante selon laquelle le développement des régions non occidentales serait dû à la propagation de réussites européennes antérieures. Un « tunnel du temps » confinerait plusieurs auteurs à conceptualiser un unique moteur de développement, situé en Europe.

Blaut critique l'eurocentrisme des thèses du « miracle européen » qui cherchent à isoler des qualités inhérentes et exclusives à l'Europe. Il conteste cette lecture de l'émergence autoconstitutive de la puissance européenne qui néglige l'apport fondamental de la colonisation à cet égard. La thèse du « despotisme oriental », inspirée de Weber, constitue pour plusieurs (Blaut, 2000 ; Hobson, 2004) un autre mythe à déconstruire. À l'instar de plusieurs tiers-mondistes, théoriciens de la dépendance et du **système-monde**, Hobson (2004) met l'accent sur l'impérialisme racialisé et le procédé européen d'endiguement du développement extra-occidental comme facteurs de l'industrialisation de l'Europe.

Au carrefour des théories postmodernes, féministes et critiques

Depuis Saïd, plusieurs postcoloniaux partagent avec le postmodernisme ses méthodes et son étude du discours. Ils dénoncent la construction discursive d'antagonismes binaires qui reproduisent une interprétation universaliste de l'expérience européenne : barbarie/civilisation, traditionnel/moderne, sous-développement/industrialisation, État déliquescent/souverain, autoritarisme/démocratie. Grosfundel (2006) remet en outre en question la neutralité à laquelle prétendent l'**épistémologie** et le sujet universalistes. Cette épistémologie, abstraite et détachée des pratiques qu'elle met en branle, servirait à camoufler le fait que ce savoir serait partiel et situé au sein de relations de pouvoir, qu'il reproduit. Pour les postcoloniaux, il importe donc de s'interroger sur le processus de création et de reconduction de ces antinomies et sur les intérêts qu'ils servent.

Plusieurs postcoloniaux empruntent une analyse **intersectionelle** se penchant sur les processus et relations de pouvoir à la fois genrés, racialisés et médiatisés en termes de classe. Grosfoguel (2006 : 56) souligne que l'expérience coloniale a été effectuée par un « homme/européen/capitaliste/militaire/patriarcal/blanc/hétérosexuel/masculin ». Par conséquent, ces multiples hiérarchisations sont imbriquées et participent à la reproduction des relations de pouvoir actuelles. Ces thèses impliquent que l'ensemble de ces processus, dont la racialisation du pouvoir, sont constitutifs de la modernité et des rapports capitalistes. Le féminisme postcolonial souligne la dimension racialisée des relations de pouvoir genrées tout en contestant la conception universaliste et ahistorique de la catégorie d'analyse « femme ». Mohanty (1984), par exemple, questionne les limites des féministes occidentales qui prennent la parole pour leurs consœurs de couleur en les confinant à un rôle d'objets à libérer plutôt que de sujets à écouter.

Controverse quant au vecteur de l'émancipation

L'approche postcoloniale se veut explicitement normative. Elle dénonce comme normative, hiérarchisante et paternaliste la défense et la promotion de la stabilité du **système international** par les **réalistes** (Doty, 1996). Les projets politiques qu'elle propose, de l'hybridité au pan-nationalisme, témoignent de diverses manières de récupérer la perspective du « sujet colonisé » (Loomba, 2006 ; Darby, 1997). Défiant l'essentialisme, elle explore les formes de résistances de sujets contextualisés, à travers l'hybridité et la créolisation d'**identités** transformées et entremêlées par les échanges globaux.

De plus, puisque plusieurs vecteurs des projets émancipateurs, tel l'État-nation, sont fondés sur des constructions fictives et racialisées, il faut hercher ailleurs la source d'une libération de ces relations de pouvoir (Grosfoguel et Cervantes-Rodriguez, 2002). En effet, la décolonisation « politico-juridique » ne fait que muter le colonialisme administratif en colonialité globale, non moins traversée par des rapports de domination et d'exploitation gouvernés par l'Occident. Elle conserve et reproduit en outre au sein des États décolonisés les mêmes subordinations. La « pensée frontalière » d'Anzaldua et la « transmodernité » de Dusserl semblent pour Grosfoguel des projets porteurs. Ceux-ci remodèlent, diversifient et se réapproprient le potentiel émancipateur de concepts modernes, auparavant édulcorés par leur imbrication avec la colonialité, telle la démocratie, « à partir de cosmologies et d'épistémologies des subalternes » (2006 : 56).

Au contraire, pour Saurin (dans Jones, 2006), il s'agit de définir les RI comme proprement impériales et d'analyser leurs dynamiques de domination et d'exploitation, plutôt que d'emprunter une ontologie et une épistémologie alternatives. Cette critique diagnostique dans la position postmoderne, intéressée à révéler l'expérience subalterne, une négligence de l'analyse des processus « matériels » qui soustendent les relations de pouvoirs de nature coloniale (Ahmad, 1997).

Dans la même veine, Dirlik (1999) affirme qu'il est insuffisant de décortiquer les discours et manifestations culturelles de la domination : au cœur de ceux-ci se retrouvent, principal facteur explicatif, des structures de pouvoir. Saurin (dans Jones, 2006 : 38) prolonge cette idée en revendiquant un retour des « moyens de production de l'histoire mondiale » à ceux qui en ont été dépouillés, arguant d'un anticolonialisme plutôt que d'une postcolonialité afin de « décoloniser » la discipline des RI.

Problématiques postcoloniales : relectures et innovations

Le programme de recherche de cette approche est éclectique : la relecture de l'histoire et notamment de l'impérialisme occupe une place de choix, aux côtés cependant de problématiques plus actuelles et audacieuses, telles la racialisation de l'économie globalisée (Bhattacharrya, Gabriel et Small, 2002) ou de la prostitution globale (Stienstra, 1996). La divergence entre la théorie universaliste et **libérale** et les pratiques occidentales racialisées préoccupe les postcolonialistes. Ceux-ci en soulignent l'arrimage difficile, notamment en matière de droits humains et du travail (Chrowdry, 2002 ; Nair, 2002) ou de **droit international** (Anghie in Jones, 2006 ; Ghatti dans Jones, 2006).

Les rapports coloniaux qui parcourent la violence institutionnalisée intéressent particulièrement la discipline des RI. Razack (2000) illustre comment le récit de l'« innocence » de l'Occident et sa prétention à une mission civilisatrice excèdent la période proprement coloniale, se traduisant désormais au sein des missions de paix. Celles-ci induisent pourtant des pratiques démentant cette « mythologie nationale », en l'occurrence canadienne, alors qu'elle est en outre entachée par la violente conquête des terres amérindiennes. En partageant une telle conception de soi, les troupes sont amenées à percevoir l'Autre comme son antinomie ainsi qu'à croire en leur devoir proprement moral d'user de violence pour ramener celui-ci à la « raison ».

En fait, Razack soutient que les soldats canadiens impliqués dans l'« affaire somalienne », celle de tortures, viol et meurtres de civils, ne constituent non pas des erreurs ou actes isolés. Ils seraient bel et bien produits par une construction identitaire racialisée et genrée partagée au sein du Canada, tout comme peuvent l'être de subséquents scandales, comme celui de la prison d'Abu-Grahib en Irak. Ling et Agathangelou (2003 : 144) défendent le fait que les missions onusiennes visent à préserver un ordre global néolibéral patriarcal et néocolonial. Leurs soldats reproduiraient des comportements et représentations du monde « qui dénigre[nt] et exploite[nt] certaines identités pour le plaisir et le profit des autres », féminisant l'Autre, l'objectivant, le marchandisant.

Les postcolonialistes s'attardent donc à rendre les problématiques du champ plus près d'une histoire mondiale qui se ne limite pas à celle des acteurs dominants. Ils enquêtent sur ce qui est perçu comme des objets d'analyse légitimes des RI, à partir toutefois des rapports de domination racialisés, tout comme en introduisant une ontologie inédite. Transparaît alors un souci de circonscrire au sein des processus sociaux et relations de pouvoir au niveau global la reproduction de rapports de domination coloniaux qui ne peuvent être confinés à une période historique particulière.

Nancy Turgeon

POSTPOSITIVISTES, approches

Postpositivist Approaches

> La théorie internationale renferme maintenant un nombre important d'approches postpositivistes qui créent un espace non seulement pour de nouvelles façons de concevoir les Relations internationales, mais également de nouvelles réalités internationales (Smith *et al.*, 1996 : 37-38).

En théorie des **Relations internationales**, on qualifie de *postpositiviste* plusieurs approches qui ont en commun de s'opposer à au moins une des positions métathéoriques associées au rationalisme cartésien et au courant **positiviste**. Le courant postpositiviste commence à se développer à la fin des années 1970 et au début des années 1980. Yoseph Lapid désigna par l'expression « ère postpositiviste » l'émergence de débats, de problèmes et d'approches qui contestent la façon dont les débats ont été structurés, en particulier pendant la Guerre froide (Lapid, 1989).

On peut situer l'émergence de cette mouvance avec les textes de Cox (1976 ; 1981a), de Maclean (1981) et de Ashley (1981, 1984). Une littérature postpositiviste beaucoup plus dense se développe rapidement dans les années 1980, alors que plusieurs approches commencent à se démarquer au sein même du courant. Cox (1987) jette la pierre angulaire du mouvement **néogramscien** dès le milieu des années 1980, alors que Linklater propose une adaptation de la **Théorie Critique** de l'École de Francfort à l'étude des Relations internationales en 1990. Puis, on voit apparaître un nombre important de travaux d'inspiration **poststructuraliste** (Der Derian et Shapiro, 1989 ; Der Derian, 1987 ; George, 1994). Au début des années 1990 apparaissent plusieurs ouvrages de théories **féministes** qui s'inscrivent dans la famille postpositiviste (Enloe, 1989 ; Peterson, 1992 ; Tickner, 1992 ; Whitworth, 1994). Une première synthèse succincte et limpide de l'ensemble de ces transformations est présentée par Mark Neufeld en 1995.

L'expression « postpositivisme » doit être distinguée de celle de « néopositivisme » en philosophie des sciences (voir positivisme). Le néopositivisme, associé à Karl Popper, se démarque du positivisme logique du Cercle de Vienne dès les années 1940, mais il poursuit le projet d'établir une méthodologie scientifique valable autant pour les sciences naturelles que pour les sciences sociales (naturalisme méthodologique). Au sein du champ de la **théorie** des Relations internationales, le terme postpositiviste a une signification beaucoup plus diffuse. Il est employé pour désigner une position métathéorique en rupture avec le néopositivisme de Popper. Si les approches postpositivistes s'entendent pour rompre avec la métathéorie des sciences naturelles, elles ne s'accordent pas nécessairement sur les raisons de le faire, ni sur l'alternative la plus viable à celle-ci. On présentera rapidement quatre thèmes sur lesquels le postpositivisme s'est défini en opposition avec des positions qu'il attribue au positivisme.

La théorie du sujet

Un premier thème sur lequel le postpositivisme rompt avec le positivisme est sa conception du sujet et la relation qu'entretient ce sujet avec son objet de connaissance. En opposition au cartésianisme, à l'empirisme anglais et à l'idéalisme kantien, le postpositivisme cherche à situer le sujet connaissant dans son contexte social et historique et à comprendre comment les conditions sociales (classe, race, genre, statut) qui ont participé à la formation de sa subjectivité influencent la façon dont il questionne et analyse son objet de connaissance. Pour les variantes poststructuralistes du postpositivisme, c'est principalement l'insertion d'un sujet dans un réseau de textes ou de formations discursives qui constitue sa subjectivité. Les questions, stratégies discursives et même le lexique, auxquels aura recours un sujet, sont toujours insérés dans un champ discursif ouvert à l'interprétation. Ainsi, dans l'optique postmoderne, il n'y a pas plus de sujet permanent que de fondations permanentes de la connaissance. On peut souligner qu'alors que les poststructuralistes chercheront à situer ce sens dans un contexte discursif, les **marxistes** chercheront à le situer dans les relations sociales.

Comme le relève l'expression *feminist standpoint epistemology* (l'épistémologie d'un point de vue féministe), certaines approches postpositivistes rompent avec l'idée selon laquelle pour qu'une connaissance soit objective, les sujets connaissants doivent être en principe interchangeables, indépendamment de leur genre, classe ou statut social. Chez plusieurs poststructuralistes, l'emplacement du sujet connaissant est essentiel dans la perception phénoménologique qu'il a du monde. Ce point de vue débouche parfois sur une remise en question radicale du concept d'objectivité. Pour les approches inspirées de Habermas (Booth, 1991a ; Linklater, 1990b), la remise en question de la philosophie du sujet débouche sur le développement d'une théorie de l'**intersubjectivité** basée sur la reconnaissance du potentiel d'intercompréhension propre à l'argumentation. Ici, l'objectivité de la connaissance n'est pas garantie par la neutralité du sujet connaissant, mais par les procédures communicationnelles permettant la problématisation de l'objet.

La critique de la réification

Les approches postpositivistes s'accordent également pour remettre en question le naturalisme **ontologique**, c'est-à-dire la thèse selon laquelle les seules entités dont on peut dire qu'elles existent sont celles qui sont identifiées par les sciences de la nature. Le naturalisme ontologique procède à la réduction ontologique des entités observées jusqu'à ce que leur statut ontologique soit celui d'une entité dont l'existence est reconnue par une science naturelle, soit la physique, la chimie ou la biologie. Une variante de l'argument réductionniste a été avancée par l'économiste Kenneth Arrow pour qui toute explication en sciences sociales doit partir de l'individu. Arrow défend une version forte de l'individualisme méthodologique. Plusieurs se sont opposés à cet argument, même parmi les auteurs qui ne se considèrent pas nécessairement comme postpositivistes (Lloyd, 1995).

Au contraire, d'une part, du physicalisme et, d'autre part, de la version forte de l'individualisme méthodologique, les approches postpositivistes défendent la thèse de l'irréductibilité des objets, des processus et des phénomènes sociaux à des objets naturels. Le monde social n'est pas plus transhistorique que naturel. Les postpositivistes se méfient autant de la réification du monde social, c'est-à-dire de sa transformation en un monde naturel que de l'abstraction conceptuelle qui, sous une catégorie générale, nie la spécificité ou la différence d'un des éléments qu'elle englobe. Les postpositivistes ne s'entendent cependant pas sur le statut ontologique qu'ils accordent aux entités du monde social. Pour certains, ces entités sont le résultat des interactions sociales entre individus, pour d'autres les entités doivent être appréhendées sous la forme de discours ou de textes. De manière générale, les postpositivistes entreprennent également une démarche d'historicisation des concepts qu'ils utilisent.

Les dichotomies fait/valeur et science/pouvoir

Le postpositivisme remet en question l'étanchéité de la division entre les jugements de faits et les jugements de valeur. Encore une fois, cette remise en question peut prendre différentes formes et varier en intensité. Robert W.

Cox, par exemple, remet en question la neutralité politique des théories, mais il ne nie pas la valeur heuristique de ce qu'il appelle les *problems solving theories* positivistes. Il soutient que la théorie, en plus d'avoir une valeur explicative, peut rendre rigide, mettre en évidence ou ébranler des relations de dominations concrètes (Cox, 1981). Chez les poststructuralistes, cette remise en question prend souvent la forme d'une déconstruction des énoncés du discours sur la **sécurité**, où sont révélées les relations de pouvoir que le discours est susceptible de (re)produire. La Théorie Critique aborde, elle, cette question sous l'angle de la théorie des actes de langage. Elle cherche à distinguer les propositions en fonction des prétentions à la validité qu'elles émettent (intelligibilité, vérité, normativité et sincérité) et à soumettre la théorie des Relations internationales à une conception éthique ou morale. Dans l'ensemble, les postpositivistes adoptent une attitude **réflexive** et affichent clairement, soit leurs prétentions à la validité normative, soit leur emplacement dans une guerre de position, c'est-à-dire au sein d'un ensemble de rapports de force où ils se positionnent explicitement.

Cette remise en question de la démarcation entre faits et valeurs mène plusieurs postpositivistes à interroger le rôle joué par la théorie politique (en particulier la conception chez Hobbes de l'état de nature), la science politique (son orientation positiviste) et, en particulier, la théorie des Relations internationales (principalement le **réalisme**), dans la (re)production du monde social et des relations de pouvoir. Dans cette optique, l'influence de Foucault et de Derrida sur les poststructuralistes est fondamentale. Le cœur de l'argument de plusieurs de ces auteurs est que la théorie politique internationale produit et reproduit les relations internationales. Ils s'intéressent à la fois à la manière dont le discours scientifique sur la sécurité tend à retirer des thèmes de l'espace démocratique en les « sécurisant » et aux processus sociolinguistiques à travers lesquels sont « créées des menaces » ou une « **insécurité** ». Les gramsciens et néomarxistes, quant à eux, ne nient pas l'importance de ces processus sociolinguistiques, mais ils cherchent à montrer comment ils sont liés soit à des luttes de classe, soit à des tensions dans les relations sociales, soit au résultat de conflits pour l'établissement d'**hégémonie**. Ces vues peuvent être synthétisées par l'idée de Smith selon laquelle : « [L]'acte de définition du sens commun est l'acte ultime du pouvoir politique » (Smith *et al.*, 1996 : 13).

Progrès et émancipation

Chez les positivistes du XIXe siècle, tels que Comte et Curie, la progression du savoir scientifique était associée à l'idée du progrès de la société en général. De même, chez les membres du Cercle de Vienne, on trouve des positivistes comme Neurath et Carnap, pour qui l'idéal scientifique est lié au développement des idéaux socialistes. Le romantisme et ses variantes du début du XXe siècle avaient remis en question cet optimisme. Toutefois, lorsqu'Adorno et Horkheimer se livrèrent à une critique du mode de pensée scientifique pendant le nazisme, ce n'est pas au nom des passions qu'ils le firent, mais au nom de la raison elle-même :

> [S]i la raison n'entreprend pas un travail de réflexion sur ce moment de régression, elle scellera son propre destin. [...] Ce qui est en cause, ce n'est pas la conservation du passé, mais la réalisation des espoirs du passé (Adorno et Horkheimer, 1974 : 15-16).

L'héritage de la pensée des Lumières est alors revendiqué par des protagonistes qui ont des vues opposées de la relation entre le mode de pensée scientifique et l'émancipation de l'individu au sein de la société.

Neufeld (1995) a montré comment les questions de l'émancipation et de la normativité furent transposées au *Troisième débat* en théorie des Relations internationales. Les postpositivistes critiquèrent la thèse réaliste selon laquelle la poursuite de l'**intérêt national** a effectivement des retombées pour l'ensemble des composantes de la société. Alors que poststructuralistes et féministes développent souvent cette critique sous l'angle des groupes exclus, les plus fréquemment pénalisés au nom de l'intérêt national, les gramsciens et les néomarxistes cherchent à montrer que l'émancipation des uns se fait souvent au prix de l'exploitation des autres. Linklater (1990a), pour sa part, a tenté de soumettre la théorie des Relations internationales au projet de la fondation d'une communauté de communication entre les forces sociales luttant à l'échelle du globe en faveur de l'établissement de conditions de vie plus favorables au renforcement de liens de solidarité aux niveaux local, national et global.

Frédérick Guillaume Dufour

POSTSTRUCTURALISME/ POSTMODERNISME

Poststructuralism/ Postmodernism

> Ce que le postmodernisme a exposé, concrètement, est que les Relations internationales sont un processus discursif, un processus au sein duquel des identités sont formées, le sens est donné, et au travers duquel statut et privilège sont accordés – un processus de connaissance comme pouvoir (George, 1994 : 216).

Les rubriques poststructuralisme et postmodernisme sont généralement confondues en **Relations internationales** et recoupent plusieurs approches méthodologiques, comme la déconstruction, la généalogie ou l'intertextualité, empruntées à des philosophes français tels que Foucault, Derrida, Lacan, Kristeva, Barthes, Lyotard et Baudrillard. Bien que discutées dès la fin des années 1960 dans la philosophie dite continentale influencée par les idées de Nietzsche, ces critiques du structuralisme et des postulats de la modernité ne furent introduites en Relations internationales que vers la fin des années 1980 par des auteurs comme Ashley, Walker, George, Der Derian, Shapiro et Campbell.

Ce qu'il faut d'abord retenir, c'est que le postmodernisme se définit avant tout comme une critique des fondements de la modernité. Selon les postmodernistes, leur approche en est une qui rejette les mythes de la rationalité et du progrès de la science conquérante des Lumières, de la séparation du sujet et de l'objet de la connaissance des **positivistes** ainsi que les prétentions universalistes de tous méta-récits. Plusieurs difficultés se posent d'emblée à quiconque essaie de définir le postmodernisme : certains diront qu'il s'agit d'une époque, d'autres d'une approche ou d'un mode de pensée ; certains situent ses origines dans les années 1930, d'autres à la fin des années 1960. Qui plus est, son empreinte se retrace dans maintes disciplines : d'abord en architecture, puis en histoire de l'art et en littérature, ensuite en sociologie, en histoire, en science politique, en cinéma, etc. Il n'y a donc pas de définition du postmodernisme et du poststructuralisme qui fasse l'unanimité, ou qui rende compte de l'éclectisme même de ces approches qui résistent à l'imposition de catégories, au parcellement des domaines d'études et aux traditionnels discours sur la connaissance.

Dans la discipline des Relations internationales, les approches poststructuralistes et postmodernistes sont souvent rangées sous le terme générique de **Théorie Critique** avec d'autres approches **postpositivistes** comme les **théories critiques** et **normatives** ainsi que certaines variantes des approches **féministes** et **constructivistes** ou de la **sociologie historique**. Le poststructuralisme s'inscrit ainsi dans le paradigme réflexif plutôt que dans le paradigme rationaliste et emprunte une position **épistémologique** « interprétative radicale » plutôt que positiviste (Hoffman, 1991 : 170), radicale en ce sens qu'il est impossible selon les postmodernistes d'anticiper quelques fondements que ce soit pour asseoir la connaissance. Il n'existe donc pas de critères de validité qui permettent d'ériger certains énoncés en « vérités » ; ses adversaires dénoncent ainsi souvent le relativisme de la pensée postmoderniste. La « réalité » et le langage sont ici appréhendés comme des construits sociaux inséparables du pouvoir. Selon les postmodernistes, le monde est constitué comme un texte qu'on ne peut qu'interpréter et non pas d'objets et de phénomènes « réels » que l'on pourrait observer et décrire objectivement hors de toute médiation du langage comme le prétendent les approches positivistes regroupées, en Relations internationales, dans le paradigme rationaliste, (soit le **néoréalisme** et **l'institutionnalisme néolibéral**) (Smith, 1997).

En somme, les notions de texte, de discours et de langage sont les éléments **ontologiques** privilégiés par ces approches. Or, on se doit de souligner que la pensée postmoderniste évacue la notion même de réalité ontologique en refusant de croire qu'il est possible de connaître la nature ou l'essence des choses puisque tout n'est que représentation. Quoi qu'il en soit, il est tout de même primordial d'aborder la question de l'ontologie, car elle permet de délimiter les éléments principaux qui sont étudiés par une approche en répondant à la question de ce qui est. Au niveau épistémologique, les postmodernistes avancent qu'il est impossible de produire des énoncés objectifs ou d'établir des critères de validation, voire des fondements pour la connaissance, que tout est interprétation et que tout savoir s'inscrit dans des relations de pouvoir qui permettent la reproduction de rapports de domination et la marginalisation de groupes et d'idées.

En général, les théoriciens qui empruntent une approche de ce type en Relations internationales tentent de :

> [...] déconstruire ou de dénaturaliser, à travers des interprétations détaillées, le langage, les concepts et les textes hérités qui ont constitué les discours privilégiés en relations internationales (Der Derian et Shapiro, 1989 : 4).

Leurs études ne sont donc pas centrées sur l'explication des phénomènes ou des enjeux généralement discutés en Relations internationales — comme les causes des **guerres** par exemple — mais plutôt sur la critique, voire la déconstruction, des **théories** dominant la discipline. Celles-ci sont appréhendées comme des pratiques discursives qui définissent le sens et privilégient certaines représentations du monde participant à la légitimation de rapports de pouvoir et de domination.

Leur objectif est donc de déconstruire et de dénaturaliser les dichotomies communes de la discipline — pensons, par exemple, à la dichotomie centrale des Relations internationales : ordre/**anarchie** — pour que soient dévoilés l'arbitraire des hiérarchies qu'elles instituent et, en définitive, les rapports savoir/pouv/oir qui les fondent.

Pour le philosophe français Jacques Derrida, la déconstruction opère à deux niveaux : il s'agit, d'abord, d'exposer les dichotomies et de renverser les hiérarchies qui composent un discours et, ensuite, de délier les oppositions binaires qui le fondent. On retrouve chez R. B. J. Walker une telle déconstruction du principe fondateur des Relations internationales, la **souveraineté**, qui repose selon lui sur une pléthore de dichotomies arbitraires et réifiées par les approches classiques des Relations internationales (Walker, 1993).

Parmi ces principes rigides de division, d'exclusion et de légitimation figurent, notamment, les constructions dichotomiques de l'interne et de l'externe, de l'universel et du particulier, de l'**identité** et de la différence. La déconstruction s'emploie notamment à démontrer que le premier terme d'une dichotomie est toujours privilégié sur le deuxième.

Walker illustre ainsi comment la souveraineté est le socle même de la construction d'une opposition entre l'interne et l'externe dans la littérature classique des Relations internationales ; une opposition qui construit l'interne souverain en termes d'ordre, de justice et de progrès, et l'externe anarchique en termes de conflits, de politique de **puissance** et de répétition plutôt que de progrès. La préséance de cette dichotomie empêche, selon Walker, que les Relations internationales soient pensées autrement, c'est-à-dire à l'extérieur de l'orthodoxie **réaliste** dominante.

L'idée que la dichotomie identité/différence est centrale dans la construction discursive des menaces, de l'autre et de l'ennemi est l'une des contributions majeures des approches poststructuralistes aux études de la **sécurité**. D. Campbell procède à une telle analyse afin de déconstruire la position américaine face à l'Irak, discours qui précipita les Américains dans la guerre du Golfe.

C'est ainsi qu'il n'explique pas ce conflit en termes de **gains** économiques, mais plutôt en termes de processus de construction identitaire ; un processus discursif qui aurait amené les dirigeants américains à remplacer l'ennemi déchu du temps de la Guerre froide par un nouvel ennemi tout aussi effrayant, afin de restaurer l'identité américaine en termes de défenseur de l'ordre international (Campbell, 1992).

Dans l'un des ouvrages poststructuralistes les plus importants de la discipline des Relations internationales, *International/Intertextual Relations*, Der Derian écrit :

> Les relations internationales requièrent une approche intertextualiste, c'est-à-dire une interrogation critique des domaines de la pensée où il ne peut y avoir d'arbitre de la vérité, où le sens est dérivé des interrelations entre textes et où la problématique même du langage et autres pratiques signifiantes impliquent qu'il est question de pouvoir (Der Derian et Shapiro, 1989 : 6).

L'intertextualité est une notion empruntée à l'analyse littéraire que développa la sémiologue J. Kristeva dans les années 1960. Bien qu'il y en ait diverses interprétations, cette méthode repose essentiellement sur une évacuation de la notion d'auteur, le texte étant appréhendé comme une construction d'autres textes. Le sens d'une œuvre ne réside donc pas dans le texte en tant que tel, c'est-à-dire dans ce que l'auteur aurait pu vouloir dire, mais bien dans des interrelations entre textes qui permettent le foisonnement d'interprétations qui ne font pas référence à un monde extérieur mais bien à d'autres textes.

La généalogie est une autre méthode utilisée par les poststructuralistes. J. Der Derian en fit une application exhaustive dans *On Diplomacy* qu'il publia en 1987. Telle que développée par M. Foucault, cette méthode est centrée sur l'étude des « régimes de vérité », c'est-à-dire sur les relations entre savoir et **pouvoir** qui se développent dans différents contextes ou périodes pour former des discours dominants sur la vérité et le savoir. Le savoir n'est donc pas une question de connaissances neutres, objectives ou universelles, mais plutôt le fait de processus discursifs qu'une méthode généalogique s'emploie à dévoiler. S. Smith résume ainsi la proposition nodale de cette méthode :

> Le message central de la généalogie est qu'il n'y a rien de tel que la « vérité », seulement des régimes de vérité. Ces derniers reflètent les façons dont le pouvoir et la vérité se développent conjointement dans une relation mutuellement constitutive à travers l'histoire (Smith, 1997 : 181).

Ainsi, les poststructuralistes et postmodernistes tentent, par l'entremise de la déconstruction, de l'intertextualité ou de la généalogie, d'ouvrir les espaces discursifs de la discipline pour laisser émerger les voix des exclus, reculer les frontières imposées par la pensée moderniste et questionner ce qui est naturalisé dans les discours dominants sur les Relations internationales (George et Campbell, 1990 : 280). Et lorsque taxé d'œuvre de négation et de conservatisme par leurs critiques, les poststructuralistes justifient leur perspective par un refus systématique des méta-récits, écueils dans lesquels échouent selon eux les approches rationalistes et que, soutiennent-ils, les théories critiques ne parviennent pas à éviter non plus (Ashley, 1996).

Isabelle Masson

POUVOIR

Power

La capacité morale que possède un **acteur international** et qui lui permet de faire faire à un autre acteur quelque chose que celui-ci ne ferait pas de son propre gré. L'exercice du pouvoir suppose que l'acteur en question dispose à la fois d'une *autorité* reconnue par le droit, la pratique ou une convention, et d'une *légitimité*, c'est-à-dire une reconnaissance explicite ou tacite de la part de la plupart des autres acteurs, et qui lui accordent le droit de se servir de ce pouvoir.

Il faut distinguer le pouvoir de la **puissance**, qui est essentiellement la capacité de la part d'un acteur d'utiliser des ressources *physiques*, notamment militaires, économiques, financières et commerciales, et *morales*, surtout diplomatiques, pour obliger un autre acteur à faire quelque chose qu'il ne ferait pas autrement. Contrairement au pouvoir, l'exercice de la puissance ne suppose pas nécessairement l'existence de l'autorité ou de la légitimité. Par contre, la puissance peut constituer un élément fondamental de l'exercice du pouvoir.

PRIVATISATION DE LA SÉCURITÉ/ MERCENARIAT

Privatisation of security

> L'intérêt du mercenaire ne réside pas dans la paix et dans la réconciliation, mais dans la guerre, puisque la guerre est son métier et qu'il en vit (Ballesteros, 1994).

Le fait pour des États de recourir à des mercenaires afin de mener leurs guerres ou d'assurer leur sécurité apparaît comme une constante dans l'histoire. Bien qu'un temps éclipsé par la prédominance des armées nationales, le mercenariat a effectué un retour remarqué au premier plan des préoccupations internationales lors des multiples conflits ayant agité le **Tiers Monde** et principalement l'Afrique au moment de la décolonisation. Au cours de cette période, on retrouve en effet des mercenaires impliqués dans de nombreux coups d'État se soldant par des renversements de régime (Marguin, 1999). Des personnalités comme Bob Dénard ou encore « Mad Mike Hoare » se sont alors imposées comme des figures emblématiques du phénomène.

La *Convention internationale contre l'utilisation, le financement et l'instruction des mercenaires*, adoptée en 1989 par l'Assemblée générale des Nations unies, a tenté d'attirer l'attention de la communauté internationale sur les problèmes posés par cette recrudescence du mercenariat. Elle définit le mercenaire comme étant une personne indépendante, n'agissant pas dans le cadre d'une mission officielle ordonnée par un État, mais dans ses propres intérêts ou ceux d'une entreprise qui l'emploie, celle-ci agissant alors au profit d'un État dont elle est la sous-traitante. Selon cette convention, un mercenaire n'appartient pas à l'armée régulière d'un État, il opère au sein d'une force armée, le plus souvent étrangère. Il n'épouse généralement pas la cause qu'il défend et il est principalement motivé dans son action par une rémunération supérieure à celle offerte dans une armée régulière (ONU, 1989).

Ratifiée uniquement par 22 États à l'influence souvent marginale (hormis peut-être l'Italie) et en vigueur depuis 2001, cette convention, son objectif (lutter contre le mercenariat) et la définition du mercenariat qui y est inscrite sont loin de faire l'unanimité (Ballesteros, 2002a). En effet, si certains abondent dans le sens de l'ONU quant à la menace incarnée par le mercenariat à la paix et à la stabilité internationale, d'autres y voient un outil performant, flexible et économique permettant aux États de s'épargner l'entretien d'une force de défense permanente. Les partisans du mercenariat estiment également que la définition de l'ONU s'accommode mal de l'évolution du phénomène survenu dans les années 1990 et qu'elle omet notamment de distinguer un mercenariat classique, regroupant aventuriers et francs-tireurs, d'une forme plus moderne que Jean Marguin (1999) qualifie d'entrepreneuriale (Holmqvist, 2003).

Le mercenariat entrepreneurial désigne un ensemble hétérogène de firmes privées déclarées, au statut parfaitement légal, et spécialisées dans la sécurité ou dans le domaine militaire (Chapleau et Misser, 1998). Il a fait son apparition au tournant des années 1990 avec la chute de l'Union soviétique. Progressivement, les États occidentaux se sont désintéressés des conflits régionaux et intra-étatiques ne menaçant pas directement leur sécurité. Décidés à toucher les dividendes de la paix, la plupart de ces États ont réduit leurs budgets de défense en s'efforçant d'adapter leurs armées à un nouvel ordre mondial. Un grand nombre de soldats de métier ont ainsi été rendus à la vie civile et divers acteurs ont ainsi eu accès à des armes conventionnelles (Singer, 2003).

La fin de la **Guerre froide** a donc créé un environnement favorable à l'émergence de nouvelles entreprises de sécurité en leur permettant de recruter une main-d'œuvre qualifiée (d'anciens militaires) et lui donnant l'occasion de doter son personnel d'équipements performants. Les firmes de mercenaires peuvent ainsi proposer des solutions de sécurité « clé en main », c'est-à-dire des structures complètes de sécurité prêtes à l'emploi, à des gouvernements essentiellement africains obligés de composer avec des armées nationales souvent corrompues et difficiles à contrôler. Le marché de la sécurité ne se limitant pas aux gouvernements, ces entreprises offrent également leurs services à des acteurs non étatiques en lutte contre le pouvoir local ou bien encore à des entreprises privées désireuses, par exemple, de poursuivre leurs activités minières ou pétrolières à l'abri des affrontements locaux (Isenberg, 1997).

Même si la frontière s'avère parfois floue, on distingue généralement au sein du mercenariat entrepreneurial les sociétés privées de sécurité (Defense System Ltd, Dyncorp, Lifeguard Security et Securitas Canada, par exemple) des sociétés militaires privées (Blackwater, Sandlines International, Military Professional Ressources Incorporate et Executive Outcome, pour ne citer que les plus célèbres). Les premières limitent leurs activités à des domaines spécifiques tels que la protection des personnes, des convois et des infrastructures, le renseignement ou encore la formation et le conseil (Shearer, 1998 : 24). En principe, les sociétés privées de sécurité ne sont pas directement impliquées dans les combats. Elles n'en ont généralement pas les ressources financières ni le personnel.

Les sociétés militaires privées, quant à elles, fournissent à leurs clients les outils pour faire face efficacement au conflit. Elles remplissent parfois des tâches analogues à celles des sociétés privées de sécurité (l'analyse stratégique et la formation, par exemple), mais elles participent directement aux affrontements. Elles sont donc susceptibles d'avoir un impact stratégique significatif sur la situation sécuritaire et politique de la région où elles interviennent (Shearer, 1998 : 23).

Qu'il s'agisse des sociétés privées de sécurité ou des sociétés militaires privées, le mercenariat entrepreneurial apparaît comme un phénomène global affectant à des niveaux divers les puissances occidentales autant que le continent africain. Il s'inscrit en effet indubitablement dans un processus de privatisation de la sécurité étatique. Pour Marguin (1999), ce processus aurait commencé avec la vente à des firmes privées des services périphériques de la sécurité, ceux qui sont sans liens directs avec les activités strictement militaires (entretien des équipements, formations, etc.). Désormais, il affecterait également les opérations militaires par le biais de la location de matériel de transport, par exemple, et même pourrait-on dire par la location de soldats puisqu'il s'agit là de la raison d'être du mercenaire.

Les avantages pour un État de recourir aux mercenaires seraient de trois ordres. Ils seraient tout d'abord économiques, car le mercenariat permettrait de ne plus avoir à entretenir une armée imposante ; autorisant donc plus de flexibilité budgétaire. Ils seraient ensuite opérationnels. Les troupes de mercenaires bénéficiant souvent d'un équipement et d'une formation de premier choix, elles obtiendraient d'excellents résultats sur le terrain. À ce titre, mentionnons l'intervention d'Executive

Outcome en Sierra Leone qui a permis, pour un temps, de mettre fin aux combats là où les missions de paix de l'ONU ou de la Communauté économique des États de l'Afrique de l'Ouest (CEDEAO) s'étaient soldées par des échecs (Marguin, 1999). Enfin, les avantages politiques ne seraient pas non plus négligeables. Une troupe de mercenaires offre en effet la possibilité d'agir militairement sans engager l'armée régulière, donc sans risquer la vie des soldats de la nation et sans avoir à justifier leur mort devant la population.

Cependant, malgré ces arguments, le mercenariat entrepreneurial pose d'importants problèmes juridiques et éthiques (Olsson, 2003). D'un point de vue juridique, bien que la plupart des sociétés de mercenaires aient leur propre code déontologique, il n'existe pour l'instant aucun mécanisme efficace pour contraindre les mercenaires au respect de leurs engagements contractuels, des droits de la personne et des droits de la guerre (Howe, 1998 et Ballesteros, 2002b). Sur le plan éthique, ce phénomène amène à se questionner sur la responsabilité des gouvernements clients. En cas de clause secrète relative à l'identité du client, le mercenariat peut constituer pour l'exécutif un moyen commode de recourir à une action guerrière « clandestine » sans avoir à justifier ses actes devant la communauté internationale ou même devant le parlement de son pays (Géré, 1999). Autant de problèmes qui appellent une réponse de l'ONU et des parlements nationaux, que les mercenaires soient finalement proscrits par la communauté internationale ou non.

Menace à la stabilité internationale ou outil sécuritaire, l'évolution récente du mercenariat et, plus largement, la privatisation de la sécurité questionne la **souveraineté** de l'État jusque dans sa fonction régalienne par excellence : la sécurité. Peut-on concevoir qu'un État triomphe militairement par le biais d'une entreprise privée ? Quel rôle restera-t-il à l'État tant sur la scène internationale que sur le plan interne une fois ce processus achevé ?

Les interrogations concernant les effets du mercenariat sur le politique ne manquant pas, le débat sur l'avenir des mercenaires apparaît loin d'être clos.

Yannick Quéau

PUISSANCE

Power

La puissance est un ensemble de capacités composites et polymorphes, réelles ou potentielles, qu'utilise un acteur pour amener d'autres acteurs à faire ce qu'autrement ils n'auraient pas fait (Inspiré de Devin, 2002 : 26-33 et de Dahl, 1973 : 47-90).

La puissance est un concept fondamental et omniprésent en **Relations internationales**. Paradoxalement, la définition de ce concept ne fait pas l'unanimité chez les internationalistes et les politologues. Presque tous les auteurs de la discipline l'utilisent et l'interprètent à leur manière. C'est pourquoi cette définition de la puissance procédera par école de pensée et évitera, par souci de parcimonie, le dénombrement des facteurs de puissance, le débat sur la fongibilité de la puissance et la distinction entre la puissance et le **pouvoir**.

La puissance et son utilisation conceptuelle sont depuis longtemps associées à l'école de pensée **réaliste** en Relations internationales. Un des piliers analytiques de cette école fait valoir que les **États** recherchent la puissance dans leurs relations avec les autres États. La politique internationale est vue comme une lutte pour la quête de puissance. Cette quête est logique dans le sens où les unités politiques évoluent dans un environnement international **anarchique** à l'intérieur duquel elles doivent survivre et prospérer. Le moyen pour y parvenir est donc d'acquérir et d'accumuler de la puissance (Evans et Newham, 1990 : 340). En fait, les rapports de force dominent les relations entre États. Pour Raymond Aron, (1984 : 58) la puissance se définit comme « la capacité d'une unité politique d'imposer sa volonté aux autres unités ». Donc, selon l'école réaliste, le calcul est simple à faire : ce qu'un État peut faire en politique internationale est fonction de la puissance qu'il possède (Evans et Newham, 1990 : 340).

Toutefois, Kenneth N. Waltz, fondateur du **néoréalisme**, réajuste cette définition de la puissance en mettant l'accent sur trois éléments pertinents (Waltz, 1979). D'une part, le **système international** est une structure ayant comme principe d'ordonnancement l'anarchie. D'autre part, dans cette structure, il n'y a pas de différenciation fonctionnelle entre les unités qui y coexistent. Toutes les unités recherchent minimalement la **sécurité** afin d'assurer leur survie. Enfin, la seule différence entre les unités de la structure internationale se perçoit à travers la distribution de la puissance. Or, pour Waltz, la puissance est relative à la position de l'unité dans la structure internationale. Il l'écrit simplement : « La première préoccupation des États n'est pas de maximiser leur puissance [comme le pensent les réalistes] mais plutôt de maintenir leur position relative dans le système » (Waltz, 1979 : 126). La structure impose des contraintes aux unités, ce qui explique leurs comportements et détermine les résultats. Ainsi, le changement de comportement des unités s'explique, non par l'augmentation ou la diminution de leur puissance absolue, mais bien par les contraintes inhérentes à la structure du système international (Evans et Newham, 1990 : 341). Cette structure récompense les comportements qui reproduisent le système, alors qu'elle sanctionne les autres (Waltz, 1979 : 73-74). Ainsi, la quête de puissance relative est récompensée, ce qui rend la **coopération** entre les unités très difficile selon les penseurs néoréalistes. Cette quête de puissance relative est la principale distinction entre la définition de Waltz et la définition classique des réalistes.

Une des critiques de cette définition de la puissance fait valoir que les exégètes réalistes et néoréalistes de la puissance se concentrent trop sur l'exclusion mutuelle interne et externe propre aux États dans leurs relations internationales (c'est-à-dire que l'État est un **acteur** cohérent et unifié qui agit dans un système composé d'États cohérents et unifiés). Cette conception a un impact direct sur leur conceptualisation de la puissance. Celle-ci délaisse, de ce fait, les apports importants qu'offrent le dualisme interne et externe et l'interdépendance grandissante des rapports entre États.

Cette dernière constatation est mise en évidence par Joseph N. Nye et Robert O. Keohane (1977). Pour eux, la puissance se définit de deux manières. La première est l'habileté avec laquelle un acteur entraîne d'autres acteurs à faire ce qu'ils n'auraient pas fait autrement. La relation d'interdépendance asymétrique entre deux acteurs est source de puissance et la nature de cette puissance provient du contrôle de l'acteur le moins dépendant sur les ressources. La deuxième manière définit la puissance en termes de contrôle sur les résultats. Encore ici, la relation d'interdépendance asymétrique entre deux acteurs est source de puissance. Mais cette puissance est de nature potentielle, c'est-à-dire qu'elle change potentiellement les résultats lors de la négociation politique (*political bargaining*). Pour raffiner leur définition, ils proposent deux dimensions à la puissance : la sensibilité (*sensitivity*) et la vulnérabilité. La première fait référence aux coûts immédiats encourus par l'effet d'une action extérieure, alors que la deuxième correspond aux coûts d'ajustement associés à un changement de politique afin d'abaisser le niveau de sensibilité. De cette manière, la puissance s'interprète en rapport de pouvoir potentiel à l'intérieur d'un système où les unités sont interdépendantes mais dont certaines sont plus sensibles ou plus vulnérables aux initiatives des autres (Keohane et Nye, 1977 : 11-13).

Le débat entourant la définition du concept de puissance en Relations internationales est repris par Barry Buzan. Il propose une nouvelle typologie de la puissance en scindant ce concept en quatre conceptions : la puissance attributive, relationnelle, de contrôle et structurelle[1] (Buzan, 2000). La puissance attributive fait référence à la capacité des unités d'effectuer des tâches spécifiques selon les attributs respectifs qu'elles possèdent. Ainsi, les États peuvent ou non entreprendre certaines actions telles que construire des armes nucléaires. Cette conception attributive de la puissance est la plus

1. Il s'agit en anglais de : *attributive, relational, control* et *structural power.*

simple puisqu'elle n'est pas à somme nulle. Chaque unité politique peut augmenter ou diminuer sa puissance indéfiniment grâce à des moyens tels que l'industrialisation, le développement technologique etc.

La puissance relationnelle, pour sa part, ressemble davantage aux définitions réaliste et néoréaliste de la puissance. Ce type de puissance est positionnel et à somme nulle, car il fait référence à la distribution de la puissance parmi les unités d'un système. La puissance relationnelle se définit donc comme la mise en relation de toutes les puissances attributives distribuées parmi les unités d'un système. Elle transforme l'aspect absolu de la puissance attributive en un aspect relatif. De ce fait, c'est grâce à ce type de puissance qu'une hiérarchie peut être établie entre les unités d'un système. Les unités du système international deviennent, selon leur degré de puissance relationnelle, des superpuissances, des puissances, des puissances moyennes, des faibles puissances.

La puissance de contrôle, de son côté, est perçue comme un résultat puisqu'elle n'est autre chose que la capacité d'un acteur (ou d'une unité politique ou d'un État) de modifier le comportement d'un autre acteur[2]. Ce type de puissance postule que si l'acteur A modifie le comportement de l'acteur B, A possède plus de puissance que B. A peut modifier positivement le comportement de l'autre, amener son vis-à-vis à faire quelque chose qu'il n'aurait pas fait, ou négativement, c'est-à-dire l'empêcher de faire ce qu'il veut (Buzan, 2000). À cet égard, Buzan rejoint les propos d'Aron et la définition réaliste de la puissance cités ci-dessus, mais il rejoint également la définition de Waltz lorsque la puissance de contrôle ne suppose pas que A ait intentionnellement voulu ce changement de comportement de la part de B.

La puissance structurelle est tout simplement le concept de puissance expliqué par Waltz (1979 : 126). La puissance structurelle ne se situe pas dans la capacité des acteurs à influencer le comportement des autres, mais bien dans la nature du système dans lequel ils évoluent (Buzan, 2000). Autrement dit, les puissances dites attributive, relationnelle et de contrôle se concentrent sur la capacité de l'acteur (ou de l'unité politique ou de l'État), alors que la puissance structurelle est imposée aux acteurs indépendamment de leur volonté, car elle est induite par le système ou la structure internationale.

Enfin, Joseph Nye (1990) apporte une distinction fort pertinente entre deux types de puissance. Il s'agit du *hard power* et du **soft power**. Le premier type de puissance fait référence à l'utilisation de moyens militaires et économiques dans le but de modifier le comportement ou de restreindre la volonté des autres pays. Sans contredit, il s'agit de l'utilisation d'une puissance tangible et brute. Le deuxième type de puissance a le même objectif que le *hard power*, sauf que l'influence politique et culturelle est le moyen privilégié pour y parvenir. En fait, il s'agit pour un acteur d'être « [...] capable de proposer un agenda et de structurer

2. Elle est aussi parfois appelée la puissance décisionnelle (*decisional*). Voir : Stoll et Ward (1989 : 103).

une situation de telle sorte que les autres pays fassent des choix ou définissent des intérêts qui s'accordent avec les siens propres » (Nye, 1990 : 31). L'utilisation de la *soft power* est moins coûteuse tant en termes de ressources qu'en termes de légitimité, car elle met en jeu des ressources intangibles de puissance telles que la culture, les idées et les institutions dans l'arène de la politique internationale (Nye, 1990 : 25-34).

Hugo Loiseau

RÉALISME — Realism

Voir **néoréalisme, réalisme classique, réalisme néoclassique, réalisme défensif et offensif**

RÉALISME CLASSIQUE — Classical Realism

> La politique internationale n'étant qu'une partie d'une théorie générale de la politique, la tâche principale est de comprendre les exigences et les problèmes d'une telle théorie. Si ce raisonnement est adéquat, la clé d'une théorie de la politique internationale ne réside pas dans la spécificité de l'objet d'analyse de la politique internationale, mais dans les besoins et problèmes d'une théorie générale de la politique (Morgenthau dans Fox, 1959 : 16).

À partir du moment où elle s'est imposée au sein du champ de la **théorie** des **Relations internationales**, à la suite de la Deuxième Guerre mondiale, la théorie réaliste y a occupé une position déterminante. Les expressions *Realpolitik* ou *Power Politics* servent également à désigner cette théorie dont on présentera ici les origines intellectuelles, l'évolution au sein du champ de la théorie des Relations internationales et les principaux énoncés théoriques.

Le réalisme classique, comme le **néoréalisme**, présente souvent sa tradition comme remontant à l'historien grec Thucydide auteur de *La Guerre du Péloponnèse*. Il revendique également une continuité avec *Le Prince* de Machiavel et avec Hobbes, dont il s'inspire du chapitre 13 du *Léviathan*. Il ne s'impose pas dès le début au sein du champ de la théorie des Relations internationales, dominé par l'**idéalisme** pendant l'entre-deux-guerres. Certains ouvrages témoignent cependant de sa présence durant cette période (Schumann, 1941 ; Niebuhr, 1932 ; 1941). À l'amorce du Second Conflit mondial, l'historien britannique E. H. Carr rédige un ouvrage qui se veut une critique impitoyable de la **politique étrangère** de son pays et devint une référence essentielle du réalisme classique. Dans *The Twenty Years' Crisis* (1946 [1939]), Carr dénonce l'« utopisme » avec lequel la politique internationale était analysée jusqu'à l'éclatement de la guerre. Hans Morgenthau revient sur ce thème avec la publication de trois ouvrages (1946 ; 1948 ; 1951), où, tout en proposant une analyse de la nature humaine, il se livre à la critique de l'idéalisme qui prévaut durant l'entre-deux-guerres. Avec John Herz (1951), Morgenthau poursuit l'objectif de prévenir la **guerre**, mais il croit que cet objectif sera atteint seulement si l'analyse des relations internationales se penche sur ce que celles-ci sont « réellement », plutôt que sur ce que les idéalistes voudraient qu'elles soient. Aux États-Unis, deux hommes sont étroitement associés à l'influence politique du réalisme classique : George Kennan (1951 ; 1954), planificateur de la doctrine américaine de « l'**endiguement** » du communisme, et Henry Kissinger, secrétaire d'État américain de 1973 à 1977.

Selon le réalisme classique, la clé de la compréhension de la politique et du **système international** réside dans l'analyse de la politique de **puissance** à laquelle les **États**, en particulier les grandes puissances, aspirent inlassablement à travers leur conduite diplomatico-stratégique. Une seconde idée cruciale de ce cadre théorique est que le politique constitue une sphère étanche et autonome à laquelle sont subordonnées d'autres sphères, dont l'économique. Le comportement des États au sein du système international s'explique en fonction d'une dynamique politique dont la principale impulsion est la poursuite et la défense de leurs **intérêts « nationaux »**. La notion d'intérêt est comprise ici comme étant synonyme de préservation ou d'accroissement de la puissance. La morale n'est pas l'affaire des relations entre les États, seule une « éthique de la prudence » et de la responsabilité est prescrite par des théoriciens comme Aron, qui se penchent sur les conséquences de l'ère nucléaire. Selon les réalistes, dans la mesure où les États entreprennent des actions qui paraissent morales, ils poursuivent une politique de prestige qu'ils jugent profitables à la conservation ou à l'accroissement de leur **pouvoir**.

Étant donné l'absence d'autorité centrale au sein du système international, ce dernier est dit « anarchique ». Parce qu'en cet état d'**anarchie** rien ne peut limiter la compétition de tous contre tous dans leur quête de puissance, le système international tend, pour paraphraser Raymond Aron, vers la guerre. Dans l'optique de l'historien militaire allemand Carl von Clausewitz, la guerre est la poursuite de la politique par d'autres moyens. Elle est irrationnelle seulement si elle n'est pas le moyen d'arriver à un objectif politique. Seul l'**équilibre des puissances**, c'est-à-dire un jeu d'**alliances** temporaires garantissant un équilibre entre les puissances, peut avoir un effet dissuasif sur les États en apaisant temporairement leurs ambitions guerrières. Morgenthau définit l'**impérialisme** comme la tentative par un État de renverser le *statu quo* — l'équilibre des forces — d'un système international donné. L'impérialisme est donc essentiellement une politique qui, par son caractère dynamique, s'oppose à la préservation du *statu quo* au sein du système international.

La ligne de partage entre le réalisme classique et le **néoréalisme** est davantage chronologique et métathéorique, que théorique. Le premier domina le champ de la théorie des Relations internationales de 1946 jusqu'au milieu des années 1960. Sur le plan métathéorique, il se distingue du néoréalisme d'abord par le fait qu'il soit de façon générale moins exposé à l'épistémologie **positiviste**. Il se caractérise également par l'importance qu'il accorde à l'analyse historique. De plus, les théoriciens de ce courant voyaient des difficultés à traiter de façon positiviste certains concepts de la théorie des Relations internationales. Morgenthau, qui cherchait pourtant à fournir des lois objectives de la politique internationale, jugeait impossible d'avoir un traitement positiviste du concept de pouvoir. Pour Carr, les objets sociaux étaient d'un autre statut **ontologique** que les objets naturels ; ils échappaient à un traitement positiviste, et chez le jeune Aron, la ligne de partage entre la philosophie politique, l'art de la politique et la science politique était souvent très mince. La génération suivante de chercheurs de cette tradition cherchera à formaliser davantage le cadre réaliste de façon à le rendre plus conforme à une **épistémologie** positiviste.

Les niveaux d'analyse

Les théoriciens réalistes ne mettaient pas tous l'accent sur le même **niveau d'analyse**. Pour Herz (1951, 1976) la nature anarchique du système international était déterminante. Parce que le système international est de nature oligopolistique, le nombre d'**acteurs** jouant un rôle décisif dans les relations internationales y est relativement limité. Ce sont essentiellement quelques grandes puissances qui jouent un rôle déterminant au sein du système international parce qu'elles sont les seules à avoir la capacité de transformer la nature de l'équilibre des puissances. Un système international caractérisé par un équilibre des forces entre les grandes puissances aura tendance à être plus stable qu'un système où un tel équilibre fait défaut.

L'unité d'analyse centrale, ou l'**acteur** principal du système international, du réalisme est l'État. Les États sont conçus ici comme des entités égoïstes, en perpétuelle compétition et en possession d'une information souvent imparfaite à l'aide de laquelle ils doivent faire des choix de manière à assurer la préservation de leurs intérêts et l'accroissement de leur puissance. L'État est une entité dont le comportement sur la scène internationale est de nature conflictuelle. Parce qu'il évolue dans un environnement anarchique, il fait face à de constantes menaces, dont il ne peut se protéger qu'en accroissant lui-même sa puissance, ou en formant des alliances temporaires, assurant un équilibre des forces entre les grandes puissances du système international. Le réalisme conçoit l'État comme une entité rationnelle cherchant à maximiser ses **gains** de façon absolue.

L'analyse que font de l'État le réalisme classique et le néoréalisme diffère sur une question cruciale. On utilise souvent l'analogie de la boule de billard pour faire ressortir une thèse de l'analyse néoréaliste selon laquelle ce qui se passe à l'intérieur de l'État est indépendant de son comportement sur la scène internationale ou que les États sont perçus comme des acteurs unifiés. De la même manière que l'analyse cybernétique vide l'État de son contenu, à travers l'analogie de la boîte noire, le néoréalisme vide l'État de son contenu à travers celle de la boule de billard. Le réalisme classique avait une position différente sur cette question. Autant Aron que Carr portaient attention à ce qui se produisait au sein de l'État dans leurs analyses des formes et des dynamiques du système international.

De tous les auteurs de la tradition du réalisme classique, Morgenthau est celui qui a fait le plus reposer sa théorie sur une variante du réalisme que l'on peut qualifier de *biologique*, par opposition au réalisme *structurel*. Chez lui, c'est à l'origine la nature humaine qui est l'entité explicative des relations internationales. La politique internationale est la projection de la nature égoïste, mesquine et perfide de l'humain à l'échelle du système international. C'est chez le théologien-politologue Reinhold Niebuhr (1932, 1943, 1948) qu'il emprunta les assises théoriques de cette conception qui dressait un portrait pessimiste de l'humain, apparentée à la vision qu'en propose la religion piétiste. Les deux théoriciens divergent cependant sur un point important : pour Morgenthau, l'homme est fondamentalement un animal qui cherche à dominer ; pour Niebuhr, il souffre du péché originel d'orgueil.

On a peut-être parfois eu tendance à grossir le trait qui séparait le *réalisme classique* de *l'idéalisme*. La prévention de la guerre demeurait une motivation du premier. Morgenthau croyait que la morale n'était pas l'affaire des relations internationales, mais il partageait la croyance en l'éventualité d'un gouvernement mondial (Buzan dans Smith *et al.*, 1996 : 48). Kubálková rappelle que Carr non seulement ne cachait pas sa sympathie pour le **marxisme**, mais concevait le « réalisme comme une phase transitoire » au sein d'un développement historique où **idéalisme** et réalisme auraient tendance à converger et à se corriger mutuellement (Kubálková, 1998 : 29). Herz, quant à lui, conservait une nostalgie envers les idéaux promus par l'héritage du **libéralisme**.

Le réalisme classique était moins vulnérable aux critiques d'Allison (1971) et de Walker (1993), concernant l'importance de l'analyse de ce qui se passe à l'intérieur de l'État, que ne l'est le néoréalisme. Certains auteurs de cette tradition, par exemple Carr, s'exposent également moins à la critique de Rosenberg (1994b) concernant la séparation de l'économique et du politique dans la théorie réaliste. Le réalisme classique n'échappe cependant pas plus à l'accusation de réification (Cox, 1981) que le néoréalisme. En accordant une réalité transhistorique au monde social, il s'expose à l'accusation de réifier celui-ci en un ordre naturel qui conforte des relations de puissance.

On fait habituellement coïncider le déclin du réalisme classique avec la montée du **behavioralisme** et l'émergence des **études stratégiques** inspirées des **théories du choix rationnel**. Il est également critiqué par le néoréalisme avec la publication par Waltz de *Theory of International Politics* en 1979. Cependant, on assiste depuis quelque temps à un retour en vogue de cette tradition. Dans la foulée de la critique du positivisme en sciences sociales, à laquelle a participé un ensemble de **théories critiques**, certains auteurs de cette tradition sont redevenus populaires. L'exemple de Carr est sans doute le plus frappant. S'en inspirent aujourd'hui autant Robert W. Cox, qu'Andrew Linklater et Vendulka Kubálková. Parmi les débats contemporains qui témoignent d'une certaine vitalité renouvellée du réalisme, notons l'opposition entre réalistes *défensifs* et réalistes *offensifs* (Labs, 1997 ; Lynne-Jones, 1995). Les partisans de la version défensive du réalisme prétendent que les États se soucient avant tout de leur **sécurité** et ne recherchent donc que la puissance suffisante pour assurer leur survie. Les États seraient des acteurs essentiellement défensifs et ne chercheraient pas à obtenir plus de puissance si cela risquait de mettre en cause leur sécurité. Au contraire, selon les tenants de l'interprétation offensive du réalisme, l'objectif ultime de tous les États est d'obtenir une position dominante dans le système international. Ils cherchent toujours à augmenter leur pouvoir et, si possible, à changer la répartition existante de la puissance, même au prix de mettre en danger leur propre sécurité.

Frédérick Guillaume Dufour

RÉALISME DÉFENSIF ET OFFENSIF Defensive and Offensive Realism

Selon Stephen Walt (1998 : 37), la distinction entre réalisme défensif et réalisme offensif serait le « développement conceptuel le plus intéressant à l'intérieur du paradigme réaliste » de l'époque actuelle. La plupart des réalistes sont du même avis. Et, comme le souligne Sean Lynn-Jones (1998 : 159), la différence entre les deux nous aide à comprendre pourquoi les réalistes arrivent souvent à des évaluations très différentes d'un même phénomène.

Essentiellement, le clivage entre les deux courants se concentre autour de la conception de la **sécurité** des États et les moyens pour l'atteindre. Les réalistes défensifs prétendent que la sécurité est relativement abondante dans le **système international**, que les États doivent agir comme si le conflit était possible et non probable (Brooks, 1997 : 446), et donc aucun **État** n'a raison de poursuivre une politique de maximisation de la **puissance**. Les réalistes offensifs affirment, au contraire, que la sécurité est une denrée rare, qu'il faut agir comme si l'agression était toujours probable, et que la seule façon d'assurer sa propre sécurité est de mener une politique extérieure qui met l'accent sur la maximisation de la puissance, donc sur la nécessité d'être toujours prêt à assumer une position offensive. Au fond, les deux courants reflètent en grande partie le degré de pessimisme qui sous-tend les différentes conceptions réalistes du monde, les réalistes offensifs étant profondément pessimistes, que ce soit à cause de leur vision de la nature humaine ou de leur perception des effets structurants de l'**anarchie**.

Ces différences transcendent en grande partie celles qui distinguent le **réalisme classique** et **néoclassique** du **néoréalisme**. Certains auteurs semblent associer le réalisme défensif au néoréalisme et le réalisme offensif au réalisme classique ou néoclassique (Brooks, 1997 ; Zakaria, 1998). Mais en fait, la correspondance entre réalisme défensif et néoréalisme, d'un côté, et réalisme offensif et réalisme classique ou néoclassique, de l'autre, est loin d'être aussi nette. Ainsi, si Walt, représentant bien connu du néoréalisme, est cité comme un réaliste défensif, l'auteur dominant de la nouvelle génération du néoréalisme, John Mearsheimer, proclame haut et fort son adhésion au réalisme offensif. Par contre, Jack Snyder, vu comme un des fondateurs du réalisme néoclassique, se situe bien dans le camp des réalistes défensifs, ce que lui reproche très vigoureusement un autre fondateur du réalisme néoclassique, Fareed Zakaria (1992, 1998), qui ne cache pas ses sympathies pour le réalisme offensif.

En fait, ce nouveau débat apporte un correctif inopiné au néoréalisme de Kenneth Waltz. D'après Mearsheimer (2001 : 11), le réalisme offensif est principalement une « théorie », qui « explique comment les grandes puissances se sont comportées dans le passé et comment elles se comporteront probablement à l'avenir ». Mais il ajoute qu'elle est aussi une « théorie prescriptive », car les « États devraient se comporter selon les dictées du réalisme offensif, parce qu'il indique la meilleure façon de survivre dans un monde dangereux ». Malgré les exhortations de Waltz, le néoréalisme, qu'il soit défensif ou offensif, est entré dans le débat normatif sur l'orientation que devrait prendre la politique étrangère des États-Unis.

La distinction entre les deux courants a été formulée pour la première fois par Jack Snyder (1991 : 12) qui faisait état de deux réalismes, l'un, qu'il appelait « agressif » et qui « affirme que l'action offensive contribue souvent à la sécurité », et l'autre, « défensif », qui prétend que cette action « n'y contribue pas ». En fait, le débat puise ses racines dans la notion de l'**équilibre entre l'offensive et la défense** lancée au cours de la **Guerre froide**.

Deux thèmes dominent le débat entre réalistes défensifs et offensifs : la nature du **dilemme de la sécurité** et l'**hégémonie** (américaine) comme objectif de la **politique étrangère**. La logique de la thèse de l'équilibre entre l'offensive et la défense conduit à conclure que si l'on ne peut jamais espérer éliminer totalement le dilemme de la sécurité, on peut réduire beaucoup son intensité si les États poursuivent une politique qui met l'accent sur la **défense** par rapport à l'offensive. Formulée autrement, cette proposition signifie, selon Glaser (2003 : 270-271), que réalistes défensifs et offensifs diffèrent sur la question de la maximisation de la puissance. Les premiers reconnaissent volontiers que parfois les États doivent tenter de maximiser leur puissance, mais affirment qu'un tel comportement augmente le dilemme de la sécurité. Pour le réaliste néoclassique Randall Schweller (1996), partisan du réalisme offensif, le dilemme de la sécurité est un faux problème. La recherche de la maximisation de la puissance, et donc l'agressivité, est inhérente au comportement des États. On ne doit donc pas en chercher la source dans la structure du système international, même si celle-ci peut y contribuer, car les « intérêts, les valeurs, et les croyances stratégiques sont, dans beaucoup de cas, aussi importants que les déséquilibres de la puissance ou des menaces pour déterminer comment les États choisissent leur camp et pourquoi ils font la guerre » (108). Le (néo)réaliste offensif Mearsheimer (2001 : 3) arrive à une conclusion semblable, mais par un raisonnement très différent, en affirmant que la « structure du système international oblige des États qui ne cherchent qu'à être en sécurité à agir néanmoins de façon agressive les uns à l'égard des autres ». C'est une situation qu'il qualifie de « tragédie de la politique des grandes puissances », car ces dernières même si elles n'ont aucune raison de se battre, « n'ont d'autre choix que de poursuivre la puissance et de tenter de dominer les autres États du système ».

Sur la question de l'hégémonie, on assiste à une véritable convergence entre les deux courants, du moins dans leurs conclusions sinon dans leur argumentation. Mearsheimer (2001 : 40-41) définit un hégémon comme un « État tellement puissant qu'il domine tous les autres États dans le système. Aucun autre État n'a la capacité militaire de lui livrer un combat sérieux. Essentiellement, un hégémon est la seule grande puissance du système. » C'est une définition que pourront accepter la plupart des réalistes. Mais cette quête de l'hégémonie, qui peut réussir sur le plan régional, est condamnée quand elle vise l'hégémonie globale, car les difficultés à projeter la puissance à travers les océans sur le territoire d'une autre grande puissance rivale sont insurmontables. « En bref, il n'y a jamais eu d'hégémon global, et il est peu probable qu'il y en ait un dans un avenir proche. » De leur côté, les réalistes défensifs prétendent que les politiques qui cherchent à atteindre une position hégémonique ne peuvent jamais réussir, puisqu'elles susciteront toujours des actions de contre-équilibrage de la part des autres grandes puissances (Layne, 2006 : 19-22).

En fin de compte, si réalistes défensifs et offensifs divergent profondément dans leur diagnostic du comportement des États, leurs prescriptions se rapprochent beaucoup. Ils concluent, tout comme les participants des deux côtés du débat sur l'**équilibrage indirect**, que les États-Unis doivent abandonner toute velléité de politique agressive à l'égard des autres **acteurs** du **système international**. En même temps, en s'impliquant dans les questions touchant la politique étrangère, les partisans des deux courants ont amené le néoréalisme là où son fondateur avait toujours refusé d'aller.

Alex Macleod

RÉALISME NÉOCLASSIQUE

Neoclassical Realism

L'expression réalisme néoclassique a été lancée avec la publication d'un article de Gideon Rose dans la revue *World Politics* en octobre 1998, où l'auteur faisait état d'une tendance générale dans le camp du **réalisme classique** qui se dessinait depuis la fin de la **Guerre froide**. Cette tendance reflétait surtout une insatisfaction générale devant l'impasse dans laquelle le réalisme se retrouvait. Il ne s'agissait pas, toutefois, d'un mouvement concerté, mais on pouvait y discerner un certain nombre d'idées communes.

Premièrement, ces nouveaux réalistes reconnaissaient l'apport du **néoréalisme**, et particulièrement son insistance sur l'influence des structures du **système international** sur le comportement des États, ce qu'aucune théorie réaliste ne pouvait plus ignorer. Deuxièmement, ils étaient très conscients des insuffisances du réalisme pour expliquer de façon convaincante la fin de la Guerre froide. Troisièmement, ils s'accordaient tous sur la nécessité de réserver une place fondamentale dans toute nouvelle théorisation du réalisme aux facteurs de politique interne. Quatrièmement, ils s'entendaient sur la permanence des grands thèmes traditionnels de l'**ontologie** du réalisme classique, notamment sur l'idée de l'**État** comme l'acteur principal du système, sur la nature fondamentalement conflictuelle des relations interétatiques, sur la place centrale qu'il fallait accorder au concept de **puissance** et sur l'importance de la notion d'intérêt. Enfin, le nouveau réalisme en devenir serait avant tout une théorie de **politique étrangère**.

Au cours des années 1990, on a assisté à la publication d'une pléthore de livres et d'articles allant tous dans le même sens. Parmi les pionniers de ce courant, on doit toutefois mentionner les travaux de Jack Snyder (1991), Fareed Zakaria (1992, 1998), William Wohlforth (1993, 1994/1995), Jennifer Sterling-Folker (1997), Thomas Christensen (1996) et Randall Schweller (1998). C'est grâce à Rose que les idées qui unissaient ces divers auteurs ont pu être rassemblées et canalisées pour constituer un courant relativement cohérent.

La question de l'influence du système international sur le comportement des États n'était pas complètement absente du réalisme classique, mais il a fallu attendre les travaux de Kenneth Waltz, père fondateur du néoréalisme, pour que la notion de système assume le rôle de facteur causal dominant pour expliquer le comportement des acteurs internationaux. Pour les réalistes classiques, le système existait par l'interaction entre ces acteurs, il était la somme, les résultats, de ces interactions. Pour les néoréalistes, le système est un tout en soi, qui est qualitativement autre chose que la simple somme de ses parties constituantes. Dans un article souvent cité comme un des textes fondateurs du réalisme néoclassique, Zakaria (1992 : 178) déclarait que toute recherche (réaliste) à l'avenir « doit tenter de construire des explications impliquant des facteurs de politique interne qui tiennent pleinement compte des pressions systémiques. Cela exigera que les chercheurs développent une tolérance pour des généralisations plus limitées – mais aussi plus précises ».

Douze ans plus tard, un des tenants du nouveau courant pouvait affirmer que les réalistes néoclassiques étaient maintenant unis par « un fil analytique commun mais implicite qui accepte la prétention du néoréalisme que l'anarchie et la polarité sont importantes sur le plan de la causalité, mais les considère énormément sous-déterminantes en tant qu'explication » (Sterling-Folker, 2004 : 1). Ils seraient donc en train de synthétiser le systémique et l'interne dans une théorie unique, qui accorde un certain effet causal au premier, tout en insistant sur le fait que « les pressions systémiques sont filtrées à travers des variables intermédiaires internes pour produire des comportements de politique étrangère » (Schweller, 2006 : 6).

Les réalistes néoclassiques s'éloignent considérablement de la position des néoréalistes dans leur conception de l'**équilibre des puissances**. Selon Wohlforth (1993 : 16), les cadres théoriques fondés sur l'équilibre des puissances sont « défectueux et ambigus », tout en étant « omniprésents et nécessaires ». Pour les réalistes néoclassiques, ce sont deux idées que le néoréalisme associe à l'équilibre des puissances qui doivent être rejetées : celle d'une tendance inhérente au système international, et celle d'une tendance de tout État qui se sent en danger de s'allier avec d'autres États contre l'État ou les États qui semblent les plus menaçants.

Empiriquement, comme le démontre Schweller (1994, 2006), l'**équilibrage**, au sens entendu par les néoréalistes, n'est qu'une des **stratégies** parmi d'autres qui s'offrent aux États qui se sentent menacés. Mais il en existe aussi d'autres, tels que le ***bandwagoning*** (une alliance avec l'État ou l'alliance d'États le plus fort et le plus menaçant) ou ce qu'ils appellent le sous-équilibrage (*underbalancing*), c'est-à-dire une situation où un État « ne cherche pas l'équilibre ou le fait de façon inefficace en réponse à un agresseur dangereux et impossible à satisfaire, et les efforts de cet État sont essentiels pour le dissuader ou pour le vaincre (2006 : 10). L'histoire nous fournit des exemples de chaque type de comportement, et ce n'est qu'en analysant les facteurs internes que l'on pourra comprendre les raisons pour lesquelles un État a préféré une option plutôt qu'une autre.

Comme le rappelle Kapstein (1995 : 756), les tentatives de lier les effets du système international et ceux de la politique intérieure dans un tout théorique ne sont pas nouvelles en **Relations internationales**, mais elles n'ont jamais été convaincantes. Ce même auteur souligne que si l'on veut développer une théorie qui met l'accent sur les sources internes de la politique globale qui pourrait remplacer le néoréalisme, il faut proposer un « modèle explicite de la façon dont un ensemble donné de facteurs internes peuvent produire des résultats sur le plan international, dont les plus importants sont la guerre et la paix ».

Il n'est donc pas question pour les réalistes néoclassiques de faire une place à tous les facteurs internes possibles. Ils privilégient surtout deux variables. La première est ce que Zakaria (1998 : 3) appelle la **puissance** étatique, c'est-à-dire la « portion de la puissance nationale que le gouvernement peut extraire à ses propres fins et (qui) reflète la facilité avec laquelle les décideurs principaux peuvent atteindre leurs objectifs ». La deuxième, et qui semble être partagée par tous les réalistes néoclassiques, est la perception des décideurs. C'est le refus de tenir compte de cet élément fondamental qui expliquerait, par exemple, l'erreur des néoréalistes sur la question de l'équilibre des puissances, car, « [d]ans la mesure où les dirigeants perçoivent mal la vraie répartition des capacités, leur comportement ne se conformera pas aux prédictions de la théorie de l'équilibre des puissances » (Schweller 2003 : 337).

C'est ici que l'on rencontre un des plus grands dilemmes du réalisme néoclassique. En se limitant essentiellement à ces deux variables, les réalistes néoclassiques se facilitent grandement leur tâche et se donnent les moyens de construire une théorie « parcimonieuse ». Mais la parcimonie ne fournit pas forcément des explications très complètes. Par contre, si l'on introduit un trop grand nombre de variables, on prend le risque de présenter des explications *ad hoc* qui valent uniquement pour le cas étudié et qui ne contribuent donc pas à la formulation d'explications générales, objectif visé par toutes les approches réalistes.

Alex Macleod

366 RÉALISME SCIENTIFIQUE — Scientific Realism

> Le réalisme scientifique [...] possède un potentiel énorme pour ceux qui souhaitent construire une analyse de l'influence des structures inobservables (comme le système international ou la société des États ?) sur le comportement (Smith, 1996 : 36-37).

Le réalisme scientifique peut se résumer à la vision **ontologique** qui croit que l'on peut prendre en compte des entités inobservables postulées dans les théories scientifiques. Le débat philosophique qu'introduit le réalisme scientifique en philosophie des sciences tient notamment à la question de l'observation directe du monde, à sa perception et à la possibilité de rendre compte ou non de la « réalité ». Ce débat métaphysique concerne donc la connaissance du monde matériel et les limites cognitives humaines. La position adoptée par le réalisme scientifique est ainsi inspirée des travaux du physicien Arthur Eddington, qui a cherché à distinguer le monde du sens commun (*i.e.* la manière d'agir commune à tous les humains, le bon sens) du monde décrit par la science. La description scientifique suggère que la réalité dépeinte dans un discours du sens commun est une illusion, parce qu'elle diffère nécessairement de la perception que peuvent s'en faire les humains. Le réalisme scientifique est, en soi, une forme de réalisme métaphysique (ou *common-sense realism*, réalisme externe ou réalisme tout court), qui concerne la croyance de l'existence d'une réalité indépendante de ses représentations ; le réalisme serait alors une *théorie ontologique* (Searle, 1995 : 154-155). La particularité du réalisme scientifique, dans son sens généralement accepté aujourd'hui, est donc de conférer un statut ontologique à des entités inobservables.

S'il va sans dire que le réalisme scientifique n'a rien à voir avec le **réalisme** (politique) tel qu'il est entendu en théorie des **Relations internationales**, le terme « réalisme » doit cependant être précisé quant à ses nombreux sens en philosophie des sciences avant que l'on aborde le sens spécifique qu'il prend en Relations internationales (Chernoff, 2002 : 192, n6 ; Patomäki et Wight, 2000 : 218-224). Dans sa conception ancienne, le réalisme est compris comme l'existence d'entités universelles (désignées par le nom d'« universels ») et est opposé au nominalisme et au conceptualisme par les empiristes britanniques comme Locke, Hume et Berkeley. Dans sa version moderne, les positivistes logiques l'opposent à l'idéalisme (Stockman, 1983 : 73-74 ; Ladyman, 2002 : 131-138 ; Chernoff, 2002 : 191).

Pour accepter le réalisme scientifique, il faut admettre que le monde matériel/réel et le monde observable ne font pas qu'un, comme le soutient une position **épistémologique** empiriste qui accepte le **positivisme** méthodologique (Kukla, 1998 : 8-9). En outre, le réalisme scientifique est un réalisme épistémique, qui renvoie à la thèse qui postule qu'il est possible de *vraiment savoir* que des entités théoriques inobservables existent. À la différence de l'instrumentalisme, le réalisme scientifique croit que des théories scientifiques constituent des représentations vraies de la nature (Stockman, 1983 : 75). Des degrés divers de réalisme scientifique comme réalisme épistémique ont été énoncés au fil des débats qui ont marqué les années 1970 et 1980 principalement. Dans ses formulations plus récentes, le réalisme scientifique s'est résumé à l'idée inductive de pouvoir *connaître* les entités théoriques ou s'est montré plus prudent en avançant qu'il était *possible de savoir* que les meilleures théories scientifiques sont *près* de la vérité (Putnam, 1984). Une autre version minimaliste (Laudan, 1984) a soutenu qu'il était *rationnel de croire* que ces théories sont *près* de la vérité (Kukla, 1998 : 10-11). La discussion sur le réalisme scientifique pose donc la question de la nature de vérité en misant sur une théorie de correspondance de la vérité, qui soutient qu'une proposition est vraie parce qu'elle correspond à des faits.

En ce qui a trait aux Relations internationales, c'est surtout par l'entremise des travaux d'Alexander Wendt (1987, 1999), de David Dessler (1989), de Heikki Patomäki et Colin Wight (2000) que le réalisme scientifique a été introduit. C'est avant tout dans l'espoir de rendre compte de la réalité ontologique du **système international** dans une perspective positiviste qu'un auteur comme Wendt a emprunté la voie du réalisme scientifique. Étant donné l'ambition de Wendt d'adapter le réalisme scientifique à la discipline des Relations internationales, ce qui lui a valu une influence croissante dans les développements théoriques survenus au sein du champ, il convient d'expliquer le réalisme scientifique à la lumière de l'utilisation qu'il en fait (Brglez, 2001 ; Chernoff, 2002).

Tout d'abord, Wendt choisit le réalisme scientifique comme approche épistémologique pour la raison toute simple qu'il croit fournir « la fondation d'une position réaliste scientifique dans laquelle les **États** sont réels (ontologie) et connaissables (épistémologie), bien qu'ils soient inobservables » (Wendt, 1999 : 48). Le réalisme scientifique de Wendt repose ainsi sur trois idées préconçues du réalisme scientifique. Premièrement, le monde existe indépendamment de la pensée et du langage des individus qui l'observent. Deuxièmement, les théories scientifiques matures peuvent référer à ce monde. Troisièmement, elles peuvent le faire même si ce monde n'est pas toujours observable (Wendt, 1999 : 51). Le problème dans l'application du réalisme scientifique effectuée par Wendt est le fait qu'il passe sous silence les débats des vingt dernières années en philosophie des sciences sur la reconstruction rationnelle du progrès scientifique et sur la portée du réalisme scientifique (Kratochwil, 2000 : 92-94).

Suivant les travaux de Bhaskar (1975), une théorie réaliste de la science postule que le monde existe indépendamment de la connaissance qu'on s'en fait et que les mécanismes causaux qui gouvernent le cours des événements sont réels, bien qu'ils ne soient pas toujours apparents :

> [...] au cœur de la théorie, il y a une conception ou une représentation d'un mécanisme ou d'une structure naturels qui sont en cours. Sous certaines conditions, certains mécanismes présupposés peuvent être établis comme réels. Et c'est dans le fonctionnement de ces mécanismes que réside la base objective de l'attribution d'une nécessité naturelle (Bhaskar, cité dans Stockman, 1983 : 88).

Le réalisme scientifique est ainsi défini par son penchant naturaliste (unité méthodologique des sciences naturelles et sociales) et objectiviste (croyance possible d'une séparation entre le sujet et l'objet) et par son rejet de l'empirisme épistémologique. Cette position s'en prend ainsi à une théorie de la connaissance qui repose sur une épistémologie empiriste qui ne fait pas de distinction entre la connaissance provenant d'expériences scientifiques et celle dérivant d'observations perçues par les sens (Collier, 1989 : 24-25).

En cherchant à opérer une distanciation vis-à-vis du positivisme, se disant donc **postpositiviste** (dans un sens limité à une critique de l'empirisme épistémologique), le réalisme scientifique prôné par Roy Bhaskar et Rom Harré demeure toutefois plus près du positivisme qu'il ne le prétend, notamment par sa méthodologie naturaliste (Stockman, 1983). C'est un point maintes fois souligné par les philosophes poppériens, qui soutiennent, d'un point de vue rationaliste critique, que les réalistes scientifiques ont été incapables d'aller au-delà d'une reconstruction rationnelle de la méthodologie descriptive en misant sur la reconstruction rationnelle de la pratique scientifique. Ils auraient plutôt dû se montrer plus critiques face au travail scientifique pour tendre vers une approche critique de la théorie de la connaissance, une lacune à laquelle Bhaskar a tenté de remédier dans les années 1990 (Stockman, 1983 : 99). En croyant avoir décrit la seule méthodologie scientifique rendant compte de la nature réelle du monde[1] (Harré, 1970), le réalisme scientifique réitère en ce sens une nouvelle forme d'objectivisme (Stockman, 1983 : 110-111).

Pour répondre au réalisme scientifique, il est nécessaire de parler de sa contrepartie, l'antiréalisme philosophique. Les oppositions sont nombreuses entre les deux options, mais elles tiennent essentiellement à un scepticisme ou à un rejet de la croyance en des entités inobservables postulées par les théories scientifiques (Hacking, 1999 : 84). Une des positions antiréalistes, la variante **constructiviste** notamment, repose avant tout sur la conception de la vérité et du langage comme étant constitutifs de la réalité plutôt que d'être simplement des descriptions (l'empirisme épistémologique en constitue une autre). Par conséquent, avec le tournant linguistique-pragmatique effectué en philosophie des sciences et des sciences sociales, l'instabilité des concepts scientifiques est devenue un problème auxquels ont dû s'attaquer et répondre les réalistes scientifiques (McMullin, 1984 : 9 ; Laudan, 1996 : 6-7). Ce débat sur le rôle constitutif du langage et sur la construction sociale de la connaissance a par le fait même conduit à un débat sur la nature et les bases de la connaissance (voir **fondationnalisme/antifondationnalisme**), de la connaissance scientifique notamment (Kuhn, 1970), ainsi que sur la nature de la vérité (Rorty, 1979).

En Relations internationales, les versions de l'antiréalisme ont pris de l'ampleur avec l'émergence du constructivisme et du **poststructuralisme**. Les positions antiréalistes remettent en question le réalisme épistémique comme philosophie du langage – où le langage correspond à une réalité et n'est utilisé que de façon nominaliste pour décrire de façon neutre. Puisque le langage du politique n'est pas un médium neutre qui expose des idées formées indépendamment des structures de signification qui sous-tendent la pensée et l'action politique, les écrits théoriques construisent socialement ou linguistiquement les réalités. C'est dans cette logique que la théorie devient la pratique (*theory as practice*) (Cox, 1981 ; George, 1994).

Dans son analyse, Wendt reste cependant peu fidèle au réalisme scientifique développé par Bhaskar, notamment en clamant qu'il y a *un* réalisme scienti-

1. Rom Harré soutient ainsi : « L'objet de ce livre [*The Principles of Scientific Thinking*] est d'offrir un idéal pour la connaissance scientifique qui est dérivé de la science, et non des mathématiques, et qui ne fait pas en sorte de rendre impossible l'atteinte de la connaissance scientifique dans son image » (Harré, cité dans Stockman, 1983 : 85).

fique (Harré, 1986). Selon lui, l'adoption du réalisme scientifique en Relations internationales permet de créer une voie médiane (*via media*) qui réconcilie une ontologie postpositiviste à une épistémologie et à une méthodologie positivistes.

Selon ses croyances, le débat épistémologique des Relations internationales (le *Troisième débat* ; voir **Relations internationales**) peut dès lors laisser place à un débat ontologique. En effet, dans son constructivisme naturaliste (par sa croyance en l'application des méthodes des sciences naturelles dans les sciences sociales), il essaie de marier une ontologie duale représentée par le réalisme scientifique, formée d'un monde matériel résiduel (*rump materialism*) existant indépendamment d'un monde idéel, à une épistémologie positiviste (positiviste selon Wendt, mais plutôt postpositiviste selon les réalistes scientifiques en philosophie des sciences) et une méthodologie positiviste. La difficulté d'importer le réalisme scientifique dans les sciences sociales est alors posée.

Selon Wendt, le monde n'est pas fait que d'idées (*it is not ideas all the way down*) : il doit donc exister indépendamment de la pensée et de sa représentation. Les **capacités** matérielles des agents possèdent certains pouvoirs causaux (Wendt, 1999 : 96, 98). Ainsi, Wendt confère aux agents une présocialité, en plus de les essentialiser, particulièrement les États. Ce faisant, il rend compte d'une construction sociale de la réalité plutôt inconséquente, où les États sont par moments construits socialement (par la constitution mutuelle résultant du processus relationnel existant au sein de la culture systémique) et réifiés à d'autres moments (Wendt, 1999 : 171 et Doty, 2000 : 138-139).

De façon générale, on peut dire que le réalisme scientifique comprend : 1) un engagement métaphysique postulant un monde formé d'entités observables et inobservables qui existe indépendamment de la pensée ; 2) un engagement sémantique envers le réalisme épistémique où le langage correspond à une réalité et n'est utilisé que de façon nominaliste pour décrire de façon neutre, les concepts étant des théories scientifiques jugées stables et fidèles à une conception correspondante de la vérité ; et 3) un engagement ontologique qui stipule qu'il est possible d'affirmer que des théories scientifiques sont vraies et peuvent référer à des entités inobservables postulées mais qui existent vraiment (Ladyman, 2002 : 159). Il suffit de rejeter une de ces conditions pour défendre une position dite antiréaliste.

Cherchant à s'en prendre aux thèses antiréalistes en Relations internationales (aux approches postpositivistes en général, mais à certaines approches conventionnelles, comme le **néoréalisme**) et présupposant qu'une majorité de ces chercheurs sont, en fait, des « réalistes scientifiques tacites », Wendt fait l'erreur de confondre réalisme scientifique et positivisme méthodologique en croyant celui-ci indispensable au réalisme scientifique (Wendt, 1999 : 50). Comme le soulignent Milan Brglez (2001) et Fred Chernoff (2002), il ne faut pas pour autant rejeter le réalisme scientifique comme approche valable en sciences sociales et en Relations internationales. Heikki Patomäki et Colin Wight défendent ainsi un réalisme dit critique pour pallier les faiblesses du réalisme scientifique proposé par Wendt et se suppléer aux applications antiréalistes en Relations internationales qu'ils jugent fallacieuses (Patomäki et Wight, 2000). À travers Wendt, le réalisme scientifique aura fait son entrée en Relations internationales. Si le mariage ne s'est pas aussi bien déroulé qu'il ne l'aurait espéré, il demeure que son travail aura permis aux chercheuses et chercheurs en Relations internationales de prendre part à un débat ontologique *et* épistémologique amorcé il y a plusieurs années en philosophie des sciences.

David Grondin

RÉFLECTIVISME

Reflectivism

> [Les réflectivistes] partagent une conception cognitive et intersubjective d'un processus pour lequel les identités et les intérêts sont endogènes à l'interaction, plutôt qu'un processus rationnel-behavioral pour lequel ils sont exogènes (Wendt, 1992a : 392).

L'émergence de l'expression « réflectivisme » doit être située dans le contexte de la transformation du champ des **Relations internationales** dans les années 1980. On assista durant ces années à ce que Ole Wæver (1997) qualifia d'une « **synthèse néo-néo** » (*neo-neo synthesis*). Par cette expression, il faisait référence au fait qu'il se produisit, à la fin des années 1980, une telle convergence entre le **néoréalisme** et l'**institutionnalisme néolibéral** qu'il devint possible d'affirmer que ces deux approches avaient surmonté leur incommensurabilité. Ces approches partageaient la même **épistémologie positiviste**, la même définition de l'**État** en tant qu'acteur rationnel et déterminant des relations internationales, et, à quelques différences près, elles reconnaissaient maintenant toutes les deux l'importance des **institutions internationales** (Baldwin, 1993 : 4-8). Un des différends qui les opposait encore était de savoir si l'État agissait en fonction de gains relatifs ou de **gains** absolus sur la scène internationale. De plus, alors que les néolibéraux accordaient une priorité explicative aux intérêts des États, les néoréalistes misaient davantage sur la **puissance** de ces derniers comme principe explicatif déterminant. Keohane, représentant important de l'institutionnalisme néolibéral, témoigne de cette convergence de la façon suivante :

> L'institutionnalisme néolibéral partage d'importants engagements intellectuels avec le néoréalisme. Comme les néoréalistes, les institutionnalistes néolibéraux cherchent à expliquer les régularités comportementales en examinant la nature de la décentralisation du système

> international. Pas plus les néoréalistes que les institutionnalistes néolibéraux ne se contentent d'interpréter des textes. Les deux théories croient qu'il y a une réalité politique internationale qui peut être partiellement comprise, même si elle va toujours rester partiellement voilée. (Keohane, 1989a : 8).

C'est dans ce contexte que Keohane qualifia de réflectiviste l'ensemble des approches en Relations internationales qui ne partageaient pas les prémisses partagées par les promoteurs de cette synthèse, et caricaturés dans le passage précédent comme des interprètes de textes (Wæver, 1997 : 18-19 ; McSweeney, 1999 : 140). Dans son allocution présidentielle à l'International Studies Association de 1988, Kehoane qualifia de *rationaliste* le pôle représenté par la synthèse entre le néoréalisme et l'institutionnalisme néolibéral et de *réflectiviste* l'autre pôle, regroupant implicitement l'ensemble des autres approches en théorie des Relations internationales : le **marxisme**, la **sociologie historique**, la **théorie critique**, la théorie **système-monde**, le **postmodernisme**, le **féminisme**, l'herméneutique et le **constructivisme**. Steve Smith souligna qu'autant le choix du terme « rationaliste », pour faire référence au produit de la synthèse entre les deux premières théories, que celui du terme « réflectiviste » ne fit l'objet d'une très longue justification (Smith *et al.*, 1996).

Le débat principal au sein du champ des Relations internationales durant les années 1980 portait sur les institutions internationales. C'est dans ce contexte que furent également qualifiés de « réflectivistes » un ensemble de chercheurs qui avaient en commun de mettre l'accent soit sur l'interprétation de la subjectivité des **acteurs** pour comprendre le fonctionnement des institutions, soit sur l'importance des **normes** et des règles en tant que phénomènes intersubjectifs en Relations internationales.

Ainsi, une des thèses importantes, qui furent attribuées aux réflectivistes, était que les « institutions n'étaient pas quelque chose que les acteurs rationnels construisaient en suivant leurs propres intérêts, mais plutôt l'inverse, les acteurs agissant au sein de structures méta-institutionnelles qui créent les acteurs » (Wæver, 1997 : 20). Par ailleurs, le fait que les réflectivistes cherchent davantage à « comprendre » qu'à « expliquer » les phénomènes en faisait une position théorique inacceptable en Relations internationales, ou du moins en sciences sociales, pour les rationalistes.

La dichotomie rationaliste/réflectiviste était fort problématique. Comme le souligne Steve Smith, « les approches réflectivistes ont tendance à s'accorder davantage sur leur opposition au **réalisme** et au positivisme que sur toute notion commune qui devrait les remplacer » (Smith, 2000b : 1). Des différences cruciales séparent effectivement les théories qualifiées de « réflectivistes », si bien qu'elles ne s'entendent ni sur leur penchant empirique ni sur la façon dont elles conçoivent la construction du savoir (Smith, 1997 : 172 ; Hopf, Kratochwil, et Lebow, 2000 : 1). Malgré cette diversité, le théoricien postmoderne Jim George proposa un objectif commun aux approches réflectivistes en Relations internationales, soit de

> nous aider à comprendre davantage la vie politique globale contemporaine en ouvrant des perspectives de recherche qui ont précédemment été fermées ou supprimées ; en écoutant les voix qui précédemment n'ont pas été entendues ; en examinant des « réalités » qui n'étaient pas considérées sous le régime réaliste traditionnel d'unicité et de singularité. Son objectif réitéré est de chercher des « espaces de pensée » dans la discipline des Relations internationales qui fut produite et articulée à travers le discours moderniste de l'Ouest (George, 1989 : 269).

Toutefois, même cette définition de George à tendance à mettre le doigt davantage sur ce qu'ont en commun les approches **poststructuralistes**, que l'ensemble des approches que Keohane qualifia de réflectivistes.

Pour plusieurs poststructuralistes dans la mouvance de Jim George et de David Campbell, de même que pour certains partisans de la **Théorie Critique**, la dichotomie introduite dans le champ des Relations internationales par Keohane fut perçue comme un prétexte pour délégitimer certains agendas de recherche et certaines positions politiques.

Une des propositions peut-être les plus sages que ce débat produisit fut celle émise par Ole Wæver qui suggéra que la critique en Relations internationales évite les généralisations hâtives et se concentre davantage sur les arguments proposés par des auteurs que sur des thèses attribuées vaguement à des approches.

Frédérick Guillaume Dufour et Kyle Grayson

RÉFLEXIVISME

Reflexivism

> Il est devenu clair qu'à plusieurs égards, la théorie des Relations internationales est déjà restructurée dans une orientation post-positiviste qui est : (i) consciemment réflexive, (ii) intentionnellement interprétative et (iii) explicitement critique de l'ordre global actuel (Neufeld, 1995 : 124).

Le réflexivisme devient un concept clé dans le champ de la **théorie** des **Relations internationales** durant la décennie qui a propulsé à l'avant-scène les approches **postpositivistes**, et les **théories critiques** (1985-1995). L'émergence du réflexivisme est habituellement associée au *Troisième débat* (*Third Debate* ; voir **Relations internationales**) lors duquel le champ de la théorie des Relations internationales entreprit sa redéfinition (1987-1992). Au cours de ce débat, qui opposa **néoréalistes**, pluralistes et néomarxistes (structuralistes), les défenseurs de chaque approche restèrent généralement campés sur leur position. Face à ce retranchement, un premier point de vue émergea selon lequel les différents cadres théoriques étaient des **paradigmes** incommensurables et donc incomparables. Pour certains **postmodernes**, la conclusion à tirer de cette impasse était d'adopter une attitude relativiste, alors que pour Keohane (1988), la solution était de juger les approches rivales en fonction de leur capacité de prédiction. Selon un second point de vue, la conséquence de la reconnaissance d'une relative incommensurabilité entre les cadres théoriques était que le débat devait se poursuivre à un autre niveau, celui des présupposés normatifs des théories rivales. C'est dans ce contexte que le concept de « réflexivisme » devint central (Neufeld, 1995 : 46-69).

Le concept de réflexivisme trouve probablement sa première formulation essentielle en théorie des Relations internationales dans un article de Marc Neufeld paru en 1993. Avant d'en aborder le contenu, on rappellera brièvement le contexte **épistémologique** qui l'entourait. Le réflexivisme constitue en quelque sorte une réaction d'insatisfaction avec les **niveaux d'analyse** proposés par les modèles épistémologiques des années 1980 (voir **postpositivisme**). Selon le néopositivisme de Popper, par exemple, la spécificité de la pratique scientifique est de soumettre les lois théoriques à une autocritique permanente à travers un ensemble d'institutions venant garantir l'exercice de cette critique. Toujours selon Popper, la critique des théories scientifiques doit porter d'abord sur les tentatives de trouver des solutions. Ce sont les lois expérimentales qui sont d'abord et avant tout soumises à l'examen d'une communauté de chercheurs à travers les mécanismes garantissant la libre circulation des idées et de la critique. Dans ce modèle, les lois théoriques ne sont jamais soumises directement à l'exercice critique. Elles le sont à travers la critique des lois expérimentales. Le niveau métathéorique, soit l'ensemble des présupposés à la base des énoncés théoriques, ne fait donc jamais l'objet d'un examen direct. Il est tenu pour acquis par le modèle théorique.

Par ailleurs, la sociologie des sciences de Kuhn (1983), inspirée essentiellement des sciences de la nature, n'était pas d'un très grand secours pour trouver une issue au *Troisième débat*. L'intérêt principal de Kuhn n'est pas de comparer les différents paradigmes en fonction de leurs implications métathéoriques et encore moins de leurs présupposés normatifs. C'est ici que le réflexivisme, en tant que théorie de la connaissance, intervient et entend pousser l'exercice de la critique plus loin que la métathéorie associée, d'une part, au néopositivisme et, d'autre part, à la sociologie des sciences de Kuhn. Prenant pour objet le niveau métathéorique, le réflexivisme s'intéresse aux présupposés normatifs d'une théorie et à la vision du monde qu'elle véhicule et tend à (re)produire.

Ainsi jusqu'à tout récemment, les chercheurs en Relations internationales, tels que Kenneth Waltz, mesuraient la valeur d'une théorie en fonction de sa capacité à expliquer des événements (Waltz, 1979 : 32-33). Une théorie se devait d'être en mesure de « contrôler expérimentalement » les événements ou phénomènes observables (Waltz, 1979 : 33). Lors du *Troi-*

sième débat, de nouvelles approches critiquèrent cette position métathéorique. Inspirées sur ce point, par la **Théorie Critique** de l'École de Francfort, elles contestèrent l'intérêt pour un type de connaissance permettant d'accroître le contrôle technique du monde social, et firent valoir d'autres types d'intérêts de connaissance — praxéologique, émancipatrice — auxquels la science sociale devrait être liée. Ces approches exigèrent de la théorie qu'elle soit réflexive.

La réflexivité est la propriété des positions métathéoriques en théorie des Relations internationales qui se caractérisent par deux thèses développées par Neufeld (1993). La première porte sur la relation entre la théorie et la pratique : « de même que les faits et les valeurs, les communautés de recherches et les ordres du jour politiques sont toujours imbriqués » (Neufeld, 1993 : 60-61). Ce qui signifie qu'autant sur le plan conceptuel que sur celui de l'exercice de la pratique scientifique, le réflexivisme remet en question la division étanche entre théorie et pratique. Selon la seconde thèse, il est possible et nécessaire de « s'engager dans un dialogue rationnel à propos du mérite respectif de différents paradigmes » (Neufeld, 1993 : 60-61). Le réflexivisme n'est donc pas une approche théorique, mais une disposition à s'engager dans un débat ouvert et rationnel à propos des enjeux normatifs et métathéoriques inhérents au processus de théorisation. On approfondira ici en quoi le réflexivisme offre de nouveaux angles d'analyse aux sociologies de la connaissance et aux théories des Relations internationales.

Pierre Bourdieu contribua à la théorisation du concept de réflexivité d'abord en France, puis au sein de la sociologie américaine. Son influence fut déterminante sur certains théoriciens des Relations internationales, notamment Ashley et Wendt. Il présente le réflexivisme comme une forme d'anticartésianisme. Il ne rejette pas le concept d'objectivité, mais en critique les conceptions qui situent l'objectivité à un niveau présocial. La production de savoir est inscrite dans un contexte social dont la sociologie de la connaissance doit rendre compte. Selon Bourdieu, l'interdépendance entre la construction théorique et les conditions sociales inhérentes à la recherche engendre un problème de fond à la tentative de séparer la théorie et la pratique (Bourdieu et Wacquant, 1992 : 34). La théorie n'est pas l'articulation de propositions discursives, mais un ensemble de dispositions génératives de l'*habitus* scientifique (Bourdieu et Wacquant, 1992 : 35). Dans cette perspective, l'« objectivité » est indissociable de la prise en compte des conditions de formation historique des relations au sein d'un champ.

Le réflexivisme s'oppose au théoricisme et au méthodologisme. Dans un premier temps, Bourdieu se méfie des théories qui se disent détachées du contexte social de leur production et des analyses résultant d'une division du travail entre chercheurs. En plus de ne pas correspondre à des divisions réelles de celui-ci, ces théories et analyses n'aident pas à éclaircir l'explication de la complexité du monde social. Selon Bourdieu, la réflexivité implique la prise en compte de trois biais inhérents à la recherche scientifique : l'origine sociale des chercheurs, la position qu'ils occupent au sein du champ académique et le *biais intellectuel*, qui mène les chercheurs à percevoir des problèmes intellectuels ou de significations, là où existent des problèmes pratiques spécifiques.

Neufeld (1993 ; 1995) contribua à la discussion sur la réflexivité en théorie des Relations internationales en développant une *conception dialogique du réflexivisme*. Il proposa trois critères que devrait remplir une approche dite « réflexive ». Le premier est la prise en compte des prémisses sur lesquelles repose la construction d'une théorie : un chercheur doit « porter attention et divulguer les présuppositions trop souvent non mentionnées sur lesquelles sont érigées les édifices théoriques » (Neufeld, 1993 : 55). Le second est la reconnaissance « du contenu politico-normatif des paradigmes et de la tradition de science normale qu'ils génèrent » (Neufeld, 1993 : 55). Selon les réflexivistes, il est pratiquement impossible de séparer les jugements de faits des jugements de valeurs comme le souhaiterait le **positivisme**. Les choix de nature **ontologique** et épistémologique impliquent toujours une dimension normative qui doit être reconnue par les chercheurs. L'attitude réflexiviste « rejette l'existence de standards d'objectivité en dehors de la pensée et de la pratique humaine » (Neufeld, 1993 : 56 ; Smith, 2000a : 97). Neufeld invite les réflexivistes à surpasser l'« anxiété cartésienne » selon laquelle il serait impossible d'avoir « des jugements raisonnés en l'absence d'un langage observationnel neutre » (Neufeld, 1993 : 58). Il reprend ici à son compte les développements de la Théorie Critique de l'École de Francfort.

Selon Neufeld, les cadres théoriques rivaux en Relations internationales sont incommensurables en raison de la « spécificité de leur contenu politico-normatif et des standards à partir desquels ils définissent le savoir » (Neufeld, 1993 : 58). Cependant, à l'encontre du relativisme de certains postmodernes, il soutient que l'incommensurabilité des paradigmes ne les rend pas incomparables. Ceux-ci doivent l'être en fonction de leur contenu politico-normatif, qui devient aussi significatif pour comparer les paradigmes rivaux que leur valeur explicative.

On trouve également une variante « ethnologiste » du réflexivisme en théorie des Relations internationales qui s'inspire de la sociologie des sciences du programme fort (*strong programme*) et de quelques éléments de la théorie des champs de Bourdieu. Ici, le réflexivisme caractérise davantage un objet d'étude qu'une disposition métathéorique. Le réflexivisme « ethnologiste » prend pour objet d'étude le rôle joué par les communautés de chercheurs en Relations internationales dans la (re)production des relations internationales (Bigo, 1995 ; George, 1994 ; Cohn, 1987 ; Enloe, 1989). Il s'intéresse à la façon dont le sens des découvertes d'un chercheur a été construit, ou établi, en fonction de sa position dans un champ. Ces recherches visent à situer le savoir à l'intérieur des positions relationnelles et des règles constitutives qui s'établissent au sein d'un champ, ainsi que l'impact de ce positionnement sur l'interprétation des faits à laquelle se livre un chercheur.

Lapid (1989) souligne que le *Troisième débat* eut au moins deux effets. Il mit fin à un consensus positiviste et ahistorique en théorie des Relations internationales et il favorisa l'émergence de plusieurs approches postpositivistes encouragées par l'influence de nouvelles philosophies des sciences. La sensibilité accrue des réflexivistes pour les enjeux métathéoriques rencontrés par les chercheurs a un impact significatif sur la façon dont la relation entre la recherche et la politique doit être abordée en Relations internationales (Smith, 2000).

Frédérick Guillaume Dufour
et Kyle Grayson

RÉGIME INTERNATIONAL

International Regime

> En adhérant à un « régime », les États acceptent de sacrifier des intérêts immédiats pour créer les conditions d'une coopération à plus long terme (Senarclens, 1992 : 162).

Un régime est une forme particulière d'**institution internationale** et est défini de façon classique comme étant « un ensemble de principes, de **normes**, de règles et de procédures de décision autour desquels les attentes des acteurs convergent dans un domaine donné » (Krasner, 1983 : 1). Nous sommes en présence d'un régime lorsque les **acteurs** qui y participent ne prennent plus leurs décisions de façon totalement autonome (Stein, 1990), dans la mesure où ils sont influencés par la structure du régime (principes, normes, règles et procédures) et par le fait qu'il leur est possible de mieux prévoir les actions ou comportements des autres acteurs qui agissent à l'intérieur de cette même structure. Il est possible d'établir une distinction entre les deux premiers termes (principes et normes) qui constituent les éléments permanents du régime et les deux derniers (règle et procédure) qui font référence aux instruments du régime. Ainsi, « si les règles et les procédures se modifient alors que les principes et les normes restent les mêmes, on est fondé de soutenir que le régime n'a pas changé car sa philosophie fondamentale demeure identique » (Kebabdjian, 1999 : 137).

Contrairement à l'approche **réaliste** qui traite des relations internationales sous l'angle du conflit, la théorie des régimes aborde ces dernières sous celui de la **coopération**. En cherchant à conceptualiser les interrogations sur la coopération internationale, la théorie des régimes se propose d'aller au-delà de la théorie de la **stabilité hégémonique** qui eut un fort impact dans les années 1980. Elle s'inscrit dans le courant **institutionnaliste néolibéral** qui, constatant la répartition asymétrique de l'information entre agents, postule la nécessité de la création d'institutions internationales (Keohane, 1984 ; Smouts, 1998 : 144). Ces institutions sont entre autres un moyen de réduire les coûts d'échange mais, une fois créées, elles ont également des effets structurants. Ces effets tendent à modifier le comportement des acteurs, la définition de leurs intérêts (essentiellement pour les tenants de l'approche institutionnaliste) ainsi que le fonctionnement même du régime.

John Gerard Ruggie (1975) fut le premier à introduire le concept de régime, mais « le corps central de la théorie des régimes est dû à des auteurs néolibéraux [Keohane] et **néoréalistes** [Krasner] » (Kebabdjian, 1999 : 137). L'**économie politique internationale** et la politique internationale de l'environnement ont été parmi les champs qui ont le plus activement participé au développement de la théorie des régimes et la revue *International Organization* a été un outil efficace de promotion de cette approche.

Hasenclever *et al.* (1997 : 1) classent les différentes approches théoriques des régimes en trois types. « Selon les variables explicatives mises de l'avant par ces théories, elles peuvent être classées en tant qu'approches basées respectivement sur la **puissance**, l'intérêt ou la connaissance. » Ils relient respectivement ces trois approches aux trois écoles théoriques que sont le **réalisme**, l'institutionnalisme néolibéral et le cognitivisme.

Pour les réalistes, la coopération n'est possible qu'en présence d'un hégémon qui l'impose ou en supporte les coûts. Ainsi, cette théorie a tendance à considérer les régimes comme des épiphénomènes et n'utilise ce concept que pour en expliquer la genèse. Pour les **libéraux**, et plus particulièrement les tenants de l'approche institutionnaliste, les régimes favorisent la coopération entre les acteurs dans la mesure où 1) ils découragent la désertion par rapport aux autres membres du régime et par rapport au régime lui-même en accroissant le volume d'interactions ; 2) ils augmentent le volume d'information disponible permettant aux acteurs de mieux définir leurs intérêts et leurs politiques, d'avoir une meilleure connaissance des autres acteurs, et d'augmenter la prévisibilité des comportements ; et 3) ils réduisent les coûts de transaction (Le Prestre, 1997 : 304-305). Pour d'autres libéraux, pour qui il existe un intérêt global et qui estiment qu'il est possible de réconcilier l'**intérêt national** et l'intérêt commun, la théorie des régimes tente notamment d'apporter des solutions à la gestion des problèmes complexes surgis de l'**interdépendance**.

La formation d'un régime permet de réduire l'incertitude et, ce faisant, place l'information comme élément central. Les approches systémique et cognitive se sont ainsi intéressées aux régimes en insistant sur le rôle de l'information et sur l'importance de la régulation et des effets rétroactifs dans les processus de formation des régimes. Ces approches ont permis de développer un nouvel aspect des régimes qui concerne leur capacité d'apprentissage.

Si les **États** restent les acteurs principaux des régimes, les acteurs non étatiques peuvent jouer un rôle important dans les différentes phases d'un régime. Trois phases peuvent être identifiées : 1) la mise à l'ordre du jour international du problème autour duquel il va se constituer ; 2) les négociations débouchant sur sa création et 3) sa mise en œuvre. Le processus menant à l'émergence d'un régime commence par l'identification d'un problème et sa mise à l'ordre du jour sur la scène internationale. Cette phase est extrêmement importante dans la mesure où la formulation du problème va influencer la définition du régime, son but. Une fois le problème reconnu comme tel et la volonté de la communauté internationale de le résoudre affirmée, des négociations s'engagent entre les différents acteurs, étatiques et non étatiques, qui débouchent sur la création du régime. Ce dernier est ensuite mis en œuvre afin de résoudre le problème identifié. Chaque phase peut faire l'objet d'intenses négociations et est de durée très variable.

Ces différentes phases ont fait l'objet d'études qui se répartissent chronologiquement en trois grands courants (Helm et Sprinz, 2000). Le premier est caractérisé par des recherches centrées sur les conditions d'élaboration des régimes comme instruments de gestion ou de résolution de conflits. Le second courant s'est intéressé à la mise en œuvre et à la conformité des acteurs du régime. Dans le troisième stade de l'évolution des travaux, qui est en cours, on note un certain retour aux questions de la première phase concernant les conditions de formation.

Des auteurs se sont également penchés sur les caractéristiques des régimes. On a noté qu'un régime peut être caractérisé par sa portée, sa solidité, sa stabilité, sa robustesse et son efficacité (Le Prestre, 2002 : 61, Hasenclever *et al.*, 1997). Ces différentes caractéristiques des régimes ont été peu étudiées, à l'exception de l'efficacité qui fait l'objet d'une littérature importante (Young, 1999). Si la notion d'efficacité est protéiforme, un certain consensus se dégage quant à la conception du problème (Bernauer, 1995 ; Underdal, 1992) et la recherche sur la notion d'efficacité a avancé de façon significative ces dernières années. L'efficacité dépend de l'importance que l'on attribue respectivement à la structure ou aux objectifs du régime (Young, 1996). Une définition large de l'efficacité renvoie, d'une part, à la capacité du régime de résoudre le problème pour lequel il a été créé et, d'autre part, aux changements de comportement des acteurs (Underdal, 1992 ; Young, 1992). Ce changement ne garantit pas à lui seul l'efficacité du régime en termes de résolution du problème environnemental (Young, 1996), mais est un premier pas nécessaire offrant l'avantage d'être mesurable.

Les critiques concernant la théorie des régimes n'ont pas manqué et la plus classique reste celle de Susan Strange (1982) qui soulignait, non sans raison, le flou entourant la définition du concept. Cette critique est toujours d'actualité et la tentation est grande de voir des régimes partout, sans pour autant pouvoir en déterminer précisément les contours. Les autres critiques de Strange portaient sur l'effet de mode entourant cette approche, surtout aux États-Unis, sa vision statique qui prend l'ordre existant comme un donné et le rôle central qu'occupent les États. Toutefois, vingt ans plus tard, plusieurs de ces critiques ont beaucoup perdu de leur raison d'être. Selon Smouts (1998 : 148), cette approche a fait en sorte que « les théoriciens des régimes ont incontestablement enrichi l'analyse de la coopération internationale » et fait encore l'objet de nombreuses recherches. La critique portant sur la vision statique des régimes est en outre dépassée avec, notamment, l'apport de la théorie de la complexité (*complexity theory*) qui s'intéresse à leurs capacités d'évolution, d'apprentissage et à d'adaptation.

Benoît Martimort-Asso

RÉGIONALISME

Regionalism

> La prolifération des accords de tout genre depuis une vingtaine d'années ne doit pas faire illusion ; ce n'est pas l'engouement pour le libre-échange qui pousse les États à s'y engager, mais plutôt la préoccupation de trouver un juste milieu entre défense d'efficacité, d'un côté, et défense de compétitivité, de l'autre (Deblock, Brunelle et Rioux, 2001 : 6).

La notion de régionalisme doit se comprendre dans le contexte de la multiplication des accords économiques régionaux, mais aussi multilatéraux, dans la période contemporaine et réfère ainsi à la problématique de l'intégration économique. Il est important, en premier lieu, de distinguer le terme « régionalisation », qui désigne une tendance empirique d'intensification localisée régionalement des flux économiques, culturels, financiers, etc., de la notion de « régionalisme », qui fait référence à la tentative politique de réguler ou de tirer profit de ces flux.

En général, dans les analyses d'**économie politique**, le terme de régionalisme réfère à deux réalités : une dimension infranationale soit, par exemple, la **coopération** entre deux régions d'un **État** ou de plusieurs États, et une dimension internationale ou interétatique, référant à la coopération entre plusieurs États d'une même région, la plupart du temps d'un même continent (comme l'Amérique du Nord à travers l'ALENA). Le régionalisme s'oppose ainsi à la notion de multilatéralisme dans la mesure où il réfère à une coopération régionale et non pas globale entre États. Les analyses conventionnelles portant sur le régionalisme, notamment les approches **néo-réaliste** et **institutionnaliste néolibérale**, se concentrent tout particulièrement sur la région en termes d'espace international, alors que les **théories critiques** tentent de comprendre la dynamique existant entre celle-ci et la sous-région nationale.

En ce qui a trait au *régionalisme interétatique*, la littérature, à la suite des travaux de Jacob Viner, distingue quatre formes progressives de régionalisme : *la zone de libre-échange*, qui consiste en l'élimination des barrières commerciales mais où chaque État membre maintient une politique commerciale autonome ; *l'union douanière*, qui équivaut à une zone de libre-échange impliquant une politique commerciale commune aux partenaires face aux non-membres, et donc à la mise en place d'un tarif extérieur commun (TEC) ; *le marché commun*, qui réfère à une union douanière où la libre mobilité des facteurs de production (travail et capital) entre les membres est permise ; et *l'union économique*, qui constitue la forme la plus avancée de régionalisme, c'est-à-dire qu'elle s'organise autour des mêmes principes que le marché commun, tout en étant soumise à un contrôle supranational, c'est-à-dire à une institution supranationale garantissant une ample harmonisation des politiques économiques (dimension politique).

Les analyses neoréalistes ont longtemps opposé la notion de régionalisme à celle de multilatéralisme, voyant les processus de régionalisation comme la formation de blocs commerciaux fondamentalement antagoniques. Mais les développements récents relatifs aux processus d'intégration économique continentale en Europe, dans les Amériques et en Asie, d'une part, et les négociations multilatérales au sein de l'OMC, d'autre part, tendent à indiquer une réalité beaucoup plus complexe que celle envisagée par les néoréalistes. Considérant que les États poursuivent leurs **stratégies** sur plusieurs fronts (multilatéral et régional), un consensus semble s'être dégagé sur la notion de *régionalisme ouvert*, c'est-à-dire où l'arrangement institutionnel régional a pour but d'étendre le libre-échange (comme dans l'ALENA, la ZLEA ou l'ASEAN) et non pas également l'intégration politique (par une institution supranationale comme dans le cas de l'Union européenne ou du Mercosur). On assisterait ici à la reconfiguration d'espaces et de stratégies diverses, et non pas à l'avènement d'une **guerre** commerciale entre blocs continentaux. Dans le cas du Canada, par exemple, on peut se référer simultanément à son adhésion à une zone de libre-échange (ALENA), à sa ratification d'accords bilatéraux (ex. : Chili, Costa Rica), à sa participation à des discussions et négociations à portée continentale (ZLEA, APEC) ainsi que multilatérales (OMC).

La **mondialisation** s'inscrit dans une dynamique de concurrence de plus en plus poussée des firmes transnationales, de transnationalisation des réseaux de production, de libéralisation des marchés financiers et d'émergence de nouvelles formes de communication. Elle s'est accompagnée d'une plus grande mobilité du capital, d'une reconfiguration des diverses forces sociales et de la transformation du rôle mais aussi des moyens d'action de l'État. La problématique autour du régionalisme s'est donc substantiellement modifiée par l'ouverture des marchés et l'importance accrue des firmes transnationales. Cette nouvelle problématique a reposé la question du rôle de l'État, déjà sérieusement transformé par la montée de la droite néo-conservatrice dans les années 1980, en matière de régionalisme. Sans appeler au retour de l'interventionnisme, plusieurs auteurs ont parlé de l'importance de l'État dans la création et le maintien « d'avantages compétitifs », notamment en matière de recherche et développement, et d'innovation technologique. Certains ont même avancé l'idée que l'État devrait élaborer une « politique commerciale stratégique » qui viserait à appuyer les « champions nationaux » dans le but de promouvoir leur compétitivité dans un marché mondial dominé par des oligopoles. Les subventions et les incitatifs de toutes sortes pour attirer les investissements des entreprises transnationales sont dès lors justifiés par ce discours. La mondialisation a de ce fait eu comme principale conséquence de placer l'État devant l'impératif d'entrer en concurrence avec d'autres États quant à la création et à la promotion d'un environnement propice aux intérêts des firmes transnationales.

Toutes approches confondues, les discussions autour du régionalisme et de l'intégration économique ont eu tendance à se caractériser par des analyses voulant identifier les objectifs et les intérêts derrière les stratégies mises de l'avant par les divers États. À cet effet, certains auteurs ont proposé de faire la distinction entre une intégration régionale stimulée par des impératifs économiques, d'une part, et des impératifs politiques, d'autre part. Dans la plupart des analyses, les intérêts de plusieurs organisations — partis politiques, syndicats, milieu des affaires, coalitions en tous genres — sont également pris en considération.

L'approche néoréaliste conçoit l'intégration régionale comme résultant de la poursuite d'intérêts économiques et politiques des États. Elle met donc l'accent sur des notions abstraites de pouvoir, des intérêts politiques nationaux et des relations interétatiques organisées autour d'une conception monolithique de l'État. L'approche institutionnaliste néolibérale aborde la question de l'intégration économique régionale en mettant l'accent sur la capacité des **institutions internationales**, issues d'accords commerciaux régionaux, à stimuler la coopération entre États tout en cherchant à résoudre et à réguler les litiges dus à la montée de l'**interdépendance** pouvant se présenter.

Les débats sur le régionalisme en **Relations internationales** étant assez limités, les analyses les plus originales ont eu tendance à pallier cette faiblesse en puisant abondamment dans divers champs des sciences économiques et sociales, notamment dans la **théorie** des firmes, la nouvelle théorie du commerce international, l'analyse stratégique sectorielle et la sociologie des entreprises. Toutefois, la théorie des firmes (notamment le paradigme éclectique de Dunning) et la nouvelle théorie de commerce international (en particulier les thèses de Krugman) ont été les plus fécondes. La première analyse les structures internes des firmes transnationales et la façon qu'elles ont d'influencer l'organisation et la composition de la production de marchandises à l'échelle nationale et internationale, ainsi que le dynamisme des flux d'investissements directs à l'étranger. La nouvelle théorie du commerce international, en acceptant certains arguments de la théorie des firmes, a tenté de comprendre les effets produits par le caractère imparfait du marché dû au contrôle et aux économies d'échelle que permet la concentration géographique. Ainsi, les approches plus éclectiques, tout en soulignant les motivations politiques et stratégiques sous-tendant les processus d'intégration, attribuent un rôle déterminant à la structure du marché mondial, marquée par une forte compétition oligopolistique qui limite les possibilités des stratégies étatiques.

Enfin, les approches critiques se distinguent des approches traditionnelles, et des approches éclectiques, par le fait qu'elles ne développent pas leurs analyses en termes d'**intérêts nationaux** abstraits mais cherchent, au contraire, à identifier les intérêts spécifiques sous-tendant le discours officiel. Les idées avancées par les instances étatiques pour justifier leurs politiques économiques font donc l'objet d'une analyse plus détaillée et sont critiquées sur la base des conséquences sur les différentes forces sociales que peuvent avoir les processus de régionalisation. À l'extérieur du champ de l'économie politique internationale, la géographie critique est probablement la perspective la plus originale en soulignant que l'intégration régionale implique beaucoup plus que des phénomènes strictement économiques. Des travaux plus récents ont d'ailleurs exploré les questions portant, entre autres, sur les politiques et droits sociaux ainsi que sur les dimensions culturelles et identitaires du régionalisme.

L'objectif premier de la géographie critique est de théoriser la relation entre l'espace, le temps et l'environnement pour mieux comprendre les dynamiques sociales qui sous-tendent les différentes stratégies des **acteurs** impliqués dans les processus de régionalisation. Ces approches postulent l'impossibilité de poser la question du régionalisme sans la lier aux processus de restructuration de la production économique. Pour Soja (1989), la question régionale doit être comprise à même le caractère géographiquement inégal du développement capitaliste entre États, régions, branches d'industries et firmes, causé par la quête de surprofits. Ces dernières cherchent à tirer profit de la différenciation régionale infranationale autant qu'internationale ainsi que du développement sectoriel inégal. Dans la même optique, s'inspirant d'Henry Lefebvre, David Harvey (2001) aborde la question de la régionalisation à travers une approche critique de l'espace. Harvey propose d'analyser la régionalisation non pas en termes abstraits mais plutôt en termes concrets en portant attention aux différents groupes sociaux qui constituent l'espace régional. L'analyse du régionalisme doit donc nous permettre de comprendre la configuration de l'espace régional comme étant le produit de luttes et de compromis sociaux.

Paula Andrea Hevia Pacheco

RELATIONS CIVILS-MILITAIRES

Civil-Military Relations

Les relations civils-militaires constituent un aspect fondamental des **études de sécurité**. Plus précisément, ce champ d'étude porte sur la relation qui existe entre les forces armées et les dirigeants politiques d'un **État** donné. Cette relation est une composante essentielle de la constitution de toute société, démocratique ou non, qui dispose de forces armées. Les relations civils-militaires sont le résultat d'un équilibre complexe d'influences entre les sphères civiles et militaires.

Ce champ d'étude est souvent divisé selon deux types de problématique. On distingue, d'une part, les analyses qui portent sur les caractéristiques sociologiques des institutions militaires modernes et leur professionnalisation. On trouve, d'autre part, les études qui traitent du rôle et de l'influence des militaires dans les sociétés en développement où les **interventions** militaires dans la vie politique sont plus fréquentes.

L'analyse des relations civils-militaires ne se limite pas simplement à l'étude des coups d'État. Comme le note Samuel Huntington (1957), la question centrale pour l'État moderne n'est pas nécessairement la menace d'une révolte armée, mais la nature de la relation qui existe entre l'expert et le politicien. La problématique principale de la relation entre civils et militaires s'articule ainsi : une organisation militaire doit être assez puissante pour faire la **guerre** et défendre l'État au besoin en restant subordonnée au pouvoir civil (Feaver, 1996). Contrairement aux sociétés militaristes, où les valeurs fondamentales véhiculées par le gouvernement sont centrées sur la guerre, dans une démocratie libérale, la relation entre les dirigeants élus et les forces armées obéit au principe de la subordination du militaire au civil.

L'étude des relations civils-militaires vise à identifier les facteurs sociologiques qui influencent cette relation dans divers types de systèmes politiques. Les théories de relations civils-militaires modernes acceptent toutes la suprématie des dirigeants élus sur la force armée. Dans le cadre de la **pensée stratégique** classique, également, le militaire sous tous ses aspects est un simple instrument du politique, et sa subordination à la sphère civile est un fait acquis (Clausewitz, 1950).

Dans cette optique, toutes les décisions concernant la **sécurité nationale** doivent être prises par des dirigeants élus. Toutefois, la réalité est plus complexe. Même au sein des démocraties libérales, l'armée possède souvent un pouvoir décisionnel considérable. L'expertise technique et professionnelle des militaires leur confère en effet un poids important au niveau des décisions portant sur l'emploi de la force. De plus, l'autonomie particulière des militaires dans leur sphère professionnelle les distingue des composantes civiles de la fonction publique (éducation, organisation, promotion). Par exemple aux États-Unis, plusieurs analystes considèrent qu'après la **Guerre froide**, les forces armées ont acquis un degré d'indépendance inquiétant. Certains leaders militaires ont même ouvertement remis en question la décision de l'administration Clinton d'intervenir en Bosnie, en Somalie, en Haïti et au Kosovo (Feaver, 2003).

Nous nous trouvons devant un problème épineux : l'expertise militaire est indiscutable et l'emploi de la force armée requiert des connaissances précises. Il peut donc être difficile pour les dirigeants civils, qui ne sont pas des spécialistes, d'avoir une vision claire sur certaines questions techniques (Fox, 1961). En revanche, même si l'expert est dans une position privilégiée pour discerner les menaces et les moyens de les enrayer, il revient aux civils de déterminer quel est le niveau de risque acceptable pour une société donnée (Feaver, 2003).

Deux classiques sont au cœur de l'étude des relations civils-militaires modernes. Le premier est *The Soldier and The State*, de Samuel P. Huntington paru en 1957. Malgré son âge, cet ouvrage est encore très influent. Inspiré par la décision du président Truman de renvoyer le général MacArthur pour insubordination, ce livre reflète l'inquiétude de beaucoup d'Américains face à une croissance de l'influence politique des militaires. Huntington partage cette inquiétude, tout en déplorant les sentiments antimilitaristes dans la société américaine. Cette sympathie pour les valeurs militaires lui a souvent valu, à tort, d'être considéré comme un apologiste de l'armée. Selon Huntington, c'est la présence d'un corps d'officier professionnel et neutre sur lequel le gouvernement peut reposer qui est la meilleure solution au dilemme des relations civils-militaires, soit celui d'assurer la sécurité externe tout en préservant la suprématie civile.

Pour Huntington, le type de contrôle civil explique le mieux la nature des relations civils-miltaires. Il distingue à ce sujet deux types de contrôle : subjectif et objectif. Le contrôle civil sur le militaire est qualifié de subjectif lorsqu'il est le résultat de relations de pouvoir entre groupes de civils rivaux. Par exemple, lorsqu'un de ces groupes concurrents tente, par l'influence du militaire, d'augmenter son pouvoir par rapport à l'autre. Par le type de contrôle exercé sur le militaire, les civils peuvent pousser les forces armées à intervenir dans une sphère qui n'est pas la leur et ainsi contribuer à leur politisation.

Par opposition au contrôle subjectif, le contrôle de type objectif maximise le professionnalisme militaire. Du même coup, un contrôle objectif du militaire garantit également la protection de la société civile contre les ennemis internes et externes. Le contrôle objectif implique une distribution du pouvoir politique entre civils et militaires qui favorise une attitude de neutralité politique chez les militaires, tout en leur laissant une zone de compétence et d'expertise.

Le deuxième ouvrage classique en matière de relations civils-militaires est *The Professional Soldier* de Morris Janowitz, publié en 1960. Tout comme Huntington, ce dernier concentre ses recherches sur le corps d'officiers et le concept de professionnalisme. Janowitz dresse en particulier un portrait social du soldat professionnel américain qu'il distinguera en fonction de deux approches : absolutiste et pragmatiste. L'approche absolutiste privilégie la guerre totale, tandis que l'approche pragmatiste met l'accent sur les conflits limités. L'influence relative de chacune de ces approches est attribuable à l'orientation de la politique militaire américaine depuis 1945.

Ainsi, Janowitz propose une analyse détaillée de la politisation inévitable de l'appareil militaire américain étant donné la portée globale de ses forces ainsi que de la rivalité entre les États-Unis et l'URSS. À la différence d'Huntington, Janowitz rejette l'idéal-type de la division du travail entre civils et militaires, une caractéristique jugée essentielle par le premier pour la professionnalisation du militaire. Finalement, le modèle de Janowitz est inspiré de la sociologie et cette orientation se reflète dans la définition du concept de contrôle civil, qu'il verra plus en termes sociétal que dans les termes institutionnels élaborés par Huntington.

Plus récemment, la question du contrôle civil du militaire est revenue au premier plan de la discipline dans le cadre de ce qu'on appelle la troisième vague de démocratisation. Les institutions des nouvelles démocraties sont souvent fragiles à leurs débuts et un corps militaire très influent peut non seulement représenter une menace sérieuse pour les dirigeants civils, mais aussi amplifier les risques de conflits internes (Diamond et Plattner, 1996 ; Henderson et Singer, 2000). En outre, plusieurs analystes ont également établi un parallèle entre une organisation militaire politisée et la probabilité accrue d'agression externe (Dassel et Reinhardt, 1999).

Pour ces raisons, le contrôle des forces armées par des dirigeants élus est désormais un critère obligatoire pour faire partie de l'OTAN, et doit également être considéré comme un pilier fondamental au fonctionnement d'une démocratie (Kohn, 1997). Dans les jeunes démocraties où une tradition de pouvoir civil est bien ancrée, le défi semble moins difficile à relever. Toutefois, dans les États où cette culture de contrôle civil fait défaut, les obstacles à la consolidation démocratique sont plus considérables.

Les années 1990 ont également suscité un débat sur le rôle du militaire au sein des démocraties avancées, en particulier aux États-Unis. Entre autres, plusieurs études se sont penchées sur les tensions évidentes entre certains membres des différentes administrations présidentielles et le haut commandement des forces armées qui semble plus partisan et conservateur que par le passé (Holsti, 1998-1999 ; Feaver, 2003). Dernièrement, ce sont les scandales autour de la conduite des militaires en Irak, mais aussi sur des discussions plus larges comme celles du traitement des femmes et l'homosexualité au sein des forces armées qui ont reçu plus d'attention.

L'étude des relations civils-militaires dans les pays démocratiques englobe aussi les controverses relatives à l'utilisation des forces armées pour régler certains problèmes sociétaux. Ces questions vont du déploiement des forces armées à Los Angeles pour contrôler les émeutiers en 1992 (après le verdict dans l'affaire Rodney King), jusqu'à l'utilisation du militaire dans la prévention du **terrorisme**, du trafic de la drogue et de l'immigration illégale.

Jessica Fortin

RELATIONS INTERNATIONALES

International Relations

> Comprendre les relations internationales aujourd'hui exige la maîtrise de toutes les données (politiques, stratégiques, mais aussi économiques, culturelles, technologiques et sociales), dont elles ne sont très souvent que le reflet ou la résultante (Merle, 1984 : 205).

Le concept de Relations internationales est sujet à beaucoup de confusion. En effet, il est important de bien distinguer entre, d'une part, **r**elations internationales et **R**elations internationales et, d'autre part, entre les relations internationales et la **politique étrangère**.

Premièrement, le concept de **r**elations internationales est utilisé pour faire référence aux relations entre unités dans l'environnement extraterritorial. Ces rapports peuvent prendre des formes et dimensions diverses, dont le conflit et la **coopération**. Autrefois restreintes aux relations entre **États**-nations, les relations internationales font aujourd'hui référence aux relations entre différents types d'**acteurs**. Ainsi, les chercheurs étudient aussi bien l'action des réseaux transnationaux d'**organisations non gouvernementales** (ONG), ou encore des firmes transnationales. Les relations internationales peuvent donc être globalement définies comme étant l'ensemble des relations existantes entre divers groupes sociaux et qui traversent les **frontières** (Braillard et Djalili, 1994 : 5).

En outre, il est important de distinguer le concept de relations internationales de celui de politique étrangère, car ils ne sont pas synonymes. En effet, alors que les relations internationales touchent aux rapports entre les acteurs et aux résultats de leurs actions, la politique étrangère désigne la politique d'un État par rapport à un enjeu international ou à un État donné. La notion de *relation* est ainsi fondamentale.

De plus, le concept de **R**elations internationales désigne la *discipline* qui étudie les relations internationales. Son statut de discipline autonome est souvent discuté, et on y fait référence le plus souvent en tant que champ spécifique au sein de la discipline de la science politique. En plus de la politique internationale, ce champ peut également inclure le **droit international** et l'**économie politique internationale**. Il faut par ailleurs noter que la perspective française des Relations internationales diffère sensiblement de la perspective anglo-saxonne et plus particulièrement américaine. En raison de la nette prédominance de cette dernière dans la discipline, nous laisserons ici de côté la perspective française pour nous consacrer à l'évolution des Relations internationales dans le monde anglo-saxon.

La question fondatrice du champ, ou de la discipline, des Relations internationales est traditionnellement considérée comme étant une interrogation sur les causes de la **guerre** et les façons de l'éviter. Plusieurs autres questions unissent toutefois les efforts des chercheurs en Relations internationales. Parmi ces questions, les plus importantes sont : Quelle est la nature du **système international** ? Qu'est-ce que l'**anarchie** ? Sous quelles conditions la coopération est-elle possible ? Quel(s) rôle(s) jouent les acteurs non étatiques ? Les différentes approches théoriques tentent de répondre à certaines de ces questions, ainsi qu'à une multitude d'autres, et ce, à partir d'un certain nombre de postulats (voir les différentes approches). Les nouvelles approches théoriques, plus critiques, tentent cependant de rompre avec ces questionnements et remettent en question la nature et le rôle de l'État. Leurs tenants s'interrogent en ce sens sur la capacité à dépasser l'État comme catégorie d'analyse et comme prisme à travers lequel penser les relations internationales.

Ce champ d'études a été traversé depuis ses débuts, à partir des années 1920, par divers grands débats théoriques (Wæver, 1997). Le premier est le « débat » qui eut cours dans les années 1930 et 1940 entre **réalistes** et **idéalistes**[1]. Ce débat est considéré comme étant l'élément catalyseur de l'essor de la discipline. Les réalistes réussirent alors à imposer leur vision comme courant théorique prédominant au sein de la discipline, la vision de l'anarchie du système international et de la rationalité de l'État comme acteur unitaire.

Le deuxième débat en Relations internationales opposa dans les années 1950 et 1960 les réalistes et les **behavioralistes**. Ce débat est en réalité un débat méthodologique, puisque les behavioralistes, s'opposant aux réalistes classiques, pour la plupart des historiens, prônent une plus grande rigueur scientifique et encouragent l'utilisation par la science politique des outils propres aux sciences naturelles. Le troisième débat, le débat « interparadigmatique » des années 1970, se fit à trois parties : les réalistes, les théoriciens de l'**interdépendance** et les néo-**marxistes**. Ce fut un débat **ontologique**, c'est-à-dire qu'il poussa à une réflexion sur l'unité de base à considérer dans l'étude des relations internationales. Les critiques du réalisme remirent en question l'statocentrisme de la théorie réaliste et suggérèrent plutôt comme unité de base les individus et groupes (**libéraux** interdépendantistes) ou les classes sociales (marxistes).

Enfin, depuis les années 1980 et 1990, on assiste à une recomposition du paysage disciplinaire des Relations internationales. Ce qu'on peut qualifier de quatrième débat est en fait une réflexion **épistémologique** sur la nature du savoir à produire en Relations internationales ainsi que sur l'objectivité du chercheur. Ainsi, le débat se divise en deux axes principaux : le premier est le rapprochement entre **néoréalistes** et **institutionnalistes néolibéraux** (ou débat *néo/néo*), pour former ce qu'on appellera le **paradigme** rationaliste. Le second axe est celui de la radicalisation du débat entre ces rationalistes et les **réflectivistes** (**constructivistes**, **théories critiques**, **postmodernes**, etc.). Rationalistes et réflectivistes (voir Keohane, 1989a) s'opposent notamment

1. Pour Ole Wæver, il n'y eut pas de véritable débat entre idéalistes et réalistes. Les réalistes ont plutôt affirmé unilatéralement la supériorité de leur théorie sur celle des idéalistes, qu'ils ont d'ailleurs eux-mêmes baptisés ainsi, à la suite du déclenchement de la Seconde Guerre mondiale (Wæver, 1997 : 9-10).

sur le statut ontologique de l'État-nation, sur le caractère donné de l'**intérêt national** ou de la structure anarchique du système international ainsi que sur des enjeux épistémologiques tels que l'objectivité du chercheur et le statut accordé à la « réalité ».

Evelyne Dufault

RENSEIGNEMENT

Intelligence

> Un renseignement de qualité permet de réduire l'incertitude et d'orienter les prises de décisions. Il peut aussi aider à distinguer l'information stratégique de l'information non significative, mais il est soumis aux mêmes failles et faiblesses que ses producteurs et ses utilisateurs (Dupont, 2005 : 30).

Il n'existe pas une définition du renseignement qui fasse l'unanimité. Pour cette raison, plusieurs auteurs amorcent leurs ouvrages en identifiant ce que le renseignement n'est pas. Ainsi, lorsqu'on parle de renseignement, il n'est pas simplement question d'informations ou de données. En effet, pour Alan Dupont,

> le renseignement est plutôt constitué d'une série d'informations et de données traitées, évaluées et distillées de façon à remplir un but précis, qu'il s'agisse d'influencer l'élaboration de certaines politiques ou encore, dans le cas de conflits armés, d'apporter un soutien à la conduite des opérations (2005 : 16).

De manière encore plus générale, Frédéric Lemieux définit le renseignement comme étant des « connaissances qui sont organisées pour satisfaire les besoins particuliers d'un client » (2006 : 5).

Rôles et fonctions des différents types de renseignement

S'il existe plusieurs définitions du renseignement, il existe aussi plusieurs manières de classifier les différents types de renseignement. Ces diverses classifications ne sont pas en soi contradictoires, mais sont faites sur la base de critères différents. Dans un premier temps, plusieurs auteurs distinguent le renseignement criminel du renseignement de sécurité. Alors que le premier a pour mission d'appuyer les forces policières dans la prévention et la répression de la criminalité, le second est plutôt de nature politique et a pour objectifs d'assurer la protection du territoire national et des institutions publiques d'un État, ainsi que de ses **intérêts nationaux**, contre les menaces provenant tant de l'intérieur que de l'extérieur (Lemieux, 2007b : 292).

De manière générale, les renseignements produits par les services de **sécurité nationale** sont protégés et ne font pas l'objet d'une divulgation publique afin de garder confidentielles leurs sources de même que les moyens utilisés pour les recueillir. À l'inverse, les services de police ne bénéficient pas d'une telle confidentialité puisque les renseignements qu'ils produisent ainsi que leurs techniques de collecte sont habituellement exposés au moment du dévoilement de la preuve devant les tribunaux. Enfin, la nature des actes auxquels s'intéressent les divers services de renseignement est également différente.

Puisqu'il a pour objectif d'établir une vue d'ensemble des activités politiques susceptibles de représenter un danger pour la sécurité nationale, le renseignement de sécurité se concentre principalement sur les événements se déroulant à l'extérieur de l'État et au contexte géopolitique dans lequel celui-ci évolue. Ainsi, les services de sécurité sont préoccupés par des activités qui ne sont pas nécessairement criminelles ou illégales au sens du droit national. En fait, « l'objet visé par les organismes de renseignement de sécurité est extrêmement large, mal défini et donc sujet à des fluctuations importantes selon les aléas de la politique nationale » (Leman-Langlois et Lemieux, 2007 : 335). Malgré ces divergences, le renseignement de sécurité et le renseignement criminel ont des finalités communes, à savoir le soutien des opérations et l'orientation de la prise de décision.

Dans l'*Encyclopédie du renseignement et des services secrets*, Jacques Baud identifie quinze types de renseignement auxquels il est possible d'en rajouter. À titre d'exemple, il distingue le renseignement stratégique, le renseignement de défense, le renseignement de police et le renseignement opérationnel. Le renseignement stratégique tente de reconstituer un portrait global de l'environnement et des questions stratégiques qui préoccupent un État, ce qui comprend des éléments politiques, économiques, sociaux, militaires, etc. Le renseignement de défense cherche à évaluer les dangers et les menaces liés à la **défense**. Les actions du renseignement de police se situent davantage au niveau tactique et se concentrent sur la recherche d'indices et de preuves en vue de découvrir des criminels, de comprendre leur mode opératoire et de démanteler leurs réseaux pour ensuite les traduire en justice. Enfin, le renseignement opérationnel, qui se situe également au niveau tactique, recueille des informations pertinentes pour l'action des niveaux de commandement opérationnels (Baud, 2005 : 128-129).

Selon certains auteurs, toutes ces distinctions sont appelées à disparaître. En effet, les progrès technologiques, de même que le caractère de plus en plus diffus des menaces auxquelles les États font face engendrent graduellement d'importants changements dans la façon d'utiliser et de concevoir le renseignement (Dupont, 2005 : 15).

Bien que plusieurs siècles d'histoire militaire tendent à démontrer que le renseignement ne constitue que très rarement un élément décisif dans l'issue des batailles et des **guerres**, il existe un certain consensus voulant qu'il soit la source d'un pouvoir considérable. En effet, « le sens commun attribue au renseignement, et à celui qui le détient, un savoir étendu qui procure un avantage décisif dans la prise de décision et dans l'action » (Lemieux, 2007a : 312). L'objectif premier du renseignement est donc de produire, de renouveler et d'utiliser des connaissances afin d'orienter les décisions et de guider la mise en place des opérations vers diverses cibles d'intérêt (Lemieux, 2007a : 313).

Pour ce faire, le renseignement doit remplir cinq fonctions : la détection, la constitution d'un savoir de base, l'anticipation, l'orientation des décisions et des opérations et enfin, l'évaluation. La détection consiste à effectuer un balayage de l'environnement afin d'identifier les individus, groupes ou phénomènes susceptibles de représenter une menace pour la sécurité d'un État ou d'intéresser les services de police de celui-ci, selon qu'il s'agisse de renseignement de sécurité ou de renseignement criminel. La constitution d'un savoir de base a ensuite pour objectif d'approfondir les connaissances sur ces individus, groupes ou phénomènes afin de mettre en place les contre-mesures ou les moyens d'action appropriés.

À partir de ces connaissances acquises, les services de renseignement doivent formuler divers scénarios (pessimistes ou optimistes) au travers des analyses prospectives, établir des pronostics et même dégager certains constats en effectuant des calculs de probabilité. En plus d'anticiper l'émergence de menaces ou de dangers, le renseignement doit informer les décideurs politiques, les gestionnaires et les unités opérationnelles sur la nature des dangers ainsi que sur leur évolution tout en les guidant dans la détermination des priorités et l'identification des ressources mises à leur disposition. Enfin, le renseignement permet, en réalisant des évaluations postopérationnelles, d'examiner de façon rigoureuse les répercussions des actions afin de juger de l'efficacité réelle des méthodes et des procédures des différents services.

Qui produit le renseignement ?

> Le producteur de renseignement n'est pas un agent mais une agence de renseignement, aucun agent ne pouvant assumer à lui seul la fonction de production du renseignement (Brodeur, 2007 : 269).

Selon Mark M. Lowenthal, les agences de renseignement existent pour quatre raisons : éviter les surprises en suivant attentivement l'évolution des menaces, forces, événements et tout autre développement susceptible de changer le cours des choses ; fournir une expertise à long terme aux décideurs politiques dont les mandats sont de courte durée ; apporter un soutien au processus d'élaboration des politiques ; et voir à la confidentialité des informations détenues par un État, de ses besoins et de ses méthodes (Lowenthal, 2006 : 2-4).

Encore une fois, on décrit plusieurs types d'agences de renseignement dont la classification varie selon les auteurs. Dans le *Traité de sécurité intérieure*, Jean-Paul Brodeur distingue trois types d'agences. D'abord, la protection de la sécurité nationale d'un État à l'intérieur comme à l'extérieur de son territoire est confiée aux services publics. Ensuite, les unités de services policiers ont la responsabilité du renseignement criminel et enfin, de plus en plus de firmes privées s'adonnent à la cueillette d'informations (2007 : 269).

De son côté, Stan A. Taylor dresse une liste des différents types d'agences de renseignement dont disposent la plupart des « grandes nations ». On retrouve, en premier lieu, une agence de contrôle ou un groupe d'agences chargées de coordonner les différents organismes qui composent la communauté du renseignement d'un État. De manière générale, les gouvernements confient à des agences différentes la responsabilité de recueillir, d'analyser et de produire le renseignement provenant de pays étrangers et d'autres sources externes et celui provenant de sources internes. On distingue aussi habituellement au sein des communautés de renseignement une agence qui se concentre sur la collecte de renseignements techniques. Une autre travaille, sous la direction d'un ministère de la Défense, à combler les divers besoins des forces militaires. Enfin, selon la taille et la volonté politique des États, des agences sont spécialisées dans la lutte antiterroriste, le développement, le fonctionnement et l'exploitation de l'imagerie par satellites, le contre-espionnage ou encore la protection des **frontières** (Taylor, 2007 : 251).

Les sources de renseignement

Plusieurs méthodes sont utilisées pour effectuer la collecte de renseignements. À ce niveau, on distingue généralement le renseignement humain (HUMINT) et le renseignement technologique (TECHINT). Comme son nom l'indique, le renseignement humain est recueilli par des officiers déployés en sol étranger et se livrant à diverses activités d'espionnage. De son côté, le renseignement technologique fait plutôt référence à l'information recueillie à l'aide de moyens techniques développés notamment grâce aux avancées scientifiques dans le domaine des communications électroniques.

Ainsi, il existe plusieurs types de renseignement technologique : le renseignement par imagerie provenant de satellites en orbite ou de systèmes terrestres reliés à des véhicules aériens (IMINT) ; le renseignement obtenu au moyen de l'écoute des communications entre deux parties ou plus (COMINT) ; le renseignement télémétrique, c'est-à-dire les données interceptées au cours de tests effectués sur certains systèmes d'armement (TELINT) ; le renseignement électronique émis par ces différents systèmes d'armement ou d'observation (ELINT) ; le renseignement produit par les radars des satellites, avions ou autres sources terrestres (RADINT) ; et enfin le renseignement issu de sources ouvertes publiquement accessibles comme les médias, le gouvernement ou encore certaines publications spécialisées (OSINT) (Taylor, 2007 : 254).

Le cycle du renseignement

Le cycle du renseignement se décompose en plusieurs opérations.

> On retrouve pêle-mêle : l'acquisition, la recherche, le recueil, le stockage, l'extraction, la sélection, le recoupement, l'analyse, la synthèse, l'interprétation, l'évaluation, l'estimation, l'appréciation et la communication (Beau, 1997 : 69).

Le regroupement varie selon les auteurs. Les divergences relèvent toutefois de considérations d'ordre pratique et l'enchaînement complexe des opérations peut finalement se réduire à cinq grandes étapes « consécutives, mais exécutées simultanément sur des informations différentes » (de Barmon,

2000 : 13) : l'identification d'un besoin, la collecte d'informations, le traitement de l'information, l'analyse et la diffusion. L'identification d'un besoin consiste à repérer les enjeux nécessitant la collecte de renseignement, à prioriser ceux-ci, puis à les assigner à une ou plusieurs agences faisant partie de la communauté du renseignement. Une fois cette étape franchie, les différentes agences amorcent la collecte d'informations. Avant de pouvoir être qualifiées de renseignement, les informations recueillies doivent d'abord être traitées (traduction de document, interprétation de photos, communications déchiffrées). Ces renseignements sont ensuite transmis à une équipe d'analystes qui les remettent en contexte et tentent de départager les informations valides des informations superflues. Selon plusieurs auteurs, l'analyse constitue l'étape la plus importante du cycle du renseignement et, par le fait même, la plus complexe (Taylor, 2007 : 256). Enfin, la dernière étape, la diffusion, consiste à livrer les informations au client.

Les faiblesses du renseignement

Au lendemain du 11 septembre 2001, nombreux ont été ceux qui ont dénoncé les failles de la Communauté américaine du renseignement. Encore plus récemment, les services de renseignement britannique et américain ont été sévèrement critiqués pour leur gestion du dossier des **armes de destruction massive** en Irak. Mais au-delà de ces échecs bien précis, mentionnons que « l'usage du renseignement reste soumis à plusieurs aléas et qu'il est hasardeux lorsqu'il est question de protéger la sécurité de l'État » (Lemieux, 2007a : 320).

Ainsi, Frédéric Lemieux regroupe en trois catégories les limites du renseignement : intrinsèques, organisationnelles et structurelles. L'auteur souligne d'abord la nature ambiguë des informations recueillies par les différents services de renseignement, l'ambivalence du jugement des analystes et la rationalité limitée des acteurs impliqués dans le processus. Au niveau des contingences organisationnelles, il est question notamment de la structure bureaucratique des agences de renseignement, de la lourdeur de leurs procédures administratives et de leur difficulté à s'adapter à un environnement en constante évolution (2007a : 320). Par exemple, dans son rapport, la Commission nationale sur les attaques terroristes contre les États-Unis met aussi en évidence les limites imposées par la culture organisationnelle de certaines agences américaines. Ainsi, elle dénonce le fait que la culture policière du FBI constitue un frein au développement d'une fonction de renseignement efficace puisque les ressources sont principalement investies dans la mise en place d'enquêtes postévénementielles, ce qui empêche l'adoption d'une perspective proactive (2004 : 198-102). De plus, l'utilisation des nouvelles technologies engendre également de nombreux problèmes, notamment au niveau du partage de l'information entre les agences, compte tenu de l'incompatibilité des systèmes, de la quantité croissante d'informations à analyser et de l'augmentation du risque d'infiltration des différents services de renseignement.

Quant aux contingences structurelles, Lemieux cite la Communauté américaine du renseignement au sein de laquelle les réglementations des différentes agences compartimentent l'accès aux informations sensibles et occasionnent des conflits juridictionnels de même que de nombreux problèmes de communication. La coopération entre les différents services de renseignement est également minée par une rivalité persistante, de même que par certaines contraintes légales.

Enfin, l'environnement politique dans lequel évoluent les agences de renseignement peut aussi avoir un impact négatif sur le processus. En effet, les relations entre la communauté du renseignement et le pouvoir politique sont assez complexes et évoluent en fonction des priorités figurant à l'ordre du jour politique des différents gouvernements et de l'opinion publique. Ainsi, « la maxime *politic-led intelligence* peut s'appliquer, menant à des conflits d'intérêts et à un ciblage insidieux des problèmes de sécurité qui altère l'évaluation du potentiel de dangerosité des menaces planant sur la sécurité intérieure » (Lemieux, 2007a : 330). Le dossier des armes de destruction massive en Irak vient définitivement confirmer les pires craintes en la matière.

Marie-Chantal Locas

RÉSOLUTION DES CONFLITS — Conflict Resolution

Les premières recherches sur la résolution des conflits sont apparues au milieu des années 1950, à l'Université du Michigan, à peu près au même moment que les études sur la paix et le développement des **opérations de maintien de la paix**. Selon A. B. Fetherson (1994), la résolution des conflits est l'utilisation des méthodes de négociation et de médiation, appliquées de façon non coercitives, par des tierces parties en vue de diminuer – et éventuellement d'éliminer – l'antagonisme entre des adversaires et ainsi aboutir à la cessation durable de la violence.

Le processus de résolution des conflits se déroule en quatre étapes : tout d'abord, le conflit doit être géré, c'est-à-dire que la violence doit être contenue ; ensuite, le conflit doit cesser, ce qui se produit lorsqu'un accord ou une entente est signée entre les parties en conflit ; après seulement débute l'étape de la résolution du conflit, qui signifie que les causes véritables du conflit sont connues et n'exercent plus d'influence sur les acteurs, qui ne sont alors plus enclins à utiliser la violence ; finalement, la dernière étape est la paix durable, qui découle de la réconciliation des parties auparavant en conflit et que les conditions qui ont mené au conflit n'existent plus (David, 2000 : 337). Deux approches sont utilisées dans la résolution des conflits : la négociation et la médiation.

Daniel Druckman définit la négociation comme un processus de consultation entre les adversaires dans le but de trouver un accord (1997 : 81). Pour les tenants de la **théorie réaliste**, la négociation relève de la **théorie des jeux**, d'une lutte de pouvoir en vue d'atteindre des objectifs liés à des intérêts particuliers. Les **libéraux**, pour leur part, voient la négociation comme un moyen d'ouvrir le dialogue dans le but de minimiser les différences à l'origine du conflit et de faire converger les intérêts des parties impliquées (Keohane, 1984 : 50-54). Ainsi, une négociation est réussie, du point de vue réaliste, lorsque les parties arrivent à s'entendre sur une solution se trouvant à mi-chemin de leurs demandes initiales respectives, alors que les libéraux évaluent la négociation selon qu'elle a fait cesser – ou non – la démonisation de l'autre.

Il existe deux méthodes de négociation, qui peuvent s'appliquer séparément ou ensemble dans le processus de résolution d'un conflit. Le marchandage, approche dominante dans les années 1960 et 1970, à la suite de la parution des recherches de Thomas Schelling (1960), d'Anatol Rapoport (1967) et de Fred Charles Iklé (1964), consiste à négocier des offres faites par chacun des adversaires, jusqu'à l'obtention d'un résultat qui soit satisfaisant pour tous.

P. Terrence Hopmann décrit le processus de marchandage en six étapes : chacune des parties propose des offres ; les positions fermes sont expliquées ; des promesses de récompense et de menace sont faites pour forcer les adversaires à faire des concessions ; des concessions sont effectivement faites pour se rapprocher de la position de l'autre ; des rétractions sont également faites pour s'éloigner de l'autre ; la dynamique de concession l'emporte sur la dynamique de rétraction, ce qui permet un accord ou une entente située entre les offres initiales des parties. En tout temps durant le processus, chacune des parties fait face à trois options : accepter l'entente, continuer à négocier de meilleures conditions ou briser les négociations (Hopmann, 2001 : 446). Le marchandage est une approche réaliste (Druckman, 1997 : 81-124) illustrée dans l'aboutissement de la crise des missiles de Cuba en 1962 et le rapprochement entre Israël et l'Égypte en 1978.

La méthode de résolution de problèmes (*problem-solving*) est de plus en plus utilisée dans la résolution des conflits. Apparue dans les années 1980, la négociation par la résolution de problèmes se base davantage sur les aspects humains des conflits plutôt que sur les aspects reliés aux intérêts. Le but est d'amener chacune des parties en conflit à discuter de son point de vue, à mettre sur la table les enjeux et les problèmes qu'elle souhaite résoudre et ainsi, permettre une meilleure compréhension, à la fois globale et détaillée, du conflit. Ce qui, ultimement, aidera sa résolution et favorisera une paix durable (Hopmann, 2001 : 456). Plusieurs stratégies peuvent être employées, notamment des rencontres informelles entre les citoyens des groupes en conflit, la participation des **ONG** locales et la mise sur pied de groupes de travail impliquant les décideurs pour trouver des solutions aux problèmes.

Cette approche réaliste a été présentée entre autres par Harold Saunders (1999), de même que par William Zartman et Saadia Touval (1996). L'Institut des États-Unis pour la paix a d'ailleurs utilisé cette méthode pour rapprocher les catholiques et les protestants en Irlande, et les Serbes et les musulmans en Bosnie. Le Centre Carter a fait de même au Soudan et en Haïti (Brinkley, 1995 : 90-100).

Que la négociation soit basée sur le marchandage ou sur la résolution de problèmes, elle peut être menée de façon directe, entre adversaires, ou de façon indirecte, c'est-à-dire qu'une tierce partie s'implique dans le processus pour favoriser le dialogue et, idéalement, la signature d'un accord. Il arrive toutefois que les négociations soient brisées ou rendues impossibles. On utilise alors la deuxième approche de la résolution des conflits : la médiation.

Pour Jacob Bercovitch, la médiation est un processus de gestion de conflit où les parties adverses sollicitent ou acceptent l'aide d'une partie extérieure au conflit, qui les aidera à modifier leurs perceptions de l'autre et à ajuster leurs comportements sans qu'un recours à la fois ou aux règles de droit soit nécessaire (Bercovitch, 1997 : 130). Cette vision de la médiation, où les parties adverses sont des acteurs passifs dans le processus, est nuancée par d'autres auteurs, qui voient dans la médiation un mode de négociation dans lequel un parti extérieur au conflit apporte son aide aux parties en conflit dans le but de trouver des solutions qu'elles n'arrivent pas à développer elles-mêmes (Miall, Ramsbotham et Woodhouse, 1999 : 159).

Certains auteurs, dont Bercovitch, Hopmann et Zartman, ont établi les qualités et les habiletés d'un médiateur : il doit très bien connaître l'histoire du conflit, être impartial, gagner la confiance des parties en conflit, clarifier les enjeux, proposer des compromis en vue de reprendre les négociations et aider les adversaires à rapprocher leurs positions. Un médiateur n'est pas un arbitre, puisque les parties ne sont pas tenues de respecter les résultats de la médiation (contrairement à l'arbitrage, dans lequel existe une procédure légale qui oblige les parties à se conformer à l'entente). Par exemple, le rôle de Jimmy Carter, en Corée du Nord en 1994, et de Richard Holbrooke, en Bosnie en 1995, relève de la médiation, alors que l'OMC, par exemple, est un arbitre dans les conflits économiques dont les décisions sont obligatoires.

Trois types d'acteurs font de la médiation. Premièrement, les États qui souhaitent assurer la stabilité internationale. Leurs buts peuvent être défensifs (quand un conflit menace leurs intérêts ou lorsque le conflit risque de s'étendre) ou offensifs (les États veulent étendre leur influence). Un État peut également servir de médiateur pour répondre aux demandes de son opinion publique (surtout lors de crises humanitaires) ou pour empêcher des États rivaux de le faire. De plus, la médiation coûte beaucoup moins cher qu'une intervention militaire et est également moins risquée.

Deuxièmement, les petites et les moyennes puissances font de la médiation lorsqu'un conflit se déroule sur leur territoire, lorsque des États plus puissants menacent d'intervenir ou quand elles ne souhaitent pas prendre parti dans un conflit. La médiation, pour ces États, peut également contribuer à l'affirmation de leur rôle particulier dans le **système international**, tout en démontrant leur indépendance par rapport à leurs alliés plus puissants. La médiation peut aussi servir à promouvoir des **normes** qui augmenteront la **sécurité** de ces États et à améliorer leur image sur le plan régional ou international.

Le dernier groupe d'acteurs qui fait de la médiation est constitué des **organisations internationales** et des ONG. Dans ce cas, la médiation augmente leur crédibilité, ce qui leur permet ensuite d'accomplir leur travail sur le terrain de manière plus efficace. La médiation sert aussi à définir leur place et à établir leur réputation, au niveau régional ou international.

La médiation étant souvent menée de façon multipartite, les avantages sont donc intéressants : elle permet alors de faciliter le dialogue et d'augmenter la crédibilité du processus, tout en affirmant aux adversaires une plus grande volonté de résoudre le conflit avant qu'il s'étende. Aussi, cette médiation assure un partage des coûts et des risques entre plusieurs acteurs. Par contre, la médiation multipartite peut donner des messages confus aux parties en conflit et nécessite une coordination extraordinaire, ce qui entraîne trop souvent le gaspillage des ressources disponibles et la déresponsabilisation des médiateurs (souvent tentés de rejeter sur les autres l'échec de la médiation). Aussi, il ne faut pas oublier que la multiplication des acteurs impliqués entraîne la multiplication des intérêts, ce qui complique encore plus la médiation.

La négociation et la médiation peuvent se dérouler avant, pendant ou après un conflit, de même qu'avant, pendant ou après une opération de paix. La réussite d'une approche de résolution des conflits dépend du nombre d'acteurs, de leur cohésion, de leur volonté de s'engager dans un tel processus, de la nature des enjeux, du temps imparti, des pressions internes et externes et de l'ouverture du dialogue (David, 2000 : 355).

Karine Prémont

RÉVOLUTION DANS LES AFFAIRES MILITAIRES

Revolution in Military Affairs (RMA)

Sans contredit, la révolution dans les affaires militaires (RAM) était l'un des concepts les plus en vogues dans la littérature universitaire et gouvernementale consacrée aux questions de défense ces dernières années. La popularité de la notion tenait au fait que plusieurs analystes pensaient assister à une véritable révolution dans la manière de faire la **guerre** par l'introduction de nouvelles technologies militaires et par l'impact que ces dernières auraient sur les doctrines de combat et sur un champ de bataille du futur.

Le terme « Révolution dans les affaires militaires » est apparu de plus en plus fréquemment dans la foulée de la guerre du Golfe de 1991. La présentation médiatisée du succès des troupes coalisées épaulées par l'efficacité d'un arsenal militaire américain à la fine pointe technologique (observation satellite, avions furtifs, missiles antimissiles, frappes chirurgicales, gestion de l'information) a en effet mené plusieurs auteurs à la conclusion qu'une mutation qualitative dans la manière de conduire la guerre était bel et bien en cours (Blackwell *et al.*, 1991). Pour Alvin et Heidi Toffler (1994), l'histoire militaire aurait connu là sa troisième révolution majeure après celle ayant permis de passer du néolithique aux guerres agraires et puis celle conduisant ensuite aux guerres industrielles.

L'idée derrière la RAM était que les avancées réalisées dans le domaine des « technologies de l'information » et du réseautage, lorsqu'elles sont appliquées au théâtre d'opération, conduiraient à l'atteinte d'une supériorité informationnelle qui réduirait considérablement ce que von Clausewitz appelait le « brouillard de la guerre », c'est-à-dire l'incertitude inhérente à la conduite d'un conflit armé (Metz et Kievitz, 1995). L'acquisition d'informations précises sur, par exemple, le nombre de soldats du camp adverse et sur leurs positions exactes permettrait aux commandants d'agir rapidement et de manière décisive et ainsi de s'assurer une victoire rapide.

La RAM s'est accompagnée d'une redéfinition des objectifs poursuivis par les États dans leur planification militaire. Pour Washington, par exemple, le pays le plus avancé dans la voie de cette révolution, ils sont désormais de trois ordres. Il s'agit, dans un premier temps, de s'assurer de disposer de la supériorité en termes d'information (Joxe, 1996). Cela peut paraître simple, mais dans l'univers militaire, ce but est très difficile à atteindre. Il implique d'abord l'utilisation de divers outils de collecte de données dans toutes les dimensions de l'activité militaire, du satellite en passant par le drone de surveillance (les avions sans pilote, les fameux Prédateurs) ainsi que par des réseaux de capteurs disséminés dans les zones de conflits et, bien entendu, des soldats. Ces divers éléments collectent des informations et les transmettent à l'aide d'un réseau de type Internet auquel tous les acteurs du théâtre d'opération (soldats, véhicules, centres de commandement) sont branchés et ont accès en temps réel, ce qu'on a appelé la guerre réseau-centrée. Ce même réseau est également utilisé pour les communications. L'information peut ainsi être acheminée du centre de commandement vers le peloton et vice-versa et maximiser l'efficacité des déploiements sur le terrain.

Dans un second temps, les effets de synergie entre les différents corps d'armée (armée, marine, aviation), ou « l'interarmisation », sont également devenus des priorités. D'abord, la RAM incorpore en un tout intégré (nommé système de systèmes) l'ensemble des composantes appelées à jouer un rôle lors d'une opération, que ce soit des navires de guerre, des avions de détection aéroportés (AWACS) ou des transports de troupe. Ces derniers et leurs équipages doivent se coordonner de manière harmonisée pour remplir ensemble la mission qui leur a été assignée. Dans cette optique, la recherche d'une plus grande compatibilité entre les équipements est considérée comme essentielle à la réalisation de la RAM et va dans le sens d'une plus grande intégration du champ de bataille.

Dans un troisième temps, mentionnons que derrière la RAM se dessinait également le projet d'un mode de combat sans contact direct avec l'ennemi. L'idée en vogue dans la décennie post-Guerre froide repose sur la prémisse que les équipements issus de la RAM (ciblage, précision, etc.) permettraient d'atteindre et de mettre hors d'état de nuire l'adversaire sans avoir à s'exposer indûment à son feu. La guerre du Kosovo et celles d'Irak et d'Afghanistan sont venues mettre à mal cette prétention. On a en effet pu constater, lors du retrait des troupes serbes du Kosovo, que Belgrade disposait encore de l'essentiel de ses chars blindés, alors que l'OTAN croyait que ses frappes aériennes avaient permis d'en détruire un bon nombre. La difficulté, dans un contexte insurrectionnel, de récolter l'information par des voies technologiques, comme c'est le cas en Irak et en Afghanistan actuellement, illustre de manière éloquente le fait que cette idée est très difficile à mettre en œuvre sur le terrain. Cela étant dit, on remarque que les responsables continuent de persévérer dans cette voie à travers la robotisation d'appareils militaires, c'est-à-dire l'usage de véhicules terrestres, aériens et navals téléguidés (sans personnel embarqué) et maintenant armés, ce qui n'était pas le cas auparavant.

Cette combinaison d'objectifs a eu d'importantes conséquences pour les doctrines et les stratégies d'utilisation des forces armées. La RAM ne se limitait pas à l'introduction de nouvelles technologies sur le champ de bataille et signifiait en effet une transformation en profondeur des manières de faire dans bon nombre de domaines liés à la défense (Van Creveld, 1991). Les systèmes d'arme doivent être conçus différemment et incorporer les éléments de réseaux et les systèmes de communications requis ; les relations entre les corps d'armée doivent être repensées en fonction de leur capacité à interagir ; la formation du personnel doit être révisée pour qu'il soit apte à manipuler efficacement ces systèmes technologiques et informationnels. C'est sans doute ce qui explique que le terme de « transformation » a supplanté celui de révolution dans les affaires militaires pour désigner le processus de mutation actuellement en cours dans les armées occidentales et particulièrement aux États-Unis.

L'enjeu des coûts

Plusieurs arguments économiques ont également soutenu la mise en œuvre de la RAM. Ce n'est pas un hasard, car le concept a pris de l'importance pendant la décennie post-Guerre froide, une période caractérisée par d'importantes réductions des budgets de défense des États. D'abord, on imaginait que les technologies de l'information permettraient d'améliorer la précision et la force de frappe des systèmes militaires et réduiraient en conséquence les quantités requises. De plus, la plupart des technologies ciblées existaient déjà dans le domaine commercial et n'avaient qu'à être adaptées aux besoins de la défense, ce qui, pensait-on, coûtait moins cher que de les développer.

Ensuite, l'interarmisation était également envisagée comme une façon de générer des économies en achetant, lorsque cela était possible, un seul système (radio par exemple) ou une seule plateforme (avion) pour tous les corps d'armées. Les querelles persistantes entre ces derniers engendraient en effet des coûts considérables aux États-Unis en matière d'acquisition militaire, chacun voulant son propre équipement. Pendant les années 1990, face aux coûts exorbitants liés à la facture du développement du chasseur de nouvelle génération de Lockheed-Martin (le F-22), l'administration américaine a imposé à la Navy et à l'Air Force un modèle commun nommé le Joint Strike Fighter. Le but ultime est, rappelons-le, de réduire les coûts d'appareils à forte densité technologique en augmentant les séries produites et donc, en conséquence, les économies d'échelle.

Enfin, la RAM devait permettre d'arrimer les performances du secteur de la défense sur celles, jugées supérieures, du secteur civil, une notion que l'on retrouve sous le vocable de « révolution dans la manière de faire des affaires » ou *Revolution in Business Affairs* (RBA). Alors que les technologies de l'information et la capacité de traitement des données devaient rendre les armées plus agiles, plus flexibles et plus rapides, la structure administrative et logistique qui les soutenait devait elle aussi progresser dans la même direction pour être en phase avec la RAM. Cela signifiait essentiellement un dégraissage des organisations civiles soutenant la défense, l'adoption de modes de gestion calqués sur les pratiques du secteur privé (approvisionnement en flux-tendu, gestion axée sur la performance) ainsi que la privatisation de plusieurs services autrefois réalisés par des fonctionnaires de la défense ou même des militaires.

L'enjeu de la menace

La RAM ne modifie pas seulement la planification et la manière d'exécuter des tâches. Elle signifie également une nouvelle interprétation de la menace (Marcelli, 1997). En effet, en plaçant la supériorité technologique des équipements conventionnels au cœur des doctrines et des stratégies, la RAM ouvre la voie à une course aux armements nouveau genre. Toute percée technologique de « l'autre » est potentiellement dangereuse et appelle à l'élaboration de contre-mesures en vue de maintenir la supériorité. On voit ainsi la Chine se prémunir de systèmes tueurs de satellites pour contrer le bouclier antimissile américain, à charge désormais pour Washington de proposer une parade en dotant par exemple ses satellites d'armes de défense.

Près de vingt ans après son apparition dans la littérature et les programmes de défense, la RAM n'a probablement pas encore tenu toutes ses promesses. Les difficultés rencontrées par les États-Unis et leurs alliés, dans le cadre de la guerre globale au terrorisme, en attestent. Le concept a cependant eu suffisamment d'emprise sur les décideurs du milieu de la défense pour modifier considérablement les équipements militaires et la manière de concevoir les conflits. Il a tout simplement dessiné les grandes lignes qui orienteront l'évolution du champ de bataille au moins pour la première moitié du XXIe siècle.

Aude-Emmanuelle Fleurant
et Yannick Quéau

SÉCURISATION

Securitization

> La sécurité est ce que ses agents en font (Huysmans, 1998b : 2).

Le concept de sécurisation est étroitement lié à celui de **sécurité**, car c'est un processus mis en branle par les élites politiques lorsque celles-ci indiquent qu'un objet constitue un enjeu de sécurité. Le premier à utiliser le terme sécurisation est le politologue danois Ole Wæver (1995). Pour lui, le contenu de la sécurité n'est pas seulement la description d'une réalité externe, mais bien plutôt l'utilisation d'un langage sécuritaire par des « professionnels de la sécurité » qui, à travers leurs actes de langage (*speech acts*), viennent à construire une réalité sociale devenant objet de sécurité. Ainsi, selon lui, les actes de langage sont performatifs, c'est-à-dire qu'ils ont le pouvoir de devenir praxis. Conséquemment, la sécurisation d'un objet dépend de la vision que les autorités ont de la sécurité. Pour Wæver et d'autres auteurs de l'**École de Copenhague** tels que Barry Buzan et Jaap De Wilde, la sécurité est un concept flou qui ne réfère pas seulement à une réalité externe et objective, mais bien à une définition subjective d'un objet qui, posé comme menace au sein des **institutions** et des discours politiques, vient à être perçu comme menace par l'audience ciblée. Le processus de sécurisation comprend cinq étapes : la désignation d'un « objet référent » à sécuriser, la définition subjective d'une menace à la survie grâce à une rhétorique de mise en péril, l'accomplissement de la sécurisation par une personne ou un groupe de personnes dont on reconnaît l'autorité de sécuriser, la prise de mesures d'exception pour contrer la nouvelle menace et, finalement, l'acceptation de cette réalité par l'ensemble de la collectivité ou par un groupe particulier d'individus (Wæver dans *Buzan et al.*, 1998 : 23-26). Ainsi, selon une perspective **constructiviste** dans laquelle *faire c'est dire* et *dire c'est faire*, le jeu **intersubjectif** est constitutif et régulateur de **normes** sociales et de pratiques politiques qui se veulent sécuritaires. L'utilisation d'un langage sécuritaire permet d'établir une interconnexion entre des faits séparés, par exemple entre le fondamentalisme islamique et le **terrorisme**.

Pendant longtemps, les études de la sécurité ont été influencées par la vision **réaliste** qui réduit la sécurité à des problèmes politico-militaires et au champ des études de la **défense** et de la **stratégie**. Selon cette approche traditionnelle, les menaces à la sécurité sont identifiables, mesurables et objectives, elles visent la sécurité, la survie de l'**État**-

nation et elles émanent d'une logique inhérente au **système international**. C'est au cours des années 1980 que le concept de sécurité a commencé à être remis en question et son objet référent repensé. L'apport principal de cette (re)conceptualisation est d'avoir dissout les frontières artificielles entre les études traditionnelles de la sécurité et les secteurs politique, économique, sociétal et environnemental et d'avoir démontré l'aspect socialement construit et non objectif des menaces à la sécurité. Les auteurs de l'École de Copenhague ne sont pas les seuls à prendre distance par rapport aux études traditionnelles de la sécurité ; notons entre autres les études de Michael Dillon, celles de Didier Bigo et celles des auteurs réunis sous l'appellation Études critiques de la sécurité (*Critical Security Studies*), qui tentent tous, à leur manière, de répondre aux questions suivantes : comment les menaces sont-elles construites, comment et pourquoi sont-elles consolidées, quelles sont leurs conséquences et comment est-il possible de les modifier ? À partir de ces auteurs, il devient intéressant de chercher à comprendre pourquoi certains enjeux sociaux sont sécurisés et politisés.

Barry Buzan dans *People, States and Fear* (1983) est un des premiers à élargir le référent du concept de sécurité en distinguant différents secteurs sécuritaires par la considération des menaces existentielles propres à ces secteurs. Par exemple, dans le secteur sociétal, ce sont les identités collectives qui représentent l'objet de sécurité. Toutefois, comme le note Didier Bigo (1998b : 65-67), en remplaçant les menaces traditionnelles objectives par de nouvelles menaces subjectives, Buzan distingue les « vraies » des « fausses » menaces et contribue peu à débusquer le piège conceptuel que pose une appréhension réaliste de la sécurité. Une brèche est toutefois ouverte et peut être exploitée par des auteurs se proposant de substituer une approche **réflexive** de la sécurité à l'approche instrumentale traditionnelle. L'objectif est de dé-essentialiser le couple sécurité-**insécurité** en examinant son processus de construction et de transformation. « La sécurité est un concept essentiellement contesté qui ne peut pas être défini de façon précise en raison de son caractère politique inhérent » (Wæver, 1993 : 87).

Michael C. Williams (2003) pousse plus loin la théorie de la sécurisation de Wæver en montrant l'importance d'étudier non seulement l'impact des actes de langage, mais aussi celui des images. En effet, vivant dans un monde où les moyens de communication utilisent de plus en plus les représentations visuelles, une seule analyse linguistique ne suffit plus. Pour remédier à cette insuffisance, Williams propose d'étudier la structure des représentations visuelles, d'observer la manière dont elles s'imprègnent dans les différentes perspectives sociales, de comprendre la façon dont les images influencent les actes de langage sécuritaires et finalement de trouver les liens entre les représentations visuelles des différents choix politiques et les pratiques de la sécurité. Pour ce faire, l'analyse de la sécurité doit tenir compte des structures changeantes de la communication et des différents aspects contextuels, et de plus, elle requiert des techniques de lecture permettant l'élucidation de la rhétorique des actes de sécurité et celle des représentations visuelles. Ainsi, en posant des questions telles que « les images ont-elles un impact sur les téléspectateurs qui diffère de l'impact qu'ont les mots sur les auditeurs et les textes sur les lecteurs ? » ou encore, « à quel degré les images contribuent-elles aux processus de sécurisation et de **désécurisation** ? », l'étude des médiums de la représentation et de la communication suggérée par Williams apporte quelque chose de nouveau au programme de recherche de la théorie de la sécurisation et des études de la sécurité. Pour sa part, Bigo (1996), influencé par la sociologie de Pierre Bourdieu, refuse d'étudier les seuls aspects pratiques de la sécurisation et fait une place prépondérante au rôle joué par les professionnels de la sécurité (policiers, services secrets, militaires, agences de **renseignements**, etc.) en raison de leur capital symbolique et de leur capacité institutionnelle à formuler la sécurité. Ainsi, au contraire de Wæver et de Williams, Bigo met les acteurs de la sécurisation au centre de l'analyse.

Selon Jef Huysmans « dire et écrire la sécurité n'est jamais un acte innocent ou neutre » (Huysmans, 1998a : 11), et en choisissant de sécuriser un objet référent, on fait face à un « dilemme normatif ». En effet, l'utilisation de la grammaire de la sécurité engendre la sécurisation d'un champ qu'on ne souhaite pas nécessairement sécuriser. Ainsi, le fait de parler d'un objet comme d'un problème de sécurité revient à contribuer à sa sécurisation alors que de ne pas en parler dans une perspective de sécurité s'avère une insuffisance méthodologique. Pour sortir de ce dilemme normatif, Huysmans propose, à l'instar de Michel Foucault, une théorisation du nexus savoir-pouvoir – la recherche de la production gouvernant les énoncés de sécurité – et l'interprétation de la sécurisation comme une stratégie politique particulière, et ce, afin de modérer le risque de réification des menaces à la sécurité. Toutefois, il est important de noter que la sécurisation est une stratégie politique pratiquée non seulement à des fins conservatrices comme la préservation d'un *statu quo*, ou à des fins autoritaires comme l'imposition d'une loi ou d'un ordre, mais implique aussi un intérêt émancipateur en permettant la formulation de questions et la mobilisation d'individus autour d'enjeux sociaux particuliers. Dans ces conditions, l'étude et la compréhension des processus de sécurisation et de politisation, permettent une certaine conscientisation sociale pouvant générer des actions positives.

Catherine Courchesne et Nicolas Adam

SÉCURITÉ

Security

Dire et écrire la sécurité n'est jamais un acte innocent (Huysmans, 1998a : 2).

Toute discussion substantielle sur la sécurité commence par quatre questions clés : « Quelle est la nature de l'**insécurité** ? » ; « À quel objet la sécurité fait-elle référence ? » ; « Qui en assume la responsabilité ? » ; « Quels sont les moyens d'assurer la sécurité ? » Le concept est lui-même largement contesté depuis les années 1980. Il en existe de multiples conceptions qui se distinguent par les réponses parfois très différentes qu'elles donnent à ces quatre questions. Il est cependant possible de départager la littérature en trois sous-catégories enchâssées dans les débats **paradigmatiques** que connaissent les **Relations internationales** depuis la fin des années 1980 : 1) les approches traditionnelles dont l'objet principal est la sécurité nationale des **États**, mise en péril par des menaces essentiellement militaires ; 2) les approches qui plaident en faveur d'un élargissement de ce concept pour permettre la prise en compte de nouvelles menaces ayant émergé dans divers secteurs de la vie sociale (secteurs économiques, sociaux ou politiques, par exemple) ; et, enfin, 3) les positions critiques tendant plus radicalement vers la (re)conceptualisation de l'objet référent de la sécurité qui se traduit par l'accent mis sur la sécurité des individus plutôt que de l'État ainsi que par la reconnaissance de la nature construite des menaces.

La sécurité nationale

La pierre angulaire des approches traditionnelles se nomme sécurité nationale et implique une préocupation unique pour la préservation de l'État en tant qu'unité principale des relations internationales et, conséquemment, met l'accent sur les menaces militaires qui pourraient remettre en question sa **souveraineté** et l'intégrité de son territoire. Cette perspective est privilégiée par les **études stratégiques** qui ont mobilisé ce corpus tout au long de la **Guerre froide**. Celles-ci embrassent des prémisses **réalistes** et rationalistes qui font de la sécurité un enjeu essentiellement politico-militaire en postulant que la survie d'un État exige le maintien d'une **puissance** militaire relativement plus importante que celles de ses voisins. Postulant que l'absence d'une autorité supra-étatique, soit l'**anarchie**, contraint les États à privilégier avant toutes choses la préservation de leur souveraineté et la maximisation de leurs intérêts propres, des auteurs comme Stephan Walt confinent leur objet d'étude aux menaces militaires externes à l'État ainsi qu'à l'usage et au contrôle des forces armées (Walt, 1991).

Dans ce monde où on ne peut compter que sur soi-même[1], la survie d'un État dépend donc de sa capacité à accumuler de la puissance et à dissuader tous les autres États du système de

1. On qualifie en anglais ce système de *self-help system*.

l'agresser par l'expansion de ses forces militaires. La source de la menace est donc de nature matérielle et s'appréhende objectivement par l'évaluation des **capacités** d'un État. L'escalade de l'armement qui en découle est ainsi le produit de la compréhension des relations internationales comme un jeu à somme nulle, puisque le **gain** d'un État représente invariablement une perte pour tous les autres États, ce qui justifie, selon les réalistes et les **néoréalistes**, la conduite prudente d'une politique pragmatique nommée *realpolitik*. Tributaire de la nature humaine pour Morgenthau ou de la structure inhérente et objective du système pour Waltz, la nature de l'insécurité menaçant les États est donc inchangée depuis que Thucydide commentait la guerre du Péloponnèse. Boîte noire ou boule de billard, l'État est un **acteur** rationnel n'agissant qu'au nom de son **intérêt national,** afin de se prémunir des agressions inévitables qui surgissent d'un **système international** anarchique.

L'élargissement de la sécurité nationale

Depuis la fin de la Guerre froide, plusieurs spécialistes, parfois informés par certaines propositions **constructivistes,** ont contesté ce primat des questions militaro-politiques en soulignant la nécessité d'élargir les études de sécurité pour y inclure des menaces de nature économique, environnementale ou « sociétale » ignorées par les études stratégiques. B. Buzan *et al.* se donnent donc pour objectif de préserver la cohérence du concept de sécurité ainsi que celle du champ des études de sécurité, tout en tenant compte de la nouvelle conjoncture du système international issue de la fin de la Guerre froide exigeant, selon eux, un élargissement des menaces considérées (Buzan *et al.*, 1998 : 4). C'est en tentant de répondre à la question « qu'est-ce qui fait d'un problème un enjeu de sécurité en Relations internationales » qu'ils en viennent à introduire des propositions constructivistes dans leur cadre théorique. C'est ainsi qu'ils ne traitent pas les menaces comme des faits objectifs issus de conditions matérielles, comme la distribution de la puissance dans le système international, une notion chère aux réalistes qui misent sur l'évalution des capacités militaires et économiques ou de la situation géostratégique d'un État pour évaluer sa puissance et, donc, sa vulnérabilité. Pour eux, le « processus de **sécurisation** » tout comme celui de la politisation relèvent plutôt de dynamiques **intersubjectives**. Bien que relevant d'une logique interne propre le distinguant des processus politiques, le « processus de sécurisation » d'un enjeu est également compris comme une version extrême de la politisation, la sécurisation relevant d'actes de langage (Buzan *et al.*, 1998 : 26). C'est pourtant dans le corpus de la conception militaro-politique traditionnelle de la sécurité qu'ils disent puiser l'essentiel de ce qui fait d'un enjeu un problème de sécurité proprement international : « Dans ce contexte, la sécurité est une question de survie » (Buzan *et al.*, 1998 : 21).

Les menaces ne sont donc plus que de nature exclusivement militaire. En fait la sécurité se présente dans leur optique comme un concept englobant ayant une signification spécifique mais prenant différentes formes selon le secteur considéré. Dans le secteur « sociétal », par exemple, ce sont les menaces existentielles à la sécurité des identités collectives, tels que les mouvements migratoires, qui sont considérées. En outre, les objets référents de la sécurité varient selon le **niveau d'analyse** qui est emprunté. C'est ainsi qu'en s'intéressant toujours au secteur « sociétal », on pourra considérer soit la **nation**, le clan, la tribu, la civilisation, la collectivité ou la race.

Bien entendu, les thèses de B. Buzan *et al.* n'épuisent pas les tentatives d'élargissement du concept de la sécurité. D'autres auteurs ont également participé à ce décloisonnement de la conceptualisation de la sécurité nationale, comme Mohammeb Ayoob, par exemple, qui insiste sur les particularités des menaces rencontrées au **Tiers Monde** dans l'optique théorique d'un « réalisme subalterne » (Ayoob, 1997 : 127). Pour ce dernier, des menaces internes plus qu'externes prévalent dans cette région du monde composée d'États instables aux niveaux politique et institutionnel et où l'on dénombre la majorité des conflits aujourd'hui. En fait, l'expérience du Tiers Monde pose pour plusieurs auteurs, issus d'écoles alternatives au réalisme, un défi important à la conception universaliste des études de sécurité traditionnelles excluant les réalités de pays où l'État est non seulement impuissant à gérer de multiples menaces transnationales mais aussi lui-même une menace pour sa population (Acharya, 1997 : 322).

Les études critiques de sécurité

Bien qu'appréciant ces tentatives d'élargissement, la préservation de l'État comme principal objet référent de la sécurité a conduit d'autres spécialistes à privilégier une position plus critique articulée dans le cadre du **paradigme « réflexif »**. Engagé à réinscrire les questions de sécurité dans un débat proprement politique, Ken Booth fait de l'individu l'objet principal de la sécurité et de l'État, un agent de la sécurité parmi d'autres comme les **ONG**, les **institutions** régionales ou multilatérales et, bien entendu, la **société civile**.

Pour Booth, l'émancipation plus que la survie est l'objectif principal de la sécurité : « L'émancipation est la libération des gens (individuellement et collectivement) des contraintes physiques et humaines qui les empêchent de faire ce qu'ils auraient choisi de faire librement » (Booth, 1991a : 339). Il envisage donc le dépassement du **dilemme de la sécurité** des réalistes à condition que soient développés des **identités** et des intérêts communs et que soient répandues entre les acteurs des obligations morales et politiques garantes de pratiques pacifiées, pour lesquelles la promotion de la **coopération** régionale et multilatérale, de la démocratie, du **désarmement** ou encore du renforcement des **sociétés civiles** sont des outils déterminants.

Pour Keith Krause (1998), le programme de recherche des études critiques de la sécurité se joue à trois niveaux. Le premier est d'exposer comment les menaces et leurs réponses sont construites plutôt que naturelles et déterminées par des conditions matérielles objectives, ce qui leur confère ainsi une nature proprement contingente, sociale, politique et historique. Jef Huysmans établit des distinctions fort intéressantes entre 1) les analyses qui oscillent entre des compréhensions performatives du langage (le langage participe à la construction sociale du monde) ou représentationnelles du langage (le langage est neutre et représente la réalité) ; 2) les analyses constructivistes non structuralistes penchées sur les constructions discursives des menaces profitant d'un statut **hégémonique** ; et, enfin, 3) les analyses relevant plutôt d'un constructivisme sociologique ou structuraliste intéressé par les dimensions institutionnelles du lien savoir-pouvoir sous-tendant les discours dominants (Huysmans, 1998a). Préférant cette dernière perspective, Huysmans se penche sur la structuration du champ de la sécurité et, par conséquent, sur l'importance des positions stratégiques des spécialistes de la sécurité interrogeant ainsi les processus sociopolitiques et les rapports de pouvoir qui sous-tendent la production de ces discours dominants (Huysmans, 1998a : 8).

Dans la même veine, Didier Bigo explique comment les discours sur l'ordre international sont construits en fonction « des luttes entre *experts* à l'intérieur du champ de la sécurité pour imposer leurs énoncés, leurs systèmes de classement comme problématique légitime, la seule vision du monde possible sur *qui fait peur* » (Bigo, 1995 : 9).

De plus, les approches critiques entreprennent de démontrer comment les objets référents de la sécurité sont également des construits sociaux et non des entités immuables, essentiels et donnés par une lecture empirique du système international. Pour Krause, la tentative de Buzan *et al.* tombe dans les écueils du paradigme rationaliste, malgré leur orientation apparemment constructiviste qui les amène à s'intéresser aux *processus de sécurisation* parce qu'un tel discours obscurcit la séparation arbitraire des discours sur les menaces des objets à sécuriser qu'il sous-tend. Pour les tenants des études critiques de sécurité, l'un et l'autre sont inséparables puisque dans la construction de la menace se situe implicitement l'objet référent de la sécurité. Enfin, leur troisième objectif et de transcender le dilemme de sécurité, cet incontournable des approches réalistes et néoréalistes, en le contextualisant, en l'historicisant et en y réintégrant les pratiques des acteurs sociaux.

Sans conteste, la (re)conceptualisation de la sécurité dépasse les limites de notre démonstration. Notons entre autres que des **féministes** comme Spike V. Peterson ou J. Ann Tickner ont aussi grandement contribué à sortir les préoccupations de sécurité hors du cadre limitatif de l'anarchie ou du dilemme de la sécurité. Les approches féministes de la sécurité insistent sur les insécurités des exclus (tout particulièrement des femmes) oblitérées par les constructions ethnocentriques, hiérarchiques et patriarcales du discours dominant en Relations internationales, et considèrent l'État comme l'une des principales sources de l'insécurité (Peterson, 1992).

Isabelle Masson

SÉCURITÉ CIVILE

Civil Security

Un rapide tour d'horizon de la littérature portant sur la sécurité civile permet de constater que le concept ne fait pas l'objet d'une définition consensuelle. Les universitaires se risquent rarement à lui donner un contenu précis, tenant en général pour acquis que tout le monde sait ce qu'il recoupe. À l'inverse, les gestionnaires gouvernementaux ou privés œuvrant dans ce domaine adoptent des définitions tellement détaillées en termes de missions et de moyens que toute généralisation en devient hasardeuse.

Il est toutefois possible de tracer les contours du champ couvert par la sécurité civile à travers quatre grands éléments : 1) la protection des personnes et des biens contre des sinistres ; 2) les mesures prises sur un territoire par les autorités civiles pour prévenir des catastrophes ; 3) la préparation et la réalisation d'interventions ayant pour objectif de retrouver le plus rapidement possible une situation normale à la suite d'un sinistre ; 4) les actions, le plus souvent de nature policière et judiciaire, visant à empêcher la déstabilisation d'une société par des groupes criminels ou une immigration non désirée, par exemple.

Les menaces militaires issues de l'extérieur du territoire ainsi que les mesures tendant à faire du personnel de la **défense** les principaux pourvoyeurs de la **sécurité** seront donc ici en principe exclues de l'analyse, même si la frontière entre les domaines militaires et civils de la sécurité n'est pas hermétique. À travers leur mandat d'assistance aux autorités civiles, les forces armées sont en effet susceptibles de jouer un rôle majeur en cas de catastrophe. Elles sont alors placées sous le contrôle d'une autorité civile et elles sont affectées à des missions d'assistance ou de suppléance à un personnel public incapable de faire seul face au problème (crise d'Oka et crise du verglas au Québec, ouragans Katrina et Rita dans le sud des États-Unis, etc.).

On constate que les termes de sécurité civile, sécurité publique et sécurité intérieure désignent souvent un ensemble d'éléments similaires. Peu d'auteurs distinguent une notion de l'autre, tant le risque de se perdre en considérations sémantiques est grand. Le choix d'une appellation n'est cependant pas anodin, car il tendra à mettre de l'avant certaines missions et acteurs et à en marginaliser d'autres. Le terme sécurité publique fait ainsi de l'État le pourvoyeur principal de la sécurité et dans le même temps occulte la part du secteur privé dans le domaine (assurances, agences privées de sécurité, industrie, ambulanciers et autres premiers répondants au service de firmes privées, etc.). La sécurité intérieure, quant à elle, s'ancre dans une conception géographique ou territoriale mise à mal autant par les processus d'intégration régionale actuellement à l'œuvre en Europe (espace Schengen) et en Amérique du Nord (accords transfrontaliers Canada–États-Unis) que par des menaces environnementales ou des désastres naturels qui font peu de cas des frontières étatiques. La notion de sécurité civile, pour sa part, éclipse, comme nous l'avons vu, le rôle joué par l'appareil militaire dans le domaine.

Aux États-Unis, l'effondrement des tours du World Trade Center et la destruction partielle du Pentagone ont forcé les décideurs politiques à revoir en profondeur leur appareil de sécurité civile de façon à combler les brèches identifiées dans la structure sécuritaire du pays et plus largement de l'Amérique du Nord. La réponse a pris la forme d'un nouveau ministère fédéral : le Department of Homeland Security (DHS). La mise en place de cet organisme équivaudrait, selon les termes de George W. Bush lui-même, à « la réorganisation la plus importante du gouvernement fédéral depuis les années 1940 » (2002).

Cette transformation significative des structures sécuritaires nationales a eu des répercussions à tous les niveaux de la fédération, c'est-à-dire au niveau fédéral bien sûr (le DHS intégrant une multitude d'agences déjà sous l'autorité de Washington), des États et des collectivités locales (les municipalités, principalement) (Daadler *et al.*, 2002 : ii). Cette évolution a modifié les rapports de pouvoir entre les différents intervenants du milieu de la sécurité civile. Lewis (2005 : 6) écrit d'ailleurs à cet effet que le DHS

> A contribué à renforcer le pouvoir exécutif, désormais doté d'un appareil de sécurité nationale entièrement rénové et disposant de ressources d'une ampleur sans précédent. La crise du 11 septembre est donc à l'origine d'une recentralisation des moyens de lutte contre le terrorisme entre les mains du Président, qui s'est elle-même logiquement traduite par l'affirmation des pouvoirs présidentiels.

La création du DHS n'a ainsi pas seulement permis la réunification sous une seule entité de multiples organismes fédéraux intéressés par la sécurité civile, elle a aussi traduit la volonté de Washington d'investir massivement ce champ d'activité, un domaine jusqu'alors largement considéré comme étant du ressort des États ou des municipalités.

En fait, cette décision de réorganiser l'ensemble de la charpente sécuritaire du pays nous apparaît comme étant un des aspects les plus spectaculaires, à ce jour, de la mise en place d'une nouvelle architecture de sécurité civile nord-américaine dont la portée n'est pas limitée au seul territoire des États-Unis. De gré ou de force, les Canadiens ont été entraînés dans cette logique sécuritaire. En témoignent, notamment, la mise en place à Ottawa d'un ministère de la Sécurité publique (une forme de reproduction avec des sensibilités canadiennes du DHS) et l'adoption en 2004 d'une politique de sécurité intérieure, la première de l'histoire du Canada, qui répondait en partie aux exigences de Washington en la matière (Auger *et al.*, 2004). Au nom de la sécurité de l'Amérique du Nord, le Canada fait face à des mutations d'une ampleur potentiellement comparable à celles qui se sont opérées aux États-Unis.

Dans un contexte sécuritaire nord-américain en plein bouleversement marqué par la lutte contre les menaces asymétriques et l'élaboration de nouveaux moyens pour les gérer, les gouvernements fédéraux, des provinces et des États, mais aussi les villes ont dû réévaluer leurs rôles dans le champ de la sécurité civile. La décision de mettre sur pied des ministères de sécurité civile rappelle le modèle adopté il y a longtemps par la plupart des pays européens ; les ministères de l'Intérieur existant depuis de nombreuses années sur le vieux continent.

Yannick Quéau

SÉCURITÉ COLLECTIVE

Collective Security

La notion de sécurité collective est certainement l'une des plus controversées en relations internationales. Depuis la réplique de Jean-Jacques Rousseau au *Projet de paix perpétuelle* de l'abbé de Saint-Pierre, il y a plus de deux siècles et demi, en passant par le virulent débat entre **réalistes** et **idéalistes** dans l'entre-deux-guerres, jusqu'aux visions contrastées sur l'avenir de la **guerre** formulées dans l'après-Guerre froide, la sécurité collective est restée au cœur des polémiques les plus vives.

Cette controverse incessante s'explique probablement par la double nature de la notion, pratique et théorique, qui porte à confondre le legs historique avec l'idée abstraite. En fait, la sécurité collective appartient, d'une part, au domaine pratique de la diplomatie internationale en tant que projet politique mondial, dont l'archétype est probablement la défunte Société des Nations (SDN) ; d'autre part, la notion relève du domaine théorique en tant qu'ensemble d'énoncés abstraits concernant la sécurité internationale. Si la théorie ne peut jamais être complètement séparée de la pratique diplomatique, il importe tout de même de distinguer l'une de l'autre.

Bien qu'on puisse considérer les ligues grecques de l'Antiquité ou, plus près de nous, le Concert européen issu du Congrès de Vienne (1815) comme des précurseurs de la sécurité collective, le premier véritable projet politique en vue d'édifier un système universel de sécurité collective est né au lendemain de la Première Guerre mondiale avec les Quatorze points de Woodrow Wilson, alors président des États-Unis. Pour Wilson, la sécurité collective est une norme apparentée au fameux adage des mousquetaires : « Un pour tous, tous pour un ». Les États s'engagent collectivement à faire passer l'intérêt commun avant l'intérêt national.

En proposant un système universel, c'est-à-dire ouvert à tous les États, Wilson voulait surtout contrecarrer les effets négatifs des alliances et de la diplomatie secrète, qui avaient précipité le déclenchement de la Première Guerre mondiale quelques années plus tôt. Contrairement à une **alliance** qui est tournée vers une menace extérieure, le système de sécurité collective imaginé par Wilson répond à des menaces intérieures : en cas d'agression d'un État membre du système, l'ensemble des autres États joignent leurs forces, sous forme d'intervention militaire ou de sanctions économiques, pour répliquer. En somme, les États parties à un système de sécurité collective assument une double responsabilité : une première, négative, consiste à ne pas faire usage de la force de manière unilatérale ; une seconde, positive celle-là, implique de participer aux actions concertées contre les agressions (David, 2000 : 429).

La SDN, constituée en 1920, peut donc être considérée comme l'archétype des systèmes universels de sécurité collective. L'article 10 du Pacte de la SDN énonce la double responsabilité des États signataires, les enjoignant à respecter et à agir pour préserver l'intégrité territoriale et l'indépendance politique des autres États. L'article 11 formule ensuite le principe d'indivisibilité de la paix, tandis que les sanctions économiques ou militaires contre un État agresseur sont prévues à l'article 16 du Pacte. Malheureusement, toutes ces dispositions ne résistèrent pas à l'épreuve de l'histoire. Boudée par les États-Unis et, jusqu'en 1934, par l'URSS, la SDN n'a pu contrôler la montée des fascismes italien, allemand et japonais. S'il est vrai que 35 des 66 litiges portés à son attention furent réglés pacifiquement, il reste que la SDN ne parvint pas à réprimer les invasions de la Mandchourie et de l'Abyssinie, ni à empêcher le déclenchement de la Seconde Guerre mondiale. En somme, le système universel de sécurité collective instauré par la SDN est généralement considéré comme un échec.

Pourtant, les plans de paix ébauchés par les Alliés à partir de 1941 eurent à nouveau l'idée de sécurité collective pour fondement. De fait, le chapitre VII de la Charte des Nations unies détaille les mesures à prendre en cas de rupture ou de menace de rupture de la paix internationale. Toutefois, le système de sécurité collective instauré par cette Charte s'écarte de la version pure, incarnée par la SDN, à deux égards.

D'abord, l'article 51 autorise l'existence d'alliances défensives entre certains États, portant ainsi entrave à l'établissement d'un système de sécurité véritablement collective. En ce sens, Arnold Wolfers n'a pas manqué de souligner que la défense collective (la menace est externe à l'alliance restreinte) et la sécurité collective (la menace est interne au système universel) sont des notions plutôt contradictoires (1962 : 181-204). Ensuite, la Charte assouplit l'automaticité de la réplique concertée contre un État agresseur : il faut désormais que le Conseil de sécurité, sorte de directoire des grandes puissances, constate, en premier lieu, la rupture ou la menace de rupture de la paix. En somme, le système de sécurité collective de l'ONU est une version atténuée du projet idéalisé de Wilson. Malgré cela, son efficacité fut contestable pendant la Guerre froide, si ce n'est de l'exception de la guerre de Corée (1950-1953).

Les échecs répétés des efforts diplomatiques visant à établir un système de sécurité collective incitèrent certains théoriciens des relations internationales à abstraire le concept des expériences historiques qui lui sont associées pour plutôt y réfléchir de manière théorique. Inis Claude se rendit ainsi célèbre en publiant sa « théorie de la sécurité collective ». Contrairement à une idée reçue, Claude n'adhère pas à l'idéalisme wilsonien ; il considère la sécurité collective comme une sorte de « mi-parcours entre les extrêmes de l'anarchie internationale et du gouvernement mondial » (1964 : 224).

Autrement dit, l'idée de sécurité collective est intéressante non parce qu'elle mène à la paix absolue, mais bien parce que l'**anarchie** est intolérable et que le gouvernement mondial est irréalisable. Les écrits de Claude n'évoquent donc pas un projet révolutionnaire ou idéaliste, mais proposent simplement une approche rationnelle de la sécurité internationale admettant que « de nouvelles guerres sont probables et qu'il faut donc les prévenir » (227).

D'après Claude, la sécurité collective repose sur un principe tout simple : « l'usage agressif et illégal de la force par tout **État** sera réprimé par la puissance combinée de tous les autres États » (1964, p. 224). L'effet de dissuasion, obtenu par l'éventualité d'une réplique concertée, amène les États rationnels à éviter d'attaquer qui que ce soit. Inis Claude se distingue particulièrement de la pensée de Wilson en ce qu'il est parfaitement conscient des nombreuses difficultés précédant l'instauration d'un système de sécurité collective : « Il faut postuler la rencontre d'un réseau extraordinairement complexe de conditions » (1964 : 228-229).

Ces conditions sont de deux ordres, subjectif et objectif. Du côté des conditions subjectives, il faut que les valeurs pacifiques, comme l'indivisibilité de la paix, soient partagées par la plupart des États, tandis que l'isolationnisme doit être rejeté au profit d'une forme de loyauté face à la communauté internationale. Il doit aussi exister une certitude minimale quant à l'action concertée : en cas d'agression, il ne peut y avoir de mais ou de si. Par ailleurs, un système de sécurité collective repose sur la volonté des États participants de défendre le *statu quo* : la paix et la stabilité doivent être considérées comme des valeurs supérieures à la justice, par exemple. Finalement, les relations d'amitié ou d'inimitié ne doivent pas interférer et tous les États doivent avoir confiance en l'efficacité et l'impartialité du système de sécurité collective.

Claude admet que cette dernière condition subjective implique une certaine circularité logique :

> La sécurité collective ne peut fonctionner que si les politiques des États sont inspirées par la confiance dans le système, mais il faut un acte de foi extraordinaire pour que les États fassent confiance à un système de sécurité collective qui n'a jamais fait ses preuves (1964 : 234).

Parmi les conditions objectives de la sécurité collective, Claude inclut, d'abord, la diffusion considérable de la **puissance** mondiale. Ensuite, le système doit être universel, c'est-à-dire englober (presque) tous les États de la planète et il ne peut fonctionner en l'absence d'une des principales puissances. De plus, un système de sécurité collective nécessite un **désarmement** partiel, puisqu'un monde démilitarisé satisfera d'autant plus facilement aux conditions subjectives énumérées. Il doit aussi exister un minimum de vulnérabilité économique et d'interdépendance afin que les sanctions puissent être efficaces. Finalement, l'instauration d'un système de sécurité collective requiert la création d'une structure légale servant de porte-voix institutionnalisé à ses principes. Devant un tel nombre de conditions, Claude constate que : « [l]e monde est très loin de satisfaire les conditions essentielles à l'opération d'un système de sécurité collective » (258).

Malgré ce réalisme évident, la théorie de la sécurité collective de Claude a été sévèrement critiquée pour son soi-disant idéalisme (par exemple, Mearsheimer, 1995). Dans l'après-Guerre froide, les théoriciens de la sécurité collective, comme Charles et Clifford Kupchan, insistent donc plutôt sur le fait que « la question clé n'est pas de savoir si la sécurité collective est un système parfait, mais plutôt si elle dissuade et bloque les agresseurs mieux que l'équilibre anarchique des puissances » (1995 : 56-57). Plutôt que d'y voir un système précis et complexe pour ce qui est des conditions préalables, ces auteurs considèrent que l'idée de sécurité collective couvre tout un spectre de formes institutionnalisées d'**équilibre des puissances**, allant du simple concert à l'idéal wilsonien.

Dans un même esprit pragmatique, George Downs (1994) relie la problématique de la sécurité collective au débat entre néoréalistes et néolibéraux en faisant usage de la **théorie des jeux** pour expliquer comment la sécurité collective peut être réalisée par des États égoïstes. Pour les critiques réalistes, il n'en demeure pas moins que la nature institutionnelle de la sécurité collective la condamne à l'instrumentalisation : « les États les plus puissants du système créent et façonnent les institutions de telle manière qu'ils puissent maintenir, si ce n'est accroître, leur part de la puissance mondiale » (Mearsheimer, 2001 : 364).

Par un intéressant retour de l'histoire, le pragmatisme des théoriciens de l'après-Guerre froide, combiné au succès de la coalition internationale ayant riposté à l'invasion irakienne du Koweït en 1991, a suscité un intérêt renouvelé pour le projet politique de sécurité collective. L'idée d'édifier des systèmes de sécurité collective régionaux, plutôt que mondiaux, s'inscrit clairement dans cette tendance. David Yost (1998) considère ainsi que l'OTAN s'est progressivement muée, ces dernières années, d'alliance de défense collective en une organisation de sécurité collective.

Réactivé par la dialectique de la théorie et de la pratique, le débat sur la sécurité collective ne semble donc pas près de trouver son aboutissement.

Vincent Pouliot

SÉCURITÉ ENVIRONNEMENTALE

Environmental Security

La prise de conscience des problèmes environnementaux remonte au début des années 1970, mais le lien entre **sécurité** et environnement n'est venu qu'une vingtaine d'années plus tard avec la remise en question de la conception traditionnelle de la sécurité. Au départ, on associait surtout les problèmes environnementaux engendrés par les activités militaires aux questions de sécurité. Plus tard, la dégradation de l'environnement et ses dangers pour les civilisations sont alors apparus au sein de ce débat parmi les « nouvelles menaces » de l'après-Guerre froide. Les experts de la sécurité ont alors cherché à reformuler ce concept pour y inclure des menaces non militaires et non étatiques afin de mieux comprendre leurs impacts sur les **relations internationales**.

Il est difficile de définir la sécurité environnementale étant donné la complexité et la multitude de problèmes reliés aux questions environnementales. Ces difficultés sont presque toujours liées à d'autres problèmes, qu'ils soient économiques, sociaux ou politiques. Ces facteurs viennent compliquer les diverses tentatives d'arriver à une définition qui ferait consensus, car la sécurité environnementale ferait « référence à des concepts et des interrogations diverses selon les préoccupations de chacun » (Le Prestre, 1997 : 410). Parmi celles-ci, les problèmes d'énergie, les problèmes démographiques, la perturbation des écosystèmes, la sous-alimentation, les problèmes économiques et les **guerres civiles** sont autant de points de référence à partir desquels nous pouvons définir une question de sécurité environnementale.

Mais, qu'entend-on au juste par environnement ? Pris dans son sens encyclopédique, les éléments constitutifs de l'environnement sont le climat, la géologie, la pédologie, l'hydrologie, la flore et la faune comme composantes essentielles du paysage naturel. Pourtant, on en parle peu dans tout le débat qui entoure la sécurité environnementale, comme si la définition d'environnement était déjà acquise.

En un sens, cela est vrai dans la mesure où l'on comprend le concept d'environnement comme synonyme de milieu naturel ou de systèmes biologiques. Mais c'est surtout la conception que l'on s'en fait qui définit en dernière instance ce que l'on entend par environnement. « Il renvoie à différentes notions et priorités selon que l'on vit en Amérique du Nord ou en Europe, selon que l'on est issu d'une culture occidentale ou orientale, selon que l'on vit dans un pays pauvre ou riche » (Le Prestre, 1997 : 5). Notre conception vient donc influencer la façon de définir ce qu'est un problème environnemental à partir de ces mêmes critères.

Il en va de même pour le concept de sécurité. Jusqu'à la fin de la **Guerre froide**, il y avait un consensus largement accepté pour dire que la sécurité était la **sécurité nationale** et internationale, c'est-à-dire la sécurité pour la survie de l'**État**. Mais cette vision de la sécurité est fortement contestée depuis les années 1980, et surtout depuis les tentatives d'élargir et d'approfondir la portée de cette notion (voir **sécurité** et **études de sécurité**).

Les théories **réalistes** et **néoréalistes** nous proposent d'aborder la sécurité environnementale de deux façons. Une première la conçoit en priviégiant la rareté des ressources à l'intérieur même d'un État et les désordres et instabilités que celui-ci peut éprouver à cause de ce type de problème. L'autre aborde la sécurité environnementale aussi à partir d'une problématique d'accessibilité aux ressources, mais sur le plan **géopolitique** et dans une perspective de stabilité du **système international**, où l'on considère que les manques de ressources importantes seront au cœur des conflits interétatiques de l'avenir.

Les partisans de cette première vision de la sécurité environnementale se remettent à la logique de la théorie malthusienne, qui voudrait qu'au fur et à mesure que la population mondiale augmente, les ressources essentielles à la vie d'un être humain, deviennent de plus en plus rares. Cette théorie élaborée au XVIIIe siècle prévoyait que le ratio de nourriture par rapport à la population en Angleterre se réduirait avec les années, présageant ainsi des famines et d'éventuels désordres sociaux. La théorie reste toutefois assez simple et fut souvent critiquée pour ne pas tenir compte d'autres éventualités comme le développement technologique qui améliorerait, par exemple, les conditions de l'agriculture et l'augmentation de la production. De plus, plutôt que de susciter des révoltes ou insurrections, la famine fut souvent utilisée, et l'est encore, comme arme contre la population d'un État.

Influencé par cette théorie, Robert Kaplan (1994) prétend que l'Afrique occidentale présente le portrait du monde à venir, monde où les pressions démographiques, environnementales et sociétales deviendront les vrais problèmes de sécurité de l'avenir. L'**anarchie** à venir serait causée éventuellement par la maladie, la surpopulation, la criminalité, la pénurie de ressources, les migrations de réfugiés, l'érosion grandissante de l'État-nation et des frontières internationales, et par le renforcement des armées privées, des firmes de sécurité et des cartels de drogue.

Le concept de pénurie environnementale proposé par Thomas Homer-Dixon (1994) s'adresse particulièrement aux ressources renouvelables et prend son sens dans la mesure où il y a réduction de l'accès de ces ressources au détriment d'un groupe social par rapport à un autre. Ce déséquilibre aurait trois sources principales : la dégradation de certains milieux naturels comme l'eau potable, le déboisement, la dégradation des sols fertiles et la diminution des stocks de poissons ; l'accroissement de la population et donc de la demande ; et la distribution inégale des ressources dont l'accès est limité en raison de la concentration de celles-ci entre les mains de quelques-uns.

Pour Homer-Dixon (1999), un conflit violent peut survenir en raison de pénuries environnementales, notamment dans les pays en développement, tout en affirmant que celles-ci ne sont pas à elles seules les causes des conflits, et font plutôt partie d'un ensemble de facteurs reliés entre eux. Les pénuries environnementales ont des impacts sociaux insidieux et cumulatifs qui peuvent avoir des répercussions sérieuses sur la sécurité du monde industrialisé et du **Tiers Monde**. Des États souffrant de conflits internes chroniques en raison des pressions environnementales peuvent soit se fragmenter, soit devenir plus autoritaires. Un État démembré peut créer de larges flots de réfugiés menaçant la sécurité d'autres États avoisinants. Un État autoritaire pourrait à son tour vouloir attaquer un voisin afin de détourner l'attention de sa population. Tout cela peut sérieusement perturber la stabilité du système international ou du moins engendrer des désordres régionaux importants.

Ceux qui adoptent une conception plus géopolitique de la sécurité environnementale mettent l'accent sur le rapport entre l'environnement, la rareté des ressources renouvelables et non renouvelables et la violence interétatique. Ils soulignent la stabilité du système international et la concurrence entre les puissances pour certaines ressources plutôt que les possibilités de conflits intra-étatiques. En fait, ce qui compte, c'est en quelque sorte la distribution des capacités matérielles entre les États. Par exemple, on étudiera l'impact de l'exploitation des hydrocarbures en Asie centrale sur la stabilité de la région, la concurrence entre les grandes puissances et les conséquences écologiques pouvant s'ensuivre.

Les théories libérales privilégient plutôt l'idée de coopération et prônent la mise en place d'un **régime** de sécurité environnementale fondé sur le modèle d'autres régimes en matière de coopération environnementale. Un tel régime n'existe pas encore aujourd'hui, mais le débat est déjà entrepris sur la forme que pourraient prendre de tels régimes. Selon leurs critiques, les régimes environnementaux cacheraient bien des malentendus et resteraient souvent sans grands effets. Dans le cas plus précis de la sécurité environnementale, la coopération peut se révéler encore plus difficile du simple fait qu'il faut faire la liaison entre deux concepts bien distincts et, en apparence, très éloignés l'un de l'autre.

Les intérêts économiques priment sur les considérations environnementales et les questions de sécurité sont encore trop souvent gérées de façon séparée par les gouvernements. Et lier les deux ne laisse pas beaucoup d'espoir pour toute forme de consensus, du moins dans un avenir proche.

Dans de telles circonstances, on peut se demander si un régime de sécurité environnementale est envisageable. Selon les partisans de l'approche néolibérale, un régime de sécurité, comme les autres types de régimes, permettrait d'harmoniser les politiques nationales de sécurité pour ainsi réduire les coûts d'adaptation et d'établir une plus grande confiance entre les États.

Les auteurs Barry Buzan, Jaap de Wilde et Ole Wæver (1998a), membres de l'**École de Copenhague**, sont proches de ce que l'on nomme souvent le **constructivisme** social en raison, principalement, de leur façon de comprendre la sécurité comme la résultante d'une pratique discursive. Leur programme de recherche s'intéresse aux dimensions sociétale, politique, environnementale et économique de la sécurité. Ces auteurs poursuivent en spécifiant que des objets référents de ces secteurs peuvent être sujet à la **sécurisation**, et ce, à différents niveaux soit global, régional ou local.

La sécurité environnementale comporterait deux projets distincts ; un scientifique et un politique. Le projet scientifique est enchâssé principalement au niveau des sciences naturelles et des activités non gouvernementales. Il est construit en dehors de la politique, principalement par des scientifiques et des instituts de recherches, et offre une liste de problèmes environnementaux qui ont déjà affecté, ou qui peuvent affecter, l'évolution des civilisations contemporaines. Le projet politique est essentiellement gouvernemental et intergouvernemental (Buzan, de Wilde et Wæver, 1998b : 71-72). La principale difficulté sur le chemin de l'analyse de la sécurité environnementale se situerait dans la multiplicité des acteurs concernés, des régions et des types de problèmes (92). C'est pourquoi les cas de succès sont si peu fréquents et spécifiques à certaines régions.

Les **études critiques de sécurité** se sont aussi penchées sur la question de la sécurité environnementale. D'abord, pour exposer les ambiguïtés des autres approches ayant traité du sujet, et ensuite pour proposer elles-mêmes des solutions de rechange à la définition du concept. Ces approches privilégient l'individu ou l'être humain plutôt que l'État comme objet de référence ou comme primauté **ontologique**.

De ces réflexions, deux concepts sont empruntés aux théories libérales, celui de **sécurité humaine** et celui de **sécurité globale**, et qui viennent remettre en cause les « menaces traditionnelles » à l'État que l'on considère construites par les « producteurs de menaces », soit « par des acteurs qui possèdent le savoir et le pouvoir de construire et de définir "la" menace à l'aide des outils du discours et de la pratique » (Viau, 2000 : 100). D'après Hélène Viau, parce que l'ordre établi n'est pas un ordre naturel et qu'il est susceptible au changement, les menaces ne sont pas toutes naturelles et sont donc elles aussi transformables. Lorsqu'on pose la question « qu'est-ce qui doit être sécurisé ? », on doit aussi se demander quelles sont les vraies menaces à l'être humain et si elles sont réelles ou construites ?

Pour Peter Stoett (1999 : 4), il existe quatre grandes menaces à la sécurité humaine et globale ; la violence étatique, la dégradation environnementale, les déplacements de population et la **mondialisation.** Ces **insécurités**, souvent placées au second rang par l'interprétation réaliste des politiques globales, sont des menaces plus crédibles, à son avis, que la peur des autres États et la recherche d'un certain confort militaire.

Selon Simon Dalby (1997 : 16-17), les études critiques de sécurité révèlent les trois dilemmes de l'approche réaliste. D'abord, le dilemme militaire. Les forces armées sont des institutions rattachées à la sécurité nationale, et qui sont

> concernées par le secret et le contrôle centralisé, sans mentionner qu'elles sont

fréquemment exemptées des réglementations environnementales sous quelque variation de doctrines d'immunités nationales que ce soit ne sont tout simplement pas des organisations sociales appropriées pour s'occuper de questions environnementales.

Deuxièmement, la formulation conventionnelle de la sécurité signifie aussi maintenir le *statu quo* politique du Nord et le maintien du mode de consommation à l'occidentale, ce qui se traduit par la protection par les pays industrialisés de l'accès aux ressources sur l'ensemble du globe. Enfin, l'idée de fonder la sécurité sur la modernisation et la promotion de la croissance économique mène souvent à des destructions environnementales qui, au bout du compte, risquent plus de menacer la sécurité des individus. Sécuriser la modernité semble antithétique à la protection environnementale.

Jon Barnett (2001) cherche quant à lui le sens de la sécurité environnementale à partir d'une approche critique nommée Théorie verte (*Green theory*), où le grand « G » signifie qu'il part d'une perspective écophilosophique, celle de l'écoféminisme et l'écologie sociale, tout en y ajoutant le concept de sécurisation pour compléter son cadre d'analyse.

Il veut critiquer la sécurité environnementale conçue au sein des approches déjà existantes et commencer à réfléchir à des solutions de rechange. Barnett part du principe que la dégradation environnementale comporte deux aspects. D'une part, il y a les problèmes de sources qui surviennent lorsque les approvisionnements des ressources naturelles diminuent. D'autre part, la dégradation environnementale est la surcharge des « éviers » planétaires (*planetary sinks*). Ce terme réfère à l'accumulation de déchets émis par diverses sources ainsi qu'à la capacité déclinante de la biosphère d'absorber ces déchets, qui s'accumulent dans les cycles hydrologiques, alimentaires et dans le sol.

Ce qui amène Barnett à considérer les questions de sécurité environnementale du point de vue de l'insécurité environnementale, c'est-à-dire du sentiment de vulnérabilité face aux effets de la dégradation environnementale. L'insécurité environnementale est alors comprise comme un problème social, à la fois en raison de son impact sur le bien-être des individus, et, aussi, du problème général de la dégradation environnementale comme résultante du comportement humain. L'auteur constate que sécuriser l'environnement à partir d'une conception traditionnelle de la sécurité centrée sur l'État comporte certains dangers, entre autres celui de risquer une cooptation des États et une colonisation du concept qui risquerait de créer un vide dans l'ordre du jour environnemental.

C'est pourquoi il propose que la sécurité environnementale soit encadrée par le concept de sécurité humaine. Cela permettrait de rendre le débat sur ce sujet plus compétitif et aurait ainsi plus de chance d'offrir des conseils politiques utiles. En ce sens, les universitaires ont un rôle important à jouer afin de démasquer les discours ethnocentriques et de proposer des voies alternatives axées sur la paix et la justice.

La sécurité environnementale se présente donc comme un débat inachevé et plutôt complexe. Les diverses directions que peuvent prendre les définitions proposées ou les critiques laissent croire qu'il faudra encore un certain temps avant d'arriver à un concept plus précis.

Jonathan Bernard

SÉCURITÉ, études de — Security Studies

À l'époque de la **Guerre froide**, les études de sécurité tendaient à se confondre avec les **études stratégiques**. Mais de plus en plus, les chercheurs s'entendent aujourd'hui sur l'existence d'un champ d'études particulier qui s'appelle *études de sécurité*. Cela dit, les spécialistes en études de sécurité ne s'entendent guère ni sur la définition même du concept de sécurité ni sur les approches théoriques qui les sous-tendent. C'est surtout sur ces deux questions que se distinguent les divers courants qui constituent le domaine des études de sécurité.

Traditionnellement la notion de sécurité était associée à l'idée de **sécurité nationale**, concept qui s'intéresse avant tout aux dimensions politiques et militaires de la sécurité des États, c'est-à-dire à la préservation de leur souveraineté, de leurs intérêts nationaux ou de leurs frontières territoriales. Au sein des Relations internationales et des études de sécurité, cette perspective prévaut chez les théoriciens **réalistes** et **néoréalistes** (Morgenthau, 1948 ; Waltz, 1979). Selon ces derniers, les guerres se produisent au sein du **système international** parce qu'il n'y a tout simplement rien pour les en empêcher. La définition hobbesienne de « l'état de nature » comme une situation où « l'homme est un loup pour l'homme » et où la vie est « courte, brutale et violente » est souvent utilisée par ces théoriciens pour décrire ce système **anarchique** (Hobbes, [1651] 2002).

Dans cet environnement qui est toujours en état de « guerres potentielles », les États n'ont d'autres choix que de s'octroyer les capacités militaires nécessaires à leur survie (Aron, 1984). Mais ils sont, dès lors, confrontés au **dilemme de la sécurité**. Les intérêts des États ne sont donc pas des objets d'analyse en soi, ils sont plutôt déterminés *a priori* comme des intérêts rationnels et égoïstes de survie et de puissance.

Au cours de la Guerre froide, du moins aux États-Unis, les études de sécurité tendaient à se confondre avec les études stratégiques, dont la question principale touchait à l'usage des armes nucléaires comme outils stratégiques et politiques des grandes puissances (Walt, 1991). Celles-ci ont, pendant longtemps, limité leur objet d'étude à

l'équilibre des puissances et à la **dissuasion** nucléaire qui étaient présentées comme les principaux moyens d'assurer la stabilité du système international (Mearsheimer, 1990).

Si cette définition de la sécurité a eu un ascendant considérable sur le développement des études de sécurité, d'autres conceptions de la sécurité ont aussi connu une certaine influence au cours de cette période. Une institution internationale comme l'Organisation des Nations unies (ONU) est, par exemple, le fruit d'une conception particulière de la sécurité, celle de **sécurité collective** qui s'inscrit dans la veine des thèses **institutionnalistes néolibérales** sur l'impact significatif de la coopération entre des États qui partagent, dans certaines circonstances ou dans certains domaines, des intérêts communs qu'ils ont avantage à défendre collectivement.

Cependant, c'est le concept de sécurité élargie, développé d'abord par Barry Buzan et ensuite par ses collègues de l'**École de Copenhague**, qui compte parmi les tentatives de redéfinition du champ des études de sécurité les plus remarquées dans les premières années de l'après-Guerre froide (Buzan, 1991 ; Buzan *et al.*, 1998). Ensemble ils élargirent la définition de la sécurité au-delà des limites des études de sécurité traditionnelles, celui de la « sécurité militaire », pour y inclure quatre autres secteurs : la sécurité politique, la sécurité économique, la **sécurité environnementale** et la sécurité sociétale. Dans les premiers écrits de Buzan, l'État demeure néanmoins le seul objet référent de la sécurité. C'est plus tard que celui-ci, mais surtout Ole Wæver, commenceront à appréhender la société comme un objet référent de la sécurité au même titre que l'État (Wæver *et al.*, 1993 ; Wæver, 1995 ; Buzan *et al.*, 1998).

L'**identité** plutôt que la souveraineté devient la valeur privilégiée au sein du concept de « sécurité sociétale ». Les dimensions non militaires (économiques, sociétales, politiques ou environnementales) de la sécurité d'objets référents non étatiques (comme l'identité de groupes ethniques ou de nations, par exemple) reçoivent depuis une attention particulière au sein du champ des études de sécurité. La notion « d'objet référent » permet d'identifier ce qui doit être « défendu », « protégé » ou encore « préservé » par différentes pratiques jugées appropriées pour atteindre ces résultats. Le choix de l'objet référent dépend donc de la définition de la sécurité qui est adoptée. Il peut s'agir de l'État, comme c'est le cas au sein du concept de sécurité nationale, mais aussi de l'individu, de la communauté internationale, de régions, de sphères d'activités, de groupes religieux ou nationaux, etc. Deux questions sont ainsi indissociables de toutes réflexions sur la sécurité : « Quel est l'objet référent de la sécurité ? » et, bien entendu, « Qu'est-ce que la sécurité ? » Les réponses que l'on donne à ces questions ont des conséquences directes sur l'identification des menaces, des moyens et des agents qui sont considérés comme des enjeux, des politiques et des acteurs légitimes en matière de sécurité

Depuis les travaux de Buzan et Wæver, la notion d'identité connaît une popularité grandissante au sein des études de sécurité (McSweeney, 1996, 1999). C'est ainsi que des auteurs se réclamant du **constructivisme** ont commencé à insister sur le rôle de la culture, des **normes** et des institutions dans la définition des identités et des intérêts des États (Katzenstein, 1996). Alexander Wendt a grandement contribué à cette nouvelle tendance en affirmant, au début des années 1990, que les intérêts des États ne pouvaient pas être déterminés *a priori* comme des intérêts égoïstes et rationnels de survie, de sécurité ou de puissance qui seraient imposés à tous les États en condition d'anarchie (Wendt, 1992). L'identité, plutôt que la structure anarchique du système international, explique le processus de formation des intérêts des États selon Wendt.

De nombreuses révisions du concept de sécurité nationale ont aussi ciblé les problèmes inhérents à une définition de la sécurité qui a pour objet référent les grandes puissances occidentales. La fin de la Guerre froide a permis, à cet égard, de rendre la marginalisation de problèmes comme l'incapacité économique et structurelle de nombreux États du Tiers Monde à répondre aux besoins de leurs populations de moins en moins acceptable. La rencontre entre les notions de développement et de sécurité qui s'ensuivit permit notamment de faire de l'individu, et non plus de l'État, l'objet référent de la sécurité. C'est au sein de cette littérature que l'on peut retracer l'essor du concept de **sécurité humaine** (UNDP, 1994).

Le concept de sécurité humaine prend en compte les menaces non traditionnelles à la sécurité des individus qui peuvent être autant d'origine économique, alimentaire, environnementale que sanitaire. En fait, toutes les menaces à l'émancipation des individus peuvent être considérées comme des enjeux de sécurité au sein d'une telle perspective. Pour des théoriciens comme Ken Booth, l'objectif principal de la sécurité devrait être l'émancipation des individus. La promotion de la **sécurité globale** (c'est-à-dire des solutions globales à des problèmes économiques, sociaux, politiques ou écologiques qui transcendent les frontières étatiques, comme les pluies acides ou la transnationalisation des réseaux criminalisés, par exemple), du **désarmement**, de la coopération régionale et multilatérale, de la démocratie et des initiatives issues des **sociétés civiles** sont parmi les principaux objectifs d'une telle conception de la sécurité. Au cours des années 1990, le Canada devenait ainsi l'un des porte-parole les plus importants de cette vision de la sécurité au sein de la communauté internationale (Gervais et Roussel, 1998). Cela dit, les éléments privilégiés au sein d'une conception traditionnelle de la sécurité (souveraineté et intégrité territoriale) sont tout de même demeurés proéminents au sein de la politique de **défense** et de sécurité canadienne.

La multiplication des façons différentes de concevoir la sécurité, comme on en retrouve au sein des concepts de sécurité humaine et de sécurité globale, a conduit un certain nombre d'experts en études de sécurité à redéfinir leur champ d'études. Contrairement aux études stratégiques, et malgré les objections de certains défenseurs de l'orthodoxie réaliste et néo-réaliste comme Stephen Walt, les études de sécurité ne peuvent plus être réduites à « l'étude de la menace, de l'usage et du contrôle de la force militaire » (Walt, 1991 : 212). Au sein de ce champ, quelques théoriciens critiques ont contribué à l'essor de ce que l'on désigne justement comme les études critiques de sécurité (Krause et Williams, 1996, 1997 ; Krause, 1998).

Les travaux issus des études critiques de sécurité ne présentent pas une même définition du concept de sécurité, pas plus qu'ils n'épousent les mêmes postulats théoriques. Leur dénominateur commun est plutôt de rejeter la conception **stato-centrée** de la sécurité défendue par les réalistes et néoréalistes. Au-delà de cette rupture ontologique, l'élément clé qui distingue la pensée critique des approches qui avaient jusqu'alors tenté de défendre (Walt, 1991) ou d'élargir (Buzan, 1991, Buzan *et al.*, 1998) la définition traditionnelle de la sécurité est la reconnaissance, au niveau **épistémologique**, d'un rapport crucial entre savoir et intérêt. Pour ces théoriciens, par exemple, le statut privilégié conféré au concept de **sécurité nationale** ne provient pas seulement de sa « portée explicative » mais aussi, et surtout, de la compatibilité entre l'analyse réaliste et néoréaliste américaine et les intérêts stratégiques des États-Unis au cours de la Guerre froide. C'est au sein de leurs recherches que l'on retrouve les redéfinitions de la sécurité les plus importantes.

La plupart des études de sécurité qui s'inspirent des analyses **féministes**, par exemple, conduisent leurs recherches sur les questions de sécurité à partir de postulats épistémologiques et ontologiques radicalement différents de ceux qui fondent les thèses réalistes et néoréalistes. Le concept de genre, plutôt que celui de l'État rationnel et égoïste, occupe ainsi une place centrale dans leurs travaux. Ce concept est utilisé par un bon nombre de féministes postlibérales. Il fait référence à la construction sociale des différences entre les hommes et les femmes, à leurs relations avec le pouvoir et les inégalités au sein d'une société, et aux structures et institutions qui en permettent la reproduction.

L'une des thèses féministes principales, à cet égard, est que l'on attribue généralement des significations plus positives aux caractéristiques masculines qu'aux caractéristiques associées à la féminité (Tickner, 2001). La masculinité est associée à l'autonomie, la souveraineté, la raison et l'objectivité. Au sein de ces discours, la puissance, l'indépendance, la rationalité, l'action et le public sont de l'ordre du masculin ; la faiblesse, la dépendance, l'émotivité, la passivité et le privé sont de celui du féminin. L'argument des féministes est que ces construits binaires soutiennent le pouvoir des hommes et impliquent la subordination des femmes, en même temps qu'ils renforcent le pouvoir des groupes dominants sur les minorités auxquelles on attribue ces mêmes caractéristiques (faiblesse, dépendance, passivité, irrationalité, etc.).

Les féministes commencent donc par interroger l'équation entre guerre et masculinité, de même que son revers, l'équation entre paix et féminité qui sous-tendent la plupart des discours dérivés du concept de sécurité nationale. Leurs études tentent ainsi de démontrer comment des « caractéristiques masculines », comme la puissance, la rationalité ou l'autonomie, sont fréquemment utilisées pour légitimer des politiques de sécurité nationale qui marginalisent des pratiques moins « viriles », comme la promotion de la paix, associées aux « caractéristiques féminines » de faiblesse, d'irrationalité et de dépendance. La valorisation de la guerre à travers son association avec une forme de « masculinité héroïque » ne serait donc possible que par une féminisation de la paix, qui serait dépeinte comme quelque chose de foncièrement irréaliste, et de la coopération qui serait représentée comme une marque de faiblesse et de dépendance.

Les discours sur la sécurité nationale privilégiés par les réalistes et néoréalistes sont ainsi considérés comme des discours qui participent à la production et à la reproduction de hiérarchies de genre qui ont, selon les féministes, des impacts négatifs considérables sur la sécurité humaine et sur la sécurité globale (Tickner, 2001).

L'accent mis par les féministes sur le genre est remplacé par la mise en perspective de l'impact des forces et des relations de production sur la sécurité chez les théoriciens **néogramsciens**. Pour ces derniers, la transition de l'ère **fordiste** (production de masse) à l'ère **postfordiste** (production par des petites unités assez flexibles) au cours des années 1970 a eu des conséquences importantes en matière de sécurité. Selon Robert Cox, fordisme et postfordisme encouragent « un certain type de société, d'État, et d'ordre mondial », et par conséquent certaines formes de sécurité et d'**insécurité** (1990). La relation entre production et sécurité, nous dit Cox, est « réciproque et dialectique » et s'insère dans une analyse « des structures changeantes de l'ordre mondial » (1996). L'expansion du capitalisme dans sa forme fordiste a donc participé à la production de capacités de sécurité militaires territoriales et nationales qui ont, en retour, permis la reproduction des quelques grandes puissances économiques de l'ordre mondial d'après-guerre, mais surtout de l'**hégémonie** américaine. Le fordisme a ainsi permis le développement du complexe militaro-industriel américain en lui fournissant les bases matérielles de sa reproduction et de la production du système de sécurité qui a participé, par diverses **interventions** militaires ou simples promesses de coercition, à la reproduction des intérêts du capital américain (1996).

La transnationalisation des flux économiques et financiers internationaux au cours des années 1970 a cependant entraîné une profonde transformation de la politique globale et le passage à l'ère postfordiste. Au sein de ce nouvel ordre mondial, l'État s'internationalise, c'est-à-dire qu'il participe non plus à la défense de ses intérêts mais plutôt à la défense de ceux du « capital transnational ». En même temps, il se doit de conserver les bases territoriales, c'est-à-dire militaires, de sa puissance qui lui permettent d'assurer la « sécurité, la globalisation » contre les nouvelles sources de conflits qu'elle génère.

L'analyse néogramscienne de la sécurité attire donc notre attention sur les sources de conflits issues de l'internationalisation de la production comme la dégradation environnementale, la croissance du fossé entre les riches et les pauvres (entre un « centre » où les travailleurs sont « intégrés » au capital et une « périphérie » de producteurs ayant un statut précaire), la vulnérabilité croissante de travailleurs de plus en plus fragmentés, la multiplication des foyers de tensions sociales et culturelles, l'affirmation d'identités ethniques et religieuses, la résurgence des mouvements extrémistes et des discours xénophobes ou ethno-nationalistes, etc. (Gill, 1995).

Selon les théoriciens **poststructuralistes**, ce sont les « modes de représentations » plutôt que les « modes de production » qui jouent un rôle déterminant dans l'émergence des discours sur la sécurité. Le « langage des études stratégiques » et les discours sur la sécurité sont ainsi appréhendés comme des pratiques discursives qui définissent le sens en privilégiant certaines représentations du monde plutôt que d'autres, et qui, par le fait même, participent à la légitimation de rapports de pouvoir et de domination. L'accent mis sur les notions d'identité et de différence, intrinsèques à tous discours sur « les menaces », est au cœur de leur contribution aux études de sécurité.

Les concepts d'identité et de discours remplacent donc, au niveau ontologique, celui de l'État-nation, du genre ou des modes de production comme principales catégories d'analyse de l'approche poststructuraliste. Pour des auteurs poststructuralistes comme David Campbell, par exemple, la politique étrangère américaine participe à la production et à la reproduction de l'identité américaine à travers la construction discursive de « l'Autre » ([1992] 1998). Le postulat principal de Campbell, et de tous les poststructuralistes à cet égard, est que le danger n'est pas une condition objective. La simple existence de modes alternatifs d'existence, c'est-à-dire de différences, qui par leur présence peuvent dénaturaliser la prétention d'une identité particulière d'être « la vraie identité », est parfois suffisante pour représenter une « menace » ([1992] 1998).

Une telle perspective exige donc que l'on abandonne une vision « représentationnelle » du langage (la notion selon laquelle le langage est le reflet de la « réalité ») pour une compréhension « performative » du langage selon laquelle le langage participe à la construction sociale du monde. Selon cet auteur, la définition des menaces et la construction de l'identité sont ainsi mutuellement constituées au sein des discours de **politique étrangère** et de sécurité. Les « frontières de l'identité d'un État » sont, en quelque sorte, sécurisées par l'identification de danger qui démarquent l'interne de l'externe, le soi de l'autre, le souverain de l'anarchique, l'interne de l'étranger. Ces frontières sont ainsi moins matérielles que politiques et éthiques. L'interne et le soi sont construits en termes d'ordre, et de communauté ; l'externe et l'étranger en termes de désordre, et de « guerre de tous contre tous ».

Les politiques de sécurité nationale font donc beaucoup plus que simplement offrir des analyses stratégiques de la « réalité » : elles sont, selon une perspective poststructuraliste, activement impliquées dans « l'écriture et la réécriture » d'une identité particulière à travers des discours sur les dangers qui transforment les différences en menaces.

L'idée que les « menaces » sont des construits discursifs plutôt que des « faits réels indisputables » a conduit certains auteurs à préférer la **désécurisation** des enjeux, c'est-à-dire leur retrait de l'ordre du jour de la sécurité, plutôt que la sécurisation de problèmes qui pourraient être mieux abordés, selon eux, par d'autres approches ou moyens que ceux de la sécurité (Wæver, 1995 ; Huysmans, 1995, 1998).

En effet, les implications d'une conception élargie de la sécurité sont importantes. La conceptualisation de plus en plus d'enjeux comme des problèmes de sécurité plutôt que comme des problèmes politiques peut toujours participer à la militarisation des réponses considérées légitimes dans des circonstances qui, en fait, en appelleraient de tout autre. Plusieurs critiques sont ainsi d'accord pour dire que la sécurisation de certains enjeux présente des problèmes sérieux tant aux niveaux éthique que politique.

Isabelle Masson

SÉCURITÉ GLOBALE — Global Security

Pour mieux comprendre le concept de sécurité globale, il importe de saisir comment celui de **sécurité** a évolué au fil des années. Déjà le concept de sécurité relève certaines ambiguïtés dès les premières années de la **Guerre froide** (Wolfers, 1952). Ce sont toutefois les années 1980 qui connaîtront une intensification du débat liée à une insatisfaction des réponses offertes tant par les **réalistes** que par les **libéraux**. Les **études de sécurité** entrent alors dans une période de crise qui donnera une nouvelle vigueur à la discussion.

Ainsi, après avoir voulu élargir l'ordre du jour sécuritaire en l'appliquant à d'autres sphères (Buzan, 1983 ; Ullman, 1983 ; Mathews, 1989), on cherche à approfondir le concept en tenant compte des nouvelles réalités auxquelles fait face la discipline des **Relations internationales**. L'accélération de la **mondialisation**, la montée en importance d'acteurs transnationaux et la fin de la Guerre froide viennent remettre sérieusement en question le modèle de compréhension de la sécurité, modèle centré sur l'**État** qui a longtemps dominé ce domaine d'étude. Chez plusieurs théoriciens, un changement conceptuel s'effectue au cours de cette période et l'on commence alors à réfléchir plus en fonction de « politique globale » que de « relations internationales » (Dufour, 2004). L'idée de la sécurité globale commence alors à faire son chemin et prend sa signification à partir de ce nouvel axe de réflexions.

On retrouve généralement deux tendances théoriques : l'une appartenant à l'école de la société globale et l'autre provenant des diverses approches dites critiques. Les deux s'entendent sur les types de menaces à identifier et sur le fait que la définition de la sécurité doit davantage mettre l'accent sur la sécurité des êtres humains que sur celle de l'État telle qu'on la conçoit habituellement. Cependant, ces approches divergent dans leurs démarches scientifiques et leurs orientations philosophiques. Cette divergence est essentiellement marquée par la vision que les deux approches se font du rôle de l'État à assurer la sécurité.

Les tenants de l'école globaliste croient que le processus de mondialisation s'est accéléré au point où les contours d'une société globale sont maintenant évidents (Baylis et Smith, 2001 : 269). Selon eux, l'économie, les communications et les éléments d'une culture globale ont contribué au développement d'un vaste réseau de relations sociales qui transcendent les frontières des États. Néanmoins, la mondialisation engendre aussi une part de problèmes : sur fond de crise de l'État-nation, on assiste à un déplacement des conflits entre grandes puissances vers de nouvelles formes d'**insécurité** causées par des rivalités de nature nationaliste, ethnique et religieuse, à l'intérieur et à l'extérieur des États. Paradoxalement, en même temps qu'on observe une interdépendance politique et économique de plus en plus évidente, les politiques de sécurité sont, du même coup, fragmentées et régionalisées (Dewitt, Haglund et Kirton, 1993).

Pour cette école de pensée, il s'agit d'élaborer de nouvelles politiques de responsabilité mondiale, conçues pour s'adresser aux questions de pauvreté, de dégradation environnementale et d'inégalités globales ainsi qu'aux droits de la personne, aux droit des minorités, à la démocratie et à la sécurité des individus ou groupes d'individus. On considère une certaine obsolescence de l'État à pouvoir répondre seul à ces nouveaux besoins. Selon eux, réfléchir dans une perspective globale plutôt que nationale ou interétatique mènera à des actions plus efficaces (incluant des **interventions** armées si nécessaire) afin de mieux gérer les atteintes à la sécurité (Baylis et Smith, 2001 : 269).

Certains auteurs « globalistes », comme Ian Clark, n'acceptent toutefois pas cette analyse et insistent sur l'idée que « l'État reste toujours l'objet de référence en matière de sécurité, que la pratique de la sécurité ne doit pas être redéfinie sur la base des individus ou des sociétés, mais sur une reconfiguration du rôle de l'État autour de ces objectifs » (1999 : 125). Malgré cela, ils reconnaissent d'emblée que les effets de la mondialisation ne permettent plus de considérer les questions de sécurité en vase clos à l'image des approches réalistes.

Les approches critiques approfondissent davantage la notion de sécurité afin d'y apporter plus de sens. Il ne s'agit pas seulement d'expliquer les problèmes relatifs à la sécurité, mais aussi d'identifier l'origine de cette notion de sécurité, de savoir d'où viennent les problèmes s'y rattachant ou de comprendre comment changer les préconceptions liées à celle-ci (Booth 1997). La sécurité au sein de ces approches est « globale » parce qu'elle cherche à englober toutes menaces visant les individus. La sécurité globale devient donc un concept inclusif et ouvert, sujet à l'autocritique, s'ajustant au gré des changements matériels et des nouvelles réalités. Il existe d'ailleurs un certain flou entre le concept de **sécurité humaine** et de sécurité globale chez les critiques. On parle de l'un et de l'autre sans vraiment en faire la distinction

Le concept d'émancipation, déjà très important pour la théorie critique, l'est aussi dans sa définition de la sécurité globale. L'humain doit s'affranchir des contraintes sociales, politiques et économiques afin de transcender l'état dans lequel il est maintenu, c'est-à-dire de transformer l'ordre existant pour un autre. Dans la perspective critique, « l'ordre » actuel du système international n'est pas naturel, car il n'y a pas place pour la justice et pour les individus (Rengger, 2000 : 144). L'humanité doit concevoir son avenir au-delà des États et du **système international**, car le contrat hobbesien, qui assurait la sécurité des citoyens, ne tiendrait plus, l'État étant devenu la fin plutôt que le moyen d'atteindre la sécurité.

Ainsi, à partir d'un questionnement remettant en cause la capacité de l'État d'assurer la sécurité de ses citoyens, les théoriciens critiques ont formulé une série de critiques à l'égard des positions traditionnelles en étude de la sécurité. Premièrement, l'État semble souvent incapable de respecter les droits fondamentaux de la personne ou d'assurer les ressources alimentaires de base, des soins de santé adéquats ou encore les libertés individuelles. Deuxièmement, pour ce qui est de la sécurité du citoyen, l'État et ses institutions peuvent constituer la menace fondamentale de la sécurité de l'individu. Troisièmement, il paraît également impuissant à assurer la sécurité de l'individu devant les menaces globales, telles que les dégradations économiques ou environnementales, et ce, quand il ne constitue pas lui-même cette menace avec ses armes nucléaires, chimiques et biologiques ou simplement par sa mauvaise gestion des ressources naturelles (Viau, 2000 : 61).

Cette réflexion a permis de remettre en cause les menaces dites « traditionnelles » faites à l'État que l'on considère construites par les « producteurs de menace », c'est-à-dire des « acteurs qui possèdent le savoir et le pouvoir de construire et de définir « la » menace à l'aide des outils du discours et de la pratique » (Viau, 2000 : 100). Parce que l'ordre établi n'est pas un ordre naturel et qu'il est susceptible aux changements, les menaces ne sont pas toutes naturelles et elles sont elles aussi transformables. Lorsqu'on demande « qu'est-ce qui doit être sécurisé ? » et « la sécurité pour qui et pour quoi », on doit aussi chercher à comprendre la nature de l'insécurité et savoir si ces menaces sont réelles ou construites ? Le concept de sécurité globale intègre alors des concepts comme ceux de **sécurité** économique, sociétale ou **environnementale** au sens où il doit être élargi à toute menace susceptible de contraindre l'émancipation des individus.

La notion d'individu est toutefois la cible de plusieurs critiques, dont celle de relativiser ce qu'est l'individu à la lumière d'une analyse fondée sur l'identité laisse croire à une compréhension trop ethnocentrique et typiquement occidentale. Les théoriciens critiques répondent « qu'une fois l'analyse déplacée de l'abstrait au particulier, ce qui semblait être problématique au niveau conceptuel apparaît l'être beaucoup moins en pratique » (Wyn Jones, 1999 : 116) En d'autres mots, le problème de savoir quel groupe privilégier comme point de convergence de la sécurité ne peut être résolu qu'à travers une analyse concrète (Booth et Vale, 1997). En gardant les yeux fixés sur l'idée d'émancipation, tout en considérant des contextes sociaux au niveau régional ou même local, on peut répondre à des questions de sécurité axées sur les besoins des gens. C'est pourquoi les tenants des approches critiques proposent que les individus forment des mouvements et des réseaux sociaux qui seraient plus en mesure de répondre à des menaces considérées comme « globales » (Viau, 2000 : 109).

Une fois les orientations données, on cherche cependant encore à savoir ce que signifie exactement la notion de sécurité globale. Les approches dominantes reprochent à ses adeptes de transformer en question de sécurité à peu près n'importe quoi. De plus, toujours selon ces approches, définir un programme de sécurité à partir d'un éventail aussi large tendrait à remettre en cause la scientificité de ces approches théoriques et diluerait tout son aspect normatif.

Reste que pour les partisans des approches critiques de la sécurité, définir le concept de sécurité globale constitue un des éléments d'une (re)définition complète de la représentation du monde. Dans cette mesure, la sécurité globale garde l'objectif de repenser les moyens de sécurisation de l'humain en tant que fin.

Jonathan Bernard

SÉCURITÉ HUMAINE — Human Security

Depuis son apparition dans le *Rapport mondial sur le développement humain* (PNUD) de 1994, la mise en œuvre graduelle de la doctrine de sécurité humaine remet en cause deux principes centraux dans l'ordre **westphalien** des relations internationales : la défense de la **souveraineté** étatique et la non-ingérence dans les affaires intérieures. En accordant graduellement la priorité à la **sécurité** des individus sur celle des **États**, la sécurité humaine constitue – du point de vue de la **politique étrangère** de quelques pays dont le Canada, la Norvège, la Suède et le Japon – un paradigme susceptible de fournir à la communauté internationale les outils conceptuels indispensables à un interventionnisme plus actif, potentiellement plus efficace et reposant sur la légitimité que lui accordent éventuellement la promotion et l'application des droits de la personne. Malgré une évolution certaine depuis une quinzaine d'années vers un effritement du dogme de la souveraineté, il peut encore apparaître aujourd'hui que la frontière étatique constitue un frein à la protection effective des populations vulnérables.

La doctrine de la sécurité humaine ouvre la porte, au milieu des années 1990, à une conception renouvelée de la sécurité qui dépasse le cadre habituel de la seule sécurité étatique et militaire. Bien que telle ne soit pas systématiquement la rhétorique reconnue dans la doctrine, la prise en compte d'une vision holistique de la sécurité ouvre certainement la porte à une considération de la sécurité individuelle, au-delà des normes strictement prévues au droit humanitaire consignées dans les quatre Conventions de Genève et leurs trois Protocoles additionnels.

De nombreux facteurs se sont conjugués au tournant des années 1990 pour la conceptualisation d'un enjeu international susceptible d'établir une fusion entre la promotion des droits de la personne et les traditionnelles opérations de maintien de la paix (OMP). La fin de la Guerre froide, la multiplication des guerres intra-étatiques, la naissance des chaînes télévisuelles d'information continue (Rioux, 2000), la multiplication des ONG, les pressions croissantes de l'opinion publique et la restructuration des modes de domination au niveau mondial sont autant de mobiles ayant mené à une remise en question du **stato-centrisme** ambiant.

> Les objectifs des politiques de sécurité humaine s'intéressent d'abord aux échecs et aux déviances induites par l'extension du système westphalien et par l'émergence d'États légalement reconnus sans la moindre légitimité aux yeux des populations dans les territoires dont ils revendiquent l'autorité (Krause, 2001 : 89).

De plus, la prédominance dans les conflits internes de l'intervention de forces irrégulières, de l'utilisation accrue des armes légères et du triste constat que huit victimes sur dix des engagements modernes sont non combattantes appelaient à une redéfinition de la sécurité, dont l'une des transformations les plus marquantes sera le questionnement de la seule responsabilité de l'État sur le bien-être de ses citoyens (MAECI, 1999 : 1).

La sécurité humaine était née, définie par le ministre canadien des Affaires étrangères de l'époque, Lloyd Axworthy, comme « l'absence de menace constante à l'encontre des droits et de la sécurité des personnes, voire de leur vie » (Legault et Prémont, 2002 : 27).

Si le concept théorique et le programme qui en découle apparaissent nouveaux (Marchal et Banégas, 2005 : 17), la réalité internationale porte les traces de ces préoccupations depuis au moins un siècle et demi. Dès les années 1860, la Croix-Rouge opérait effectivement à partir d'une définition élargissant la nature et la conception de la sécurité qui ont mené à la première des Conventions de Genève.

L'idéalisme wilsonien, les procès de Nuremberg et la Déclaration universelle des droits de l'Homme – dans la première moitié du XXe siècle – vinrent poser des jalons supplémentaires à la prise en compte des individus dans le **droit international**, cette fois à travers une véritable institutionnalisation du changement de nature et d'objet de la sécurité.

Mais ce sont l'*Agenda pour la paix* de 1992 et le *Rapport du PNUD sur le développement humain* de 1994 qui ancrent le plus concrètement la sécurité humaine au niveau institutionnel (Marchal et Banégas, 2005 : 8). Le *Rapport du PNUD* propose en effet sept éléments sécuritaires distincts – sécurité économique, alimentaire, sanitaire, environnementale, personnelle, communautaire et politique (Nef, 1991 ; PNUD, 1994 ; Aravena, 2002 : 13) –, qui mettent l'accent sur les individus et les menaces non traditionnelles. Ce rapport insiste sur la promotion du bien-être et du développement humain, de même que sur la prévention et la **résolution des conflits** internes (MAECI, 2004 : 2).

> On peut lui reconnaître deux aspects principaux : d'une part, la protection contre les menaces chroniques, telles que la famine, la maladie et la répression et, d'autre part, la protection contre tout événement brutal susceptible de perturber la vie quotidienne ou de porter préjudice à son organisation dans les foyers, sur le lieu de travail ou au sein de la communauté (PNUD, 1994 : 24).

La sécurité humaine part du principe qu'il existe une interdépendance entre la violence, le **développement** et la **gouvernance**. Elle englobe les **interventions humanitaires**, le **maintien de la paix**, la **consolidation de la paix** post-conflictuelle, la gestion, la prévention et le règlement des conflits, et « se penche sur les menaces liées à la sécurité des personnes et de leur communauté plutôt qu'à la défense des frontières » (Consortium canadien sur la sécurité humaine, 2004).

Elle suppose également la construction d'un nouvel ordre mondial dans lequel les individus s'inscrivent au cœur des préoccupations de politique internationale, entre autres par l'universalisation des valeurs et des principes énoncés dans la Déclaration universelle des droits de l'Homme. Une telle évolution – par rapport au stato-centrisme propre à l'ordre westphalien – suppose une redéfinition ainsi que des perceptions renouvelées de la menace, une place accrue accordée aux informations et à leur diffusion, une interdépendance entre les acteurs de la scène mondiale, un changement de conception de la **souveraineté** et une baisse du poids relatif des facteurs militaires. Bref, concevoir les relations internationales en termes de sécurité humaine revient à privilégier une approche globale qui tient compte à la fois de la sécurité internationale, de la sécurité étatique et de la sécurité des individus (Aravena, 2002 : 10), et ce, tant sur le plan militaire que non militaire (Ross, 2001 : 77).

L'*Agenda pour la paix* et *La responsabilité de protéger* représentent certainement deux tournants majeurs reconnus par l'ONU dans le développement progressif d'une légitimité de l'ingérence humanitaire, nuançant et fusionnant en quelque sorte les responsabilités déjà prévues aux Chapitres VI et VII de la Charte des Nations unies.

Si « [l]a liberté et la sécurité des personnes sont, non seulement les objectifs premiers de la paix et de la sécurité nationales et internationales, mais en sont aussi les principaux instruments » (Boyle et Simonsen, 2004 : 11), une politique étrangère conséquente s'assurera d'instrumentaliser les premiers afin de se fixer les seconds comme objectifs, et ce, à travers deux séries d'actions complémentaires : permettre une **intervention** de la communauté internationale plus rapide et efficace, et renforcer l'action et la responsabilité des différents acteurs étatiques et non étatiques.

La Commission internationale de l'intervention et de la souveraineté des États (CIISE) s'est fixé l'objectif de relever le double défi de la souveraineté des États et de la responsabilité internationale quant aux exactions commises en leur sein (Ramel, 2001), à travers un ambitieux projet intitulé La responsabilité de protéger (CIISE, 2001).

Les principes fondamentaux de la CIISE demeurent la souveraineté de l'**État** et la responsabilité qui en découle de protéger ses citoyens. Elle prévoit néanmoins – en cas d'omission volontaire ou involontaire – que la responsabilité internationale prenne le pas sur la non-assistance. Les trois principaux volets du programme sont :

- la responsabilité de prévenir, par l'identification des causes profondes et des causes directes de la menace ;
- la responsabilité de réagir, par des mesures coercitives qui peuvent inclure des sanctions, des poursuites et – en dernier recours – l'intervention militaire ;
- la responsabilité de reconstruire, par des programmes d'assistance, la reprise des activités sociales et économiques, de même que la reconstruction et la réconciliation.

Dans le cas – en dernier recours – d'une intervention militaire, le programme prévoit une triple série de conditions :

- d'abord, le respect du seuil de la juste cause, par l'identification claire d'un risque de pertes considérables en vies humaines ou de nettoyage ethnique ;
- ensuite, le principe de précaution, issu de la bonne intention de l'intervention, sa qualité de dernier recours, le respect de la proportionnalité des moyens employés et des perspectives raisonnables de succès ;
- enfin, la désignation d'une autorité appropriée, la principale étant, pour la CIISE, le Conseil de sécurité de l'ONU ; un Conseil en version améliorée toutefois, et privilégiant l'efficacité, la rapidité, un éventuel renoncement au droit de veto dans les décisions où les intérêts vitaux ne sont pas en jeu, de même que la complémentarité/substitution possible de l'Assemblée générale ou d'organisations régionales en cas de blocage.

Malgré sa prudence rhétorique, cet ambitieux programme n'est pas sans susciter son lot de critiques, dont les principales portent sur l'ampleur de la tâche à accomplir et l'utopisme apparent dont il puisse être le reflet.

Quelques critiques

Une des charges les plus dévastatrices contre la sécurité humaine se trouve dans un article de Roland Paris (2001) qui critique à la fois le programme et la nature même de la sécurité humaine. En une quinzaine de pages, il résume la recherche en la matière et exprime, essentiellement, les reproches suivants : il n'y a pas encore d'entente sur une définition précise de ce qu'est la sécurité humaine, qui demeure donc un concept à la fois expansif et vague ; il s'agit d'un outil peu pertinent des puissances moyennes, un concept unifiant susceptible de leur accorder une voix sur la scène mondiale et au sein des grandes instances ; enfin, la définition qu'en donne le PNUD est tellement générale qu'à force de vouloir tout dire, elle finit par ne plus vouloir rien dire. La question qu'il pose est assez éloquente : si tous les enjeux que le PNUD soulève entrent bien dans les enjeux de sécurité humaine, quels sont éventuellement ceux qui n'y entrent pas ?

En d'autres termes, des réserves s'expriment d'abord quant au fait qu'il s'agisse en bonne partie d'une politique des puissances moyennes qui y voient une occasion de se démarquer des *power politics*. Une seconde réserve considère la sécurité humaine comme une doctrine à double tranchant dans la mesure où, sous des prétextes et des intentions tout à fait nobles, puissent se dissimuler de nouveaux moyens d'expression de la **puissance** pour des intérêts purement « réalistes ». Une troisième réserve soulève enfin la difficile réconciliation de la sécurité humaine avec l'exercice – encore à l'ordre du jour – de la souveraineté, de même qu'avec le principe de non-ingérence, les deux défendus bec et ongles par des pays aussi influents que la Chine et la Russie (Ramel, 2001), pour ne citer qu'eux. Malgré une liste assez longue de violations des droits humains fondamentaux, il est assez improbable qu'une intervention humanitaire non autorisée puisse avoir lieu – dans un avenir rapproché à tout le moins – dans l'un ou l'autre de ces pays, et ce malgré le fait que la Russie siège à la CIISE.

En bref, la doctrine politique de la sécurité humaine – mise en œuvre dans le programme sur la responsabilité de protéger – constitue la réponse imparfaite d'une partie de la communauté internationale à des enjeux contemporains nouveaux, nécessitant des solutions nouvelles.

Jean-François Lévesque

SÉCURITÉ NATIONALE

National Security

À prime abord, la notion de sécurité nationale semble relativement simple à définir : chaque État doit compter parmi les priorités de ses **intérêts nationaux** la défense de son territoire, de ses institutions et de sa population. Le père du **réalisme classique**, Hans Morgenthau, en propose une définition encore plus succincte. Il s'agit de l'« intégrité du territoire national et de ses institutions », ajoutant qu'elle est le « minimum irréductible que la diplomatie doit défendre avec suffisamment de puissance et sans compromis » (1960 : 552-553). Pourtant, comme le rappela un des fondateurs des **études stratégiques** aux États-Unis, Arnold Wolfers (1952), la sécurité nationale est un « symbole ambigu » et ce n'est que dans les conditions de la **Guerre froide** et des menaces externes que la « formule de l'intérêt national est devenue pratiquement synonyme de la formule de sécurité nationale » (482). Et c'est aux États-Unis que ce concept a pris un sens tout particulier.

En fait, jusqu'à la Deuxième Guerre mondiale, les États-Unis furent surtout préoccupés par la **défense** de leur territoire et se souciaient peu de menaces possibles provenant du monde extérieur. La sécurité nationale n'était pas la priorité de cet État isolationniste, dont l'intérêt national principal restait la prospérité économique et commerciale. Mais à partir du moment où ils s'engagèrent dans cette **guerre** et où ils en sortirent comme la première puissance mondiale, face à un allié devenu rival, voire ennemi, à la fois militaire et idéologique, la sécurité nationale s'imposa de plus en plus comme l'intérêt premier de ce pays.

Dorénavant les « intérêts et les responsabilités de l'Amérique étaient illimités et globaux. La sécurité nationale devint une règle de conduite, une Idée dominante » (Yergin, 1977 : 220). Manifestement, la définition proposée par Morgenthau exprimait de façon très inadéquate le sens que les leaders, et ensuite la population, américains commençaient à attacher à l'idée de sécurité nationale. Il lui manquait un élément essentiel, celui que Melvyn Leffler (1991 : 205) qualifie de défense des « valeurs fondamentales » (*core values*) et qui sont les

> objectifs qui fusionnent des préceptes idéologiques et des symboles culturels, tels que la démocratie, l'autodétermination et la conscience raciale avec des intérêts concrets comme l'accès aux marchés et aux matières premières ; les valeurs fondamentales sont les objectifs que l'on poursuit en dépit des coûts encourus ; les valeurs fondamentales sont les objectifs qui méritent que l'on se batte pour eux.

On constate, à partir de ces citations, que même au plus profond de la Guerre froide, la notion de sécurité nationale ne se limitait pas à la défense militaire de l'**État** et de son territoire, et touchait à la fois la politique extérieure et la politique intérieure. Toutefois, pour bien comprendre toute la place qu'occupait, et occupe toujours, la sécurité nationale dans la vie politique américaine, il faut compléter l'analyse en présentant un autre concept primordial, celui du *National Security State*, terme presque intraduisible.

Dans son sens le plus étroit, le *National Security State* fait référence à toutes les institutions qui constituent l'appareil étatique directement ou indirectement responsable de la sécurité interne et externe de l'État. C'est donc une notion qui peut s'appliquer à tous les États. On doit, cependant, élargir la signification de cette idée pour saisir combien la sécurité nationale domine en particulier toute la vie politique américaine. Le *National Security State* américain, depuis sa naissance dans les années 1940, repose essentiellement sur quatre piliers, deux qui touchent la sécurité extérieure et deux qui traitent de la sécurité interne : 1) l'appareil de l'État ; 2) la grande **stratégie** ; 3) la législation antisubversive ; 4) les pratiques sécuritaires.

C'est le *National Security Act* de 1947 qui mit en place l'appareil étatique du *National Security State*, même si certaines de ses institutions, telles que le FBI (Federal Bureau of Investigation), existaient déjà. Cette loi a créé la CIA (Central Intelligence Agency), responsable de la collecte de **renseignements** à l'étranger, le National Military Establishment, transformé en ministère de la Défense en 1949, le ministère de l'Armée de l'Air, et surtout le National Security Council (NSC), comprenant le président, le vice-président et les membres du gouvernement responsables de la sécurité extérieure, notamment l'assistant spécial du président pour les questions de sécurité nationale, poste créé en 1955, connu aujourd'hui sous le nom de conseiller à la sécurité nationale (*National Security Adviser*). Le NSC devait agir comme organisme de coordination de la politique de sécurité nationale, mais devint rapidement un instrument de concentration des pouvoirs de l'exécutif, et surtout ceux du président. Par la suite, d'autres institutions se sont ajoutées à cet appareil étatique, en particulier la National Security Agency, créée par le président Truman en 1952 pour collecter et analyser les communications téléphoniques, radiophoniques et, aujourd'hui, par Internet à l'étranger.

La grande stratégie, définie comme l'« adaptation des ressources intérieures et internationales pour réaliser la sécurité d'un État » (Rosecrance et Stein, 1993 : 4), sous-tend la **politique étrangère** et de sécurité de toutes les grandes puissances. Dans le cas des États-Unis, les grandes lignes de cette stratégie furent élaborées dans les années 1940 et 1950 et furent formulées par les discours des dirigeants, les documents officiels et les pratiques sur le terrain.

Au centre de la grande stratégie américaine de la Guerre froide se trouvait la doctrine de l'**endiguement**, la lutte contre l'expansionnisme soviétique. Sur le plan nucléaire, on opta pour une politique de **dissuasion**. Enfin sur le terrain, on pratiqua une politique d'**interventions** préventives qui visait à empêcher le maintien au pouvoir ou l'avènement de gouvernements favorables ou potentiellement favorables à l'Union soviétique. Le succès de cette grande stratégie se fondait sur le postulat de la nécessité de garder toujours la supériorité de la **puissance** militaire des États-Unis par rapport à celle de leurs adversaires.

Pendant toute la période de la Guerre froide, il était entendu que la menace principale à la sécurité externe des États-Unis venait des visées de l'Union soviétique, position partagée en grande mesure par leurs alliés. Ce qui distinguait la conception américaine de la sécurité nationale par rapport à ces derniers était l'insistance sur la nécessité de poursuivre la lutte idéologique contre l'ennemi sur le plan intérieur par des moyens juridiques et politiques.

Entre 1940 et 1954, le Congrès adopta plusieurs lois afin de contrôler les activités considérées subversives, et en particulier celles du parti communiste américain, notamment la loi

Smith (*Alien Registration Act*) de 1940, interdisant l'incitation au renversement du gouvernement par la force, la loi McCarran (*Subversive Activities Control Act*) de 1950, obligeant tout membre d'une organisation communiste à s'inscrire sur une liste officielle, et le *Communist Control Act* de 1954, mettant le parti communiste hors la loi. En fait, cette législation a rarement atteint le but d'éliminer un parti qui exerçait d'ailleurs peu d'influence réelle, par des voies judiciaires (*Duke Law Review*, 1965 : 384).

Enfin, la pratique de la lutte antisubversive, qui comprenait, entre autres, des serments de fidélité au gouvernement de la part des fonctionnaires, des enquêtes quasi judiciaires contre les activités anti-américaines par des commissions et sous-commissions du Congrès, contribua à créer un climat d'intimidation, de délation, d'**insécurité** individuelle et de conformisme idéologique que David Caute (1978) appela « la grande peur » anticommuniste, qui caractérisa les années 1940 et 1950 aux États-Unis.

La sécurité nationale après la Guerre froide

La disparition de l'Union soviétique en décembre 1991 signifiait aussi la disparition de la menace principale à la sécurité nationale, et une réduction dans l'« association entre défense du territoire national et la sécurité nationale » (Jablonsky, 2002-2003 : 11). Mais malgré cette transformation de la conjoncture internationale, on remarque une certaine continuité dans la politique étrangère et de sécurité externe des États-Unis, surtout sur deux points importants : les valeurs fondamentales à défendre et l'insistance sur l'idée que la supériorité militaire américaine sur toutes les autres grandes puissances est essentielle pour garantir la sécurité nationale et internationale.

Par contre, manifestement, la définition de la menace principale à la sécurité nationale des États-Unis ne pouvait plus rester la même. Selon Leffler (2005 : 395), il faudrait parler non pas d'un changement radical de la politique étrangère et de sécurité américaine, mais plutôt d'un « réajustement dans l'interaction compliquée entre l'évaluation de la menace, l'articulation des valeurs et la mobilisation de la puissance ». Cela dit, ce réajustement reçut un grand coup de barre avec les attentats du 11 septembre 2001.

La plupart des observateurs s'accordent avec Robert Litwak (2002-2003 : 58) pour dire que ces événements « inaugurèrent une nouvelle ère de vulnérabilité américaine ». L'administration Bush y fit face avec la publication d'un document intitulé la « Nouvelle stratégie de sécurité des États-Unis » (*The New Security Strategy of the United States of America*) en septembre 2002. Selon cette nouvelle stratégie, la menace principale à la sécurité nationale et internationale venait du **terrorisme** global, défini comme de la « violence politiquement motivée perpétrée contre des innocents », ajoutant qu'il n'y a « aucune distinction entre des terroristes et ceux qui les abritent ou leur portent assistance en connaissance de cause » (The White House, 2002 : 5).

Ce document annonce explicitement ce qui a été depuis toujours une pratique de la politique de sécurité nationale, la doctrine de la **guerre préventive** : « En vue de devancer ou d'empêcher [...] des actes hostiles de nos adversaires, les États-Unis agiront, s'il le faut, de façon préventive » (15). Il s'agissait d'empêcher que des États dits voyous puissent acquérir des **armes de destruction massive** et qu'ils puissent les mettre entre les mains de terroristes. Les nouveaux ennemis externes de la sécurité nationale sont donc ces terroristes et les États voyous, définis comme ceux qui « brutalisent leur peuple », « ne montrent aucun respect pour le droit international », « sont décidés à acquérir des armements de destruction massive [...] en vue de les utiliser comme des menaces ou de façon offensive pour réaliser les desseins agressifs de ces régimes », « parrainent le terrorisme dans le monde entier » et « rejettent les valeurs humaines fondamentales et haïssent les États-Unis et tout ce qu'ils représentent » (13).

Le terrorisme est devenu aussi la source principale de la subversion de l'État américain. À la place de la législation anticommuniste de la Guerre froide, on trouve le célèbre *USA Patriot Act*[1] d'octobre 2001, reconduit en 2006, qui prévoit une série de mesures pour combattre le terrorisme sur le territoire national, en étendant les pouvoirs et les capacités d'intervention des diverses agences policières et de surveillance. Sur le plan institutionnel, on mit sur pied deux nouveaux organismes pour coordonner la politique et les opérations de sécurité du territoire national, et plus précisément la lutte contre le terrorisme : le Homeland Security Council, sorte d'homologue du National Security Council, composé des principaux ministres et intervenants dans le domaine de la sécurité interne (y compris le directeur de la CIA), et présidé par le président, créé en octobre 2001 ; et un nouveau ministère, le Departement of Homeland Security, créé en novembre 2002 (département de la Sécurité du territoire national). Toutes les autres agences qui s'occupent de la défense de la sécurité nationale restent en place. Le *National Security State* américain est plus fort que jamais.

Alex Macleod

1. Il s'agit en fait d'un acronyme pour le titre suivant *Uniting and Strenthening America by Providing Appropriate Tools Required to Intercept and Obstruct Terrorism Act* (Loi en vue d'unir et de renforcer l'Amérique en fournissant des outils appropriés nécessaires pour intercepter et entraver le terrorisme).

SOCIÉTÉ CIVILE

Civil society

> La société civile est en soi un champ de relations de pouvoir : les forces de la société civile sont reliées, en appui ou par opposition, aux pouvoirs de l'État et du marché (Cox, 1999 : 23).

La notion de société civile désigne généralement le réseau d'**institutions** et de pratiques de la société qui sont autonomes par rapport à l'**État**, et par lesquelles les individus et les groupes se représentent, s'organisent et se mobilisent, souvent en vue d'agir sur l'État et sur les mécanismes de prise de décision.

L'origine du concept remonte à la Rome antique où la *civilis societas* représentait les communautés qui agissaient en suivant des **normes** au-delà des lois de l'État. Les économistes **libéraux** classiques écossais, tel que Adam Smith, voyaient en la société civile un espace où pouvait s'exprimer un nouveau sens moral nécessaire à l'émergente société commerçante. Selon Kant, seule une société civile universelle permettrait d'endiguer les politiques extérieures belliqueuses des États. Hegel, en misant davantage sur l'État pour l'avènement d'un esprit universel, se méfie de la société civile parce qu'elle est mue par des intérêts privés et partisans. Dans le même ordre d'idées, Marx associe la société civile à une bourgeoisie se situant entre l'État et le marché. Elle sert de vecteur de la reproduction des inégalités économiques. Comme chez Smith, la société civile pour Marx est réduite aux acteurs de la sphère économique.

L'apparition de l'usage de ce concept dans le champ d'étude des **Relations internationales** provient de la présence grandissante d'**organisations non gouvernementales (ONG)** autant dans la sphère globale que nationale. Il y a aujourd'hui pratiquement autant de définitions de ce concept qu'il y a d'approches théoriques des relations internationales. Certains auteurs mettent davantage l'accent sur son aspect communautaire ou local (Putnam, 2000), tandis que d'autres insistent sur sa dimension transnationale, voir post-westphalienne (Lipschutz 1992, Linklater 1990a).

Le concept de société civile est l'objet d'un engouement particulier depuis la fin de la Guerre froide. Le concept de **gouvernance**, mis de l'avant par la Banque mondiale à la fin des années 1980, et adopté par plusieurs autres institutions internationales dans les années 1990, est fortement lié à celui-ci. La gouvernance, généralement appliquée aux pays en développement, est un indicateur de la gestion des affaires publiques. Ainsi, la « bonne gouvernance » se mesure notamment à la grande participation de la société civile, entendue comme des acteurs privés, dans la gestion des affaires traditionnellement publiques. Le rôle de la société civile consiste alors à combler le vide créé par le retrait de l'État dans la société tel qu'il est véhiculé par l'idéologie néolibérale des institutions internationales financières (Banque mondiale, FMI). La société civile partage ce rôle dans la gouvernance avec plusieurs autres instances non étatiques tels que les firmes multinationales et le marché mondial.

La Banque mondiale utilise également le concept de capital social que Robert Putnam (2000) mesure au degré de cohésion et de dynamisme de la société civile (famille, associations de toutes sortes, mais non politiques) au sein de la société. Dans une perspective où le **développement** passe par le marché, le capital social serait une condition essentielle au développement durable et à la saine gestion des projets de développement communautaire.

Au XXe siècle, un développement important du concept de société civile vient du théoricien **marxiste** Antonio Gramsci. Celui-ci s'inscrit à l'encontre des interprétations économicistes de Marx. Pour Gramsci, tout pouvoir repose à la fois sur la contrainte, le monopole étatique de la violence et l'idéologie, c'est-à-dire la capacité de la classe dominante de rallier les institutions culturelles dominantes à une vision du monde qui sert ses intérêts. Sa conception de l'**hégémonie** l'amène à penser qu'un renversement révolutionnaire doit passer par l'appropriation des institutions de la société civile. Une société civile qui se conforme aux intérêts de la classe dominante est un indice d'hégémonie.

Robert Cox (1999) apporte aux relations internationales une interprétation de ce concept. D'une part, elle représente le mouvement contestataire transnational face à l'ordre mondial néolibéral établi. D'autre part, elle représente un ensemble de forces sociales qui constituent un mouvement complémentaire à un bloc hégémonique dominant. Cox introduit également dans son analyse les institutions culturelles qui influencent la forme que prendra la société civile et qui participent ou non à légitimer l'ordre établi, c'est-à-dire la famille, les institutions d'enseignement, l'Église, etc. La notion de société civile chez les néogramsciens s'éloigne de celle de Putnam et des **néolibéraux** parce qu'elle ne croit pas que les forces agissant sur le marché soient nécessairement synonymes de développement, mais qu'elles poursuivent leurs intérêts personnels.

La notion de société civile au sein de la **Théorie critique** de l'École de Francfort (Habermas, 1978) s'inspire grandement de celle de Kant. Ce dernier prône l'établissement d'une société civile universelle comme condition essentielle de la paix mondiale, la justice, la liberté et l'égalité. Ici la société civile peut jouer un rôle émancipateur et a pour mission d'être médiatrice de la politique et de la morale. Elle se caractérise par une pluralité d'opinions régie par un usage critique de la raison où l'éthique du discours et l'atteinte de consensus sont mis de l'avant pour l'atteinte d'un idéal de paix. Elle est positionnée en dehors de l'État et de l'économie. Elle comprend de manière générale des « lieux » virtuels ou réels tels que les forums de discussions et les tribunes libres dans les médias, mais aussi les mouvements populaires et les ONG qui se situent en dehors des sphères politiques et économiques. À l'ère de la **mondialisation**, elle prend un caractère transnational et cherche à favoriser l'institutionnalisation d'une démocratie cosmopolite postnationale et post-westaphalienne (Linklater, 1998).

Durant les années 1990, on évoquait davantage l'émergence d'une société civile globale, fortement associée à la mondialisation constituée de régimes non gouvernementaux et d'acteurs transnationaux qui interviennent dans des domaines sociaux où les États sont incapables ou peu disposés à intervenir (Lipschutz, 1992). Cette société civile globale, qui selon Lipschutz se caractérise par un certain activisme, se manifeste en particulier lors des sommets mondiaux ou régionaux où s'organise la mondialisation. Lipschutz montre que ces régimes agissent soit en complémentarité avec les **régimes internationaux** interétatiques, soit à l'encontre des institutions de l'hégémonie néolibérale.

Jérôme Leblanc

SOCIÉTÉ INTERNATIONALE — International Society

Dans le langage courant, on utilise indifféremment le terme « société internationale » et « communauté internationale » pour désigner l'ensemble des **acteurs** internationaux, particulièrement les acteurs étatiques. Toutefois, en théorie de **Relations internationales**, le concept de « société internationale » prend un sens plus spécifique puisqu'il a été utilisé et son sens précisé par l'**École anglaise** afin de suggérer l'existence d'une véritable société d'**États** qui serait régie par des **normes** et règles au même titre que les sociétés nationales. (Voir **École anglaise**.)

SOCIOLOGIE HISTORIQUE — Historical Sociology

> Bien que distinctes, l'histoire et les sciences sociales ne peuvent être constituées de façon significative l'une sans l'autre ; pour cette raison, ce qui importe est la problématisation de l'incontournable tension que suscite cette rencontre (Katznelson, 1997 : 96).

La sociologie historique est une mouvance théorique à la rencontre de trois champs rarement mis en dialogue : la politique comparée, les **Relations internationales** et l'histoire. Elle prend pour objet d'étude un éventail de phénomènes et de processus sociaux pour lesquels l'échelle d'analyse la plus appropriée s'étend sur plusieurs siècles, tels que l'interaction entre la **guerre** et la formation des **États** (Tilly, 1992), la formation des États (Mann, 1980 ; Tilly, 1992), le développement des différents régimes politiques (Moore, 1966), du **nationalisme** (Greenfeld, 1993) et du capitalisme (Wallerstein, 1979 ; Wood, 1999) ou les révolutions (Skocpol ; Tilly, 1995). Skopcol et Somers (1980) regroupent ces objets traditionnels de la sociologie historique en trois catégories : les dynamiques sociétales, les époques de transformations culturelles et les structures sociales. Dans la même veine, Katznelson (1997) identifie l'action collective, le changement structurel et les pratiques historiques comme étant ses trois principaux champs d'intérêts. Ceux-ci ne sont pas le fruit du hasard parce que cette mouvance cherchait, en outre, à capitaliser sur une faiblesse de la théorie de la modernisation de Parsons, soit sa difficulté à expliquer les processus de transformations sociales et à montrer comment ils répondent aux motivations de certains agents, non pas abstraits, mais situés dans l'histoire.

Bien que l'on puisse faire remonter ses origines aux travaux de Marx et Weber, la sociologie historique contemporaine émerge vraiment avec la publication de l'ouvrage de Barrington Moore *Social Origins of Dictatorship and Democracy* (1966). À cette époque, les principales théories en sciences sociales étaient la variante d'individualisme méthodologique proposée par le behaviorisme de Skinner et le fonctionnalisme de Parsons. Autant pour le behaviorisme que pour le fonctionnalisme, la prise en compte de l'histoire était négligeable, sinon encombrante, afin d'arriver à des généralisations scientifiques. La sociologie historique amorça une remise en question de cet a-historisme des sciences sociales. Elle contribua, en outre, à montrer que les limites de certains modèles du **développement** économique et social, dont celui de Walter Rostow sur les étapes du développement et d'autres variantes de la théorie de la modernisation, étaient liées au fait que ces auteurs avaient sous-estimé certaines spécificités historiques de leur objet d'étude. Le développement des différents États, des alliances entre les différentes forces sociales et la configuration des formations sociales, pour ne nommer que quelques exemples, sont des processus sociaux dont il est difficile de saisir les spécificités et les variations en faisant abstraction de l'histoire. Pour l'étude des relations internationales, une des contributions les plus importantes de la sociologie historique a été d'avoir amorcé une réflexion sur l'État moderne, et sur certains processus qui ont mené à sa formation, notamment la guerre. À une époque où plusieurs théories des Relations internationales considéraient l'État comme une entité donnée, la sociologie historique eut le mérite d'avoir cherché à le reproblématiser.

L'approche pluridisciplinaire dont s'inspire généralement la sociologie historique a été fortement influencée par l'approche de l'École des Annales, notamment par les travaux de Marc Bloch, George Duby et Fernand Braudel. Ces auteurs ont mis en relief l'importance de l'analyse des fondements économiques et sociaux – l'histoire matérielle – des dynamiques et processus de transformations historiques eux-mêmes, dimensions généralement évacuées par la tradition dominante dont l'objet d'analyse demeurait centré sur une histoire factuelle des intrigues de palais (Bloch, 1994 : 12). Bien que l'École des Annales s'intéresse généralement aux processus de transformations macrohistoriques, tels que le développement de la féodalité et du capitalisme, la méthode dominante demeure largement comparative. Pour les Annales, il ne s'agit pas seulement de problématiser les différentes structures de la vie matérielle, mais aussi de mettre en relief la géographie de ces macrostructures. Marc Bloch et George Duby, par exemple, ont fait la généalogie matérielle de la féodalité telle qu'elle s'est développée en Europe, tout en montrant comment ce processus de transformation macrohistorique a marqué différentes régions d'Europe (Bloch, 1967, 1994 ; Duby, 1973, 1977).

Si les comparaisons développées par Bloch et Duby demeurent généralement limitées au continent européen, celles développées par Fernand Braudel adoptent une échelle mondiale (Braudel, 1979c : 9). À ce titre, le concept d'économie-monde développé par Braudel – concept qui a fortement influencé la théorie du **système-monde** de Wallerstein – véhicule l'idée d'une géographie différentielle par laquelle se déploie la dynamique structurelle du capitalisme. L'apport de l'École des Annales au développement de la sociologie historique demeure l'importance qu'elle a accordée à l'analyse des fondements matériels des structures de pouvoir telles qu'elles se sont développées dans l'histoire, ainsi que l'approche pluridisciplinaire et comparative qu'elle mit de l'avant afin d'atteindre cet objectif.

Karl Polanyi, un des pionniers du courant institutionnaliste, bien connu pour son ouvrage *The Great Transformation* (1944), peut également être considéré comme un précurseur de la sociologie historique. Il présenta son utilisation de l'histoire de la façon suivante :

> Notre travail n'est pas historique, ce que nous cherchons ce n'est pas une séquence convaincante d'événements remarquables, mais une explication de leurs tendances en termes d'institutions créées par des êtres humains. Nous nous sentirons libre d'investir le passé avec pour seul objectif d'éclairer le présent ; nous effectuerons des analyses détaillées de périodes critiques et nous nous soucierons beaucoup moins de l'enchaînement fastidieux du temps ; nous devrons empiéter sur plusieurs disciplines dans la poursuite de ce seul objectif (Polanyi, 1944 : 4).

Polanyi ne concevait donc pas la frontière entre les différentes sciences sociales comme incontournable. On retrouvera la même position chez plusieurs auteurs de la sociologie historique vingt ans plus tard. En revanche, il considérait l'étude de l'histoire comme un domaine à part des sciences sociales. Chez lui, l'analyse historique servait de matériel empirique pouvant servir à illustrer certains aspects du monde contemporain.

Dans *The Social Origins of Dictatorship and Democracy* (1966), Barrington Moore mène une étude comparative sur la manière dont les relations de classes ont influencé les développements des régimes politiques en Grande-Bretagne, en France, aux États-Unis, au Japon, en Chine et en Inde. Plus précisément, il cherche à expliquer pourquoi les trois premiers États avaient adopté des régimes démocratiques, alors que le quatrième avait abouti au fascisme et le cinquième au communisme. Moore accorde beaucoup d'importance à la nécessité de situer ces processus dans leur contexte historique. Comme l'affirme un commentateur, chez lui : « la révolution et la lutte des classes ne sont pas traitées indépendamment du temps et de l'espace » (Katznelson, 1997 : 89).

Il ne développa malheureusement pas beaucoup l'aspect international de cette question. Dans la mesure où les configurations de classe jouaient chez lui un rôle plus important que les intérêts de l'État, Moore a été considéré comme un des auteurs les plus influencés par Marx au sein du champ de la sociologie historique. Dans un ouvrage récent, portant sur la relation entre la recherche de la quête de la pureté morale et la persécution, il démontre que ses influences sont aujourd'hui très vastes et qu'il ne succombe certainement pas à un déterminisme économique (Moore, 2000).

Tout en reconnaissant le rôle significatif de la configuration des rapports de classes dans les processus de transformation sociale, mis en évidence par les travaux de Moore, la génération suivante s'est sensiblement éloignée de la conception « marxisante » de l'État adoptée par ce dernier (Mann, 1986 ; 1988). Les travaux de Theda Skocpol et de Michael Mann s'inscrivent, à cet égard, dans la tradition weberienne, dans la mesure où l'État, plutôt que d'être problématisé comme un simple lieu d'affrontement entre diverses classes sociales, est conçu comme un organe administratif et coercitif autonome à l'égard des déterminants socio-économiques. Par exemple, chez Skocpol, l'État serait *réellement* autonome lorsqu'il est inséré dans la dynamique conflictuelle de la politique internationale.

En plus de postuler l'autonomie des différentes sphères du social (politique, économique, culturelle, militaire) les unes envers les autres et d'en analyser les interactions complexes dans l'histoire, cette génération de sociologues a tenté de dépasser une sociologie historique centrée sur les dynamiques intrasociétales. En effet, Skocpol et Mann ont tous deux souligné l'importance de la dynamique de compétition au sein de laquelle les États sont imbriqués. À cet égard, ils se sont intéressés aux différentes formes institutionnelles adoptées par l'État afin de mettre en relief l'avantage que confèrent certaines formes d'organisation du pouvoir politique dans l'issue de ce processus de compétition, notamment la capacité de certaines formes d'État à extraire les ressources matérielles nécessaires aux entreprises militaires. Bien qu'ils partagent généralement une conception **réaliste** des Relations internationales, ces auteurs ont néanmoins mis en relief le rôle des différentes formes institutionnelles de l'État dans le processus de compétition au niveau international.

Selon Charles Tilly, ce qui explique l'engouement des sociologues pour l'étude de l'histoire, c'est le fait qu'il y ait eu un changement d'attitude dans leur pratique à partir du moment où « certains sociologues ont commencé à écrire comme si le moment où quelque chose se produit affecte significativement la façon dont il se produit » (Tilly, 1981 : 38). Tilly définit l'analyse historique par le type d'explication qu'elle fournit, c'est-à-dire par le fait que le *temps* et le *lieu* d'une action ou d'une transformation sociale soient pris en compte dans son explication. Pour expliquer ces phénomènes sociaux, il est nécessaire d'avoir comme toile de fond deux processus fondamentaux : « l'expansion du capitalisme et la croissance des États-nations et des systèmes d'États » (Tilly, 1981 : 44).

Le cadre d'analyse développé par Tilly s'inscrit contre toute approche téléologique et volontariste du changement social. *Coercion, Capital and European States* souligne le caractère aléatoire et hasardeux du processus de formation de l'État. À ce titre, « la structure de l'État apparaît essentiellement comme un *produit secondaire* des efforts des gouvernants pour acquérir les moyens de la guerre » (Tilly, 1992 : 221, nos italiques). S'il est vrai que l'État national deviendra au cours des siècles la forme d'organisation politique dominante en Europe, cela n'implique pas que tous les pays aient pris le même chemin pour y parvenir. Au contraire, Tilly soutient que chaque région a connu un parcours différent qui fut, dans chaque cas, façonné par différentes combinaisons et variations entre la concentration du capital et celle de la contrainte, une combinaison elle-même fortement influencée par la position de chaque unité politique à l'intérieur du **système international**. Selon Tilly, bien que les différentes élites politiques aient été confrontées au même impératif, celui d'acquérir les moyens de la guerre, les conditions structurelles différentes au sein desquelles elles évoluaient, c'est-à-dire les variations de la concentration du capital et de la contrainte, se sont manifestées par le développement de stratégies d'action distinctes qui ont elles-mêmes abouti à la formation de différents types d'État.

Face à une tendance voulant éviter les pièges que sont le déterminisme économique et le téléologisme (Skocpol, Mann et Tilly), que l'on associe généralement au **marxisme**, s'est développée une forme de sociologie historique proposant un renouvellement du marxisme. Robert Brenner (1977), Ellen et Neil Wood (1997) soutiennent qu'en postulant, au lieu d'en retracer l'origine, l'autonomie des différentes sphères sociales du pouvoir comme point de départ, la sociologie historique d'inspiration weberienne court le risque de passer à côté d'un processus historiquement spécifique qui doit lui-même faire l'objet d'une analyse. Brenner et Wood soutiennent ainsi que bien qu'étant réelle, l'autonomie du politique chère à la sociologie historique weberienne serait un phénomène *spécifique* aux sociétés capitalistes. Leurs travaux cherchent à démontrer que ce qui caractérise les sociétés précapitalistes, c'est le rôle central qu'y jouent des moyens de coercition extra-économiques (coercition physique, privilèges juridiques, etc.) dans la capacité des classes dominantes à assurer la reproduction de leur pouvoir social.

Aussi, l'analyse historique doit-elle être en mesure de mettre en relief la spécificité de chacune des formations sociales. Un tel projet nécessite, selon Ellen Wood, la capacité d'identifier les dynamiques de motricité qui animent toute formation sociale, c'est-à-dire les impératifs et les contraintes qui sont liés à certaines formes d'organisation du pouvoir social. À la spécificité de ces impératifs est intimement liée celle du pouvoir par lequel les surplus sont appropriés des producteurs directs. Ce ne serait qu'à partir d'une telle problématisation que pourrait être comprise la spécificité prise par la sphère économique. La critique de l'économie politique développée par Marx offrirait une telle piste de solution. C'est ce que tentent de démontrer empiriquement les Wood en analysant trois éléments : la spécificité de l'État anglais au XVIe siècle, la transformation sociale du rôle joué par les marchés avec l'avènement de capitalisme et la spécificité du capitalisme comme forme de relations sociales.

Frédérick Guillaume Dufour et Thierry Lapointe

SOFT POWER

Soft Power

> La question critique pour l'avenir des États-Unis, ce n'est pas de savoir s'ils commenceront le prochain siècle dans une position de superpuissance avec un approvisionnement en ressources inégalables, mais plutôt dans quelle mesure ils seront capables de contrôler l'environnement politique de façon à pousser les autres États à faire ce qu'ils veulent (Nye, 1990 : 175).

Le *soft power*[1] est un concept qui a été proposé par Joseph S. Nye pour expliquer les transformations de la **puissance** dans les relations internationales. Publié au début des années 1990, son ouvrage essentiel à ce propos, *Bound to Lead*, propose une réponse aux thèses de l'époque qui évoquaient le déclin de la puissance américaine (particulièrement l'ouvrage de Paul Kennedy, *Naissance et déclin des grandes puissances*). Nye prétendait alors que la puissance américaine n'était pas vraiment en déclin, que c'était plutôt le concept même de puissance qui devait être revisité. Le *soft power* prendrait de plus en plus d'importance et complémenterait la puissance traditionnelle de contrainte (ou *hard power*).

Le *soft power* peut être défini comme une forme de puissance moins fongible, moins coercitive et moins tangible. Les objectifs sont les mêmes (modifier le comportement ou restreindre la volonté des autres acteurs), mais les moyens sont différents. La fongibilité de la puissance se définit comme sa capacité à être transférée d'une problématique vers une autre. Antérieurement, la puissance était plus fongible qu'elle ne l'est aujourd'hui. Par exemple, une puissance économique se traduisait presque automatiquement dans une puissance militaire.

1. Les traductions proposées étant jugées insatisfaisantes, nous avons choisi de conserver le terme anglais pour désigner ce concept.

Il était courant d'utiliser sa puissance militaire pour acquérir des ressources, surtout par la conquête de territoires. « De nos jours, cependant, l'usage direct de la force pour obtenir un gain économique est devenu trop onéreux et trop dangereux pour les grandes puissances modernes » (Nye, 1990 : 189).

Deuxièmement, le *soft power* est considéré comme moins coercitif que la puissance traditionnelle. En effet, le *soft power* s'appuie sur la conception d'un **système international** interdépendant. Dans ce cadre, c'est moins à travers des méthodes coercitives (militaires ou économiques) qu'un **acteur** peut influencer un autre acteur, mais plutôt à travers une certaine forme d'influence que Nye appelle la « capacité de cooptation ». La puissance américaine se distinguerait donc par cette capacité « de structurer une situation de telle sorte que les autres pays fassent des choix ou définissent des intérêts qui s'accordent avec les siens propres » (Nye, 1990 : 191). La diffusion des valeurs par le biais des **institutions internationales** ou encore la prédominance des États-Unis dans le domaine des télécommunications participent à cette capacité de cooptation qui rend la puissance moins coercitive.

Finalement, le *soft power* selon Nye est moins tangible que la puissance traditionnelle. « La cohésion nationale, l'universalité de la culture et les institutions internationales » (Nye, 1990 : 195-196) font partie de ces facteurs moins tangibles qui déterminent la puissance. Cette caractéristique explique que son utilisation entraîne moins de coûts en termes de ressources (il est moins coûteux d'utiliser son influence par le biais la culture que de mettre en branle l'appareil militaire), mais aussi en termes de légitimité puisque dans un monde interdépendant le fait d'adopter une attitude belliciste peut être coûteux en termes d'alliance économique ou politique.

Le *soft power* ne nie pas l'importance de la puissance plus traditionnelle qui a comme pierre de faîte l'appareil militaire. La théorie de Joseph Nye tente de montrer que les deux types de puissance coexistent, mais que le *soft power* est de plus en plus central dans un monde où le plus puissant n'est pas tant celui qui frappe le plus fort que celui qui a la capacité de réunir le plus d'acteurs autour de lui, de maîtriser l'information et de déterminer l'ordre du jour.

Une autre caractéristique essentielle du *soft power* est qu'il peut facilement être appliqué à des acteurs différents de l'acteur étatique, qui reste tout de même fondamental chez Nye. Par exemple, des acteurs privés tels que les **organisations non gouvernementales** ou les entreprises culturelles peuvent aussi utiliser un *soft power* qui parfois vient en contradiction avec les volontés gouvernementales : « La capacité de ralliement qui devient plus importante dans l'âge de l'information est en partie un sous-produit social et économique plutôt que seulement un résultat d'action officielle de la part des gouvernements » (Nye, 2002 : 73).

Dans un de ses plus récents ouvrages *The Paradox Of American Power : Why The World's Only Superpower Can't Go It Alone*, Nye se fait défenseur d'une hégémonie qui se base sur le *soft power*. Moins que des facteurs purement économiques, selon lui l'hégémonie durable est affaire de capacité de ralliement, donc d'influence culturelle et politique. En optant pour l'unilatéralisme, les États-Unis feraient donc fausse route en comprenant mal les transformations de la puissance qui se sont faites plus aiguës dans les dernières décennies.

Catherine Voyer-Léger

SOUVERAINETÉ

Sovereignty

> [...] La tentative même de traiter la souveraineté comme une question de définition et de principe légal encourage une certaine amnésie à propos de son caractère historique et culturel spécifique (Walker, 1993 : 166).

Intimement liée à la question des fondements de l'autorité et du **pouvoir** politique, la question de la souveraineté est demeurée l'objet de vifs débats. À ce jour, il n'existe aucun consensus quant à la signification heuristique du concept à l'intérieur de la discipline des **Relations internationales**. Les différentes interprétations du concept reflètent, en fait, la pluralité des positions théoriques au cœur de la discipline.

Au niveau des caractéristiques institutionnelles que l'on attribue généralement à l'**État** souverain, le champ des Relations internationales est demeuré grandement influencé par les écrits du sociologue allemand Max Weber. Selon Weber, la souveraineté n'est autre que la capacité de l'autorité politique à exercer le monopole de la violence légitime à l'intérieur de frontières clairement définies. En d'autres mots, la souveraineté est l'institutionnalisation de relations d'autorité formellement hiéarchisées où l'État exerce l'autorité suprême à l'intérieur d'un territoire délimité. De plus, la notion de souveraineté implique la capacité d'une communauté politique à façonner de manière autonome le caractère propre de ces relations d'autorité et des institutions leur étant associées, c'est-à-dire sans l'intervention ou l'influence de forces extérieures – certains parlent en ces termes de l'indépendance constitutionnelle de l'État (Sorensen, 1999 ; Jackson 1999 ; Philpott, 1995 ; 1999 ; 2000).

Lorsque l'on fait référence à l'organisation et à l'institutionnalisation des relations d'autorité, il est commun de parler en termes de souveraineté « interne » afin de distinguer celle-ci de ses dimensions « externes ». Cette distinction est, bien entendu, de nature purement analytique puisque la souveraineté « interne » de l'État repose sur une série de conventions qui visent à régir les rapports entre les États en garantissant les conditions d'existence de cette **institution**. À ce titre, l'indépendance constitutionnelle de l'État trouve son corrolaire au niveau

« externe » dans la reconnaissance du principe de non-intervention et de l'égalité formelle des États. Parallèlement, cette distinction permet de mettre en relief l'importance de la reconnaissance mutuelle de la souveraineté des États dans la conduite des relations internationales. En effet, un État qui possède les attributs de la souveraineté « interne » mais qui ne bénéficie pas de la reconnaissance de cette souveraineté par la communauté internationale se verra, en règle générale, exclu du statut d'**acteur** à part entière du **système international**. En contrepartie, plusieurs des États qui ont vu le jour dans la foulée du mouvement de décolonisation des années 1960 ont été reconnus comme des États souverains par la communauté internationale bien qu'ils aient été dépourvus des attributs de la souveraineté « interne », d'où la distinction entre souveraineté juridique (*juridical statehood*) et empirique de l'État (*empirical statehood*) (Jackson et Rosberg, 1985 : 49).

Du point de vue théorique, le concept de souveraineté de l'État demeure un objet de débats fort importants à l'intérieur de la discipline. Il importe donc de problématiser le sens de ce concept en relation avec les divers discours théoriques qui dominent le champ.

Chez les **réalistes** et **néoréalistes**, la question de la souveraineté est abordée en relation étroite avec la problématique de l'**anarchie**. C'est l'absence d'un Léviathan mondial qui établit les conditions d'existence des États en tant qu'acteurs souverains. Parallèlement, l'état d'**insécurité** latent créé par la structure anarchique du système international présuppose la capacité des États à agir de manière autonome afin de développer les **stratégies** nécessaires afin de garantir leur survie. La souveraineté équivaut donc aux **capacités** matérielles des États qui leur permettent d'agir de façon autonome tout en étant la condition même de leur existence. Ces approches font difficilement la distinction entre État et souveraineté. En effet, leur conception de l'agence, c'est-à-dire l'État, présuppose la capacité à confronter la menace de façon autonome (Darel, 1999). Surtout chez les néoréalistes tel que Waltz (1979), la souveraineté s'apparente davantage à un attribut intrinsèque qu'à une institution sociale. L'égoïsme des États, le **dilemme de la sécurité** et la maximisation de la **puissance** demeurent des réalités universelles au sein d'un système d'États anarchique peu importe le type d'acteur en question ou les institutions développées.

Des **constructivistes** tels que Wendt se sont attaqués à cette conception de la souveraineté qu'ils considèrent hautement statique et a-sociale. Ils mettent ainsi l'accent sur le caractère relationnel de la souveraineté de même que sur son rôle normatif dans les processus de socialisation des États (Wendt, 1987 ; 1992a ; 1999 ; Philpott, 1999 ; 2000). L'approche constructiviste problématise ainsi la souveraineté comme une institution sociale qui formalise les normes d'interaction à l'intérieur du système international et qui façonne de manière significative l'**identité** et les **intérêts** des États. C'est ici l'acte social de reconnaissance mutuelle de leur souveraineté respective qui représente le moment déterminant de la fondation d'un système d'États souverains. Daniel Philpott renverse, par exemple, le rapport de causalité entre anarchie et souveraineté à la base des approches réalistes et néoréalistes en soutenant que c'est la reconnaissance mutuelle des limites territoriales de l'autorité politique des États qui est au cœur de la dichotomie séparant la sphère interne de la sphère internationale.

La souveraineté est ainsi conceptualisée comme une **norme** constitutive de la **société internationale** (Philpott, 1999 : 567). Deux dimensions de la souveraineté sont ainsi mises en valeur. L'une, statique, établit les normes constitutives de la souveraineté de l'État en termes d'exercice de l'autorité politique suprême à l'intérieur de **frontières** délimitées. L'autre, dynamique, consacre les normes régulatrices déterminant le type d'acteurs jugés légitimes et les prérogratives que ces derniers se voient reconnaître à l'intérieur du système international. Sorensen suggère ainsi que « l'institution de la souveraineté et le degré concret de l'autonomie de l'État sont deux choses différentes » (Sorensen, 1999 : 595).

Les **poststructuralistes** ont contribué à une remise en question de la conceptualisation traditionnelle du concept de souveraineté à l'intérieur de la discipline. Ils ont, en effet, mis en relief le caractère a-historique et a-social des fondements théoriques de la discipline, et démontré comment les pratiques discursives des théories dominantes en Relations internationales – des pratiques d'exclusion qui réduisent les voies alternatives à un statut marginal – participent à la reproduction des structures de domination en les représentant comme des réalitées universelles. Leur critique des catégories **ontologiques** de la discipline – comme l'État et la souveraineté – demeure certes l'une des principales contributions de théoriciens comme Walker, Ashley ou Bartelson. Ils ont tenté de mettre en relief les façons dont certains discours sur la souveraineté contribuent à naturaliser et à universaliser des pratiques d'exclusion et de marginalisation de l'Autre. Ces discours mettent l'accent sur la segmentation de l'espace politique et renforcent, par le fait même, une conception limitée de l'identité, la citoyenneté et la sécurité « nationale » de telle sorte qu'ils contribuent à générer (et à légitimer) un climat favorable à l'exercice de la violence de l'État.

Chez les auteurs néomarxistes tels que Rosenberg (1994b) et Teschke (2003), la souveraineté est problématisée en tant que relation sociale historiquement constituée. Ces auteurs tentent ainsi de mettre en relief la spécificité des formes de souveraineté à partir des relations sociales de propriété et du mode d'extraction des surplus qui leur sont associées. Ces auteurs se sont attaqués à l'idée généralement reçue en Relations internationales que la souveraineté de l'État, telle que nous la connaissons à ce jour, s'est vue sanctionnée au XVIIe siècle par la Paix de **Westphalie** (1648). Ils ont ainsi mis en relief le fait que dans les sociétés précapitalistes, le mode d'appropriation des surplus reposait sur l'utilisation des moyens extra-économiques et que l'État demeurait, à ce titre, le mécanisme d'appropriation par excellence pour les classes dominantes. À partir de ce constat, ces auteurs soutiennent l'idée que le processus de centralisation et de territorialisation de l'autorité politique qui s'est accentué au XVIIe siècle aurait plutôt mené vers le développement d'une forme absolutiste de la souveraineté où la sphère publique et privée n'était pas encore clairement distinguée puisque l'État demeurait encore la propriété des dynasties. Ce ne sera qu'avec la transition vers le capitalisme, mode d'extraction des surplus reposant sur des moyens « purement » économiques, que les sphères publique et privée seront clairement séparées et que la souveraineté de l'État prendra la forme abstraite et dépersonnalisée que nous connaissons à ce jour. Enfin, ces auteurs suggèrent que la forme du pouvoir social que ces types de souveraineté ont ainsi institutionnalisée doit être prise en compte afin de comprendre la spécificité des dynamiques et impératifs propres aux systèmes internationaux.

Thierry Lapointe

SOUVERAINETÉ POSTWESTPHALIENNE Post-Westphalian Sovereignty

> … un autre « monde » [que celui de la bipolarité] pourrait être fluide et en processus d'être remodelé : le système étatique moderne. Ce monde existe sur un plan temporel plus profond et plus étendu, et sa restructuration implique une transition non du jeu des politiques de puissance, mais de la scène sur laquelle ce jeu est déployé. Ici, aucun vocabulaire commun n'existe dans la littérature afin de dépeindre le changement et la continuité. En fait, peu de vocabulaire à cet égard existe tout court (Ruggie, 1993 : 139).

L'**État** a longtemps été considéré comme l'unité **ontologique** légitime du champ des **Relations Internationales** (RI), notamment grâce à la prégnance du **réalisme** au sein de la discipline. Cette approche traite, en effet, des relations internationales en tant que jeu entre les États détenteurs du monopole de la **politique étrangère** et privilégient les **acteurs** étatiques dans ses explications. Le défi auquel fait face le réalisme depuis les années 1980 et 1990 a toutefois mis à l'ordre du jour de la discipline une controverse quant à la définition de la **souveraineté** étatique, dont la nature est traditionnellement appréhendée comme la conséquence des **traités de Westphalie** signés en 1648. La constitution de l'État, que l'on dit westphalienne dès son origine, est remise en question, alors que sa mutation est analysée face à des phénomènes globaux inédits. L'**ordre international**, centré sur la territorialisation des relations entre les États et leurs sociétés ainsi que sur la consécration des normes d'autonomie, de non-ingérence et d'égalité formelle, ne fait plus consensus.

Bien que plusieurs réalistes reconnaissent aujourd'hui qu'une certaine adaptation soit nécessaire à l'État, la plupart d'entre eux refusent l'idée que sa survie soit menacée par les transformations contemporaines. D'autres approches soutiennent toutefois depuis longtemps que l'État laisse de plus en plus de place à des entités infranationales ou supranationales qui concurrencent le modèle westphalien. Dès la première moitié du XXe siècle, institutionnalistes et **fonctionnalistes** ont cherché à penser de nouvelles formes d'intégration des États, alors que depuis les années 1970, le transnationalisme s'est intéressé à la montée en puissance des acteurs non étatiques.

Encore aujourd'hui, l'**économie politique internationale** (ÉPI) et l'**institutionnalisme néolibéral** insistent sur les processus d'intégration régionale et le renforcement des régimes internationaux, en remettant toutefois rarement en question la perpétuité des principes westphaliens. Les débats sur la globalisation et l'internationalisation de l'État ont par ailleurs donné lieu à moult analyses signalant la disparition de l'État westphalien. Récemment, une recrudescence d'intérêt sur le sens à accorder aux traités de Westphalie (Caporaso, 2000 ; Osiander, 2001 ; Ruggie, 1993 ; Krasner, 1995) et plus particulièrement la remise en question du mythe de 1648 (Teschke, 2003) ont ouvert de nouvelles avenues de discussion.

Au début du XXe siècle, nombre d'Européens envisageaient un système international dans lequel les États seraient amenés à céder certains pans de leur souveraineté au profit d'autres types d'organisation. Habités par le souci de trouver une solution permanente à la résolution des conflits par une plus grande intégration et une plus grande **coopération** entre les États, institutionnalistes et fonctionnalistes proposèrent différents projets d'union destinés à dépasser le cadre strictement national des relations internationales. Les premiers persistaient à promouvoir la mise en place concertée d'institutions et de constitutions souvent basées, mais pas uniquement, sur des principes fédéralistes (de Rougemont, 1948 ; Clar, Sohn, 1966).

Les seconds s'inspiraient plutôt des principes fonctionnalistes appliqués au champ des relations internationales par David Mitrany dès les années 1930. Prenant acte de l'échec de la Société des Nations, mais aussi de ses succès relatifs dans certains domaines, Mitrany (1948) affirmait que la coopération entre les peuples et les États découlerait de nécessités fonctionnelles plutôt que d'accords politiques peu susceptibles de répondre aux besoins techniques de l'organisation économique et sociale.

Par ailleurs, les travaux plus récents sur la régionalisation en ÉPI ont pris acte de la croissance et de la relance de processus d'intégration sur les plans économique et politique, durant les années 1980 et 1990, tels l'ALENA, le MERCOSUR, l'ASEAN ou l'OTAN et l'UE. Ces différents modes de régionalisation constituent des stratégies privilégiées des États du Nord comme du Sud, afin de faire face à divers défis issus d'une économie mondialisée et à la transnationalisation des enjeux politiques. L'intégration régionale entretient ainsi un lien important avec le paradigme néolibéral et la globalisation qui lui seraient coconstitutifs (Breslin, Hugues *et al.*, 2002). Selon Acharya (2002), l'institutionnalisation régionale de la **sécurité** post-Guerre froide promulguerait de nouvelles **identités**, sur la base des droits humains, et ce nouveau « **régionalisme** intrusif » diffuserait des **normes** contraires à celles de l'ordre westphalien, notamment en ce qui a trait à celles de non-interférence face à la légitimation des « interventions humanitaires ».

En insistant sur le caractère de plus en plus « multinational » des firmes et des investissements directs, John Dunning avait, dès les années 1950, pressenti la dimension transnationale des réseaux d'affaires. Bien que le concept de « relations transnationales » ait été déjà utilisé depuis un moment par Raymond Aron, Karl Kaiser et James Roseneau, ce n'est toutefois que dans les années 1970 qu'un véritable débat est lancé sur la question du transnationalisme (Keohane et Nye, 1972). Les **institutionnalistes néolibéraux** Robert Keohane et Joseph Nye (1977) insistèrent alors sur la mise en place des conditions de l'intensification d'un domaine de relations transnationales dans lequel les acteurs non étatiques tiendraient le premier rôle.

Suivant un regain d'intérêt pour le courant transnationaliste dans les années 1990, Bertrand Badie et Marie-Claude Smouts (1999) remirent à l'ordre du jour l'idée de Roseneau selon laquelle au monde des États se combinait un monde « multicentré ». Ce monde serait constitué d'un nombre presque infini d'acteurs non étatiques et de « flux transnationaux », que Badie définit « comme toute relation qui se déploie sur la scène mondiale en contournant, de façon délibérée ou par destination, le contrôle des États-nations, transgressant notamment leur souveraineté et leur compétence territoriale » (Smouts, 1998 : 50). Si ces flux existent depuis longtemps, ils n'atteignaient cependant pas dans le passé, soutiennent Badie et Smouts (1999), la portée qui leur permet aujourd'hui de défier la prétention des États à la souveraineté et à l'exclusivité.

Là où la combinaison de deux mondes imbriqués constitue un état de fait chez les transnationalistes, la souveraineté postwestphalienne constitue davantage un idéal à réaliser chez les penseurs du cosmopolitisme. Pour Jürgen Habermas, l'État-nation apparaît en effet de moins en moins comme un vecteur d'émancipation sociale, bien qu'il conserve pleinement son rôle de garant des droits de propriété et des conditions de concurrence (2000 : 58). Selon lui, la constellation émergente de communautés postnationales demeure marquée par le monopole étatique de la force et de la souveraineté, mais les modalités de contrôle social se situeraient désormais davantage dans le temps que dans l'espace, avec pour conséquence que la démocratie ne puisse plus être pensée dans un cadre uniquement national (2000 : 47-54).

Cet avis est partagé par Andrew Linklater, une autre figure de proue de la **Théorie critique** contemporaine, pour qui la remise en question du rôle moral des **frontières** dans l'organisation politique des communautés nationales constitue l'occasion de concevoir l'émergence d'une citoyenneté de type postnationale (1996 : 295). Selon Linklater (1998 : 8), la progression d'un universalisme plus sensible à la différence, en Europe, tout comme dans le reste du monde pacifié, favoriserait la création d'organisations politiques répondant de logiques de souveraineté postwestphalienne.

Linklater (1996 : 279) affirme que la possibilité de mettre en place des espaces de communication moins contraints par l'État-nation et ses frontières est propice à la recherche de nouvelles avenues pour l'émancipation humaine. C'est dans cette perspective que David Held, un autre tenant du cosmopolitisme, s'est attardé à chercher des solutions concrètes pour pallier la capacité des États à réguler les différentes dimensions de la société. En définissant son projet de **gouvernance** mondiale, Held (2005 : 53) en est venu à proposer un nouveau cadre régulateur d'inspiration social-démocrate, une sorte de contrat social à l'échelle planétaire, dont l'objectif est d'assurer le meilleur fonctionnement possible des marchés sans que les droits sociaux soient pour autant négligés.

Pour Habermas (2000 : 129), le développement de la structure fédérale de l'Union européenne constituerait une étape intermédiaire dans cette reconquête d'une capacité de régulation susceptible de former « une politique intérieure à l'échelle de la planète ». À ce titre, l'UE serait « le premier exemple d'une démocratie par-delà l'État national » (2000 : 141).

Ulrich Beck et Nancy Fraser poursuivent l'œuvre d'Habermas et du cosmopolitisme en arguant que les processus d'**interdépendance** transnationale défient le processus de constitution d'un espace public dont la propriété délibérative légitime l'exercice du **pouvoir**. Ces processus consacreraient l'impératif de reconceptualiser la thèse d'Habermas face au phénomène inédit de déterritorialisation de la domination et justifieraient l'institutionnalisation d'un nouveau pôle de souveraineté. Pour Beck, le capitalisme global dépourvu d'**institutions** le balisant s'érige en inhibiteur de la culture démocratique (2002), là où la société cosmopolite se veut plutôt une domestication des forces disciplinaires du marché et de la « transnationalisation des risques », déclinés sous quatre dimensions : écologique, terroriste, économique et éthique (1999).

Selon Fraser, l'ordre « westphalien-national », désormais dépassé, impliquait en premier lieu un interlocuteur aux pouvoirs de régulation politique et économique, pouvant mettre en œuvre le résultat de la communication. Pour Beck, la révolution conjointe au niveau économique (le marché), culturelle (l'identité) et politique (la régulation) est inventoriée sous l'angle de leur déterritorialisation. La révolution technologique dénationalise l'échange et l'emplacement géopolitique ne contraint plus l'interaction sociale et l'imaginaire (Beck, 2002), alors que la souveraineté décisionnelle est disséminée et concurrencée par de nouveaux acteurs (Beck et Sznaider, 2006). La cosmopolitisation du monde, le phénomène de désuétude du pouvoir westphalien, serait le résultat de l'amalgame de tous ces processus.

Pour plusieurs, la globalisation constitue ainsi un phénomène qui introduit le moment postwestphalien, car la souveraineté territorialisée s'étiole face à la portée globale de l'activité économique. Cela conduit, en outre, le tenant de la **géopolitique critique** John Agnew à une périodisation de l'histoire effectuée par le biais du degré de coïncidence de la régulation politique avec la spatialisation de l'activité économique. Zincone et Agnew (1999) soulignent les tendances à long terme qui encouragent l'adaptation de la souveraineté et de la **géographie politique** au capitalisme global, identifiée à une seconde « grande transformation ».

Cette lecture de Polanyi amène ces auteurs à suivre, entre autres, Inayatullah et Blaney (1999) en affirmant que de nouvelles formes de droits, d'organisation et de citoyenneté politiques, illustrées notamment par l'UE, émergeraient face au phénomène de globalisation, à l'instar d'un double mouvement.

Par ailleurs, la conception de la souveraineté chez Agnew (2005) se distingue en ce qu'il la décline non seulement dans le temps, mais aussi dans l'espace, par le biais du degré d'effectivité et de consolidation territoriale de l'autorité. Il identifie la tendance majeure de la géographie politique actuelle comme étant celle du globalisme, sous un régime de « **libéralisme** transnational » (Agnew et Corbridge, 1995), mené par l'**hégémonie** américaine, caractérisée par une territorialité diffuse.

Issue d'une tout autre architecture théorique, la souveraineté postwestphalienne que conceptualise le néowébérien Martin Shaw est tributaire d'une hiérarchisation particulière des États, modelée par la globalité. Elle serait mue non pas par des transformations spatiales d'ordre économique ou culturel (à l'encontre notamment de Jan Aart Scholte et Anthony Giddens), mais proprement politique, par le biais des relations d'autorité et de violence (Shaw, 2000, 2002, 2003).

Scholte (2000) et Giddens (1990) soulignent effectivement la rupture décisive de l'ère actuelle sous l'angle de transformations au sein de l'ordre spatio-temporel par le vecteur de la globalisation. Puisque la géographie territorialiste se reconfigure sous les effets de la **mondialisation**, la régulation doit, elle aussi, affirme Scholte, se reconfigurer. On assisterait donc au passage du « gouvernement » à la « gouvernance » (2006 : 278).

Par contraste, pour Shaw (1997), depuis la fin des rivalités impériales et la création de l'ONU en 1945, une longue transition a façonné l'actuelle disparition des frontières de violence au sein d'une « structure globale d'autorité », dont le siège est incarné par l'Amérique du Nord, l'Europe de l'Ouest et le Japon. Parce que les relations se sont pacifiées et institutionnalisées au sein de l'« État occidental », celui-ci recoupe désormais la définition wébérienne de l'État, tout en prétendant à une légitimité globale.

Chez les marxistes/foucaldiens Michael Hardt et Antonio Negri (2000), l'émergence d'une souveraineté postwestphalienne est corollaire de la globalisation du capitalisme. L'« Empire » se présente en tant que nouveau sujet politique, fondé sur un biopouvoir, dans une ère **postfordiste** où se créent de nouvelles relations entre le capital et le travail. La configuration de la souveraineté est remodelée, alors que les frontières s'atténuent, que l'idéologie impériale devient omniprésente et que la discipline est intériorisée, signalant l'obsolescence de sa médiation par le biais des dispositifs. L'institution régulatrice devient globale et les différents États territorialisés perdent en contrepartie leur apanage de souveraineté. Ce phénomène est intrinsèquement lié à l'achèvement de la nature globale du capital, alors que le marché mondial, à travers la transition d'une « société de contrôle » vers une société « disciplinaire », constitue le vecteur biopolitique (Hardt et Negri, 2000 : 50).

Selon Hannes Lacher (2006), cette dernière thèse de l'effritement de l'État territorial sous-estime l'impact de la préfiguration territoriale au sein de laquelle s'est édifié le capitalisme sur son développement subséquent. Le **marxisme politique** aura tendance à critiquer les approches des RI qui ne remettent en question l'adéquation des **nations**, des territoires et des sociétés que par leur inadéquation au présent.

Bien qu'elles partagent de profondes divergences, les approches les plus variées sont ainsi nombreuses à s'entendre sur l'idée qu'il est nécessaire de repenser les fondements de la discipline en abandonnant la lorgnette strictement nationale. À ce compte, la perspective d'une évolution de l'étatisme vers le globalisme a conduit certains de ses défenseurs, à l'instar de Scholte, Giddens et Beck, à tenter de dépasser une méthodologie assimilée à une ère nationale/territoriale révolue.

Ainsi, Beck (2002) postule que face à un monde « dé-ontologisé » où le concept d'État-nation perd sa portée explicative, une transition **épistémologique** devient inévitable. Pour sa part, Shaw (1998) propose d'édifier une troisième vague de **sociologie historique** afin de surmonter l'archaïsme du dualisme national/international face à l'ère globale. Agnew avait déjà énoncé une mise en garde envers un « piège territorial » qui aveuglerait les sciences sociales quant à leur appréhension de l'État, trop souvent conceptualisé en tant qu'unité souveraine immuable qui contiendrait naturellement les sociétés par une dichotomie national/international (Agnew, 1994 ; Agnew et Corbridge, 1995).

Ces questionnements entraînent de nombreux défis. D'une part, il faudra rendre compte de la dimension globale des sociétés modernes, sans quoi il sera difficile d'éviter de réintroduire le biais qui consiste à « adopter une insoutenable lecture "territorialiste" du passé » (Rosenberg, 2002 : 40). D'autre part, il faudra peut-être également redéfinir la souveraineté en des termes différents que ceux d'autorité politique et de capacité à réguler.

Une telle association, en effet, n'apparaît plus suffisante pour expliquer l'État lui-même, dont l'agence reste encore difficilement saisissable (Shaw, 1998 ; Weiss, 2007), pas plus qu'elle ne témoigne adéquatement de la césure cruciale de l'histoire des relations internationales qui a marqué le passage au système d'États modernes. Avec le recul, c'est peut-être même cette césure qu'il faudra fonder sur d'autres bases.

Frantz Gheller et Nancy Turgeon

SPHÈRE D'INFLUENCE

Sphere of Influence

Une sphère d'influence existe dans la mesure où une grande **puissance** réussit à faire admettre par d'autres grandes puissances qu'elle a un droit de regard presque exclusif sur la politique intérieure et extérieure de certains pays qui lui sont géographiquement ou politiquement proches. On associe l'idée de sphère d'influence avec les grandes puissances impérialistes du XIXe siècle, et qui ont divisé le monde colonial en autant de zones « protégées » et exclusives, mais aussi avec la notion d'**équilibre des puissances**. On pourrait même dire que l'équilibre des forces dépendait de la reconnaissance implicite de l'existence de sphères d'influence. Les pays qui faisaient partie de la sphère d'influence d'une grande puissance devaient avoir un régime politique qui n'était pas hostile à celle-ci, et poursuivre une **politique étrangère** conforme à ses **intérêts**. Toute tentative d'une autre grande puissance d'intervenir auprès d'un pays faisant partie de la sphère d'influence d'une autre puissance était considérée comme un acte hostile, voire une cause de **guerre**.

Au cours du XXe et depuis le début du XXIe siècle, l'idée de sphères d'influence n'a rien perdu de sa force. Pendant la **Guerre froide**, les « blocs » occidental et soviétique constituaient de véritables sphères d'influence. Une partie de la concurrence entre les États-Unis et l'Union soviétique consistait à tenter d'établir des sphères d'influence dans des régions encore en dehors des deux blocs, notamment en Afrique et au Moyen-Orient. On peut considérer que le « proche étranger » (les anciens pays membres de l'URSS) représente aujourd'hui une sphère d'influence russe, tout comme l'Amérique latine et les Antilles continuent à faire partie de la sphère d'influence des États-Unis.

STABILITÉ HÉGÉMONIQUE, théorie de la

Theory of Hegemonic Stability

> Pour que l'économie mondiale soit stable, il est nécessaire qu'il s'y trouve un stabilisateur, un seul stabilisateur (Kindleberger, 1973 :305).

La théorie de la stabilité hégémonique avance l'idée que l'existence d'une **hégémonie** pratiquée par un seul **État** permet de maintenir un ordre mondial. C'est à la suite de l'annonce du déclin de la **puissance** des États-Unis dans les années 1970 que la théorie a été développée par des théoriciens du choix rationnel (Kindleberger, Krasner, Gilpin) et par des **institutionnalistes libéraux** (Modelski, Ikenberry, Kupchan).

Leurs approches s'accordent pour donner une importance théorique prioritaire aux **capacités** extraordinaires, à la fois par leur diversité et par leur degré de concentration par rapport à l'ensemble du système, que possède le leader hégémonique (Rapkin, 1990 : 5).

L'approche développée par Krasner et Kindleberger propose d'établir une corrélation entre la variable indépendante qu'est l'hégémonie et la variable dépendante qu'est un **régime international** stable. La stabilité des régimes repose sur le leadership positif d'un État qui établit des **normes** et des règles et en supervise l'application par les autres États, notamment dans le domaine des relations économiques internationales (Krasner, 1983 : 2). Étant donné qu'ils sont le lieu où les attentes des différents acteurs convergent, les régimes sont considérés comme un bien commun nécessaire à la stabilité. Les formes de leadership adoptées par ces **institutions**, dans le but de stabiliser les **relations internationales**, varient et peuvent être établies selon des principes de coercition ou, au contraire, de « bienveillance » des leaders. La priorité qui est accordée aux régimes explique qu'il soit possible, en période de déclin ou même « après l'hégémonie » (Keohane, 1984), de maintenir cette stabilité au moyen d'une « certaine » multipolarité établie par les institutions internationales mises en place depuis la Seconde Guerre mondiale.

Ailleurs, on mettra plus d'importance sur les questions de **sécurité** et d'ordre. Par l'application d'un modèle micro-économique, et donc individualiste, aux décisions politiques prises dans une perspective globale, et donc holiste (Gilpin, 1981 : 9), la théorie de la stabilité hégémonique chez Gilpin s'inscrit davantage dans une perspective **d'économie politique internationale**. Elle suppose que les acteurs que sont les États entreprennent des calculs coûts-bénéfices qui les amènent à transformer le système à leur avantage, à accumuler des ressources matérielles et à contrôler les sources de capital, les marchés et les avantages compétitifs (Keohane, 1984 : 32). Chaque État sera enclin à coopérer afin de retirer des bénéfices de cette quête de puissance et les risques de conflit diminueront d'autant. Ainsi, les périodes hégémoniques que furent le *Pax Britannica* et le *Pax Americana* ont assuré la paix et la stabilité du **système international**, et la Grande-Bretagne tout comme les États-Unis ont créé et renforcé les règles et normes de l'ordre économique libéral international (Gilpin, 1981 : 144). De ce point de vue, la **coopération** et l'interdépendance ne sont cohérentes que si elles sont organisées autour d'une hégémonie (Kebadjian, 1999).

En ce début de siècle, Gilpin comme Krasner (et contrairement à Strange, Huntington ou Gill), considèrent que l'on ne peut plus parler des États-Unis comme étant le seul hégémon et qu'il faut admettre que la santé économique et les ambitions nationales de multiples États dominants sont les forces motrices qui déterminent les caractéristiques politiques et économiques de l'économie globale (Gilpin, 2000 : 51). Selon eux, comme les fondements politiques nécessaires à la stabilité sont fragilisés par le déclin de l'hégémon, il faut s'attendre à ce que le capitalisme globalisant se trouve menacé et coure le risque de disparaître. Pour d'autres, plus nuancés, cette hégémonie peut être divisée au niveau de la triade États-Unis–Japon–Europe sur le plan économique (Kebadjian, 1999), mais ce n'est qu'à partir de bases sociopolitiques américaines, soit les plus « solides », que l'ouverture des marchés est possible.

Par ces lectures structuralistes, comme le soulignent de nombreuses critiques, la théorie de la stabilité hégémonique ne se penche pas sur le sort des États faibles et ne tient pas compte des conséquences idéologiques qu'implique l'existence d'une hégémonie en relations internationales.

C'est en partie en réponse à cela que certains théoriciens **libéraux**, pour lesquels l'hégémonie demeure le seul moyen de mener les États du système à coopérer et donc qui encouragent l'aspect normatif de la théorie de la stabilité hégémonique, proposent que l'hégémon prenne le leadership à un niveau global et remplace ses objectifs quantitatifs par des visées qualitatives (Modelski, 1987 : 223-224). La réciprocité des gains entre les leaders et les États plus faibles est mise de l'avant dans cette analyse. Le leader veillera à déployer des efforts visant à diffuser les innovations technologiques, économiques et politiques, à dynamiser l'économie, à poursuivre l'intérêt général, à réduire les moyens de coercition et à encourager la démocratisation (Rapkin, 1990 : 248-54). La domination qui en découle est en quelque sorte souhaitée, elle devient « légitime » (Rapkin, 1990 : 52), puisqu'elle repose sur des éléments de consentement, d'idéologie et d'intérêts partagés par les « dominés » et non pas sur la simple puissance économique (ou militaire). Par l'institutionalisation de cette subtile domination et par le pluralisme que cela implique, l'idéal kantien de la **paix démocratique** devient atteignable.

Finalement, par son hypothèse centrale qui veut que les acteurs poursuivant l'**intérêt national** (ou général) aient la capacité de modifier ou d'influencer l'ordre mondial, la théorie de la stabilité hégémonique s'avère moins déterministe que les théories **réaliste** classique et même **néoréaliste**. Par ailleurs, parce qu'elle ne cherche pas à établir une synthèse des facteurs économiques *et* politiques, parce qu'elle met de côté l'analyse des processus de décision et des structures politiques liées à la définition de l'intérêt et parce qu'elle néglige d'expliquer l'existence d'inégalités entre les acteurs, la théorie use tout autant de parcimonie que le réalisme ; elle évite d'ouvrir la boîte noire qu'est l'État et d'analyser le rôle des détenteurs du pouvoir impliqués dans l'exercice du leadership hégémonique, pour se limiter à expliquer et à prédire en quoi celui-ci est souhaitable, voire nécessaire, sur le plan structurel. Par opposition à ces approches rationalistes et fortement normatives, les théoriciens néomarxistes critiquent la théorie de la stabilité hégémonique et reprennent le concept gramscien d'hégémonie pour dénoncer plus radicalement les aspects de domination, d'exploitation, de coercition et d'inégalité qu'il sous-tend (voir **Hégémonie**).

Chantal Robichaud

STATO-CENTRÉE

State-centered

Terme qui se réfère à toute approche théorique en **Relations internationales** qui met l'État au centre de son **ontologie**, notamment le **réalisme**, le **néoréalisme** et le **néolibéralisme**.

STRATÉGIE

Strategy

> L'art de la guerre concerne l'étude de la vie et des forces morales (Clausewitz [1832] 2006).

Par sa position intermédiaire, en amont de la tactique mais toujours en aval du politique, la stratégie est conceptualisée de façon variable au gré des époques et des régions du monde. Dans son acceptation contemporaine élargie, la stratégie s'intéresse à l'ensemble des moyens disponibles dans un contexte où l'occurrence de la violence n'est pas exclue afin d'atteindre un objectif politique. À l'instar de la définition consacrée qu'en offre Clausewitz ([1832] 2006), la définition classique de la stratégie se concentre presque exclusivement sur l'utilisation des moyens militaires en vue d'atteindre un objectif au sein d'une guerre : « l'utilisation de la bataille comme moyen en vue d'atteindre l'objectif de la guerre ». La stratégie ne se limite pas aux seules techniques militaires puisqu'elle s'intéresse également à la guerre comme un phénomène politique : « la continuation de la politique par d'autres moyens » selon le fameux axiome de Clausewitz.

Le mot stratégie provient du terme grecque *strategos*, qui signifie l'art des généraux. Notons que le concept de stratégie est parfois utilisé de façon interchangeable avec celui de tactique. La tactique se réfère toutefois plus précisément aux moyens militaires choisis pour atteindre des objectifs stratégiques. Subalterne à ces derniers, la tactique se réduit donc à la conduite d'une bataille, limitée dans le temps et l'espace, en fonction des plans stratégiques et des circonstances particulières.

D'entrée de jeu, il fait généralement consensus qu'un certain déterminisme technologique demeure indéniable, en ce qui a trait à la stratégie. Le développement des armes, des communications, de la logistique influe sur les possibilités d'action. Les moyens techniques existants sont autant d'outils et de contraintes pour le stratège. Dans sa taxonomie des guerres, John Keegan (1994) expose les relations complexes qu'entretiennent changements technologiques et bouleversements stratégiques (Baylis *et al.*, 1987 ; Wyn Jones, 1999). Pour Toffler et Toffler (1994), c'est l'émergence des économies agraires, industrielles et de l'information qui est à l'origine de transformations stratégiques majeures. S'inspirant des écrits soviétiques des années 1980 sur le sujet, Krepinevich (1994) identifie plutôt des révolutions technico-militaires divisant l'histoire militaire en différents régimes technico-militaires ayant une incidence directe sur la pensée stratégique et les **doctrines stratégiques**. L'ajustement entre l'évolution technologique et les concepts stratégiques changeants représente donc une problématique prédominante pour les théoriciens de la stratégie.

Par ailleurs, il est maintenant généralement accepté que la rationalité qui soutient la stratégie est elle-même enracinée au sein des sociétés qui la pensent ; elle se matérialise conjointement à l'idéologie, la religion, les traditions, les problèmes et l'organisation politique de cette dernière (Chaliand, 2001 ; Hanson, 2001 ; Teschke, 2002 ; Tilly, 1992). La stratégie demeure donc un concept hautement dépendant de sa société, de son contexte historique et du courant théorique duquel elle émerge. Les tentatives des stratèges classiques de figer une définition universelle et d'en poser les lois furent donc inévitablement limitées dans leur portée historique.

Dans cette ligne de pensée, Philip Bobbitt (2002) propose une analyse pluridisciplinaire des influences sur la stratégie provenant de l'évolution technologique et des formes d'organisation sociale. Dans une perspective sociohistorique, il retrace les transformations des interactions de la triade formée par la stratégie, le droit et la légitimité. Triade qui structure l'avènement, le cours et la forme des principales guerres de l'histoire occidentale récente.

La stratégie classique

La pensée stratégique classique se réfère à une définition restreinte de la stratégie correspondant presque uniquement aux seules opérations militaires : « L'art de distribuer et d'appliquer des moyens militaires pour atteindre les objectifs de la politique », disait Liddell Hart (1999) sur les traces de Clausewitz. Cette vision est aujourd'hui généralement considérée obsolète compte tenu de la complexification des rapports stratégiques en temps de guerre comme en temps de paix.

La stratégie classique fut l'objet d'une ample littérature. Bien que l'exhaustivité ne soit certes pas possible, plusieurs ouvrages synthétiques posent un regard intéressant sur les différentes époques et régions du monde qui laisseront des traces de leurs conceptions et utilisations de la stratégie (Chaliand, 2001 ; Shultz et *al.*, 1993 ; Earle, 1980 ; Coutau-Bégarie, 1999). Toutefois, le travail de Colin S. Gray permit une certaine revitalisation de l'intérêt pour la stratégie au sens classique. Ce dernier propose des ouvrages sur la nature et les buts de la stratégie (1996), son évolution (1999) ainsi que ses liens avec l'histoire (2006) ou la technologie (2003). Dans le but de résumer les principaux courants et les penseurs les plus marquants de la stratégie occidentale, il est possible d'avancer que la pensée stratégique classique se divise essentiellement en trois écoles : l'école continentale, l'école navale et l'école aérienne auxquelles s'ajoute l'école révolutionnaire sous plusieurs réserves.

Les écoles continentale, navale et aérienne

La plus développée et la plus ancienne, l'école continentale, est associée aux penseurs stratégiques les plus influents. Cette école est usuellement divisée entre les stratèges de la guerre directe (ou offensive) tels que Henri de Jomini (1779-1869) et Carl von Clausewitz (1780-1831) et ceux de la guerre indirecte (ou défensive) dont Sun Tsu (IVe s. av. J.-C.), Thomas Edward Lawrence dit « Lawrence d'Arabie » (1885-1935) et Basil Liddell Hart (1895-1970).

Se situant dans la tradition de la guerre « à but absolu », les idées de Clausewitz sont sans conteste parmi celles qui marqueront le plus profondément la pensée stratégique occidentale. Dans son œuvre *De la guerre*, il définit la stratégie comme « la théorie relative à l'usage des combats au service de la guerre ». Clausewitz a laissé une marque si importante, car il ne se limite pas à énumérer différents conseils aux généraux. Il s'intéresse à la nature de la guerre et à ses implications sur la stratégie. Certains parleront d'une philosophie de la guerre. Jomini est un autre stratège extrêmement influent. Il met cependant l'accent sur la tactique, la manœuvre et l'opérationnalisation de la guerre. Jomini est moins un théoricien du phénomène « guerre » et, de façon plus concrète que Clausewitz, il énonce des règles dans la conduite de la stratégie. *L'art de la Guerre* de Sun Tsu est une référence inévitable aux fondements de la tradition stratégique indirecte incorporant l'usage de la ruse et de l'action psychologique limitant d'autant l'importance du choc et de l'affrontement frontal.

L'école navale est plus récente et est liée au développement de la marine militaire moderne (Reynolds, 1974 ; Potter, 1981 ; Coutau-Bégarie, 1985 ; Marder 1961-1971). L'amiral américain Alfred Thayer Mahan (1840-1914) est le stratège incontournable de cette école. Il propose le concept de *seapower* puis sa relation au commerce et aux colonies. Son œuvre représente essentiellement une application de la géopolitique à la mer.

L'école aérienne est marquée par deux principaux courants. L'un propose une utilisation limitée et complémentaire de la force militaire aérienne aux offensives terrestres. L'Américain Mitchel (1879-1936) et le Britannique Trenchard (1873-1936) en sont les principaux représentants. Le Soviétique Seversky (1894-1974) et l'Italien Douhet (1869-1930) seront les auteurs les plus influents du second courant qui propose, au contraire, une utilisation massive des bombardements aériens afin d'anéantir le moral et les infrastructures ennemis. Les bombardements de la Deuxième Guerre mondiale permettent d'apprécier l'étendue et la gravité des conséquences sur les civils du rôle stratégique de la puissance aérienne.

Les guerres napoléoniennes marquent le début des guerres entre **nations**. Toutefois, c'est au cours de la première moitié du XXe siècle que la pensée stratégique classique conçoit (et réalise) des formes d'affrontements dits « totaux ». La continuation du politique par une violence portée à l'extrême de Clausewitz ou les bombardements de civils pour briser la volonté ennemie de Douhet s'y matérialiseront dans un niveau de violence inégalé (voire absurde) caractérisant les deux guerres mondiales.

À la fin de la Seconde Guerre mondiale, la prise de conscience des dangers d'une conception purement instrumentale de la stratégie, pour certains, et l'avènement de l'arme nucléaire, pour d'autres, provoqueront des questionnements théoriques amenant des renouvellements de la stratégie. Face à la complexité des ramifications théoriques de la stratégie contemporaine, la vétusté de l'unité des questionnements des stratèges classiques occidentaux quant à l'utilisation optimale de la force militaire est aujourd'hui plus patente que jamais.

La stratégie et l'école révolutionnaire

Avant de nous tourner vers les développements contemporains de la stratégie conventionnelle, il importe de nous pencher sur l'école révolutionnaire de la stratégie qui eut une influence importante au cours du XXe siècle. À juste titre, des penseurs de la stratégie indirecte sont souvent associés à « l'école révolutionnaire ». On retrouve des traces de guerres de **guérilla** remontant à la résistance aux campagnes napoléoniennes, aux guerres du Péloponnèse ou même à la Chine ancienne.

L'école révolutionnaire est pourtant difficilement classifiable au sein de la stratégie classique. En effet, elle rompt sur plusieurs aspects avec la conception presque exclusivement militaire de la stratégie classique. Cet élément entraîne John Baylis à parler d'un problème de « commensurabilité » entre la forme classique de la guerre de guérilla et sa nature contemporaine (Baylis et *al.*, 1987 : 211). S'il est vrai que la stratégie révolutionnaire contemporaine peut user de la guerre de guérilla, cette dernière se réfère toutefois essentiellement aux tactiques militaires et paramilitaires d'usage dans une guerre irrégulière. Au sens strict, la guerre de guérilla est donc couverte par certains stratèges classiques tel que Sun Tsu.

La stratégie révolutionnaire rompt toutefois avec les référents essentiellement dynastiques et étatiques de la stratégie qui ne visent qu'une nouvelle répartition du pouvoir, du territoire ou des ressources. La stratégie révolutionnaire s'intéresse plutôt aux luttes infra/transétatiques visant des transformations qualitatives de l'organisation sociopolitique.

Au sein des approches révolutionnaires, ne mentionnons que la plus importante historiquement : l'approche stratégique **marxiste**. Elle fait son apparition au XIXe siècle sur la base du concept de lutte de classe. L'approche marxiste partage l'**épistémologie positiviste** et se fonde sur un déterminisme historique marqué, afin de prescrire des stratégies visant une transformation inévitable de la structure sociale du capitalisme vers le socialisme.

En Russie, Vladimir Ilitch Oulianov, dit Lénine (1870-1924), pensa les tâches d'une armée révolutionnaire ainsi que sa relation au gouvernement révolutionnaire dans la mobilisation des ouvriers russes. Lecteur de Clausewitz, Lénine écrira que « l'insurrection armée est une forme particulière de la lutte politique ». Lev Davidovitch Bronstein, dit Trotsky (1879-1940), pratique un mélange des préceptes indirects et directs classiques et de la **guerre révolutionnaire** dans l'organisation de l'Armée rouge fondée sur l'idéologie. En Chine, Mao Tse tung (1893-1976) propose des stratégies révolutionnaires basées sur la paysannerie et la guerre de guérilla (Schram, 1969).

Théoricien mais également stratège, Antonio Gramsci (1891-1937) incorporera au sein du questionnement stratégique révolutionnaire le rôle du consensus culturel et politique (l'**hégémonie**) face aux seules conditions dites objectives (Macciocchi, 1974). Gramsci théorise au niveau social l'importance stratégique du rôle de l'intellectuel et de l'information (guerre de position) en parallèle à l'affrontement armé (guerre de mouvements).

Stratège et tacticien des foyers révolutionnaires en Amérique latine, Ernesto Guevara dit le Che (1928-1967) saisit la dimension intrinsèquement idéologique de la guerre de guérilla au XXe siècle : « La caractéristique positive de la guerre de guérilla est que chacun des combattants guérilleros est prêt à mourir non seulement pour défendre une idée mais pour faire de cette idée une réalité. C'est là l'essence de la guerre de guérilla. » Tout comme certains des stratèges contemporains, les stratèges révolutionnaires du XXe siècle se distinguent des classiques en élargissant et en étendant les considérations de la stratégie aux relations sociales de pouvoir, à l'idéologie et à la culture.

Stratégie contemporaine

Bien que la stratégie classique demeure une source d'inspiration et de référence importante au sein des études stratégiques, c'est davantage au sein de la théorie **réaliste** des Relations Internationales (RI) que la stratégie conventionnelle prend ses fondements durant la seconde moitié du XXe siècle. Durant cette période, connue comme l'âge d'or de la stratégie, la discipline des RI et les études stratégiques en viennent presque à se confondre sous une théorisation réaliste des rapports interétatiques essentiellement compris en termes de **puissance** militaire (surtout nucléaire).

À partir de la fin des années 1940, la stratégie devient progressivement une affaire de civils. Principalement aux États-Unis, des universitaires de plusieurs domaines (historiens, politologues, économistes, physiciens, mathématiciens, etc.) analyseront la stratégie sur la bases de différentes techniques (empirisme, rationalisme, systémisme, **théorie des jeux**, etc.).

Avec l'avènement de la **bipolarité** nucléaire et de l'intensification de la **Guerre froide**, la **dissuasion** nucléaire et les armements sont au centre des débats qui demeurent plutôt restreints (Kaufmann, 1956 ; Kissinger, 1958 ; Snyder, 1961 ; Schelling, 1980 ; Freedman, 1983 ; Baylis et *al.*, 1987). Les principales stratégies et doctrines conçues à cette époque se concentrent sur la bombe : la « destruction mutuelle assurée » (MAD), le « Brinkmanship », la dissuasion, les réponses dites « générales », « limitées », « flexibles » ou « contrôlées ». Kenneth Waltz (1977), fondateur du **néoréalisme**, en pousse la logique à l'extrême en se faisant l'apôtre de la prolifération de l'arme nucléaire, en affirmant que « plus pourrait être mieux ».

À la suite de leur incorporation grandissante au sein de la discipline des RI, Buzan (1987) propose de démarquer les **études stratégiques** et les **études de sécurité** en incluant les premières comme sous-champ au sein des secondes. La stratégie y demeure donc à la traîne des principaux débats paradigmatiques qui affectent plus en amont la notion de sécurité. L'application de la stratégie sur une échelle globale entraîne différentes approches théoriques à proposer une conception de l'ordre stratégique international en fonction de leurs **ontologies** respectives. Bien que certains critiques s'intéressent à cette question (Cox et Sinclair 1996), l'ordre stratégique international demeure un questionnement essentiellement réaliste et **libéral**.

Pour les réalistes (Morgenthau, 1948 ; Waltz, 1979 ; Gilpin, 1981 ; Modelski, 1987 ; Walt, 1987 ; Doran, 1991), un ordre stratégique international représente un état passager de non-guerre du **système international**. Son (dés)équilibre s'explique par le type et la configuration de la structure politico-militaire du système international. L'ordre stratégique y est donc déterminé dans le croisement d'un axe vertical (type d'ordre structuré selon la hiérarchisation du système) et d'un autre horizontal (configuration changeante de la distribution de la puissance et des menaces).

Du côté des approches libérales, l'ordre stratégique international est un sujet de préoccupation plus récent (Kehoane, 1989 ; Nye, 2006). Sur la base d'une vision élargie de la sécurité, les libéraux jugent la sécurité strictement militaire obsolète et élargissent leur appréciation stratégique interétatique à d'autres objets tels que les institutions internationales, des facteurs internes à l'État et des acteurs infra/transétatiques (Kolodzeij, 1992). La proposition principale des libéraux est que le développement de régimes internationaux augmenterait l'interdépendance entre États et diminuerait par le fait même le risque d'affrontements et de compétitions stratégiques.

L'interdépendance menant à un ordre international plus pacifique passe donc principalement par trois stratégies : la démocratisation des États, l'intensification du commerce international et la création et le renforcement d'organisations interétatiques (notamment dans le domaine de la sécurité par la création d'institutions internationales de sécurité [IIS]). La coopération résultante permettrait à terme de dépasser les dilemmes réalistes.

Mise à part cette appréciation d'un ordre stratégique global, la stratégie conventionnelle contemporaine considère différentes autres problématiques telles que l'histoire militaire, la pensée stratégique, la **défense**, les armements, les crises, les conflits, les liens entre conflit et économie, la sociologie militaire, les missions de paix, etc. La stratégie demeure donc un concept vivant et étudiée sous différents angles au sein et en dehors du paradigme hégémonique.

Contestations contemporaines et stratégie

Les deux théories prescriptives hégémoniques (libéralisme et réalisme) sont aujourd'hui à la source des formulations stratégiques visant à conserver l'ordre stratégique international. Au sein des approches critiques, le thème de la stratégie est beaucoup moins développé. Il se trouve tout de même dans des courants rejetant le conservatisme intrinsèque de l'ontologie rationaliste des propositions de stratégies visant à contester, plus ou moins radicalement, l'ordre actuel.

La remise en question de la réification des formes et acteurs du système international ouvre la voie à la formulation de stratégies contestataires pour le XXIe siècle. À ce stade, des critiques des discours ou des pratiques sécuritaires hégémoniques émanent de cette approche. Ce qui ne revient pas à dire que le paradigme hégémonique possède un monopole sur l'énonciation de la stratégie. En effet, la stratégie est refondée sur la base d'un point de départ normatif distinct chez certains critiques.

Le tournant réflexif de certaines approches théoriques en RI porte à croire en la possibilité d'un renouveau de la stratégie contestataire. Renouveau résultant de l'affirmation explicite des fondements normatifs de certaines approches critiques et de leurs programmes de recherche ouvertement prescriptifs. L'approche **féministe** questionne les aspects genrés de la guerre et de sa matérialisation (Enloe, 2000 ; Peterson, 1992). Pour les **néogramsciens**, les stratégies de construction d'un ordre alternatif dépendent des conditions matérielles de production contemporaines. Cette approche voit dans la guerre de position (positionnement stratégique d'intellectuels dans la société et mobilisation de la **société civile**) un moyen permettant, à long terme, de créer un groupe social conscient capable de défier et de remplacer le pouvoir dominant.

Aussi, la forme plus ou moins coercitive ou consensuelle de l'hégémonie en place occupe un rôle critique dans la planification de la réponse stratégique contre hégémonique (Gill, 1993, 2003 ; Cox et Schechter, 2002 ; Cox et Sinclair, 1996). Les études critiques de sécurité proposent notamment de formuler la sécurité en fonction d'une théorie de la sécurité fondée sur l'émancipation de l'humanité (remplaçant l'État comme objet de la sécurité). Booth (2007) propose un réalisme émancipateur affirmant la valeur instrumentale de la sécurité. À l'instar du discours hobbesien original, la sécurité ne s'y réduit pas à sa condition nécessaire : la survie. En effet, les stratégies émancipatrices visent également à rapprocher, le plus possible, la survie de la dignité en réduisant les déterminismes (peur, pauvreté, sexisme, racisme, etc.).

Quelques propositions originales émanent aussi des approches qui se veulent **antifondationnalistes**. Cet état de rareté n'est pas seulement dû à la relative jeunesse du corpus mais aussi à leur approche souvent non prescriptive. Tout de même, des auteurs foucaldiens dont Hardt et Negri (2001 ; 2004) ou Laclau et Mouffe (2001) se basent sur les importants apports **poststructuralistes** afin de proposer explicitement des stratégies de contestation. Hardt et Negri (2004) étudient la multitude comme agence contestataire et identifient la violence démocratique comme voie afin de s'opposer à la guerre libérale et à la terreur (Reid, 2006).

Laclau et Mouffe (2001) proposent de reconnaitre de manière non téléologique une pluralité des antagonismes (classe, genre, ethnicité, religion, etc.) au sein d'un double contexte plus large que les simples relations de production du marxisme orthodoxe. Double contexte formé, d'une part, par les relations sociales caractéristiques de la formation hégémonique de l'après-guerre. Et, d'autre part, par les effets du déplacement de l'imaginaire égalitaire constitué autour du discours démocratique et libéral vers d'autres sphères de la vie sociale.

En définitive, la stratégie, autant sous ses formes classiques que contemporaines, n'est certes pas un concept mort. Elle demeurera au centre des préoccupations des théoriciens et des stratèges cherchant à influer sur le monde conséquemment à leurs bases normatives explicites ou implicites, conservatrices ou contestataires.

Philippe Dufort

SYNTHÈSE NÉO-NÉO

Neo-Neo Synthesis

Pour la plupart des **positivistes**, le débat principal en théorie des **Relations internationales** depuis les années 1980 se passe entre **néoréalistes** et **néolibéraux**. Cependant, comme le démontre Ole Wæver (1997), les différences entre les deux approches sur les plans **épistémologique** et **ontologique** sont en fait si avancées qu'il faudrait plutôt parler de l'existence d'une *synthèse néo-néo*, c'est-à-dire d'un accord fondamental sur la façon de concevoir les Relations internationales, que d'un véritable débat en tant que tel. Cela dit, il est important d'établir les points principaux de convergence et de divergence entre ces deux courants pour apprécier jusqu'à quel point il serait permis de parler de la réalité de cette synthèse néo-néo. David Baldwin (1993), dans un ouvrage collectif où néoréalistes et néolibéraux s'expriment sur la question, tend à apporter des arguments en faveur de cette thèse quand il résume les différences essentielles qui les séparent de la manière suivante :

(a) Les deux considèrent que le **système international** est **anarchique**. Les néoréalistes prétendent que l'anarchie met des limites sur la **politique étrangère**, et que les néolibéraux sous-estiment l'importance de la survie comme l'objectif de tous les **États**, tandis que les néolibéraux accusent les néoréalistes de sous-estimer l'importance de l'**inter-**

dépendance internationale, de la **mondialisation** et des **régimes**.

(b) Les néoréalistes considèrent que la **coopération** entre États est difficile à atteindre et à maintenir, et dépend de la **puissance** des États, tandis que les néolibéraux pensent que la coopération est facile à atteindre dans des domaines où les États ont des intérêts mutuels.

(c) Ils se distinguent sur la question des **gains absolus et des gains relatifs**.

(d) Selon les néoréalistes, l'anarchie oblige les États à se préoccuper de la puissance relative, la **sécurité** et la survie dans un **système international** concurrentiel. Les néolibéraux se soucient plus du bien-être économique ou des questions d'**économie politique internationale** et d'autres problèmes non militaires.

(e) Les néoréalistes mettent l'accent plus sur les capacités que sur les intentions et les intérêts des États. Les néolibéraux mettent l'accent sur les intentions et les préférences des États.

(f) Les néolibéraux considèrent les régimes et les **institutions** comme des forces significatives dans les relations internationales. Selon les néolibéraux, ces derniers facilitent la coopération, tandis que les néoréalistes déclarent qu'ils ne font rien pour adoucir les effets contraignants de l'anarchie sur la coopération.

SYSTÈME INTERNATIONAL

International System

> Les systèmes internationaux sont l'aspect interétatique de la société à laquelle appartiennent les populations soumises à des souverainetés distinctes (Aron, 1984 : 113).

Un système est composé d'unités en interaction et manifeste des propriétés et un comportement différents de ceux des unités. En ce sens, un changement dans une unité ou dans les relations qu'elles entretiennent entre elles peut produire un changement ailleurs dans le système (Jervis, 1997 : 6). Le concept de système international réfère traditionnellement au système d'**États**, dont Aron donne cette définition : « J'appelle système international l'ensemble constitué par des unités politiques qui maintiennent entre elles des relations régulières et sont toutes susceptibles d'être impliquées dans une guerre générale » (Aron, 1984 : 103). Ainsi, cette notion implique l'existence d'interactions entre les États et suggère que le comportement de chacun est un facteur nécessaire dans le calcul des autres (Bull, 1995 : 9-10).

Le système international se distingue des systèmes nationaux par son principe d'organisation **anarchique** plutôt que hiérarchique, c'est-à-dire par l'absence d'un gouvernement central pouvant imposer une régulation des comportements des unités du système. Les différentes théories de **Relations internationales** divergent toutefois quant aux conséquences de cette anarchie pour le système international. Pour les **réalistes** et les **néoréalistes**, l'anarchie du système international entraîne une méfiance mutuelle entre les États et fait en sorte qu'on ne peut compter que sur soi-même. Pour les **institutionnalistes néolibéraux**, l'anarchie peut être encadrée par des **institutions internationales** qui favorisent la **coopération** dans le système international alors que les auteurs de l'**École anglaise** postulent plutôt l'existence d'une société internationale globalement régie par un certain nombre d'institutions (comme la diplomatie ou l'équilibre de la puissance) atténuant les conséquences de l'anarchie. Pour le **constructivisme** ainsi que plusieurs autres perspectives sociologiques, l'anarchie est plutôt un construit social et les États sont fortement, mais pas totalement, déterminés par la structure normative et institutionnelle du système international.

Pour les réalistes, la caractéristique première d'un système international est la configuration du rapport des forces. L'analyse du système portera donc sur les limites du système, sur le nombre d'**acteurs** (étatiques) et la répartition des forces entre eux et sur la situation de ces acteurs sur le plan géographique. Pour Aron, on détermine de façon plus pertinente l'appartenance d'un État au système international avec le critère de la participation politico-militaire (Aron, 1984 : 104). La configuration du rapport des forces peut prendre une forme unipolaire, bipolaire ou multipolaire.

> Quelle que soit la configuration, les unités politiques comportent une hiérarchie, plus ou moins officielle, déterminée essentiellement par les forces que chacune est supposée capable de mobiliser : à une extrémité les grandes, à l'autre les petites puissances… (Aron, 1984 : 107).

Pour H. Bull toutefois, le plus célèbre représentant de l'École anglaise, l'existence de moyens de communication entre deux États ou plus suffit à identifier les membres d'un système international (Bull, 1995).

Une autre caractéristique qui permet de différencier les systèmes internationaux est la nature des régimes des États qui en font partie. Ainsi, on distinguera les systèmes homogènes, dont les États partagent un ensemble de valeurs politiques, des systèmes hétérogènes, dont les États se réclament de valeurs contradictoires. L'homogénéité d'un système favoriserait sa stabilité, sa prévisibilité et la limitation de la violence, alors que les systèmes hétérogènes seraient plus favorables à l'occurrence de **guerres**. L'analyse réaliste des interactions entre les unités du système international a par ailleurs donné lieu à l'élaboration de la **théorie des jeux**, dont l'exemple le plus connu demeure le **dilemme du prisonnier**.

Kenneth Waltz, l'auteur central du courant néoréaliste, a amené la notion de *structure* à l'analyse du système international de l'école réaliste. Pour Waltz,

> [à] un niveau, un système est constitué d'une structure, et la structure est la composante de niveau systémique qui permet de concevoir les unités comme étant partie d'un ensemble plutôt que comme un simple agrégat. À un autre

niveau, le système est constitué d'unités interreliées. Le but de la théorie des systèmes est de montrer comment les deux niveaux fonctionnent et interagissent, et il est nécessaire pour cela de les différencier l'un de l'autre (Brecher, 1987).

D'autres approches théoriques mettent l'accent sur différentes caractéristiques du système international. Ainsi, les différentes approches **marxistes** insisteront sur l'effet structurant des rapports d'exploitation économique entre classes dominantes et classes dominées dans le système international, alors que les constructivistes considéreront plutôt la structure du système comme étant composée des **normes** et des **institutions internationales**. Selon les approches, on inclura également une multitude d'autres acteurs que les États dans l'analyse du système international, tels que les firmes transnationales, les **organisations non gouvernementales**, les **organisations internationales**, et l'on considérera différents domaines d'interaction (politique, militaire, économique et culturel).

Evelyne Dufault

SYSTÈME-MONDE, théorie du

World System Theory

> L'exploitation et le refus d'accepter l'exploitation comme inévitable ou juste constituent l'antinomie persistante de l'ère moderne. Elles sont jointes dans une dialectique qui est loin d'avoir atteint son point culminant durant le XXe siècle (Wallerstein, 1974 : 357).

La théorie du système-monde connaît son essor à la fin des années 1970 et au début des années 1980. L'historien des Annales, Fernand Braudel, et le sociologue Immanuel Wallerstein publièrent en 1979 des ouvrages fondamentaux pour son développement. Bien que la théorie du système-monde soit parfois associée presque exclusivement aux travaux de Wallerstein, principalement dans le monde anglo-saxon, les thèses de Braudel, et dans une moindre mesure de Giovanni Arrighi, seront également abordées ici. Sans nier l'importance des secondes, on mettra davantage l'accent sur leurs similitudes que sur leurs divergences.

La théorie du système-monde adopte une méthodologie holistique. Elle conçoit le système-monde comme la seule unité de comparaison valable en sciences sociales. Chez Braudel, cette position se trouve reflétée dans sa conception du temps et de l'espace. Pour l'historien français, le *tempo* de l'histoire a trois rythmes. *L'histoire événementielle* prend pour objet les structures du quotidien et correspond au temps individuel. *L'histoire conjoncturelle* prend pour objet l'interaction entre les individus et les structures économiques et politiques. Finalement, *l'histoire sur la longue durée* prend pour objet les transformations géographiques, démographiques et culturelles perceptibles seulement sur des siècles. Braudel, Wallerstein et Arrighi se méfient des **États**-nations comme unité d'analyse. Wallerstein, qui tient à faire d'un système social fermé sa principale unité d'analyse, affirme qu'il n'en a existé que deux variantes historiques : les micro-systèmes et les systèmes-mondes. Les premiers n'existant plus, il se penche sur le système-monde moderne.

Braudel distingue *l'économie-mondiale* des *économies-mondes*. Une économie-monde « ne met en cause qu'un fragment de l'univers, un morceau de la planète économiquement autonome, capable pour l'essentiel de se suffire à lui-même et auquel ses liaisons et ses échanges intérieurs confèrent une certaine unité organique » (Braudel, 1979c : 14). Cette unité organise de façon cohérente un ensemble d'espaces économique et politique, et trois règles tendancielles en résument l'organisation. L'espace qu'elle occupe doit varier lentement. Il doit être dominé au centre par une ville capitaliste (Braudel, 1979c : 18), et ses diverses zones sont hiérarchisées en une configuration spatiale où l'on retrouve des régions secondaires développées et d'énormes marges extérieures. L'économie-mondiale, quant à elle, s'étend

> à la terre entière ; elle représente « le marché de tout l'univers », « le genre humain ou toute une partie du genre humain qui commerce ensemble et ne forme plus aujourd'hui, en quelque sorte, qu'un seul marché » (Sismondi cité dans Braudel, 1979c : 14).

Une économie-monde est structurée par une *division du travail*, mais la théorie du système-monde critique la conception néoclassique de ce concept. La division internationale du travail, explique Braudel,

> n'est pas le fruit de vocations qui seraient « naturelles » et iraient de soi, elle est un héritage, la consolidation d'une situation plus ou moins ancienne, lentement, historiquement dessinée. La division du travail à l'échelle du monde (ou d'une économie-monde) n'est pas un accord concerté et révisable à chaque instant entre partenaires égaux. Elle s'est établie progressivement comme une chaîne de subordinations qui se déterminent les unes les autres. L'échange inégal, créateur de l'inégalité du monde, et, réciproquement, l'inégalité du monde, créatrice obstinée de l'échange, sont de vieilles réalités (Braudel, 1979c : 46).

Cette *division internationale du travail* s'organise sous la forme de la domination d'une zone périphérique par une zone centrale. L'appropriation des surplus des États de la périphérie par ceux du centre est la dynamique principale permettant la reproduction de cette domination. Cette dernière adopta plusieurs formes historiques : le pillage, l'échange inégal et les politiques d'ajustements structurels. Une des nouveautés de la théorie du système-monde par rapport à celle de la **dépendance** est le concept de semi-périphérie qui vient désigner une zone se situant à plusieurs égards entre les deux autres zones. Wallerstein précise que

> certaines de ces zones ont été des zones du centre à un moment antérieur d'une économie-monde donnée. D'autres ont été des zones périphériques qui subirent une promotion en raison des changements géopolitiques d'une économie-

monde en expansion (Wallerstein, 1974 : 349-350).

Il met l'accent sur le rôle clé de la zone semi-périphérique en ce qu'elle vient lubrifier et donner une certaine mobilité à la dynamique de domination entre le centre et la périphérie, en plus de donner une apparence plus souple et plus mobile aux rapports de domination. Wallerstein critique également la conception **marxiste** du capitalisme qui situe la spécificité des relations sociales capitalistes dans la nécessité pour le travailleur de vendre sa force de travail. Braudel, quant à lui, définit le capitalisme en outre comme « une accumulation de **puissance** (qui fonde l'échange sur un rapport de force autant et plus que sur la réciprocité des besoins) » (Braudel, 1979b : 8). Wallerstein soutient que le capitalisme « n'implique pas seulement l'appropriation de la plus-value par un propriétaire aux dépens d'un travailleur, mais l'appropriation de surplus de l'ensemble de l'économie-monde par les États du centre » (Wallerstein, 1979 : 18-19). Il reproche aux marxistes de tenter de comprendre dans un cadre national une dynamique qu'il aborde à une échelle globale. C'est ce qui mène Wallerstein et Braudel à considérer certains problèmes, comme celui des stades de transition des modes de production, comme de faux problèmes. Une économie-monde capitaliste repose nécessairement, selon eux, sur la coexistence des modes de production.

Un désaccord oppose Braudel et Wallerstein sur la question de l'origine du capitalisme. Selon le second, la spécificité à l'origine du système-monde européen est la présence persistante d'une économie-monde qui ne se transforma jamais en empire et donna naissance à une division « internationale » du travail. L'absence d'une autorité politique centralisée permit au capitalisme de prendre son essor parce que « le capitalisme comme mode économique est basé sur le fait que les facteurs économiques opèrent au sein d'une arène plus large que celle que les entités politiques sont en mesure de contrôler » (Wallerstein, 1974 : 348). Historiquement, les États du centre accédèrent à une position privilégiée du fait qu'ils orientèrent leur économie sur l'élevage et les produits manufacturiers. Puis, ils jouèrent l'équilibre entre libre-échange et protectionnisme à leur avantage. Selon Wallerstein, l'émergence du capitalisme et de l'économie-monde européenne date de 1557, année où Charles Quint et les prétentions impériales des Habsbourg sont défaits. Braudel la date au XIIIe siècle en Italie (Braudel, 1979c : 56). On retrouverait même, selon lui, la présence d'éléments capitalistes, de marchés, ainsi que de capital marchand et financier dès les XIe et XIIe siècles (Braudel, 1979c : 783 ; Wallerstein, 1986).

La théorie du système-monde cherche à montrer comment les déplacements du centre de l'économie-monde européenne correspondent aux déplacements du centre du pouvoir politique au sein du système-monde moderne. Le cycle de la succession des puissances hégémoniques a donc une base matérielle. Braudel, Wallerstein et Arrighi ne s'entendent cependant pas sur le cycle économique qui détermine cette succession. Arrighi distingue les *cycles systémiques d'accumulation du capital* de la *tendance séculaire* et du *cycle de Kondratieff* auxquels Braudel et Wallerstein accordent beaucoup d'importance. Selon Arrighi (1994 : 7), « le cycle des prix séculaire et le cycle systémique d'accumulation du capital sont complètement désynchronisés ». Seuls les derniers sont, selon lui, des phénomènes proprement capitalistes et permettent l'étude de « la succession des régimes à travers lesquels l'économie-monde capitaliste s'est étendue » (Arrighi, 1994 : 10).

Du côté de la **sociologie historique**, Skocpol se livra à une critique en profondeur de la méthodologie de Wallerstein. Elle critiqua particulièrement son choix du système-monde comme principale unité d'analyse (Skocpol et Somers, 1980). Tilly, quant à lui, soutient que Wallerstein sous-estime le rôle joué par la **guerre** dans la formation des États européens (Tilly, 1992). Les néomarxistes adressèrent également des critiques à cette théorie qui portèrent d'abord sur l'accent mis sur la sphère de la circulation au détriment de celle de la production (Brenner, 1977 ; Wood, 1999, 2000). Ces critiques doutent que le mode d'extraction des surplus procède davantage du système-monde que des luttes de classes concrètes. D'autres critiques s'élevèrent contre la conception des classes sociales de Wallerstein (Brewer, 1987 ; Gerstein, 1983) qui assimile parfois l'esclavage, le servage et la nécessité pour le travailleur de vendre sa force de travail à plus ou moins la même relation sociale, c'est-à-dire l'exploitation. On lui reprocha également de présenter, dans un texte ambigu, le concept de *classe* comme pratiquement interchangeable avec celui de *race* (Wallerstein, 1979). Dans l'ensemble, c'est le critère proposé par cette théorie pour définir la spécificité du capitalisme qui a été le plus sévèrement remis en question.

Frédérick Guillaume Dufour

TERRORISME

Terrorism

> Ce qu'on appelle terrorisme semble donc dépendre du point de vue de celui qui emploie le terme. L'usage du mot implique un jugement moral ; et si l'une des parties réussit à attacher l'étiquette terroriste à la partie opposée, c'est qu'elle est indirectement parvenue à persuader les autres d'adopter son point de vue moral (Jenkins, 1980).

Le phénomène du terrorisme occupe aujourd'hui une place prééminente dans le champ des **relations internationales** et de la **sécurité**. Longtemps cantonnée aux couvertures des médias et aux œuvres de fiction, objet d'un intérêt variable – selon les États et les époques – et instrumental de la part des gouvernants, la notion de terrorisme est désormais omniprésente dans le milieu de la recherche universitaire.

Phénomène ancien, dont certains auteurs font remonter les traces à la secte des Zélotes au premier siècle de notre ère, le terrorisme contemporain s'est, quant à lui, progressivement transformé à l'ombre de la **Guerre froide** (Laqueur, 2002 ; Chaliand et Blin, 2004). Manifestation emblématique de l'idéologie révolutionnaire d'extrême gauche en Amérique latine et en Europe après la Seconde Guerre mondiale, le terrorisme s'est internationalisé et étendu, dans les années 1970 et 1980, à d'autres types d'organisations notamment religieuses, comme au Proche-Orient.

Si les premiers stigmates de cette métamorphose ont rapidement marqué l'imaginaire populaire et, dans une certaine mesure, celui des gouvernants, c'est suite à l'effondrement du bloc soviétique et dans le cadre de la reconfiguration de l'ordre sécuritaire post-Guerre froide que le terrorisme accède véritablement au rang de « nouvelle » menace. Un funèbre statut que les attentats du 11 septembre 2001 achèveront de confirmer en l'enracinant durablement à l'ordre du jour international.

Alors que l'analyse de ce phénomène n'avait, jusque-là, suscité que de rares débats théoriques – à tout le moins, en comparaison de ceux qui animaient traditionnellement la discipline encore majoritairement centrée sur les figures classiques de l'insécurité (menace soviétique, **guerre**, **armes de destruction massive**, etc.) –, la littérature sur le sujet a connu un essor considérable. Force est cependant de constater que cet attrait légitime n'a pas réellement contribué à dissiper la confusion entourant depuis l'origine l'utilisation de ce concept qui s'apparente, à maints égards, à un « concept essentiellement contesté », c'est-à-dire une notion polysémique dont l'usage et l'interprétation sont contestés en permanence en raison du caractère éminemment politique qu'elle revêt (Gallie, 1956/1962).

D'emblée, il est essentiel de souligner qu'en tant qu'objet d'étude, le terrorisme se prête difficilement aux exigences de la recherche universitaire. Le manque de sources et de données fiables (souvent divergentes sinon contradictoires) sur le sujet et la difficulté pour y accéder constituent des obstacles méthodologiques de taille qui compliquent l'analyse du phénomène (Gagnon, 2006 ; Silke, 2004). Une situation qui s'explique notamment par le caractère clandestin des activités terroristes, mais aussi par la réticence des autorités gouvernementales à fournir des informations au motif que celles-ci relèvent de la **sécurité nationale**.

Dès lors, la majeure partie de la littérature évacue les sources primaires et s'appuie sur des sources secondaires provenant des médias ou d'ouvrages et articles déjà publiés (Schmid et Jongman, 2005). Le risque, d'un point de vue méthodologique, étant alors la constitution d'un champ d'étude fortement autoréférentiel et fonctionnant en vase clos (Silke, 2004) qui ne parviendrait pas à insuffler à ce concept la vitalité heuristique dont il a pourtant besoin.

Au-delà de ces problèmes méthodologiques, c'est surtout sur le plan théorique que l'étude du phénomène rencontre les difficultés les plus sérieuses. Parmi celles-ci, la question de la définition, étape cruciale de toute entreprise de théorisation, reste assurément, à ce jour, l'un des défis les plus importants lancés aux auteurs qui ont tenté de rendre le concept de terrorisme opératoire. Non seulement il n'y a jamais eu de consensus sur une définition du terrorisme, mais la probabilité d'y parvenir un jour est sans doute illusoire (Brown, 2002 ; Jenkins, 1980).

En effet, l'usage du mot renvoyant à un jugement de valeur, il est difficile d'établir une définition sur la base de seuls critères objectifs. Si certains de ces critères, tels que la nature violente de l'acte ou les moyens mis en œuvre, ne semblent pas poser de problèmes insurmontables, d'autres, comme l'appréciation de sa finalité et des objectifs politiques de son auteur, sont en revanche empreints de subjectivité. Cette appréciation de l'acte terroriste est d'autant plus délicate que celui-ci se distingue d'autres formes de violence politique précisément par son manque – son déni – de légitimité. La définition du terrorisme politique se heurte à un obstacle majeur en raison de la charge émotionnelle négative que la notion revêt (Sommier, 2000). En définitive, le caractère subjectif et normatif du phénomène terroriste augure mal de la possibilité d'aboutir à une définition consensuelle de la notion.

De ce point de vue, on serait tenté de dire qu'il en va du concept de terrorisme comme de celui de **nation**, c'est-à-dire qu'il doit être compris non pas en tant que catégorie d'analyse mais en tant que catégorie pratique, à savoir un instrument à caractère idéologique utilisé au sein de pratiques sociales spécifiques et destiné à promouvoir implicitement les intérêts de ceux qui s'en réclament (Brubaker, 1996). Un constat partagé implicitement par Laqueur (1987 : 149-150) lorsqu'il conclut :

> Quand bien même il existerait une définition objective du terrorisme, qui ne ferait intervenir aucune valeur et engloberait tous ses aspects et caractéristiques majeurs, il y en aurait encore qui la rejetterait pour des raisons idéologiques.

Compte tenu de cet obstacle définitionnel, il est aisé de contester la valeur analytique de la notion. Un « concept fourre-tout » qui, s'il « doit désigner [...] toutes les activités politiques ayant recours aux violences extrêmes, cesse d'être un concept utile à l'analyse stratégique » (Joxe, 1996). Faut-il, dès lors, en conclure qu'il serait préférable de l'abandonner ?

S'il apparaît difficile de réconcilier ou même de concilier les différents points de vue, ce qui se traduit entre autres par la difficulté de mettre en dialogue les disciplines s'intéressant au phénomène (science politique, sociologie, criminologie, psychologie, etc.), il importe de ne pas perdre de vue que le terrorisme reste, avant tout, un type particulier d'activité, un processus de violence politique.

Dès lors, tant qu'elle recouvrira une signification pour les acteurs qui y recourent, qu'il s'agisse de ceux qui se voient affubler du label infamant ou de ceux à qui elle sert de justification pour élaborer et conduire des politiques antiterroristes, l'usage politique et idéologique de la notion de terrorisme constituera une donnée significative susceptible d'être étudiée dans le champ des relations internationales et de la sécurité. L'objectif consiste alors moins à faire du terrorisme un concept univoque qu'à proposer des outils permettant d'améliorer notre compréhension du phénomène.

Pour ce faire, il semble utile de faire une synthèse des différentes approches qui ont abordé la question avant de tenter d'ouvrir quelques pistes de réflexion.

Un premier type d'approche de la notion de terrorisme relève du droit positif et s'appuie sur des définitions du phénomène que l'on peut qualifier de « légales ». Elles se retrouvent, d'une part, dans les ordres juridiques internes des États qui tentent de « judiciariser » – en fait de criminaliser – le phénomène auquel ils sont confrontés. Elles sont, d'autre part, présentes au niveau du régime juridique international qui fait l'objet de tentatives d'harmonisation afin de répondre à un phénomène qui s'est lui-même internationalisé.

Bien que les juristes aient fait un effort remarquable pour tenter de clarifier la notion de terrorisme, il n'existe pas, à ce jour, de définition universellement acceptée (Hugues, 2003). D'un côté, les instances gouvernementales se dotent de définitions propres – qui peuvent varier fortement en fonction des mandats et des intérêts spécifiques de chaque institution, comme en atteste la pluralité des définitions adoptées par les différentes agences gouvernementales américaines – qui traduisent souvent des préoccupations nationales. Si les institutions internationales semblent mieux à même de parvenir à une définition consensuelle, leurs définitions recouvrent également des objectifs spécifiques et sont surtout le fruit de compromis *a minima* entre des États qui veillent à conserver leur marge de liberté dans la définition – et la répression – du phénomène.

C'est ainsi que les premières conventions internationales sur le terrorisme privilégiaient, par exemple, une conception s'appuyant exclusivement sur la nature criminelle de l'acte. Leur souci d'inclure les actes terroristes dans le droit commun a conduit les législateurs à évacuer la dimension politique du phénomène. La tendance juridique actuelle accorde une place plus importante à la finalité politique de l'acte terroriste (*Terrorism Act 2000*, Proposition de la Commission européenne en 2001, etc.).

Le problème majeur de cette conception réside dans l'interprétation de l'acte lui-même. Peut ainsi être qualifiée de terroriste, moyennant certains actes dont la définition demeure imprécise, toute personne susceptible de « gravement déstabiliser ou détruire les structures fondamentales politiques, constitutionnelles, économiques ou sociales d'un pays ou une organisation internationale » (Décision-cadre du Conseil européen relative à la lutte contre le terrorisme, 2002).

Outre les risques de dérives qu'une telle conception comporte pour les libertés publiques, cette définition s'appuie sur une acceptation beaucoup trop large et vague de l'acte terroriste pour être véritablement utile à l'analyse. Il convient alors de se pencher sur les définitions plus résolument politiques du phénomène.

Dans leur ouvrage, *Political Terrorism : A New Guide to actors, Authors, Concepts, Data Bases, Theories and Literature*, Schmid et Jongman (2005) recensent une centaine de définitions du terrorisme et analysent les concepts cooccurents entourant la notion. Parmi ces derniers, la nature violente et l'objectif politique de l'acte sont les deux éléments les plus fréquemment cités. Bien que nécessaires, ces critères apparaissent cependant insuffisants pour véritablement appréhender le phénomène. Il faut y ajouter un troisième élément, à savoir une réflexion sur la légitimité (Chocquet, 2003 : 78 et suiv.). Il semble ainsi possible d'identifier trois critères principaux au fondement de tout acte terroriste : la nature violente de l'acte, son objectif politique et l'appréciation négative ou « délégitimante » de cet acte (Huberson, 2002).

La violence constitue le premier critère de définition du terrorisme (Schmid et Jongman, 2005). À cet égard, il existe sans doute une forme objective du terrorisme qui se caractérise par des techniques plus ou moins spécifiques, dont l'utilisation de bombes dans un lieu public ou le détournement d'avion sont souvent considérés comme des marques de fabrique indiscutables, au même titre que les attentats-suicides (Marret, 2000 ; Chaliand, 1999). Par ailleurs, ce recours à la violence se distingue au niveau de son caractère symbolique puisqu'il est destiné à instaurer un climat de peur et d'insécurité au cœur d'un territoire, d'une population ou d'institutions. La plupart du temps, la victime immédiate de l'acte terroriste n'est donc pas sa cible principale.

Cette différenciation victime/cible constitue une spécificité du terrorisme qui le distingue d'un acte de guerre légal ou d'un acte criminel ordinaire (Combs, 2003). Si cette violence s'inscrit le plus souvent dans la stratégie dite du « faible au fort », elle ne s'y réduit pas. Certains actes terroristes sont ainsi commandités ou parrainés par des États ou commis par des forces armées.

L'étude des formes et des stratégies spécifiques de la violence terroriste a incité un certain nombre de chercheurs à recourir à des approches psychosociologiques qui donnent des résultats particulièrement intéressants dans le cas, par exemple, du phénomène de kamikazat et des attentats-suicides (Hermant, 2006 ; Hoffman et McCormick, 2004).

Le second critère concerne la dimension politique du terrorisme. Compte tenu de la pluralité de ces motivations « politiques » (**nationalisme**, idéologie, religion, etc.), force est d'admettre qu'il n'existe pas un mais des terrorismes et qu'il serait sans doute préférable de recourir systématiquement à une notion plurielle (Bigo, 1986). La finalité de l'action terroriste demeure, avant tout, la contestation ou le changement politique ou social et, parfois, la déstabilisation ou la désagrégation du régime en place (Laqueur, 2003).

Cette dimension politique constitue l'un des arguments les plus souvent avancés par les tenants d'une séparation stricte entre terrorisme et **criminalité transnationale organisée**, l'objectif ultime de cette dernière restant la maximisation des profits, alors que l'affaiblissement de l'État n'est qu'un moyen parmi d'autres pour y parvenir. En pratique, cependant, il est parfois difficile d'opérer une distinction claire en raison de la criminalisation d'un certain nombre de groupes se livrant à la violence politique, par exemple dans le cas du « narcoterrorisme » (Chocquet, 2003).

Quoiqu'il en soit, le terrorisme s'approprie une parcelle du monopole de la violence « légitime » détenu par l'État afin de conquérir ou de modifier le pouvoir en place. À ce titre, il tend à se distinguer d'une autre forme de violence, celle de « terrorisme d'État », qui recouvre plusieurs situations allant de l'exercice de la « terreur » par un gouvernement sur son territoire à l'encontre de toute ou d'une partie de sa population – destiné le plus souvent à la stabilisation de structures politiques nouvelles ou fragiles – à un État qui organise ou parraine des actes terroristes. Si le terrorisme contemporain est fortement associé à des groupes subnationaux ou à des entités non étatiques, le caractère politique du terrorisme rappelle que celui-ci reste étroitement lié à l'acteur étatique, à qui l'on doit d'ailleurs l'origine étymologique de la notion qui désignait le régime de la terreur instauré par Robespierre sous la Convention.

Un lien entre État et terrorisme qui persiste aujourd'hui et se manifeste là où on ne l'attendait pas forcément. Comme l'écrit Marie-Claude Smouts à propos des conséquences du 11 septembre :

> Singulier paradoxe, la pratique terroriste qui émane d'acteurs non étatiques n'a pas marqué la victoire du transnationalisme sur l'État. Au contraire, le recours à la puissance publique apparaît comme le seul rempart contre la menace diffuse. L'État est mis au défi. Il en sort renforcé (2003 : 484).

« Pour certains, c'est un terroriste, pour d'autres, un combattant de la liberté. » Ce célèbre adage résume à lui seul une troisième dimension centrale, de loin celle qui pose le plus de problèmes pour l'analyse, au fondement du phénomène terroriste : la question de la légitimité. La notion de terrorisme ne saurait être neutre en soi et s'inscrit en permanence dans un conflit de légitimité entre l'État et le(s) groupe(s) dissident(s). « En un mot, si on est terroriste, c'est presque toujours aux yeux de l'autre » (Wieworka, 1990 : 15).

Ce conflit de légitimité ne se limite cependant pas aux seuls acteurs « directs » du conflit – les organisations terroristes et les pouvoirs publics – mais concerne également le reste de la société. « Chaque acteur cherche à se convaincre et à convaincre les tiers de la légitimité de l'usage de sa violence » (Bigo et Hermant, 1988 : 52). C'est dans cette perspective que la notion de « relation terroriste » prend tout son sens puisqu'elle met en scène un conflit de légitimité ayant pour enjeu l'adhésion du plus grand nombre, cette dernière devenant ainsi à la fois une spécificité de cette relation terroriste et un critère utile pour juger de la légitimité ou non de l'acte (Bigo et Hermant, 1988 ; Bigo, 2002).

Au cœur de cette relation triangulaire entre l'acteur terroriste, l'État et les tiers, le rôle des médias s'avère souvent déterminant, oscillant souvent entre information et propagande. Dans les sociétés modernes, marquées par le développement des moyens de communication et des technologies de l'information, la médiatisation du terrorisme devient à la fois une caractéristique et une condition de celui-ci (Wieviorka et Wolton, 1987).

Dans la lutte que se livrent les protagonistes de la relation terroriste, le terme de terrorisme devient à lui seul un enjeu majeur sur le plan des pratiques discursives, en raison de la forte connotation négative dont il est imprégné.

Le langage et les mots ne constituent pas de simples instruments décrivant la réalité sociale mais participent, par le biais des représentations particulières qu'ils véhiculent, à la construction de cette réalité. Le langage de la politique ne reflète pas simplement les enjeux « réels » et les problèmes mais il les constitue. La définition du terrorisme – et par extension des intérêts qui s'y rattachent – constitue un acte de langage (*speech act*) dont les effets performatifs contribuent à créer une situation de sécurité en elle-même (Wæver, 1995).

Il devient essentiel de s'interroger sur la rhétorique, les stratégies discursives et les intérêts qu'elles reflètent, qui sous-tendent l'usage de la notion. « Clairement, le terrorisme n'est pas seulement un mot ; c'est une arme. La définition est politiquement motivée par celui qui l'utilise afin de cibler certains individus ou groupes » (Best et Nocella, 2004 : 4). Comme en attestent les tentatives répétées de certains gouvernements pour allonger les différentes « listes noires » – celles des Nations unies, de l'Union européenne ou des États-Unis notamment – des organisations terroristes, avec les noms de quelques mouvements d'opposition internes devenus trop gênants.

En tant que fruit de processus discursifs, le terrorisme sert aussi les responsables politiques et les professionnels de la sécurité lorsque vient le temps de légitimer certaines politiques, allant de la mise en place d'un nouvel arsenal juridique d'exception à la légitimation de pratiques tout aussi exceptionnelles (torture, incarcérations, etc.) en passant par des dépenses budgétaires, souvent plus difficiles à justifier dans d'autres contextes (Jackson, 2005).

Il en va ainsi de la lecture et du discours officiel américain post-11 septembre qui sont parvenus à imposer immédiatement la voie militaire de la « guerre au terrorisme » et son lot d'interprétations contestables : surestimation alarmiste de la menace terroriste, choix des outils pour y faire face, statut considérable que l'expression confère aux auteurs des attentats, etc. Ce faisant, elle a eu pour conséquence de construire ce choix comme « la » réponse adaptée et légitime, en écartant *a priori* toute autre alternative, celle de sa judicisiarisation notamment (Bigo, 2002), avec le succès qu'on lui connaît.

À la lueur de ces critères de définition, revenons sur un questionnement qui cristallise une partie importante de la réflexion sur le terrorisme ces dernières années : les attentats du 11 septembre 2001 marquent-ils l'avènement d'une ère nouvelle en matière de terrorisme international ? Selon certains auteurs, l'événement s'inscrit dans un mouvement plus large, qualifié d'« hyperterrorisme », qui se caractériserait par la conjonction de la volonté et de la capacité de destruction « de masse » (Heisbourg, 2001).

Cette thèse s'appuie sur plusieurs éléments : nouvelle forme « technique » de terrorisme, élargissement substantiel des actes terroristes aux « non-participants » des conflits, augmentation de l'impact, le tout légitimé par des considérations religieuses extrémistes (Laqueur, 1999 et 2003). Bien que chacune de ces caractéristiques soit déjà connue, c'est leur combinaison en un seul et même acte qui constituerait la nouveauté.

D'autres auteurs voient dans ces attentats une « exception sanglante au principe qui voudrait que la violence terroriste soit en quelque sorte autorégulée » (Chocquet, 2002). Une hypothèse que les statistiques post-11 septembre semblent confirmer puisque « hormis le pic dû aux attentats de septembre 2001, le nombre de décès engendrés par le terrorisme international est relativement stable » (David et Gagnon, 2007 : 7).

Ces facteurs autolimitatifs seraient principalement de deux ordres. En premier lieu, nombre d'experts s'entendent pour relativiser la menace potentielle représentée par les armes de destruction massive, et ce, en raison des moyens considérables que leur mise en œuvre nécessite. En second lieu, la violence extrême des attentats perpétrés en territoire américain semble, dans une certaine mesure, en contradiction avec la nature même du terrorisme. Elle a définitivement disqualifié ses auteurs aux yeux de la communauté internationale et rompu toute possibilité de dialogue avec les institutions politiques.

Dans cette perspective, les revendications politiques et religieuses des extrémistes islamistes ne sont vraiment pas assurées d'aboutir. Comme le rappelle Kepel (2003) :

> Le terrorisme n'est pas nécessairement l'expression de la puissance du mouvement dont il se réclame, et [...], au-delà

des dévastations qu'il cause, fussent-elles gigantesques comme le 11 septembre 2001, il n'est pas assuré de transformer celles-ci en une victoire politique qui lui permettra de s'emparer du pouvoir qu'il convoite.

Pour les tenants de cette approche, le réseau Al-Qaeda demeure, en définitive, une menace terroriste classique et non une menace de défense susceptible de déstabiliser un État, du moins occidental (Chocquet, 2002).

Pour paraphraser Huysmans (1998), dire et écrire (ou décrire) le terrorisme n'est jamais un acte innocent. Compte tenu de l'homologie étroite entre les discours politique et théorique, qui s'explique en partie par les liens tout aussi étroits qu'entretiennent ces deux champs, notamment – mais pas seulement – aux États-Unis, la place prise par le terrorisme au cœur des programmes de recherche ne va pas sans soulever certaines interrogations.

Partant du constat que les chercheurs participent eux-mêmes à la vie sociale, et sont dès lors naturellement portés à s'aligner sur les mots et les concepts de la pratique politique, le risque majeur consiste alors à réifier un discours politique dominant sur le terrorisme – définissant notamment qui est terroriste et qui ne l'est pas et les solutions adaptées à cette menace – et, ce faisant, à retarder le développement de discours et d'outils analytiques alternatifs.

Ce constat admis, il n'en demeure pas moins qu'on ne saurait passer la notion sous silence au seul prétexte que son évocation risque de contribuer à renforcer l'ordre (scientifique et politique) établi. Quand bien même elle ne serait guère plus qu'un instrument politico-idéologique, la notion de terrorisme participe de – et fonde – certaines visions du monde et sous-tend des pratiques qui ont des implications matérielles et contribuent chaque jour à façonner notre réalité.

À ce titre et pour cette seule raison, à défaut de réinventer l'imaginaire politique en vogue depuis le 11 septembre, il est préférable d'en parler.

David Morin

THÉORIE

Theory

> La théorie des relations internationales change constamment [...] Il se peut que les explications théoriques d'aujourd'hui doivent être raffinées et corrigées au fur et à mesure que l'on découvre de nouvelles données, que l'on fait des classifications et des mesures plus exactes, et que l'on entreprend des analyses plus pénétrantes ici et à l'étranger (Dougherty et Pfalzgraff, 1997 : 5).

Même si la discipline des **Relations internationales** a été longtemps dominée par une seule approche théorique générale, celle du **réalisme**, on peut difficilement prétendre qu'il y a jamais existé une théorie unique des Relations internationales, capable d'expliquer les phénomènes internationaux à la satisfaction de tous ceux qui faisaient partie des spécialistes de ce domaine. C'est encore moins le cas aujourd'hui, avec l'émergence des diverses **théories critiques**, et qui remettent en cause à la fois l'**épistémologie**, l'**ontologie** et la méthodologie des approches dites **positivistes** qui avaient gagné l'adhésion de la plupart des spécialistes des Relations internationales, du moins en Amérique du Nord jusqu'aux années 1980.

Le terme même de *théorie en Relations internationales* se prête à plusieurs interprétations. De façon générale, nous pouvons dire qu'une théorie nous permet d'établir des rapports entre les phénomènes étudiés en vue de mieux comprendre ou de mieux expliquer le sens de ces relations. En un mot, la théorie rend le monde plus intelligible, et oriente nos recherches sur le plan ontologique. La notion de théorie doit être nettement distinguée de celle de *modèle* avec laquelle elle est trop souvent confondue[1]. Un modèle propose surtout une représentation descriptive et simplifiée de la réalité ou des rapports entre les différentes parties constituantes d'un phénomène. Contrairement à la théorie, il n'offre ni explication ni interprétation de ces rapports.

En réalité, depuis le renouveau du débat sur la théorie des Relations internationales au cours des années 1980, la majeure partie de la discussion autour de celle-ci concerne des questions sur la nature de la théorie, sur son statut, sur ses objectifs, sur ses fondements épistémologiques et ontologiques. Autrement dit, on soulève avant tout des interrogations d'ordre *métathéorique* (du grec *meta*, signifiant « au-delà »), indication que la théorie des Relations internationales passe actuellement par une période de grande réflexion sur son identité.

Pour certains, la théorie commence par une observation des faits, la démonstration d'un rapport entre cause et effet, pour déboucher finalement sur une explication qui pourrait être appliquée à des situations identiques, ou du moins semblables, avec les mêmes résultats. Dans de tels cas, on parlera d'une théorie *explicative*, qui passe normalement par la formulation d'une ou des hypothèses en vue d'expliquer un phénomène donné, suivie d'un processus de vérification fondé sur l'observation de faits concrets et de propositions de relations causales. Elles sont alors présentées comme les bases d'une explication plausible, qui sera éventuellement remplacée par d'autres explications qui seront plus fondées, grâce à l'apport de nouveaux éléments découverts lors de la recherche ou au cours de l'évolution des événements. L'objectif ultime de ce processus serait la découverte de généralisations, voire de véritables lois. Comme le dit Waltz (1979 : 6) : « Les lois sont des “faits d'observation” ; les théories sont des “processus spéculatifs

1. Ainsi dans un ouvrage bien connu, consacré à la réflexion théorique en Relations internationales, les auteurs déclarent : « Bien que les philosophes des sciences fassent souvent des distinctions techniques entre théories, **paradigmes** et modèles, [...] nous nous servirons indifféremment de ces termes » (Rosenau et Durfee, 1995 : 191).

introduits pour les expliquer". » Malheureusement pour Waltz et les **néoréalistes**, les sciences sociales n'ont jamais réussi à établir de façon concluante de telles lois. Elles ont tout au plus prétendu avoir découvert des probabilités ou des tendances. Des généralisations dignes de ce nom sont encore plus rares en Relations internationales, tandis que des lois sont pour tout dire inexistantes.

Pour d'autres, il faut procéder par un questionnement sur les conceptions préalables, voire les préjugés, les expériences antérieures et les croyances que chaque chercheur porte en lui et qui influent inévitablement sur sa perception de la réalité. Autrement dit, on part du fait que le chercheur fait partie directement ou indirectement de la réalité sociale qu'il étudie. Dans une telle vision, la théorie vise plus à *comprendre* ou à *interpréter* qu'à *expliquer* les relations internationales. Elle nie, ou du moins relativise, la capacité d'une observation « objective » d'un monde social auquel nous sommes liés et sur lequel nous avons tous un point de vue, même si nous tentons de nous y tenir à distance. On parle alors de théories dites *constitutives*.

Les approches théoriques se divisent aussi entre celles qui se prétendent **fondationnalistes** et celles qui se déclarent *antifondationnalistes*. Une théorie est fondationnaliste dans la mesure où elle considère qu'il existe une base indiscutable sur laquelle on peut fonder une interprétation ou une explication des choses. Les antifondationnalistes rejettent l'existence d'un tel fondement. Par exemple, le **marxisme** se repose, en dernière instance, sur la notion de l'omniprésence de la lutte des classes pour expliquer la réalité sociale, économique et politique. Il est donc une approche ouvertement fondationnaliste. Par contre, les **postmodernistes** proclament leur antifondationnalisme, en partant de l'idée qu'il ne peut y avoir aucune grande théorie qui expliquerait le monde et qui permettrait de démontrer par le fait même la supériorité d'une théorie par rapport à une autre. Il n'est pas difficile d'imaginer les difficultés à établir un véritable débat entre les tenants de ces deux conceptions fondamentales de la philosophie. Certains spécialistes des Relations internationales, en s'inspirant du concept de **paradigme** proposé par le philosophe des sciences Thomas Kuhn, vont jusqu'à conclure qu'un tel débat est devenu impossible ou peu utile, qu'il existe une véritable *incommensurabilité* entre approches fondationnalistes et antifondationnalistes.

Enfin, il faudrait s'interroger sur les objectifs avoués ou non avoués de l'approche théorique qui est utilisée. On pense en particulier à la distinction importante proposée par Robert Cox entre les théories qui cherchent essentiellement à résoudre des problèmes dans le **système international** (*problem-solving theories*) en vue d'en assurer un meilleur fonctionnement, et celles qui proposent une critique des fondements mêmes du système. Les premières prennent « le monde tel qu'elles le trouvent, avec les rapports sociaux et de pouvoir existants et les institutions à l'intérieur desquelles ils sont organisés, comme le cadre donné pour l'action » (Cox, 1981 : 128). Donc ces « problem-solving theories » seraient foncièrement conservatrices ou, du moins, pencheraient en faveur du maintien du *statu quo*, même si elles ne le reconnaissent pas, tandis que les théories critiques chercheraient à comprendre comment on en est arrivé là et à transformer le système ou tout au moins à le concevoir autrement. Les premières se prétendent « objectives » mais ne le sont nullement, les secondes se veulent explicitement réformistes, révolutionnaires, ou cherchent simplement à démasquer les buts réels d'une approche théorique.

La distinction proposée par Cox simplifie quelque peu les différences entre approches théoriques, mais sert à souligner un aspect important des théories en Relations internationales, leur *téléologie*. En fait, malgré les prétentions de certaines théories de séparer valeurs, observations et analyses, ou de rejeter toute forme de fondationnalisme, toutes les approches théoriques dans cette discipline portent en elles une idée implicite ou explicite des finalités souhaitables des relations internationales, que ce soit l'équilibre fondamental du système international chez les néoréalistes, l'insistance sur le devoir d'émancipation de la **Théorie Critique**, ou la dénonciation de l'exclusion chez la plupart des postmodernes.

Cela nous amène à parler d'un troisième courant théorique en Relations internationales qui diffère des approches explicatives et constitutives et qui sont essentiellement *analytiques*. Celui-ci met l'accent sur l'éthique des relations entre **acteurs internationaux**. Il s'agit de la **théorie normative**, qui puise ses origines dans l'**idéalisme** de l'entre-deux-guerres, et qui a toujours attiré un certain nombre d'adeptes, et qui a gagné du terrain depuis les années 1980 (voir aussi **normes**).

Il serait sans doute injuste d'ignorer les préoccupations morales de réalistes classiques comme Morgenthau, Niebuhr ou Aron, pour qui il ne fallait jamais confondre réalisme et *Realpolitik*, fondée uniquement sur une interprétation très étroite de la **puissance** et des demandes de l'**intérêt national**. Mais leur vision de l'éthique internationale reposait avant tout sur l'idée de la pratique de la responsabilité de la part des grandes puissances en relations entre États. Les partisans d'une approche normative se posent une série de questions très différentes, et qui concernent des choses comme la moralité de l'utilisation de la force en relations internationales, les droits de l'Homme et les limites de l'exercice de la **souveraineté**, et la justice distributive à l'échelle mondiale.

Le pluralisme dans la conception de la théorie en Relations internationales qui s'établit depuis les années 1980 témoigne non seulement de la vitalité de cette discipline, mais aussi du fait qu'elle a pris sa place parmi les autres sciences sociales.

Evelyne Dufault

THÉORIES CONSTITUTIVES — Constitutive Theories

Voir **Théorie**.

THÉORIES EXPLICATIVES — Explanatory Theories

Voir **Théorie**.

THÉORIES NORMATIVES — Normative Theories

> Toute théorie des Relations internationales (RI) est en soi une théorie normative. Par cela, j'entends que même les théories qui renvoient à des approches positivistes et dont l'objectif visé reste l'étude des politiques internationales de manière à se rapprocher le plus possible des méthodes utilisées dans les sciences naturelles ne peuvent éviter des présupposés normatifs en sélectionnant quelles données sont importantes, en interprétant ces données et en expliquant pourquoi de telles recherches sont importantes (Cochran, 1999 : 1).

Renvoyant à une riche tradition avec des auteurs comme Grotius, Rousseau, Kant, Hegel et Marx, les approches normatives du politique ont longtemps été limitées à la théorie politique et à la philosophie. Ce n'est que vers la fin des années 1970, avec des auteurs habituellement associés à l'**École anglaise** comme Martin Wight et Hedley Bull, que les approches normatives se sont développées en **Relations internationales**. C'est d'ailleurs au cours des années 1980, plus particulièrement avec la parution du livre *Toward a Normative Theory of International Relations* (1986) de Mervyn Frost et *Men and Citizens in the Theory of International Relations* (1990) de Andrew Linklater, que se développe au sein du champ l'idée de théories normatives des Relations internationales, distinctes des théories traitant des **normes** en tant que structures sociales des relations internationales (Buzan, 2004 : 14). Les normes correspondant à des standards de comportement décrivent non seulement comment on agit, mais également comment on devrait agir (Brown, 2002b : 147), les approches normatives cherchent à mettre en lumière les normes et valeurs sous-jacentes aux différentes pratiques, analyses et formes d'organisation politique ayant cours sur la scène internationale. Les approches normatives ont ainsi pour objet d'étude les critères de jugements éthiques dans la conduite de la politique globale et recherchent des principes partagés qui favoriseraient une plus grande inclusion morale et une meilleure reconstruction sociale des pratiques internationales (Cochran, 1999 : 2).

On dénote ainsi deux facettes aux approches normatives. Dans un premier temps, elles mettent en lumière les comportements et les choix prescrits par les diverses théories, qu'elles soient **positivistes** ou non (Brown, 2002 : 148). Ainsi, même si le programme des approches normatives est souvent présenté comme une opposition entre « approches normatives », qui renseignent sur la façon dont les choses devraient être d'un point de vue éthique, et approches « positivistes », qui indiquent comment les choses sont en soi, cette dichotomie n'est qu'à moitié fondée. Ainsi, on notera que les diverses approches positivistes sont normatives, puisqu'elles mettent en valeur certaines variables et certains comportements au détriment d'autres. En partant de l'idée que l'étude des relations internationales n'est pas une profession innocente (Cable, 1981 : 305), les approches normatives, comme les **théories critiques**, permettent de mettre en lumière pourquoi et comment certains enjeux sont rendus intelligibles en tant que problèmes politiques alors que d'autres restent à l'écart et sont plutôt définis comme étant des problèmes apolitiques d'ordre « économique », « culturel » ou « privé » (Smith, 1997 : 508). Les approches normatives vont toutefois beaucoup plus loin que les théories critiques en situant la question de l'éthique et des normes au cœur de l'analyse, au lieu de la limiter aux biais associés aux méthodes de recherche (Frost, 1996 : 33).

Dans un second temps, les approches normatives cherchent à identifier les normes *déclarées* d'un ordre international, c'est-à-dire les normes tenues pour acquises et endossées par les **acteurs** agissant sur la scène internationale. Ces normes sont ensuite confrontées aux normes *actuelles* qui gouvernent la conduite des **États**, c'est-à-dire les standards sur lesquels se basent les États pour agir sur la scène internationale (Brown, 2002 : 149). Enfin, une approche normative des Relations internationales cherchera à évaluer de façon critique les prémisses morales sous-tendant ces normes déclarées et actuelles afin de fournir des pistes de conduite basées sur des considérations éthiques aux divers acteurs évoluant sur la scène internationale. Ainsi, la possibilité pour les acteurs de choisir entre différents comportements à adopter reste la prémisse fondamentale des approches normatives, puisque les actions ne sont alors pas déterminées, mais bien dirigées en fonction d'un objectif précis (Brown, 2002b : 148). Les principaux débats au sein des approches normatives sont donc intimement liés au **débat agent-structure**.

Les approches normatives des Relations internationales reposent essentiellement sur deux traditions **ontologiques** distinctes, soit le cosmopolitanisme et le communautarisme. Concrètement, ces deux traditions soulèvent le problème de la priorité morale lorsqu'un problème survient dans les relations entre l'individu et l'État. Le cosmopolitanisme prend l'individu comme point de départ de la réflexion morale et questionne la façon dont les **frontières** étatiques sont invoquées comme limites d'obligation morale envers les individus dans les diverses pratiques internationales (Cochran, 1999 : 21). Elle est ainsi caractérisée par un idéal d'universalité dans ses revendications éthiques. Cette position est fortement inspirée des travaux sur la justice de John Rawls (1971) et de Charles Beitz (1979), quoique pas nécessairement limitée à ceux-ci. Enfin, l'idée que l'État soit l'élément à la base de pratiques internationales morales est questionnée par cette tradition. En Relations internationales, Andrew Linklater incarne cette position en s'attaquant au problème de l'obligation morale de l'individu envers l'État ou envers l'humanité à part entière, qui sont deux positions difficilement conciliables (Linklater, 2000 : 1836).

Les approches normatives s'inspirant du communautarisme, quant à elles, avancent que la réalisation de l'individu passe par la poursuite de biens communs à l'intérieur d'une communauté. Parce que les relations éthiques entre individus prennent place à l'intérieur de la communauté, les analyses communautaristes considèrent celles-ci en tant que référence ultime en matière de pensée morale (Cochran, 1999 : 52). En Relations internationales, la communauté morale habituellement identifiée et défendue est l'État. *Just and Unjust Wars* (1977) de Michael Waltzer défend cette position et plaide en faveur d'une justice distributive basée sur l'État. Néanmoins, d'autres auteurs comme Molly Cochran (1999) cherchent à aller au-delà de la distinction ontologique entre cosmopolitanisme et communautarisme et plaident plutôt en faveur d'une analyse s'inspirant du pragmatisme de Richard Rorty.

Concrètement, selon Mervyn Frost, les approches normatives des Relations internationales cherchent notamment à répondre aux questions suivantes : Que doit-on faire en cas de famine dans un autre État ? Comment doit-on traiter les individus qui demandent le statut de réfugié politique ou économique ? Comment réagir face à un État qui fait preuve de pratiques **génocidaires** à l'endroit de sa population ? Doit-on user de la force pour stopper les abus des droits humains dans certains pays (Frost, 1996 : 2) ?

Il reste cependant clair que la fin de la **Guerre froide** a signifié la fin d'un **ordre international** et le début d'un nouvel ordre marqué par la capacité des États-Unis de déterminer quelles normes sont effectives et de quelle façon il importe de répondre lorsque celles-ci sont bafouées (Brown, 2002 : 151). L'augmentation substantielle du nombre d'**interventions humanitaires** et d'**interventions** armées menées au nom d'impératifs de justice ou de morale depuis le début des années 1990 justifient que les approches normatives aient leur place en Relations internationales.

Ainsi, l'intervention de l'OTAN au Kosovo ou encore l'intervention militaire en Irak de 2003 sont autant d'exemples démontrant que les approches normatives s'avèrent des outils théoriques fondamentaux pour analyser et juger de manière critique les politiques menées par les divers acteurs sur la scène politique globale.

Anne-Marie D'Aoust

TIERS MONDE

Third World

> En fin de compte, le Tiers Monde est le siège d'une quadruple crise : terminologique, sémantique, idéologique, qualitative (Jouve, 1988 : 11).

De façon générale, on peut dire qu'« un Tiers Monde apparaît lorsqu'un système de **puissance** dual, **bipolaire** est modifié par la présence d'un groupe de petits **États** faibles qui partagent un certain sens de l'intérêt commun contre l'ascendant des deux grandes puissances » (Wight, 1977 : 177). Le concept de Tiers Monde, au sens de *tiers parti*, n'est pas récent, et Wight en fait remonter l'origine en 1733, alors que d'Argenson tente de formuler une politique permettant à la France de promouvoir l'indépendance des États italiens. Par *tiers parti*, d'Argenson veut signifier l'existence de petites puissances n'étant pas rattachées aux grandes maisons d'Autriche ou de Bourbon. Dans le monde contemporain, le concept de Tiers Monde fait référence aux pays en développement de l'Afrique, de l'Asie et de l'Amérique latine qui ne se sont pas alignés sur l'un des grands blocs durant la **Guerre froide**. Depuis la fin de cette dernière, toutefois, l'étiquette de Tiers Monde est plutôt tombée en désuétude et tend à être remplacée par celle de « pays en **développement** ». Le concept de Tiers Monde, on le comprendra, pose donc un problème de définition puisque celui-ci fait référence à un mélange d'acceptions économiques et politiques. Il désigne en effet à la fois des pays à la périphérie du **pouvoir** politique et un ensemble de pays possédant des caractéristiques économiques et sociales.

La paternité du concept de Tiers Monde, dans son utilisation moderne, est incertaine. On l'attribue fréquemment au démographe Alfred Sauvy, qui, d'une analogie au tiers état de la France d'avant la Révolution, aurait crée l'expression Tiers Monde pour désigner les pays sous-développés dans un article du *France Observateur* publié en 1952. Depuis sa création, le concept a revêtu plusieurs significations et devint pour certains un slogan politique.

La Conférence afro-asiatique de Bandoung, en avril 1955, constitue ni plus ni moins « l'acte de naissance » politique du Tiers Monde contemporain. Les représentants des vingt-neuf États présents y condamnèrent la colonisation et encouragèrent l'affirmation du Tiers Monde dans sa volonté de prendre en main son propre destin. De cette affirmation découleront l'afro-asiatisme qui deviendra un tiers-mondisme, ainsi que le Mouvement des non-alignés. L'idéologie du tiers-mondisme tire ses origines du processus de décolonisation et de la reconnaissance de l'existence d'un troisième « monde » formé de trois continents : l'Afrique, l'Asie et l'Amérique latine. Elle repose sur l'idée que l'extension de la révolution socialiste par une autre voie que celle empruntée par l'URSS est possible dans et par le Tiers Monde, puisque des potentialités révolutionnaires y sont présentes en raison de la misère et de l'humiliation dont ces peuples sont victimes (Chaliand, 1987 : 93). L'autre idée que l'on doit à la Conférence de Bandoung est celle du non-alignement, qui propose de rechercher la paix internationale dans le rejet de la bipolarité et de l'alignement des pays du Tiers Monde sur l'un des deux blocs.

En 1958, Frantz Fanon, auteur politique antillais, approfondit l'analyse de la spécificité des pays du Tiers Monde. Il observe alors que certaines composantes du troisième bloc,

> pour se soustraire à la politique bipolaire, ont, par leur attitude, « introduit une dimension originale dans l'**équilibre des puissances** ». Elles entendaient ainsi rompre avec les « préoccupations bellicistes », mieux se consacrer « à l'essor économique, au recul de la faim, à la promotion de l'homme » (cité dans Jouve, 1986 : 15).

Fanon demande alors à nouveau aux membres du Tiers Monde de ne pas s'aligner dans l'immédiat sur l'un des deux blocs afin de préserver cette spécificité.

Mao Tse Tung avait également sa théorie des trois mondes, qu'il ne faut pas confondre avec le concept de Tiers Monde. Mao divisait les pays en trois groupes ne correspondant pas aux divisions communes (pays capitalistes, pays communistes, pays du Tiers Monde non alignés). Pour Mao, le premier monde était composé des deux superpuissances de l'après-guerre, le deuxième des puissances intermédiaires, les pays en développement comme la Chine constituant le troisième monde. Au contraire de Fanon, Mao privilégiait une alliance des pays du Tiers Monde avec les puissances intermédiaires afin de renverser les deux superpuissances mondiales.

Les concepts rivaux à celui de Tiers Monde sont nombreux. Notons entre autres ceux de **nations** prolétaires, pays sous-développés, pays en développement, pays de la périphérie (par opposition à ceux du centre), Sud (par opposition au Nord) ou encore zone des tempêtes. La diversité des termes qui désignent cette réalité montre bien que le concept de Tiers Monde est loin de rallier tous les points de vue. De fait, plusieurs critiques lui sont adressées. Dans les années 1970 surtout, certaines réfutations provenaient de **marxistes** soviétiques orthodoxes prétendant que la division du monde se faisait uniquement selon un axe idéologique formé des pays capitalistes et communistes. Selon eux, voir le monde divisé en trois, comme le faisait par ailleurs Mao, était une sorte d'hérésie pour l'idéologie marxiste-léniniste puisque cela signifiait renier la lutte du prolétariat contre la bourgeoisie.

Une autre critique, formulée en particulier par Régis Debray dans *La critique des armes*, veut que le concept de Tiers Monde soit européo-centriste et aliénant. Le concept ne correspondrait à aucune réalité géographique, historique ou politique. L'unification que le concept tente d'imposer entre les situations des pays africains, asiatiques et latino-américains est ainsi critiquée. Plusieurs auteurs abondent dans le même sens, notamment l'islamologue marxiste Maxime Rodinson, et considèrent que l'usage d'une référence unique pour parler d'une multitude de pays divisés par de grandes disparités économiques, sociales, politiques et culturelles n'est d'aucune utilité pour la réflexion et l'action politique.

S'ajoute à ces critiques l'évolution du **système international** qui, dans les dix dernières années, a rendu obsolète la division du monde en trois groupes de pays. On préférera donc l'expression de « pays en développement » ou « Sud » à celle de « Tiers Monde ». Toutefois, les mêmes critiques s'appliquent à ces concepts. Ainsi, il ne faut pas négliger le fait que les pays en développement ne forment pas un bloc unifié ; certains pays ont connu un développement économique impressionnant et se sont joints au « Nord » symbolisé par l'OCDE, alors que d'autres, les pays les moins avancés, sont demeurés dans un état de sous-développement chronique. Les intérêts de ces pays sont diversifiés et ne convergent pas nécessairement pour tous les enjeux, ce qui nécessite de faire une utilisation nuancée du concept de « Tiers Monde » ou de « pays en développement ».

Evelyne Dufault

TRANSITION DE LA PUISSANCE, théorie de la

Power transition theory

La théorie de la transition de la puissance, connue aussi sous le nom de la théorie de la prépondérance de la puissance, est née des travaux d'A. F. K Organski, et surtout de son ouvrage *World Politics*, publié en 1958. Pendant longtemps, cette approche théorique resta sur la périphérie de la théorie des relations internationales, mais depuis la fin des années 1980, elle connaît un certain essor.

Malgré ce qu'affirment ses partisans (Kugler et Organski, 1989 : 172 ; Lemke, 1997 : 24), la théorie de la transition de la puissance appartient bel et bien à la tradition réaliste. Il s'agirait d'approches non pas concurrentes, mais plutôt complémentaires (Schweller et Wohlforth, 2000 : 73-75). Si elle adopte, tout comme le **néoréalisme**, une vision systémiste de politique internationale, la théorie de la transition de la puissance prétend offrir, comme le **réalisme classique**, d'importantes leçons pour la conduite de la **politique étrangère**. Par ailleurs, comme le néoréalisme, elle se veut une approche résolument **positiviste**, qui se base entièrement sur une **épistémologie** empiriste, et qui privilégie une méthodologie quantitative.

Au cœur de cette théorie, on trouve une interrogation simple, mais fondamentale pour la paix et la stabilité internationales : quel est le rapport entre les changements dans la répartition de la **puissance** entre les **États** et la probabilité du déclenchement d'une **guerre** entre la puissance dominante et la puissance montante ? Autrement dit, une transition de la puissance se fera-t-elle de façon paisible ou de façon violente ? Elle construit toute son argumentation autour d'une hypothèse principale selon laquelle la probabilité qu'une guerre éclate entre deux grandes puissances, une dominante et l'autre montante, est très élevée lorsque trois conditions sont réunies : le système international connaît des transformations importantes dans la répartition de la puissance ; l'État montant atteint, ou s'approche de, la parité avec l'État dominant, sur le plan de la puissance ; le premier est insatisfait de l'ordre international imposé par le second, c'est-à-dire qu'il n'accepte plus le *statu quo* international.

D'après DiCicco et Levy (2003 ; 119-120), la théorie de la transition de la puissance propose six postulats de base : 1) les États sont les acteurs principaux du système international ; 2) les leaders des États font des choix de politique étrangère qui sont rationnels ; 3) l'**ordre international** est organisé de façon hiérarchique sous la direction d'une puissance dominante ; 4) les règles qui gouvernent le **système international** sont fondamentalement semblables à celles qui gouvernent les systèmes politiques internes ; 5) la croissance et le développement internes des États constituent la source première du changement international ; 6) les **alliances** entre États sont relativement inflexibles, et ne représentent pas un moyen important pour augmenter la puissance nationale.

En fait, la plupart de ces postulats sont compatibles avec le réalisme classique ou avec le néoréalisme, que les partisans de la théorie de la transition de la puissance qualifient de « théories de l'**équilibre des puissances** », et c'est par rapport à ces dernières qu'ils cherchent surtout à se distinguer. Et plus récemment, l'émergence du **réalisme néoclassique** souligne l'importance de la perception des décideurs dans la formulation de leur attitude à l'égard des autres **acteurs internationaux**.

D'après Kugler et Organski (1989 : 172-173), la théorie de la transition de la puissance rejette trois postulats de base du réalisme. En premier lieu, à la différence de ce dernier, cette théorie prétend que le système international n'est pas anarchique, mais, comme tout système politique interne, il est organisé de façon hiérarchique. Deuxièmement, elle renie la distinction des réalistes entre système international et système politique interne. Troisièmement, elle refuse l'idée avancée par Morgenthau selon laquelle les États poursuivent la maximisation de leur puissance, et prétendent qu'ils cherchent plutôt à maximiser leurs gains nets.

Ces différences ne sont pas suffisamment importantes pour exclure la théorie de la transition de la puissance de la tradition réaliste. En réalité, la notion de hiérarchie proposée par les adeptes de cette approche exprime essentiellement une idée chère au fondateur du néoréalisme, Kenneth Waltz, selon laquelle la différence essentielle entre des États se trouve dans leurs **capacités** respectives. Ni les partisans de la théorie de la transition de la puissance ni les néoréalistes n'affirment l'existence d'une force suprême au-dessus du système actuel d'États souverains et qui remettrait en cause l'**anarchie** qui le régit.

Là où cette théorie innove, c'est en définissant une échelle hiérarchique entre les États dans le système international, fondée sur leur puissance (Kugler et Organski, 1989 : 173). En première place se trouve l'État dominant, qui impose les règles de l'ordre international, qui assure sa stabilité et cherche à maintenir le *statu quo* qui favorise ses intérêts. Il est suivi des grandes puissances, des « pays très puissants qui ne peuvent égaliser, seuls, la puissance de la nation dominante en ce moment même, mais qui ont le potentiel de le faire dans l'avenir » et parmi lesquels se trouve le « contestataire éventuel de l'ordre international ». Ensuite se situent les puissances moyennes, suivies des petites puissances. Et en bas de cette échelle, on trouve les colonies, « qui ont pratiquement disparu ».

La place qu'occupe chacun sur cette liste dépend de sa puissance nationale, constituée de trois éléments : la grandeur de la population, le niveau de développement économique et la capacité politique relative. Les deux premiers sont exprimés quantitativement par le produit national brut (Kugler et Organski, 1989 : 190), tandis que le troisième signifie la capacité du système interne de mobiliser ses propres ressources, et qui mesure la « différence entre les revenus qu'un gouvernement peut espérer extraire (étant donné sa performance économique et les ressources mises à sa disposition) et les revenus qu'il est capable d'extraire pour poursuivre ses propres objectifs » (191).

En soulignant l'importance des sources internes de la puissance d'un État, et en minimisant l'apport des alliances à celle-ci, la théorie de la transition de la puissance prend ses distances par rapport à la notion traditionnelle d'équilibre des puissances. Mais les différences ne s'arrêtent pas là. Contrairement aux réalistes classiques, qui prônent un équilibre multipolaire entre les États ou les groupes d'États, et les néoréalistes, favorables à un équilibre bipolaire, les partisans de la théorie de la transition de la puissance prétendent que la parité constitue non pas une situation qui assure la stabilité du système international, mais, bien au contraire, un état dangereux, qui peut mener à la guerre.

Leur raisonnement est très simple. Tant qu'aucune grande puissance n'est en position de contester militairement la position de la puissance dominante, il n'y a aucun risque de guerre. Par contre, en situation de parité, la contestation devient possible, surtout si l'État contestataire est en position de dépasser l'État dominant. Cependant, la réalisation de la parité ou du dépassement crée seulement une condition nécessaire et non pas une condition suffisante pour que la guerre éclate. Il faut aussi la présence d'une deuxième variable pour qu'une situation de parité se transforme en guerre hégémonique, c'est-à-dire en un conflit entre la puissance dominante et la puissance montante, déclenchée ou bien par la première pour préserver sa position, ou par la seconde pour remplacer l'État dominant. Il faut un profond sentiment d'insatisfaction de la part d'un contestataire éventuel face au *statu quo* international. Ce n'est qu'au moment où ces deux conditions se retrouvent réunies que l'on doit craindre l'éclatement d'une guerre entre les deux protagonistes.

Ainsi, les adeptes de la théorie de la transition de la puissance peuvent expliquer l'éclatement de la Deuxième Guerre mondiale par le déclin de la puissances des deux États qui représentaient la puissance dominante de l'époque, la France et la Grande-Bretagne, et la montée de deux États contestataires, l'Allemagne et l'Italie, tous les deux insatisfaits de l'ordre international (Pasquazzi, s.d. : 4-12). De la même façon, selon Lemke (1997 : 28), cette théorie expliquerait la fin pacifique de la **Guerre froide**, puisque « si un pays n'a pas atteint la parité avec un autre au cours de son stade de transition vers la croissance de sa puissance, toute transition subséquente de la puissance est peu probable ». C'était le cas de l'Union soviétique face aux États-Unis, et « [a]yant échoué dans la concurrence avec le pays dominant, l'URSS s'est tournée vers la conciliation ».

Il s'agit sans doute d'explications un peu courtes pour des situations très complexes. En outre, elles révèlent la nature conservatrice de cette théorie qui conclut que la prépondérance d'un État dominant, du moins s'il a des bonnes intentions, est un facteur indispensable pour la stabilité du système international, et donc pour la paix. Il s'ensuit que les partisans de cette théorie prônent un ordre international assuré par le maintien en place d'un État dominant bienveillant, qui ressemble beaucoup à l'hégémon bienveillant de la **théorie de la stabilité hégémonique**, et qui est nul autre que les États-Unis eux-mêmes.

Cette tendance vers l'américocentrisme, et donc vers la justification du maintien de la prépondérance des États-Unis dans le système international, n'est pas la seule faiblesse de la théorie de la transition de la puissance. Malgré les tentatives d'améliorer sa précision par la quantification, ses concepts clés demeurent relativement imprécis. En premier lieu, la notion de puissance nationale se limite à deux éléments certes fondamentaux, le PNB et la capacité politique, mais ils ne traduisent que de façon partielle l'idée complexe de puissance. Deuxièmement, comment mesurer de façon adéquate le concept d'« insatisfaction face au *statu quo* », d'autant plus qu'il dépend d'un autre phénomène difficile à mesurer, la perception ?

Mais sans aucun doute, les deux plus grands défauts de cette théorie sont sa portée très restreinte et sa tendance vers la monocausalité. En se limitant à l'explication de l'occurrence ou de la non-occurrence des guerres hégémoniques, la théorie de la transition de la puissance se condamne à demeurer tout au plus une théorie des relations internationales très partielle, voire une simple thèse, comme celle de la stabilité hégémonique ou de la **paix démocratique**, capable certes d'offrir des hypothèses intéressantes, mais destinée à rester à la marge des approches appartenant à la tradition réaliste, car sans pertinence pour l'analyse d'une grande partie de ce qui constitue les champ des relations internationales.

En outre, en voulant affirmer qu'en dernière analyse, c'est toujours la façon dont se passe la transition de la puissance qui explique le déclenchement ou le non-déclenchement des grandes guerres, cette approche tend non seulement à simplifier à outrance des situations très complexes, mais aussi à faire des propositions qui risquent d'être non falsifiables, un paradoxe pour une théorie fondée sur une **épistémologie** empiriste.

Alex Macleod

UNIPOLARITÉ

Unipolarity

Depuis la fin de la **Guerre froide**, plusieurs observateurs prétendent que le **système international** vit à l'ère de l'unipolarité, celle de la prépondérance indiscutable d'une seule puissance, les États-Unis. Toutefois, cette affirmation a été fortement contestée, et a soulevé des débats touchant quatre questions principales : Qu'entend-on par « unipolarité » ? Est-elle source de stabilité ou d'instabilité internationale ? Combien de temps va-t-elle durer ? Comment les États-Unis doivent-ils gérer sa prépondérance?

Selon le journaliste **néoconservateur** Charles Krauthammer (1990-1991 : 24), depuis la fin de la Guerre froide, le monde vit un « moment unipolaire » où le « centre de la puissance mondiale est la superpuissance incontestée, les États-Unis, appuyés par leurs alliés occidentaux ». Selon un des partisans de la thèse de l'unipolarité, William Wohlforth (1999 : 9), il s'agit d'« une structure où les capacités d'un État sont trop grandes pour être contrebalancées ». D'après Krauthammer et Wohlforth, les États-Unis disposent d'une supériorité sur les tous les plans de la puissance – militaire, économique et technologique – telle qu'aucun de leurs rivaux potentiels ne puisse espérer les égaler pendant longtemps. Pour Wohlforth (37), l'unipolarité est une « condition matérielle de la politique mondiale profondément enchâssée, qui a le potentiel de durer pendant plusieurs décennies ».

Samuel Huntington (1999 : 36) conteste ces affirmations, et prétend qu'il faut parler non pas d'unipolarité mais plutôt d'un système uni-multipolaire dominé par une superpuissance et plusieurs puissances majeures, où le « règlement de problèmes internationaux clés exige une action de la part de la superpuissance, mais toujours en combinaison avec d'autres États majeurs ». Sans nier l'existence de l'unipolarité, les **néoréalistes** insistent, d'une part, sur le fait qu'il s'agit d'un « interlude géopolitique qui cédera la place à la multipolarité » (Layne, 1993 : 7), et, d'autre part, qu'elle constitue la « configuration internationale la moins stable », car la « puissance écrasante repousse les autres et les incite à faire l'équilibre contre elles » (Waltz, 1997 :

915, 916). Autrement dit, il y aura une tendance naturelle vers la pratique de l'**équilibrage**. Enfin, selon Richard N. Haass (2008 : 44), conseiller de l'ancien secrétaire d'État, Colin Powell, l'époque de l'unipolarité serait terminée, et nous entrerions déjà dans celle de la non-polarité, « caractérisé par de nombreux centres de puissance significative ».

Là où la plupart des partisans et adversaires de l'unipolarité s'entendent, c'est sur la nécessité pour l'État **hégémonique** d'être prudent dans l'exercice de sa puissance.

> L'unipolarité rend possible de faire le tyran global – mais elle offre aussi aux États-Unis le luxe de pouvoir regarder au-delà de leurs besoins immédiats pour s'occuper de leurs propres intérêts à long terme, et ceux du monde (Brooks et Wohlforth, 2002 : 31-32).

L'exception est celle des néoconservateurs comme Krauthammer (2002-2003), qui pensent que les États-Unis ne doivent pas hésiter à se servir de leur puissance pour pratiquer une politique résolument unilatéraliste.

Alex Macleod

WESTPHALIE, système de — Westphalian System

> Un mythe fondateur typique [Westphalie] offre un cas clair illustrant comment on en est arrivé au système européen « classique », le prototype du système international actuel. De façon pratique et globale, il explique l'origine de ce qui est considéré comme les principales caractéristiques de ce système, soit la territorialité, la souveraineté, l'égalité et la non-intervention (Osiander, 2001 : 266).

Au sein de la discipline des **Relations internationales**, le système de Westphalie est généralement présenté comme l'archétype du **système international** moderne, cela essentiellement parce qu'il consacrait les paramètres généraux guidant jusqu'à ce jour les relations interétatiques. La référence à Westphalie est liée aux traités de Münster et d'Osnabrück signés en 1648 respectivement par le roi de France et la reine de Suède avec le Saint Empire Germanique. Ces traités visaient à mettre en place les termes d'une paix durable pour une Europe traversée depuis le début XVIIe siècle par les conflits religieux et déchirée par les prétentions universalistes du Saint Empire Germanique (c'est-à-dire la Guerre de Trente Ans de 1618-1648). L'emploi du système de Westphalie dérive donc de l'interprétation généralement acceptée en Relations internationales des implications pratiques qu'auraient eues ultérieurement ces deux traités de paix dans la structuration des relations interétatiques, c'est-à-dire la reconnaissance du principe de **souveraineté** de l'**État** et du principe de non-intervention (Morgenthau, 1985 : 293-294) ; la territorialisation des relations interétatiques (Kratochwil et Ruggie, 1986 ; Ruggie, 1993a) ; la reconnaissance de l'égalité formelle des **acteurs** du système international (Gross, 1948 ; Holsti, 1991) ; la codification des rapports internationaux par le biais de l'introduction des premiers principes du **droit international** (Morgenthau, 1985 : 294) ; et enfin la sécularisation de la diplomatie et l'établissement du mécanisme de l'**équilibre des puissances** comme principe régulateur du système international (Holsti, 1991).

Inspirés par un article publié en 1948 par le juriste Leo Gross, qui identifiait la Paix de Westphalie comme un tournant dans l'évolution des rapports internationaux, ce sont principalement les auteurs **réalistes** qui, les premiers, ont fait dériver la structure du système international contemporain des traités de Münster et d'Osnabrück (Gross, 1948 ; Morgenthau, 1985 ; Gilpin, 1981 ; Holsti, 1991). Selon Gross, l'aspect fondamental de ces traités est qu'ils auraient mis en place les fondations nécessaires à la reconnaissance juridique du principe de souveraineté absolue de l'État et, par extension, à l'égalité formelle des acteurs du système international.

Ainsi, tandis que sous l'ère féodale les rapports internationaux reposaient sur une chaîne hiérarchique de droits et de privilèges régulant les relations entre les dynasties monarchiques avec le Saint Empire Romain et la papauté – ces derniers pouvant, de par leur rôle de représentant universel de la Chrétienté, se prévaloir d'un droit de regard dans les affaires internes des dynasties européennes – la Paix de Westphalie aurait permis d'éliminer cette hiérarchie des droits en instituant comme fondement de la nouvelle structure du système international le principe de relations de pouvoir horizontales entre acteurs jouissant de droits et de statuts égaux (Holsti, 1991 : 26). En institutionnalisant le principe de souveraineté absolue comme pierre angulaire du système international contemporain, la Paix de Westphalie aurait permis de mettre à l'abri l'arène du politique des traditionnelles intrusions des questions religieuses dans les affaires d'État, sécularisant de la sorte les relations internationales et pavant la voie à la mise en place du mécanisme (rationnel) de l'équilibre des puissances comme principe régulateur des rapports internationaux. La logique de la raison d'État aurait ainsi remplacé le rôle « irrationnel » des motifs religieux dans la conduite des affaires de l'État.

Bien que l'interprétation mise de l'avant par l'approche réaliste domine la discipline des Relations internationales, elle s'expose à certaines critiques. Le débat repose sur l'interprétation du rôle et de la signification de la Paix de Westphalie dans la création du système international contemporain. Tout en employant le concept de système de Westphalie comme archétype du système international contemporain, les auteurs appartenant à l'**École anglaise** (Wight, 1977 ; Bull, 1995 [1977]) contestent l'idée que la Paix de Westphalie représenterait un moment de rupture. Ceux-ci ont une interprétation différente du moment où les assises d'un tel système furent mises en place et situent encore plus loin les premiers balbutiements du système international moderne, c'est-à-dire au XVe siècle, lors du Concile de Constance (1414-1418), où les fondements légaux fondant la légitimité de telles intrusions auraient été éliminés (Wight, 1977 : 129-131). Pour l'École anglaise, donc, loin de marquer le point de départ du système international contemporain, la Paix de Westphalie représenterait plutôt un moment culminant dans le vaste processus historique qui a mené à la mise en place du cadre juridique du système international contemporain.

Tandis que les approches précédentes associent avant tout la modernité du système international à l'émergence de la reconnaissance mutuelle de la souveraineté des États, certains auteurs **constructivistes** soutiennent plutôt qu'elle serait le produit d'un long processus de transformation sociale ayant radicalement affecté l'**identité** des États (Ruggie, 1993a ; 1998 ; Kratchowil et Ruggie, 1986 ; Spruyt, 1994a ; 1994b). Selon Ruggie et Spruyt, la Révolution commerciale du XIe siècle aurait mis en branle un mouvement de transformation sociale important ayant lui-même participé à la restructuration et à la réorganisation de l'espace politique des États. La Révolution commerciale aurait mené au développement du système moderne de propriété reposant sur le principe romain de propriété absolue et, ce faisant, aurait permis la mise en place des conditions nécessaires à la réorganisation du pouvoir politique à l'intérieur d'un espace public exclusif et distinct de la sphère privée (Ruggie, 1993a ; Spruyt, 1994).

Parallèlement, cette réorganisation aurait radicalement affecté l'organisation spatiale du pouvoir politique, c'est-à-dire qu'elle aurait participé à la centralisation et à la territorialisation du pouvoir d'État. Aussi, selon Ruggie ce serait le processus de différenciation du pouvoir politique et de territorialisation du pouvoir d'État qui représenterait la caractéristique principale du système international contemporain puisqu'il serait lui-même constitutif de la différenciation entre un espace national et international (Ruggie, 1993a : 151).

Krasner fut l'un des premiers à souligner le caractère essentiellement prémoderne des contentieux que les négociateurs présents à Münster et Osnabrück tentaient de régler (Krasner, 1993 : 236). Il soutient également que le principe de souveraineté n'est pas quelque chose d'immuable mais bien, en tant que rapport de pouvoir, toujours contesté et sujet au changement (Krasner, 1993 : 236). Krasner avance que les **institutions** liées à la souveraineté de l'État – c'est-à-dire la capacité d'une forme centralisée d'autorité politique à exercer un pouvoir absolu à l'intérieur de frontières déterminées – existaient déjà bien avant la Paix de Westphalie. Tout au plus, cette dernière n'aurait fait que codifier des pratiques et institutions déjà existantes. Parallèlement, les travaux de A. Ossiander ont mis en évidence le fait que les termes mêmes par lesquels la Paix de Westphalie fut négociée avaient beaucoup moins à voir avec la réorganisation du système d'États européen qu'avec la réorganisation interne du Saint Empire (Krasner, 1993 : 244 ; Ossiander, 2001 : 266).

Tentant d'identifier un moment précis dans le temps où le principe de souveraineté aurait pour la première fois été reconnu, les approches traditionnelles auraient ainsi extrapolé à l'Europe tout entière les implications pratiques des traités de Münster et d'Osnabrück dont une clause reconnaissait un certain degré d'autonomie aux princes allemands par rapport à l'empereur en ce qui avait trait à la poursuite de leur politique extérieure. Comme Krasner et Ossiander l'ont souligné avec acuité, l'absence flagrante d'une réflexion sur le concept de souveraineté en termes historiques a posé de sérieuses limites quant à la capacité du champ des Relations internationales de saisir les transformations significatives de ce concept dans l'espace et dans le temps. Cela étant dit, en ne définissant la souveraineté de l'État qu'en termes purement institutionnels, c'est-à-dire comme la capacité d'une forme d'autorité politique quelconque à affirmer son pouvoir absolu sur un territoire donné, Krasner nous fournit très peu d'outils pour saisir la spécificité historique des différentes formes de souveraineté en formation entre le XVIIe et le XIXe siècle.

Des auteurs **marxistes** soutiennent quant à eux que ce n'est qu'en reproblématisant la souveraineté de l'État comme étant la résultante de certaines relations sociales que le champ des Relations internationales qu'on pourra être à même de saisir la spécificité des dynamiques sociales que cette forme institutionnelle a exprimée dans l'espace et dans le temps (Teschke, 2001 ; Rosenberg, 1994). En fait, ce ne serait qu'à partir d'une problématisation des formes spécifiques revêtues par le pouvoir social dans l'espace et dans le temps que le champ des Relations internationales serait à même de saisir la spécificité des impératifs structurels, de la rationalité et des stratégies d'action mis de l'avant afin de répondre à ces impératifs et, enfin, des dynamiques de pouvoir des différents systèmes internationaux.

C'est à partir des prémisses méthodologiques du matérialisme historique que cette approche a tenté de mettre en relief la spécificité historique des rapports internationaux dans l'Europe postwestphalienne, en mettant en évidence leur nature prémoderne. Ces auteurs soutiennent généralement l'idée que la forme du pouvoir social prédominante sur le continent européen au XVIIe siècle demeurait essentiellement précapitaliste. C'est-à-dire que la manière dont la classe dominante s'appropriait les surplus des producteurs directs reposait sur l'utilisation de moyens extra-économiques – c'est-à-dire coercition, privilèges juridiques, taxation – plutôt que sur des moyens purement économiques. L'État demeurait le lieu privilégié par l'aristocratie afin de maintenir son pouvoir social et la dynamique d'accumulation politique qui était la stratégie de reproduction sociale prédominante. Ces auteurs soulignent le caractère essentiellement privé et personnel de la souveraineté au XVIIe siècle – forme radicalement distinctive du caractère « public », abstrait et dépersonnalisé qu'exprime la forme moderne de la souveraineté de l'État. Ces auteurs ont non seulement problématisé l'impact de cette forme spécifique du pouvoir social sur la forme revêtue par la souveraineté de l'État dans l'Europe postwestphalienne, mais aussi son influence dans la structuration même des rapports interétatiques. Ils ont mis en évidence la nécessité pour le champ des Relations internationales de reproblématiser historiquement et socialement les systèmes internationaux.

Enfin, les débats actuels autour du système de Westphalie sont fortement influencés par la reconnaissance du fait, et ce, même chez plusieurs auteurs réalistes, que la **mondialisation** pose un défi considérable au principe de souveraineté. Plusieurs se demandent en conséquence si le système westphalien persiste dans un contexte où le rôle et les prérogatives de l'État « westphalien » sont de plus en plus remis en question.

Thierry Lapointe

Bibliographie

Acharya, A., 2002, « Regionalism and the Emerging World Order : Sovereignty, Autonomy, Identity », dans S. Breslin, C. Hughes *et al.*, *New Regionalisms in the Global Political Economy : Theories and Cases*, Londres, Routledge, p. 20-32.

Acharya, A., 1997, « The Periphery as the Core : The Third World and Security Studies », dans K. Krause et M. C. Williams (dir.), *Critical Security Studies : Concepts and Cases*, Minneapolis, Borderlines, University of Minneapolis Press, p. 299-329.

Ackerly, B. et J. True, 2008, « An Intersectional Analysis of International Relations : Recasting the Discipline », *Politics and Gender*, vol. 4, n° 1, p. 156-173.

Adams, K. R., 2003, « Attack and Conquer ? International Anarchy and the Offense-Defense-Deterrence Balance », *International Security*, vol. 28, n° 3, p. 45-83.

Adda, J., 1996, *La mondialisation de l'économie*, 2 volumes, Paris, Éditions La Découverte.

Adelman, H., 2002, « Canadian Borders and Immigration post 9/11 », *International Migration Review*, vol. 36, p. 15-29.

Adler, E., 1997, « Imagined (Security) Communities : Cognitive Regions in International Relations », *Millennium*, vol. 26, n° 2, p. 249-277.

Adler, E. et M. Barnett, 1998, « A Framework for the Study of Security Communities », dans E. Adler et M. Barnett (dir.), *Security Communities*, New York, Cambridge University Press, p. 29-65.

Adorno, T. W. et M. Horkheimer, 1974, *La dialectique de la raison*, Paris, Gallimard.

Adorno, T. W. et K. Popper, 1979, *De Vienne à Francfort. La querelle allemande des sciences Sociales*, Bruxelles, Éditions Complexe.

Agamben, G., 2003, *État d'exception : Homo Sacer*, vol. II, n° 1, Paris, Seuil.

Agamben, G., 1997, *Le pouvoir souverain et la vie nue. Homo sacer I*, Paris, Seuil.

Agamben, G., 1995, *Moyens sans fins. Notes sur la politique*, Paris, Rivages.

Agathangelou, A. et L. H. M. Ling, 2004a, « The House of IR : From Family Power Politics to the *Poisies* of Worldism », *International Studies Review*, vol. 6, n° 4 , p. 21-50.

Agathangelou, A. et L. H. M. Ling, 2004b, « Power, Borders, Security, Wealth : Lessons of Violence and Desire from September 11 », *International Studies Quarterly*, vol. 48, n° 3, p. 517-538.

Aglietta, M., 1997, *Régulations et crises du capitalisme*, Paris, Odile Jacob.

Aglietta, M. et A. Brender *et al.*, 1990, *Globalisation financière : L'aventure obligée*, Paris, Economica.

Agnew, J., 2005, « Sovereignty Regimes : Territoriality and State Authority in Contempory World Politics », *Annals of the Association of American Geographers*, vol. 95, n° 2, p. 437-461.

Agnew, J., 2003, « Contemporary Political Geography : Intellectual Heterodoxy and Its Dilemmas », *Political Geography*, vol. 22, n° 6, p. 603-606.

Agnew, J., 2002, *Making Political Geography*, Londres, Hodder Arnold.

Agnew, J., 2001, « Geopolitics », dans J. Krieger et M. Crahan (dir.,) *Oxford Companion to Politics of the World*, Oxford, Oxford University Press, p. 316-317.

Agnew, J., 1994, « The Territorial Trap : The Geographical Assumptions of International Relations Theory », *Review of International Political Economy*, vol. 1, n° 1, p. 53-80.

Agnew, J. et S. Corbridge, 1995, *Mastering Space. Hegemony, Territoriality and International Political Economy*, Londres et New York, Routledge.

Ahmad, A., 1997, « Postcolonial theory and the "post-"condition », dans L. Panitch et C. Leys (dir.), *Socialist Register 1999 : Global Capitalism Versus Democracy*, Londres, Merlin, p. 353-381.

Albert, M., 1999, « On Boundaries, Territory and Postmodernity : An International Relations Perspective », dans D. Newman (dir.), *Boundaries, Territory and Postmodernity*, Londres et Portlant, Frank Cass, p. 53-68.

Albert, M., D. Jacobson et Y. Lapid (dir.), 2001, *Identities, Borders, Orders : Rethinking International Relations Theory*, Minneapolis, University of Minnesota Press.

Albert, M. et T. Kopp-Malek, 2002, « The Pragmatism of Global and European Governance : Emerging Forms of the Political "Beyond Westphalia" », *Millennium*, vol. 31, n° 3, p. 453-472.

Allison, G. T., 1977, « Modèles conceptuels et la crise des missiles de Cuba », dans P. Braillard, *Théories des Relations internationales*, Paris, PUF, p. 172-196.

Bibliographie

Allison, G. T., 1971, *Essence of Decision. Explaining the Cuban Missile Crisis*, Boston, Little Brown.

Allison, G. T. et P. D. Zelikow, 1999a, *Essence of Decision. Explaining the Cuban Missile Crisis. Second Edition*, New York, Longman.

Allison, G. T. et P. D. Zelikow, 1999b, « L'essence de la décision. Le modèle de l'acteur rationnel », *Cultures & Conflits*, n° 36.

Altvater, E., A. Amin et R. Palan, 1996, « Theme : Historicizing International Political Economy », *Review of International Political Economy,* vol. 3, n° 2, p. 209-215.

Altvater, E., A. Amin, R. Palan *et al.,* 1994, « Forum for Heterodox International Political Economy », *Review of International Political Economy,* vol. 1, n° 1, p. 1-12.

Altvater, E. et B. Mahnkopf, 1997, « The World Market Unbound », *Review of International Political Economy,* vol. 4, n° 3, p. 448-471.

Amin, S., 1970, *L'accumulation à l'échelle mondiale, critique de la théorie du sous-développement*, Paris, IFAN, Anthropos.

Amoore, L., R. Dodgson *et al.*, 1999, « Paths to a Historicised International Political Economy », *Review of International Political Economy,* vol. 7, n° 1, p. 53-71.

Amoore, L., R. Dodgson *et al.*, 1997, « Overturning "Globalisation" : Resisting the Teleological and Reclaiming the "Political" », *New Political Economy,* vol. 2, n° 1, p. 179-195.

Anderson, B., 1996, *Imaginaire national*, Paris, La Découverte.

Anderson, J. et L. O'Dowd, 1999, « Borders, Border Regions and Territoriality : Contradictory Meanings, Changing Significance », *Regional Studies*, vol. 33, n° 7, octobre, p. 593-615.

Angell, N., 1910, *La grande illusion*, Paris, Librairie Hachette.

Anghie, A., 2006, « Decolonizing the Concept of "Good Governance" », dans B. J. Jones, *Decolonizing International Relations*, Lanham, Rowman and Littlefield, p. 109-128.

Aravena, R. F., 2002, « La sécurité humaine : un nouveau concept de sécurité au XXIe siècle », *Forum du désarmement,* n° 2, Institut des Nations unies pour la recherche sur le désarmement (UNIDIR)

Arblaster, A., 1984, *The Rise and Decline of Western Liberalism*, New York, Basil Blackwell.

Arbour, J.-M., 1997, *Droit international public,* 3e éd., Cowansville, Yvon Blais.

Archer, C., 1983, *International Organizations*, Londres, G. Allen and Unwin.

Archibugi, D., D. Held et M. Kohler, 1998, *Re-Imagining Political Community, Studies in Cosmopolitan Democracy*, Stanford, Stanford University Press.

Armstrong, D., 2003, « A Turbulent World : An Uncertain IR », *Journal of International Relations and Development*, 2003, vol. 6, n° 4, p. 358-372.

Aron, R., 1984, *Paix et guerre entre les nations*, 8e éd., Paris, Calmann-Lévy.

Aron, R., 1972, « En quête d'une doctrine de la politique étrangère », dans *Études politiques*, Paris, Gallimard, p. 460-478.

Aron, R., 1965, « L'ordre anarchique de la puissance », dans *Les désillusions du progrès. Essais sur la dialectique de la modernité,* Paris, Calmann-Lévy, p. 196-221.

Aron, R., 1962, *Paix et guerre entre les nations*, Paris, Calman-Lévy.

Aron, R., 1948, *Le Grand Schisme*, Paris, Gallimard.

Arrighi, G., 1994, *The Long Twentieth Century*, Londres et New York, Verso.

Arrighi, G., 1993, « The Three Hegemonies of Historical Capitalism », dans S. Gill (dir.), *Gramsci, Historical Materialism and International Relations,* Cambridge, Cambridge University Press.

Arrighi, G. (dir.), 1985, *Semi-peripheral. The Politics of Southern Europe in the Twentieth Century,* Londres, Sage Publications.

Art, R. J. et R. Jervis (dir.), 1985, *International Politics : Anarchy, Force, Political Economy, and Decision-Making*, 2e éd., Boston, Little Brown.

Ashley, R. K., 1996, « The Achievements of Post-Structuralism », dans S. Smith, K. Booth et M. Zalewski (dir.), *International Theory : Positivism and Beyond*, Cambridge, Cambridge University Press, p. 240-253.

Ashley, R. K., 1989, « Living on Border Lines : Man, Poststructuralism, and War », dans J. Der Derian et M. J. Shapiro (dir.), *International/Intertextual Relations : Postmodern Readings in World Politics*, Lexington et Toronto, Lexington Books, p. 259-321.

Ashley, R. K., 1987, « The Geopolitics of Geopolitical Space : Towards a Critical Social Theory of International Politics », *Alternatives,* vol., 12, n° 4, p. 403-443.

Ashley, R. K., 1984, « The Poverty of Neo-Realism », *International Organization*, vol. 38, n° 2, p. 225-286.

Ashley, R. K., 1981, « Political Realism and Human Interest », *International Studies Quarterly*, vol. 25, n° 2, p. 204-236.
Ashley, R. K. et R. B. J. Walker (dir.), 1990, « Special Issue. Speaking the Language of Exile, Dissidence in International Studies », *International Studies Quarterly*, vol. 34, n° 3, p. 259-416.
Ashworth, L. M., 2002, « Did the Realist-Idealist Great Debate Really Happen ? A Revisionist History of International Relations », *International Relations*, vol. 16, n° 1, p. 33-51.
Auger, J., S. Roussel et J.-F. Rancourt, 2004, « Le Ministère de la sécurité publique et de la Protection civile : Un Homeland Security canadien ? », *Bulletin du maintien de la paix*, n° 69, Montréal, septembre [www.er.uqam.ca/nobel/cepes/pdf/BULL69.pdf].
Austin, L., 2001, « Is Privacy a Casualty of the War on Terrorism ? », dans R. J. Daniels, P. Macklem et K. Roach (dir.), *The Security of Freedom : Essays on Canada's Anti-terrorism Bill*, Toronto, University of Toronto Press, p. 251-268.
Austin, J. L., 1975, *How To Do Things with Words*, 2e éd., Oxford, Oxford University Press.
Austin, J. L., 1970, *Quand dire c'est faire*, Paris, Seuil.
AWID, 2004, « Intersectionality : A Tool for Gender and Economic Justice », *Women's Rights and Economic Change*, n° 9 [www.awid.org/publications/primers/intersectionality_en.pdf].
Axelrod, R., 1984, *The Evolution of Cooperation*, New York, Basic Books.
Axelrod, R. et R. O. Keohane, 1992, « Achieving Cooperation under Anarchy : Strategies and Institutions », dans C. Kegley Jr et E. R. Wittkopf, *The Global Agenda. Issues and Perspectives*, 3e éd., New York, McGraw-Hill, p. 216-222.
Axelrod, R. et R. O. Keohane, 1986, « Achieving Cooperation Under Anarchy : Strategies and Institutions », dans K. A. Oye (dir.), *Cooperation Under Anarchy*, Princeton, Princeton University Press, p. 226-254.
Ayoob, M., 2001, « State Making, State Breaking, and State Failure », dans C. A. Crocker, F. O. Hampson et P. Aall (dir.), *Turbulent Peace. The Challenges of Managing International Conflict*, Washington, United States Institute of Peace Press, p. 127-142.
Ayoob, M., 1997, « Defining Security : A Subaltern Realist Perspective », dans K. Krause et M. C. Williams (dir.), *Critical Security Studies : Concepts and Cases*, Minneapolis, Borderlines, University of Minneapolis Press, p. 121-149.
Ayoob, M., 1995, *The Third World Security Predicament. State Making, Regional Conflict, and the International System*, Boulder et Londres, Lynne Rienner.
Ayoob, M., 1991, « The Security Problematic of the Third World », *World Politics*, vol. 43, n° 2, p. 257-283.
Badie, B., 1994, « Flux migratoires et relations internationales », dans B. Badie et C. Wihtol de Wenden (dir.), *Le défi migratoire. Questions de relations internationales*, Paris, Presses de la fondation nationale des sciences politiques, p. 27-39.
Badie, B. et M.-C. Smouts, 1999, *Le retournement du monde*, 3e éd., Paris, Presses de Sciences Po. et Dalloz.
Baldwin, D. A., 1997, « The Concept of Security », *Review of International Studies*, vol. 23, n° 1, p. 5-26.
Baldwin, D. A., 1995, « Security Studies and the End of the Cold War », *World Politics*, vol. 48, n° 1, octobre, p. 117-141.
Baldwin, D. A. (dir.), 1993, *Neorealism and Neoliberalism : The Contemporary Debate*, New York, Columbia University Press.
Balibar, É. et I. Wallerstein, 1988, *Race, nation et classe : les identités ambiguës*, Paris, La Découverte.
Ballesteros, E. B., 2002a, « Le droit des peuples à disposer d'eux-mêmes et son application aux peuples assujettis à une domination coloniale ou étrangère ou à l'occupation étrangère : rapport sur la question de l'utilisation des mercenaires comme moyen de violer les droits de l'homme et d'empêcher l'exercice du droit des peuples à disposer d'eux même », *ONU, Conseil économique et social, Commission des Droits de l'homme*, 58e session, 10 janvier, E/CN.4/2002/20.
Ballesteros, E. B., 2002b, « Le droit des peuples à disposer d'eux-mêmes et son application aux peuples assujettis à une domination coloniale ou étrangère ou à l'occupation étrangère : rapport sur la question de l'utilisation des mercenaires comme moyen de violer les droits de l'homme et d'empêcher l'exercice du droit des peuples à disposer d'eux-mêmes », *ONU, Conseil*

économique et social, Commission des Droits de l'homme, 59e session, 29 novembre, E/CN.4/2003/16.

Ballesteros, E. B., 1994, « Le droit des peuples à disposer d'eux-mêmes et son application aux peuples assujettis à une domination coloniale ou étrangère ou à l'occupation étrangère : rapport sur la question de l'utilisation des mercenaires comme moyen de violer les droits de l'homme et d'empêcher l'exercice du droit des peuples à disposer d'eux mêmes », *ONU, Conseil économique et social, Commission des Droits de l'homme*, E/CN.4/1994/23, 12 janvier.

Balzacq, T., 2005, « The Three Faces of Securitization : Political Agency, Audience and Context », *European Journal of International Relations*, vol. 11, nº 2, p. 171-201.

Banque mondiale, 1992, *Governance and Development*, Washington, The World Bank.

Baran, P. A. et P. M. Sweezy, 1966, *Monopoly Capital*, New York, Monthly Review Press.

Barkawi, T. et M. Laffey (dir.), 2001, *Democracy, Liberalism, and War : Rethinking the Democratic Peace Debate*, Boulder et Londres, Lynne Rienner.

Barkawi, T. et M. Laffey, 1999, « The Imperial Peace : Democracy, Force and Globalization », *European Journal of International Relations*, vol. 5, nº 4, p. 403-434.

Barnett, J., 2001, *The Meaning of Environmental Security*, Londres et New York, Zed Books.

Barnett, M. et E. Adler, 1998, « Studying Security Communities in Theory, Comparison, and History », dans E. Adler et M. Barnett (dir.), *Security Communities*, New York, Cambridge University Press, p. 413-441.

Barnett, M. et J. S. Levy, 1991, « Domestic Sources of Alliances and Alignments : The Case of Egypt, 1962-1973 », *International Organization*, vol. 45 nº 3, p. 369-395.

Barrault, J.-M., 2007, *Pirates des mers d'aujourd'hui*, Gallimard, Paris.

Bartelson, J., 1995, *A Genealogy of Sovereignty*, New York, Cambridge University Press.

Bartky, S. L., 1998, « On Psychological Oppression », dans M. F. Rogers (dir.), *Contemporary Feminist Theory*, Boston, McGraw-Hill.

Battistella, D., 2003a, « L'apport de Karl Deutsch à la théorie des relations internationales », *Revue internationale de politique comparée*, vol. 10, nº 4, p. 567-585.

Batistella, D., 2003b, *Théories des relations internationales*, Paris, Presses de Sciences po.

Baud, J., 2005, *Le renseignement et la lutte contre le terrorisme : Stratégies et perspectives internationales*, Paris, Lavauzelle.

Baud, J., 1998, *Encyclopédie du renseignement et des services secrets*, Paris, Lavauzelle.

Bayart, J.-F., 1996, *L'illusion identitaire*, Paris, Fayard.

Bayart, J.-F., 1989, *L'État en Afrique. La politique du ventre*, Paris, Fayard.

Baylis, J., 2004, « Arms Control and Disarmament », dans J. Baylis, J. Wirtz, E. Cohen et C. S. Gray, (dir.), *Strategy in the Contemporary World : An Introduction to Strategic Studies*, New York, Oxford University Press.

Baylis, J., K. Booth, J. Garnett et P. Williams, 1987, *Contemporary Strategy*, New York, Holmes & Meier.

Baylis, J. et R. O'Neil, 2000, *Alternative Nuclear Futures : The role of Nuclear Weapons In the Post Cold War World*, Oxford, Oxford, University Press.

Baylis, J. et S. Smith, 2001, *The Globalization of World Politics ; An introduction to international relations*, Oxford, Oxford University Press.

Baylis, J. et S. Smith (dir.), 1997, *The Globalisation of World Politics : An Introduction to International Relations*, Oxford, Oxford University Press.

Beare, M. E. (dir.), 2003, *Critical Reflections on Transnational Organized Crime, Money Laundering, and Corruption*, Toronto, University of Toronto Press.

Beau, F., 1997, *Renseignement et société de l'information*, Paris, FED.

Beaud, M., 1987, *Le système national/mondial hiérarchisé*, Paris, La Découverte.

Beck, U., 2002, « The Cosmopolitan Society and Its Enemies », *Theory, Culture & Society*, vol. 19, nº 17, p. 17-44.

Beck, U., 2001, *La société du risque : sur la voie d'une autre modernité*, Paris, Éditions Aubier.

Beck, U., 1999, *World Risk Society*, Cambridge, Polity Press.

Beck, U. et N. Sznaider, 2006, « Unpacking Cosmopolitanism for the Social Sciences : a Research Agenda », *The British Journal of Sociologie*, vol. 57, nº 1, p. 1-23.

Bédar, S., 2001, « La révision de la doctrine stratégique américaine – De la bipolarité à la dominance globale », dans S. Bédar (dir.), *Vers une « grande transformation » stratégique*

américaine ?, *Cahiers d'Études Stratégiques*, coll. « Le débat stratégique américain 2000-2001 », n° 31, p. 23-38.
Bedolla, L. G., 2007, « Intersections of Inequality : Understanding Marginalization and Privilege in the Post-Civil Rights Era », *Politics and Gender*, vol. 3, n° 2, p. 232-248.
Beeson, M., 2004, « The Rise of "Neocons" and the Evolution of American Foreign Policy », *Asia Research Centre Working Paper*, n° 107.
Beitz, C., 1979, *Political Theory and International Relations*, Princeton, Princeton University Press.
Bélanger, Y., N. Desbiens et P. Fournier, 1992, *Les défis économiques du désarmement. Vers la reconversion des économies militaires*, Montréal, VLB Éditeur.
Bélanger, Y., Y. Quéau et S. Roussel, 2004, « La société québécoise face aux enjeux du périmètre de sécurité nord-américain, », *La Chronique des Amériques*, n° 34, Montréal, [www.er.uqam.ca/nobel/oda//pdf/Chro_0434_Qc-secu.pdf].
Bendersky, J., 1983, *Carl Schmitt : Theorist for the Reich*, Princeton, Princeton University Press.
Benhabib, S., 1995, « Feminism and Postmodernism », dans Seyla Benhabib *et al.*, *Feminist Contentions : A Philosophical Exchange*, New York, Routledge, p. 17-34.
Benjamin, P., 2000, « Green wars : making environmental degradation a national security issue puts peace and security at risk », *Policy Analysis*, n° 369, 20 avril, [www.cato.org/pubs/pas/pa369.pdf].
Benjamin, W., 2000, « Critique de la violence », dans *Œuvres I*, Paris, Folio essais, p. 210-243.
Benjamin, W., 2000, « Sur le concept d'histoire », dans *Œuvres III*, Paris, Folio essais, p. 427-443.
Bennett, A. LeRoy, 1983, *International Organizations*, 3e éd., Englewood Cliffs, Prentice-Hall.
Bercovitch, Jacob, 1997, « Mediation in International Conflict : An Overview of Theory, A Review of Practice », dans W. Zartmann et J. L. Rasmussen (dir.), *Peacemaking in International Conflict*, Washington, United States Institute of Peace Press, p. 125-154.
Berger, P. L. et T. Luckmann, [1966] 1986, *La construction sociale de la réalité*, Paris, Méridiens Klincksieck.
Bergstein, C. F. (dir.), 1975, *Toward a New World Trade Policy. The Maidenhead Papers*, Lexington, Lexington Books.
Berlin, I., 1990, *Éloge de la liberté*, Paris, Calmann-Lévy.
Bernauer, T., 1995, « The Effect of International Environmental Institutions : How We Might Learn More », *International Organization*, vol. 49, n° 2, p. 351-377.
Bertrand, R., 2001, « L'affaire de la prise d'otages de Jolo : un exemple de criminalisation politique en Asie du Sud-Est », *Revue internationale et stratégique*, n° 43, p. 40-47.
Best, S. et A. Nocella, 2004, « Defining Terrorism », dans S. Best et A. Nocella (dir.), *Terrorists or Freedom Fighters ? Reflections on the Liberation of Animals*, New York, Latern Books, p. 361-377.
Betts, R. K., 1998, « The New Threat of Mass Destruction », *Foreign Affairs*, vol. 77, n° 1, p. 26-41.
Betts, R. K., 1997, « Should Strategic Studies Survive ? », *World Politics*, vol. 50, n° 1, p. 7-33.
Betts, R. K., 1992, « Systems for Peace or Causes of War ? Collective Security, Arms Control, and the New Europe », *International Security*, vol. 17, n° 1, p. 5-43.
Bhaskar, R., 1989, *Reclaiming Reality : A Critical Introduction to Contemporary Human Sciences*, Londres, Verso.
Bhaskar, R., 1975, *A Realist Theory of Science*, Brighton, Harvester.
Bhattacharrya, G., J. Gabriel et S. Small, 2002, *Race and Power : Global racism in the twenty-first century*, Londres et New York, Routledge.
Bially Mattern, J., 2001, « The Power Politics of Identity », *European Journal of International Relations*, vol. 7, n° 3, p. 349-397.
Bidet, J. et J. Texiet, 1994, *Le nouveau système du monde*, Paris, PUF.
Biel, R., 2000, *The New Imperialism. Crisis and Contradictions in North/South Relations*, Londres, Zed Books.
Bigo, D., 2008, « Éditorial. Circulation et archipels de l'exception », *Cultures & Conflits*, n° 68, p. 7-12.
Bigo, D., 2005, « La mondialisation de l'(in)sécurité ? », *Cultures & Conflits*, n° 58, p. 53-101.
Bigo, D., 2004, « Vers une nord-irlandisation du monde ? », *Cultures & Conflits*, n° 56, p. 171-182.
Bigo, D., 2002a, « Security and Immigration : Toward a Critique of the Governmentality of Unease », *Alternatives : Global, Local, Political*, vol. 27 (numéro spécial), p. 63-92.
Bigo, D., 2002b, « La voie militaire de la "guerre au terrorisme" et ses enjeux », *Cultures & Conflits*, n° 44.

Bigo, D., 2002c, « Genre et relations internationales », colloque AFSP « Genre et politique », 30 et 31 mai [www.afsp.msh-paris.fr/archives/2002/genretxt/bigo.pdf].
Bigo, D., 1999, « La pieuvre existe-t-elle ? », dans M. Serceau (dir.), « L'enfer des mafias », *Panoramiques*, n° 39, Paris, Corlet, p. 26-29.
Bigo, D., 1998b, « L'Europe de la sécurité intérieure : penser la sécurité autrement », dans A.-M. Le Gloannec (dir.), *Entre union et nations : l'État en Europe*, Paris, Presses de Sciences Po, p. 55-90.
Bigo, D., 1998a, « Sécurité et immigration : vers une gouvernementalité de l'inquiétude », *Culture & Conflits*, n°s 31-32, p. 13-38.
Bigo, D., 1996, *Polices en réseaux, l'expérience européenne*, Paris, Presses de Science Po.
Bigo, D., 1995, « Pertinence et limites de la notion de crime organisé », *Relations internationales et stratégiques*, n° 20, p. 134-138.
Bigo, D., 1995, « Grands débats dans un petit monde : Les débats en relations internationales et leur lien avec le monde de la sécurité », *Cultures & Conflits*, n°s 19-20, p. 7-48.
Bigo, D., 1986, « Un terrorisme ou des terrorismes ? », *Esprit*, n°s 94/95, « Spécial terrorisme », 2e éd.
Bigo, D. et D. Hermant, 2002, « Guerre et terrorisme », *Cultures & Conflits*, n° 44.
Bigo, D. et D. Hermant, 1988, « La relation terroriste », *Études polémologiques*, n° 47, p. 3.
Bigo, D., R. B. J. Walker et chercheurs ELISE, 2006, « Liberté et Sécurité en Europe : enjeux contemporains », *Cultures & Conflits*, n° 61.
Birgit. L. et E. Prügl, 2001, « Feminism and Constructivism : Worlds Apart or Sharing the Middle Ground ? », *International Studies Quarterly*, vol. 45, n° 1, p.111-129.
Blackwell J., M. J. Mazaar, D. M. Snider, *The Gulf War, Military Lessons Learned*, Washington, CSIS, juillet 1991.
Blaevot, P. (dir.), 2004, *Dico rebelles, acteurs, lieux, mouvements*, Paris, Éditions Michalon.
Blaut, J. M., 2000, *Eigth Eurocentric Historians*, New York, The Guilford Press.
Blaut, J. M., 1993, *The Colonizer's Model of the World. Geographical Diffusionnism and Eurocentric History,* New York/Londres, The Guilford Press.
Bloch, M., 1994, *La société féodale*, Paris, Albin Michel.
Bloch, M., 1967, *Seigneurie française et manoir anglais*, Paris, Armand Colin.
Bloch, F., 1977, *The Origins of International Economic Disorder*, Berkeley, University of California Press.
Bloch, E., 1972, *La philosophie de la renaissance*, Paris, Petite Bibliothèque Payot.
Bøås, M., 2000, « Whose Security ? », *Cooperation and Conflict*, vol. 35, n° 3, p. 309-319.
Bobbitt, P., 2002, *The Shield of Achilles : War, Peace and the Course of History*, New York, Alfred A. Knopf.

Bohman, J., 2000, « Distorted Communication : Formal Pragmatics as a Critical Theory », dans L. E. Hann (dir.), *Perspective on Habermas*, Chicago, Open Court.
Bohman, J., 1998, « The Globalization of the Public Sphere », *The Modern Schoolman*, vol. 75, n° 2.
Bonefeld, N. (dir.), 2001, *The Politics of Europe : Monetary Union and Class*, Basingstoke, Palgrave.
Boniface, P., 2001, *Le monde contemporain : grandes lignes de partage*, Paris, PUF.
Boot, M., 2004, « The Myth About Neoconservatism », dans I. Stelzer (dir.), *The Neocon Reader*, New York, Grove Press.
Booth, D., 1985, « Marxism and Development Sociology : Interpreting the Impasse », *World Development*, vol. 13, n° 7, p. 761-787.
Booth, K., 2007, *Theory of World Security,* Cambridge, Cambridge University Press.
Booth, K. (dir.), 2004, *Critical Security Studies and World Politics*, Boulder, Lynne Rienner.
Booth, K., 1997, « Security and Self : Relections of a Fallen Realist », dans K. Krause et M. C. Williams (dir.), *Critical Security Studies : Concepts and Cases*, Minneapolis, University of Minnesota Press, p. 83-119.
Booth, K., 1995, « Human Wrong in International Relations », *International Affairs*, vol. 71, n° 1, p. 103-126.
Booth, K., 1991a, « Security and Emancipation », *Review of International Studies*, vol. 17, n° 4, p. 313-326.

Booth, K., 1991b, « Security in Anarchy. Utopian Realism in Theory and Practice », *International Affairs*, vol. 67, nº 3, p. 527-545.
Booth, K. et P. Vale, 1997, « Critical Security Studies and Regional Insecurity : The Case of Southern Africa », dans K. Krause et M. C. Williams (dir.), *Critical Security Studies : Concepts and Cases*, Minneapolis, University of Minnesota Press, p. 329-358.
Booth, K. et S. Smith (dir.), 1995, *International Relations Theory Today*, Cambridge, Polity Press.
Bouchard, G., 2000, *Genèse des nations et histoire du Nouveau-Monde : Essai d'histoire comparée*, Montréal, Boréal.
Boudon, R., 1986, *L'idéologie. Ou l'origine des idées reçues*, Paris, Fayard.
Boukharine, N., 1967, *L'économie mondiale et l'impérialisme*, Paris, Anthropos.
Bourdieu, P., 2001, *Science de la science et réflexivité*, Paris, Raisons d'agir.
Bourdieu, P. et L. J. D. Wacquant, 1992, *An Invitation to Reflexive Sociology*, Chicago, University of Chicago Press.
Bouthoul, G., 1951, *Traité de polémologie (sociologie des guerres)*, Paris, Payot.
Boutros-Ghali, B., 1992, *Un Agenda pour la paix*, New York, Nations unies.
Boyd, R. N., 1984, « The Current Status of Scientific Realism », dans J. Leplin (dir.), *Scientific Realism*, Berkeley, Los Angeles et Londres, University of California Press, p. 41-82.
Boyer, R., 2004, *Théorie de la régulation : 1. Les fondamentaux*, Paris, La Découverte.
Boyle, K. et S. Simonsen, 2004, « La sécurité humaine, les droits de l'homme et le désarmement », *Forum du désarmement*, nº 3, Institut des Nations unies pour la recherche sur le désarmement (UNIDIR)
Brah, A. et A. Phoenix, 2004, « Ain't I a Woman ? Revisiting Intersectionality », *Journal of International Women's Studies*, vol. 5, nº 3, p. 75-86.
Braillard, P. et M.-R. Djalili, 1994, *Les Relations internationales*, Paris, PUF.
Brams, S. J., 1985, *Superpower Games*, Yale, Yale University Press.
Braudel, F., 1996, *Autour de la Méditerranée*, Paris, Éditions de Fallois.
Braudel, F., 1985, *La dynamique du capitalisme*, Paris, Flammarion.
Braudel, F., 1979, *Civilisation matérielle, économie et capitalisme. XVe-XVIIIe siècle. Tomes I (a), II (b), III (c)*, Paris, Armand Colin.
Braudel, F., 1969, *Écrits sur l'histoire*, Paris, Flammarion.
Brecher, M. et F. P. Harvey (dir.), 2002a, *Conflict, Security, Foreign Policy, and International Political Economy : Past Paths and Future Directions in International Studies*, Ann Arbor, University of Michigan Press.
Brecher, M. et F. P. Harvey (dir.), 2002b, *Critical Perspectives in International Studies*, Ann Arbor, University of Michigan Press.
Brecher, M., 1987, « Système et crise en politique internationale », dans B. Korany (dir.), *Analyse des relations internationales : Approches, concepts et données*, Montréal, Gaëtan Morin.
Brenner, R., 2006a, « From theory to history : "The European Dynamic" or feudalism to capitalism ? », dans J. A. Hall et R. Schroeder (dir.), *An anatomy of Power. The Social Theory of Michael Mann*, Cambridge, Cambridge University Press, p. 189-232.
Brenner, R., 2006b, « What Is, and What Is Not, Imperialism ? », *Historical Materialism*, vol. 14, nº 4, p. 79-105.
Brenner, R., 2002, *The Boom and the Bubble : The U.S. in the World Economy*, Londres, Verso.
Brenner, R., 1998, « The Agrian Roots of European Capitalism », dans T. H. Aston et C. H. E. Philpin (dir.), *The Brenner Debate : Agrarian Class Structure and Economic Development in Pre-Industrial Europe*, Cambridge, Cambridge University Press, p. 213-327.
Brenner, R., 1997, « Property Relations and the Growth of Agricultural Productivity in Late Medevial and Early Modern Europe », dans A. Bhaduri et R. Skarstein (dir.), *Economic Development and Agricultural Productivity*, Londres, Elgar.
Brenner, R., 1990, « La base sociale du développement économique », *Actuel Marx*, nº 7, p. 65-93.
Brenner, R., 1985, « Agrarian Roots of European Capitalism », dans T. H. Aston et C. H. E. Philpin (dir.), *The Brenner Debate : Agrarian Structure and Economic Development in Pre-Industrial Europe*, Cambridge, Cambridge University Press.
Brenner, R., 1977, « The Origins of Capitalist Development : a Critique of Neo-Smithian Marxism », *New Left Review*, vol. 1, nº 104, p. 25-92.

Brenner, R., 1976, « Agrian Class Structure and Economic Development in Pre-Industrial Europe », *Past and Present*, vol. 70, p. 30-75.

Breslin, S., C. Hughes, N. Phillips et B. Rosamond, 2002, *New Regionalisms in the Global Political Economy : Theories and Cases*, Londres, Routledge.

Brewer, A., 1987, *Marxist Theories of Imperialism. A Critical Survey*, Londres et New York, Routledge et Kegan Paul.

Brglez, M., 2001, « Reconsidering Wendt's Meta-Theory : Blending Scientific Realism With Social Constructivism », *Journal of International Relations and Development*, vol. 4, n° 4, p. 339-363.

Brierly, J. L., 1963, *The Law of Nations : An Introduction to the International Law of Peace*, H. Waldock (dir.), 6e éd., Oxford, Clarendon Press.

Brinkley, Douglas, 1995, « Jimmy Carter's Modest Quest for Global Peace », *Foreign Affairs*, vol. 74, nº 6, p. 90-100.

Brodeur, J.-P., 2007, « Le renseignement I : concepts et distinctions préliminaires », dans M. Cusson, B. Dupont et F. Lemieux (dir.), *Traité de sécurité intérieure*, Montréal, Hurtubise HMH, p. 262-277.

Brodie, B., 1946, *The Absolute Weapon*, New York, Harcourt Brace, 1946.

Brooks, S. G., 1997, « Dueling Realisms », *International Organization,* vol. 51, nº 3, p. 445-477.

Brooks, S. G. et W. C. Wohlforth, 2005, « Hard Times for Soft Balancing », *International Security*, vol. 30, nº 1, p. 72-108.

Brooks, S. G. et W. C. Wohlforth, 2002, « American Primacy in Perspective », *Foreign Affairs*, vol. 81, nº 4, p. 20-33.

Brossat, A., 2008, « Demandez le programme ! Quelques réflexions sur l'"Extraordinary Rendition Program" », *Cultures & Conflits*, nº 68, p. 68.

Brown, C., 2002a, « The "Fall of the Towers" and International Order », *International Relations*, vol. 16, n° 2, p. 263-267.

Brown, J., 2002b, « Les périlleuses tentatives pour définir le terrorisme », *Le Monde diplomatique,* février.

Brown, C., 2002c, « The Normative Framework of Post-Cold War International Relations », dans S. Lawson (dir.), *The New Agenda for International Relations*, Cambridge, Blackwell, p. 147-163.

Brown, C., 2001, « World Society and the English School : An "International Society" Perspective on World Society », *European Journal of International Relations*, vol. 7, n° 4, p. 423-441.

Brown, C., 1994, « Turtles All the Way Down : Anti-Foundationalism, Critical Theory and International Relations », *Millennium*, vol. 23, nº 2, p. 213-236.

Brown, C., 1992, *International Relations Theory : New Normative Approaches*, Columbia, Columbia University Press.

Brown, S. N., D. Price et S. Raichur, 1976, « Public-Good Theory and Bargaining between Large and Small Countries », *International Studies Quarterly*, vol. 20, nº 3, p. 393-414.

Brown, W., 1991, « Feminist Hesitations, Postmodern Exposures », *Differences*, vol. 3, n°1, 1991, p. 63-84.

Brubaker, R., 1998, « Myths and Misconceptions in the Study of Nationalism », dans J. A. Hall, (dir.), *The State of the Nation : Ernest Gellner and the Theory of Nationalism*, Cambridge, Cambridge University Press.

Brubaker, R., 1996, *Nationalism Reframed. Nationhood and the National Question in the New Europe*, Cambridge, Cambridge University Press.

Brunelle, D. et C. Deblock, (dir.), 1994, *L'Amérique du Nord et l'Europe communautaire. Intégration économique, intégration sociale*, Sainte-Foy, PUQ.

Brysk A., C. Parsons et W. Sandholtz, 2002, « After Empire : National Identity and Post-Colonial Families of Nations », *European Journal of International Relations*, vol. 8, n° 2, p. 267-305.

Bueno de Mesquita, B. et D. Lalman, 1992, *War and Reason. Domestic and International Imperatives*, New Haven et Londres, Yale University Press.

Bueno de Mesquita, B., J. Morrow, R. Stevenson et A. Smith, 1999, « An Institutional Explanantion of the Democratic Peace », *American Political Science Review*, vol. 93, nº 4, p. 791-807.

Bugnion, F., 2001, « Droit de Genève et droit de La Haye », *Revue internationale de la Croix-Rouge*, vol. 83, nº 844, décembre, p. 901-922.

Bull, H., [1977] 1995, *The Anarchical Society : A Study of Order in International Politics*, 2e éd., New York, Columbia University Press.

Bull, H., 1966, « Society and Anarchy in International Relations », dans H. Butterfield et M. Wight (dir.), *Diplomatic Investigations. Essays in the Theory of International Politics*, Londres, Allen and Unwin, p. 35-50.

Bull, H., 1961, *The Control of the Arms Race*, Londres, Weidenfeld and Nicholson.

Bunge, M., 1999, *Social Sciences Under Debate : A Philosophical Perspective*, Toronto, University of Toronto Press.

Burchill, S., 2001, « Liberalism », dans S. Burchill et A. Linklater, *Theories of International Relations*, 2e ed., New York, Palgrave, p. 29-69.

Burchill, S. et A. Linklater, 2001, *Theories of International Relations*, 2e ed., Londres, Palgrave.

Burke, A., 2004, « Just War or Ethical Peace ? Moral Discourses of Strategic Violence After 9/11 », *International Affairs*, vol. 80, n° 2, p. 329-354.

Burnham, P., 1999, « The Politics of Economic Management in the 1990s' », *New Political Economy*, vol. 4, nº 1.

Burnham, P., 1990, *The Political Economy of Postwar Reconstruction*, New York, St. Martin's Press.

Bush, G. W., 2002a, *Message to the Congress of the United States*, 18 juin [www.whitehouse.gov/news/releases/2002/06/20020619-19.html]

Bush, G. W., 2002b, « President Announces Progress in Missile Defense Capabilities », *The White House*, 17 décembre [www.whitehouse.gov/news/releases/2002/12/20021217.html].

Bush, G. W., 2002c, « National Policy on Ballistic Missile Defense », National Security Presidential Directive (NSPD-23), *The White House*, 16 décembre [www.fas.org/irp/offdocs/nspd/nspd-23.htm].

Bush, G. W., 2001a, « Remarks by the President to Students and Faculty at National Defense University », *The White House*, 1er mai [www.whitehouse.gov/news/releases/2001/05/20010501-10.html].

Bush, G. W., 2001b, « President Discusses National Missile Defense », *The White House*, 13 décembre [www.whitehouse.gov/news/releases/2001/12/20011213-4.html].

Butha, N., 2003, « Global State of Exception ? The United States and World Order », *Constellations*, vol. 10, nº 3, p. 371-391.

Butler, J., 1993, *Bodies That Matter : On the Discursive Limits of « Sex »*, New York, Routledge.

Butler, J., 1990, *Gender Trouble : Feminism and the Subversion of Identity*, New York, Routledge.

Buzan, B., 2004, *From International to World Society ? : English School Theory and the Social Structure of Globalisation*, Cambridge et New York, Cambridge University Press.

Buzan, B., 2000, « The Theory and Practice of Power in International Relations : Past and Future », dans J. V. Ciprut (dir.), *The Art of the Feud : Reconceptualizing International Relations*, Westport, Praeger, p. 47-66.

Buzan, B., 1996, « International Society and International Security », dans R. Fawn et J. Larkins, *International Society After the Cold War. Anarchy and Order Reconsidered*, Londres et New York, Macmillan et St. Martin's Press, p. 261-287.

Buzan, B., 1993, « From International System to International Society : Structural Realism and Regime Theory Meet the English School », *International Organization*, vol. 47, nº 3, p. 327-352.

Buzan, B., 1991, *People, States and Fear : An Agenda for International Security Studies in the Post-Cold War Era*, 2e éd., Boulder, Lynne Rienner.

Buzan, B., 1987, *An Introduction to Strategic studies : Military Technology and International Relations*, Basingstoke, Macmillan.

Buzan, B., 1983, *People, States and Fear*, Brighton, Harvester.

Buzan, B., 1981, « Change and Insecurity : A Critique of Strategic Studies », dans B. Buzan et R. J. B. Jones (dir.), *Change and the Study of International Relations : The Evaded Dimension*, Londres, Pinter, p. 155-172.

Buzan, B., C. Jones et R. Little, 1993, *The Logic of Anarchy : Neorealism to Structural Realism*, New York, Columbia Press.

Buzan, B. et E. Herring, 1998, *The Arms Control Dynamic in World Politics*, Londres, Lynne Rienner.

Buzan, B., O. Wæver et J. De Wilde, 1998a, *Security : A New Framework for Analysis*, Boulder, Lynne Rienner.

Buzan, B., O. Wæver et J. De Wilde, 1998b, « The Environmental Sector », *Security : A New Framework For Analysis*, Boulder, Lynne Rienner, p. 71-93.

Buzan, B. et O. Wæver, 2003, *Regions and Powers : The Structure of International Security*, Cambridge, Cambridge University Press.
C.A.S.E. (Critical Approaches to Security in Europe) Collective, 2006, « Critical Approaches to Security in Europe : A Networked Manifesto », *Security Dialogue*, vol. 37, n° 4, p. 443-487.
Cable, J., 1981, « The Useful Art of International Relations », *International Affairs*, vol. 57, n° 2, p. 301-314.
Campbell, B., F. Crépeau et L. Lamarche (dir.), 2000, *Gouvernance, reconceptualisation du rôle de l'État et émergence de nouveaux cadres normatifs dans les domaines social, politique et environnemental*, Montréal, CEDIM/CEIM.
Campbell, D., 2003, « Cultural Governance and Pictorial Resistance : Reflections on the Imaging of War », *Review of International Studies*, vol. 29, n° S1, p. 57-73.
Campbell, D., 2001, « International Engagements : The Politics of North American International Relations Theory », *Political Theory*, vol. 29, n° 3, p. 432-448.
Campbell, D., 1998a, *National Deconstruction : Violence, Identity, and Justice in Bosnia*, Minneapolis et Londres, University of Minnesota Press.
Campbell, D., 1998b, *Writing Security : United States Foreign Policy and the Politics of Identity*, 2e éd., Minneapolis, University of Minnesota Press.
Campbell, D., 1993, *Writing Security. United States Policy and the Politics of Identity*, Minneapolis, University of Minnesota Press.
Campbell, D., 1992, *Writting Security : United States Foreign Policy and the Politics of Identity*, Minneapolis, University of Minneapolis Press.
Campbell, D. et M. Dillon, 1993, *The Political Subject of Violence*, Manchester et New York, Manchester University Press et St. Martin's Press.
Caporaso, J. A., 2000, *Continuity and Change in the Westphalian Order*, Malden, Blackwell Publishers.
Cardoso F. H. et E. Faletto, 1977, « The Consumption of Dependency Theory in the US », *Latin America Research Review*, vol. 12, n° 3, p. 7-27.
Cardoso F. H. et E. Faletto, 1969, *Dependencia y Desarrollo en America Latina*, Mexico, Siglo XXI.
Carment, D., 2003, « Assessing State Failure : Implications for Theory and Policy », *Third World Quarterly*, vol. 24, n° 3, p. 407-428.
Carnap, R., 1959, « The Elimination of Metaphysics and Meaning Through Logical Analysis of Language », dans A. J. Ayer (dir.), *Logical Positivism*, New York, The Free Press.
Carr, E. H., 1951, *The Twenty Years' Crisis : 1919-1939 : An Introduction to the Study of International Relations*, Londres, Macmillan.
Carr, E. H. [1939] 1946, *The Twenty Years' Crisis, 1919-1939 : An Introduction to the Study of International Relations*, Londres, Macmillan.

Carrère, R., 2000, « Polémologie », dans T. de Montbrial et J. Klein (dir.), *Dictionnaire de stratégie*, Paris, PUF, p. 414-419.
Cartier-Bresson, J., 2002, « Comptes et mécomptes de la mondialisation du crime », *L'économie politique*, n° 15, p. 22-37.
Carver, T., H. Kinsella, M. Zalewski et R. C. Carpenter, 2003, « Forum : Gender and International Relations », *International Studies Review*, vol. 5, n° 2, p. 387-392.
Castells, M., 1997, *The Information Age : Economy, Society and Culture, volume II : The Power of Identity*, Malden, Blackwell.
Castles, S. et M. J. Miller, 1998, *The Age of Migration. International Population Movements in the Modern World*, 2e éd., New York et Londres, The Guilford Press.
Caute, D., 1978, *The Great Fear : The Anti-Communist Purge under Truman and Eisenhower*, New York, Simon and Schuster.
Cellucci, P., 2004, « Les liens qui nous unissent : frontières communes, valeurs communes, les relations canado-américaines », *Allocution de l'Ambassadeur des États-Unis au Canada lors de la conférence de l'Association des études canadiennes aux États-Unis*, Vancouver, 29 octobre, [ottawa.usembassy.gov/francais/fr/content/embconsul/pdfs/cellucci_102904.pdf].
Center for Strategic and International Studies, 1989, *Deterrence in Decay : The Future of the U. S. Defense Industrial Base*, Washington, CSIS Press.
Centre tricontinental, 1999, *Les ONG : instruments du néolibéralisme ou alternatives populaires*, Paris, L'Harmattan.

Cerny, P. G., 1998, « Neomedievalism, Civil War and the New Security Dilemma : Globalisation as Durable Disorder », *Civil Wars*, vol. 1, n° 1, p. 36-64.
Cerny, P. G., 1996, « Globalization and Other Stories : The Search for a New Paradigm for International Relations », *International Journal*, vol. 51, n° 4, p. 617-637.
Cerny, P. G. (dir.), 1993, *Finance and World Politics : Markets, Regimes and States in the Post-Hegemonic Era*, Aldershot, Edward Elgar.
Ceyhan, A., 1998, « Analyser la sécurité : Dillon, Wæver, Williams et les autres », *Cultures & Conflits*, n° 31-32, p. 39-62.
Chafetz, G., M. Spirtas et B. Frankel, (dir.), 1999, *The Origins of National Interests*, Londres et Portland, Frank Cass.
Chaliand, G., 2002, *L'arme du terrorisme*, Paris, Éditions Louis Audibert.
Chaliand, G., 2001, *Anthologie mondiale de la stratégie : des origines au nucléaire*, Paris, Robert Laffont.
Chaliand, G., 1999, *Les stratégies du terrorisme*, Paris, Desclée de Brouwer.
Chaliand, G., 1990, *Anthologie mondiale de la stratégie : des origines au nucléaire*, Paris, Robert Laffont.
Chaliand, G., 1988, *Terrorismes et guérillas*, Bruxelles, Éditions Complexe.
Chaliand, G., 1987, *Repenser le Tiers-monde*, Bruxelles, Éditions Complexe.
Chaliand, G. (dir.), 1984, *Stratégies de la guérilla : guerres révolutionnaires et contre-insurrections : anthologie historique de la longue marche à nos jours*, Paris, Gallimard.
Chaliand G. et A. Blin, 2006, *Histoire du terrorisme : de l'Antiquité à Al-Qaïda*, Paris, Bayard.
Chaliand, G. et A. Blin (dir.), 1998, *Le Dictionnaire de stratégie militaire : des origines à nos jours*, Paris, Perrin, p. 9-19 ; 258-265.
Chalk, F. et K. Jonassohn, 1990, *The History and Sociology of Genocide*, New Haven, Yale University Press.
Chapleau P. et F. Misser, 1998, *Mercenaire S. A.*, Paris, Desclée de Brouwer.
Charillon, F., 2002, *Politique étrangère : nouveaux regards*, Paris, Presses de Science Po.
Charillon, F. et A. Blom, 2001, *Théories et concepts des relations internationales*, Paris, Hachette.
Chauprade, A. et F. Thual (dir.), 1998, *Dictionnaire de Géopolitique : États, Concepts, Auteurs*, Paris Ellipses, p. 494-501 ; 510-515 ; 545-549.
Chavagneux, C., 1998, « Peut-on maîtriser la mondialisation », *Économies et Sociétés*, série P. n° 34, numéro consacré aux « Études d'économie politique internationale », n° 4, p. 25-68.
Checkel, J. T., 1998, « The Constructivist Turn in International Relations », *World Politics*, vol. 50, n° 2, p. 324-348.
Chernoff, F., 2002, « Scientific Realism as a Meta-Theory of International Politics », *International Studies Quarterly*, vol. 46, n° 1, p. 189-207.

Cheru, F., 1997, « The Silent Revolution and the Weapons of the Weak : Transformation and Innovation from Below », dans S. Gill et J. H. Mittleman (dir.), *Innovation and Transformation in International Studies*, Cambridge, Cambridge University Press, p. 153-169.
Chesnais, F., 1995, *Compétitivité internationale et dépenses militaires*, Paris, Economica.
Chilcote, R., 2000, *Theories of Comparative Political Economy*, Boulder, Westview Press.
Chocquet, C., 2003, *Terrorisme et criminalité transnationale*, Paris, L'Harmattan.
Chocquet, C., 2002, « Le terrorisme est-il une menace de défense ? », *Cultures & Conflits*, n° 44.
Chomsky, N., 1999, *The New Military Humanism : Lessons From Kosovo*, Vancouver, New Star Book.
Chowdhry, G., 2002, « Postcolonial interrogations of child labor : human rigths, carpet trade and Rugmark in India », dans G. Chowdhry et S. Nair (dir.), *Power, postcolonialism, and international relations : reading race, gender, and class,* Londres, Routledge, p. 225-253.
Chowdhry, G. et S. Nair, 2002, « Introduction : power in a postcolonial world : race, gender and class in international relations », dans G. Chowdhry et S. Nair (dir.), *Power, postcolonialism, and international relations : reading race, gender, and class*, Londres, Routledge, p. 1-55.
Christensen, T. J., 1996, *Useful Adversaries : Grand Strategy, Domestic Mobilization, and Sino-American Conflict, 1947-1958*, Princeton, Princeton University Press.
Christensen, T. J. et J. Snyder, 1990, « Chain Gangs and Passed Bucks : Predicting Alliance Patterns in Multipolarity », *International Organization*, vol. 44, n° 2, p. 137-168.
Clark, A. M., 1995, « Non-Governemental Organisations and Their Influence on International Society », *Journal of International Affairs*, vol. 48, p. 507-525.

Clark, G. et B. Sohn, 1966, *World Peace Through World Law*, Cambridge, Harvard University Press.
Clark, I., 1999, *Globalization and International Relations Theory*, Oxford, Oxford University Press.
Claude, I., 1989, « The Balance of Power Revisited », *Review of International Studies*, vol. 15, n° 1, p. 77-85.
Claude, I., 1984, *Swords Into Plowshares*, 4e éd., New York, Random House.
Claude, I., 1966, « Collective Legitimization as a Political Function of the United Nations », *International Organization*, vol. 20, n° 3, p. 367-379.
Claude, I., 1964, *Swords into Plowshares : The Problems and Progress of International Organization*, 3e éd., New York, Random House.
Claude, I., 1962, *Power and International Relations*, New York, Random House.
Clausewitz, C. von, [1832] 2006, *De la guerre*, Édition abrégée et présentée par G. Chaliand, traduction de L. Murawiec, Paris, Perrin
Clausewitz, C. von, 1955, *De la guerre*, Paris, Éditions de Minuit.
Clausewitz, C. von, 1950, *De la guerre*, Paris, Fayard.
Clough, M., 1997, « Fin de l'intérêt national ? », *Limes,* n° 1, p. 75-92.
Clutterbuck, R. L., 1990, *Terrorism and Guerrilla Warfare : Forecasts and Remedies*, New York, Routledge.
Coates, D., 2000, *Models of Capitalism : Growth and Stagnation in the Modern Era*, Cambridge, Polity Press.
Cochran, M., 2002, « Deweyan Pragmatism and Post-Positivist Social Science in IR », *Millennium*, vol. 31, n° 3, p. 525-548.
Cochran, M., 1999, *Normative Theory in International Relations*, Cambridge, Cambridge University Press.
Cochrane, F., R. Duffy et J. Selby (dir.), 2003, *Global Governance, Conflict and Resistance*, Houndmills et New York, Palgrave Macmillan.
Cohen, B., 1977, *Organizing the World's Money : The Political Economy of International Monetary Relations*, New York, Basic Books.
Cohen, G. A., 2001, *Karl Marx's Theory of History. A Defense,* Princeton, Princeton University Press.
Cohen, S. B., 2003, « Geopolitical Realities and United States Foreign Policy », *Political Geography*, vol. 22, n° 1, p. 1-33.
Cohen, Y. (dir.), 1981, *Femmes et Politique*, Montréal, Le Jour.
Cohn, C., 1987, « Sex and Death in the Rational World of Defense Intellectuals », *Signs*, vol. 14, n° 4, p. 687-718.

Cohn, C., H. Kinsella et S. Gibbings, 2004, « Women, Peace, and Security », *International Feminist Journal of Politics*, vol. 6, n° 1, p. 130-141.
Cohn, T. H., 2003, *Global Political Economy : Theory and Practice*, 2e éd. New York, Longman.
Coll., « Symposium on Security Communities », *Cooperation and Conflict*, vol. 35, n° 3, p. 289-329.
Collier, A., 1989, *Scientific Realism and Socialist Thought*, Hemel Hemsptead, Hertfordshire et Boulder, Harvester Wheatsheaf/Lynne Rienner.
Collins, P. H., 2004, *Black Sexual Politics : African Americans, Gender, and the New Racism*, New York, Routledge.
Collins, P. H., 1991, *Black Feminist Thought : Knowledge, Consciousness, and the Politics of Empowerment*, 2e éd., New York, Routledge.
Combs C. C., 2003, *Terrorism in the Twenty-First Century*, Upper Saddle River, Prentice Hall.
Commission internationale de l'intervention et de la souveraineté des États, 2001, *La responsabilité de protéger. Rapport de la Commission internationale de l'intervention et de la souveraineté des États*, Ottawa, Centre de recherches pour le développement international.
Commission nationale sur les attaques terroristes contre les États-Unis, 2004, *11 septembre : rapport de la commission d'enquête*, Sainte-Marguerite-sur-Mer, Éditions des Équateurs.
Comninel, G. C., 2000, « English feudalism and the origins of capitalism », *Journal of Peasant Studies*, vol. 27, n° 4, p. 1-53.
Conesa, P., 2003, « Moderne mercenaire de la sécurité », *Le Monde Diplomatique*, avril.
Consortium canadien sur la sécurité humaine, 2004, « Qu'est-ce que la sécurité humaine ? », *Bulletin sur la sécurité humaine*, juin.

Contamine, P., 2000, *La guerre au Moyen Âge*, Paris, PUF.

Cooke, M., 1997, *Language and Reason : A Study of Habermas's Pragmatics*, Cambridge, MIT Press.

Copeland, D., 2003, « A Realist Critique of the English School », *Review of International Studies*, vol. 29, n° 3, p. 427-441.

Coutau-Bégarie, H., 1999, *Traité de stratégie*, Paris, Economica.

Cowen, D. et E. Gilbert (dir.), 2007, *War, Citizenship, and Territory*, New York et Londres, Routledge.

Cox, M., T. Dunne et K. Booth (dir.), 2001, *Empires, Systems and States : Great Transformations in International Politics*, Cambridge et New York, Cambridge University Press.

Cox, R. W., 1999, « Civil Society at the Turn of the Millennium », *Review of International Studies*, vol. 25, n° 1, p 3-28.

Cox, R. W., 1996, « Production and security », dans R. Cox et T. Sinclair (dir.), *Approaches to World Order*, Cambridge, Cambridge University Press, p. 276-295.

Cox, R. W., 1995, « Civilizations : Encounters and Transformations », *Studies in Political Economy*, n° 47, p. 7-31.

Cox, R. W., 1993, « Production and Security », dans D. Haglund, D. Dewitt et J. Kirton (dir.), *Building a New World Order : Emerging Trends in International Society*, Oxford, Oxford University Press, p. 141-158.

Cox, R. W., 1992, « Multilateralism and World Order, » *Review of International Studies*, vol. 18, p. 161-179.

Cox, R. W., 1990, « Dialectique de l'économie-monde en fin de siècle », *Études Internationales*, vol. XXI, n° 4, p. 693-703.

Cox, R. W., 1987, *Production, Power and World Order : Social Forces in the Making of History*, New York, Columbia University Press.

Cox, R. W., 1983, « Gramsci, Hegemony and International Relations : An Essay in Method », *Millennium*, vol. 12, n° 3, p. 162-175.

Cox, R. W., 1981, « Social Forces, States and World Order : Beyond International Relations Theory », *Millennium*, vol. 10, n° 2, p. 126-155.

Cox, R. W., 1976, « On Thinking About the Future of World Order », *World Politics*, vol. 28, p. 175-196.

Cox, R. W. et M. G. Schechter, 2002, *The Political Economy of a Plural World : Critical Reflections on Power, Morals and Civilizations*, New York, Routledge.

Cox, R. W. et T. J. Sinclair, 1996, *Approaches to World Order*, Cambridge, Cambridge University Press.

Crawford, R. M. A. et D. S. L. Jarvis (dir.), 2001, *International Relations–Still an American Social Science ? : Toward Diversity in International Thought*, Albany, State University of New York Press.

Crenshaw, K., 1991, « Mapping the Margins : Intersectionality, Identity Politics, and Violence against Women of Color », *Stanford Law Review*, vol. 43, n° 6, p. 1241-1299.

Crenshaw, K., 1989, « Demarginalizing the Intersection of Race and Sex : A Black Feminist Critique of Antidiscrimination Doctrine, Feminist Theory and Antiracist Politics », *University of Chicago Legal Forum*, p. 139-167.

Crocker, C. A., 2000, « A Poor Case for Quitting : Mistaking Incompentence for Interventionism », *Foreign Affairs*, vol. 79, n° 1, janvier-février, p. 183-186.

Crocker, C. A., 1996, « The Varieties of Intervention : Conditions for Success », dans C. A. Crocker, F. O. Hampson et P. Aall (dir.), *Managing Global Chaos. Sources of and Responses to International Conflict*, Washington, United States Institute of Peace Press, p. 183-196.

Croft, S., 1996, *Strategies of Arms Control : A History and Typology*, Manchester, Manchester University Press.

Crouch, C. et W. Streeck (dir.), 1997, *Political Economy of Modern Capitalism : Mapping Convergence and Diversity*, Londres, Thousand Oaks et Sage.

Currie, J. H., 2001, *Public International Law*, Toronto, Irwin Law.

Daadler, I. et I. Desler *et al.*, 2002, *Assessing the Department of Homeland Security*, Washington, The Brookings Institution, juillet, p. ii [www.brook.edu/dybdocroot/fp/projects/homeland/assess.html].

Dahl, R. A., 1973, *L'analyse politique contemporaine*, Paris, Robert Laffont.

Dalby, S., 2002, « Global Environment/Local Culture : Metageographies of Post-Colonial Resistance », *Studies in Political Economy*, n° 67, p. 55-82.

Dalby, S., 2002, *Environmental Security*, Minnesota, University of Minnesota Press.
Daly, M., 1978, *Gyn/Ecology : The Metaethics of Radical Feminism*, Boston, Beacon Press.
Darby, P., 1997, « Postcolonialism », *At the Egde of International Relations : Postcolonialism, Gender and Dependancy*, Londres, Pinter, p. 12-32.
Dalby, S., 1997, « Contesting an Essential Concept : Reading the Dilemmas in Contemporary Security Discourses », dans K. Krause et M. C. Williams (dir.), *Critical Security Studies : Concepts and Cases*, Minneapolis, University of Minnesota Press, p. 3-32.
Darel, P. E., 1999, « Sovereignty, Survival and the Westphalian Blind Alley in International Relations », *Review of International Studies,* vol. 25, nº 2, p. 217-231.
Dassel, K. et E. Reinhardt, 1999, « Domestic Strife and the Initiation of Violence Abroad », *American Journal of Political Science*, vol. 43, nº 1, p. 56-85.
Daudelin, J. et L. Seymour, 2002, « Ingérence humanitaire et "responsabilité de protéger" : au-delà du droit et des bonnes intentions », dans Y. Conoir et G. Verna (dir.), *L'action humanitaire du Canada. Histoire, concepts, politiques et pratiques de terrain*, Sainte-Foy, PUL, p. 157-181.
David, C.-P., 2007, *La Guerre et la Paix : Approches contemporaines de la sécurité et de la stratégie,* 3e éd., Paris, Presses de sciences Po.
David, C.-P., 2006, *La guerre et la paix. Approches contemporaines de la sécurité et de la stratégie*, 2e éd., Paris, Presses de Sciences Po, coll. « Les manuels ».
David, C.-P. et B. Gagnon (dir.), 2007, *Repenser le terrorisme. Concept, acteur et réponses*, Sainte-Foy, PUL.
Davies, D., 1930, *The Problem of the Twentieth Century*, Londres, Ernest Benn.
de Barmon, Lieutenant-colonel, 2000, « La fonction renseignement », *Objectif Doctrine*, octobre, p. 13. [www.cdef.terre.defense.gouv.fr/publications/Objdoc/objdoc18/article_fr/art2.pdf].
de Goede, M., 2007, « Cultural Economies of Premediation », communication présentée à l'atelier de travail sur *Cultural Political Economy*, Université d'Ottawa, 15 au 17 juin.
de Maillard, J., 2002, « La mondialisation de l'économie du crime s'accompagne de la criminalisation de l'économie mondialisée », *Le nouvel état du monde*, Paris, La Découverte, p. 167-170.
Deblock, C., 1992, « La sécurité économique internationale : entre l'utopie et le réalisme », dans C. Deblock et D. Éthier (dir.), *Mondialisation et régionalisme : la coopération internationale est-elle encore possible* ?, Sainte-Foy, PUQ, p. 333-378.
Deblock, C. et D. Éthier (dir.), 1992, *Mondialisation et régionalisation. La coopération économique est-elle encore possible* ?, Sainte-Foy, PUQ.
Deblock C., D. Brunelle et M. Rioux, 2001, « Globalisation, investissements et concurrence. La voie du régionalisme : le projet des Amériques », *Continentalisation*, Cahier de recherche 01-09, GRIC, septembre, p. 6.

Debray, R., 1974, *La critique des armes*, Paris, Seuil.
Debrix, F., 2007, *Tabloid Terror : War, Culture and Geopolitics*, Londres et New York, Routledge.
Defrasne, J., 1983, *Le pacifisme*, Paris, PUF, coll. « Que sais-je ? ».
Delumeau, J., 1986, *Rassurer et protéger : le sentiment de sécurité dans l'Occident d'autrefois*, Paris, Fayard.
Department of Defense, Office of the Under Secretary of Defense for Acquisition and Technology, 1998, *Report on the Defense Science Board Task Force, Nuclear Deterrence*, Octobre.
Der Derian, J., 2001, *Virtuous War : Mapping the Military-Industrial-Media Entertainment Network*, Westview Press, Boulder.
Der Derian, J., 1998, « "All But War Is Simulation" », dans G. Ó Tuathail et S. Dalby (dir.), *Rethinking Geopolitics*, Londres et New York, Routledge, p. 261-273.
Der Derian, J., 1987, *On Diplomacy. A Genealogy of Western Estrangement*, Oxford, Basic Blackwell.
Der Derian, J. (dir.), 1995, *International Theory : Critical Investigations*, Washington Square, New York University Press.
Der Derian J., 2001, *Virtuous War : Mapping the Military-Industrial-Media-Entertainment Network*, Boulder, Westview Press.
Der Derian, J. et M. Shapiro (dir.), 1989, *International/Intertextual Relations : Postmodern Readings of World Politics*, Lexington, Lexington Books.
Derrida, J., 1994, *Force de loi*, Paris, Éditions Galilée.

Dershowitz, A. M., 2006, *Preemption : A Knife That Cuts Both Ways*, New York, W. W. Norton.
Desch, M. C., 2003, « It is Kind to Be Cruel : The Humanity of American Realism », *Review of International Studies*, vol. 29, n° 3, p. 415-426.
Dessler, D., 1989, « What's at Stake in the Agent-Structure Debate », *International Organization*, vol. 43, n° 3, p. 441-473.
Deutsch, K. W., S. A. Burrell, R. A. Kann, M. Lee, M. Lichterman, R. E. Lindgren, F. L. Loewenheim et R. W. Van Wagenen, 1957, *Political Community and the North Atlantic Area : International Organization in the Light of Historial Experience*, Princeton, Princeton University Press.
Deutsch, K., 1963, *The Nerves of Government : Models of Political Communication and Control*, New York, Free Press.
Devin, G., 2002, *Sociologie des relations internationales*, Paris, La Découverte.
Dewitt, D., D. Haglund et J. Kirton, 1993, *Building a New Global Order : Emerging Trends in International Security*, Oxford, Oxford University Press.
Diamond, L. et M. F. Plattner, 1996, *Civil-Military Relations and Democracy*, Baltimore, The Hopkins University Press.
DiCicco, J. M. et J. S. Levy, 2003, « The Power Transition Research Program : A Lakatosian Analysis », dans C. Elman et M. Fendius Elman (dir.), *Progress in International Relations Theory : Appraising the Field*, Cambridge, The MIT Press, p. 109-157.
Dicken, P., 1998, *Global Shift. Transforming the World Economy*, New York, Guilford Press.
Diderot, D. S. et J. Le Rond d'Alembert (dir.), 1751-1765, *L'Encyclopédie*, Paris, Briasson.
Diehl, P. F., 1994, *International Peacekeeping*, Baltimore, The Johns Hopkins University Press.
Dietz, M. G., 2003, « Current Controversies in Feminist Theory », *Annual Review of Political Science*, vol. 6, p. 399-431.
Dillon, M., 2002, « Network Society, Network-centric Warfare and the State of Emergency », *Theory, Culture and Society*, vol. 19, n° 4, p. 71-79.
Dillon, M., 1996, *Politics of Security : Towards a Political Philosophy of Continental Thought*, Londres, New York, Routledge.
Dillon, M. et J. Reid, 2001, « Global Liberal Governance : Biopolitics, Security and War », *Millennium*, vol. 30, n° 1, p. 41-66.
Dillon, M. et J. Reid, 2000, « Global Governance, Liberal Peace, and Complex Emergency », *Alternatives*, vol. 25, n° 1, p. 117-145.
DiIorio, J. A., 1992, « Feminism and War : Theoretical Issues and Debates », *Reference Services Review*, vol. 20, n° 2, p. 51-58.
Dirlik, A., 1999, « Is There History after Eurocentrism ? : Globalism, Postcolonialism, and the Disavowal of History », *Cultural Critique*, n° 42, p. 1-34.
DoD, « Missile Defense Operations », 2002, *News Release*, 17 décembre [www.usembassy.it/file2002_12/alia/a2121704.html].
Dohse K. *et al.*, 1985, « From "Fordism" to "Toyotism" ? The Social Organization of the Labor Process in the Japanese Automobile Industry », *Politics & Society*, vol. 14, n° 2, p. 115-146.
Dombrowski, P. et E. Gholz, 2006, *Buying Military Transformation. Technological Innovation and the Defense Industry*, New York, Columbia University Press.
Domenach, J.-L., 1998, *L'Asie en danger*, Paris, Fayard.
Donnelly, J., 2000, *Realism and International Relations*, Cambridge, Cambridge University Press.
Donnelly, J., 1998, *International Human Rights*, Boulder, Westview Press.
Doran, C., 1991, « The Structural Turbulences of International affairs », *Survival*, n° 41, p. 146-149.
Doty, R. L., 2000, « Desire All the Way Down », *Review of International Studies*, vol. 26, n° 1, p. 137-139.
Doty, R. L., 1996, *Imperial Encounters : The Politics of Representation in North-South Relations*, Minneapolis, University of Minnesota Press.
Dougherty, J. E. et R. L. Pfalzgraff, *Contending Theories of International Relations : A Comprehensive Survey*, 4e éd., New York, Longman.
Douglas, J et P. R. Viotti, 1994, *The defense policies of nations. A comparative analysis*, 3e éd., Baltimore, The Johns Hopkins University Press.
Douhet, G., 1942, *The Command of the Air*, New York, Coward-McCann.
Downs, G. W., (dir.), 1994, *Collective Security Beyond the Cold War*, Ann Harbor, University of Michigan Press.

Doyle, M., 2001, « War Making and Peace Making. The United Nations' Post-Cold War Record », dans C. A. Crocker, F. O. Hampson et P. Aall (dir.), *Turbulent Peace. The Challenges of Managing International Conflict*, Washington, United States Institute of Peace Press, p. 529-560.
Doyle, M., 1997, *Ways of War and Peace*, New York, W. W. Norton.
Doyle, M., 1986, « Liberalism and World Politics », *American Political Science Review*, n° 80, p. 1151-1169.
Doyle, M., 1983a, « Kant, Liberal Legacies, and Foreign Affairs Pt 1 », *Philosophy and Public Affairs*, vol. 12, n° 3, p. 205-235.
Doyle, M., 1983b, « Kant, Liberal Legacies, and Foreign Affairs Pt 2 », *Philosophy and Public Affairs*, vol. 12, n° 4, p. 323-353.
Drainville, A. C., 1995, « Of Social Spaces, Citizenship, and the Nature of Power in the World Economy », *Alternatives*, vol. 20, p. 51-79.
Druckman, Daniel, 1997, « Negotiating in the International Context », dans W. Zartmann et J. L. Rasmussen (dir.), *Peacemaking in International Conflict*, Washington, United States Institute of Peace Press, p. 81-124.
Drulak, P., 2001, « The Problem of Structural Change in Alexander Wendt's Social Theory of International Politics », *Journal of International Relations and Development*, vol. 4, n° 4, p. 363-380.
Du Preez, P., 1994, *Genocide. The Psychology of Mass Murder*, New York, Boyors/Bowerdean.
Duby, G., 1977, *L'économie rurale et la vie des campagnes dans l'Occident médiéval*, Paris, Flammarion.
Duby, G., 1973, *Guerriers et paysans : VIIe-XIIe siècle. Premiers essors de l'économie européenne*, Paris, Gallimard.
Dufour, F. G., 2007, « Social-property Regimes and the Uneven and Combined Development of Nationalist Practices », *European Journal of International Relations*, vol. 13, n° 4, p. 583-604.
Dufour, F. G., 2004, « Aperçu des contributions des néogramsciens et des théories critiques au tournant réflexif des théories de la sécurité », *Cultures& Conflits*, n° 54, p. 53-81.
Dufour, F. G., 2001, *Patriotisme constitutionnel et nationalisme. Autour de Jürgen Habermas*, Montréal, Liber.
Dufour, F. G. et T. Lapointe, 2007, « La sociologie historique : l'effritement de la distinction entre la politique comparée et l'étude des relations internationales », dans A. Macleod et D. O'Meara (dir.). *Théories des relations internationales. Contestations et résistances*, Montréal, Athéna éditions, p. 305-327.
Dufour, F. G. et J. Martineau, 2007, « Le moment libéral et sa critique. Pour un retour à l'histoire au-delà du fonctionnalisme », *Études internationales*, vol. XXXVIII, n° 2, p. 209-227.
Dufour, F. G. et S. Rioux, 2008, « La sociologie historique de la théorie des relations sociales de propriété », *Actuel Marx*, n° 43, avril.

Duke Law Review, 1965, « The Status of Anti-Communist Legislation », n° 2, p. 369-385.
Duménil, G. et D. Lévy (dir.), 1999, *Le triangle infernal. Crise, mondialisation, financiarisation*, Paris, PUF.
Dummet, M., 1991, *Les origines de la philosophie analytique*, Paris, Gallimard.
Dunne, J. P., 1995, « The Defense Industrial Base », dans K. Hartley et T. Sandler (dir.), *Handbook of Defense Economics*, vol. 1, Amsterdam, Elsevier, p. 399-429.
Dunne, T., 2003, « Society and Hierarchy in International Relations », *International Relations*, vol. 17, n° 3, p. 303-320.
Dunne, T., 1997, « Realism », dans J. Baylis et S. Smith (dir.), *The Globalization of World Politics*, Oxford, Oxford University Press, p.109-124.
Dunne, T., 1995, « The Social Construction of International Society », *European Journal of International Relations*, vol. 1, n° 3, p. 367-389.
Dunne, T. et N. J. Wheeler, 2004, « We the Peoples : Contending Discourses of Security in Human Rights Theory and Practice », *International Relations*, vol. 18, n° 1, p. 9-23.
Dupont, A., 2005, « Intelligence for the Twenty-First Century », dans W. K. Wark (dir.), *Twenty-first century intelligence*, Abingdon, Frank Cass, p. 15-39.
Eagleton, T., [1991] 2002, *Ideology : an Introduction*, Londres et New York, Verso.
Earle, E. M., 1980, *Les maîtres de la stratégie*, Paris, Berger-Levrault.
Edkins, J., 2002, « Forget Trauma ? Responses to September 11 », *International Relations*, vol. 16, n° 2, p. 243-256.

Edkins, J., 2003, *Trauma and the Memory of Politics*, Cambridge, Cambridge University Press.

Edwards, A. et P. Gill, 2002, « The politics of "transnational organized crime" : discourse, reflexivity and the narration of "threat" », *British Journal of Politics and International Relations*, vol. 4, nº 2, p. 245-270.

Eichengreen, B. J., 1997, « The Bretton Woods System : Paradise Lost ? », dans B. J. Eichengreen et M. Flandreau (dir.), *The Gold Standard in Theory and History*, Londres, Routledge, p. 313-328.

Eichengreen, B. J., 1996, *Globalizing Capital : A History of the International Monetary System*, Princeton, Princeton University Press.

Eichengreen, B. J., 1990, « Hegemonic Stability Theories of the International Monetary System », dans *Elusive Stability : Essays in the History of International Finance, 1919-1939*, Cambridge, Cambridge University Press, p. 271-311.

Eisenstein, Z., 1979, *Capitalist Patriarchy and the Case for Socialist Feminism,* New York, Monthly Review Press.

Elam, M. (dir.), 2001, *Reconstructing the means of violence. Defence restructuring and conversion*, Bruxelles, European Commission.

Elazar, D., 1999, « Political Science, Geography, and the Spatial Dimension of Politics », *Political Geography*, vol. 18, p. 875-886.

Elias, N., 1996, *The Germans*, New York, University of Columbia Press.

Elman, C. et M. F. Elman (dir.), 2003, *Progress in International Relations Theory*, Cambridge, MIT Press.

Elshtain, J. B., 1995, *Women and War*, Chicago, University of Chicago Press.

Elshtain, J. B., 1987, *Women and War*, New York, Basic Books.

Elshtain, J. B., 1981, *Public Man, Private Woman. Women in Social and Political Thought*, Princeton, Princeton University Press.

Elson, D. et R. Pearson, 1981, « The Subordination of Women and the Internationalization of Factory Production », dans K. Young *et al.* (dir.), *Of Marriage and the Market*, Londres, Routledge.

Emanuelli, C., 1999, *Droit International public : Contribution à l'étude du droit international selon une perspective canadienne*, Montréal, Wilson et Lafleur.

Emmanuel, A., 1969, *L'échange inégal*, Paris, Maspero.

Encel, F., 2000, *L'art de la guerre par l'exemple : stratèges et batailles*, Paris, Flammarion.

Enloe, C., 2004, « "Gender" is Not Enough : The Need for a Feminist Consciousness », *International Affairs*, vol. 80, nº 1, p. 95-98.

Enloe, C., 2000a, *Bananas, Beaches and Bases : Making Feminist Sense Out of International Politics,* 2ᵉ éd., Londres, Pandora.

Enloe, C., 2000b, « When Soldiers Rape », dans C. Enloe, *Maneuvers : The International Politics of Militarizing Women's Lives,* Berkeley, University of California Press, p. 108-152.

Enloe, C., 1996, « Margins, Silences and Bottom Rungs : How to Overcome the Underestimation of Power in the Study of International Relations », dans S. Smith, K. Booth et M. Zalewski (dir.), *International Theory : Positivism and Beyond*, Cambridge, Cambridge University Press, p. 186-202.

Enloe, C., 1993, *The Morning After : Sexual Politics in Post-Cold War Era*, New York, Routledge.

Érasme, [1525] 1978, *La plainte de la paix*, Genève, Librairie Droz.

Eschle, C., 2002, « Engendering Global Democracy », *International Feminist Journal of Politics*, vol. 4, nº 3, p. 315-342.

Éthier, D. (avec la collaboration de M.-J. Zahar), 2003, *Introduction aux relations internationales*, Montréal, PUM.

Evans, G. et J. Newham, 1990, *The Dictionnary of World Politics*, Londres, Simon & Schuster.

Evans, P. B., 1997, « The Eclipse of the State : Reflections on Stateness in the Era of Globalisation », *Global Politics*, vol. 50, nº 1, p. 62-87.

Falk, R. (dir.), 1971, *The International Law of Civil War*, Baltimore, Johns Hopkins University Press.

Fanon, F., 1961, *Les damnés de la terre*, Paris, Maspero.

Fanon, F., 1952, *Peau noire, masques blancs*, Paris, Seuil.

Favarel-Garrigues, G., 2002, « La criminalité organisée transnationale : un concept à enterrer ? », *L'économie politique*, nº 15, p. 8-21.

Feaver, P. D., 2003, *Armed Servants : Agency, Oversight, and Civil-Military Relations*, Cambridge, Harvard University Press.

Feaver, P. D., 1996, « The Civil-Military Problematique : Huntington, Janowitz, and the Question of Civilian Control », *Armed Forces and Society*, vol. 23, p. 149-178.
Fein, H., 1993, *Genocide. A Sociological Perspective*, Newbury Park, Sage.
Ferguson, R. B. (dir.), 2003, *The State, Identity and Violence : Political Disintegration in the Post-Cold War Era*, Londres et New York, Routledge.
Feron E., 2002, *Pavillon noir sur l'Asie du Sud-Est : histoire d'une résurgence de la piraterie maritime*, IRASEC, Paris, L'Harmattan.
Fetherson, A. B., 1994, *Towards a Theory of United Nations Peacekeeping*, Londres, Macmillan.
Feyerabend, P., 1979, *Contre la méthode. Esquisse d'une théorie anarchiste de la connaissance*, Paris, Seuil.
Finel B. I., 2001, « Black Box or Pandora's Box : State Level Variables and Progressivity in Realist Research Programs », *Security Studies*, vol. 11, n° 2, p. 187-227.
Finkelstein, L. S. (dir.), 1988, *Politics in the United Nations System*, Durham, Duke University Press.
Finlayson, A. (dir.), 2003, *Contemporary Political Thought : Reader and Guide*, Washington Square, New York University Press.
Finnemore, M. et K. Sikkink, 2001, « Taking Stock : The Constructivist Research Program in International Relations and Comparative Politics », *Annual Review of Political Science*, vol. 4, p. 391-416.
Finnemore, M. et K. Sikkink, 1998, « International Norm Dynamics and Political Change », *International Organization*, vol. 52, n° 4, p. 887-917.
Finnemore, M., 1996, *National Interests in International Society*, Ithaca, Cornell University Press.
Finnemore, M., 1993, « International Organizations as Teachers of Norms : The United Nations Educational, Scientific, and Cultural Organization and Science Policy », *International Organization*, vol. 47, n° 4, p. 565-597.
Floyd, R., 2007, « Human Security and the Copenhagen School's Securitization Approach : Conceptualizing Human Security as a Securitizing Move », *Human Security Journal*, vol. 5, p. 38-49.
Follett, M. P., [1918] 1965, *The New State : Group Organization the Solution of Popular Government*, Gloucester, Peter Smith.
Follett, M. P., 1941, *Dynamic Administration : The Collected Papers of Mary Parker Follet*, Bath, Management Publications Trust.
Foner, E., 2001, « The Most Patriotic Act », *The Nation*, 19 septembre.
Foot, R., J. Gaddis et A. Hurrell (dir.), 2003, *Order and Justice in International Relations*, Oxford et New York, Oxford University Press.
Foot, R., S. N. MacFarlane et M. Mastanduno (dir.), 2003, *U.S. Hegemony and International Organizations : The United States and Multilateral Institutions*, Oxford et New York, Oxford University Press.

Fortmann, M. et T. Gongora, 2000, « L'infrastructure de la guerre dans l'Europe de l'âge classique », *L'histoire militaire dans tous ses états, Bulletin d'histoire politique*, vol. 8, n°s 2-3, p. 67-86.
Fortmann, M., A. Macleod et S. Roussel, 2003, *Vers des périmètres de sécurité ? La gestion des espaces continentaux en Amérique du Nord et en Europe*, Outremont, Athéna éditions, coll. « Sécurité ».
Foucault, M., 2001, *Dits et écrits, Vol. 2*, Paris, Éditions Gallimard.
Foucault, M., 1969, *L'archéologie du savoir*, Paris, Gallimard.
Foucher, Michel, 1988, *Fronts et frontières, un tour du monde géopolitique*, Paris, Fayard.
Fourquet, F., 2002, *Richesse et puissance*, Paris, La Découverte et Syros.
Fox, W. T. R., 1961, « Representativeness and Efficiency : Dual Problem of Civil-Military Relations », *Political Science Quarterly*, vol. 76, n° 3, p. 354-366.
Fox, W. T. R., 1959, *Theoretical Aspects of International Relations*, Indiana, University of Notre Dame Press.
Frank, A. G., 1978, *Dependent Accumulation and Underdevelopment*, Londres et Basingstoke, Macmillan Press.
Frank, A. G., 1972, *Capitalisme et sous-développement en Amérique latine*, Paris, François Maspero.
Frank, A. G., 1967, *Capitalism and Underdevelopment in Latin America*, édition révisée, New York et Londres, Monthly Review Press.
Frank, R. H., 1988, *Passions within Reason : The Strategic Role of Emotions*, New York, Norton.
Frankel, B. (dir.), 1996a, *Realism : Restatements and Renewal*, Londres et Portland, Frank Cass.

Frankel, B. (dir.), 1996b, *The Roots of Realism*, Londres et Portland, Frank Cass.
Frankel, J., 1970, *National Interest*, New York, Praeger Publishers.
Frédérick, M., 1993, « La sécurité environnementale : éléments de définition », *Études internationales*, vol. XXIV, nº 4, décembre, p. 753-766.
Freedman, L., 2007, « The Future of Strategic Studies », dans J. Baylis, J. Wirtz, C. S. Gray et E. Cohen (dir.), *Strategy in the Contemporary World*, 2e éd., Oxford, Oxford University Press, p. 356-370.
Freedman, L., 1998, « International Security : Changing Targets », *Foreign Policy*, nº 110, p. 48-63.
Freedman, L., 1983, *The Evolution of Nuclear Strategy*, New York, St. Martin's Press.
Freud, S., 1998, *Malaise dans la culture*, Paris, PUF.
Freund, J., [1965] 2004, *L'essence du politique*, 3e éd., Paris, Dalloz.
Freyberg-Inan, A., 2004, *What Moves Man : The Realist Theory of International Relations and its Judgment of Human Nature*, Albany, State University of New York Press.
Friedrichs, J., 2001, « International Relations Theory in France », *Journal of International Relations and Development*, vol. 4, n° 2, p.118-138.
Friman, R., 2002, « Le pouvoir étatique et le crime organisé transnational », *L'économie politique*, nº 15, p. 38-55.
Frost, M., 2003, « Tragedy, Ethics and International Relations », *International Relations*, vol. 17, n° 4, p. 477-495.
Frost, M., 1996, *Ethics in International Relations : A Constitutive Theory*, Cambridge, Cambridge University Press.
Frost, M., 1986, *Towards a Normative Theory of International Relations*, Cambridge, Cambridge University Press.
Gaddis, J. L., 2005, *The Cold War : A New History*, New York, The Penguin Press.
Gaddis, J. L, 1997, *We Now Know : Rethinking Cold War History*, Oxford, Oxford University Press.
Gaddis, J. L., 1991, « The Long Peace : Elements of Stability in the Postwar International System », dans S. M. Lynn-Jones (dir.), *The Cold War and After : Prospects for Peace*, Cambridge, The MIT Press.
Gaddis, J. L., 1972, *The United States and the Origins of the Cold War*, New York, Columbia University Press.
Gagnon, B., 2006, « L'approche théorique du terrorisme : criminologie et science politique », [www.erta-tcrg.org/cri6224/2004-2006/theories1.html].
Gagnon, R., 1999, *Les théories de l'émancipation et l'étude de la sécurité internationale : entre le rationalisme et le réflexivisme*, Montréal, GERSI, note de recherche nº 6.
Gallie, W. B., 1956/1962, « EssentiallyContested Concept », dans M. Black (dir.), *The Importance of Language*, Englewood Cliffs, Prentice Hall, p. 121-146.
Galtung J., 1975, « Peace : Research, Education, Action », *Essays in Peace Research*, Copenhague, Christian Ejlers.
Galula, D., 2006, *Counterinsurgency Warfare, PSI Classics of the Counterinsurgency Era*, Londres, Praeger.
Gandhi, 1973, *Ma non-violence*, Paris, Stock.
Gann, L. H., 1975, *Guerrillas in History*, San Francisco, Stanford University et Hoover Institutions Press.
Garner, J. W., 1925, « Limitations on National Sovereignty in International Relations », *American Political Science Review*, vol. 19, nº 1.
Gaubatz, K. T., 2001, « The Hobbesian Problem and the Microfoundations of International Relations », *Security Studies*, vol. 11, n° 2, p. 164-186.
Gellner, E., 1997, *Nationalism*, New York, New York University Press.
Gellner, E., 1991, « Civil Society in Historical Context », *International Social Science Journal*, vol. 43, p. 495-510.
Gellner, E., 1989, *Nations et nationalisme*, Paris, Payot.
Gellner, E., 1965, *Thought and Change*, Chicago, University of Chicago Press.
George, A. L. et A. G. Craig, 1990, *Force and Statecraft : Diplomatic Problems of our Time*, Toronto, Oxford University Press.
George, J., 1994, *Discourses of Global Politics : A Critical (Re)introduction to International Relations*, Boulder, Lynne Rienner.
George, J., 1989, « International Relations and the Search for Thinking Space : Another View of the Third Debate », *International Studies*, vol. 33, nº 3, p. 269-279.

George, J. et D. Campbell, 1990, « Patterns of Dissent and the Celebration of Difference : Critical Social Theory and International Relations », dans R. K. Ashley et R. J. B. Walker (dir.), « Numéro spécial. Speaking the Language of Exile, Dissidence in International Studies », *International Studies Quarterly*, vol. 34, nº 3, p. 269-293.
Géré, F., 1999, « Privatisation de la violence organisée et acteurs non étatiques », Paris, Fondation pour la recherche stratégique, *Les perspectives stratégiques*, nº 50, mars,
Gerson, M., 1996a, *The Neoconservative Vision : From the Cold War to the Culture Wars*, Lanham, New York et Londres, Madison Books.
Gerson, M. (dir.), 1996b, *The Essential Neo-Conservative Reader*, Reading, Addison-Wesley.
Gerstein, I., 1983, « Théories de l'économie mondiale et de l'impérialisme », dans T. Hentsch, D. Holly et P.-Y. Soucy, *Le Système mondial*, Montréal, Éditions Nouvelle Optique, p. 162-191.
Ghandi, L., 1998, *Postcolonial Theory : A Critical Introduction*, New York, Columbia University Press.
Ghatii, J. T., 2006, « Dispossession through International Law : Iraq in Historical and Comparative Context », dans B. J. Jones, *Decolonizing International Relations*, Lanham, Rowman and Littlefield, p. 131-154.
Ghebali, V.-Y., 2001, « Les guerres civiles de la post-bipolarité : nouveaux acteurs et nouveaux objectifs », *Relations Internationales*, nº 105, p. 31-44.
Giap, V. N., 1968, *Guerre du peuple, armée du peuple*, Paris, Maspero.
Giddens, A., 1990, *The Consequences of Modernity*, Cambridge, Cambridge University Press.
Giddens, A., 1985, *The Nation-State and Violence*, Berkeley et Los Angeles, University of California Press.
Giddens, A., 1984, *The Constitution of Society. Outline of the Theory of Structuration*, Berkeley et Los Angeles, University of California Press.
Giès, M.-H., 1984, « Polémologie », *Encyclopédie Universalis*, tome 14, p. 892-894.
Gill, S., 2003, *Power and Resistance in the New World Order*, Londres, Palgrave.
Gill, S., 1998, « New Constitutionalism, Democratisation, and Global Political Economy », *Pacifia Review*, vol. 10, nº 1, p. 23-38.
Gill, S., 1995, « Globalization, Market Civilization, and Disciplinary Neoliberalism », *Millennium*, nº 24, p. 399-423.
Gill, S. (dir.), 1993, *Gramsci, Historical Materialism and International Relations,* Cambridge, Cambridge University Press.
Gill, S., 1986, « Hegemony, Consensus and Trilateralism », *Review of International Studies*, vol. 12, nº 2, p. 205-221.
Gill, S. et D. Law, 1988, *The Global Political Economy. Perspectives, Problems and Policies*, Baltimore, Johns Hopkins University Press.

Gill, S. et J. Mittelman (dir.), 1997, *Innovation and Transformation in International Relations,* Cambridge, Cambridge University Press.
Gilpin, R., 2001, *Global Political Economy. Understanding the International Economic Order*, Princeton, Princeton University Press.
Gilpin, R., 2000, *The Challenge of Global Capitalism. The World Economy in The 21st Century*, Princeton, Princeton University Press.
Gilpin, R., 1988, « The Theory of Hegemonic War », *The Journal of Interdisciplinary History*, nº 18, p. 591-613.
Gilpin, R., 1987, *The Political Economy of International Relations*, Princeton, Princeton University Press.
Gilpin, R., 1981, *War and Change in World Politics*, Cambridge, Cambridge University Press.
Gilpin, R., 1975, *U.S. Power and the International Corporation : The political Economy of Foreign Direct Investment*, New York, Basic Books.
Gilpin, R. et J. M. Gilpin, 2001, *Global Political Economy : Understanding the International Econo mic Order*, Princeton, Princeton University Press.
Gilpin, R. et J. M. Gilpin, 1987, *The Political Economy of International Relations*, Princeton, Princeton University Press.
Glaser, C. L., 2003, « The Necessary and Natural Evolution of Structural Realism », dans J. A. Vasqez et C. Elman (dir.), *Realism and the Balancing of Power : A New Debate*, Upper Saddler River, Prentice Hall, p. 266-279.

Glaser C. L. et C. Kaufmann, 1998, « What Is the Offense-Defense Balance and Can We Measure It ? », *International Security*, vol. 22, n° 4, p. 44-82.

Global Security, *Pirates* [www.globalsecurity.org/military/world/para/pirates.html].

Godin, B. et Y. Gingras, 2000, « The Experimenter's Regress : From Skepticism to Argumentation », *Cahiers d'épistémologie*, UQAM, Cahier 2010, n° 273.

Goldberg, J., 2000, « Conservative Zoology 101 : We're All Conservatives Now », *National Review Online* [www.nationalreview.com/goldberg/goldberg061600.html].

Gould, H. D., 1998, « What is Stake in the Agent-Structure Debate ? », dans V. Kulbálková, N. Onuf et P. Kowert (dir.), *International Relations in a Constructed World*, Armonk, New York et Londres, M. E. Sharpe, p. 79-98.

Gould-Davis, N., 1999, « Rethinking the role of Ideology in international politics during the Cold War », *Journal of Cold War Studies*, vol. 1, n° 1, p. 90-109.

Gowan, P., 1999, *The Global Gamble : Washington's Faustian Bid for World Dominance*, Londres, Verso.

Graham, S. (dir.), 2004, *Cities, War and Terrorism : Towards an Urban Geopolitics*, Oxford, Blackwell.

Gramsci, A., 1978, *Les cahiers de prison*, Paris, Gallimard.

Gramsci, A., 1971, *Selections From the Prison Notebooks of Antonio Gramsci*, traduit par Quintin Hoare et Geoffrey Nowell Smith, New York, International Publishers.

Grant, J., 1993, *Fundamental Feminism : Contesting the Core Concepts of Feminist Theory*, New York, Routledge.

Grant, R. et K. Newland (dir.), 1988, *Gender and International Relations*, Cambridge, Polity Press.

Gray, C., 2006, *Strategy and History : Essays on theory and Practice*, Londres et New York, Routledge.

Gray, C., 2005, *Another Bloody Century*, Oxford, The Oxford University Press.

Gray, C., 2003, *Strategy for Chaos : Revolutions in Military Affairs and The Evidence of History*, Londres et Portland, Frank Cass.

Gray, C., 2002, *Geopolitics and Strategic History, 1871-2050*, Londres, Frank Cass.

Gray, C., 1999, *Modern Strategy*, Oxford, Oxford University Press.

Gray, C., 1996, *Explorations in Strategy*, Westport et Londres, Greenwood Press.

Gray, C., 1977, « Across the Nuclear Divide – Strategic Studies Past and Present », *International Security*, vol. 2, n° 1, p. 24-46.

Grayson, K., 2003, « Securitization and the Boomerang Debate : A Rejoinder to Liotta and Smith-Windsor », *Security Dialogue*, vol. 34, n° 3, p. 337-343.

Greenfeld, L., 1992, *Nationalism : Five Roads to Modernity*, Cambridge, Harvard University Press.

Gregory, D., 2004, *The Colonial Present : Afghanistan, Palestine, Iraq*, Oxford, Blackwell, 2004.

Gregory, D. et A. Pred (dir.), 2007, *Violent Geographies : Fear, Terror, and Political Violence*, Londres et New York, Routledge.

Grieco, J. M., 1990, *Cooperation Among Nations. Europe, America, and Non-Tariff Barriers to Trade*, Ithaca, Cornell University Press.

Griffiths, M. et T. O'Callaghan, 2002, *International Relations : The Key Concepts*, Londres, Routledge.

Grinspun, R. et M. Cameron (dir.), 1993, *The Political Economy of the North American Free Trade*, Montréal, McGill-Queen's University Press.

Grondin, D., 2005, « Une lecture critique du discours néoconservateur du nouvel impérialisme : La lutte globale contre le terrorisme comme *Pax Americana* », *Études internationales*, vol. XXXVI, n° 4, p. 469-500.

Grosfoguel, R., 2006, « Les implications des altérités épistémiques dans la redéfinition du capitalisme global : Transmodernité, pensée frontalière et colonialité », *Multitudes*, vol. 26, n° 3, p. 51-74.

Grosfoguel, R. et M. Cervantes-Rodrigez, 2002, « Unthinking Twentieth-Century Eurocentric Mythologies : Universalist Knowledge, Decolonization, and Developmentalism », dans R. Grosfoguel et M. Cervantes-Rodrigez (dir.), *The Modern/Colonial Capitalist World-System in the Twentieth Century : Global Processes, Anti-Systemic Movements, and the Geopolitics of Knowledge*, Westport, Greenwood Press, p. xi-xxx.

Gross, L., 1948, « The Peace of Westphalia, 1648-1948 », *American Journal of International Law*, vol. 42, n° 1, p. 20-41.

Gross, O., 2000, « The Normless and Exceptionless Exception : Carl Schmitt's Theory of Emergency Powers and the "Norm-Exception" Dichotomy », *Cardozo Law Review*, vol. 21, p. 1825-1867.
Grover, B., 1999, *Canadian Defence Industry 1999 : A Statistical Overview of the Canadian Defence Industry*, Rapport de l'Association canadienne des industries de défense, décembre [www.cdia.ca/newsite/whatsnew/fullreport.html].
Guevara, E., 2006, *Guerrilla Warfare*, New York, Ocean Press.
Guibernau, M., 2004, « Anthony D. Smith On Nations and National Identity : A Critical Assessment », *Nations and Nationalism*, vol. 10, n° 1, p. 125-142.
Guild, E., 2003, « Agamben face aux juges. Souveraineté, exception et antiterrorisme », *Cultures & Conflits*, n° 51, p. 127-156.
Guillaume, X., « Foreign Policy and the Politics of Alterity : A Dialogical Understanding of International Relations », *Millennium*, vol. 31, n° 1, p. 1-26.
Gulik, E. V., 1955, *Europe's Classical Balance of Power*, New York et Londres, W. W. Norton.
Gurr, T., R., 1970, *Why Men Rebel ?*, Princeton, Princeton University Press.
Gurr, T. R. et B. Harff, 2003, *Ethnic Conflict in World Politics*, 2e éd., Boulder, Westview Press.
Gusterson, H., 1996, *Nuclear Rites : A Weapons Laboratory at the End of the Cold War*, Berkeley, University of California Press.
Gutman, R. (dir.), 1999, *Crimes of War. What the Public Should Know*, New York, W. W. Norton.
Guzzini, S., 2004, *Constructive Criticism : Alexander Wendt and Constructivism in International Relations*, Londres, Routledge.
Guzzini, S., 1998, *Realism in International Relations and International Political Economy : The Continuing Story of a Death Foretold*, Londres, Routledge.
Guzzini, S. et A. Leander, 2001, « A Social Theory for International Relations : An Appraisal of Alexander Wendt's Theoretical and Disciplinary Synthesis », *Journal of International Relations and Development*, vol. 4, n° 4, p. 316-338.
Haacke, J., 1996, « Theory and Praxis in International Relations : Habermas, Self-Reflection, Rational Argumentation », *Millennium*, vol. 25, n° 2, p. 255-291.
Haas, E., 1964, *Beyond the Nation-State : Functionalism and International Organization*, Stanford, Stanford University Press.
Haas, E., 1958, *The Uniting of Europe*, Stanford, Stanford University Press.
Haas, E., 1953, « The Balance of Power : Prescription, Concept, or Propaganda », *World Politics*, vol. 5, n° 4, p. 442-477.
Haas, P. M. et E. B. Haas, 2002, « Pragmatic Constructivism and the Study of International Institutions », *Millennium*, vol. 31, n° 3, p. 573-602.

Haas, P. M., R. O. Keohane et M. Levy, 1993, *Institutions for the Earth*, Cambridge, MIT Press.
Haass, R. N., 2008, « The Age of Nonpolarity: What will Follow U.S. Dominance », *Foreign Affairs*, vol. 87, n° 3, p. 44-56.
Haass, R. N., 2001, « Using Forces. Lessons and Choices for U. S. Foreign Policy », dans C. A. Crocker, F. O. Hampson et P. Aall (dir.), *Turbulent Peace. The Challenges of Managing International Conflict*, Washington, United States Institute of Peace Press, p. 295-307.
Habermas, J., 2006, *The Divided West*, Londres, Polity Press.
Habermas, J., 2001, *The Postnational Constellation, Political Essays*, Cambridge, MIT Press.
Habermas, J., 2000, *Après l'État-nation*, Paris, Fayard.
Habermas, J., 1998, *L'intégration républicaine*, Paris, Fayard.
Habermas, J., 1996, *Between Facts and Norms*, Cambridge, MIT Press.
Habermas, J., 1994, *Postmetaphysical Thinking*, Cambridge, MIT Press.
Habermas, J., 1987a, *Logique des sciences sociales et autres essais*, Paris, PUF.
Habermas, J., 1987b et 1987c, *Théorie de l'agir communicationnel Tome 1 et Tome 2*, Paris, Fayard.
Habermas, J., 1978, *L'espace public*, Paris, Payot.
Habermas, J., 1976, *Connaissance et intérêt*, Paris, Gallimard.
Habermas, J., [1968] 1971, *Knowledge and Human Interest*, Boston, Beacon Press.
Hacking, I., 1999, *The Social Construction of What ?*, Cambridge et Londres, Harvard University Press.

Hafner-Burton, E. et M. A. Pollack, 2002, « Mainstreaming Gender in Global Governance », *European Journal of International Relations*, vol. 8, n° 3, p. 375-401.
Halliday, J., 1992, « Hidden from International Relations », *Signs*, vol. 22, n° 7, p. 58-74.
Halperin, M., 1974, *Bureaucratic Politics and Foreign Policy*, Washington, Brookings Institution.
Halperin, S., 2006, « International Relations Theory and the Hegemony of Western Conceptions of Modernity », dans B. J. Jones, *Decolonizing International Relations*, Lanham, Rowman and Littlefield, p. 43-64.
Hancock, A. M., 2007a, « Intersectionaliy as a Normative and Empirical Paradigm », *Politics and Gender*, vol. 3, n° 2, p. 248-254.
Hancock, A. M., 2007b, « When Multiplication Doesn't Equal Quick Addition : Examining Intersectionality as a Research Paradigm », *Perspective on Politics*, vol. 5, n° 1, p. 63-79.
Hancock, A. M., 2004, *The Politics of Disgust : The Politics Identity of the « Welfare Queen »*, New York, New York University Press.
Hann, L. E. (dir.), *Perspective on Habermas*, Chicago, Open Court.
Hansen, L., 2000, « The Little Mermaid's Silent Security Dilemna and the Absence of Gender in the Copenhagen School », *Millennium*, vol. 29, n° 2, p. 285-306.
Hansen, L., 1997, « R. B. J. Walker and International Relations : Deconstructing a Discipline », dans I. B. Neumann et O. Wæver (dir.), *The future of International Relations : Masters in the Making ?*, Londres, Routledge, p. 316-336.
Hanson, V. D., 2001, *Carnage and Culture : Landmark Battles in the Rise of Western Power*, New York, Doubleday.
Haq, M., I. Kaul *et al.*, 1996, *The Tobin Tax*, Londres, Oxford University Press.
Harding, S. (dir.), 2004, *The Feminist Standpoint Theory Reader : Intellectual and Political Controversies*, New York, Routledge.
Harding, S. (dir.), 1987, *Feminism and Methodology : Social Science Issues*, Milton Keynes, Open University Press.
Harding, S., 1986, *The Science Question in Feminism*, Ithaca, Cornell University Press.
Hardt, M. et A. Negri, 2004, *Multitude : War and Democracy in the Age of Empire*, New York, Penguin Press.
Hardt, M. et A. Negri, 2004, *Empire*, Cambridge et Londres, Harvard University Press.
Harmon, M. D., 1997, *The British Labour Government and the 1976 IMF Crisis*, Londres, Macmillan.
Harré, R., 1986, *Varieties of Scientific Realism*, Oxford, Blackwell.
Harré, R., 1970, *The Principles of Scientific Thinking*, Chicago, University of Chicago Press.
Harris, N., 1986, *The End of the Third World : Newly Industrializing Countries and the Decline of an Ideology*, Londres, Tauris.

Harrison, E., 2002, « Waltz, Kant and Systemic Approaches to International Relations », *Review of International Studies*, vol. 28, n° 1, p. 143-162.
Hartsock, N., 1998, « The Feminist Standpoint : Toward a Specifically Feminist Historical Materialism », dans M. F. Rogers (dir.), *Contemporary Feminist Theory*, Boston, McGraw-Hill.
Harvey, D., 2001, *Spaces of Capital. Towards a Critical Geography*, New York, Routledge.
Harvey, D., 1989, *The Condition of Postmodernity*, Cambridge, Blackwell.
Hasenclever, A., P. Mayer et V. Rittberger, 1997, *Theories of International Regimes*, Cambridge, Cambridge University Press.
Hayek, F. A., 1974, *The Road to Serfdom*, Chicago, University of Chicago Press.
Healy, B. et A. Stein, 1973, « The Balance of Power in International History : Theory and Reality », *Journal of Conflict Resolution*, vol. 17, n° 1, p. 33-61.
Heap, Simon, 2000, *NGO's Engaging with Business : A World of Differences and a Difference to the World*, Oxford, INTRAC, n° 11.
Hébert, J.-P., 2002, *2001 : L'Europe de l'armement en panne ? Cahiers d'études stratégiques* n° 34, Centre Interdisciplinaire de Recherches sur la Paix et d'Études Stratégiques, Paris, Écoles des hautes études en sciences sociales.
Heisbourg, F., 2001, *Hyperterrorisme : la nouvelle guerre*, Paris, Odile Jacob.
Held, D., 2005, *Un nouveau contrat mondial*, Paris, Presses de Sciences Po.
Held, D., 1995, *Democracy and the Global Order : From the Modern State to Cosmopolitan Governance*, Stanford, Stanford University Press.

Held, D., 1993, « Democracy : From City States to a Cosmopolitan Order », dans D. Held (dir.), *Prospects for Democracy : North, South, East, West*, Cambridge, Polity, p. 13-52.
Helleiner, E., 1994, *States and the Reemergence of Global Finance. From Bretton Woods to the 1990s*, Ithaca, Cornell University Press.
Hellman, G., *et al.*, 2003, « Forum : Are Dialogue and Synthesis Possible in International Relations ? », *International Studies Review*, vol. 5, n° 2, p. 123-153.
Helm, C. et D. Sprintz, 2000, « Measuring Effectiveness of International Environmental Regimes », *Journal of Conflict Resolution*, vol. 44, n° 5, p. 630-652.
Henderson, E. A., 2002, *Democracy and War, The End of an Illusion ?*, Boulder, Londres, Lynne Rienner.
Henderson, E. A. et J. D. Singer, 2000, « Civil War in the Post-Colonial World », *Journal of Peace Research*, vol. 37, n° 3, p. 275-299.
Hentsch, T., D. Holly et P.-Y. Soucy, 1983, « Les fondements marxistes d'une analyse de la société mondiale », dans T. Hentsch, D. Holly et P.-Y. Soucy, *Le système mondial*, Montréal, Nouvelle Optique, p. 13-48.
Hentsch, T., D. Holly et P.-Y. Soucy, 1983, *Le système mondial*, Montréal, Nouvelle Optique.
Herf, J., 1994, « Un nouvel examen du modernisme réactionnaire : les nazis, la modernité et l'Occident », dans Z. Sternhell (dir.), *L'éternel retour : contre la démocratie, l'idéologie de la décadence*, Paris, Presses de la Fondation nationale des sciences politiques, p. 161-195.
Hermant, D., 2006, « Violence politique, attentat et kamikazat : l'hypothèque du 11 septembre », *Cultures & Conflits*, n° 63, p. 13-23.
Herz, J., 1976, *The Nation-State and the Crisis of World Politics : Essays on International Politics in the Twentieth Century*, New York, D. McKay.
Herz, J., 1968, « The Territorial State Revisited », *Polity*, vol. 1, p. 11-34.
Herz, J., 1957, « Rise and Demise of the Territorial State », *World Politics*, vol. 9, n°4, p. 473-479.
Herz, J., 1951, *Political Realism and Political Idealism*, Chicago, University of Chicago Press.
Herz, J., 1950, « Idealist Internationalism and the Security Dilemma », *World Politics*, vol. 2, n° 2, p. 157-180.
Heske, H., 1994, « Géographie politique », dans J. O'Loughlin (dir.), *Dictionary of Geopolitics*, Wesport, Greenwood Press, p. 87-89.
Hess, B. B. et M. Ferree, 1987, *Analyzing Gender*, Newbury Park, Sage.
Hettne, B., 1995, *Development Theory and the Three Worlds. Towards an International Political Economy of Development*, Harlow, Addison Wesley Longman.
Hettne, B. et F. Soderbaum, 1999, « Towards Global Social Theory », *Journal of International Relations and Development*, vol. 2, n° 4, p. 358-368.

Hill C., 2002, « 11 September 2001 : Perspectives from International Relations », *International Relations*, vol. 16, n° 2, p. 257-262.
Hirsh, M., 2002, « Bush and the World », *Foreign Affairs*, vol. 81, n° 5, p. 18-43.
Hirst, P. et G. Thompson, 1996, *Globalisation in Question*, Londres, Polity.
Hobbes, T., [1651] 2002, *Leviathan*, édité par A. P. Martinich, Peterborough, Broadview Press.
Hobsbawm, E., 1992, *Nations et nationalisme depuis 1780. Programme, mythe, réalité*, Paris, Gallimard.
Hobson, J. A., 1902, *Imperialism : A Study*, Londres, Allen and Unwin.
Hobson, J. M., 2007, « Is critical theory always for the white West and for Western imperialism ? Beyond Westphalian towards a post-racist critical IR », *Review of International Studies*, n° 33, p. 91-116.
Hobson, J. M., 2004, *The Eastern Origins of Western Civilization*, Cambridge, Cambridge University Press.
Hobson, J. M., 2000, *The State and International Relations*, Cambridge, Cambridge University Press.
Hoffman, B. et G. H. McCormick, 2004, « Terrorism, Signaling and Suicide Attack », *Studies in Conflict and Terrorism*, vol. 27, n° 4.
Hoffman, M., 1991, « Restructuring, Reconstructing, Reinscription, Rearticulation : Four Voices in Critical Theory », *Millennium*, vol. 20, n° 2, p. 169-185.
Hoffman, M., 1987, « Critical Theory and the Inter-Paradigm Debate », *Millennium*, vol. 16, n° 2, p. 231-249.

Hoffmann, S., 2001, « The Debate About Intervention », dans C. A. Crocker, F. O. Hampson et P. Aall (dir.), *Turbulent Peace. The Challenges of Managing International Conflict*, Washington, United States Institute of Peace Press, p. 273-284.
Hoffmann, S., 1996, *The Ethics and Politics of Humanitarian Intervention*, Indiana, University of Notre Dame Press.
Holden, G., 2002, « Who Contextualizes the Contextualizers ? Disciplinary History and the Discourse about IR Discourse », *Review of International Studies*, vol. 28, n° 3, p. 253-270.
Hollifield, J. F., 1992, *Immigrants, Markets, and States. The Political Economy of Postwar Europe*, Cambridge, et Londres, Harvard University Press.
Hollis, M. et S. Smith, 1992, « Structure And Action : Further Comment », *Review of International Studies*, vol. 18, p. 187-188.
Hollis, M. et S. Smith, 1991, « Beware of Gurus : Structure and Action in International Relations », *Review of International Studies*, vol. 17, p. 393-410.
Hollis, M. et S. Smith, 1990, *Explaining and Understanding International Relations,* Oxford, Clarendon Press.
Holloway, J., 1995, « The Abyss Opens : The Rise and Fall of Keynesianism », dans W. Bonefeld et J. Holloway (dir.), *Global Capital, National State and the Politics of Money,* New York, St. Martin's Press, p. 7-34.
Holmes, R., 2001, « War and Economic Growth », dans R. Holmes (dir.), *The Oxford Companion to Military History*, Oxford Oxford University Press, p. 264-269.
Holmes, R., 1990, *Non Violence in Theory and Practice*, Belmont, Wadsworth.
Holmqvist, C., 2005, *Private Security Companies : The Case for Regulation*, Stockholm, Policy Paper n° 9, SIPRI, janvier.
Holsti, K. J., 1996, *The State, War, and the State of War*, New York, Cambridge University Press.
Holsti, K. J., 1991, *Peace and War : Armed Conflicts and International Order, 1649-1989*, Cambridge, Cambridge University Press.
Holsti, K. J., 1982, *Why Nations Realign : Foreign Policy Restructuring in the Postwar World*, Londres, George Allen & Unwin.
Holsti, O. R., 1998-1999, « A Widening Gap between the U.S. Military and Civilian Society », *International Security*, vol. 23, n° 3, p. 5-42.
Holsti, O. R., P. T. Hopmann et J. D. Sullivan, 1973, *Unity and Disintegration in International Alliances : Comparative Studies*, New York, John Wiley & Sons.
Homer-Dixon, T. F., 1999, *Environment, Scarcity and Violence*, Princeton, Princeton University Press.
Hoogvelt, A., 1997, *Globalization and the Postcolonial World : The New Political Economy of Development*, Baltimore, Johns Hopkins University Press.
hooks, b., 2000, *Feminist Theory : From Margin to Center*, 2e éd., Cambridge, South End Press.
Hopf, T., 2002, *Social Construction of International Politics : Identities & Foreign Policies, Moscow, 1955 and 1999*, Ithaca et Londres, Cornell University Press.
Hopf, T., 1998, « The Promise of Constructivism in International Relations Theory », *International Security,* vol. 23, n° 1, p. 171-200.
Hopf, T., F. Kratochwil et R. N. Lebow, 2000, *Reflexivity : Method and Evidence*, The Mershon Centre, Princeton, Princeton University Press.
Hopmann, P. T., 2001, « Bargaining and Problem Solving : Two Perspectives on International Negotiation », dans C. A. Crocker, F. Osler Hampson et P. Aall (dir.), *Turbulent Peace. The Challenges of Managing International Conflict*, Washington, United States Institute of Peace Press, p. 445-468.
Horkheimer, M., 1978, *Théorie critique : Essais,* Paris, Payot.
Horkheimer, M., 1974, *Théorie traditionnelle et théorie critique,* Paris, Gallimard.
Howe H., 1998, *Global Order and Security Privatization*, Washington, Institute for National Strategic Studies, Strategic Forum, n° 140, mai.
Hozic, A., 2006, « Representing Homeland Security », dans C.-P. David et D. Grondin (dir.), *Hegemony or Empire ? The Redefinition of US Power Under George W. Bush*, Ashgate, Aldershot, p. 51-65.
Huberson, G., 2003, « Coopération internationale et terrorisme après le 11 septembre », Conférence à l'Université du Québec à Montréal, Montréal, 8 avril.

Hudson, V. avec C. S. Vore, 1995, « Foreign Policy Analysis Yesterday, Today and Tomorrow », *Mershon International Studies Review*, n° 39, p. 209-238.
Hugues, É., 2003, *La notion de terrorisme en droit international : En quête d'une définition juridique*, mémoire de maîtrise en droit international, Montréal, Université du Québec à Montréal.
Hundley, R. O., 1999, *Past Revolutions, Future Transformations, What can the history of revolutions in military affairs tell us about transforming the U.S. military*, Santa Monica, National Defense Research Institute, Rand.
Huntington, S., 2004, « The Hispanic Challenge », *Foreign Policy*, n° 141, p. 30-45.
Huntington, S, 1999, « The Lonely Superpower », *Foreign Affairs*, vol. 70, n° 2, p. 35-49.
Huntington, S., 1997, « The Erosion of American National Interests », *Foreign Affairs*, vol. 76, n° 5, p. 28-49.
Huntington, S., 1996, *Le choc des civilisations*, Paris, Odile Jacob.
Huntington, S., 1957, *The Soldier and the State ; The Theory and Politics of Civil-Military Relations*, Cambridge, Harvard University Press.
Huysmans, J., 2006, *The Politics of Insecurity. Fears, Migration and Asylum in the UE*, Londres, Routledge.
Huysmans, J., 2004, « International Politics of Insecurity : Unilateralisme, Inwardness and Exceptionalism », Communication présentée à la Convention annuelle de l'International Studies Association, Montréal, 17 au 20 mars [www.isanet.org].
Huysmans, J., 1998a, « Dire et écrire la sécurité : le dilemme normatif des études de sécurité », *Cultures & Conflits*, n°s 31-32, 177-202.
Huysmans, J., 1998b, « *Desecuritization and the Aesthetics of Horror in Political Realism* », *Millennium*, vol. 27, n° 3, p. 569-589.
Huysmans, J., 1995, « Migrants as a Security Problem : Dangers of "Securitizing" Societal Issues », dans R. Miles et D. Thranhardt (dir.), *Migration and European Integration : The Dynamics of Inclusion and Exclusion*, Londres, Pinter, p. 53-72.
Hyndman, J., 2004, « Mind the Gap : Bridging Feminist and Political Geography Through Geopolitics », *Political Geography*, vol. 23, n° 3, p. 307-322.
Ikenberry, G. J., 2003, « Illusions of Empire : Defining the New American Order », *Foreign Affairs*, vol. 83, n° 2, p. 144-177.
Ikenberry, G. J., 2001, *After Victory : Institutions, Strategic Restraint, and the Rebuilding of Order After Major Wars*, Princeton, Princeton University Press.
Iklé, Fred C., 1964, *How Nations Negotiate*, New York, Frederick A. Praeger.
Inayatullah, N. et D. L. Blaney, 2004, *International Relations and the Problem of Difference*, New York et Londres, Routledge.

Inayatullah, N. et D. L. Blaney, 1999, « Towards an Ethnological IPE : Karl Polanyi's Double Critique of Capitalism », *Millennium*, vol. 28, n° 2, p. 311-340.
Isenberg D., 1997, *Soldiers of Fortune Ltd : a Profile of Today's Private Sector Coporate Mercenary Firms*, Washington, Center for Defense Information Monograph, novembre.
Jablonsky, D., 2002-2003, « The State of the National Security State », *Parameters*, vol. 32, n° 4, p. 4-20.
Jackson, R., 2005, « Security, Democracy, and the Rhetoric of Counter-Terrorism », *Democracy and Security*, vol. 1.
Jackson, R. 1999, « Sovereignty in World Politics : A Glance at the Conceptual and Historical Landscape », *Political Studies*, vol. 67, p. 431-456.
Jackson, R. et C. Rosberg, 1985, « The Marginality of African States », dans G. M. Carter et P. O'Meara (dir.), *African Independance. The First Twenty-Five Years*, Indiana, Bloomington.
Jacob, P. (dir.), 1980a, *De Vienne à Cambridge*, Paris, Gallimard.
Jacob, P., 1980b, *L'empirisme logique : ses antécédents, ses critiques*, Paris, Les Éditions de Minuit.
James, A. D., 1998, *Post-Merger Strategies of the Leading US Defence Aerospace Companies*, Stockholm, Defence Research Establishment.
Janowitz, M., 1960, *The Professional Soldier, a Social and Political Portrait*, Glencoe, The Free Press.
Jaquette, J., 2003, « Feminism and the Challenges of the 'Post-Cold War' World », *International Feminist Journal of Politics*, vol. 5, n° 3, p. 331-355.

Jarvis, D. S. L. (dir.), 2002, *International Relations and the "Third Debate" : Postmodernism and its Critics*, Westport et Londres, Praeger.
Jarvis, D. S. L., 2000, *International Relations and the Challenge of Postmodernism : Defending the Discipline*, Columbia, University of South Carolina Press.
Jenkins, B. M., 1980, *The Study of Terrorism : definitional problem,* Santa Monica, Rand Corporation.
Jervis, R. L., 2003, « The Confrontation Between Iraq and the US : Implications for the Theory and Practice of Deterrence », *European Journal of International Relations*, vol. 9, n° 2, p. 315-337.
Jervis, R. L., 2002, « Mutual Assured Destruction », *Foreign Policy*, n° 133 p. 42.
Jervis, R. L., 1997, *System Effects. Complexity in Political and Social Life*, Princeton, Princeton University Press.
Jervis, R. L., 1989, *The meaning of the Nuclear Revolution : State Craft and The Prospect of Armagedon*, Ithaca, Cornell University Press.
Jervis, R. L., 1982/1983, « Deterrence and Perception », *International Security*, vol. VII, n° 3, p. 3-10.
Jervis, R. L., 1978, « Cooperation under the Security Dilemma », *World Politics,* vol. 30, n° 2, p. 167-214.
Jervis, R. L., 1976, *Perception and Misperception in International Relations,* Princeton, Princeton University Press.
Jervis, R. L., H. Nau et R. Schweller, 2002, « The Problem of International Order Revisited : A Review Essay », *International Security*, vol. 27, n° 1, p. 174-185.
Jervis, R. L., R. Ned Lebow et J. Stein, 1985, *Psychology and deterrence*, Baltimore, Johns Hopkins University Press.
Jervis, R. et J. Snyder (dir.), 1991, *Dominoes and Bandwagons : Strategic Beliefs and Great Power Competition in the Eurasian Rimland*, New York, Oxford University Press.
Jessop, B. et N.-L. Sum, 2006, *Beyond The Regulation Approach : Putting Capitalist Economies in their Place*, Londres, Edward Elgar.
Jessup, P. C., 1956, *Transnational Law*, New Haven, Yale University Press.
Johnson, R., 2000, « Advocates and Activists : Conflicting Approaches on Nonproliferation and the Test Ban Treaty », dans A. M. Florini (dir.), *The Third Force. The Rise of Transnational Civil Society*, Washington, Carnegie Endowment for International Peace.
Johnston, A. I., 2001, « Treating International Institutions as a Social Environment », *International Studies Quarterly*, vol. 45, n° 4, p. 487-516.
Johnston, A. I., 1995, *Cultural Realism : Strategic Culture and Grand Strategy in Chinese History*, Princeton, Princeton University Press.
Johnston, A. I., 1995, « Thinking about Strategic Culture », *International Security*, vol. 19, n° 4, p. 32-64.
Joint Chiefs of Staff, 2000, « Joint Vision 2020 », *Defense Technical Information Center*, juin [www.dtic.mil/jointvision/jvpub2.htm].
Jomini, H. de, 1971, *The Art of War*, Westport, Greenwood Press.
Jones, B. J., 2006, « Introduction : international Relations, Eurocentrism, and Imperialism », dans B. J. Jones, *Decolonizing International Relations*, Lanham, Rowman and Littlefield, p. 1-19.
Jones, R. W. (dir.), 2001, *Critical Theory and World Politics*, Boulder, Lynne Rienner.
Jones, R., 1981, « The English School of International Relations : A Case for Closure », *Review of International Studies*, vol. 7, n° 1, p. 1-13.
Jordaan, E., 2003, « The Concept of Middle Power in International Relations : Distinguishing Between Emerging and Traditional Middle Powers », *Politikon : South African Journal of Political Studies*, vol. 30, n° 2, p. 165-182.
Jordan-Zachery, J. S., 2007, « Am I a Black Woman or a Woman Who Is Black ? A Few Thoughts on the Meaning of Intersectionality », *Politics and Gender*, vol. 3, n° 2, p. 254-263.
Jouve, E., 1988, *Le Tiers Monde*, Paris, PUF, coll. « Que sais-je ? ».
Jouve, E., 1986, *Le Tiers Monde dans la vie internationale*, 2e éd., Paris, Berger-Levrault.
Joxe, A., 1996, « État des lieux de la RAM – deux antinomies structurelles en limitent l'efficacité stratégique », *L'Armement*, n° 51, mars, p. 129-136.
Joxe, A., 1996, « Un concept fourre-tout : le terrorisme », *Le Monde diplomatique*, avril.
Joxe, A., 1995, « Nouveau paradigme stratégique : la Révolution dans les Affaires Militaires », dans A. Joxe (dir.), *Le débat stratégique américain 1994-95 : Révolution dans les Affaires Militaires ?, Cahiers d'études stratégiques*, n° 18, CIRPES, Paris, p. 79-96.

Jutila, M., 2006, « Desecuritizing Minority Rights : Against Determinism », *Security Dialogue*, vol. 37, n° 2, p. 167-185.
Kadera, K. *et al.*, 2003, « Democratic Survival, Peace, and War in the International System », *American Journal of Political Science*, vol. 47, n° 2, p. 234-248.
Kahl, C. H., 1998, « Population Growth, Environmental Degradation, and State-Sponsored Violence : The Case of Kenya, 1991-93 », *International Security*, vol. 23, n° 2, p. 80-119.
Kahn, H., 1966, *On Thermonuclear War*, 2e éd., Princeton, Princeton University Press.
Kahn, H., 1962, *Thinking About the Unthinkable*, New York, Horizon Press.
Kagan, R., 2004, *Of Paradise and Power : America and Europe in the New World Order*, New York, Alfred A. Knopf.
Kaldor, M., 2004, « Nationalism and Globalisation », *Nations and Nationalism*, vol. 10, n° 1, p. 161-178.
Kaldor, M., 2003, « American Power : From "Compellance" to Cosmopolitanism ? », *International Affairs*, vol. 79, n° 2, p. 1-22.
Kaldor, M., 2003, « The Idea of Global Civil Society », *International Affairs*, vol. 79, n° 3, p. 583-594.
Kaldor, M. (dir.), 1997, *New Wars*, Londres, Pinter.
Kane, S. et F. Martin, 2005, *Pirates et terroristes en mer d'Asie*, Paris, Autrement.
Kant, I., 1991, *Kant : Political Writings*, 2e éd., édité par Hans Reiss, Cambridge, Cambridge University Press.
Kant, I., 1988, *Projet de paix perpétuelle*, Paris, Hatier.
Kant, I., [1795] 1988, *Projet pour la paix perpétuelle*, Paris, Hatier.
Kant, I., 1947, *Projet de paix perpétuelle*, Paris, J. Vrin, p. ix et 3-33.
Kant, I., 1947, *La philosophie de l'histoire. Les origines de la pensée de Hegel*, Paris, Gonthier.
Kaplan, R. D., 1994, « The Coming Anarchy », *Atlantic Monthly*, vol. 293, n° 2, p. 44-76.
Kapstein, E. B., 1995, « Is Realism Dead ? The Domestic Sources of International Politics », *International Organization*, vol. 49, n° 4, p. 751-774.
Kapstein, E. B., 1992, *The Political Economy of National Security. A Global Perspective*, New York, McGraw-Hill.
Kardam, N., 2004, « The Emerging Global Gender Equality Regime from Neoliberal and Constructivist Perspectives in International Relations », *International Feminist Journal of Politics*, vol. 6, n° 1, p. 85-110.
Katalin, S., 2001, « Devaluing Diplomacy ? A Critique of Alexander Wendt's Conception of Progress and Politics », *Journal of International Relations and Development*, vol. 4, n° 4, p. 380-403.
Katzenstein, P. J., 2003, « Same War—Different Views : Germany, Japan, and Counterterrorism », *International Organization*, vol. 57, n° 4, p. 731-760.
Katzenstein, P. J., 1996, « Introduction : Alternative Perspectives on National Security », dans P. J. Katzenstein (dir.), *The Culture of National Security : Norms and Identity in World Politics*, New York, Columbia University Press, p. 1-32.
Katzenstein, P. J. (dir.), 1996, *The Culture of National Security. Norms and Identity in World Politics*, New York, Columbia University Press.
Katznelson, I., 1997, « Structure and Configuration in Comparative Politics », dans M. I. Lichbach et A. S. Zuckerman (dir.), *Comparative Politics : Rationality, Culture, and Structure*, p. 81-111.
Kaufmann W. W., 1956, *Military Policy and National Security*, Princeton, Princeton University Press.
Kay, C., 1989, *Latin American Theories of Development and Underdevelopment*, New York, Routledge.
Keane, J., 2003, *Global Civil Society ?*, Cambridge, Cambridge University Press.
Kebabdjian, G., 1999, *Les théories de l'économie politique internationale*, Paris, Seuil.
Keegan, J., 1994, *A History of Warfare*, New York, First Vintage Books Edition.
Kegley, C. W. et G. A. Raymond, 2003, « Preventive War and Permissive Normative Order », *International Studies Perspectives*, vol. 4, n° 4, p. 89-103.
Kegley, C. W. et G. A. Raymond, 1990, *When Trust Breaks Down : Alliance Norms and World Politics*, Columbia, University of South Carolina Press.
Kennan, G., 1985, « Morality and Foreign Policy », *Foreign Affairs*, vol. 64, n° 2, p. 205-218.
Kennan, G. F., 1954, *The Realities of American Foreign Policy*, Princeton, Princeton University Press.
Kennan, G. F., 1951, *American Diplomacy 1900-1950*, New York, New American Library.
Kennan, G. F. [X], 1947, « The Sources of Soviet Conduct », *Foreign Affairs*, vol. 25, n° 4, p. 566-582.
Kennan, G. F., 1946, *The Long Telegram* [www.gwu.edu/~nsarchiv/coldwar/documents/episode-1/kennan.html].

Kennedy, P., 1989, *The Rise and Fall of the Great Powers. Economic Change and Military Conflict from 1500 to 2000*, Glasgow, Fontana Press.
Keohane, R. O., 2002, *Power and Governance in a Partially Globalized World*, Londres et New York, Routledge.
Keohane, R. O., 1989a, « International Institutions : Two Approaches », dans *International Institutions and State Power : Essay in International Relations Theory*, Boulder, Westview Press, p. 158-179.
Keohane, R. O., 1989b, « International Relations Theory : Contributions of a Feminist Standpoint », *Milllennium*, vol. 8, nº 2, p. 245-255.
Keohane, R. O., 1989, *International Institutions and State Power : Essays in International Relations*, Boulder, Westview Press.
Keohane, R. O. (dir.), 1986, *Neorealism and its Critics*, New York, Columbia University Press.
Keohane, R. O., 1984, *After Hegemony – Cooperation and Discord in the World Political Economy*, Princeton, Princeton University Press.
Keohane, R. O., 1983, « Inflation and the Decline of American Power », dans R. E. Lombra et W. E. Witte (dir.), *Political Economy of International and Domestic Monetary Relations*, Ames, p. 7-24.
Keohane, R. O., 1971, « The Big Influence of Small Allies », *Foreign Policy*, vol. 1, nº 2, p. 161-182.
Keohane, R. O. et L. L. Martin, 1995, « The Promise of Institutionalist Theory », *International Security*, vol. 20, nº 1, p. 39-51.
Keohane, R. O. et J. S. Nye, 2001, *Power and Interdependance : World Politics in Transition*, 3e éd., Boston, Little Brown.
Keohane, R. O. et J. S. Nye, 1977, *Power and Interdependence. World Politics in Transition*, Boston, Little Brown.
Keohane, R. O. et J. S. Nye, 1972, *Transnational Relations and World Politics*, Cambridge, Harvard University Press.
Kepel, G., 2003, *Jihad*, Paris, Gallimard.
Keynes, J. M. et J. Luzi, 1999, *The End of Laissez-Faire*, suivi de *Suis-je un libéral* ?, Montréal, Comeau et Nadeau, coll. « Contre-feux ».
Khrisna, S., 2006, « Race, Amnesia, and the Education of International Relations », dans B. J. Jones, *Decolonizing International Relations*, Lanham, Rowman and Littlefield, p. 89-108.
Kiely, R., 1995, *The Sociology of Development. The Impasse and Beyond*, Londres, University College.
Kiernan, B., 2002, *The Pol Pot Regime*, New Haven, Yale University Press.
Kindleberger, C. P., 2000, *Comparative Political Economy, A Restrospective*, Cambridge, MIT Press.
Kindleberger, C. P., 1973, *The World in Depression 1929-1939*, Londres, Allen Lane.
Kindred, H. M. *et al.*, 2000, *International Law : Chiefly as Interpreted and Applied in Canada*, 6e éd., Toronto, Emond Montgomery.
King, M. L., 1965, *Révolution non violente*, Paris, Payot.
Kissinger, H. A.,1957, *A World Restored. Metternich, Castelreagh and the Problems of Peace 1812-1822*, Boston, Houghton and Mifflin.
Kissinger, H. A., 1957, *Nuclear Weapons and Foreign Policy*, New York, Council on Foreign Relations.
Klare, M., 2001, *Resource Wars : The New Landscape of Global Conflict*, New York, Henry Holt.
Klein, B. S., 1988, « Hegemony and Strategic Culture : American Power Projection and Alliance Defence Politics », *Review of International Studies*, vol. 14, nº 2, p. 133-148.
Klotz, A., 1995, *Norms in International Relations. The Struggle Against Apartheid*, Ithaca, Cornell University Press.
Klotz, A. et C. Lynch, 1999, « Le Constructivisme dans la théorie des Relations internationales », *Critique Internationale*, nº 2, p. 51-62.
Knight, A., 1998, « Establishing Political Authority in Peace-Maintenance », *Global Governance*, vol. 4, nº 1, janvier, p. 19-40.
Knowles, J., 2003, « Anti-foundationalism », dans *Norms, Naturalism and Epistemology : The Case for Science Without Norms*, Houndmills, Basingstoke, Palgrave Macmillan, p. 66-113.
Knutsen, T. L., 1997, *A History of International Relations Theory*, 2e éd., Manchester, Manchester University Press.

Kodosky, R., 2007, *Psychological Operations American Style : The Joint Unites States Public Affairs Office, Vietnam and Beyond*, Lanham, Lexington Books.
Kofman, E. et G. Youngs (dir.), 2003, *Globalization : Theory and Practice*, 2e éd., New York, Continuum.
Kohn, R. H., 1997, « How Democracies Control the Military », *Journal of Democracy*, vol. 8, no 4, p. 140-153.
Kolko, G., 1994, *Century of War*, New York, The New Press.
Kolko, G. et J. Kolko, 1972, *The Limits of Power : The World and United States Foreign Policy*, New York, Harper and Row.
Kolodzeij, E. A., 1992, « Renaissance in Security Studies ? Caveat Lector », *International Studies Quarterly*, vol. 36, no 4, p. 421-438.
Korany, B. (dir.), 1987, *Analyse des relations internationales. Approches, concepts et données*, Montréal et Québec, Gaëtan Morin et CQRI.
Kowert, P., 2003, « History and Theory in the New Sociologies of International Relations », *International Studies Review*, vol. 5, n° 2, p. 77-80.
Kowert, P., 1999, « The Three Faces of Identity », dans G. Chafetz, M. Spirtas et B. Frankel (dir.), *The Origins of National Interest*, Londres, Portland, Frank Cass.
Krasner, S. D., 1995, « Compromising Westphalia », *International Security*, vol. 20, no 3, p. 115-151.
Krasner, S. D., 1993, « Westphalia and All that », dans J. Goldstein et R. O. Keohane (dir.), *Ideas and Foreign Policy : Beliefs, Institutions and Political Change*, Ithaca, Cornell University Press, p. 235-264.
Krasner, S. D., 1986, « Of Systems, Boundaries, and Territoriality : An Inquiry into the Formation of the State System », *World Politics*, vol. 34, no 1, p. 27-52.
Krasner, S. D., 1985, *Structural Conflict : The Third World Against Global Liberalism*, Berkeley, University of California Press.
Krasner, S. D. (dir.), 1983, *International Regimes*, Ithaca et Londres, Cornell University Press.
Krasner, S. D., 1978, *Defending the National Interest : Raw Materials Investments and U.S. Foreign Policy*, Princeton, Princeton University Press.
Krasner, S. D., 1972, « Are Bureaucracies Important ? (Or Allison Wonderland) », *Foreign Policy*, n° 7, p. 159-179.
Kratochwil, F. V., 2000a, « Theory and Political Practice : Reflections on Theory Building in International Relations », dans P. Wapner, L. Edwin et J. Ruiz (dir.), *Principled World Politics : The Challenged of Normative International Relations*, Lanham, Rowman & Littlefield, p. 50-64.
Kratochwil, F. V., 2000b, « Constructing a New Orthodoxy ? Wendt's "Social Theory of International Politics" and the Constructivist Challenge », *Millenniun*, vol. 29, n° 1, p. 73-101.
Kratochwil, F. V., 1996, « Is the Ship of Culture at Sea or Returning ? », dans Y. Lapid et F. V. Kratochwil (dir.), *The Return of Culture and Identity in IR Theory*, Boulder,, Lynne Rienner, p. 201-222.

Kratochwil, F. V. et G. Ruggie, 1986, « International Organization : A State of the Art on an Art of the State », *International Organization*, vol. 40, no 4, p. 753-775.
Krause, K., 2001, « Une approche critique de la sécurité humaine », dans J.-F. Rioux (dir.), *La sécurité humaine : une nouvelle conception des relations internationales*, Paris, L'Harmattan.
Krause, K., 1998, « Critical Theory and Security Studies : The Research Programme of Critical Security Studies », *Cooperation and Conflict : Nordic Journal of International Studies*, vol. 33, no 3, p. 298-333.
Krause, K. et M. C. Williams (dir.), 1997, *Critical Security Studies : Concepts and Cases*, Minneapolis, University of Minnesota Press.
Krause, K. et M. C. Williams, 1996, « Broadening the Agenda of Security Studies : Politics and Methods », *Mershon International Studies Review*, vol. 40, no 2, p. 229-254.
Krauthammer, C., 2002-2003, « The Unipolar Moment Revisited », *The National Interest*, no 70, p. 5-17.
Krauthammer, C., 1999, « The Short Unhappy Life of Humanitarian War », *The National Interest*, no 57, p. 5-8.
Krauthammer, C., 1990-1991, « The Unipolar Moment », *Foreign Affairs*, vol. 70, no 1, p. 23-33.
Krepinevich, A. F., 1994, « Cavalry to Computer : The pattern of Military Revolutions », *The National Interest*, no 49, p. 30-42.
Krepinevich, A. F. et R. C., Martinage, *Dissuasion Strategy*, Washington, Center for Strategic and Budgetary Assessments [www.csbaonline.org].

Kristof, L. K. D., 1960, « Les origines de la géopolitique et son évolution », Paris, Institut de stratégie comparée [www.stratisc.org/pub/pub_kristof_tdm.html].
Kristol, W. et R. Kagan, 2004. « National Interest and Global Responsibility », dans I. Stelzer (dir.), *The Neocon Reader*, New York, Grove Press, p. 54-78.
Kristol, W. et R. Kagan, 2000, « The Present Danger », *The National Interest*, n° 59, p. 57-69.
Kristol, W. et R. Kagan, 1996, « Toward a Neo-Reaganite Foreign Policy », *Foreign Affairs*, vol. 75, n° 4, p. 18-32.
Kritz, M. M., L. L. Lim et H. Zlotnik (dir.), 1992, *International Migration Systems. A Global Approach*, Oxford, Clarendon Press.
Krulic, J., 1993, « La revendication de la souveraineté », *Pouvoirs*, n° 67, p. 21-32.
Kubálková, V., 1998, « "The Twenty Years" Cartharsis : E. H. Carr and IR », dans V. Kubálková, N. Onuf et P. Kowert (dir.), *International Relations in a Constructed World*, Armonk, M. E. Sharpe, p. 25-57.
Kubálková, V., N. Onuf et P. Kowert (dir.), 1998, *International Relations in a Constructed World*, Armonk, M. E. Sharpe.
Kugler, J., 2001, « War », dans J. Krieger et M. Crahan (dir.), *Oxford Companion to Politics of the World*, Oxford, Oxford University Press, p. 894-896.
Kugler, J. et A. F. K. Organski, 1989, « The Power Transition : A Retrospective and Prospective Evaluation », dans M. I. Midlarsky (dir.), *Handbook of War Studies*, Boston, Unwin Hyman, p. 171-194.
Kuhn, T., 1983, *La structure des révolutions scientifiques*, Paris, Flammarion, coll. « Champs ».
Kuhn, T., 1970, *The Structure of Scientific Revolutions*, 2e éd., Chicago, Chicago University Press.
Kuhn, T., 1962, *The Structure of Scientific Revolutions*, Chicago, University of Chicago Press.
Kukla, A., 1998, *Studies in Scientific Realism*, New York et Oxford, Oxford University Press.
Kupchan, C. A., 1998, « After *Pax Americana* : Benign Power, Regional Integration, and the Sources of a Stable Multipolarity », *International Security*, vol. 23, n° 4, p. 40-79.
Kupchan, C. A. et C. A. Kupchan, 1995, « The Promise of Collective Security », *International Security*, vol. 20, n° 1, p. 52-61.
Kupchan, C. A. et C. A. Kupchan, 1991, « Concerts, Collective Security and the Future of Europe », *International Security*, vol. 16, p. 114-161.
Kuper, L., 1981, *Genocide. Its Political Use in the Twentieth Century*, New Haven, Yale University Press.
La Branche, S., 2003, « La transformation des normes de participation et de durabilité en valeurs ? Réflexions pour la théorie des régimes », *Études internationales*, vol. XXXIV, n° 4, p. 611-630.
Labs, E. J., 1997, « Beyond Victory : Offensive Realism and the Expansion of War Aims », *Security Studies*, vol. 6, p. 1-49.
Lacher, H., 2006, *Beyond Globalization : Capitalism, Territoriality and the International Relations of Modernity*, Londres et New York, Routledge.
Lacher, H., 2005, « International transformation and the persistance of territoriality : toward a new political geography of capitalism », *Review of International Political Economy*, vol. 12, n° 1, p. 26-52.
Lacher, H., 2003, « Putting the State in its Place : the Critique of State-centrism and its Limits », *Review of International Studies*, vol. 29, n° 4, p. 521-541.
Lacher, H., 1999a, « "Embedded Liberalism", Disembedded Markets : Conceptualizing the *Pax Americana* », *New Political Economy*, vol. 4, n° 3, p. 343-360.
Lacher, H., 1999b, « The Politics of the Market : Re-reading Karl Polanyi », *Global Society*, vol. 13, n° 3, p. 313-326.
Laclau, E. et C. Mouffe, 2001, *Hegemony and Socialist Strategy : Towards a Radical Democratic Politics*, Londres et New York, Verso.
Lacoste, Y. (dir.), 1995, *Dictionnaire de géopolitique*, Paris, Flammarion.
Lacoste, Y., 1976, *La géographie, ça sert d'abord à faire la guerre*, Paris, Maspero.
Ladyman, J., 2002, « Scientific Realism », dans *Understanding Philosophy of Science*, Londres et New York, Routledge, p. 129-161.
LaFeber, W., 1991, *America, Russia and the Cold War 1945-1990*, 6e éd., New York, McGraw-Hill.
Laïdi, Z., 1994, *Un monde privé de sens*, Paris, Fayard.
Lakatos, I. et A. Musgrave (dir.), 1970, *Criticism and the Growth of Knowledge*, Cambridge, Cambridge University Press.

Lake, D., 2003, « Fair Fights ? Evaluating Theories of Democracy and Victory », *International Security*, vol. 28, n° 1, p. 154-167.

Lake, D., 2003, « The New Sovereignty in International Relations », *International Studies Review*, vol. 5, n° 3, p. 303-324.

Lang, A. F., 2002, *Agency and Ethics : The Politics of Military Intervention*, Albany, State University of New York Press.

Lapid, Y., 1999, « Where Should We Begin ? Political Geography and International Relations », *Political Geography*, vol. 18, p. 895-900.

Lapid, Y., 1989, « The Third Debate : On the Prospect of International Theoy in a Post-Positivist Era », *International Studies Quarterly*, vol. 33, n° 3, p. 235-254.

Lapointe, T. et I. Masson, 2004, « Les relations entre le "politique" et l'"économique" dans le discours et les pratiques de la "guerre contre le terrorisme" », *Cultures & Conflits*, n° 54, p. 81-103.

Laquer, W., 1999, *The New Terrorism : Fanaticism and The Arms of Mass Destruction*, New York, Oxford University Press.

Laqueur, W., 2003, *No end to War : Terrorism in the Twenty-First Century*, New York, Continuum International Publishing Group.

Laqueur, W., 2002, *A History of Terrorism*, New Jersey, Transaction Publisher.

Laqueur, W., 1987, *The Age of Terrorism*, Boston, Little Brown.

Larson, E. V., D. T. Orletsky, K. Leuschner, 2001, *Defense Planning in a Decade of Change. Lessons from the Base Force, Bottom-Up Review and Quadrennial Defense Review*, Santa Monica, Rand Publications.

Lash, S. et J. Urry, 1987, *The End of Organized Capitalism*, Madison, University of Wisconsin Press.

Laski, H., 1927, *The Problems of Peace*, Oxford, Oxford University Press.

Lasswell, H., 1941, « The Garrison State », *American Journal of Sociology*, vol. 46, n° 4, p. 455-468.

Laudan, L., 1996, *Beyond Positivism and Relativism : Theory, Method and Evidence*, Boulder, Westview Press.

Laudan, L., 1984, « A Confutation of Convergent Realism », dans J. Leplin (dir.), *Scientific Realism*, Berkeley, Los Angeles et Londres, University of California Press, p. 218-249.

Laurent, A., 1998, *Les grands courants du libéralisme*, Paris, Armand Colin.

Laustsen, C. B. et O. Wæver, 2000, « Securitization. In Defence of Religion : Sacred Referent Objects for », *Millennium*, vol. 29, p. 705-739.

Layne, C., 2006, *The Peace of Illusions : American Grand Strategy from 1940 to the Present*, Ithaca et Londres, Cornell University Press.

Layne, C., 2002, « The "Poster Child" for Offensive Realism : America as Global Hegemon », *Security Studies*, vol. 12, n° 2, p. 120-164.

Layne, C., 1994, « Kant or Cant : The Myth of the Democratic Peace », *International Security*, vol. 19, n° 2, p. 5-49.

Layne, C., 1993, « The Unipolar Illusion : Why New Great Powers Will Rise », *International Security*, vol. 17, n° 4, p. 5-51.

Le Prestre, P., 2004, « La reconstruction identitaire de l'Amérique après le 11 septembre », *Études internationales*, vol. XXXV, n° 1, p. 25-48.

Le Prestre, P., 2002, *Governing Global Biodiversity*, Brookfield, Ashgate.

Le Prestre, P., 1998, *Sécurité environnementale et insécurité internationales*, Montréal, Observatoire de l'écopolitique internationale – UQAM.

Le Prestre, P., 1997, *Écopolitique internationale*, Montréal, Guérin Universitaire.

Le Prestre, P. et J.-P. Revéret, 2000, « L'IEPF et la nouvelle gouvernance environnementale internationale », dans *L'IEPF, dix ans après : quel bilan ? Quelles perspectives ? Actes du Colloque international, Québec 30-31 mars, 1999*, Québec, IEPF, p. 103-109.

Leander, A., 2002, « Do We Really Need Reflexivity in IPE ? Bourdieu's Two Reasons For Answering Affirmatively », *Review of International Political Economy*, vol. 9, n° 4, p. 601-609.

Lebow, R. N., 1997, « Small States and Big Alliances », *American Political Science Review*, vol. 91, n° 3, p. 705-709.

Lecourt, D. (dir.), 2000, *Dictionnaire d'histoire et philosophie des sciences*, Paris, PUF.

Leffler, M. P., 2005, « 9/11 and American Foreign Policy », *Diplomatic History*, vol. 29, n° 3, p. 395-413.

Leffler, M. P., 1991, « National Security », dans M. J. Hogan et T. G. Paterson (dir.), *Explaining the History of American Foreign Relations*, Cambridge, Cambridge University Press, p. 202-213.

Légaré, F., *Terrorisme. Peurs et réalité*, Montréal, Athéna éditions, 2002.
Legault, A. et K. Prémont, 2002, « Les grands axes de l'action humanitaire canadienne », dans Y. Conoir et G. Verna (dir.), *L'action humanitaire du Canada*, Sainte-Foy, PUL.
Legpold, J., 1998, « NATO's Post-Cold War Collective Action Problem », *International Security*, vol. 23, n° 1, p. 78-106.
Legro, J. W., 1996, « Culture and Preference in the International Cooperation Two-Step », *American Political Science Review*, vol. 90, n° 1, p. 118-137.
Legro, J. W., 1995, *Cooperation Under Fire : Anglo-German Restraint during World War II*, Ithaca, Cornell University Press.
Legro, J. W. et A. Moravcsik, 1999, « Is Anybody Still a Realist ? », *International Security*, vol. 22, n° 2, p. 5-55.
Legro, J. W. et A. Moravscik, 1998, *Is Anybody Still a Realist ?*, Weatherhead Center for International Affairs Working Paper.
Lelart, M., 2000, *Le système monétaire international*, Paris, La Découverte.
Leman-Langlois, S. et F. Lemieux, 2007, « Renseignement de sécurité et renseignement criminel », dans M. Cusson, B. Dupont et F. Lemieux (dir.), *Traité de sécurité intérieure*, Montréal, Hurtubise HMH, p. 335-354.
Lemieux, F., 2007a, « Contre-terrorisme : le rôle des agences de renseignement », dans C.-P. David et B. Gagnon (dir.), *Repenser le terrorisme, concepts, acteurs et réponses*, Québec, PUL, p. 311-338.
Lemieux, F., 2007b, « Vers un renseignement criminel de qualité » dans M. Cusson, B. Dupont et F. Lemieux (dir.), *Traité de sécurité intérieure*, Montréal, Hurtubise HMH, p. 290-299.
Lemieux, F., 2006, *Normes et pratiques en matière de renseignement criminel : une comparaison internationale*, Québec, PUL.
Lemieux, V., N. Traoré et N. Bolduc, 1994, « Coalitions, alignements et alliances interétatiques », *Études internationales*, vol. XXV, n° 2, p. 237-258.
Lemke, D., 2004, « Great Powers in the Post-Cold War World : A Power Transition Perspective », dans T. V. Paul, J. J. Wirtz et M. Fortmann (dir.), *Balance of Power : Theory and Practice in the 21st Century*, Stanford, Stanford University Press, p. 52-75.
Lemke, D., 1997, « The Continuation of History : Power Transition Theory and the End of the Cold War », *Journal of Peace Research*, vol. 34, n° 1, p. 23-36.
Lemkin, R. I, 1944, *Axis Rule in Occupied Europe*, Washington, Carnegie Endowment for International Peace.
Lenihan, D. G., 2006, « Identity in a dangerous time : why Canadians need a national identity card », *Policy Options*, juillet-août [www.irpp.org/po/].
Lénine, V., 1979, *L'impérialisme, stade suprême du capitalisme*, Paris, Anthropos.
Lesser H. K., 1994, « The Revolution in Military affairs and its effect on the Future Army », *Naval War College*, juin.
Levi-Faur, D., 1998, « The Competition State as a Neomercantilist State », *Journal of Socio-Economics*, vol. 27, n° 6, p. 665-686.
Levy, J. S., 1989, « Domestic Politics and War », dans R. I. Rotberg et T. K. Rabb (dir.), *The Origin and Prevention of Major War*, Cambridge, Cambridge University Press, p. 79-99.
Lewchuk, W. A., 1993, « Men and Monotony : Fraternalism as a Managerial Strategy at the Ford Motor Company », *The Journal of Economic History*, vol. 53, n° 4, p. 824-856.
Lewis, I., « Department of Homeland Security : un géant au pied d'argile ? », *Stratis Internationale*, Paris, p. 6 [www.stratisinternationale.info/resources/Department+of+Homeland+Security_un+g$C3$A9ant+aux+pieds+d$27argil$E2$80$A6.pdf].
Leys, C., 1996, *The Rise and Fall of Development Theory*, Bloomington, Indiana University Press.
Leyshon, A. et N. Thrift, 1997, *Money/Space : Geographies of Monetary Transformation*, New York, Routledge.
Liddell Hart, B., 1999, *Stratégie*, Paris, Perin.
Liddell Hart, B., 1968, *Strategy : The Indirect Approach*, Londres, Faber and Faber.
Lieber, K. A et G. Alexander, 2005, « Waiting for Balancing : Why the World Is Not Pushing Back », *International Security*, vol. 30, n° 1, p. 109-139.
Lindberg, L., 1963, *The Political Dynamics of European Economic Intergration*, Stanford, Stanford University Press.

Ling, L. H. M. et A. M. Agathangelou, 2003, « Desire Industries : Sex Trafficing, UN Peacekeeping, and the NeoLiberal World Order », *Brown Journal of World Affairs*, vol. 10, nº 1, p. 133-148.
Linklater, A., 2000, « Men and Citizens in International Relations », dans A. Linklater (dir.), *International Relations : Critical Concepts in Political Science*, vol. V, Londres, Routledge, p. 1836-1854.
Linklater, A., 1998, *The Transformation of Political Community : Ethical Foundations of the Post-Westphalian Era*, Cambridge, Polity Press.
Linklater, A., 1996, « The Achievements of Critical Theory », dans S. Smith, K. Booth et M. Zalewski (dir.), *International Theory : Positivism and Beyond*, Cambridge, Cambridge University Press, p. 279-298.
Linklater, A., 1995a, « Neo-Realism in Theory and Practice », dans K. Booth et S. Smith (dir.), *International Relations Theory Today*, Cambridge, Polity Press, p. 241-262.
Linklater, A., 1995b, « Political Community », dans A. Danchev (dir.), *Fin de Siècle : The Meaning of the Twentieth Century*, Londres, Tauris Academic Publishing.
Linklater, A., 1992, « The Question of the Next Stage : A Critical-Theoretical Point of View », *Millennium*, vol. 21, p. 77-98.
Linklater, A., 1990a, *Men and Citizens in the Theory of International Relations*, Londres, Macmillan.
Linklater, A., 1990b, *Beyond Realism and Marxism : Critical Theory and International Relations*, Londres, Macmillan.
Lipietz, A., 2001, « The Fortunes and Misfortunes of Post-Fordism », dans R. Albritton (dir.), *Phases of Capitalist Development : Booms, Crises and Globalizations*, New York, Macmillan, p. 17-36.
Lipietz, A., 1988, « Accumulation, crises and ways out : some methodological reflections on the concept of regulation », *International Journal of Political Economy*, vol. 18, nº 2, p. 10-43.
Lippmann, W., 1947, *The Cold War : A Study in U.S. Foreign Policy*, New York, Harper Brothers.
Lipschutz, R. D. (dir.), 1995, *On Security*, New York, Columbia University Press.
Lipschutz, R. D., 1992, « Reconstructing World Politics : The Emergence of a Global Civil Society », *Millennium*, vol. 21, nº 3, p. 389-420.
Lipson, C., 1984, « International Cooperation in Economic and Security Affairs », *World Politics*, vol. 37, nº 1, p. 1-23.
Lischer, S. K., 2003, « Collateral Damage : Humanitarian Assistance as a Cause of Conflict », *International Security*, vol. 28, nº 1, p. 79-109.
Liska, G., 1962, *Nations in Alliance : The Limits of Interdependence*, Baltimore, The Johns Hopkins Press.
Little, R., 2003, « The English School vs. American Realism : A Meeting of Minds or Divided by a Common Language ? », *Review of International Studies*, vol. 29, n° 3, p. 443-460.

Litwak, R. S., 2002-2003, « The New Calculus of Pre-emption », *Survival*, vol. 44, nº 4, p. 53-80.
Lloyd, C., 1995, *The Structures of History*, Oxford, Blackwell.
Long, D. et P. Wilson (dir.), 1995, *Thinkers of the Twenty Years' Crisis : Inter-War Idealism Reassessed*, Oxford, Clarendon Press.
Loomba, A., 2005, *Colonialism/Postcolonialism*, Londres, Routledge.
Lorber, J., 1998, « Beyond the Binaries : Depolarizing the Categories of Sex, Sexuality and Gender », dans M. F. Rogers (dir.), *Contemporary Feminist Theory*, Boston, McGraw-Hill.
Lorot, P. et F. Thual, 1997, *La géopolitique*, Paris, Montchrestien.
Lowenthal, M. M., 2006, *Intelligence : From Secrets to Policy*, Washington, CQ Press.
Luckam, R., 1984, « Armament Culture », *Alternatives*, vol. 10, nº 1, p. 1-44.
Luhmann, N., [1969] 2001, « La légitimité », dans *La légitimation par la procédure*, Québec, PUL/Cerf, p. 19-29.
Lund, M. S., 1996, « Early Warning and Preventive Diplomacy », dans C. A. Crocker, F. O. Hampson et P. Aall (dir.), *Managing Global Chaos. Sources of and Responses to International Conflict*, Washington, United States Institute of Peace Press, p. 379-402.
Lustick, I., 1999, « Geography and Political Science », *Political Geography*, vol. 18, p. 901-904.
Luterbacher, U. et D. F. Sprinz (dir.), 2001, *International Relations and Global Climate Change*, Cambridge, MIT Press.
Luttwak, E., 1999, « Give War a Chance », *Foreign Affairs*, vol. 79, nº 4, p. 36-44.
Lynn-Jones, S., 2004, « Preface », dans M. E. Brown, O. R. Coté, S. M. Lynn-Jones et S. E. Miller (dir.), 2004, *Offense, Defense and War*, Cambridge, MIT Press, p. xi-xxxvii.

Lynn-Jones, S., 1998, « Realism and America's Rise : A Review Essay », *International Security*, vol. 23, nº 2, p. 157-182.
Lynne-Jones, S., 1995, « Offense-Defense Theory and Its Critics », *Security Studies*, vol. 4, p. 660-691.
Macciocchi, M.-A., 1974, *Pour Gramsci*, Paris, Seuil.
MacKenzie, Iain, 2003, « Poststructuralism and Postmodernism », dans A. Finlayson (dir.), *Contemporary Political Thought : Reader and Guide*, Washington Square, New York University Press, p. 438-472.
MacLean, J., 1981, « Political Theory, International Theory, and Problems of Ideology », *Millennium*, vol. 10, nº 3, p. 102-125.
Macleod, A. et C. Voyer-Léger, 2004, « La France : d'une puissance moyenne à l'autre », *Études internationales*, vol. XXXV, nº 1, p. 73-96.
Macleod, A., Masson, I. et D. Morin, 2004, « Identité nationale, sécurité et la théorie des relations internationales », *Études internationales*, vol. XXXV, nº 4, p. 7-24.
MAECI, 2004, *Vivre à l'abri de la peur : la politique étrangère du Canada en matière de sécurité humaine*, Ottawa [geo.international.gc.ca/cip-pic/cip-pic/library/freedom_from_fear-fr.pdf].
MAECI, 1999, *La sécurité humaine : la sécurité des individus dans un monde en mutation*, Ottawa [www.summit-americas.org/Canada/HumanSecurity-french.htm].
Maiguashca, B., 2000, « Theorising Politics in "No Man's Land" : Feminist Theory and the Fourth Debate », dans M. Ebata et B. Neufeld (dir.), *Confronting the Political in International Relations*, Houndmills, Basingstoke, Hampshire et Londres, Millennium, p. 123-150.
Makki, F., 2004, « The Empire of Capital and the Remaking of Centre-Periphery Relations », *Third World Quarterly*, vol. 25, n° 1, p. 149-168.
Mamdani, M., 2001, *When Victims Become Killers*, Princeton, Princeton University Press.
Mann, M., 2005, *The Dark Side of Democracy. Explaining Ethnic Cleansing*, Cambridge, Cambridge University Press.
Mann, M., 2003, *Incoherent Empire*, Londres et New York, Verso.
Mann, M., 2001, « Democracy and Ethnic War », dans T. Barkawi et M. Laffey, (dir.), *Democracy, Liberalism and War*, Londres, Boulder, Lynne Rienner.
Mann, M., 1999, « The Dark Side of Democracy : The Modern Tradition of Ethnic and Political Cleansing », *New Left Review*, nº 235, mai-juin, p. 18-45.
Mann, M., 1988, *States, War and Capitalism*, Oxford, Basil Blackwell.
Mann, M., 1986, *The Sources of Social Power. Volume I. A History of Power from the Beginning to A.D. 1760*, New York, Cambridge University Press.
Mann, M., 1980, « The Autonomous Power of the State : Its Origins, Mechanisms, and Results », dans T. Skocpol et M. Somers, « The Uses of Comparative History in Macrosocial Inquiry », *Comparative Studies in Society and History*, vol. 22, nº 2, p. 174-197.

Mao Tse Tung, 1968, *Écrits militaires*, Pékin, Éditions en langues étrangères.
Maoz, Z., 1997, « The Controversy over the Democratic Peace : Rearguard Actions or Cracks in the Wall ? », *International Security*, vol. 22, n° 1, p. 162-198.
Maoz, Z. et B. Russet, 1993, « Normative and Structural Causes of Democratic Peace, 1946-1986 », *American Political Science Review*, vol. 87, nº 3, p. 624-638.
Marcelli, L., 1997, « Révolution dans les affaires militaires et révolution dans les affaires de Sécurité. Une dialectique du réalignement de la puissance globale », *Le débat stratégique américain, 1995-96, Nouvelle pratique des alliances, Cahiers d'Études stratégiques*, nº 20, Paris, CIRPES, p. 101.
Marchal, R. et R. Banégas, 2005, « Pax africana ? Le nouvel interventionnisme libéral », *Politique africaine*, nº 98, juin.
Marchand, M. H., 2003, « Challenging Globalisation : Toward a Feminist Understanding of Resistance », *Review of International Studies*, vol. 29, n° 1, p. 145-160.
Marder, A. J., 1961-1971, *From the Dread-nought to Scapa Flow*, 5 tomes, Londres, Oxford University Press.
Marguin, J., 1999, « Vers la privatisation des forces armées : une évolution inéluctable », Paris, Fondation pour la recherche stratégique, *Les perspectives stratégiques*, nº 50, mars.
Markusen, A. R. et S. S. Costigan (dir.), 1999, *Arming the Future. A defense Industry for the 21st Century*, New York, Council on Foreign Relations Press.
Marret, J.-L., 2000, *Techniques du terrorisme*, Paris, PUF.

Martic, M., 1975, *Insurrection : Five Schools of Revolutionary Thought*, New York, Dunellen.
Martin, L., 1999, « Formal Methods, Formal Complaints : Debating the Role of Rational Choice in Security Studies – The Contributions of Rational Choice : A Defense of Pluralism », *International Security*, vol. 24, n° 2, p. 74-83.
Martinez, E., 1993, « Beyond Black/White : The Racisms of Our Times », *Social Justice*, vol. 20, n°s 1-2, p. 22-34.
Marx, K. et F. Engels, [1848] 1983, *Le manifeste du parti communiste*, Paris, Éditions sociales.
Marx, K. et F. Engels, [1848] 1966, *Manifeste du parti communiste*, Paris, Éditions sociales.
Mason, M., 1991, *Development and Disorder, A History the Third World Since 1945*, Toronto, Between the Lines.
Masse, J.-P. et N. Bayon, 2004, « L'altermondialisme au prisme de l'exceptionnalisme : les effets du 11 septembre 2001 sur le mouvement social européen », *Cultures & Conflits*, Articles inédits [www.conflits.org/index1072.html].
Matthew, R. A., 2002, *Dichotomy of Power : Nation Versus State in World Politics*, Lanham et Oxford, Lexington Books.
Mattingly, G., 1988, *Renaissance Diplomacy*, New York, Dover Publications.
Mayer, P., V. Rittberger et M. Zürn, 1993, « Regime Theory. State of the Art and Perspectives », dans V. Rittberger et P. Mayer (dir.), *Regime Theory and International Relations*, Oxford, Clarendon Press, p. 391-430.
Mazaar, M., 1993, *The military technical revolution a structural Framework*, Washington, CSIS, mars.
McCall, L., 2005, « The Complexity of Intersectionality », *Signs*, vol. 30, n° 31, p. 1771-1800.
McCauley, M., 2003, *The Origins of the Cold War, 1941-1949*, 3e éd., Londres, Pearson/Longman.
McCormick, J. P., 1997, « Emergency Powers », dans *Carl Schmitt's Critique of Liberalism : Against Politics as Technology*, Cambridge, Cambridge University Press, p. 121-156.
McMahon, K. S., 1996, « Unconventional Nuclear, Biological and Chemical Weapons Delivery Methods : Whither the "Smuggled Bomb" ? », *Comparative Strategy*, vol. 15, n° 2, p. 123-134.
McMichael, P., 1996, *Development and Social Change : A Global Perspective*, Thousand Oaks, Pine Forge Press.
McMullin, E., 1984, « A Case for Scientific Realism », dans J. Leplin (dir.), *Scientific Realism*, Berkeley, Los Angeles et Londres, University of California Press, p. 8-40.
McNeill, W. H., 1953, *America, Britain and Russia : Their Cooperation and Conflict 1941-1946*, Oxford, Oxford University Press.
McSweeney, B., 1999, *Security, Identity & Interests : A Sociology of International Relations*, Cambridge, Cambridge University Press.

McSweeney, B., 1996, « Buzan and the Copenhagen School », *Review of International Studies*, vol. 22, n° 1, p. 81-93.
Mearsheimer, J. J., 2002, « Liberal Talk, Realist Thinking », *University of Chicago Magazine*, vol. 94, n° 3, p. 1-3.
Mearsheimer, J. J., 2001, *The Tragedy of Great Power Politics*, New York, W.W. Norton.
Mearsheimer, J. J., 2000, « India Needs The Bomb », *The New York Times*, 24 mars.
Mearsheimer, J. J., 1998, « Here We Go Again », *The New York Times*, 17 mai.
Mearsheimer, J. J., 1994-1995, « The False Promise of International Institutions », *International Security*, vol. 19, n° 3, p. 5-49.
Mearsheimer, J. J., 1993, « The Case for a Ukrainian Nuclear Deterrent », *Foreign Affairs*, vol. 72, n° 3, p. 50-66.
Mearsheimer, J. J., 1990a, « Back to the Future : Instability in Europe after the Cold War », *International Security*, vol. 15, n° 4, p. 5-56.
Mearsheimer, J. J., 1990b, « Why We Will Soon Miss the Cold War », *The Atlantic Monthly*, vol. 266, n° 2, p. 35-50.
Melson, R. F., 1992, *Revolution and Genocide*, Chicago, University of Chicago Press.
Melucci, A., 1995, « The Process of Collective Identity », dans H. Johnston et B. Klaudermans (dir.), *Social Movements and Culture*, Minneapolis, University of Minnesota Press, p. 41-63.
Memmi, A., 1973, *Portrait du colonisé ; précédé du portrait du colonisateur*, Paris, Payot.
Merle, M., 1984, *La politique étrangère*, Paris, PUF.
Merle, M., 1981, *Forces et enjeux dans les relations internationales*, Paris, Economica.

Merle, M., 1966, *Pacifisme et internationalisme*, Paris, Armand Colin.

Metz, S., J. Kievitz, « Strategy and the RMA ; from theory to Policy », US Army War College, Carlisle Barracks, Pennsylvania, 1995.

Miall, H., O. Ramsbotham et T. Woodhouse, 1999, *Contemporary Conflict Resolution*, Cambridge, Polity Press.

Michalet, C.-A., 1976, *Le capitalisme mondial*, Paris, PUF.

Milner, H., 1993, « The Assumption of Anarchy in International Relations Theory : A Critique », dans D. A. Baldwin (dir.), *Neorealism and Neoliberalism. The Contemporary Debate*, New York, Columbia University Press.

Minatchev, A. et J. Lévesque, 2004, « L'identité et la sécurité de la Russie : les crises internationales comme miroir de la guerre en Tchétchénie », *Études internationales*, vol. XXXV, n° 4, p. 49-72.

Minchington, W. G., 1969, *Mercantilism : System or Expediency ?*, Lexington, D. C. Health.

Mirus, R., 2001, « After Sept. 11 : A Canada-US Customs Union », *Policy Options*, novembre, p. 50-52 [www.irpp.org/po/archive/nov01/mirus.pdf].

Mitrany, D., 1975, *Functional Theory of Politics*, New York, St. Martin's Press.

Mitrany, D., 1948, « The Functional Approach to World Organization », *International Affairs*, vol. 24, n° 3, p. 350-363.

Mitrany, D., 1943, *A Working Peace System : An Argument for the Functional Development of International Organization [and other essays]*, Oxford, Oxford University Press et Quadrangle Books.

Modelski, G., 1987, *Long Cycles in World Politics*, Seattle, University of Washington Press.

Mohanty, C., 1997, « Women Workers and Capitalist Scripts : Ideologies of Domination, Common Interests and the Politics of Solidarity », dans A. Jacqui et C. Mohanty (dir.), *Feminist Genealogies, Colonial Legacies, Democratic Futures*, Londres, Routledge, p. 3-29.

Mohanty, C., 1984, « Under Western Eyes : Feminist Scholarship and Colonial Discourses », *boundary 2*, vol. 12, n° 3, p. 333-358.

Mohanty, C., A. Ruso et L. Torres (dir.), 1991, *Third World Women and the Politics of Feminism*, Bloomington, Indiana University Press.

Montesquieu, 1964, « De l'esprit des lois », dans *Œuvres complètes*, Paris, Seuil, p. 527-808.

Mooers, C., 1991, *The Making of Bourgeois Europe*, Londres, New York, Verso.

Moore, B., 2000, *Moral Purity and Persecution*, Princeton, Princeton University Press.

Moore, B., 1978, *Injustice : The Social Bases of Obedience and Revolt*, Londres, Macmillan.

Moore, B., 1966, *Social Origins of Dictatorship and Democracy,* Boston, Beacon Press.

Moore, P. et D. Looser, 1993, « Theoretical Feminism : Subjectivity, Struggle and the Conspiracy of Post-Structuralism », *Style*, vol. 27, n° 4, p. 511-538.

Moravcsik, A., 1997, « Taking preferences seriously : A Liberal theory of International Politics », *International Organization,* vol. 51, n° 4, p. 513-553.

More, T., [1516] 1989, *Utopia*, Cambridge, Cambridge University Press.

Moreau-Defarges, P. et G. Hermet (dir.), 2002, *Dictionnaire de géopolitique*, Paris, Armand Colin.

Morgan, M. J., 2004, « The Origins of the New Terrorism », *Parameters*, vol. 34, n° 1.

Morgan, T. C. et V. Schwebach, 1992, « Take Two Democracies and Call me in the Morning : A Prescription for Peace ? », *International Interactions*, vol. 17, n° 4, p. 305-320.

Morgenthau, H. J., 1985, *Politics Among Nations : The Struggle for Power and Peace*, 6e éd., New York, Alfred Knopf.

Morgenthau, H. J., 1978, *Politics Among Nations : the Struggle for Power and Peace*, 5e éd., New York, Alfred Knopf.

Morgenthau, H. J., 1967, *Politics Among Nations : the Struggle for Power and Peace*, 4e éd., New York, Alfred Knopf.

Morgenthau, H. J., 1962, *Politics Among Nations. The Struggle for Power and Peace*, 3e éd., New York, Alfred Knopf.

Morgenthau, H. J., 1951, *In Defense of the National Interest*, New York, Alfred Knopf.

Morgenthau, H. J., 1948, *Politics Among Nations. The Struggle for Power and Peace*, New York, Alfred A. Knopf.

Morgenthau, H. J., 1946, *Scientific Man versus Power Politics*, Chicago, Chicago University Press.

Morrow, J., 2002, « The Laws of War, Common Conjectures, and Legal Systems in International Politics », dans J. Goldsmith et E. Posner (dir.), *Rational Design : Explaining the International Institutions*, numéro spécial de *The Journal of Legal Studies*.

Morton, A. D., 2003, « Historicizing Gramsci : Situating Ideas in and Beyond Their Context », *Review of International Political Economy*, vol. 10, n° 1, p. 118-146.

Mosse, G. L., 1999, *De la Grande Guerre au totalitarisme. La brutalisation des sociétés européennes*, Paris, Hachette.

Mouritzen, H., 1997, « Kenneth Waltz : A Critical Rationalist Between International Politics and Foreign Policy », dans I. B. Neumann et O. Wæver (dir.), *The Future of International Theory : Masters in the Making ?*, Londres et New York, Routledge, p. 66-89.

Mousseau, M. H. Hegre et J. R. O'Neal, 2003, « How the Wealth of Nations Conditions the Liberal Peace », *European Journal of International Relations*, vol. 9, n° 2, p. 277-314.

Mouzelis, N. P., 1988, « Sociology of Development : Reflections on the Present Crisis », *Sociology*, n° 22, p. 23-44.

Müller, H., 2002, « Security Cooperation », dans W. Carlsnaes, T. Risse et B. A. Simmons (dir.), *Handbook of International Relations*, Londres, Sage, p. 369-391.

Muller, J. Z., 1994, « La critique radicale conservatrice de la démocratie libérale dans l'Allemagne de Weimar : Hans Freyer et Carl Schmitt », dans Z. Sternhell (dir.), *L'éternel retour : contre la démocratie, l'idéologie de la décadence*, Paris, Presses de la Fondation nationale des sciences politiques, p. 131-159.

Munck, T., 1990, *Seventeenth Century Europe : State, Conflict and Social Order in Europe 1598-1700*, Londres, Macmillan.

Muravchik, J., 2002, « Marxism », *Foreign Policy*, n° 133, p. 36-38.

Murphy, C. N. et D. R. Nelson, 2001, « International Political Economy : A Tale of Two Heterodoxies », *British Journal* of *Politics* & *International Relations*, vol. 3, n° 3, p. 393-413.

Murphy, C. N. et R. Tooze (dir.), 1991, *The New International Political Economy*, Boulder, Lynne Rienner.

Nadeau, R., 1999, *Vocabulaire technique et analytique de l'épistémologie*, Paris, PUF.

Nadeau, R., 1994, « La philosophie des sciences après Kuhn », *Cahiers d'épistémologie*, Cahier n° 9409, Montréal, Université du Québec à Montréal.

Nagel, T., 1997, *The Last Word*, New York, Oxford, Oxford University Press.

Nair, S., 2002, « Human rigths and postcoloniality : representing Burma », dans G. Chowdhry et S. Nair (dir.), 2002, *Power, postcolonialism, and international relations : reading race, gender, and class*, Londres, Routledge, p. 254-284.

Nairn, T., 1997, *Faces of Nationalism. Janus revisited,* Londres et New York, Verso.

Narayan, U., 2004, « The Project of Feminist Epistemology : Perspective From a Nonwestern Feminist », S. Harding (dir.), 2004, *The Feminist Standpoint Theory Reader : Intellectual and Political Controversies*, New York et Londres, Routledge, p. 213-224.

Nardin, T., 1983, *Law, Morality, and the Relations of States*, Princeton, Princeton University Press.

Nef, J., 1999, *Human Security and Mutual Vulnerability*, Ottawa, CRDI.

Neufeld, M., 2004, « Pitfalls of Emancipation and Discourses of Security : Reflections on Canada's "Security with a Human Face" », *International Relations*, vol. 18, n° 1, p. 109-123.

Neufeld, M., 1995, *The Restructuration of International Relations Theory*, Cambridge, Cambridge University Press.

Neufeld, M., 1993, « Reflexivity and International Relations Theory », *Millennium*, vol. 22, n° 1, p. 48-76.

Neumann, I. B., 2004, « Beware of Organicism : The Narrative Self of the State », *Review of International Studies*, vol. 30, n° 2, p. 259-267.

Neumann I. B., 2003, « The English School on Diplomacy : Scholarly Promise Unfulfilled », *International Relations*, vol. 17, n° 3, p. 341-369.

Nguyen, Q. D. avec P. Daillier et A. Pellet, 1999, *Droit International Public*, Paris, Librairie générale de droit et de jurisprudence, E.J.A.

Nicholson, L. J., 1990, *Feminism/Postmodernism*, New York, Routledge.

Nicolas, J. P., 1989, *1789-1989 : 200 ans de guerre révolutionnaire*, Paris, Édition Garches.

Niebuhr, R., 1948, *Christianity and Power Politics*, New York, Charles Scribner's Sons.

Niebuhr, R., 1941 et 1943, *The Nature and Destiny of Man : A Christian Interpretation*, vol. I et II, New York, Charles Scribner's Sons.
Niebuhr, R., 1932, *Moral Man and Immoral Society*, New York, Charles Scribner's Sons.
Nixon, R. et L. I. Brezhnev, 1972, « Treaty Between the United States of America and the Union of Soviet Socialist Republics on the Limitation of Anti-Ballistic Missile Systems », *Department of State* [www.state.gov/www/global/arms/treaties/abm/abm2.html].
Noll, G., 2003, « Visions of the Exceptional : Legal and Theoretical Issues Raised by Transit Processing Centres and Protection Zones », *European Journal of Migration and Law*, vol. 5, nº 3, p. 303-341.
Norris, A., 2004, « "Us" and "Them" : The Politics of American Self-Assertion After 9/11 », *Metaphilosophy*, vol. 35, n° 3, p. 249-272.
Norton, A., 2004, *Leo Strauss and the Politics of the American Empire*, New Haven, Yale University Press.
Nougier, J., 2003, *Pirate de Légines (Océan Indien austral)*, Paris, l'Harmattan.
Nouvel, P., 2000, « Paradigme », dans D. Lecourt (dir.), *Dictionnaire d'histoire et philosophie des sciences*, Paris, PUF, p. 717-721.
NSC 68, 1950, United States Objectives and Programs for National Security, citée dans E. R. May (dir.), 1993, *American Cold War Strategy : Interpreting NSC 68*, Boston et New York, Bedford/St. Martin's, p. 23-82.
Nye, J. S., 2004, *Soft Power : The Means to Success in World Politics*, New York, Public Affairs.
Nye, J. S., 2002, *The Paradox of American Power : Why the World's Only Superpower Can't Go It Alone*, Oxford, Oxford University Press.
Nye, J. S., 1990, *Bound to Lead. The Changing Nature of American Power*, New York, Basic Books Publishers.
Nye, J. S. et R. Keohane, 1977, *Power and Interdependence*, Boston, Little Brown.
Nye, J. S. et S. M. Lynne-Jones, 1988, « International Security Studies », *International Security*, vol. 12, nº 4, p. 5-27.
O'Loughlin, B., 2005, « The Intellectual Antecedents of the Bush Regime », dans A. Colás et R. Saull (dir.), *The War on Terrorism and the American "Empire" after the Cold War*, Londres, Routledge, p. 91-113.
Ó Tuathail, G., 2006a, « Thinking Critically About Geopolitics », dans G. Ó Tuathail, S. Dalby et P. Routledge (dir.), *The Geopolitics Reader*, 2e éd., Londres et New York, Routledge, p. 1-14.
Ó Tuathail, G., 2006b, « Introduction : Imperialist Geopolitics », dans G. Ó Tuathail, S. Dalby et P. Routledge (dir.), *The Geopolitics Reader*, 2e éd., Londres et New York, Routledge, p. 17-32.
Ó Tuathail, G., 2003, « Re-Asserting the Regional : Political Geography and Geopolitics in World Thinly Known », *Political Geography*, vol. 22, n° 6, p. 653-655.

Ó Tuathail, G., 1996, *Critical Geopolitics : The Politics of Writing Global Space*, Minneapolis, University of Minnesota Press.
Ó Tuathail, G. et J. Agnew, 1992, « Geopolitics and Discourse : Practical Geopolitical Reasoning in American Foreign Policy », *Political Geography*, vol. 11, n° 2, p. 190-204.
Ó Tuathail, G., S. Dalby et P. Routledge (dir.), 2006, *The Geopolitics Reader*, 2e éd., Londres et New York, Routledge.
Ó Tuathail, G., S. Dalby et P. Routledge (dir.), 1998, *The Geopolitics Reader*, Londres, Routledge.
Ó Tuathail, G. et S. Dalby (dir.), 1998, *Rethinking Geopolitics*, Londres, Routledge.
O'Hanlon, M. E., S. E. Rice et J. B. Steinberg, 2002, « The New National Security Strategy and Preemption », Working paper, Washington [www.brookings.edu/views/papers/ohanlon/20021114.pdf].
O'Loughlin, J. (dir.), 1994, *Dictionary of Geopolitics*, Westport, Greenwood Press, p. xii-xi.
O'Meara, D. et V. Sobee, 2004, « Grande-Bretagne : la (re)construction d'une relation privilégiée », *Études internationales*, vol. XXXV, n° 4, p. 97-124.
O'Neill, J. Balsiger, et S. D. VanDeveer, 2004, « Actors, Norms, and Impact : Recent International Cooperation Theory and the Influence of the Agent-Structure Debate », *Annual Review of Political Science,* vol. 7, p. 149-175.
O'Sullivan, N., 1997, « Difference and the Concept of the Political in Contemporary Political Philosophy », *Political Studies*, vol. 45, p. 739-754.
Oakes, G., 1994, *The Imaginary War : Civil Defense and American Cold War Culture*, New York et Oxford, Oxford University Press.

Obering III, H. A., 2005, « Missile Defense Program and Fiscal Year 2006 Budget Before the Strategic Forces Subcommittee Senate Armed Services Committee », *Missile Defense Agency Public Statements*, 7 avril [www.mda.mil/mdalink/pdf/spring05.pdf].

Oden, M., 1999, « Cahing in, Cashing out and Converting : Restructuring of the Defense Industrial Base in the 1990s », dans A. R. Markusen et S. S. Costigan (dir.), *Arming the Future. A Defense Industry for the 21st Century*, New York, Council on Foreign Relations Press, p. 74-105.

Odon, W. E., 1998, *The collapse of the Soviet Military*, New Haven, Yale University Press.

Office of Homeland Security, 2002, *The National Strategy for Homeland Security* [www.whitehouse.gov/homeland/book/].

Ogley, R., 1995, « War », dans W. Outhwaite, T. Bottomore, E. Gellner, R. Nisbet et A. Touraine (dir.), *The Blackwell Dictionary of Twentieth-Century Social Thought*, Oxford, Blackwell, p. 703-705.

Ohmae, K., 1990, *The Borderless World : Power and Strategy in the Interlinked Economy*, New York, Harperbusiness.

Olson, M. et R. Zeckhauser, 1966, « An Economic Theory of Alliances », *Review of Economics and Statistics*, vol. 48, nº 3, p. 266-279.

Olsson, C., 2003, « Vrai processus et faux débats : perspectives critiques sur les argumentaires de légitimation des entreprises de coercition paraprivées ! », *Cultures & Conflits*, nº 52, p. 11-48.

Oneal, J. R., 1990, « The Theory of Collective Action and Burden Sharing in NATO », *International Organization*, vol. 44, nº 3, p. 379-402.

Oneal, J. R. et J. L. Ray, 1997, « New Tests of Democratic Peace : controlling for Economic Interdependence, 1950-1985 », *Political Research Quarterly*, vol. 50, nº 4, p. 751-775.

Oneal, J. R. et B. Russet, 1999, « Is the Liberal Peace an Artifact of Cold War Interest ? Assessing Recent Critiques », *International Interactions*, vol. 25, nº 3, p. 213-241.

Oneal, J. R. et B. Russet, 1997, « The Classical Liberals Were Right : Democracy, Interdependence, and Conflict, 1950-1985 », *International Studies Quarterly*, vol. 41, nº 2, p. 267-293.

Onuf, N., 2002, « Institutions, Intentions and International Relations », *Review of International Studies*, vol. 28, n° 3, p. 211-228.

Onuf, N. G., 1998, « Constructivism : A User's Manual », dans V. Kubálková, N. Onuf et P. Kowert (dir.), *International Relations in a Constructed World*, Armonk, M. E. Sharpe, p. 58-78.

Onuf, N. G., 1989, *World of Our Making : Rules and Rule in Social Theory and International Relations*, Columbia, University of South Carolina Press.

Organisation des Nations unies, 2000, *Convention des Nations unies contre la criminalité transnationale organisée*.

Organisation des Nations unies, 1995, *Directives générales concernant les opérations de maintien de la paix*, New York, Département des opérations de maintien de la paix.

Organisation des Nations unies, 1948, *Convention pour la prévention et la répression du crime de génocide*.

Organski, A. F. K., 1958, *World Politics*, New York, Knopf.

Osanka, F. M., 1962, *Modern Guerilla Warfare. Fighting Communist Guerrilla Mouvement, 1941-1961*, Londres, Collier-Macmillan.

Osiander, A., 2001, « Sovereignty, International Relations, and the Westphalian Myth », *International Organization*, vol. 55, nº 2, p. 252-287.

Osiander, A., 1994, *The States System of Europe, 1640-1990 : Peacemaking and the Conditions of International Stability*, Oxford, Clarendon Press.

Osorio, J., 1999, « Fuentes y Tendencias de la Teoria de la Dependencia », *La Teoria Social Latinoamericana II*, Mexico, El Caballito, p. 157-178.

Owen, J. M., 1994, « How Liberalism Produces Democratic Peace », *International Security*, vol. 19, nº 2, p. 87-125.

Oye, K. (dir.), 1989, *Cooperation under Anarchy*, Princeton, Princeton University Press.

Pagès, G., 1971, *The Thirty Years War 1618-1648*, New York, Harper Torchbooks.

Painchaud, P., 2000, « La sécurité environnementale : concept et perspectives », *Revue Internationale et stratégique*, nº 39, p. 61-66.

Painter, J., 2003, « Towards a Post-Disciplinary Political Geography », *Political Geography*, vol. 22, n° 6, p. 637-639.

Palan, R., 1998, « Les fantômes du capitalisme mondial : l'économie politique internationale et l'école de la régulation », *L'année de la régulation*, vol. 2, p. 63-86.
Palan, R. et J. Abbott, 1996, *State Strategies in the Global Political Economy*, Londres, Cassell.
Palmers, B. D., 2000, *Culture of Darkness, Night Travels in the Histories of Transgression [From Medieval to Modern]*, New York, Monthly Review Press.
Panitch, L., 2000, « The New Imperial State », *New Left Review*, nº 2, mars-avril, p. 5-20.
Panitch, L., 1996, « Rethinking the Role of the State », dans J. H. Mittelman (dir.), *Globalization : Critical Reflections*, Boulder, Lynne Rienner, p. 83-116.
Pape, R. A., 2005, « Soft Balancing against the United States », *International Security*, vol. 30, nº 1, p. 7-45.
Parel, V., 1995, « La théorie des jeux », *Cahiers Français*, coll. « Les nouvelles théories », nº 272, juillet-septembre, Paris, Documentation française.
Paris, R., 2001, « Human Security. Paradigm Shift or Hot Air ? », *International Security*, vol. 26, nº 2, p. 87-102.
Parker, D. (dir.), 1984, *The Thirty Years' War*, Londres et Boston, Routledge et Kegan Paul.
Parker, G., 1996, *Military Innovation and the Rise of the West, 1500-1800*, 2e éd., Cambridge, Cambridge University Press.
Parker, G., 1994, « La Géopolitique », dans J. O'Loughlin (dir.), *Dictionary of Geopolitics*, Westport, Greenwood Press, p. 95-99.
Pasquazzi, S., s.d., « Power transition theory and the outbreak of wars : a theoretical model for preventing global and regional inter-state conflicts in the 21st century », Osservatorio Scenari Internazionali [www.scenarinternazionali.org/Transizione/articoli/pdf/Pasquazzi_PowerTransition.pdf].
Patomäki, H., 2003, « Problems of Democritizing Global Governance : Time, Space and Emancipatory Process », *Journal of International Relations and Development*, vol. 9, n° 3, p. 347-377.
Patomäki, H. et C. Wight, 2000, « After Postpositivism ? The Promises of Critical Realism », *International Studies Quarterly*, vol. 44, n° 2, p. 213-238.
Paul, T. V., 2005, « Soft Blancing in the Age of U.S. Primacy », *International Security*, vol. 30, nº 1, p. 46-71.
Paul, T. V., 2004, « Introduction : The Enduring Axioms of Balance of Power theory and Their Contemporary Relevance », dans T. V. Paul, J. J. Wirtz, et M. Fortmann (dir.), *Balance of Power : Theory and Practice in the 21st Century*, Stanford, Stanford University Press, p. 1-25.
Payne, K. B. et C. D. Walton, 2002, « Deterrence in the Post-Cold War World », dans J. Baylis, J. Wirtz, E. Cohen et C. S. Gray (dir.), *Strategy in the Contemporary World : An Introduction to Strategic Studies*, New York, Oxford University Press, p. 161-182.
Pedersen, T., 2002, « Cooperative Hegemony : Power, Ideas and Institutions in Regional Integration », *Review of International Studies*, vol. 28, n° 4, p. 677-696.
Perret, V., 2003, « Les discours sur la société civile en relations internationales : Portée et enjeux pour la régulation démocratique de la mondialisation », *Études internationales*, vol. XXXIV, p. 381-400.
Peterson, V. S., 2004, « Feminist Theories Within, Invisible to, and Beyond IR », *Brown Journal of World Affairs*, vol. 10, n° 2, p. 35-46.
Peterson, V. S., 2003, *A Critical Rewriting of Global Political Economy : Integrating Reproductive, Productive and Virtual Economies*, Londres et New York, Routledge.
Peterson, V. S. (dir.), 1992a, *Gendered States : Feminist (Re)Visions of International Relations Theory*, Boulder, Lynne Rienner.
Peterson, V. S., 1992b, « Security and Sovereign States : what is at Stake in Taking Feminism Seriously », dans V. S. Peterson (dir.), *Gendered States : Feminist (re)visions of International Relations Theory*, Boulder, Lynne Rienner, p. 31-64.
Petrova, M. H., 2003, « The End of the Cold War : A Battle or Bridging Ground Between Rationalist and Ideational Approaches to International Relations ? », *European Journal of International Relations*, vol. 9, n° 1, p. 115-163.
Philpott, D., 2002, « The Challenge of September 11 to Secularism in International Relations », *World Politics*, vol. 55, n° 1, p. 66-95.
Philpott, D., 2001, *Revolutions in Sovereignty : How Ideas Shaped Modern International Relations*, Princeton, Princeton University Press.

Philpott, D., 2001, « Liberalism, Power, and Authority in International Relations : On the Origins of Colonial Independence and Internationally Sanctioned Intervention », *Security Studies*, vol. 11, n° 2, p. 117-163.
Philpott, D., 2000, « The Religious Roots of Modern International Relations », *World Politics,* vol. 52, n° 2, p. 206-245.
Philpott, D., 1999, « Westphalia, Authority, and International Society », *Political Studies,* vol. 67, n° 3, p. 566-589.
Philpott, D., 1995, « Sovereignty : An Introduction and Brief History », *Journal of International Affairs*, vol. 8, n° 2, p. 353-367.
Picciotto, S, 1991, « The Internalization of the State », *Review of Radical Political Economics*, vol. 22, n° 1, p. 28-44.
Piotte, J.-M., 1970, *La pensée politique de Gramsci,* Paris, Anthropos, coll. « Sociologie et connaissance ».
Pitelis, C. et Sugden, R., 1991, *The Nature of Transnational Firms*, Londres, Routledge.
Polanyi, K., 1983, *La grande transformation : aux origines politiques et économiques de notre temps. Préface de Louis Dumont,* Paris, Gallimard.
Polanyi, K., 1977, « The Economistic Fallacy », *Review,* vol. 1, n° 1, p. 9-18.
Polanyi, K., 1966, *Dahomey and the Slave Trade*, Seattle, University of Washington Press.
Polanyi, K., 1944, *The Great Transformation*, Boston, Beacon Press.
Poliensky, J. V, 1978, *War and Society in Europe, 1618-1648*, Cambridge et New York, Cambridge University Press.
Poliensky, J. V, 1968, « The Thirty Years' War and the Crises and Revolutions of Seventeenth-century Europe », *Past & Present*, n° 39, p. 34-43.
Popper, K., 1982, *La connaissance objective*, Bruxelles, Éditions Complexe.
Popper, K., 1973, *La logique de la découverte scientifique*, Paris, Payot.
Porter, B. (dir.), 1972, *The Aberystwyth Papers : International Politics 1919-1963*, Londres, Oxford University Press.
Posen, B. R., 2003, « Command of the Commons : The Military Foundation of U.S. Hegemony », *International Security*, vol. 28, n° 1, p. 5-46.
Posen, B. R., 1984, *The Sources of Military Doctrine : France, Britain, and Germany between the World Wars*, Ithaca, Cornell University Press.
Potter, E. B., 1981, *Sea Power : A Naval History*, Annapolis, Annapolis Institute Press.
Poulantzas, N., 1973, « L'internationalisation des rapports capitalistes et l'État-nation », *Les Temps Modernes*, n° 319, p. 1456-1500.
Poulantzas, N., 1968, *Pouvoir politique et classes sociales*, Paris, François Maspero.

Poundstone, William, 1992, *Prisoner's Dilemma*, New York, Doubleday.
Powell, W. et P. DiMaggio (dir.), 1991, *The New Institutionalism in Organizational Analysis*, Chicago, The University of Chicago Press.
Price, R. M., 1999, *The Chemical Weapons Taboo*, Ithaca, Cornell University Press.
Prins, G., 2003, « Globalisation-Critical Reconstructions », *Journal of International Relations and Development* vol. 6, n° 2, p. 185-200.
Programme des Nations unies pour le Développement (PNUD), 1997, *La Gouvernance en faveur du développement humain durable*, New York, PNUD.
Programme des Nations Unies pour le Développement (PNUD), 1994a, *Human Development Report 1994*, New York, Oxford University Press.
Programme des Nations Unies pour le Développement (PNUD), 1994b, *Rapport mondial sur le développement humain*, Paris, Economica.
Prügl, E., 2002, « Toward a Feminist Political Economics », *International Feminist Journal of Politics*, vol. 4, n° 1, p. 31-37.
Pry, P., 1999, *War Scare*, West Port, Praeger.
Puchala, D. J., 2003, *Theory and History in International Relations*, New York, Routledge.
Puchala, D. J. (dir.), 2002, *Visions of International Relations : Assessing an Academic Field*, Columbia, University of South Carolina Press.
Putnam, H., 1984, « What Is Realism ? », dans J. Leplin, *Scientific Realism*, Berkeley, Los Angeles et Londres, University of California Press, p. 140-153.

Putnam, R. D., 2000, *Bowling Alone : The Collapse and Revival of American Community*, New York, Simon & Schuster.
Putnam, R. D., 1988, « Diplomacy and Domestic Politics : The Logic of Two-Level Games », *International Organization,* vol. 42, n° 3, p. 427-460.
Quester, G. H., 1977, *Offense and Defense in the International System*, New York, John Wiley and Sons.
Quine, W. von Orman, 1977, *Le mot et la chose*, Paris, Flammarion.
Radice, H., 2000, « Responses to Globalisation : A Critique of Progressive Nationalism », *New Political Economy*, vol. 5, n° 1, p. 5-19.
Radice, H, 1999, « Taking Globalisation Seriously », dans L. Panitch et C. Leys (dir.), *Socialist Register 1999 : Global Capitalism Versus Democracy*, Londres, Merlin, p. 1-28.
Ragin, C. C., 1999, *The Comparative Method. Moving Beyond Qualitative and Quantitative Strategies,* Los Angeles et Berkeley, University of California Press.
Rahnema, M. et V. Bawtree (dir.), 1997, *The Post Development Reader*, Londres, Zed Books.
Ramel, F., 2003, « La sécurité humaine : une valeur de rupture dans les cultures stratégiques au Nord ? », *Études internationales*, vol. XXXIV, n° 1, p. 80-104.
Ramel, F., 2000, « Sécurité humaine : un concept pour penser le XXIe siècle ? », *Réflexions sur le XXIe siècle*, Groupe d'étude sur le nucléaire et les relations internationales et stratégiques [generisfrance.free.fr/reflexions/ramel0900.html].
Ramirez, R. *et al.*, 2006, *Strategic Intersectionality : Gender, Ethnicity, and Political Incorporation*, Berkeley, Institute of Government Studies.
Ramsbotham, O. et T. Woodhouse, 1999, *Encyclopedia of International Peacekeeping Operations*, Santa Barbara, ABC-Clio.
Randall, V., 2004, « Using and Abusing the Concept of the Third World : Geopolitics and the Comparative Political Study of Development and Underdevelopment », *Third World Quarterly*, vol. 25, n° 1, p. 41-54.
Rapkin, D. P. (dir.), 1990, *World Leadership and Hegemony,* Boulder et Londres, Lynne Rienner.
Rapoport, A., 1974, *Fights, Games and Debates*, 5e éd., Ann Arbor, The University of Michigan Press.
Rapoport, A., 1967, *Combats, débats et jeux*, Paris, Dunod.
Rapport du Groupe d'étude sur les opérations de paix des Nations unies, 2000, A/55/605, 21 août.
Rawls, J., 1999, *The Law of People*, Harvard, Harvard University Press.
Rawls, J., 1995, *Libéralisme politique*, Paris, PUF.
Rawls, J., 1971, *A Theory of Justice*, Londres, Belknap Press.
Razack, S., 2000, « From the "Clean Snows of Petawawa" : The Violence of Canadian Peacekeepers in Somalia », *Cultural Antropology*, vol. 15, n° 1, p. 127-163.
Reagan, R., 1983, « Eliminating the Threat From Ballistic Missiles », National Security Decision Directive Number 85, *The White House*, 25 mars [www.fas.org/spp/starwars/offdocs/nsdd085.html].
Reid, J., 2006, *The Biopolitics of the War on Terror : Life Struggles, Liberal Modernity, and the Defence of Logistical Societies*, Manchester et New York, Manchester University Press.
Reid, J., 2004, « War, Liberalism, and Modernity : The Biopolitical Provocations of Empire », *Cambridge Review of International Affairs*, vol. 17, n° 1, p. 63-79.
Reid, J., 2003, « Foucault on Clausewitz : Conceptualizing the Relationship Between War and Power », *Alternatives*, vol. 28, p. 1-28.
Reiter, D., 1996, *Crucible of Beliefs : Learning Alliances, and World Wars*, Ithaca, Cornell University Press.
Reiter, D. et A. C. Stam, 2003, « Understanding Victory : Why Political Institutions Matter », *International Security*, vol. 28, n° 1, p. 168-179.
Rengger, N. J., 2000, *International Relations, Political Theory and the Problem of Order. Beyond International Relations Theory ?,* Londres et New York, Routledge.
Reus-Smit, C., 2003, « Politics and International Legal Obligation », *European Journal of International Relations*, vol. 9, n° 4, p. 591-625.
Reus-Smit, C., 2002, « Imagining Society : Constructivism and the English School », *British Journal* of *Politics* & *International Relations*, vol. 4, n° 3, p. 487-510.
Reynolds, C. G., 1983, *Command of the sea : The History and Strategy of Maritime Empire*, Malabar, Robert E. Krieger.

Rhodes, E., 2000, « Conventional Deterrence », *Comparative Strategy*, vol. 19, nº 3, p. 221-254.
Rich, P., 2002, « Reinventing Peace : David Davies, Alfred Zimmern and Liberal Internationalism in Interwar Britain », *International Relations*, vol. 16, nº 1, p. 117-133.
Rioux, J.-F. (dir.), 2007, *L'intervention armée peut-elle être juste* ?, Montréal, Fides, coll. « Points chauds ».
Rioux, J.-F., E. Keenes et G. Légaré, 1988, « Le néo-réalisme ou la reformulation du paradigme hégémonique », *Études internationales*, vol. XIX, nº 1, p. 57-80.
Rioux, J.-S., 2002, « Les défis pour le Canada en matière d'aide publique au développement ». *Études internationales*, vol. XXXIII, nº 4, p. 723-743.
Rist, G., 1997, *The History of Development : From Western Origins to Global Faith,* Londres et New York, Zed Books.
Robb, C. S., 1998, « Principles for a Woman-Friendly Economy », dans M. F. Rogers (dir.), *Contemporary Feminist Theory*, Boston, McGraw-Hill.
Roberson, B. A., (dir.), 2002, *International Society and the Development of International Relations*, Londres, Continuum.
Roberts, A., 1996, « The Crisis in U.N. Peacekeeping », dans C. A. Crocker, F. O. Hampson et P. Aall (dir.), *Managing Global Chaos. Sources of and Responses to International Conflict*, Washington, United States Institute of Peace Press, p. 297-319.
Robertson, G., 2003, *Crimes Against Humanity. The Struggle for Global Justice*, New York, New Press.
Robin, C., 2004, « Remembrance of Empires Past : 9/11 and the End of the Cold War », dans E. Schrecker (dir.), *Cold War Triumphalism : The Misuse of History After the Fall of Communism*, New York et Londres, The New Press.
Robinson, D. et V. Oosterveld, 2001, « L'évolution du droit international humanitaire », dans R. McRae et D. Hubert (dir.), *Sécurité humaine et nouvelle diplomatie. Protection des personnes, promotion de la paix*, Montréal, McGill-Queen's University Press, p. 178-187.
Robinson, J., 2003, « Political Geography in a Postcolonial Context », *Political Geography*, vol. 22, nº 6, p. 647-651.
Rockmore, T., 1992, « Hegel, German Idealism and Antifoundationalism », dans T. Rockmore et B. J. Singer, *Antifoundationalism Old and New*, Philadelphie, Temple University Press, p. 105-125.
Rodrigue, J.-P., 200, *L'espace économique mondial*, Québec, PUQ.
Roe, P., 2004, « Securitization and Minority Rights : Conditions of Desecuritization », *Security Dialogue*, vol. 35, nº 3, p. 279-294.
Rogers, M. F. (dir.), 1998, *Contemporary Feminist Theory*, Boston, McGraw-Hill.
Rorty, R., [2001] 1979, *Philosophy and the Mirror of Nature,* Princeton, Princeton University Press.
Rose, G., 1998, « Neoclassical Realism », *World Politics*, vol. 51, octobre, p. 144-172
Rosecrance, R., 2002, « International Security and the Virtual State : States and Firms in World Politics », *Review of International Studies*, vol. 28, nº 3, p. 443-455.
Rosecrance, R., 1996, « The Rise of The Virtual State », *Foreign Affairs,* vol. 75, nº 4, p. 45-61.
Rosecrance, R., 1986, *The Rise of the Trading State : Commerce and Conquest in the Modern World,* New York, Basic Books.
Rosecrance, R. et A. A. Stein, 1993, « Beyond Realism : The Study of Grand Strategy », dans R. Rosecrance et A. A. Stein (dir.), *The Domestic Bases of Grand Strategy*, Ithaca et Londres, Cornell University Press, p. 3-21.
Rosenau, J. N., 1995, « Governance in the Twenty-first Century », *Global Governance*, vol. 1, nº 1, p. 13-43.
Rosenau, J. N., 1992, « Governance, Order and Change in World Politics », dans J. N. Rosenau et E.-O. Czempiel (dir.), *Governance Without Government : Order and Change in World Politics*, Cambridge, Cambridge University Press, p. 1-29.
Rosenau, J. N., 1966, « Pre-Theories and Theories of Foreign Policy », dans *The Scientific Study of Foreign Policy*, New York et Londres, The Free Press, p. 95-149.
Rosenau, J. N. et M. Durfee, 1995, *Thinking Theory Thoroughly. Coherent Approaches to an Incoherent World*, Boulder, Westview Press.
Rosenau, J. N. et E.-O. Czempiel (dir.), 1992, *Governance Without Government : Order and Change in World Politics*, Cambridge, Cambridge University Press.
Rosenau, P. M., 1992, *Post-Modernism and the Social Sciences. Insights, Inroads, and Intrusions,* Princeton, Princeton University Press.

Rosenberg, J., 2006, « Why there is No International Sociology ? », *European Journal of International Relations*, vol. 12, n° 3, p. 307-340.
Rosenberg, J., 2005, « Globalization Theory. A Post-Mortem », *International Politics*, vol. 42, n° 1, p. 2-74.
Rosenberg, J., 2002, *The Follies of Globalization Theory*, Londres, Verso.
Rosenberg, J., 2000, *The Follies of Globalisation Theory*, Londres, Verso.
Rosenberg, J., 1996, « Isaac Deutscher and the Lost History of International Relations », *New Left Review*, 1re série, n° 215, p. 3-15.
Rosenberg, J., 1994a, « The International Imagination – IR Theory and Classic Social Analysis », *Millennium*, vol. 23, n° 1, p. 85-108.
Rosenberg, J., 1994b, *The Empire of Civil Society. A Critique of the Realist Theory of International Relations*, Londres, Verso.
Rosenthal, S. B., 1992, « Pragmatism and the Reconstruction of Metaphysics : Toward a New Understanding of Foundations », dans T. Rockmore et B. J. Singer, *Antifoundationalism Old and New*, Philadelphie, Temple University Press, p. 165-188.
Ross, J., 2001, « Is Canada's Human Security Policy Really the "Axworthy" Doctrine ? », *La Politique étrangère du Canada*, vol. 8, n° 2, p. 75-93.
Rothstein, R. L., 1968, *Alliances and Small Powers*, New York, Columbia University Press.
Rougemont, D. de, 1948, *L'Europe en jeu, unie ou colonisée ?*, Boudry, Éditions de la Baconnière.
Rouse, J., 1987, *Knowledge and Power : Toward a Political Philosophy of Science*, Ithaca, New York et Londres, Cornell University Press.
Roussel, S., 2002, « Le Canada et le périmètre de sécurité nord-américain : sécurité, souveraineté ou prospérité », *Policy Options*, avril, p. 15-22.
Roussel, S. et D.O'Meara, 2007, « Le libéralisme classique, une constellation de théories », dans A. Macleod et D. O'Meara (dir.), *Théories des Relations Internationales. Contestations et Résistances*, Outremont, Athéna éditions, p. 89-109.
Roy, O., 1990, « Afghanistan : les raisons d'un conflit interminable », *Cultures & Conflits*, n° 1, p. 13-23.
Rubio, F. (dir.), 2002, « Les ONG, acteurs de la mondialisation », *Problèmes politiques et sociaux*, nos 877-878.
Ruddick, S., 1995, *Maternal Thinking*, Boston, Beacon Press.
Ruggie, J. G., 1998, *Constructing the World Polity : Essays on International Organization*, Londres et New York, Routledge.
Ruggie, J. G., 1993a, « Territoriality and Beyond : Problematizing Modernity in International Relations », *International Organization*, vol. 47, n° 1, p. 139-174.
Ruggie, J. G. (dir.), 1993b, *Multilateralism Matters : The Theory and Praxis of an Institutional Form*, New York, Columbia University Press.
Ruggie, J. G., 1992, « Multilateralism : The Anatomy of an Institution, » *International Organization*, vol. 46, n° 3, p. 561-598.
Ruggie, J. G., 1983, « Continuity and Transformation in the World Polity : Toward a Neorealist Synthesis », *World Politics*, vol. 35, n° 2, p. 195-285.
Ruggie, J. G., 1982, « International Regimes, Transactions, and Change : Embedded Liberalism in the Postwar Economic Order », *International Organization*, vol. 36, n° 2, p. 195-231.
Ruggie, J. G., 1975, « International Responses to Technology : Concepts and Trends », *International Organization*, vol. 29, n° 3, p. 557-584.
Rummel, R., 1992, *Democide : Nazi Genocide and Mass Murder*, New Brunswick, Transaction Publishers.
Rummel, R., 1983, « Libertarianism and International Violence », *Journal of Conflict Resolution*, vol. 27, n° 1, p. 27-71.
Rumsfeld, D., 2001, « Defense Secretary Rumsfeld on 21st Century Deterrence », *The Wall Street Journal*, 27 juin [www.usembassy.it/file2001_06/alia/a1062828.html].
Rupert, M., 2003, « Globalising Common Sense : A Marxian-Gramscian (Re-)Vision of the Politics of Governance/Resistance », *Review of International Studies*, vol. 29, n° 1, p. 181-198.
Rupert, M., 2001, *Ideologies of Globalization : Contending Visions of a New World Order*, Londres et New York, Routledge.

Rupert, M., 1997, « Globalization and Contested Common Sense in the United States », dans S. Gill et J. H. Mittleman (dir.), *Innovation and Transformation in International Studies*, Cambridge, Cambridge University Press, p. 138-152.
Rupert, M., 1995, *Producing Hegemony : The Politics of Mass Production and American Global Power*, Cambridge, Cambridge University Press.
Rupert, M. et H. Smith (dir.), 2002, *Historical Materialism and Globalization : Essays on Continuity and Change*, New York, Routledge.
Russett, B. et J. Oneal, 2001, *Triangulating Peace*, New York, W. W. Norton.
Russett, B., 1993, *Grasping the Democratic Peace : Principles for a Post-Cold War World*, Princeton, Princeton University Press.
Rustin, C., 1999, « Habermas, Discourse Ethics, and International justice », *Alternatives*, vol. 24, nº 2, p. 167-193.
Ryn, C. G., 2003, *America the Virtuous : The Crisis of Democracy and the Quest for Empire*, New Brunswick et Londres, Transaction Publishers.
Sagan. S. D., 1996-1997, « Why do States Build Nuclear Weapons ? Three Models in Search for a Bomb », *International Security*, vol. 21, nº 3, p. 54-56.
Said, E. W., 1980, *L'Orientalisme : l'Orient créé par l'Occident*, Paris, Seuil.
Samson, V., 2008, « Missile Defense Spending FY 09-13 », Center for Defense Information, 14 avril [www.cdi.org/pdfs/MissileDefenseSpendingFY09-13.pdf].
Samson, V., 2007, « The Missile Defense Agency : Unsupervised and Over Budget », Center for Defense Information, 27 avril [www.cdi.org/program/issue/document.cfm ?DocumentID=3940&IssueID=77&StartRow=1&ListRows=10&appendURL=&Orderby=DateLastUpdated&ProgramID=6&issueID=77].
Sassen, S., 2003, « The State and Globalization », *Interventions : Journal of Postcolonial Studies*, vol. 5, nº 2, p. 241-248.
Saunders, H., 1999, *A Public Peace Process*, New York, St. Martin's Press.
Saurin, J., 2006, « International Relations as the Imperial Illusion ; or, The Need to Decolonise IR », dans B. Gruffyd Jones, *Decolonizing International Relations*, Lanham, Rowman and Littlefield, p. 23-42.
Schelling, T., 1986, *Stratégie du conflit*, Paris, PUF.
Schelling, T., 1980, *The Strategy of Conflict*, Cambridge, Harvard University Press.
Schelling, T. et M. Halperin, 1961, *Strategy and Arms Control*, New York, Twentieth Century Found.
Scherrer, A., 2005, « Le G8 face au crime organisé », *G8 Governance*, nº11, février.
Schlesinger, A. J., 1967, « Origins of the Cold War », *Foreign Affairs*, vol. 46, nº 1, p. 23-52.

Schmid, A. P. et A. J. Jongman (dir.), 2005, *Political Terrorism : A New Guide to actors, Authors, Concepts, Data Bases, Theories and Literature*, New York, Transaction Books.
Schmidt, B. C., 2002a, « Anarchy, World Politics and the Birth of a Discipline : American International Relations, Pluralist Theory and the Myth of Interwar Idealism », *International Relations,* vol. 16, nº 1, p. 9-31.
Schmidt, B. C, 2002b, « Together Again : Reuniting Political Theory and International Relations Theory », *British Journal* of *Politics & International Relations*, vol. 4, nº 1, p. 115-141.
Schmidt, B. C., 1998, *The Political Discourse of Anarchy*, Albany, State University of New York Press.
Schmitt, C., 2001, *Le nomos de la terre*, Paris, PUF.
Schmitt, C. (dir.), 2001, *Entre coopération et concurrence : le marché transatlantique de la défense, Cahier de Chaillot*, nº 44. Paris, Institut d'Études de sécurité, Union de l'Europe occidentale [www.iss-eu.org/archiv/content/chailf.html].
Schmitt, C., 1993, *Théorie de la constitution*, Paris, PUF.
Schmitt, C., [1922] 1988, *Théologie politique*, Paris, Gallimard.
Schmitter, P. C., 1969, « Three Neo-Functional Hypotheses About International Integration », *International Organization*, vol. 23, nº 1, p. 161-166.
Scholte, J. A., 2006, « La société civile et la démocratie dans la gouvernance mondiale », dans J. Duchastel et R. Canet (dir.), *Crise de l'État et revanche des sociétés*, Montréal, Athéna éditions et Chaire MCD, p. 271-292.
Scholte, J. A., 2000, *Globalization : A Critical Introduction*, Basingstoke, Macmillan.
Schram, S., 1969, *The Political Thought of Mao Tse-tung*, Harmondsworth, Pelican Books.

Schroeder, P., 1994, « Historical Reality vs. Neo-Realist Theory », *International Security*, vol. 19, n° 1, p. 108-148.
Schultz, K., 1999, « Do Democratic Institutions Constrain or Inform ? Contrasting Two Institutional Perspectives on Democracy and War », *International Organization*, n° 52, p. 233-266.
Schuman, F. L., [1933] 1941, *International Politics : The Western State in Transition*, 3e éd., New York, McGraw-Hill.
Schumpeter, J., 1983, *Histoire de l'analyse économique*, Paris, Gallimard.
Schuurman, F. J., 1993, *Beyond the Impasse : New Directions in Development Theory*, Londres, Zed Books.
Schwab, G., 1970, *The Challenge of the Exception : An Introduction to the Political Ideas of Carl Schmitt Between 1921 and 1926*, Berlin, Duncker & Humblot.
Schwarzenberger, G., [1941] 1951, *Power Politics : An Introduction to the Study of International Relations and Post-War Planning*, Londres, J. Cape.
Schweller, R. L., 2006, *Unanswered Threats : Political Constraints on the Balance of Power*, Princeton et Oxford, Princeton University Press.
Schweller, R. L., 2003, « The Progressiveness of Neoclassical Realism », dans C. Elman et M. F. Elman (dir.), *Progress in International Relations Theory : Appraising the Field*, Cambridge, MIT Press, p. 311-348 .
Schweller, R. L., 1998, *Deadly Imbalances : Tripolarity and Hitler's Strategy of World Conquest*, New York, Columbia University Press.
Schweller, R. L., 1994, « Bandwagoning for Profit : Bringing the Revisionist State Back In », *International Security*, vol. 19, n° 1, p. 72-107.
Schweller, R. L. et W. C. Wohlforth, 2000, « Power Test : Evaluating Realism in Reponse to the End of the Cold War », *Security Studies*, vol. 9, n° 3, p. 60-107.
Searle, J. R., 1995, *The Construction of Social Reality*, New York, Free Press.
Searle, J. R., 1972, *Les actes de langage*, Paris, Hermann.
Sedgwick, E., 1990, *Epistemology of the Closet*, Berkeley, University of California Press.
Seiple, C., 2002, « The New Protracted Conflict : Homeland Security Concepts and Strategy », *Orbis*, vol. 46, n° 2, p. 259-273.
Sen, A., 1979, « Rational Fools », dans H. Harris (dir.), *Scientific Models and Man*, Oxford, Oxford University Press.
Senarclens, P. de, 1998, « La mondialisation entre ordre et anarchie », dans P. de Senarclens (dir.), *Mondialisation, souveraineté et théories des Relations internationales*, Paris, Armand Colin, p. 182-205.
Senarclens, P. de, 1992, *La politique internationale*, Paris, Armand Colin.
Sens, A. et P. Stoett, 2002, *Global Politics : Origins, Currents, Directions*, 2e éd., Scarborough, Nelson Thomson Learning.

Serfati, C., 2001, *La mondialisation armée : le déséquilibre de la terreur*, Paris, La Discorde.
Shabas, W. A., 2000, *Genocide in International Law*, Cambridge, Cambridge University Press.
Shanker, T., 2001, « Missile Defense Need More Tests, Key Senator Says », *New York Times*, 1er juin, p. A1.
Shannon, T. R., 1989, *An Introduction to the World-System*, Boulder, Westview Press.
Shapiro, M. J., 2004, *Methods and Nations : Cultural Governance and the Indigenous Subject*, New York, Routledge.
Shapiro, M. J., 1997, *Violent Cartographies : Mapping Cultures of War*, Minneapolis, University of Minnesota Press.
Shapiro, M. J. et H. Alker (dir.), 1996, *Challenging Boundaries : Global Flows, Territorial Identities*, Minneapolis, University of Minnesota Press.
Sharp, J., 2000, *Condensing the Cold War : Reader's Digest and American Identity*, Minneapolis, University of Minnesota Press.
Sharp, P., 2003a, « Herbert Butterfield, the English School and the Civilizing Virtues of Diplomacy », *International Affairs*, vol. 79, n° 4, p. 855-878.
Sharp, P., 2003b, « Mullah Zaeef and Taliban Diplomacy : An English School Approach », *Review of International Studies*, vol. 29, n° 4, p. 481-498.
Shaw, M., 2005, *The New Western Way of War. Risk - Transfer War and its Crisis in Iraq*, Londres, Polity Press.

Shaw, M., 2003, *War and Genocide*, Londres, Polity Press.
Shaw, M., 2003, « Guerre et globalité. Le rôle et le caractère de la guerre à l'intérieur de la transition globale », dans P. Hassner et R. Marchal, *Guerres et sociétés : état et violence après la Guerre froide*, Paris, Éditions Karthala, p. 49-75.
Shaw, M., 2002, « Globality and Historical Sociology : State, Revolution and War Revisited », dans S. Hobden et J. M. Hobson (dir.), *Historical Sociology of International Relations*, Cambridge, Cambridge University Press, p. 82-98.
Shaw, M., 2000, *Theory of the Global State. Globality as unfinished revolution*, Cambridge, Cambridge University Press.
Shaw, M., 1998, « The Historical Sociology of the Future », *Review of International Political Economy*, vol. 5, n° 2, p. 321-326.
Shaw, M., 1997, « The State of Globalization : Towards a Theory of the State Transformation », *Review of International Political Economy*, vol. 4, n° 3, p. 497-513.
Shaw, M., 1988, *Dialectics of War : an Essay in the Social Theory of War and Peace*, Londres, Pluto.
Shearer, D., 1998, *Private Armies and Military Intervention*, *Adelphi Paper*, n° 316, IISS, Londres, Oxford University Press.
Sheehan, M., 1996, *The Balance of Power : History and Theory*, New York, Routledge.
Shelley, L. I., 1995 « Transnational Organized Crime : An Imminent Threat to the Nation-State ? », *Journal of International Affairs*, vol. 48, n° 2, p. 463-489.
Sheptycki, J., 2005, *En quête de police transnationale : Vers une sociologie de la surveillance à l'ère de la globalisation*, Bruxelles, Larcier.
Shultz, R., R. Godson et T. Greenwood, 1993, *Security Studies for the 1990s*, Washington, Brassey's.
Sil, R. et E. M. Doherty (dir.), 2000, *Beyond Boundaries ? : Disciplines, Paradigms, and Theoretical Integration in International Studies*, Albany, State University of New York Press.
Silke, A. (dir.), 2004, *Research on Terrorism : Trends, Achievements and Failures*, Londres, Frank Cass.
Sills, D. L. (dir.), 1968, *International Encyclopedia of Social Sciences*, New York, Macmillan et Free Press.
Simien, E. M, 2007, « Doing Intersectionality Research : From Conceptual Issues to Practical Examples », *Politics and Gender*, vol. 3, n° 2, p. 254-263.
Singer, D. J., 1961, « The Level-of-Analysis Problem in International Relations », *World Politics*, vol. 14, n° 1, octobre, p. 77-92.
Singer, D. J.et M. Small, 1972, *The Wages of War. 1816-1965 : a Statistical Handbook*, New York, Wiley.
Singer, D. J. et M. Small, 1966, « Formal Alliances, 1815-1939 : A Quantitative Description », *Journal of Peace Research*, vol. 3, n° 1, p. 1-32.
Singer, P. W., 2003, *Corporate Warriors ! : The Rise of the Privatized Military Industry,* Ithaca et Londres, Cornell University Press.
Singh, B. et M. Ko-Wang, 1971, *Theory of Modern Guerrilla Warfare*, New York, Asia Publishing.
Sklair, L., 2002, *Globalization : Capitalism and Its Alternatives*, Oxford, Oxford University Press.
Sklair, L., 1988, « Transcending the Impasse : Metatheory, Theory, and Empirical Research in the Sociology of Development and Underdevelopment », *World Development*, vol. 16, n° 6, p. 697-709.
Skocpol, T., 1979, *States and Social Revolution*, Cambridge, Cambridge University Press.
Skocpol, T. et M. Somers, 1980, « The Uses of Comparative History in Macrosocial Inquiry », *Comparative Studies in Society and History,* vol. 22, n° 2, p. 174-197.
Slaughter, A.-M., A. Tulumello et S. Wood, 1998, « International Law and International Relations Theory : A New Generation of Interdisciplinary Scholarship », *American Journal of International Law*, n° 92, p. 367-397.
Sloan, E., 2003, *The Revolution in Military Affairs : Implications for Canada and NATO*, Montréal, McGill-Queen's University Press.
Smith, A. D., 1998, *Nationalism and Modernism. A Critical Survey of Recent Theories of Nations and Nationalism*, Londres et New York, Routledge.
Smith, A. D., 1981, *The Ethnic Revival*, Cambridge, Cambridge University Press.
Smith, P. A., 1990, *On Political Wars*, Washington, United States Government Printing.

Smith, R., 1998, « State Power and Genocidal Intent : On the Uses of Genocide in the Twentieth Century », dans L. Chorbajian et G. Shirinian (dir.), *Studies in Comparative Genocides*, New York, St. Martin's Press, p. 3-14.

Smith, R., 2007, *L'utilité et la force*, Paris, Economica.

Smith, S., 2003, « International Relations and international relations : The Links Between Theory and Practice in World Politics », *Journal of International Relations and Development*, vol. 9, n° 3, p. 233-240.

Smith, S., 2002, « The End of the Unipolar Moment ? September 11 and the Future of World Order », *International Relations*, vol. 16, n° 2, p. 171-183.

Smith, S., 2000a, « The Increasing Insecurity of Security Studies : Conceptualizing Security in the Last Twenty Years », dans S. Croft et T. Terrief (dir.), *Critical Reflections on Security Studies*, Londres et Portland, Frank Cass, p. 72-101.

Smith, S., 2000b, « The Discipline of International Relations : Still an American Social Science ? », *British Journal of Politics and International Relations*, vol 3, n° 3, p. 374-402.

Smith, S., 2000c, « Wendt's World », *Review of International Studies*, vol. 26, n°1, p. 151-163.

Smith, S., 1997, « Power and Truth : A Reply to William Wallace », *Review of International Studies*, vol. 23, n° 4, p. 507-516.

Smith, S., 1997, « New Approaches to International Theory », dans J. Baylis et S. Smith (dir.), *The Globalization of World Politics : An Introduction to International Relations*, Oxford, Oxford University Press.

Smith, S.,1996, « Positivism and Beyond », dans S. Smith, K. Booth et M. Zalewski (dir.), *International Theory : Positivism and Beyond*, New York, Cambridge University Press, p. 13-44.

Smith, S., 1995, « The Self-Images of a Discipline : A Genealogy of International Relations Theory », dans K. Booth et S. Smith (dir.), *International Relations Theory Today*, Cambridge, Polity, p. 1-37.

Smith, S., K. Booth et M. Zalewski (dir.), 1996, *International Theory : Positivism and Beyond*, Cambridge, Cambridge University Press.

Smouts, M.-C. (dir.), 1998, *Les nouvelles relations internationales : Pratiques et théories*, Paris, Presses de Sciences Po.

Smouts, M.-C., 1998, « La coopération internationale de la coexistence à la gouvernance mondiale », dans M.-C. Smouts (dir.), *Les nouvelles relations internationales : Pratiques et théories*, Paris, Presse de Sciences Po, p. 135-160.

Smouts, M.-C., 1995, *Les organisations internationales*, Paris, Armand Colin.

Smouts, M.-C., 1987, « L'organisation internationale : nouvel acteur sur la scène mondiale ? », dans B. Korany (dir.), *Analyse des relations internationales*, Montréal, Gaëtan Morin, p. 147-166.

Smouts, M.-C., 1980, « Nouveaux centres de pouvoir et problématique de la puissance », *Revue française de science politique*, vol. 30, n° 2, p. 222-236.

Smouts, M.-C., D. Battistella et P. Venesson, 2003, *Dictionnaire des relations internationales*, Paris, Dalloz.

Snidal, Duncan, 1996, « International Political Economy Approaches to Institutions », *International Review of Law and Economics*, vol. 17, p. 121-137.

Snyder, G. H., 2002, « Mearsheimer's World – Offensive Realism and the Struggle for Security : A Review Essay », *International Security*, vol. 27, n° 1, p. 149-173.

Snyder, G. H., 1997, *Alliance Politics*, Ithaca, Cornell University Press.

Snyder, G. H., 1984, « The Security Dilemma in Alliance Politics », *World Politics*, vol. 36, n° 4, p. 461-495.

Snyder, G. H., 1961, *Deterrence and Defense*, Princeton, Princeton University Press.

Snyder, J., 2002, « Anarchy and Culture : Insights From the Anthropology of War », *International Organization*, vol. 56, n° 1, p. 7-45.

Snyder, J., 1991, *Myths of Empire : Domestic Politics and International Ambition*, Ithaca, Cornell University Press.

Snyder, J., 1984, *The Ideology of the Offensive : Military Decision-Making and the Disasters of 1914*, Ithaca, Cornell University Press.

Snyder, J., 1977, *The Soviet Strategic Culture : Implications for Nuclear Options*, Santa Monica, Rand Corporation.

Soja, E., 1989, *Postmodern Geographies. The Reassertion of Space in Critical Social Theory*, Londres, Verso.

Sommier, I., 2000, *Le terrorisme*, Paris, Flammarion.

Sorensen, G., 1999, « Sovereignty : Change and Continuity in a Fundamental Institution », *Political Studies*, vol. 67, p. 590-604.

Spanier, J. W. et J. L. Nogee, 1962, *The Politics of Disarmament : A Study of Soviet American Gamesmanship*, New York, Praeger.

Specter, M., 2004, « Perpetual War or Perpetual Peace ? Schmitt, Habermas and Theories of American Empire » [www.politicaltheory.nifo/essays/specter.html].

Spegele R., 2002, « Emancipatory International Relations : Good News, Bad News or No News at All ? », *International Relations*, vol. 16, n° 3, p. 381-401.

Spruyt, H., 1994a, « Institutional Selection in International Relations : State Anarchy as Order », *International Organization*, vol. 48, n° 4, p. 527-557.

Spruyt, H., 1994b, *The Sovereign State and its Competitors : an Analysis of Systems Change*, Princeton, Princeton University Press.

Stanley, L. et S. Wise, 1983, *Breaking Out : Feminist Consciousness and Feminist Research*, Londres, Routledge et Kegan Paul.

Steans, J., 2003, « Engaging From the Margins : Feminist Encounters With the "Mainstream" of International Relations », *British Journal* of *Politics* & *International Relations*, vol. 5, n° 3, p. 428-455.

Stein, A. A., 1990, *Why Nations Cooperate. Circumstances and Choice in International Relations*, Ithaca, Cornell University Press.

Steinbruner, J. D., 1974, *The Cybernetic Theory of Decision*, Princeton, Princeton University Press.

Steinmetz, G., 1998, « Critical Realism and Historical Sociology : A Review Article », *Comparatives Studies in Society and History*, vol. 40, n° 1, p. 170-186.

Stelzer, I., 2004, « Neoconservatives and their Critics : An Introduction », dans I. Stelzer (dir.), *The Neocon Reader*, New York, Grove Press.

Sterling-Folker J., 2002, *Theories of International Cooperation and the Primacy of Anarchy : Explaining U.S. International Monetary Policy-Making After Bretton Woods*, New York, State of New York Press

Sterling-Folker, J., 2004, « Organizing the Inter-National : Neoclassical Realism and the Third Image Reversed », communication présentée à la 5e rencontre du European Consortium for Political Research et son Standing Group on International Relations, La Haye, 9-11 septembre.

Sterling-Folker, J., 2000, « Competing Paradigms or Birds of a Feather ? Constructivism and Neoliberal Institutionalism Compared », *International Studies Quarterly*, vol. 44, n° 1, p. 97-119.

Sterling-Folker, J., 1997, « Realist Environment, Liberal Process, and Domestic-Level Variables », *International Studies Quarterly*, vol. 41, n° 1, p. 1-25.

Stern, J., 2000, *The Ultimate Terrorist*, Cambridge, Harvard University Press.

Stienstra, D., 1996, « Madonna/Whore, Pimp/Protector : International Law and Organization Related to Prostitution », *Studies in Political Economy*, n° 51, p. 183-217.

St-Laurent, M., 2006, « Les dynamiques globales de recherche de puissance dans la mise en place d'un système de défense antimissile multidimensionnel et global », Mémoire de maîtrise en relations internationales, UQAM.

Stockholm International Peace Research Institute, *Yearbook. Armaments, Disarmament and International Security*, Oxford, Oxford University Press.

Stockman, N., 1983, *Antipositivist Theories of the Sciences : Critical Rationalism, Critical Theory, and Scientific Realism*, Dordrecht, Boston et Lancaster, D. Reidel Publishing Company.

Stoett, P. J., 1999, *Human and Global Security : An Exploration of Terms*, Toronto, University of Toronto Press.

Stoll, R. et M. D. Ward (dir.), 1989, *Power in World Politics*, Boulder, Lynne Rienner.

Storper, M. (dir.), 1997, *The Regional World : Territorial Development in a Global Economy*, New York, Guilford.

Strange, S., 1996, *The Retreat of the State : The Diffusion of Power in the World Economy*, Cambridge, Cambridge University Press.

Strange, S., 1994, *States and Markets*, Londres, Pinter Publishers.

Strange, S., 1988, *States and Markets*, Londres, Pinter Publishers.

Strange, S., 1987, « The Persistent Myth of Lost Hegemony », *International Organization*, vol. 41, nº 4, p. 551-574.
Strange, S., 1982, « Cave ! Hic Dragones : A Critique of Regime Analysis », *International Organization*, vol. 36, nº 2, p. 337-354.
Strange, S., 1971, *Sterling and British Policy. A Political Study of an International Currency in Decline*, Londres, Oxford University Press.
Strange, S., 1970, « International Economics and International Relations : A Case of Mutual Neglect », *International Affairs*, vol. 46, nº 2, p. 304-315.
Suganami H., 2003, « British Institutionalists, or the English School, 20 Years On », *International Relations*, vol. 17, n° 4 , p. 253-272.
Suganami, H., 2002, « On Wendt's Philosophy : A Critique », *Review of International Studies*, vol. 28, n° 1, p. 23-37.
Sutherland, N. M., 1992, « The Origins of the Thirty Years War and the Structure of European Politics », *The English Historical Review*, vol. 107, nº 424, p. 587-625.
Swarns, R. L., 2004, « U.S. to give border patrol agents the power to deport illegal aliens », *New York Times*, 11 août.
Sweeney, K. et P. Fritz, 2004, « Jumping on the Bandwagon : An Interest-Based Explanation for Great Power Alliances », *Journal of Politics*, vol. 66, nº 2, p. 428-449.
Sylvester, C., 2002, *Feminist International Relations : An Unfinished Journey*, Cambridge, Cambridge University Press.
Sylvester, C., 1994, *Feminist Theory and International Relations in a Postmodern Era*, Cambridge, Cambridge University Press.
Taylor, P. J., 2004, « God Invented War to Teach Americans Geography », *Political Geography*, vol. 23, n° 4, p. 487-492.
Taylor, P. et C. Flint, 2000, *Political Geography : World-Economy, Nation-State, and Locality*, 4e éd., Harlow, Essex, Prentice-Hall.
Taylor, S. A., 2007, « The Role of Intelligence in National Security », dans A. Collins (dir.), *Contemporary Security Studies*, Oxford, Oxford University Press, p. 248-269.
Telbami, S., 2002, « Kenneth Waltz, Neorealism, and Foreign Policy », *Security Studies*, vol. 11, n° 3, p. 158-170.
Ternon, Y., 1995, *L'État criminel, les génocides au 20e siècle*, Paris, Seuil.
Tertrais, B., 2004, « Que reste-t-il du néoconservatisme ? », *Critique internationale*, vol. 25, p. 9-18.
Teschke, B., 2006, « Debating "The Myth of 1648" », *International Politics*, vol. 43, nº 5, p. 531-571.
Teschke, B., 2003, *The Myth of 1648 : Class, Geopolitics and the Making of Modern International Relations*, Londres et New York, Verso.
Teschke, B., 2002, « Theorizing the Westphalian System of States : International Relations from Absolutism to Capitalism », *European Journal of International Relations*, vol. 8, n° 1, p. 5-48.
Teschke, B., 2001, « The Non-Modernity of the Westphalian System of State : Dynasticism, Territoriality, Equilibrium », inédit, UCLA/Center for Social Theory and Comparative History.
Teschke, B. et C. Heine, dans M. Rupert et H. Smith (dir.), 2002, *Historical Materialism and Globalization*, Londres, Routledge, p. 165-188.
Teschke, B. et H. Lacher, 2007, « The Changing "Logics" of Capitalist Competition », *Cambridge Review of International Affairs*, vol. 20, nº 4, p. 565-580.
The White House, 2002, *The New Security Strategy of the United States of America* [www.whitehouse.gov/nsc/nss.pdf].
Thibault, J.-F., 1998, « L'idée de société et l'étude des relations internationales », dans L. Olivier *et al.*, *Épistémologie de la science politique*, Sainte-Foy, PUQ, p. 145-154.
Thibault, J.-F., 1992, *Représenter et connaître les Relations Internationales : Alexander Wendt et le paradigme constructiviste*, Montréal, CEPES, note de recherches nº 7.
Thies, C. G., 2004, « Are Two Theories Better Than One ? A Constructivist Model of the Neo-realist-Neoliberal Debate », *International Political Science Review*, vol. 25, n° 2, p. 159-184.
Thomas, C. et P. Wilkin, 2004, « Still Waiting After All These Years : "The Third World" on the Periphery of International Relations », *British Journal of Politics and International Relations*, vol. 6, n° 2, p. 241-259.
Thompson, E. P., 1966, *The Making of the English Working Class*, New York, Vintage Books.

Thompson, J. B. 1989, « The Theory of Structuration », dans D. Held et J. B. Thompson (dir.), *Social Theory and Modern Societies. Anthony Giddens and His Critics*, Cambridge, Cambridge University Press, p. 56-76.

Thompson, J. E. et S. D. Krasner, 1989, « Global Transactions and the Consolidation of Sovereignty », dans E.-O. Czempiel et J. N. Rosenau (dir.), *Global Changes and Theoretical Challenges : Approaches to World Politics for the 1990s*, Lexington, Lexington Books, p. 195-220.

Thompson, J., 1992, *Justice and World Order : A Philosophical Inquiry*, Londres, Routledge.

Tickner, J. A., 2003, « Seeing IR Differently : Notes From the Third World », *Millennium*, vol. 32, n° 2, p. 295-326.

Tickner, J. A., 2001, *Gendering World Politics : Issues and Approaches in the Post-Cold War Era*, New York, Columbia University Press.

Tickner, J. A., 1992, *Gender in International Relations : Feminist Perspective : Feminist Perspectives on Security*, New York, Columbia University Press.

Tickner, J. A., 1988 « Hans Mogenthau's Principles of Political Realism : A Feminist Reformulation », *Millennium*, vol. 17, n° 3, p. 429-440.

Tilly, C., 2003, *The Politics of Collective Violence*, Cambridge, Cambridge University Press.

Tilly, C., 1998, « International Communities, Secure or Otherwise », dans E. Adler et M. Barnett (dir.), *Security Communities*, New York, Cambridge University Press, p. 397-412.

Tilly, C., 1995, *European Revolutions : 1492-1992*, Cambridge, Blackwell.

Tilly, C., 1992, *Coercion, Capital and European State AD 990-1990,* Cambridge et Oxford, Blackwell.

Tilly, C., 1985, « War Making and State Making as Organized Crime », dans P. B. Evans, D. Rueschemeyer et T. Skocpol (dir.), *Bringing the State Back In*, Cambridge, Cambridge University Press, p. 169-191.

Tilly, C., 1981, *As Sociology Meets History*, Orlando, Academic Press.

Tilly, L. A. et C. Tilly (dir.), 1981, *Class Conflict and Collective Action,* Londres, Sage Publications.

Toffler, A. et H. Toffler, 1994, *Guerre et contre-guerre : Survivre à l'aube au XXIe siècle*, Paris, Fayard.

Toffler, A. et H. Toffler, 1993, *War and Anti-War, Survival at the Dawn of the Twenty First Century*, Boston, Little Brown.

Tolstoï, L., 1912, *Guerre et paix*, Paris, Hachette.

Torres, P., 1971, *La contre-insurrection et la guerre révolutionnaire*, Paris, L'Herne.

Touval, S. et W. Zartmann, 2001, « International Mediation in the Post-Cold War Era », dans C. A. Crocker, F. O. Hampson et P. Aall (dir.), *Turbulent Peace. The Challenges of Managing International Conflict*, Washington, United States Institute of Peace Press, p. 427-444.

Townshend, C., 2005, *The Oxford History of Modern War*, The Oxford University Press.

Trachtenberg, M., 1989, « Strategic Thought in America, 1952-1966 », *Political Science Quarterly*, vol. 104, n° 2, p. 301-334.

Trinquier, R., 1979, « Les erreurs de la contre-insurrection », dans G. Chaliand, *Stratégie de la guérilla. Anthologie historique de la Longue Marche à nos jours*, Paris, Éditions Mazarine.

True, J., 2003, « Mainstreaming Gender in Global Public Policy », *International Feminist Journal of Politics*, vol. 5, n° 3, p. 368-407.

True, J., 2001, « Feminism », dans S. Burchill, R. Devetak *et al.*, *Theories of International Relations*, 2e éd., New York, St. Martin's Press, p. 231-276.

Tuchman, M. J., 1989, « Redefining Security », *Foreign Affairs*, vol. 68, n° 2, p. 162-177.

Ullman, R., 1983, « Redefining Security », *International Security*, vol. 8, n° 1, p. 129-183.

Underdal, A., 1992, « The Concept of Regime "Effectiveness" », *Cooperation and Conflict*, vol. 27, n° 3, p. 227-240.

Uvin, P. et I. Biagiotti, 1996, « Global Governance and the "New" Political Conditionality », *Global Governance*, vol. 1, n° 2, p. 377-400.

Vale, P., 2002, « The Movement, Modernity and New International Relations Writing in South Africa », *International Affairs*, vol. 78, n° 3, p. 585-594.

Van Creveld, M., *The transformation of War*, New York, Free Press, 1991.

Van der Pijl, K.,1984, *The Making of an Atlantic Ruling Class*, Londres, Verso.

Van Evera, S., 1999, *Causes of War. Power and the Roots of Conflict*, Ithaca, Cornell University Press.

Van Evera, S., 1998, « Offense, Defense, and the Causes of War », *International Security*, vol. 22, nº 4, p. 5-43.
Van Evera, S., 1991, « Primed for Peace : Europe after the Cold War », dans S. M. Lynn-Jones (dir.), *The Cold War and After : Prospects for Peace*, Cambridge, The MIT Press.
Vasquez, J. A., 1998, *The Power of Power Politics : From Classical Realism to Neotraditionalism*, Cambridge, Cambridge University Press.
Vasquez, J. A., 1997, « The Realist Paradigm and Degenerative versus Progressive Research Programs : An Appraisal of Neotraditional Research on Waltz's Balancing Proposition », *American Political Science Review*, vol. 91, nº 4, p. 899-912.
Venn, C., 2004, « Empire, Sovereignty and Postcolonial Power », *Political Geography*, vol. 23, nº 4, p. 481-486.
Verhogen, K., 1990, *L'auto-développement, un défi posé aux ONG*, Paris, l'Harmattan.
Viau, H., 2000, *La (re)conceptualisation de la sécurité dans les théories réaliste et critique : quelques pistes de réflexion sur les concepts de sécurité humaine et de sécurité globale*, Montréal, Série « Mémoire du CEPES ».
Viner, J., 1937, *English Theories of Foreign Trade Before Adam Smith*, nouvelle édition dans *Studies in the Theory of International Trade*, New York, Harper & Brothers Publishers, p. 3-118.
Viotti, P., 2001, « Force, use of », dans J. Krieger et M. Crahan, *Oxford Companion to Politics of the World*, Oxford, Oxford University Press, p. 285-287.
Virally, M., 1972, *L'organisation mondiale*, Paris, Armand Colin.
Volkogovnov, A., 1991, *Stalin : Triumph and Tradgedy*, New York, Free Press.
Wæver, O., 1999, « The Sociology of a Not So International Discipline : American and European Developments in International Relations », dans P. J. Katzenstein, R. O. Keohane et S. D. Krasner, *Exploration and Contestation in the Study of World Politics*, Cambridge, MIT Press, p. 47-87.
Wæver, O., 1998a, « Insécurité, identité : une dialectique sans fin », dans A.-M. Le Gloannec (dir.), *Entre unions et nations. L'État en Europe*, Paris, Presses de Sciences po, p. 91-138.
Wæver, O., 1998b, « Insecurity, Security, and Asecurity in the West European Non-War Community », dans E. Adler et M. Barnett (dir.), *Security Communities*, New York, Cambridge University Press, p. 69-118.
Wæver, O., 1997, « Figures of International Thought : Introducing Persons Instead of Paradigms », dans I. Neumann et O. Wæver (dir.), *The Future of International Relations : Masters in the Making ?*, Londres, Routledge, p. 1-37.
Wæver, O., 1996, « The Rise and Fall of the Inter-paradigm Debate », dans S. Smith *et al.*, *International Theory : Positivism and Beyond*, Cambridge, Cambridge University Press, p. 149-185.
Wæver, O., 1995, « Securitization and Desecuritization », dans R. D. Lipschutz (dir.), *On Security*, New York, Columbia University Press, p. 46-86.

Wæver, O., 1993, « Societal Security : the Concept », dans O. Wæver, *et al.*, *Identity, Migration and the New Security Agenda in Europe*, New York, St. Martin's Press, p. 17-58.
Wæver, O. *et al.*, 1993, *Identity, Migration and The New Security Agenda In Europe*, New York, St. Martin's Press.
Walker, R. B. J., 2004, « Alternative Security and the New Exceptionalism », Communication présentée à l'atelier « War, Sovereignity and Security Today. Identifying the Enemy and the Tensions Between Civil Liberties and a Permanent State of Emergency », CEPES, Montréal, le 15 et 16 mars 2003.
Walker, R. B. J., 2002, « On the Immanence/Imminence of Empire », *Millennium*, vol. 31, n° 2, p. 337-345.
Walker, R. B. J., 1993, *Inside/Outside : International Relations as Political Theory*, Cambridge, Cambridge University Press.
Waller Meyers, D., 2003, « Does "Smarter" Lead to Safer ? An Assessment of the US Border Accords with Canada and Mexico », *International Migration*, vol. 41, nº 4, p. 5-44.
Waller, M. et A. Linklater (dir.), 2003, *Political Loyalty and the Nation-State*, Londres et New York, Routledge.
Wallerstein, I., 1986, « On Capitalism and the Market », *Monthly Review*, vol. 39, nº 9, p. 11-18.
Wallerstein, I., 1980, *Capitalisme et économie-monde*, Paris, Flammarion.
Wallerstein, I., 1979, *The World Capitalist Economy*, Cambridge, Cambridge University Press.

Wallerstein, I., 1974, *The Modern World-System*, New York et Londres, Academic Press.
Wallner, K., 2002, « The Provision of Public Goods in International Relations : A Comment on "Goods, Games, and Institutions" », *International Political Science Review*, vol. 23, n° 4, p. 393-401.
Walt, S., 2005, *Taming American Power : The Global Response to U.S. Primacy*, New York, W. W. Norton.
Walt, S., 2002, « The Enduring Relevance of the Realist Tradition », dans I. Katznelson et H. V. Milner (dir.), *Political Science : State of the Discipline III,* New York, W. W. Norton.
Walt, S., 1998, « International Relations : One World, Many Theories », *Foreign Policy*, n° 110, p. 29-46.
Walt, S., 1991, « The Renaissance of Security Studies », *International Studies Quarterly*, vol. 35, n° 2, p. 211-239.
Walt, S., 1988, « Testing Theories of Alliance Formation : The Case of Southwest Asia », *International Organization*, vol. 42, n° 2, p. 275-316.
Walt, S., 1987, *The Origins of Alliances*, Ithaca, Cornell University Press.
Walter, A., 1993, *World Power and World Money : The Role of Hegemony and International Monetary Order*, Londres, Harvester Wheatsheaf.
Walter, C., T. Risse et B. A. Simmons (dir.), 2002, *Handbook of International Relations*, Londres et Californie, Thousand Oaks et SAGE Publications.
Waltz, K. N., 1998, « The Origins of War in Neorealist Theory », *Journal of Interdisciplinary History*, vol. 18, n° 4, p. 615-628.
Waltz, K. N. 1997, « Evaluating Theories », *American Political Science Review*, vol. 91, n° 4, p. 913-917.
Waltz, K. N., 1993, « The Emerging Structure of International Politics », *International Security,* vol. 18, n° 2, p. 44-79.
Waltz, K. N., 1986, « Laws and Theories », dans R. O. Kehoane (dir.), *Neorealism and its Critics*, New York, Columbia University Press.
Waltz, K. N., 1979, *Theory of International Politics*, New York, Random House.
Waltz, K. N., 1977, « The Spread of Nuclear Weapons : More May Be Better », *Adelphi Paper,* n° 171, Londres, IISS.
Waltz, K. N., 1959, *Man, the State and War*, New York, Columbia University Press.
Waltz, K. N. et S. D. Sagan, 2003, *The Spread of Nuclear Weapons : A debate Renewed*, 2ᵉ éd., New York, W. W. Norton.
Waltzer, M., [1977] 2000, *Just and Unjust Wars : A Moral Argument With Historical Illustrations*, New York, Basic Books.
Walzer, M., 2000, *Just and Unjust Wars*, 3ᵉ éd., New York, Basic Books.
Warren, B., 1973, « Imperialism and Capitalist Industrialization », *New Left Review*, n° 81, septembre-octobre.

Watson, A., 1992, *The Evolution of International Society*, Londres et New York, Routledge.
Weart, S. R., 2001, « Remarks on the Ancient Evidence for Democratic Peace », *Journal of Peace Research*, vol. 38, n° 5, p. 593-608.
Weart, S. R., 1998, *Never at War, Why Democracies Will Not Fight One Another*, New Haven, Londres, Yale University Press.
Webber, M. et D. Rigby, 1996, *The Golden Age Illusion : Rethinking Postwar Capitalism*, New York, Routledge.
Weber, C., 2001, *International Relations Theory : A Critical Introduction*, Londres et New York, Routledge.
Weber, C., 1994, « Good Girls, Little Girls and Bad Girls : Male Paranoia in Robert Keohane's Critique of Feminist International Relations », *Millennium*, vol. 23, n° 2, p. 337-350.
Weiss, L., 2007, *The Myth of the Powerless State*, Hong Kong, UP Publications.
Weiss, L., 1998, *The Myth of the Powerless State*, Londres, Polity.
Weiss, T. G., 2000, « Governance, Good Governance and Global Governance : Conceptual and Actual Challenges », *Third World Quarterly*, vol. 21, n° 5, p. 795-814.
Weiss, T. G. et L. Gordenker, 1996, *NGOs, the UN and Global Governance*, Boulder, Lynne Rienner.
Weitz, E. D., 2003, *A Century of Genocide. Utopias of Race and Nation*, Princeton, Princeton University Press.
Welch, David A., 1992, « The Organizational Process and Bureaucratic Politics Paradigms. Retrospect and Prospect », *International Security*, vol. 17, n° 2, p. 112-146.

Weldes, J. (dir.), 2003, *To Seek Out New Worlds : Science Fiction and World Politics*, New York et Houndmills, Palgrave Macmillan.
Weldes, J., 1999, *Constructing National Interest : The United States and the Cuban Missile Crisis*, Minneapolis, Minnesota University Press.
Weldes, J., 1998, « Bureaucratic Politics : A Critical Constructivist Assessment », *Mershon International Studies Review*, n° 42, p. 216-225.
Weldes J., M. Laffey, H. Gusterson et R. Duvall, 1999, *Cultures of Insecurity. States, Communities and the Production of Danger*, Minneapolis, University of Minnesota Press.
Wendt, A., 2004, « The State as Person in International Theory », *Review of International Studies*, vol. 30, n° 2, p. 289-316.
Wendt, A., 2003, « Why a World State is Inevitable », *European Journal of International Relations*, vol. 9, n° 4, p. 491-542.
Wendt, A., 1999, *Social Theory of International Politics*, Cambridge, Cambridge University Press.
Wendt, A., 1998, « On Constitution and Causation in International Relations », *Review of International Studies*, vol. 24, n° 5, p. 83-100.
Wendt, A., 1995, « Constructing International Politics », *International Security*, vol. 20, n° 1, p. 71-81.
Wendt, A., 1994, « Collective Identity Formation and the International States », *American Political Science Review*, vol. 88, n° 2, p. 384-396.
Wendt, A., 1992a, « Anarchy is What State's Make of It : The Social Construction of Power Politics », *International Organization,* vol. 46, n° 2, p. 391-425.
Wendt, A., 1992b, « Level of Analysis vs. Agents and Structures : Part III », *Review of International Studies*, vol. 18, n° 2, p. 181-185.
Wendt, A., 1991, « Bridging the Theory/Meta-Theory Gap in International Relations », *Review of International Studies*, vol. 17, n° 4, p. 383-392.
Wendt, A., 1987, « The Agent-Structure Problem in International Relations », *International Organization*, vol. 41, n° 3, p. 336-370.
West, R., 1988, « Jurisprudence and Gender », *University of Chicago Law Review*, vol. 55, n° 1, p. 1-72.
Wheeler, N. et T. Dunne, 1996, « Hedley Bull's Pluralism of the Intellect and Solidarism of the Will », *International Affairs*, vol. 72, n° 1, p. 91-107.
Whitworth, S., 2004, *Men, Militarism and UN Peacekeeping : A Gendered Analysis*, Boulder, Lynne Rienner.
Whitworth, S., 1994, *Feminism and International Relations*, Londres, Macmillan.
Whitworth, S., 1989, « Gender in the Inter-Paradigm Debate », *Millennium*, vol. 18, n° 2, p. 265- 272.
Widmaier, W., 2003, « The Keynesian Bases of a Constructivist Theory of the International Political Economy », *Millennium*, vol. 32, n° 1, p. 87-108.
Wiener, A., 2004, « Contested Compliance : Interventions on the Normative Structure of World Politics », *European Journal of International Relations*, vol. 10, n° 2, p. 189-234.
Wiener, A., 2003, « Constructivism : The Limits of Bridging Gaps », *Journal of International Relations and Development*, vol. 6, n° 3, p. 252-276.
Wieworka, M., 1990, *Sociétés et terrorisme*, Paris, Fayard.
Wieviorka, M. et D. Wolton, 1987, *Terrorisme à la une : medias, terrorisme et démocratie*, Paris, Gallimard.
Wight, C., 2004, « State Agency : Social Action Without Human Activity ? », *Review of International Studies*, vol. 30, n° 2, p. 269-280.
Wight, C., 2003, « The Agent-Structure Problem and Institutional Racism », *Political Studies*, vol. 51, n° 4, p. 706-721.
Wight, M., 1991, *International Theory : The Three Traditions*, Leicester, Leicester University Press for the Royal Institute of International Affairs.
Wight, M., 1977, *Systems of States*, Leicester, Leicester University Press.
Wilkinson, R. et S. Hughes (dir.), 2002, *Global Governance : Critical Perspectives*, Londres et New York, Routledge.
Williams, M. C., 2005, « What is the National Interest ? The Neoconservative Challenge in IR Theory », *European Journal of International Relations*, vol. 11, n° 3, p. 307-337.
Williams, M. C., 2003, « Words, Images, Enemies : Securitization and International Politics », *International Studies Quarterly*, vol. 47, n° 4, p. 511-531.

Williams, M. C., 2001, « The Discipline of the Democratic Peace : Kant, Liberalism and the Social Construction of Security Communities », *European Journal of International Relations*, vol. 7, nº 4, p. 525-553.
Williams, P., 1994, « Transnational Criminal Organisations and International Security », *Survival*, vol. 36, nº 1, p. 96-113.
Williams, P. et D. Vlassis (dir.), 2001, *Combating Transnational Crime : Concepts, Activities and Responses*, Londres, Frank Cass.
Williams, R. W., 2003, « Terrorism, Anti-Terrorism and the Normative Boundaries of the US Polity : The Spatiality of Politics After 11 September 2001 », *Space and Polity*, vol. 7, n° 3, p. 273-293.
Williams, S. A. et de Mestral, A. L. C., 1987, *An Introduction to International Law : Chiefly as Interpreted and Applied in Canada*, 2e éd., Toronto, Butterworths.
Williams, W. A., 1962, *The Tragedy of American Diplomacy*, édition révisée, New York, Delta Books.
Wilson, P., 1998, « The Myth of the First Great Debate », *Review of International Studies*, vol. 24, nº 5, p. 1-16.
Windsor, P., 2002, *Strategic Thinking : An Introduction and Farewell*, Londres, International Institute for Strategic Studies.
Wohlforth, W. C., 1999, « The Stability of a Unipolar World », *International Security*, vol. 24, nº 1, p. 5-41.
Wohlforth, W. C., 1994-1995, « Realism and the End of the Cold War », *International Security*, vol. 19, nº 3, p. 91-129.
Wohlforth, W. C., 1993, *The Elusive Balance : Power and Perceptions During the Cold War*, Ithaca, Cornell University Press.
Wolfers, A., 1952, « "National Security" as an Ambiguous Symbol », *Political Science Quarterly*, vol. 67, nº 4, p. 481-502.
Wolfers, A., 1962, *Discord and Collaboration : Essays in International Politics*, Baltimore, The Johns Hopkins University Press.
Wood, E. M., 2003, *Empire of Capital*, Londres et New York, Verso.
Wood, E. M., 2002, *The Origin of Capitalism*, Londres, Verso.
Wood, E. M., 2000, « Capitalism or Enlightenment ? », *History of Political Thought*, vol. 21, nº 3, p. 405-426.
Wood, E. M., 1997, « Modernity, Postmodernity or Capitalism ? », *Review of International Political Economy*, vol. 4, nº 3, p. 539-560.
Wood, E. M., 1996, « Modernity, Postmodernity or Capitalism ? », *Review of International Political Economy*, vol. 4, nº 3, p. 539-560.

Wood, E. M., 1995, *Democracy Against Capitalism : Renewing Historical Materialism*, Cambridge, Cambridge University Press.
Wood, E. M., 1991, *The Pristine Culture of Capitalism. A Historical Essay on Old Regimes and Modern States*, Londres, New York, Verso.
Wood, E. M., 1990, « The Uses and Abuses of "Civil Society" », dans R. Milliband, L. Panitch et J. Saville (dir.), *The Socialist Register*, Londres, Merlin Press, p. 60-84.
Wood, E. M. et N. Wood, 1997, *A Trumpet of Sedition : Political Theory and the Rise of Capitalism 1509-1688*, New York, New York University.
Woodiwiss, M., 2005, *Gangster Capitalism : The United States and the Global Rise of Organized Crime*, Londres, Constable.
Woodiwiss, M., 2003, « Transnational organised crime : The Strange Career of an American Concept », dans M. E. Beare (dir.), *Critical Reflections on Transnational Organized Crime, Money Laundering, and Corruption*, Toronto, University of Toronto Press, p. 3-34.
Worsley, P., 1970, *The Third World*, Chicago, The University of Chicago Press.
Wright, E. O., 1997, *Class Counts*, Cambridge, Cambridge University Press.
Wyn Jones, R., 1999, *Security, Strategy and Critical Theory*, Boulder, Lynne Rienner.
Yergin, D., 1977, *Shattered Peace : The Origins of the Cold War and the National Security State*, Boston, Houghton Mifflin Company.
Yost, D. S., 1998, « The New NATO and Collective Security », *Survival*, vol. 40, nº 2, p. 135-160.
Young, I. M., 2003, « The Logic of Masculinist Protection : Reflections on the Current Security State », *Signs*, vol. 29, n° 1, p. 1-26.

Young, O. (dir.), 1999, *The Effectiveness of International Regimes : Causal Connections and Behavioral Mechanisms*, Cambridge, MIT Press.
Young, O. (dir.), 1997, *Global Governance. Drawing Insights from the Environmental Experience*, Cambrige, The MIT Press.
Young, O., 1996, *Global Environmental Change and International Governance*, Hanover, University Press of New England [pour] Dartmouth College.
Young, O., 1994, *International Governance : Protecting the Environment in a Stateless Society*, Ithaca, Cornell University Press.
Young, O., 1992, *Arctic Politics : Conflict and Cooperation in the Circumpolar North*, Hanover, University Press of New England [pour] Dartmouth College.
Youngs, G., 2004, « Feminist International Relations : A Contradiction in Terms ? Or : Why Women and Gender are Essential to Understanding the World "We" Live In », *International Affairs*, vol. 80, n° 1, p. 75-88.
Yunus, M., 2003, *Foreign Policy : A Theoretical Introduction*, Oxford et New York, Oxford University Press.
Yuval-David, N., 2006, « Belonging and the Politics of Belonging », *Patterns of Prejudice*, vol. 40, n° 3, p. 197-214.
Zagare, F., 2004, « Reconciling Rationality With Deterrence : A Re-Examination of the Logical Foundations of Deterrence Theory », *Journal of Theoretical Politics*, vol. 16, n° 2, p. 107-141,
Zagare, F. et D. M. Kilgsour, 1993, « Assymetric Deterrence », *International Studies Quarterly*, mars, p. 1-27.
Zakaria, F., 1998, *From Wealth to Power : The Unusual Origins of America's World Role*, Princeton, Princeton University Press.
Zakaria, F., 1992, « Realism and Domestic Politics : A Review Essay », *International Security*, vol. 17, n° 1, p. 177-188.
Zehfuss, M., 2002, *Constructivism in International Relations : The Politics of Reality*, Cambridge et New York, Cambridge University Press.
Zimmerm, A., [1936] 1945, *The League of Nations and the Rule of Law : 1918-1935*, Londres, Macmillan.
Zimmerm, A., 1939, *Spiritual Values and World Affairs*, Oxford, Clarendon.
Zincone, G. et J. Agnew, 2000, « The Second Great Transformation : The Politics of Globalisation in the Global North », *Space and Polity*, vol. 4, n° 1, p. 5-21.
Ziring, L., J. C. Plano, et R. Olton, 1995, *International Relations : A Political Dictionnary*, 5ᵉ éd., Santa Barbara, ABC-Clio.
Zolberg, A. R., 1994, « Un reflet du monde. Les migrations internationales en perspective historique », dans B. Badie et C. Wihtol de Wenden (dir.), *Le défi migratoire. Questions de relations internationales*, Paris, Presses de la fondation nationale des sciences politiques, p. 41-57.
Zolberg, A. R., 1992, « Labour Migration and International Economic Regimes : Bretton Woods and After », dans M. M. Kritz, L. L. Lim et H. Zlotnik (dir.), *International Migration Systems. A Global Approach*, Oxford, Clarendon Press, p. 315-334.
Zolberg, A. R. et P. M. Benda (dir.), 2001, *Global Migrants, Global Refugees : Problems and Solutions*, New York et Oxford, Berghan Books.
Zubok, V. et C. Pleshakov, 1996, *Inside the Kremlin's Cold War : From Stalin to Khrushchev*, Cambridge, Harvard University Press.

INDEX DES TERMES FRANÇAIS

Les chiffres en caractères gras renvoient à l'entrée principale de ce terme.

H

I

J

L

M

N

INDEX DES TERMES ANGLAIS

A

B

C

D

E

F

G

Index des termes anglais

LISTE DES TERMES ANGLAIS-FRANÇAIS

Anglais	Français
Agency/Structure Debate	Agence/structure, débat
Alliances, Theory of	Alliances, théorie des
Anarchy	Anarchie
Arms Control	Contrôle des armements
Balance of Power	Équilibre des puissances
Balancing	Équilibrage
Bandwagoning	Bandwagoning
Behavioralism	Behavioralisme
Bipolarity	Bipolarité
Border	Frontière
Bretton Woods System	Bretton Woods, système de
Bureaucratic Politics Model	Politique bureaucratique, modèle de la
Capabilities	Capacités
Civil Society	Société civile
Civil war	Guerre civile
Civil-Military Relations	Relations civils-militaires
Classical Realism	Réalisme Classique
Cold War	Guerre froide
Collective Goods	Biens collectifs
Collective Security	Sécurité collective
Complex interdependence	Interdépendance complexe
Concert	Concert
Conflict Resolution	Résolution des conflits
Constitutive theories	Théories constitutives
Constructivism	Constructivisme
Containment	Endiguement
Cooperation	Coopération
Copenhagen School	École de Copenhague
Critical Geopolitics	Géopolitique critique
Critical theories	Critiques, théories
Critical Theory	Critique, Théorie

Liste des termes anglais-français

Defence Industry	Défense, industrie de
Defence	Défense
Defensive and Offensive Realism	Réalisme défensif et offensif
Democratic Peace Theory	Paix démocratique, théorie de la
Dependency Theory	Dépendance, théorie de la
Desecuritization	Désécurisation
Deterrence	Dissuasion
Development	Développement
Disarmament	Désarmement
English School	École anglaise
Epistemology	Épistémologie
Exceptionalism	Exceptionnalisme
Explanatory Theories	Théories explicatives
Failed State	État déliquescent
Feminism	Féminisme
Fordism/postfordism	Fordisme/postfordisme
Foreign policy	Politique étrangère
Foundationalism/Anti-Foundationalism	Fondamentalisme/antifondamentalisme
Free-rider	Passager clandestin
Functionalism	Fonctionnalisme
Game theory	Jeux, théorie des
Genocide	Génocide
Geopolitics	Géopolitique
Global Security	Sécurité globale
Globalization	Mondialisation
Governance	Gouvernance
Guerilla warfare	Guérilla
Hegemony	Hégémonie
Historical Sociology	Sociologie historique
Homeland Defense	Défense du territoire
Human Security	Sécurité humaine
Humanitarian Intervention	Intervention humanitaire
Idealism	Idéalisme
Identity	Identité
Imperialism	Impérialisme
Insecurity	Insécurité
Intelligence	Renseignement
International actor	Acteur international
International Actor	Acteur international
International Institutions	Institutions internationales
International Law	Droit international
International Migration	Migration Internationale

International Migration	Migration internationale
International Order	Ordre international
International Organization (IGO)	Organisation internationale (OIG)
International Political Economy	Économie politique internationale
International Regime	Régime international
International Relations	Relations internationales
International Society	Société internationale
International System	Système international
Inter-paradigm Debate	Paradigmes, débat entre
Intersectionality	Intersectionalité
Intersubjectivity	Intersubjectivité
Intervention	Intervention
Issue Area	Domaine de politique
Just War Theory	Guerre juste, théorie de la
Laws of War	Droit de la guerre
Level of Analysis Problem	Niveau d'analyse, problème du
Liberalism	Libéralisme
Marxism	Marxisme
Political Marxism	Marxisme politique
Mercantilism	Mercantilisme
Private Military Companies	Mercenariat
Missile Defense (MD)	Défense antimissiles
Nation	Nation
National Interest	Intérêt national
National Security	Sécurité nationale
Nationalism	Nationalisme
Neoclassical Realism	Réalisme néoclassique
Neoconservatism	Néoconservatisme
Neogramscian Approach	Néogramscienne, approche
Neoliberal Institutionalism	Institutionnalisme néolibéral
Neoliberalism	Néolibéralisme
Neo-neo Synthesis	Synthèse néo-néo
Neorealism	Néoréalisme
Non-Governmental Organization	Organisation non gouvernementale
Norm	Norme
Normative Theories	Théories normatives
Offense-Defense Balance	Équilibre entre l'offensive et la défense
Offensive-defensive theory	Offensive-défensive, théorie de l'
Ontology	Ontologie
Pacifism	Pacifisme
Paradigm	Paradigme
Peace Operations	Opérations de paix

Liste des termes anglais-français

Peace-building	Consolidation de la paix
Peace-keeping	Maintien de la paix
Peace-making	Imposition de la paix
Maritime Piracy	Piraterie maritime
Political geography	Géographie politique
Positivism	Positivisme
Postcolonial Theory	Postcoloniale, théorie
Post-positivist Approaches	Postpositivistes, approches
Poststructuralism/Postmodernism	Poststructuralisme/Postmodernisme
Power transition theory	Transition de la puissance, théorie de la
Power	Pouvoir
Power	Puissance
Preemptive War/Preventive War	Guerre préemptive/guerre préventive
Prisoner's Dilemma	Dilemme du prisonnier
Privisations of Security	Privatisation de la sécurité/mercenariat
Public Goods	Biens publics
Rational choice theory	Choix rationnel, théorie de
Reflectivism	Réflectivisme
Reflexivism	Réflexivisme
Regionalism	Régionalisme
Relative versus Absolute Gains	Gains relatifs versus gains absolus
Revisionist State	État révisionniste
Revolution in Military Affairs (RMA)	Révolution dans les affaires militaires
Revolutionary State	État révolutionnaire
Revolutionary Warfare	Guerre révolutionnaire
Scientific Realism	Réalisme scientifique
Civil Security	Sécurité civile
Environmental Security	Sécurité environnementale
Security Community	Communauté de sécurité
Security Complex	Complexe de sécurité
Security Dilemma	Dilemme de la sécurité
Security Perimeter	Périmètre de sécurité
Security Studies	Sécurité, études de
Security	Sécurité
Securization	Sécurisation
Soft balancing	Équilibrage indirect
Soft Power	Soft Power
Post-Westphalian Sovereignty	Souveraineté post-westphalienne
Sovereignty	Souveraineté
Sphere of Influence	Sphère d'influence
State of exception	État d'exception
State	État

State-centered	Stato-centré
Strategic Culture	Culture stratégique
Strategic Doctrine	Doctrine stratégique
Strategic Studies	Études stratégiques
Strategic Thinking	Pensée stratégique
Strategy	Stratégie
Terrorism	Terrorisme
Theory of Hegemonic Stability	Stabilité hégémonique, théorie de la
Theory	Théorie
Third World	Tiers Monde
Transnational Organized Crime	Criminalité transnationale organisée
Unipolarity	Unipolarité
War studies	Polémologie
War	Guerre
Weapons of mass destruction	Armes de destruction massive
Westphalian System	Westphalie, système de
World System Theory	Système-Monde, théorie du

Liste des auteurs

Nicolas ADAM, UQAM

François AUDET, UQAM

Diego A. AGUILARD-BEAUREGARD, Collège militaire royal de Saint-Jean

Jonathan BERNARD, UQAM

Joëlle BOLDUC, UQAM

Jean-Christophe BOUCHER, Université Laval

Étienne CANTIN, York University

Christian CONSTANTIN, Université d'Ottawa

Thomas COLLOMBAT, Carleton University

Catherine COURCHESNE, UQAM

Julie CROWLEY, UQAM

Anne-Marie D'AOUST, University of Pennsylvania

Marie-Eve DESROSIERS, Toronto University

Ali DIZBONI, Collège militaire royal du Canada

Evelyne DUFAULT, UQAM

Philippe DUFORT, Cambridge University

Frédérick Guillaume DUFOUR, UQAM

Travis FAST, York University

Aude-Emmanuelle FLEURANT, UQAM

Jessica FORTIN, McGill University

Michel FORTMANN, Université de Montréal

Benoît GAGNON, Université de Montréal

Marc-André GAGNON, York University

Frantz GHELLER, York University

Kyle GRAYSON, York University

David GRONDIN, Université d'Ottawa

Paula Andrea HEVIA PACHECO, York University

Éric JASMIN, UQAM

Matina KARVELLAS, auxiliaire juridique à la Cour Fédérale du Canada

Samuel KNAFO, University of Sussex

Jean-François LACASSE, UQAM

Thierry LAPOINTE, York University

Jérôme LEBLANC, UQAM

Maxime LEFRANÇOIS, UQAM

Jean-François LÉVESQUE, UQAM

Marie-Chantal LOCAS, Université d'Ottawa

Hugo LOISEAU, Université de Sherbrooke

Alex MACLEOD, UQAM

Pierre-Louis MALFATTO, UQAM

Benoît MARTIMORT-ASSO, UQAM

Jonathan MARTINEAU, York University

Isabelle MASSON, York University

David MORIN, UQAM

Hepzibah MUNOZ MARTINEZ, York University

Vincent POULIOT, McGill University

Karine PRÉMONT, UQAM et Collège Vanier

Yannick QUÉAU, Collège militaire royal de Saint-Jean

Chantal ROBICHAUD, UQAM

Mélanie ROY, UQAM

Susan SPRONK, York University

Mathieu ST-LAURENT, UQAM

Nancy TURGEON, UQAM

Grégory VANEL, Université Pierre-Mendès France et Université Laval

Leandro VERGARA-CAMUS, York University

Catherine VOYER-LÉGER, UQAM

Athéna éditions

2008